浅野慎一・佟 岩著

中国残留日本人孤児の研究

ポスト・コロニアルの東アジアを生きる

御茶の水書房

はしがき

一九四五年八月九日、ソ連が日本に参戦し、中国東北地方に侵攻した。

その日を境に、本書の主人公は数奇な運命をたどることになる。七一年後の今、彼・彼女達は残留孤児と呼ばれ、多くは日本で暮らしている。

本書は、そうした人々の人生と闘いの記録である。彼・彼女達は、帝国主義、東西冷戦、グローバリゼーションといった地球規模の巨大な歴史的社会変動に翻弄されつつ、それでも自らの生活と社会を主体的に創造・変革し続けてきた。それはなぜ、いかに可能だったのか。筆者は、それを学びたかった。

それはまた、残留孤児の「名を正す（必也正名乎）」（『論語』）試みでもある。

あらゆる学術研究、及び、支援・報道を含む社会的実践は、自らの専門性や問題意識、また目的に沿って残留孤児を切り刻み、利用する。ある時は「忘れてはならない戦争の記憶」、ある時は「日本語が不自由な学習者」、ある時は「差別・排除される社会的弱者」、ある時は「社会福祉の対象」、ある時は「越境的アイデンティティ・多文化共生の担い手」、そしてある時は「国家賠償訴訟の原告」。これらはいずれも残留孤児の一面であり、一面でしかない。そして一面的な研究や実践は、それがいかに誠実であろうとしても、生きた人間としての残留孤児の生活に根ざす主体性と必ず乖離し、結果として当事者を束縛し、疎外する。またそれは、学際性・総合性の名の下に数多く並列・列挙されればされるほど、現実をますます多面的に拡散することによって隠蔽し、束縛や疎外を深めていく。

もとより本書も、そのような一面性を決して免れえない。しかし本書はそれが当然と開き直るのではなく、たとえどんなに迂遠であろうと、また特定の学問的専門性の枠組を逸脱しようとも、一人ひとりの残留孤児の人生とそれを貫く主体性を可能な限りトータルに把握しようと努めた。

なお本書は二人の筆者が幾度も推敲を重ねたため、執筆分担を明確にすることは不可能である。もとより中国語でのインタビュー調査や翻訳を含むデータ整理を中国人の佟が、最終的な日本語の文章化を日本人の浅野が主に担うといった分業はあった。しかし本書は全体にわたり、二人の著者が共同で責任を負うものである。

最後に、本書の主人公である中国残留日本人孤児国家賠償訴訟の元兵庫原告団各位に、心から御礼を申し上げたい。筆者は、社会を変え、歴史を創る人間の尊厳を、確かに学ばせていただいた。

二〇一六年三月三〇日

中国残留孤児国家賠償訴訟兵庫訴訟提訴一二周年の日に

目　次

中国残留日本人孤児の研究

——ポスト・コロニアルの東アジアを生きる——

序章　課題と方法

本書の目的は、中国残留日本人孤児（以下、残留孤児）の人生・生活がもつ歴史・社会的意義を、東アジア――特に日本と中国――の社会変動・変革との関連で解明することにある。

残留孤児とは、一九四五年の日本敗戦の混乱により、中国の地で実父母と死別・離別し、中国人の養父母に育てられ、一九七二年の日中国交正常化以降まで日本への帰国を果たせなかった日本人の子供達である。今日、彼・彼女達の多くは日本に永住帰国し、日本国籍を回復または取得している。ただし一部には中国籍のまま、中国に定住している残留孤児もいる。

残留孤児の人数は、まったく不明である。日本政府は、約二八〇〇名を認定している。しかし筆者は中国で、日本政府にまだ認定されていない残留孤児にしばしば出会った。また自分が残留孤児だと知らずに生きてきたが、ごく最近、養父母から打ち明けられ、驚愕とともにその事実を知った人々もいた。養父母が最後まで語らず、今なお自分の出自を知らないまま、中国人として生きている残留孤児も少なくないだろう。そして何より、どれほど多くの残留孤児が日本政府に認定されないまま、中国の地で死去してきたか。それが膨大な人数にのぼることは間違いないが、今となっては知るすべもない。

筆者は二〇〇〇年以降、中国と日本の双方で、約四五〇名の残留孤児・残留婦人とその家族に面接聞き取り調査を行ってきた。本書はその中で、日本に永住帰国して兵庫県に住む四五名の残留孤児の調査結果を素材としたものである。

さて残留孤児については、膨大な先行研究がある。論点も多岐にわたる。そこで個別諸領域の論点については、第一章以下、各章の序節で詳細に検討したい。

本章では、三つの総括的論点に焦点を絞り、問題を提起する。

第一は、残留孤児の定義と呼称である。これは、それ自体が一つの論争点となっている。

第二は、基本的な研究法である。本書は、従来の研究法に異議を申し立てる。

そして第三は、二〇〇二〜〇八年、日本に帰国した残留孤児の約九割に当たるといわれる二二一一名が原告となった国家賠償訴訟の争点と判決である。これは、現在の日本社会が残留孤児をいかに受けとめているかを示す一つの主な指標といえよう。[一]

第一節　定義と呼称

ではまず残留孤児・残留日本人の定義と呼称を検討しよう。

従来、三つの公的な定義が出されている。

第一項　厚生省による中国残留日本人孤児の定義

一つ目は、一九八七年に厚生省（当時）が、肉親捜しの調査対象として定義した中国残留日本人孤児である。[二]

ここでは、次の五つの要件をすべて備える人が中国残留日本人孤児とされた。

①戸籍の有無にかかわらず、日本人を両親として出生した者であること

②中国東北地区などにおいて、昭和二〇年八月九日（ソ連参戦）以降の混乱により、保護者と生別又は死別した者であること

③当時の年齢が、概ね一三歳未満の者であること

④本人が自分の身元を知らない者であること

⑤当時から引き続き中国に残留し、成長した者であること

この定義は、あくまで厚生省による肉親捜しの調査対象者のそれである。しかし残留孤児の公式の定義としては唯一のものであるため、従来、最も頻繁に紹介・検討されてきた。

先行研究の多くは、③の要件を批判している。これにより、一三歳以上の人々が対象外とされ、しかもその理由が、一三歳以上の人々の中国への残留を自己意思とみなすものだった

からである。実際には日本敗戦時、年齢の如何を問わず、多くの日本人が自己意思とはまったく無関係に、残留を余儀なくされた。そこで多くの先行研究は、③の要件が現実と乖離し、しかも残留日本人を置き去りにした日本政府の責任を個人に転嫁するものと批判してきた[三]。

また庵谷磐は、この定義全体が「個人次元原則」、つまり日本政府の責任回避、個人への責任転嫁の姿勢に貫かれていると批判する。庵谷は特に④の要件について、身元の記憶をもつ者が残留孤児ではなくなるとの矛盾を指摘する[四]。南誠も、「身元を知る人たちはあくまで家族次元の問題であると捉えられ」、肉親捜しの調査対象から排除されたと述べる[五]。そして日垣隆は、①の要件について、日本政府の「内鮮一体」政策に沿った結婚で生まれた日鮮混血の孤児が対象外になると批判している[六]。

②の要件については、先行研究はあまり論評していない。しかし「昭和二〇年八月九日（ソ連参戦）以降の混乱により」は、残留孤児の発生が日本政府の責任ではなく、ソ連参戦後の混乱にもっぱら起因するという日本政府の主張が挿入させた、ほとんど無用の文言と言わざるをえない[七]。

なお、こうした日本の厚生省の定義に、中国政府も同じ見解をもっていたとの指摘がある[八]。

しかし関亜新・張志坤は、残留孤児の日本敗戦時の年齢規定に、日中両政府で違いがあると指摘している[九]。中国政府は一三歳未満ではなく、「引きとられた際に独立した生活能力のない一八歳以下の未成年」と規定しているのである。筆者も、残留日本人問題を管轄する中国各省の公安局で、同じ規定を度々確認した。日本側の一三歳未満という規定は、一九四五年当時の実態からみても、また「児童とは、一八歳未満のすべての者」とする児童の権利に関する条約に照らしても、恣意的かつ不合理と言わざるをえない。

第二項　支援法における中国残留邦人の定義

さて二つ目の公的定義は、一九九四年に施行された「中国残留邦人等の帰国の促進及び永住帰国後の自立の支援に関する法律（以下、支援法）」のそれである。

支援法は、次の者を中国残留邦人と定義した（①〜③の区分は筆者による）。

①中国の地域における昭和二〇年八月九日以後の混乱等の状況の下で本邦に引き揚げることなく同年九月二日以前から引き続き中国の地域に居住している者であって、同日において日本国民として本邦に本籍を有して

いた者

②及びこれらの者を両親として同月三日以後中国の地域で出生し、引き続き中国地域に居住している者

③並びにこれらの者に準ずる事情にあるものとして厚生労働省令で定める者

ここでは、「概ね一三歳未満」、及び、「自分の身元を知らない者」といった制限が解消されている。そこで先行研究には、目立った論評は見られない。

しかし、ここには三つの留意点がある。

まず第一に、「昭和二〇年八月九日以後」という無用の文言が維持される一方、「同年九月二日以前」という日付が実質的に意味をもつ要件として付加されている。九月二日は日本政府が降伏文書に調印した日であり、世界的にはこれが終戦記念日に当たる。残留日本人問題が、日本政府による戦争と密接に関連したものであることが、支援法に明記されたといえよう。なぜこうした変化が起きたかは、次項で述べる。

第二に、②の「これらの者（日本国民）を両親として」という要件には問題がある。一九八七年の厚生省の定義は肉親捜しが目的だったため、「両親が日本人」という要件は、日垣が指摘する問題を除けば、さほど大きな矛盾を生み出さなかった。しかし一九九四年の支援法の目的は、帰国促進と帰国後の自立支援である。また②は、戦後生まれの人に関する要件だ。この場合、残留邦人を「両親が日本国民」と限定する根拠は曖昧と言わざるをえない。一九八五年以降、日本の国籍法は男女両系で子供に日本国籍を認めている。それ以前も、男系の子供に日本国籍を認めていた。したがって戦後、両親のいずれかを日本国民として中国で生まれた子供も、残留邦人の範疇に含む可能性が検討されるべきではなかったか。これは、現状では残留邦人二世と位置づけられている人々の処遇に多大な影響を与える問題である。

第三に、①と②の「引き続き中国地域に居住している者」という要件も、永住帰国後の自立支援を目的とする定義としては不適切だ。これは、支援法成立以前に日本に帰国していた残留邦人を支援対象から排除することになり、法の趣旨からみて不当と言わざるをえない。

第三項　口上書における残留日本人の定義

ところで、一九九四年の支援法での残留邦人の定義に、一九四五年九月二日（日本政府の降伏文書調印）という日付が実質的に意味をもつ要件として付記された理由の一つに、一

九九三年に日中両政府が交わした口上書の影響があると思われる。

この口上書の中で、残留日本人が定義されている。いわば、三つ目――時系列では二つ目だが――の公的定義である。

①日本国籍残留日本人とは、現在日本国籍を有しているものであって一九四五年九月二日以前に中国に渡航し引き続き中国に居住しているもの、又は一九四五年九月二日の日に日本国籍を有していたものであって、同日以前に中国に渡航したものを両親として中国で出生し、引き続き中国に居住しているもので現在日本国籍を有しているものをいう。

②中国国籍残留日本人とは、一九四五年九月二日の日に日本国籍を有していたが現在中国国籍を有しているものであって、一九四五年九月二日以前に中国に渡航し引き続き中国に居住しているもの、又は、一九四五年九月二日の日に日本国籍を有していたものであって、同日以前に中国に渡航したものを両親として中国で出生し、引き続き中国に居住している者で現在中国国籍を有しているものをいう。

ここで最大の特徴は、「八月九日」に一切触れず、「九月二日」のみを要件としていることだ。つまり日本政府は中国政府との関係では、残留日本人問題の発生がソ連参戦ではなく、日本政府の戦争行為に因ることを認めざるをえなかった。これとの整合上、一九九四年の支援法でも「九月二日」の日付を挿入せざるをえなかったと思われる。しかしその一方で支援法は、「八月九日」という無用の文言も維持した。こうしたダブル・スタンダードは、日本政府の主張の根拠を一層薄弱にするものである。

第四項　ありうべき定義

以上、三つの公的定義を検討してきた。各定義はそれぞれ一定の政策目的に沿ったものであり、残留日本人等の一般的・普遍的定義ではない。また今日、残留日本人の多くが日本に永住帰国しており、「引き続き中国に居住するもの」とする要件は適切でなくなっている。もとより帰国した以上、既に「残留」者ではないとの見方もありうるが、しかし支援法は帰国後の支援を主な目的の一つとしたものだ。

また残留日本人等の多くが日本に永住帰国している以上、その定義には、引揚者との区別が不可欠になる。日本政府が一九七二年（日中国交正常化）まで中国からの帰還者を引揚者として受け入れてきたことを考慮すれば、引揚者と残留日本人の帰還時期の境界は一九七二年に引くのが妥当であろう。

以上をふまえれば、残留日本人の定義は本来、次の四点で十分と思われる。

①一九四五年九月二日以前に中国に渡航し、同日に日本国籍を有していたもの

②又はこれらのものを両親のいずれかまたは両方として、中国で出生したもので

③引き続き中国に居住し、または一九七二年九月二九日（日中国交正常化）以後に日本に永住帰国したもの

④並びにこれらのものに準ずる事情にあるもの

この中で残留孤児をあえて定義する必要があれば、下記の要件を追加することが適当であろう。

⑤一九四五年九月二日に、概ね満一八歳未満であるもの

本書の調査対象者はすべて、この残留孤児の定義に該当する。また三つの公的定義に照らしても、本書の対象者は全員、残留孤児・残留日本人である。

第五項　呼称

さて、残留孤児は従来、「戦争孤児」、「戦争犠牲孤児」、「中国戦災残留日本人孤児」、「満洲孤児」、「中国孤児」、「日中孤児」、「日系中国人」、「中国未帰還同胞」、「中国帰国者」、「中国引揚者」等、多様な名称で呼ばれてきた。こうした呼称やその変遷については、南誠・網島延明・木下貴雄等が詳細に整理している。[一〇]

筆者は、呼称をめぐる論争には、四つの論点が輻湊していると考えている。

第一は、日本政府の責任の明確化である。例えば「残留」という用語が、日本政府による放置・棄民という意味を希釈し、個々人が自己意思で残留したかのような印象を与えるとの批判がある。[一一]しかしその一方、「日系中国人／中国帰国者」等の呼称に比べ、「残留孤児」の方がその歴史的背景や苦難・被害、そして日本政府の責任を表現しているとの意見もある。[一二]日本政府の責任に基づく戦争の犠牲者という意味を強調して「戦争孤児／戦争犠牲孤児」という呼称も一部に見られる。[一三]

第二に、日本のナショナリズムへの姿勢である。中野謙二は「同胞とか中国帰国者」、八木巌は「中国帰国者ないし引

揚者」との呼称を提唱した[一四]。これらは残留日本人が日本人であり、祖国に帰国・引き揚げてきた意義を重視する呼称であろう。林勝一も、ある当事者が「他の中国人とは違う。日本人なんだという意味を込めて中国帰国者」と名乗った経過を紹介している[一五]。これに対し、張坤志・関亜新は「日本では当初、『中国未帰還同胞』と呼んでいたが、それでは中国人に奪われた日本人の子供と誤解されやすい。そこで中国が異議を唱えた後、日本では彼らを『中国残留孤児』、『中国残留邦人』などと改称した」と述べる[一六]。また南誠は、「残留日本人」という呼称には日本に永住帰国するのが当然という日本側の一方的な論理があり、これに対する批判が「日系中国人」という呼称に含まれていると指摘する[一七]。

　第三は、複雑な事情や思いと結びついた字義の正確さだ。中国人の養父母がいて、中には日本人実父母も判明した中高年の人々を「孤児」と呼ぶことへの違和感を表明する見解は多い[一八]。既に日本に永住帰国した人々を、いつまで「残留」者と呼ぶのかとの疑問もある。しかし他方で、子供時代に実父母と離別・死別し、その後も長期にわたって帰国を果たせなかった耐え難い苦難をふまえ、「孤児」「残留」という表現に妥当性を見出す論者・当事者もいる[一九]。「戦争孤児」「中国孤児[二〇]」等の呼称も、字義の正確さにおいては問題があるだろう。さらに「日系中国人」という呼称については、現在、残留日本人の多くが日本に居住する日本国籍者であることとの整合性が問題になる。

　そして第四は、当事者や日本社会の受けとめ方である。例えば、「残留孤児」という語が暗いイメージや差別の表象となっているとの意見がある[二一]。しかし他方で国賠訴訟では、残留孤児という語が権利・闘争主体の表象として当事者によって用いられた。いうまでもなく呼称に対する感覚・受けとめ方は当事者の中でも多様であり、同一個人の中でも変化する。

　なお「中国帰国者」という概念は、残留日本人だけでなく、日本に定住した配偶者や子孫を含む。逆に日本に帰国せず、中国に定住する残留日本人は含まない。また「中国帰国者」という呼称に対しても、中国生まれの中国籍者が多く含まれ、「帰国」という語は不適切との意見もある[二二]。

　筆者は、呼称に固定的な正解は存在しないと考えている。なぜならまず第一に、ネイションは、血統、国籍、定住地、言語・文化等、多元的に錯綜し、たえず変化する。残留日本人等の呼称は、日本・中国といったネイションを指す用語を含まざるをえず、それゆえ命名の瞬間から多様な文脈で相対化される。残留日本人等のあらゆる呼称が孕む違和感は、ポスト・コロニアル時代におけるネイションそれ自体の揺らぎに由来する。

第二に、残留日本人だけでなく、あらゆる人々に付与される呼称は、他者から押し付けられた定義であると同時に、当事者のアイデンティティ・主体性を構築・表現する記号でもある。そこで人が生きている限り、つまり主体性を発揮する限り、あらゆる呼称は暫定的でつねに変化の途上にある。

したがって文脈に応じて多様な呼称が用いられるのは、むしろ当然である。本書は主に残留孤児の呼称を用いるが、それに固執しない。

第二節　研究法

次に、研究法について述べる。

第一項　生活過程分析に基づく社会変動論

本書の研究法は、「諸個人の生活過程分析に基づく社会変動論（以下、生活過程分析）」である。すなわち一人ひとりの残留孤児が自らの「生命＝生活（life）」の発展的再生産の営為を通し、歴史的な社会変動・変革にいかに参画してきたのかを明らかにする方法だ。

生活過程分析は、地域社会学者の布施鉄治が、鈴木榮太郎・福武直・島崎稔等の研究法を批判的に継承し、しかもマルクス・エンゲルスの生活過程論を基礎に据えて構築した実証的研究法である[二三]。「唯物論的歴史観によれば歴史において最終的に規定的な要因は現実生活の生産と再生産である。…（中略）…もしだれかがこれを歪曲して、経済的要因が唯一の規定的なものであるとするならば、さきの命題を中身のない、抽象的な、ばかげた空文句にかえることにな」る（エンゲルス[二四]）。「社会的編成と国家は、いつでも特定の諸個人の生活過程から生じ」る（マルクス・エンゲルス[二五]）。本書の筆者はいずれも、布施の弟子である。また筆者の一人である浅野は、布施の研究法の批判的継承を試みてきた[二六]。

以下、生活過程分析の特徴を簡単に述べる[二七]。

まず第一に、個々の残留孤児をとりまく客観的諸条件だけでなく、諸個人が、それらの諸条件を自らのトータルな「生命＝生活」の発展的再生産にいかに主体的に位置づけているかを把握する。

第二に、個々の残留孤児の生活過程を、過去の生活史、及び、将来の展望という史的文脈の中で捉える。

第三に、個々の残留孤児の生活過程を、彼・彼女達の行為やその交織からなる社会諸関係・集団・組織、総じて協働様式との関連で捉える。

そして第四に、個々の残留孤児が「生命＝生活」の発展的再生産を目指すという前提以外の、研究者側のあらゆる仮説や価値規範、専門性（discipline）を保留する。

こうした生活過程分析は時として、ライフヒストリー法と混同される。また専門性を保留すると言うと、多様な研究法の併用、または学際研究の必要を説いていると誤解される。

こうした誤解を解消し、生活過程分析の特徴を一層明確にする上で、蘭信三の研究法との比較は有効であろう。蘭はこれまで残留日本人問題について、最も総括的な立場で研究を進めてきた研究者だ。また蘭はライフヒストリー法に依拠するとともに、多様な手法を併用する「方法的アナーキズム」を提唱し、しかも学際的な研究組織の統括者でもある。

以下、蘭の研究法との比較で、生活過程分析の特徴を一層明確にしておこう。

第二項　ライフヒストリー法と生活過程分析

蘭は、「彼ら（中国帰国者。筆者注。以下、同じ）を理解するには、まずは彼らの生活の現場を知ること（二八）」が重要で、「本人から直接その人生を聞き取るライフヒストリーという方法（二九）」が有効だと述べる。またライフヒストリー法では、彼らの「人生をまるごと対象とし、かつ彼らの視点にそって異質な世界の理解を目指（三〇）」し、「彼／彼女ら（中国残留日本人）の生きられた人生を断片化せず、…（中略）…トータルに対象とすることが大事（三一）」である。さらに、研究者は「常識という名の『偏見』をできるだけ捨て去り、彼らが構成する日常生活を、彼らの視点から見つめ直し再構成しなければなら」ず、したがってライフヒストリー法は「分析枠組みによって現場を切り捨てトップダウン式に説明する方法ではなく、フィールドにねざしそこでの現象を記述し解釈するいわゆるデータ対話型の方法（三二）」である。

一見、生活過程分析と似ている。

しかし、生活過程分析とライフヒストリー法はまったく異なる。

すなわち蘭のライフヒストリー法は、主観と客観、及び、個人と社会という二重の二分法に立ち、個人の主観的な生活世界に焦点を当てる。蘭によれば、「彼ら（中国帰国者）の主観によって構成された生活世界のみが彼らにとってのリアリティであり（三三）」、「ライフヒストリーとは、マクロな歴史そのものではなく、そのなかを生きる個人に焦点を当て、その人のそれまで歩んできた人生、その人自身の経験から社会変動にアプローチする方法である。それは、中国残留日本人一人ひとりの人生の語り（ライフヒストリー）のなかに表れたユニークなライフコースや体験の束を収集してパターン化しマクロな歴史を補うことを主目的とするのではなく、その語りにこめられた意味づけや解釈にこそ注目していく方法[三四]」だ。蘭は、「生活実態は中国帰国者の世界の表層で、その奥により深層な生活世界が横たわっており、それこそが追求されるべきもの[三五]」と述べる。

生活過程分析は、これとは異なり、主観と客観、個人と社会をいずれも統一的に捉える。諸個人の生活過程は客観的実在であると同時に主体的営為の産物であり、当然、主観的な意味世界でもある。現実の生活過程を「生活実態と生活世界」、「客観的な事実と主観的な意味世界」のように分けることはできない。社会学における解釈的パラダイム、及び、研究者の関心に沿って主観的な生活世界だけを抽出するなら、それは当事者の生活過程と乖離したものになる。

また生活過程分析は、個人の生活と社会（歴史）も分離しない。「一人の人間の生活と、一つの社会の歴史とは、両者をともに理解することなしには、そのどちらの一つも理解することができない」（ミルズ[三六]）。もし諸個人の生活過程を根底的に説明しえないマクロな「歴史（大きな物語）」なるものがあるとすれば、それは修正されるべき誤った「歴史」でしかない。したがって諸個人の「ユニークなライフコースや体験の束を収集してパターン化」（蘭）することは、むしろ必要である。なぜならそうしたパターンそれ自体、未だ解明されていない歴史―社会変動の現象形態であるからだ。これを捉えることで初めて、諸個人がいかなる脈絡で歴史的な社会変動に参画してきたのかも考察しうる。

したがって生活過程分析は、個々の残留孤児が直面する生活課題と歴史認識も切り離して捉えない。蘭は、中国からの引揚者（満洲移民体験者）に比べ、残留日本人・帰国者へのインタビューが困難であったと述べ、その理由を、彼・彼女達が差し迫った現在進行中の生活課題に直面していたため、それを解決しないうちには「歴史認識云々を語るゆとり」がなかったことに見出す[三七]。しかし筆者は、そのような困難を感じたことは皆無である。むしろほとんどの残留日本人・帰国者は、差し迫った現在進行中の生活課題の解決を切望し、それゆえに自らの歴史的体験や歴史認識を積極的に語ってくれた。歴史的体験や歴史認識を抜きに、現在直面する生活課題も語りえないからだ。

また生活過程分析は、可能な限り多数の対象者からの聞き取りを必要とする。もとよりたった一人からの聞き取りでも、徹底した生活過程分析を行えば、一定の普遍性をもつ結論は得られる。しかし、「ライフコースや体験の束を収集してパターン化」し、歴史・社会的文脈を把握するには、できるだけ多くの人々の体験を収集する方が、明らかに有利である。

とはいえ一方、生活過程分析は、あくまで個々人を単位とした質的な研究法であり、量的なそれではない。本書の行論中、対象者の人数の多寡に言及することがあるが、それは統計的には無意味であり、質的考察のための参考指標の一つにすぎない。また生活過程分析は後述する如く、インテンシヴなインタビュー調査を不可欠とするため、対象者数に自ずと制約がある。何人であれば十分といった明確な基準もない。雪玉式に対象者を増やし、ある時点で系統的・階層的な諸類型を析出し、さらにしばらく調査を継続し、その諸類型を積極的に否定する新たな対象者が登場しないことを確認し、調査に暫定的決着をつけるしかない。

従来、残留日本人のライフヒストリー研究には、一人またはごく少数の当事者から聞き取った「語り」に依拠したものが少なくない。個人の主観的な生活世界を描こうとする以上、それは当然である。

筆者は、当事者や支援者・ジャーナリストが、個々の残留孤児のかけがえのない人生を記録することに、実践的意義を認める。ただし、それだけでは研究としての価値は低いと考えている。特に残留日本人を研究対象とする場合、その数奇かつ劇的な人生を聞き取り、考察を付記すれば、それだけで戦争・国家・家族・歴史等について何らかの研究的知見を示しえたかのような錯覚に陥りがちである。[三八]

第三項　「方法的アナーキズム」・学際研究と生活過程分析

さて蘭は、主にライフヒストリー法を採用しつつ、同時に「参与観察法や調査票を使った面接調査法、ネットワーク分析や集団分析など対象の側面の特質に応じて手当たりしだいに諸方法を併用するいわゆる方法論的アナーキズムの立場に立つのが、より生産的」と述べる。[三九]

これに対し、生活過程分析では、個々の当事者へのインテンシヴな面接聞き取り調査がほぼ唯一の調査法となる。

ここでまず何より重要なことは、支援者・関係者ではなく、あくまで当事者への聞き取りである。当事者のトータルな生活過程は、当事者にしかわからない。支援者・関係者からの聞き取り——自らと当事者の関係性に視野を限定した第三者からの聞き取り——は、当事者の生活過程を一面的に歪曲して伝えるリスクに満ちている。

またもう一つ重要なことは、集団・関係分析ではなく、あくまで個人を単位とした生活過程の聞き取りである。具体的には、①生活史、②現在の生活過程、③社会諸関係、④社会意識等について、計六〇〜八〇問程度の必要最低限の質問を準備し、それらをすべて詳細に聞き取る。それを前提として調査の現場では、事前に想定していなかった事柄で、当事者の人生・生活において重要な意味をもつ諸事実を、臨機応変に聞き取ってくる。つまり半構造的な調査である。一人当たりのインタビュー時間は多様だが、あくまで経験的にいえば、短くて二時間前後、長ければ五〇時間以上になる。

生活過程分析に、構造的な大量観察のアンケート調査はなじまない。なぜなら、対象者の生活をできるだけトータルに、しかも仮説検証型ではない形で捉える必要があるからだ。(四〇) 逆にすべてを対象者の「語り」に委ねる非構造的なインタビュー調査もふさわしくない。重要なのは、対象者の主観的な「語り」ではなく、現実のトータルな生活過程であるからだ。そして参与観察や集団・関係分析、当事者による手記や「語り」の記録等の二次資料、及び、支援者・関係者からの聞き取りは、あくまで当事者への面接調査のための参考資料として役に立つ。逆に個々の当事者への面接調査を実施しなければ、いくら参与観察や集団分析、二次資料の分析、支援者・関係者への聞き取りを行っても、生活過程分析の資料としては価値がない。

また蘭は、「社会学、人類学、心理学、教育学、そして日本語教育学からなる学際的な組織(四一)」による共同研究を統括してきた。

これに対し、生活過程分析は、学際研究にも批判的な立場をとる。なぜなら生活過程分析は、社会学・人類学・心理学・教育学・政治学・歴史学のような細分化された近代諸科学の専門性それ自体の克服を目指すからである。

生活過程分析が、近代批判としてのマルクスの生活過程論を源泉の一つにしている以上、細分化された近代諸科学やそれを前提とした学際研究に批判的立場をとるのは当然であろう。生活過程分析は前述の如く、日本の地域社会学の伝統の中で培われたが、しかし経済学・政治学等と峻別された近代的学問領域・専門性としての社会学の枠には収まりきらない。そして実際、筆者には疑問である。近代に批判的スタンスを表明・示唆する研究者の多くが、なぜ自らが拠って立つ近代的な学問領域の区分や専門性を批判せず、それを自明視し、それに固執するのか。

第四項　研究と実践

研究と実践の関係についても、蘭と筆者の立場は対照的である。

ここでいう実践とは、主に支援活動を指す。広義には、研究も人間の実践だ。

蘭は、共同研究者のほぼ全員が「現場の専門家」であり、「中国帰国者との出会いはそのボランティア経験からであり、そこでの体験が研究のモチベーションになっている」[四二]と述べる。ただしまたそれゆえに蘭自身は、「現場に『関与』していかない自分自身への負い目を感じ続けていた。やはり自分は研究という名目で彼女／彼らを搾取しているのかと」[四三]悩んだとも述べる。残留孤児の国賠訴訟においても、蘭は「原告団とは距離をとった」[四四]。そして「研究者が現場の専門家より優れているのは、現場の知識を整理して考える時間とそれを整理し相対化できる認識枠組をもっているのと、さらには相手の立場にたって認識する方法論的立場と時間のゆとりを持っている点だ。…（中略）…われわれ研究者は、中国帰国者の論理による生活世界を知り、そして彼らの世界を再構成することによって、はじめて彼らのリアリティに迫ることができよう。このような仕事こそが、わたしたち研究者の役割ではないか」[四五]とも述べる。いわば実践の現場に根ざした研究の意義を認めつつ、同時に実践から距離をおく研究者の独自の意義・役割も認めるのである。

筆者は、蘭と二重の意味で逆のスタンスをとってきた。

すなわち第一に筆者は、つねに実践に関与してきた。国賠訴訟以前から、調査で出会った個々の残留孤児等の待遇改善を求め、行政等に直接、交渉してきた。国賠訴訟では原告を明確に支持し、①兵庫県の原告の調査結果を、当事者の同意を得てほぼすべて弁護団に提供し、②調査結果を報告書にまとめ、原告側書証として神戸地裁に提出し、③調査結果を論文として発表し、神戸地裁の三名の裁判官に郵送した。また原告の主張の正当性を、集会での講演、マスメディアへの情報提供、学者・文化人による緊急アピール[四六]等の形で発信した。国賠訴訟の終結後は、「中国残留日本人孤児を支援する兵庫の会」の仲間とともに支援活動を行い、同時に現行法の枠内では解決しえない政治的諸課題の解決のために微力を尽くしている。

しかし第二に筆者は、研究と実践を峻別し、両者をつねに緊張関係に置くよう心がけてきた。「研究と実践の統一」や「実践の現場に根ざした研究」には、批判的である。確かに筆者は調査研究の中で残留孤児の実情を知り、支援活動（実践）

に取り組んできた。筆者の実践は、研究に支えられている。しかし筆者は少なくとも実践に役立てる目的で調査研究を行ったことは、一度もない。本書の素材となり、結果の一部を神戸地裁に書証として提出した調査も、あくまで純粋な学術研究として実施し、その知見を裁判という実践の場に提供したにすぎない。逆に実践を通して得た知見を研究に役立てたことも、ほとんどない。

筆者が実践と研究の峻別にこだわるのは、そうしなければ双方ともに「甘く」なるからだ。実践は、既にわかっていることに基づき、今／ここで役立つことを徹底的に行わねばならぬ。逆に研究は、わからないからこそ行うのであり、無用の用を徹底的に重視し、認知枠それ自体の革新を目指さねばならぬ。役立つ研究に流れると、研究の固有の使命は見失われる。

支援活動と統一的になされるアクション・リサーチにも、筆者は批判的である。それは、ほとんどのアクション・リサーチャーが、当事者の生活や主体性を自らとの関係に視野を限定して捉えており、支援者（研究者）と無関係に、時にはそれと断絶・敵対して展開する当事者のトータルな生活や主体性を看過しているからだ。支援者（研究者）は、当事者がいなければ支援者（研究者）になれない。当事者は、支援者（研究者）などいなくても当事者である。どちらが自律的主体で、どちらが依存的な存在かは明白であろう。ところがアクション・リサーチャーはしばしば、当事者を「支援の対象（客体）」として、あるいはせいぜい支援者と当事者を「対等平等な協働主体」であるかのように誤解しがちである。

第五項　調査の概要

本書の素材となった調査は、二〇〇四年四～一二月、兵庫県に住む残留孤児四五名を対象として実施した。[四七]調査方法は、インテンシヴな面接聞き取りである。補足調査は二〇一五年七月まで、断続的に行った。調査はすべて中国語で行い、その結果を日本語に翻訳した。

本書の調査対象者は全員、二〇〇四年当時、神戸地方裁判所に国賠訴訟を提訴していた原告である。兵庫の原告団は最終的に六四名であった。本書の調査対象者は、その七割強を占める。

なお本調査結果は、既にいくつかの文献で中間的に発表してきた。[四八]ただし本書の執筆に際し、すべての調査データを再度、厳密に翻訳し直し、個々人の発言の内的連関や意味についても、より深く考察した。矛盾点については、補足の聞き取り調査を実施した。中間発表での記述と本書に多少の齟齬・違いがあるのは、そのような事情に由来する。

対象者のプライバシーを守るため、具体的な事例・発言はすべて匿名とした。

第三節　国家賠償訴訟と新支援策

最後に、国家賠償訴訟の争点と判決を整理しておこう。

第一項　訴訟の争点

残留孤児は二〇〇二年以降、全国一五の地方裁判所で国賠訴訟を起こし、うち八地裁で判決が出された。

主な争点は、次の三点であった。

第一は、残留孤児の被害が戦争被害か否かである。被告の日本政府は、孤児の損害が「国民が等しく受忍すべき戦争被害」であり、それゆえ国家賠償の対象外と主張した。(四九) 一方、原告の孤児は、戦後の日本政府の政策によって新たに生み出された被害だと主張した。

第二は、日本政府に、残留孤児の日本への早期帰国を実現する法的義務があったか否かである。孤児は、その義務があり、しかも違反したと批判した。(五〇) 逆に政府は、義務はなく、しかも可能かつ必要な措置は講じたと反論した。

そして第三は、日本政府に、日本に帰国した残留孤児の自立を支援する法的義務があるか否かだ。孤児は、国にその義務があり、しかも懈怠したと批判した。政府は、義務はなく、また人道的立場から自立支援を実施してきたと主張した。

なお、残留孤児の発生原因も前提的論点となった。原告の孤児は、その原因が日本政府の政策（「満洲国」建国、満洲開拓移民政策、戦争遂行、戦後引揚政策等）にあるとし、これを先行行為として国に早期帰国実現・自立支援の法的義務が成立すると主張した。一方、被告の国は、ソ連参戦以降の混乱が原因と主張し、自らの政策との関連を否定した。

そして残留孤児は、自らの要求を「普通の日本人として人間らしく生きる権利」（関東・徳島・高知）、「祖国日本の地で、日本人として人間らしく生きる権利」（大阪）、「日本人として人間らしく生きる権利」（東海）、「日本人としての幸福を追求する権利もしくは日本国内において人格を形成発展させる権利」（広島）、「日本人として、日本の地で、人間らしく生きる権利」（兵庫）等と定式化した。(五一) これに対し、日本政府は、そのような権利は法的根拠に欠け、内容も不明確だと反論した。

第二項　各地方裁判所の判決

では、判決を概観しよう。(五二)

まず原告勝訴の判決を出したのは、本書の対象者が原告となった神戸地裁のみである。他の七地裁（大阪・東京・徳島・名古屋・広島・札幌・高知）は、原告の請求を棄却した。この結果だけをみれば、日本の司法は、残留孤児の主張を概ね認めなかったといえよう。

ただし判決内容に踏み込めば、その趣旨・論理は多様である。また原告敗訴の判決も、孤児の主張を全面的に認めなかったわけではない。

まず第一に、ほとんどの裁判所は、「残留孤児の損害は国民が等しく受忍すべき戦争損害」とする日本政府の主張を認めなかった。神戸・徳島・名古屋の三地裁は、それを戦争損害の範疇にとどまらないと認定した。高知・札幌の二地裁も事実上、戦後の日本政府の政策に起因する被害を認めた。大阪・広島の二地裁は、帰国後の自立生活の困難に限定して、これのみを戦争被害と認めた。

こうした中で唯一、東京地裁は、残留孤児の被害を「戦争損害に含まれるとみる余地がある」とした。同判決によれば、残留孤児の発生原因は、「ソ連軍との戦闘行為、…（中略）…ソ連兵や土匪や現地住民による日本人に対する…（中略）…犯罪行為」である。また、残留孤児の被害――日本への帰国の可能性を奪われ、実父母と離別し、日本語を母語とすることができなかったこと――の原因は、引き取った養父母が中国人だったことにある。同判決において、残留孤児の「危険状態」とは、中国人養父母に引き取られて養育された状態を指す。

さて第二に、国の早期帰国実現義務については、大阪・徳島・名古屋・高知・神戸の五地裁が一九七二年の日中国交正常化以降に限定してではあるが、これを実質的に認めた。広島地裁は、高度な政治的責務を認めた。

ただし国の早期帰国義務違反・違法な帰国妨害行為を認めたのは、神戸・高知の二地裁のみである。神戸地裁は、日本政府による残留孤児の帰国制限に一部違法性を認め、帰国を妨げられた孤児への国家賠償を命じた。高知地裁は、国の早期帰国実現義務を「召還義務」「国籍調査義務」「所在調査義務」に分けて検証し、国にそのすべての義務違反を認めたが、残留孤児が日本帰国後三年以内に提訴しなかったことを理由に時効が成立しているとし、原告請求を棄却した。

一方、早期帰国実現の義務・責務を一切認めなかったのは、札幌と東京の二地裁である。札幌地裁は、戦前の国の諸政策を高度に政治的な行為として司法判断を避け、これを先行行為とする国の早期帰国実現義務も認めなかった。東京地裁は、中国人養父母による養育それ自体を「危険状態」とみなす前述の立場から、国交正常化まで既に二六年間が経過しており、それ以降に早期帰国策を実施しても被害の発生を防ぐことにならないので、日本政府の早期帰国実現義務は成立しないとした。

第三に、国の自立支援義務は、神戸・名古屋・札幌の三地裁が認めた。徳島地裁は、高度な政治的責務を認めた。

ただし、自立支援義務違反を認め、国家賠償を命じたのは、神戸地裁のみである。大阪・広島・東京・徳島の四地裁は、国に早期帰国実現等の義務違反がない以上、帰国後の自立支援義務も成立しないと認定した。また大阪・広島の二地裁は、孤児の帰国後の生活の困難に限り、これを国民が等しく受忍すべき戦争被害に属すると述べた。高知地裁は、自立支援義務を認めなかった。

第四に、国の義務違反を認めず、原告の請求を棄却した地裁も、その多くが、孤児の深刻な損害、及び、国の政策の不十分さに言及した。大阪地裁は、帰国後の孤児の劣悪な生活実態を「看過することはできない」と述べた。広島地裁も、帰国後の孤児の生活状況が苦しいものであり、その苦難の発生に国の行為や帰国の遅延が大きな要因になっている事実を認めた。徳島地裁も、国が自立支援の政治的責務を十分に果たしていないとし、国に努力を促した。名古屋・札幌地裁も、国の政策が遅きに失し、多くの問題を含んでいたことに言及した。

ただしこれらの地裁は、事後的・結果的に見れば日本政府の政策に問題・不十分さがあったとはいえ、当時は支援方法が未確立で、国も「手探り」状態であり、また広範な行政裁量を認める立場から、法的義務違反・違法行為があったとまでは言えないとの判断を示した。

そして第五に、残留孤児が主張した「普通の日本人として人間らしく生きる権利」（及び、各地の原告が唱えたそれに類する諸権利）は、ほとんどの地裁が、これを認めなかった。ただし唯一、東京地裁は、中国人養父母に引き取られた状態を「危険状態」とみなす前述の立場から、「普通の日本人として人間らしく成長・発達する権利」、つまり母語としての日本語を獲得し、家族の庇護の下に成長する権利は既に侵害されてしまっているとして、国の早期帰国実現義務の成立を否定した。その限りで東京地裁の判決は、この権利を前提とした立論となっている。
以上の諸判決の妥当性は、本書全体の分析をふまえ、終章で検証する。

第三項　新支援策

さてこうした国賠訴訟を経て、二〇〇七年一一月に支援法が一部改正され、二〇〇八年四月から新たな支援策（以下、新支援策）が本格実施された（五三）。

新支援策の策定と実施は、本書が素材とする実態調査（二〇〇四年）より後の出来事である。したがって本書の生活過程分析と直接、関係がない。ただし、新支援策の妥当性や問題点を検証する上で、本書の分析は一定の意義をもつ。そこで、新支援策の特徴と成立過程について若干、触れておこう。

新支援策は、残留日本人の生活に一定の改善をもたらした。すなわちまず、月額六万六〇〇〇円程度の老齢基礎年金が満額支給されることになった。最高で月額八万円の支援給付金制度も創設された。生活相談にあたる支援・相談員制度が新設され、多様な支援事業（日本語教育、地域交流等）も用意された。

しかし、こうした法改正・新支援策には、訴訟当時の残留孤児の主張からいえば、いくつかの限界があったことは否めない。

まず第一に、日本政府は依然として義務違反を認めず、早期帰国や自立支援に関わる諸政策の問題について謝罪・補償していない（五四）。

そこで第二に、新支援策は、国の責任をふまえ、すべての残留孤児等に一律に補償するものとはならなかった。特に新支援策の中軸をなす支援給付金は生活保護と同様、収入認定を課し、生活困窮者に個別に支給される制度となった（五五）。

第三に、新支援策の実現は、政府与党の強い意向で「裁判との同時決着」とされ、訴訟取り下げが事実上の交換条件とされた（五六）。高齢化し、貧窮にあえいでいた残留孤児にとって、新支援策の一刻も早い実現は、生死に直結する切実な課題であった。提訴以来、既に全国で七〇名以上もの原告が亡くなっていた。こうした中で多くの孤児は新支援策に不満や疑問を抱きつつ、苦渋の選択として訴訟の取り下げを決断せざるをえなかった。

こうした新支援策、特に支援給付金の収入認定をめぐる厳しい折衝の最終局面で、全国原告団・弁護団の内部に一定の理解の齟齬が生じた。

この齟齬は、支援給付金において「収入認定やむなし」と

する関東等の原告団・弁護団と、これに批判的な兵庫等の原告団・弁護団の対立という図式で捉えられがちである。（五七）

しかし筆者には、そうした捉え方は、やや表面的であるように思われる。

なぜならまず第一に、収入認定の受け入れは、兵庫だけでなく関東を含む全国各地の原告にとっても、極めて短期間の緊迫した政治情勢下で決断を迫られた苦渋の選択であった。（五八）

第二に、兵庫の原告も、最終的には自らの判断で新支援策を受け入れ、訴訟を取り下げた。それを決定する兵庫の原告団会議では、多くの原告が涙を流して悔しがりつつ、それでも全国の団結を守るため、訴訟の取り下げを断腸の思いで自ら決断した。

したがって第三に、新支援策の受け入れをめぐる齟齬は、関東と兵庫の対立というより、一人ひとりの原告の葛藤の現れであったといってよい。そしてこの葛藤・対立を創出したのは、ぎりぎりの最終局面で収入認定をめぐる情報を操作し、訴訟取り下げを新支援策導入の交換条件として改めて打ち出した政府与党の巧妙な政治戦術であった。（五九）

〔補注〕

（一）中国「残留孤児」国家賠償訴訟弁護団全国連絡会編（二〇〇九）四七頁。

（二）厚生省援護局編（一九八七）一七頁。

（三）猪股（二〇〇九）四頁、北崎（一九九七）二〇七頁、小川（一九九五）三六頁、小川（一九九二）二九〇頁、中島・NHK取材班編（一九九〇）一四五頁、班（一九九六）一〇〜一一頁、呉（二〇〇〇）一三八頁、堀越（一九八六）三七一〜三七二頁、日渡（一九九八）、蘭（二〇〇六-b）一〇〜一一頁、吉川（二〇〇六）一九八頁、南（二〇一六）一六二〜一六三頁。

（四）庵谷（二〇〇九）二二七〜二二八頁。

（五）南（二〇〇九-a）一二九頁。

（六）日垣（一九八八）一九七〜一九八頁。

（七）問題があるとすれば、一九四五年八月九日以前に日本人実父母から中国人に養子に出された子供等、極めて例外的なケースの位置づけである。福地（一九九八）参照。

（八）佐々木（一九八五）二一〇頁、清水（一九八九）三二頁、呉（二〇〇〇）一三八頁、呉（二〇〇四）七頁。

（九）関・張（二〇〇八）一七七頁。

（一〇）南（二〇一〇-a）六〇〜六一頁、南（二〇一六）二一九〜二二三頁、綱島（一九九七）、木下（二〇〇三）一五〜一八・五〇〜五七頁。

（一一）井出（一九八六-a）一一頁、井出（一九八五）一四二〜一四三頁、庵谷（二〇〇九）二二八頁、蘭（二〇〇六-b）六頁、澤山（二〇〇六）四八頁、綱島（一九九七）、山田（二〇〇六）八六頁、泉（二〇〇五）一頁、小川（一九九五）三四〜三六頁、大櫛（二〇〇六）二〇八頁、中野（一九八七）四二～四四頁、小栗（二〇〇八）一二三頁。

（一二）林（一九八三）一二八頁、中野（一九八七）四四頁、井出（一九八六-a）一一頁、井出（一九八五）一四二～一四三頁、南（二〇一〇-a）六〇～六一頁。

（一三）清原（一九九四）三五五頁、山崎（一九九九）二一一～二一二頁。土井（一九九六）九〇～九一頁も参照。

（一四）中野（一九八七）四三～四四頁。

（一五）林（二〇〇二）五七頁。

（一六）張・関（二〇〇六）六四頁。

（一七）南（二〇一〇-a）六〇～六一頁。

（一八）井出（一九八五）一四二頁等。

（一九）遠藤（一九八七）一九六頁、厚生省援護局編（一九八七）冒頭。

（二〇）読売新聞大阪社会部（一九八二）。

（二一）南（二〇一〇-a）六〇～六一頁で紹介される大久保明男の見解等。

（二二）小林（一九八八）七五頁。

（二三）布施（一九七二）、布施（一九八八）、布施・岩城・小林（一九八三）。

（二四）エンゲルス（一九七五）四〇一～四〇二頁。

（二五）マルクス・エンゲルス（一九六三）三六～三七頁。

（二六）浅野（一九九五-b）、浅野（一九九六）。

（二七）詳細は、浅野編著（二〇〇七-c）三一～三四頁、浅野（二〇〇五）一七四～一七八頁等。

（二八）蘭（二〇〇〇-b）四一頁。

（二九）蘭（二〇〇九-b）三二頁。

（三〇）蘭（二〇〇〇-b）四四～四五頁。

（三一）蘭（二〇〇九-b）三三頁。

（三二）蘭（二〇〇〇-a）九頁。蘭（二〇〇〇-b）四五頁、蘭（一九九四）一八頁も参照。

（三三）蘭（二〇〇〇-b）四一頁。

（三四）蘭（二〇〇九-b）三三頁。

（三五）蘭（二〇〇〇-c）四〇一頁。蘭（一九九四）一八頁も参照。

（三六）ミルズ（一九六五）四頁。

（三七）蘭（二〇〇九-c）六三四～六三五頁。蘭（二〇〇〇-b）二二頁も参照。

（三八）松田（一九八三）、中川・（中川）正安・斎藤（二〇〇六）、佐藤・大越・山下（二〇〇九）、吉田（一九八七）、小栗（二〇〇六）、趙（二〇〇九）、班（一九九二）、班（一九九六）、北崎（一九七三）、粟野（二〇〇四）、青木（二〇一〇）、青木（二〇一一）、片岡（一九九三）、王（二〇〇七）、陳（二〇〇七）、于（二〇〇七）、奈良中国帰国者支援交流会編（二〇〇八）、坂本（二〇〇七）、村上（二〇〇九）、渡辺（一九八九）、中国帰国者の会編（二〇〇三）、中国帰国者の会編（二〇一一）、中国帰国者支援・交流センター編（二〇〇五）、中国帰国者支援交流センター編（二〇〇八）、中国「残留孤児」証言集『二つの祖国に生きて』発行委員会（二〇〇六）、庄司（一九九一）、京都「自分史を書く会」編（二〇〇四）、平野（二〇一一）、大道・鈴木・坂本・野田（一九八八）、大櫛（一九八五）、石川（二〇一三）、大久保真紀（二〇〇六-b）、山形県中国帰国者自立研修センター（二〇〇三）、島本（二〇一一）、平井（二〇一五）等。

（三九）蘭（二〇〇〇-b）四五頁。蘭（一九九四）一九頁も参照。

（四〇）箕口・江畑・曽・山田・益子・他（一九九六-a）三五頁、箕口・江畑・曽・山田・益子・他（一九九六-b）、箕口（二〇〇二）一〇六頁等は、中国帰国者の適応に関する研究を、①移住後の主観的体験の変遷を回顧する回顧的研究、②一時点における心理的適応状態とその時点における生活状況との関連を明らかにする横断的研究、そして③適応過程に関する諸要因を仮説的に想定し、それらと適応状態との関連を継時的に検証する前向き研究に大別し、③前向き研究の意義を重視する。本書の生活過程分析は、①〜③のいずれとも異なる。まず本書は、帰国定住後の適応研究ではない。生活史についても移住後の主観的体験に限定せず、調査時点においても心理的適応状態に重点をおかない。あらかじめ仮説的に想定した諸要因で検証するといった方法論も採らない。

（四一）蘭（二〇〇〇-a）七〜八頁。蘭（二〇〇九-b）二三頁も参照。

（四二）蘭（二〇〇〇-a）八〜九頁。

（四三）蘭（二〇〇九-c）六三五頁。

（四四）蘭（二〇〇九-c）六三六頁。同六三四頁も参照。

（四五）蘭（二〇〇〇-b）四二頁。蘭（二〇〇九-c）六三五頁も参照。

（四六）中国「残留孤児」国家賠償訴訟弁護団全国連絡会編（二〇〇九）八〇頁。

（四七）本研究には、二〇〇一〜〇四年度科学研究費（基盤研究A一）「都市のユニバーサリズム、ナショナリズム、ローカリズム」、二〇〇四年度日本経済研究奨励財団奨励金「中国残留日本人・日系人の生活史・誌と社会変動に関する実証的研究」、二〇〇六年度神戸大学発達科学部研究推進支援経費「中国に生きる残留日本人・日系人の生活と社会意識に関する研究」、二〇〇七〜〇九年度科学研究費（基盤研究C）「中国に生きる残留日本人・日系人—ポスト・コロニアル時代の『国民』と『人間』」、二〇一〇年度日本経済研究センター研究奨励金「中国残留日本人・日系人の生活と越境的社会・経済圏の構築」、二〇一〇〜一二年度科学研究費（基盤研究C）「中国残留日本人・日系人の生活と越境的社会圏の構築」、二〇一二年度〜継続中（基盤研究C）「戦後日本の夜間中学とその生徒—ポスト・コロニアルの東アジア社会変動論の視座から」（以上、いずれも研究代表者・浅野慎一）、二〇〇二〜〇四年度科学研究費（基盤研究B）「グローバリゼーション下のHuman Developmentと新たな公共性の構築」（研究代表者・二宮厚美）、二〇〇七〜〇八年度科学研究費（基盤研究C）「Human Developmentと新しい公共性を軸とした社会秩序の学際的研究」（研究代表者・和田進）、二〇一一〜一四年度科学研究費（挑戦的萌芽研究）「東アジアにおける越境的社会権の可能性と課題」（研究代表者・山崎健）の助成を受けた。記して謝意を表したい。

（四八）浅野（二〇〇六-a）、浅野（二〇〇七-a）、浅野（二〇〇七-b）、浅野（二〇〇八）、浅野（二〇〇九-a）、浅野（二〇〇九-b）、浅野（二〇一一）、浅野・佟（二〇〇六-a）、浅野・佟（二〇〇八-a）、浅野・佟（二〇〇八-b）、浅野・佟（二〇〇九）、浅野・佟（二〇一〇-a）、浅野・佟（二〇一〇-b）、浅野・佟（二〇一一）、佟（二〇一二）、佟・浅野（二〇〇九-b）、佟・浅野（二〇一〇）、佟・浅野（二〇一一-a）、佟・浅野（二〇一一-b）、Tong & Asano（二〇一四）。本書各章の序節については、浅野（二〇一四）、浅野（二〇一五）。

（四九）最高裁大法廷一九六八年一一月二七日判決『民集二二巻一二号二八〇八頁』。西埜（二〇〇七-b）三四九頁、無署名（二〇一二）二四〜二七頁も参照。

（五〇）各地の弁護団の訴状によって、「早期帰国支援義務」と「早期帰国実現義務」が見られる。小栗（二〇〇八）一〇二頁。

（五一）小栗（二〇〇八）一〇二・一〇六頁は鹿児島弁護団の訴状に依拠し、「普通の日本人として生きる」権利の侵害を、自立支援義務違反に限定して見出している。

（五二）各判決については、中国「残留孤児」国家賠償訴訟弁護団全国連絡会編（二〇〇九）、T（無署名）（二〇〇七-a）一三〇頁、西埜（二〇〇七-a）八〜九頁、人見（二〇〇六-a）、井出（二〇〇七）、菅原（二〇〇九）一九〇〜一九一頁、斉藤（二〇〇九）七五〜七六頁、北澤（二〇〇七）、小栗（二〇〇七-a）、小栗（二〇〇七-b）二五〜二七頁、小栗（二〇〇九）三〜四頁、無署名（二〇〇七-c）、中坂（二〇〇九）、石井（二〇一〇）三六頁、井上（二〇〇六）二八〜三一頁、内藤（二〇〇七）、西岡（二〇〇七-b）三五〜三六頁、吉川（二〇〇六）一九九〜二〇〇頁、中国「残留孤児」国家賠償訴訟札幌訴訟原告団・弁護団（二〇一〇）。

（五三）大久保真紀（二〇〇八）一三二〜一三三頁、大久保真紀（二〇〇九）三〇六〜三〇八頁、大久保真紀（二〇一〇）二六二頁、小栗（二〇〇七-b）八頁、中国「残留孤児」国家賠償訴訟弁護団全国連絡会編（二〇〇九）二七八〜三〇〇頁、田中（二〇〇八）、宮武（二〇一一）一一三〜一一四頁、菅原（二〇〇九）二二〇〜二二五頁等。

（五四）残留婦人等の国賠訴訟は、新支援策施行後も取り下げられず、最高裁で争われた。同訴訟弁護士の石井（二〇一〇）三六頁は、「新支援策は…（中略）…国の責任を明確にしたものではない。…（中略）…原告たちは、『どうしても国の責任を明確にさせたい』としたからである」と述べる。宮井（二〇〇八）一一三頁も、「でも、まだ半分。国は謝罪の言葉は言わない」とのボランティア・山村文子の声を紹介している。

（五五）無署名（二〇〇七-b）六〇頁。

（五六）『法と民主主義』四二五（二〇〇八）の座談会における安原幸彦弁護士の発言参照。

（五七）大久保真紀（二〇〇九）三一〇〜三一一頁。大久保真紀（二〇一〇）二六五頁、中国「残留孤児」国家賠償訴訟弁護団全国連絡会編（二〇〇九）二三一頁も参照。

（五八）中国「残留孤児」国家賠償訴訟弁護団全国連絡会編（二〇〇九）二三二〜二三三頁、大久保真紀（二〇〇九）三〇五頁。

（五九）中国「残留孤児」国家賠償訴訟弁護団全国連絡会編（二〇〇九）二三二〜二三三頁。

第一章　誕生と戦争被害

序節　問題の所在

第一項　残留孤児の誕生

残留孤児は、いつから残留孤児になったのか。これは、十分に議論の余地と価値がある論題だ。日本敗戦前後、中国で日本人の実父母と離別・死別した時か、あるいは中国人の養父母に引き取られた時か。日本への集団引揚に参加できず、中国残留が決まった時か、それとも当事者の生活や意識とはまったく無関係に日本国内で「残留孤児」という言葉が生まれた時か。あるいはまた日中両政府によって正式に残留孤児と認定されるまで、残留孤児ではなかったというべきなのか。日本敗戦時に乳幼児だった残留孤児には、成人後、時には中高年になってから、自らが残留孤児と知らされた人もいる。そうした人々は、事実を知らずに生きてきた数十年間、残留孤児だったと言えるのか。そして今なお事実を教えられることなく、中国の地で中国人として暮らしている日本人の実子は、果たして残留孤児なのか。

このことはまず、残留孤児になった時点が、一つの単純な指標では規定しえないという現実を物語っている。

ただし、残留孤児が誕生した客観的かつ決定的なイベントの一つが、一九四六～五八年にかけて断続的に実施された日本への集団引揚であったことは、疑いえない。この時期、中国東北地方には、多数の日本人の子供達が取り残されていた。その中で、集団引揚で日本に帰還しえた子供は「引揚者（引揚児童）」になり、帰還しえなかった子供が残留孤児になったのである（一）。中国残留邦人等支援法も中国残留邦人を「中国の地域における昭和二十年八月九日以後の混乱等の状況の下で**本邦に引き揚げることなく**…（中略）…引き続き中国の地域に居住している者（傍点筆者）」と定義している。

なお、引揚児童にも残留孤児にもなれなかった日本人の子供達も多い。中国の地で死んでいった子供達である。残留孤児は、中国人の養育の下、とにもかくにも生き延び、かろうじて残留孤児になることができたともいえる。

従来、こうした残留孤児の誕生、特に引揚者との分岐点は、ややもすれば曖昧にされてきた。なぜなら戦後の日本社会において残留孤児の誕生の経過は、主に引揚者によって代弁されてきたからだ。残留孤児の多くが日本に帰国しえたのは、一九八〇年代以降である。しかも彼・彼女達は日本敗戦時に幼少だったため、当時の記憶が希薄であることも多い。日本語の壁もある。そこで彼・彼女達が残留孤児になった経過を日本の社会・マスメディアに向かって直接語り伝えてきたのは、多くの場合、当事者ではなく、中国からの引揚者であった。ただし正確にいえば、そこで語り伝えられた事実は、引揚者が引揚船に乗る以前に体験・目撃した、いわば引揚者と残留孤児の難民としての共通体験である。引揚者は、「自らも残留孤児になりかねなかった」との実感に基づき、自らと残留孤児の共通性・連続性を語った。残留孤児と引揚者の異質性・断絶性を語ることができる主体は、戦後の日本に長らく存在しなかった。

南誠は、「これまでの研究ないし言説空間において、両者（残留日本人と引揚者。筆者注）を分岐した契機は必ずしも明らかにされていない。…（中略）…両者の分岐点は敗戦直後ではなく、…（中略）…戦後空間で生じたものだと考えるべきであろう[二]」と述べる。極めて妥当かつ重要な指摘である。残留孤児は、戦争によってではなく、戦後の引揚政策とその終結を契機として誕生した固有の主体といわねばならない。

この事実をふまえれば、本書の対象者は誕生時点から早くとも一九四六年頃まで、残留孤児ではなかったことになる。本章で、この時期の対象者を残留孤児と呼ぶ場合もあるが、それはもっぱら説明の繁雑さを避けるためでしかない。

こうした根本的な論点を保留すれば、残留孤児が広義の戦争被害者であることは、ほとんどの先行研究において大まかな合意がある。

ただしその戦争被害の内実をめぐっては、例えば二〇〇二年以降の国賠訴訟においても、いくつもの論点が重層的に争われた。

第二項　残留孤児の被害を戦争被害に限定できるか？

まず第一の論点は、残留孤児の被害を戦争被害に限定できるか否か、である。

残留孤児の多くは、日本敗戦前後に肉親と離別・死別し、その後も中高年になるまで日本への帰国を許されず、ようやく日本に帰国した後も数々の苦難に直面してきた。これらの約七〇年間にわたって連続的に生起した諸々の苦難のすべてを「戦争被害」に包括しうるのか、という問題だ。

序章第三節で述べた如く、被告の日本政府は、残留孤児の被害が「国民が等しく受忍すべき戦争損害」であると主張した（以下、「受忍論」とする）。残留孤児を戦争被害者とみなしてきたのは、日本政府だけではない。戦後の日本社会も、この認識を広く共有してきた。一九八五年、厚生省の諮問機関である中国残留日本人孤児問題懇談会は、「孤児は過去の不幸な戦争の犠牲者」[三]との認識に立ち、支援策を答申した。ほとんどのマスメディアも、残留孤児を「今なお残る戦争の傷痕」、「忘れてはならぬ戦争の記憶」、「語り継ぐべき戦争の歴史」の一素材として報道し続けている[四]。

一方、原告の残留孤児と弁護団は、その苦難が戦争被害というより、戦後に新たに生み出された被害であると主張した[五]。それは、戦争被害を国家賠償の対象外とする「受忍論」を回避するための法廷戦術にとどまらない。残留孤児を支援してきたボランティアの一部は、遅くとも一九八五年以来、戦争の引揚者支援の延長上でしかなされず、引揚者との違いを軽視していると批判してきた[六]。一九八八年に孤児の被害を詳細に調査した鈴木孝雄も、それが「単に戦争だけの被害では」なく、「独立回復後の日本が自分でとった政治の決着の問題」だと述べている[七]。

以上の論点は、残留孤児問題を帝国主義・植民地支配の残滓とみなすか、それともポスト・コロニアルの時代が生み出した新たな問題と捉えるかという歴史認識上の対立である。

その中にあって、蘭信三はやや特異な立場をとっている。蘭は、戦後の日本社会が残留日本人・帰国者を「戦争被害者である日本国民」としてナショナリスティックに受容し、同時にそれゆえにこそ文化的に異質な「中国人」とみなして排除してきたと批判する[八]。これは戦後の日本社会への批判であり、その限りでポスト・コロニアリズムの視点といえる。しかしその際、蘭が重視する受容と排除の基準は、あくまでナショナリズムでしかない。いうまでもなくナショナリズムは、ポスト・コロニアル時代に固有の社会意識ではない。

しかも蘭は、それをしばしば自身の研究テーマである「満洲(九)」の「記憶」と結びつけて論じる。蘭にとっての残留日本人問題は、つねに帝国崩壊のナショナルな「記憶」へと還流する。蘭は、残留孤児を「帝国の落とし子」(一〇)とみなし、「『満洲』と日本を問い続け」(一一)る。こうして蘭の認知枠は、日本政府が主張する戦争被害論へと限りなく近似していかざるをえない。蘭は、残留孤児が提訴した国賠訴訟も、「先の戦争」の影がいまだに尾を引く、「終わらぬ戦後」の課題と捉えている(一二)。

第三項　戦争被害と国家責任

さて第二の論点は、戦争被害における国家責任である。国賠訴訟において、被告の日本政府だけでなく、原告の残留孤児もまた一定の文脈で、自らが戦争被害者だと主張した。そこには、①国家が起こした戦争被害だからこそ国家賠償すべきであり、しかも②残留孤児の戦争被害は一般の日本国民のそれとは同一視できないという二つの主張が込められていた(一三)。

蘭信三は、ここでも独特の立ち位置をとる。蘭は、戦争被害者であることを強く訴える残留孤児、及び、「残留日本人だけが戦争被害者ではない」とする日本の行政・日本人・日本社会との対立に着目し、これを中国と日本の歴史観・戦争観の違いに根ざす感情的対立・行き違いとみなす(一四)。そして中国の歴史観・戦争観に鈍感で、歴史的想像力を欠如させた日本人・日本社会・行政の側を、批判するのである。

蘭の認識は、一見、残留孤児を擁護しているかに見える。しかし、残留孤児の主張――①受忍論批判、及び、②自らを特殊な戦争被害者とする認識――は、蘭が言うような中国に固有の歴史観・戦争観ではない。それは日本・中国の違いを問わない階級的立場からの主張である。つまり①戦争被害を受けた民衆として、加害者たる国家の責任を追及し、しかも②民衆が被った多様な戦争被害は国民としての同質性に回収しえないという主張だ。

一方、「残留日本人だけが被害者ではない（国民は皆、被害者だ）」という主張もまた、日本・日本人に固有の歴史観・戦争観ではない。それは国民の同質性を重視する立場であり、ましてそれが国民としての受忍を求める文脈で発せられる時、それは極めて没階級的な国民主義の主張にほかならない。

こうした階級的主張と国民的主張の対立を、あたかも中国と日本の戦争観・歴史観の違いに根ざす感情的対立であるかのように見なす蘭の視点は、それ自体、国民主義的であり、没階級的と言わざるをえない。つまり蘭は日本人・日本社会・

行政の側を批判するが、しかしその批判の観点そのものが、日本政府が唱える受忍論と同様、あくまで国民主義的なそれにほかならないのである。

第四項　戦争被害の責任主体／加害と被害

第三の論点は、戦争被害の責任主体、及び、加害と被害の関係である。

国賠訴訟において、被告の日本政府は、残留孤児の戦争被害がソ連の対日参戦によって生じた混乱に起因すると主張した[一五]。これに対し、原告の残留孤児は、日本政府の諸国策が被害を生み出した原因の一つだと訴えた。

これが、国賠訴訟において戦争被害をめぐる最大の争点であった。

そして日本政府の諸国策が残留孤児の発生原因であったとすれば、残留孤児は、日本による中国侵略・植民地支配の中で生み出されたことになる。

これをふまえ、残留孤児の発生原因の中に、日本人としての加害者性を見出す論者も少なくない。もとより敗戦時に未成年だった残留孤児を露骨に戦争の加害者とみなす見解は少ない。しかし家永三郎・中野謙二は、残留孤児のような子供にも日本人としての加害者性を見出している[一六]。年長の残留婦人や満洲開拓移民を植民地支配の尖兵と捉え、日本敗戦時における彼・彼女達の苦難に加害と被害の錯綜を見出す論者は、枚挙にいとまがない[一七][一八]。これらはいずれも、日本人の加害者性を重視した国民主義の立場といえる。

一方、残留孤児はもちろん、残留婦人や満洲開拓移民を含む日本人民衆を――中国人民衆と同様――、日本による侵略戦争の被害者と捉える論者もいる[一九]。これは中国や日本の共産党、及び、残留孤児を引き取って育てた中国の民衆の心情に見られた、すぐれて階級的な立場である。

こうした中にあって、蘭信三は国民主義の立場に立ち、残留日本人の体験に加害と被害の錯綜を見出す論者の一人である[二〇]。そこで蘭は、満洲移民・残留日本人が日本敗戦時に経験した被害の中でも、「満洲国」崩壊と同時に「中国人の敵意の矢面」に立たされ、中国人による収奪・襲撃、及び、迫害に遭遇し、「敵国人として生命の危機」に曝されたことを、最も重視する[二一]。そして蘭によれば、こうした状況を生み出したのは、帝国崩壊・植民地的状況の解体による混乱、政治的・治安的な「真空状態」である。この認識はまさに、残留孤児の発生を「ソ連の対日参戦によって生じた混乱」に起因するとみなす日本政府の主張と限りなく近似している。

以上のように蘭は、戦後の日本社会や日本人を批判し、戦中の日本人の加害者性を重視する。ただし蘭のそうした主張は、つねに国民主義的視点から発する。そこで、①「残留孤児の被害＝戦争被害」論、②「受忍論＝日本・日本人の国民的な歴史観・戦争観」とする認識、そして③ソ連参戦・植民地崩壊に伴う混乱と政治・治安的な「真空状態」論など、いずれも国賠訴訟における日本政府の認識・主張に近似していく。蘭が、国賠訴訟において「原告団と距離」[二二]をとったのは、その理論的立場からして当然といえよう。

第五項　戦争被害の共通性と個別性／必然性と偶然性

第四の論点は、残留孤児の戦争被害における共通性と個別性／必然性と偶然性である。

国賠訴訟において、残留孤児が自らの被害を詳細に語れば語るほど、そこには様々な個人的事情や偶然の要素が不可避的に入り込んだ[二三]。また日本の敗戦時、特に幼少だった残留孤児は、当時の記憶が乏しく、自らの被害を具体的に語りえなかった。

そこで被告の日本政府は、「残留孤児に共通して論じられる被害は存在しない」、「原告各人の個別事情は、国の政策の違法性認定と無関係」と主張した。

しかし残留孤児の被害が、まったく個々バラバラだったわけでもない。そこには一定の共通性と多様性がある。

先行研究には、残留孤児が実父母と離別・死別し、中国人に引き取られた経過に着目した類型化の試みがある。

例えば郡司彦は、①撃滅孤児（戦場となった跡に取り残された者）、②退避孤児（退避する途中ではぐれ、または捨てられた者）、③難民孤児（難民収容所で中国人にもらわれたり、買われた者）、④拉致・誘拐孤児（拉致・誘拐された者）、⑤その他の五類型を提示した[二四]。

菅原幸助も、①避難孤児（親が死に、中国人に育てられた子供）、②難民孤児（収容所に中国人がもらいに行って育てた子供）、③預かり孤児（親が「死なせるよりは」と中国人に預かってもらった子供）、④拉致孤児（攫われた子供）、⑤売買孤児（人身売買）といった類型を示している[二五]。

中野謙二は、①難民孤児（親の死亡にともなう孤児）、②預かり孤児（逃避行中に手離された孤児）、③拉致孤児（つれ去られた孤児）等に区分した[二六]。

残留孤児に限定した分類ではないが、猪股祐介は、残留日本人が中国人家庭に入った経緯を、①遭難型、②困窮型、③就労型等に区分している[二七]。南誠は、①求助型（その中に、難民型、離別型、見捨てられ型、勧められ型、家族・親族救済型)、②救助型(撃滅型、避難型、難民型、感謝型)、③徴用・就職型、④拉致・売買型と細かく区分している。(二八)

これらは、多様な、しかも場合によっては当事者にも語りえない残留孤児の発生状況を捉えようとする貴重な試みだ。ただしこれらはいずれも、中国人に引き取られた経過に着眼した類型化であり、そうした経過が生み出された政治・社会的な背景まで捉えていない。残留孤児の発生や被害を個別事情や偶然ではない形で把握するには、政治・社会的背景に踏み込んだ、より構造的・立体的な分析が必要であろう。

第一節　基本属性とソ連侵攻以前の生活

ではまず、対象者の基本属性、及び、ソ連侵攻以前の生活実態をみていこう。

第一項　基本属性

対象者は、一九三二～四七年に誕生した。日本敗戦時、いずれも一三歳未満である。男性は二三名、女性が二二名だ。出生地は日本が二〇名、中国が一三名、不明が一二名である。

実父の中国での職業は、満洲開拓移民が一七名と最も多く、都市的職業従事者が九名、軍人が五名、不明が一四名である。(二九)ここでいう軍人は、職業軍人とは限らない。対象者が物心ついた時、実父が徴兵され、軍人と記憶された場合を含む。

日本敗戦時の居住地は、黒龍江省をはじめとする農村が二二名で、その多くが開拓移民の子供である。一方、遼寧省・吉林省・黒龍江省の都市は一三名で、その多くは都市的職業従事者・軍人の子供だ。残る一〇名は、居住地の記憶がない。

第二項　満洲開拓移民の入植と生活

では、満洲開拓移民の家族に生まれた対象者の入植と生活の実態をみていこう。

日本政府は一九三二年一〇月、傀儡国家「満洲国」への移民送出を開始した。特に一九三六年八月、廣田弘毅内閣は二〇年間で一〇〇万戸・五〇〇万人の日本人移民を送出する満洲農業移民百万戸計画を策定し、同年一一月にこれを七大重要国策の一環とした。また一九三九年一二月、日本政府は満洲開拓政策基本要綱を決定し、四二年一月には満洲開拓第二期五カ年計画要綱において「東亜共栄圏内における大和民族の配分布置の基本国策に照応し」、「日満両国一体的の重要国策たる使命をさらに昂揚し、特に日本内地人開拓民を中核とする民族協和の確立達成、東亜防衛における北方拠点の強化」を図ることとした。こうして一九四五年八月までに、約二七万人の開拓移民が国策として送出された。

開拓移民の任務は、農業等の発展により「満洲国」の産業基盤を固めることとともに、「満」ソ国境の防衛・治安維持にあった。そこで入植地は「満」ソ国境に近い北部・東北部に多数、配置された(三〇)。日本政府は、「満洲はよい所」、「一〇町歩の地主になれる」と旺盛に宣伝し、移民を募集した。しかし応募者数は計画・目標に達せず、県・市町村への事実上、強制的な割り当て・動員も行われた。応募者の多くは、貧困な農民であった。

*「私の実父母は農民でしたが、子供が七人もいて、狭い農地しか持たなかったので、日本政府の呼びかけに応じて移民しました。当時、『満洲には広大な農業の適地があり、いい暮らしができる』と盛んに宣伝されていたのです。私達の開拓団の任務は、ソ連との国境付近に駐屯する日本軍部隊に食糧を供給することでした」

「実父母は農民で、日本政府の満蒙開拓というスローガンと宣伝にのって、ソ連国境近くの農村に渡りました。近隣・親戚・同郷人が組織され、大勢で行きました」

浅田喬二・小林英夫(三一)によれば、一九三六～四一年は移民事業の本格期に当たり、二〇〇～三〇〇戸を一団とする大規模な集団移民が鉄道沿線から離れた地域に多数入植した。これに対し、一九四二～四五年は移民事業の崩壊期で、開拓団の規定規模が五〇戸以上にまで縮小され、鉄道沿線から一層遠い奥地に拡散して入植したという。

本書の対象者の中で満洲開拓移民の子供は、多くが日本国内で生まれている。そして一九三七年以前に生まれた年長者は移民事業の本格期、一九三八年以降に生まれた年少者は崩壊期に、それぞれ中国に渡った。いずれも鉄道沿線から遠隔地に入植し、特に年少者でその傾向が顕著だったといえよう。

一部の開拓移民は、中国で豊かな生活を実現した。渡航費は全額、日本政府から支給され、日「満」両政府から様々な補助金もあった。

*「開拓団では豚を飼い、中国人を雇って野菜やトウモロコシを作り、いい暮らしをしていました。税金は免除され、収穫はすべて自分のものでした。作物は日本軍に売り、儲けた金は日本軍の郵便局に預けていました」

「開拓団では食べるには、まったく困りませんでした。政府の優遇政策もあり、馬車や物資の配給もありました。作物はよく売れ、皆、馬や牛も飼っていました」

しかし総じていえば、開拓移民の生活は決して容易ではなかった。重労働に加え、不作で食糧難にも見舞われた。辺境の開拓団では近隣に医療施設もなく、家族が次々に病死した。実父母のいずれかが開拓移民だった一八名のうち、三分の一にあたる六名が入植後、家族を病気で喪っている。

＊「開拓団には病院もなく、通院するにも遠く、薬も足りませんでした。一九四〇年、一九歳の次姉が出産しましたが、看護も治療もできず、母子ともに病死しました。一九四三年春には、長兄が肺結核で長い間寝込んだ末、二〇歳で死にました。同年秋、三姉も全身に黄疸が出て、一四歳で病死しました。中国に渡って敗戦までの五年間に三人の兄姉が死に、生き残った子供は私一人です」

「開拓団は、荒地を開墾して畑にしました。当時、現地には何もなく、自然環境も厳しく、苦労しました。敗戦前、祖母・実母・弟・妹・叔父が、次々に病死しました。妹は開拓団で生まれましたが、寒い季節で食糧も足りず病気になり、一歳で死にました」

特に一九四四年以降、日本の戦局悪化に伴い、物資・農産物の供出が強化され、開拓団でも食糧難が深刻化した。またその入植地は、中国人から既耕地を安価で強制的に買収した場合も多く、地元中国人の反感も強まっていった。さらに一九四五年夏、対ソ戦に備え、在「満」日本人の一八歳以上四五歳以下の男性はほぼ全員、徴兵された。いわゆる「根こそぎ動員」だ。実父や兄が徴兵され、後にソ連との戦闘で戦死し、または捕虜としてシベリアに連行されたケースも多い。

＊「一九四五年頃から開拓団でも食糧が不足し、同年二月、弟がハシカで死にました。六月頃、父は徴兵され、留守中、母は妹を出産しましたが、妹は早産で七月に死に、母も産後が悪くすぐに死にました。当時の中国では、日本人とわかると殺される事件が多発しており、母は、そんな恐怖感から早産したそうです」

「開拓団では当初、馬車や物資が配給されましたが、戦局が悪化すると、逆に物資や収穫物を供出させられ、食糧不足になりました。父は一九四五年に徴兵され、戦死しました」

第三項　都市的職業従事者・軍人の生活

次に、都市的職業従事者・軍人の家庭に生まれた対象者の生活を見ておこう。

彼・彼女達の実父は、企業経営者・教師・南満洲鉄道や満洲電信電話公社の職員、または軍人である。いずれも日本の植民地政策と密接に関連した職業といえよう。実母は専業主婦が多い。

この中でも、一九三九年以前に誕生した年長者は多くが日本国内の都市に生まれ、実父母とともに黒龍江省の農村・地方都市に移住した。企業経営者や南満洲鉄道の職員の子供が多い。一方、一九四〇年以降に生まれた年少者は、主に遼寧省・吉林省・黒龍江省の都市で誕生した。軍人や軍関係の技術者の子供が多い。

彼・彼女達の日本敗戦前の生活は、開拓移民以上に裕福であった。

*「父は建築会社を経営し、中国人の職人を雇って、日本人のための学校や病院を建てていました。私の家は日本式の二階建で、壁は白く塗られていました。父は優しく、よく人形や玩具を買ってくれました。そんな玩具を持っているのは私しかいなかったので、近所の中国人の子供達が皆、私と遊びたがり、うちに集まってきました。家では毎日、牛乳を飲み、白米や肉、缶詰等、おいしいものばかり食べていました」

とはいえ一九四四年末以降、日本の戦局悪化に伴い、彼・彼女達の生活も不安定になった。軍人の実父は戦地に赴き、家庭から姿を消した。一九四五年七月以降は「根こそぎ動員」により、都市的職業従事者の実父も徴兵された。

*「父は徴兵され、近所の日本人の友達の父親もほとんどいなくなりました。私にはよくわからなかったけれど、母がとても悲しそうだったので、何か悪いことが起きたと感じました。子供ながらに大人の緊張感が伝わり、戦争でザワザワした雰囲気が立ち込めていました。私は学校に通った記憶も、あまりありません」

第二節　ソ連侵攻・日本敗戦時の戦争被害

第一項　黒龍江省等の農村居住者——逃避行と難民生活

【ソ連侵攻と静謐確保】

さて一九四五年八月八日、ソ連は日ソ中立条約を破棄して日本に宣戦布告し、翌九日午前零時を期して中国東北地方に侵攻した。ソ連は既に同年四月、日ソ中立条約の不延長を通告しており、参戦は時間の問題とみられていた。防衛庁防衛研修所戦史室によれば、日本軍の「中央・現地の関係者は…（中略）…、昭和二〇年春季以降の時期には、早ければソ軍は夏季にも対日進攻の挙に出る可能性があるものと考えていた」[二二]。参謀本部第二部（情報）は七月一日、ソ連軍の「現在の集中速度を以て推移するものとせば八月頃には東亜情勢の変転」[二三]があると分析していた。

一方、日本軍（関東軍）は一九四三年以降、戦局悪化に伴い、戦力を内地・南方に大幅に移動させ、弱体化していた。そこで一九四四年九月、大本営は関東軍に対し、主力をソ連国境から朝鮮国境付近に移し、持久戦をとる作戦計画を指示した。また一九四五年五月には満鮮方面対ソ作戦計画要綱を策定し、ソ連軍侵攻の際、本土防衛を目的として「満洲」の約四分の三を持久戦の戦場とする旨、決定していた。

関東軍は、こうした兵力の弱体化や作戦変更をソ連軍に悟らせないための静謐確保を何より優先した。そこでソ連軍侵攻の切迫、及び、関東軍の弱体化・作戦変更の情報は、「満」ソ国境付近に住む一般邦人にも秘匿された。むしろ一九四五年八月に入っても、関東軍報道部長は現地邦人向けラジオで「関東軍は盤石の安きにある。邦人、特に国境開拓団の諸君は安んじて生業に励むがよろしい」と報道していた。最後の開拓団が入植地に到着したのは、まさにソ連軍侵攻の当日、八月九日である。開拓移民をはじめとする「満」ソ国境付近の日本人民間人は、本土防衛を目的として撤退する関東軍の静謐確保に必要な「生きた案山子」として、ソ連軍侵攻の最前線に無防備で置き去りにされた。(三四)

【逃避行】

一九四五年八月九日、黒龍江省等の農村に住んでいた日本人は、突然のソ連軍の侵攻にさらされ、極度の混乱状態に陥った。彼・彼女達はその後、数カ月間にも及ぶ凄惨な逃避行を余儀なくされた。当時、「根こそぎ動員」で青壮年の男性はほぼ全員、徴兵されていた。女性・子供・高齢者等は、徒歩で逃げ惑うしかなかった。

＊「男性は皆、徴兵され、女性・子供・年寄り・病人だけが一緒に逃げました。女性や大きな子供も、年寄りや小さな子供を背負って逃げるので、半月も歩くともう限界で力尽きました」

「一緒に逃げたのは、女性と子供ばかりです。男性はいても、年寄りばかりでした。若い男性は皆、徴兵されていました。うちは母が妊娠中だったので、一一歳の私が三歳の弟を背負い、八歳と五歳の妹の手を引いて必死で歩きました」

安全な逃走経路・交通機関の情報も、ほぼ皆無であった。(三五)対象者は、鉄道沿線、船舶がある河川、または南方を目指し、さまよい歩いた。

＊「日本政府も日本軍も、開拓移民をまったくほったらかしました。開拓移民は、すべて自分で判断するしかありません。皆、何もわからぬまま、とにかく南の方角を目指し、道を探しな

がら逃げるという感じでした。夜に暗闇の中を前進するので、実際にはどこに向かっているのか、わかりませんでした」

「どこに向かって逃げているのか、自分でもわかりませんでした。皆、『牡丹江に向かっている』と言っていましたが、本当かどうか。とにかく前の人について、懸命に歩くだけでした」

「日本人は列を成し、山林の中を歩き続けました。とにかく日本に帰りたい一心で、鉄道の線路の方角へと歩きました。雨に降られて泥まみれになり、着るものもなく、約七〇キロ歩きました。大木が鬱蒼と茂った山中で皆、バラバラになりました」

【ソ連軍による襲撃・拉致・強姦】

逃避行の途上、ソ連軍の爆撃・機銃掃射・銃撃で、多くの日本人が殺された。それは、日本国内で戦争が終結した八月一五日以降も止まなかった。日本軍の指揮命令系統が壊滅し、各地の部隊が抗戦を続けたため、中国東北地方全域で戦闘状態が終結したのは八月末であった。ソ連軍は、日本人の非戦闘員、特に女性・子供も容赦なく殺戮した。[三六]

＊「牡丹江林口でソ連軍に追いつかれ、コウリャンかトウモロコシの畑に転がりこみ、畝の窪みに伏せて隠れました。起き上がると、私と母だけが一緒にいました。他のきょうだいは、どこに行ったか分かりません。その時、ソ連兵が近づいてきて、小型の銃を撃ちました。母は私の目の前で頭を撃たれ、殺されました」

「方正県の東部で激しい銃撃があり、母はソ連兵に撃ち殺されました。妹は母に背負われていたので、一緒に撃ち殺されました」

「東寧の郊外でソ連軍に爆撃され、その後、何度もソ連軍の飛行機に機銃掃射されました。弾がピュンピュンと空気を切り裂く音を、今も忘れられません。目の前で大勢の人が死にました。橋を渡っていると銃撃が始まり、人々が次々に河に落ちていきました」

「ソ連軍の飛行機に機銃掃射と爆撃を受け、隠れる場所もなく、多くの人が死にました。『痛い、痛い』と泣き叫び、『撃ち殺してくれ』と頼む人もいました。妊婦もいたし、死んだ母親の傍らでわけがわからず遊ぶ子供もいましたが、どうしようもありませんでした」

「ソ連の飛行機が一日に何度も低空飛行してきて、機関銃で掃射していきました。それで昼間は森林やトウモロコシ畑に隠れ、夜に山道や畑の中を歩きました。毎日一〇人ほどが爆撃で死に、道には、たくさんの日本人の死体が転がっていました」

「ソ連軍の飛行機に爆撃されたり、機関砲で銃撃され、毎日、大勢の人が死にました。私の前と後を走っていた同級生も撃たれて死に、真ん中にいた私だけが生き残りました。私も踵を撃たれ、火傷しました。河原で炊事をしていると煙を狙って爆撃され、二〇～三〇人が一度に死んだこともあります」

逃避行に同行していた数少ない中高年の男性は、ソ連軍に連行され、強制労働に従事させられた。苛酷な使役により、過労死・病死した男性も多かった。

＊「父は四八歳で兵役を免れて家族と一緒に逃げていましたが、牡丹江に着く前に、別れの言葉を交わす暇もなく、ソ連軍に連行されました。一緒に連行された人の話によれば、父は当時、流行していた赤痢に罹り、働けなくなりました。日本人は治療も施されませんでした。父は生きたまま、死者と一緒にトラックに積み込まれ、山に掘った穴に放り込まれ、焼き殺されたそうです」

「方正県の東にたどりついた時、男性は皆、ソ連軍に連行されました。父も捕まり、船荷の積み下ろし作業を強制されました。一〇月のある夜、帰ってきた父は過労に加え、寒さと飢えで、眠ったまま三一歳で死にました。父の遺体は毛布にくるまれ、他の死者達と一緒に雪の中に埋められました」

ソ連兵は、女性を次々に拉致・強姦した。強姦後に殺された女性も多い。

＊「ソ連兵は女性を見つけ次第、引きずって行って強姦しました。女性の叫び声ばかり聞いていました。七～八歳の女の子も強姦されるので髪を切り、坊主頭にしていました。顔には鍋の灰を黒く塗り、男の子に見えるようにしました。見逃されるか、強姦されて殺されるかは運次第です」

「ソ連軍が、大人達をどこかに連行しました。数日後、帰ってきましたが、数人の女性は強姦後、殺されて帰って来ませんでした。若い女性は皆、髪を剃って坊主頭になり、顔に炭を塗りました。私はまだ子供でしたが、それでも坊主にしていないと強姦されます。ソ連兵は本当にひどく、見るものすべてを略奪し、強姦しました。ソ連軍は、中国人が飼っている豚も略奪しました」

「鉄道で逃亡中、ソ連兵が乗り込んできて、女性を数人、トラックに乗せて連れ去りました。一九歳の姉の二人の同級生も、連れ去られました。二人は『嫌だ、助けてー』と泣き叫び、二人の父親が汽車を飛び降りて追いかけました。すると銃声が二発響き、父親達は地面に倒れ、血で真っ赤に染まりました。汽車が発車してからも、その家族はワーワー泣き続けていました。私の姉は、丸坊主にして顔に炭を塗っていたので助かりましたが、恐怖のあまり、ずっと震えていました」

【逃避行途上での餓死・病死・凍死・集団自殺】

食糧はすぐに底を尽き、飢餓・栄養失調に見舞われた。数カ月間に及ぶ逃避行の中、寒さも深刻化した。日本人の難民は次々に路上に倒れ、餓死・病死していった。足手まといになる乳幼児は、路上や山中に置き去りにされた。
＊「一〇日間位、何も食べずに歩いたり、トウモロコシ三粒が一日の食事ということもありました。中国人の畑からトウモロコシやジャガイモを盗み、生のまま食べました。野生の山葡萄やサクランボ等、毒でないものなら何でも種まで食べました。飲み水も雨水しかなく、晴れた日は牛馬の足跡に溜まった雨水を飲みました。その水には、赤い虫が泳いでいました。私は、半袖にスカート姿でした。家を出る時は、荷車に冬服や食糧も積んでいましたが、逃げる途中、中国人にすべて奪われました。大雨が降り、綿入れの服は濡れて重くなり、持ち歩けませんでした。靴も駄目になり、裸足で歩き続けました。負傷した人も、生き延びるのが無理だと思えば、息があっても埋葬しました。埋葬しなければ、狼に食われてしまうからです。最初は銃があったので、早く歩けない年寄りは、本人の希望に応じて撃ち殺しました。日本人の老夫婦が『もう歩けない。お前達のお荷物になりたくない。撃ってくれ。頼む』と、孫の少年に頭を下げるのを見ました。祖父母を撃ち殺した少年は銃を放り投げ、狂ったように頭を抱えて泣いていました。子供が親を、親が子供を殺さなければなりません。流血して動けない人、死んだ母親のそばで泣いている赤ん坊。誰もが逃げるのに必死で、どうすることもできません。泣いている赤ん坊が誰かに拾われることを祈りながら、置き去りにして逃げました。道には多くの日本人の死体が、バラバラと転がっていました」
「食糧は半月ほどで底を尽きました。川の水を飲み、中国人の畑からトウモロコシや芋を盗み、生のまま齧りました。火を使うと、煙をめがけてソ連の飛行機が爆撃してくるからです。だから皆、下痢に苦しみました。私達一家は、毛布を一枚持っており、夜はそれを一家全員で被って寝ました。敷布団は、露に濡れた草でした。私達は夏服で、とても寒かったです。山の中は日本人で一杯でした。泣き叫ぶ子供、既に死んだ人、出産する女性…。もう人間で、なくなりました。歩けなくなると座り込み、その場で死ぬしかありません。子供は足手まといになるので、棄てられました。『後で迎えにくる』と親は言い残し、子供を置いて立ち去りました。大勢が皆、わけもわからず死にました。今も目を閉じると、死んでいった大勢の人々の様子が頭に浮かびます。たくさんの死体に躓いて転びながら、逃げまどいました」

対象者の家族も次々に死に、また生き別れになっていった。幼い弟妹の死亡率は、特に高かった。路上で生まれ、すぐに死んでいった弟妹も少なくない。
＊「父は座ったまま、動けなくなりました。赤痢で股や尻のまわりに長い白い虫が一杯出て、モチャモチャと食われていました。医者も薬もなく三日後、父は死にました。死ぬ前に私の手を握り、『俺はもう駄目だ。死ぬ。お前はどんなことがあっ

ても日本に帰れ』と言って息を引き取りました。手をほどくのも大変でした。それが父との別れです」

「逃避行の途上、母、妹、弟は、疲労と病気、飢えで皆、死にました。一二歳の私と九歳の妹だけが生き残りました。母は病死ですが、たとえ病気でなくても飢えと絶望で死んだでしょう。私自身も、生き延びられるとは思いませんでした。私と下の妹が生き残ったのは、奇跡です。当時、少し風邪をひくと、それだけで死んでいました。いつ死んでも、おかしくありません。私と妹は何も考えられず、人についてひたすら歩きました。母が死ぬ前、私に『弟妹を日本に連れて帰って』と言いました。悔しくて悲しくてたまりません。今考えると、弟妹も中国人に託せば、命が助かったかもしれません。でも当時、私も幼かったから、それを考えつきませんでした。思い出す度に心が苦しくなります。私のようなぼろぼろの歴史、もう棄ててしまいたい」

「一歳の弟が、牡丹江にたどり着く前に死にました。食糧もなく、母の乳も出ず、雨に打たれて風邪をひいて餓死しました」

「母は逃避行の途上で男の子を出産しましたが、その子は消えてしまいました。死んだのか、棄てたのかもわかりません」

「逃げる途中、二歳の妹が母の背中で死にました。病死か餓死か、わかりません。ハエが妹の目のまわりに卵を生みつけ、ウジがわいていました。妹は道端に埋葬されました」

集団自殺の現場から生還した対象者もいる。

＊「銃声がして、遺体の山から這い出ると、大勢の女性が血の海の中に倒れていました。子供達は生きていて、死体の間を這いまわっていました。すぐ近くで小さな女の子が、死んだ母親の身体を揺さぶり、『お母さん、お母さん』と叫んでいました。女性達は皆、頭を撃たれていました。今にして思えば、撃った人は、わざと大人の頭の高さで発砲し、子供を生かしたのかもしれません」

こうした凄惨な逃避行の中でも対象者が生き延びることができた理由の一つは、中国人による食糧の提供であった。「中国人に物乞いをして食いつないだ」、「中国人に、粟の饅頭をもらって生き延びた」、「中国人にコウリャン粥や水を恵んでもらい、餓死を免れた」等と語るケースは少なくない。

【日本軍の逃亡・優先的撤退】

数カ月間に及ぶ逃避行の間、頼りにしていた日本軍（関東軍）による救援は皆無であった。前述の如く、関東軍の主力はソ連軍侵攻の時点で既に極秘裡に撤退していた。またソ連軍侵攻翌日の八月一〇日、大本営は関東軍に「本土決戦の主義に即し、確保地域を『皇土』に限定し」、「満洲領域は放棄するも可」と命令していた。関東軍はソ連軍の追尾を遅らせるため橋梁・鉄道等を爆破し、これにより日本人難民の逃避行は一層妨げられた。

＊「日本軍の兵営をめざして逃げましたが、日本軍はどこかに消え失せていました。残っていたのは、民間人の家族ばかりです。牡丹江を渡って逃げようとしましたが、橋が爆破され、立ち往生するしかありませんでした。戦場は本当に恐ろしく、泣き叫んだ記憶がありありと残っています」

「瀋陽にたどりつきましたが、軍の幹部や高級官僚、金持ちは皆、とっくに逃げ去っていました。残されたのは、北方の開拓団から逃げて来た人達ばかりです」

一方、実父が軍関係者だった対象者は、敗戦前、他の日本人より早く情報を得て、兵士の護衛を受けつつ、優先的に鉄道で逃亡していた。

＊「戦局が悪くなると、私達軍人士官の家族は上からの命令で先に帰国することになりました。百人以上の女性と子供が鉄道で、二～三人の兵士に護衛され、南に移動しました。吉林市に着いた時、敗戦になりました。吉林市では、私達は皆、士官家族なので、駅の近くにある二階建ての宿舎を割り当てられました」

「父は軍工場の技術者で、私達はその家族なので、他の人より早く情報を得て、兵士の護衛付きの列車で逃げることができました」

【難民収容所での越冬】

逃避行の果てに、対象者は難民収容所に収容された。難民収容所は倉庫・学校、または帆布のテントの場合もあった。多くの人々は複数の難民収容所を渡り歩き、そこで越冬した。難民収容所での生活も悲惨だった。零下三〇～四〇度にもなる極寒の中、食糧・燃料・衣類・医薬品は不足し、衛生状態も劣悪で、餓死・凍死・病死者が続出した。

＊「牡丹江の難民収容所で、トウモロコシの粥をもらいました。錆だらけの鍋で煮たような変な色でしたが、食べるしかありません。長春の難民収容所は各地から集まってきた日本人で溢れかえり、とても入れず、屋外にござを敷いて寝ました。寒くて寒くて、死んだ人の服を剥いで着たり、麻袋を被ってしのぎました。瀋陽の難民収容所は加茂小学校という学校でしたが、窓もドアも中国人に奪われ、外より寒いほどでした。雪が降り、水は凍って飲水もありません。食糧も衣服も靴もなく、皆、寒くて動けず、横たわっていました。収容所の前に、家が二軒入るほどの大きな穴を掘り、死者を埋めましたが、それでも足りないほど、人が死にました。穴には、衣服を剥ぎとられた死体が山と積まれていました。どの難民収容所でも毎日毎日、多くの人が死んでいきました」

「食物も衣類もなく、撫順の三階建ての難民収容所は人でびっしりでした。床は水に濡れたような感じで、空腹に加え、凍るような寒さに襲われ、多くの人が餓死・凍死しました。当時、撫順は零下四〇度にもなり、毎日、死人が出ました。死人は引きずって行かれ、どこかに埋められました」

「難民収容所は、大きな帆布のテント内にござのようなものが敷かれただけで、ひどく寒かったです。食糧は配給されるコウリャンや黄豆だけで、それも日を追うごとに少なくなりました。当時、重度の栄養失調で、体調は最悪でした。水道管は凍り、水も出ません。私は、その難民収容所に三カ月もいたような気がします。一番寒い時期でした。身体にかける布団もなく、病気が蔓延していました。私もあと半月そこにいたら、死んでいたでしょう。そこにいた日本人の六割位は餓死・凍死しました」

「吉林市の難民収容所は寒く、服も食糧も薬もありませんでした。少し風邪をひくと皆、バタバタと死んでいきます。身体はひどく汚れ、服もぼろぼろで、シラミだらけでした。日本人は人間ではないという感じです。多くの日本人が死に、遺体は裸にされて馬車に山積みにされ、大きな穴に放り込まれて焼かれました」

「嫩江の難民収容所では、大勢が大部屋に押し込められ、重苦しい雰囲気でした。零下三八～三九度ですが、セメントの床に薄い毛布状が敷いてあるだけで、寒くて凍死するほどでした。服も足りず、寝る時も家族で一枚の布団にくるまり、とても寒かったです。一日朝晩二回、粟やコウリャンがわずかに浮いた粥のような粗末な食事が配られるだけで、全然足りません。収容所のあちこちに寝たきりで動けない人がいて、次々に死んでいきました」

「一〇月下旬、瀋陽の難民収容所は、室内でも氷点下でした。床はセメント張りで、板床もありません。セメントの上に、草を敷いて寝ました。寝る前に話し合った友達が、翌朝起きると凍死していました。死者の衣服を剥いで着ました。生きるため、他に方法がありません。寒すぎて、茶碗を持つ力もなくなりました。兵隊の鉄帽を鍋代わりにして、ごみを焼いて火を起こし、氷を溶かして飲みました。お湯を飲み、ごみを吐き出す。とても人間の食物ではありませんでした」


対象者の家族も、難民収容所で餓死・病死・凍死していった。かろうじて生き残っていた実父母も次々に息絶えた。ここでも、年少の弟妹の死亡率は特に高かった。年長の兄姉は、中国人の養子・妻として引き取られていった。

＊「瀋陽の難民収容所に来て一週間もたたないうちに、母（四八歳）・妹（五歳）・兄（一三歳）が死にました。兄は逃げる途中、ソ連軍の飛行機の掃射で弾丸の破片が足に入ったまま化膿していたから、もう駄目でした。兄は『水をくれ』と言いましたが、私は幼くて夜に一人で水を汲みに行けず、『朝まで待って』と答えました。でも翌朝、兄はもう死んでいました。母も『日本のお茶が飲みたい』と一言いい、息絶えました。母が死んだ時、残った五人のきょうだいは泣き続けま

した。私は生きる気力も失い、寒さの中、筵を被って寝たきりになりました。兄がサツマイモを買ってきてくれましたが、私はもう飲み込む力もありません。自分は死ぬと思いました。私がずっと面倒を見て一番仲がよかった妹は、栄養失調で痩せ細り、顔が真っ黒になって死にました。その後、ある中国人が姉（一九歳）を嫁にほしいと言ってきました。姉は、『自分の病気を治し、凍死しそうな弟妹に衣服をくれるなら、嫁になってもいい』と言いました。それで中国人は、私達に分厚い綿入れの服と少しのお金をくれました。姉は、その中国人の嫁になりました。弟も中国人にもらわれました。でも、まもなく姉も弟も死んだと聞かされました」

「嫩江の難民収容所で母は、医者も産婆もいない中で弟を産みましたが、難産による出血で死にました。赤ん坊も産まれてすぐ死にましたが、母の死体の隣に置きっぱなしでした。母の出産時、私は二歳の弟をひざに抱き、そばに座っていました。母は出産でわずかな体力を使い果たしたのか、赤ん坊が死んで気力を失ったのか、無表情で目をつぶり、黙って横たわっていました。一度だけ、母は一筋涙を流しました。寒さで、口から白い湯気が出ていましたが、ふと途切れました。あわてて母の鼻に手を当てると、息をしていません。私は母を呼び続けましたが、反応はありませんでした。私は泣き叫び、気を失ってしまいました。その後、私は毎日、たくさんの死体が並ぶ死体置き場の母の遺体の所に行き、泣き続けました。母は死に、父もどこに行ったかわからず、これからどうすれば生きていけるのか、不安と寂しさで一杯でした」

「母（三一歳）は、牡丹江の難民収容所で病死しました。母は食物を子供に分け与え、自分は栄養失調で、もう限界でした。母は畳の上に座り、壁にもたれたまま死にました。私と弟は傍らに座っていました。母の遺体は、畳ごとどこかに運ばれ、私達は呆然とそれを見送りました。私は立ち上がれないほど衰弱し、後も追えませんでした」

「通河県の難民収容所で父が死んだ後、母は瀕死状態で、上の兄と姉は大きいから、それぞれどこかに生きる道を探しに行きました。下の二人の姉も中国人に引き取られました。家族もバラバラになり、母は精神的に崩れ、また飢えと寒さで病死しました。私は、もう何も思い出せません。小さい頃、あまりにも大きなショックを受けたからです。一番苦しかったのは母だと思います」

【ソ連侵攻後の家族との離別・死別】

こうして一九四六年の春までに、多くの対象者がすべての家族と死別・離別を余儀なくされた。

その実態を完全に把握することは不可能である。なぜなら、まず、対象者四五名のうち少なくとも七名は、死別・離別の場面を含め、日本の家族の記憶がまったくない。生き別れになった家族が死んだのか、それとも生き延びたのか、今日に至るまで確かめようがないケースも多い。

日本の家族について、ごく断片的な記憶も含め、何らかの記憶がある対象者は三八名である。そしてその約六割にあたる二三名は、ソ連侵攻以降、自らが中国人に引き取られるより前に、日本の家族との死別を体験した。同じく二五名は、家族と生き別れた。家族との死別・離別の記憶がない対象者は、七名にすぎない。なおその七名のうち三名はソ連侵攻前、または中国人に引き取られた後に家族との死別を体験しており、残る四名は家族の記憶が極めて断片的である。

実父母に限ってみると、実父の記憶がある三四名のうち、一三名の実父が中国で死去した。一六名の実父は、徴兵・ソ連への抑留等で生き別れた。自らが中国人に引き取られるまで実父と一緒にいた対象者は、五名しかいない。

実母の記憶があるのは三八名で、うち一四名の実母が死んだ。生き別れになった実母は三名、そして中国人に引き取られるまで一緒にいた実母は二一名である。

もとより中国人に引き取られるまで一緒にいた実父母も、その後、生存できたとは限らない。少なくとも五名の実父、五名の実母が、対象者と離別後、中国で死んだ。それ以外の実父母の多くは、生死が不明である。

【越冬の背景】

一九四五年八月の日本敗戦直後、対象者やその家族が日本に帰国できず、難民収容所で越冬せざるをえなかったのは、次のような事情による。

一九四五年八月以降、日本政府は、中国東北地方の日本人難民を現地に土着させる方針を採った。(三七) 大本営は八月九日、「戦後将来の帝国の復興再建を考慮して、関東軍総司令官は、なるべく多くの日本人を、大陸の一角に残置することを図るべし」との命令を出した。外務省も同月一四日、在外居留民を現地に定着せしめる訓令を発した。さらに大本営・朝枝繁春参謀は同月二六日、一般方針として「内地における食糧事情及思想経済事情より考うるに、既定方針通り大陸方面に於いては在留邦人及武装解除後の軍人は、ソ連の庇護下に満鮮に土着せしめて生活を営む如くソ連側に依頼するを可とす」と報告し、同月二九日には大本営総参謀長、九月二四日には次官会議がこれに同意した。駐「満洲」大使は八月三〇日、電報で在留邦人の「流民化と餓死者凍死者の続出」の見通しを伝え、「婦女子病人を先にし帰国を要するもの（推定約八〇万人）の内地送還」を政府に懇願したが、日本政府は翌三一日、改めて現地土着方針を指示した。

一九四五年一〇月二五日、ＧＨＱ（連合国軍最高司令官総

司令部）の指令により日本政府の外交機能が停止され、引揚事業もＧＨＱの計画に沿って実施されることになった。ＧＨＱは、軍人・軍属の復員と緊急を要する地域の日本人の引揚を優先し、一般の日本人については各国との協定によって順次帰還させる方針を採った。ＧＨＱは一九四六年三月になってから、海外在留日本人の引揚に関する基本指令を示した。しかし当時、中国東北地方を実効支配していたソ連極東軍の最高司令官は、この指令を受諾しなかった。[三八]

ソ連軍は一九四六年四月から五月にかけ、日本人難民の引揚措置をとらないまま、中国東北地方から撤退した。当時、中国東北地方では、国民党と共産党の内戦が繰り広げられていた。一九四六年五月、米軍代表と中国東北保安司令官（国民党軍）の間で日本人の帰還に関する協定が締結され、ようやく国民党支配地域からの引揚が開始された。同年八月、米軍代表と中国共産党軍との間で協定が結ばれ、共産党支配地域の日本人にも帰国の道が開かれた。とはいえ実際には多くの鉄道・橋梁が破壊されており、日本人難民の移動は困難を極めた。まして実父母と離別・死別していた子供達が、引揚の情報を入手し、日本への引揚船が出航する葫蘆島まで自力で向かうのはほぼ不可能であった。またたとえ実父母が生存していても、幼少で衰弱した子供を葫蘆島まで連れて行き、乗船させることは困難だった。

第二項　逃避行と難民生活にみる諸類型

逃避行の経路や難民生活の質は、対象者の年齢、及び、敗戦時の居住地の違いによって、四つの類型に分けられる。[三九]

【《Ａタイプ》――列車での逃避行と浮浪児】

まず《Ａタイプ》は、黒龍江省等の農村から遼寧省等の都市まで千キロ近く、数カ月間にわたって逃避行を続けた。

《Ａタイプ》は主に一九三七年以前に生まれ、敗戦時に八歳以上であった。日本の長野県伊那地方や関西地方に生まれ、一九四二年以前と早い時期に、黒龍江省密山県・綏県・孫呉県・綏芬河・ハルビン・牡丹江、吉林省敦化県等に入植・移住した。実父母は移民事業本格期の満洲開拓移民が過半数を占め、比較的大規模な移民団での入植であった。その入植地は、鉄道沿線ではないが、しかし後述する《Ｂタイプ》に比べれば、鉄道幹線に比較的近かった。すなわちハルビン―牡丹江―綏芬河を結ぶ浜綏線、及び、長春―吉林―敦化を結ぶ京図線に近い諸地域である。

彼・彼女達は、牡丹江・ハルビン・長春・吉林・敦化等まで徒歩で逃げ、そこから貨物列車に乗り、瀋陽・撫順等、遼寧省等の大都市に到達した。

貨物列車での逃避行も、苛酷であった。車中で死んだり、力尽きて転落する人も多かった。

＊「牡丹江で貨物列車にギュウギュウ詰めに押し込められ、撫順で降ろされました。長春で降りようとしましたが、降りられませんでした。ハルビンでも一度降りましたが、押し乗せられました。列車は速度が遅く、一カ月以上かかったと思います。車内には食物もなく、空腹で意識も朦朧となりました。貨物列車なので窓がなく、真っ暗でした。皆、息苦しくなり、走行中にドアを開け、飛び降り自殺する人もいました。車中で死んだ人もいます。車内では水も皆で分け合いました。飲んではいけない。ほんの少しなめるだけです」

「列車は屋根も側壁もなく、危険でした。頻繁に停車しましたが、停車や発車の際、車両がぶつかる衝撃で、一人また一人と力尽きて転落し、そのまま置き去りにされました。そんな列車でさえ少なく超満員で、全員は乗れません。列車に乗りきれず、離れ離れになる家族の名前を必死で呼び合う声が、今も耳に残っています。瀋陽に到着すると幾人もの人が車中で死んでいました」

《Aタイプ》が遼寧省等の大都市にたどり着いたのは、一九四五年一〇月末～一二月にかけてである。彼・彼女達は、「開拓団を出た時は千数百人いたが、途中で死んだり、行方不明になり、瀋陽にたどりついた時は三百人もいなかった」等と、逃避行の過酷さを語る。

《Aタイプ》は、大都市の難民収容所で浮浪児となり、自らかろうじて命をつないだ。

＊「ハルビン・長春・瀋陽で、乞食をしました。毎日、街に出て、よその家の前で『残飯を下さい』と頭を下げて回ります。もらった粟を、路面に張った氷を溶かした水で煮て食べ、生き延びました」

「生きるために、物乞いも盗みもしました。食物を盗もうとして捕まり、蹴っとばされ、手がちぎれそうになりました。路上に棄てられた物を拾って食べ、果物を洗った汚水をもらって飲んだこともあります。腹が異常に膨らみ、病気で何度も死にかけました。私達のような人間は、今まで気が狂わずに生きて来られただけでも幸せです」

【《Bタイプ》――流浪・「匪賊」・集団自殺】

これに対し、《Bタイプ》は、主に黒龍江省等の農村内部を徒歩で流浪した。

《Bタイプ》は主に一九三八～四〇年に生まれ、敗戦時五～七歳であった。鹿児島県・宮崎県・香川県等、西日本の温暖地域に生まれ、一九四四年以降に実父母とともに中国東北

表　逃避行・難民生活（タイプ別）　（人）

			A	B	C	D	計
出生年	1937年以前		7	3			10
	1938～40年		3	7	1	1	12
	1941～42年				8	4	12
	1943年以降				3	8	11
出生地	日本	長野	3	1			4
		関西	3	1			4
		四国	1	1	1		3
		九州		4			4
		その他	1	1		1	3
		不明	1	1			2
	中国		1	1	1	10	13
	不明				10	2	12
渡中年次	1942年以前		8	2	2	1	13
	1944年以降		1	6			7
	不明		1	2	10	12	25
実父の職業	開拓移民		6	8	3		17
	都市的職業		3	2	1	3	9
	軍人		1		2	2	5
	不明				6	8	14
敗戦時居住地	都市	遼寧省				8	8
		その他	2		1	2	5
	農村	黒竜江省	6	9	4		19
		その他	2	1			3
	不明				7	3	10
引き取り地	都市	遼寧省	9			9	18
		その他	1		1	4	6
	農村	黒竜江省		9	9		18
		その他		1	2		3
逃避行の方法	徒歩＋列車		10		1	1	12
	徒歩			10	3		13
	記憶なし				8	5	13
	逃避行なし					7	7
実父母と引き取り者の関係	見ず知らず	実父母離死別	5	7			12
		置き去り・迷子			8	3	11
		実父母生存	4	3	4	1	12
	知己		1			9	10
引き取り時の本人記憶	記憶あり		10	9		1	20
	断片的			1	6	1	8
	ほとんどなし				6	11	17
計			10	10	12	13	45

資料：実態調査より作成。

地方に渡った。移民事業崩壊期の満洲開拓移民で、小規模な集団移民が多い。またその入植先は、黒龍江省の方正県・通河県・寧安県、内蒙古自治区等、対ソ連の軍事戦略の拠点で、鉄道幹線から特に遠隔地に分散していた。すなわちハルビン―綏芬河を結ぶ浜綏線と綏化―ジャムスを結ぶ綏佳線のほぼ中間地域、または「満」ソ国境に一層接近した諸地域である。彼・彼女達は、「鉄道沿線に住んでいた人なら、日本に逃げることもできたかもしれない。でも私達は鉄道から遠く離れていたから、どうしようもなかった」等と語る。

《Bタイプ》には、逃避行に発つ前に、「匪賊」やソ連軍の襲撃を受けたケースも少なくない。

＊「夜中、中国人匪賊が私達の村を襲撃し、実父をはじめ、日本人男性はほとんど殺されました。子供や年寄りは一つの部屋に集められ、身体中を物色されて金品を奪われました。翌日、家に帰ると、家中が目茶苦茶でした」

「匪賊が襲ってきて、大人は皆、銃等の武器を手にして一晩中、戦いました。銃撃戦は激しく、死者・負傷者がたくさん出ました。医薬品もなく、医者も手のつけようがありません。負傷者に何か注射をすると、すぐ死んでしまったことだけは覚えています。私の父も、その戦いで殺されました。父は四六歳でしたが、重傷を負い、自殺する力さえ残ってなく、傍らにいた日本人に『一発で撃ち殺してくれ』と頼みました。日本人は、やむなく父を撃ち殺しました。それは、私の目の前で起きました。父の死体は、たくさんの死体とともに建物に入れ、火をつけて焼かれました。その時の苦しみは、言葉では表せません。私達は大きな倉庫のような部屋にいました。大人達は、もし負けたら、その部屋にあるガソリンのドラム缶に火をつけ、全員、自殺しようと思っていました。翌日、ソ連軍がやって来ました。ソ連軍は大部隊で勝ちめがないので、私達は投降しました。ソ連軍は、ガソリンや銃・銃弾をすべて没収していきました。私達は、自殺しようにもその道具さえなくなりました。それで日本人は皆、散り散りになり、自殺する人もいれば、どこかへ逃げて行った人もいます。私の小学校の先生は、一家三人全員で一緒に麻縄で身体を縛り、河に飛び込んで自殺しました。母も私達を連れて大勢の難民と一緒に松花江に行き、飛び込み自殺しようとしました。私はまだ物事がよくわかりませんでしたが、それでも死にたくないと思い、川岸から必死に逃げました。私達は、そんな恐怖の渦中から逃げ出してきた人間です。その後はあちこち逃げまわり、夜は泊まる場所もなく、昼は歯をくいしばって飢えを忍びました。私達がどんなむごい目にあったか、あなた達（調査者）には想像もつかないでしょう」

そして《Bタイプ》が越冬したのは、方正県・延寿県・寧安県・通河県・嫩江県等、主に黒龍江省の農村・地方都市の小規模な難民収容所である。ここにはかつて日本人開拓団があり、ソ連侵攻後は流浪する多数の日本人難民が中国東北地方の各地から流入・集合してきた。また《Bタイプ》には、いったん逃避行に出たが、まもなく行き詰まり、元の開拓団に戻ったケースもある。

＊「村人は皆、南方の森林を目指して歩きました。森林の中を一カ月余り流浪した末、行き詰まり、結局、元の開拓団に戻りました。でも戻ってみると屋根は爆破され、部屋の中も略奪されて何もなく、とても暮らせません。それで開拓団のリーダーは、『各自、生きる方法を考えろ』と言いました。私は、近くの貧しい中国人の村に行きました」

【《Cタイプ》――黒龍江省農村での路上放置】

《Cタイプ》は主に一九四一～四二年に誕生し、敗戦時に三～四歳で、逃避行や難民生活の記憶が少ない。

しかし、《Cタイプ》の多くは黒龍江省等の農村の路上・戦場跡に放置されていて、中国人に拾われた。そこで、黒龍江省等の農村を徒歩で流浪していたと思われる。ごく一部の《Cタイプ》の断片的記憶も、それを裏付ける。

＊「正確にはわかりませんが、まわりが皆、農業をしていたから、開拓団にいたのではないかと思います。逃げる時、あまり大きな集団ではなかったので、小規模な開拓団かも知れません。牡丹江林口まで逃げましたが、当時は、どこか分かりませんでした。父が一緒だったか、記憶がありません。母と一緒に逃げましたが、どのように別れたか覚えていません。気がつくと、私は一人でした」

「寧安県の開拓団で敗戦時、砲撃は三日も響きました。母は、姉（六歳）と私（四歳）・妹（二歳）を連れ、四〇人位の集団で逃げました。うちは農村だから、都市の駅まで疲れ果てるまで歩き続けました。物乞いをしたり、ぼろぼろの部屋に泊まった記憶があります。二カ月も逃げまわったような気がします。私はどこへ行くとも知らず、母について山を越え、ひたすら歩き続けました」

《Cタイプ》が放置されていたのは、黒龍江省等の農村の中でも、チチハル・ハルビン・牡丹江・阿城・鶏西等の郊外である。かつての開拓団の所在地とは限らず、日本人難民の逃避行途上の諸地域、すなわち満洲里―ハルビン―綏芬河を結ぶ浜洲線・浜綏線の沿線の広範な諸地域に分散している。

第三項　遼寧省等の都市居住者――難民生活

さて、遼寧省等の都市に住んでいた《Dタイプ》は、主に一九四三年以降に生まれ、敗戦時に二歳以下で、当時の記憶がほとんどない。出生地、及び、日本敗戦時の居住地も厳密には不明である。

ただし《Dタイプ》は、中国人養父母等から後に聞かされた情報によれば、中国遼寧省等の都市に生まれ、日本敗戦後も都市で実父母とともに難民生活をしていたようである。

都市の難民収容所やあばら家での生活は過酷で、「餓死寸前だった」と語るケースもある。しかしそれでも、ソ連軍の直撃を受け、数カ月間にわたる逃避行を余儀なくされた《A~Cタイプ》に比べれば、《Dタイプ》は実父母の生存率が高く、あくまで比較的にではあるが生活も安定していたようである。一部には、日本敗戦後に誕生したケースもいる。

＊「敗戦後、私達一家は大連市にいて生活は貧しく、父母は道端にござのようなものを敷き、家財道具を並べて売り食いしていました。でも生活は一層苦しくなり、まわりの中国人にも憎まれ、物乞いをするしかなくなりました」

「敗戦後、母はジャムスで四人の子供を抱えて困っていました。敗戦直後、もう一人女の子が生まれましたが、栄養失調ですぐ死んだそうです。父が勤めていた建築会社も解散し、日本に帰れる見通しも立たず、父は引き続き大工として働いていました。母が私を生んだ時、金がないので病院に行けず、産婆も呼べず、次姉（一一歳）が助産婦代わりで臍の緒を切りました。次兄（八歳）は湯を沸かして手伝ったそうです。

当時、一家は餓死寸前でした。母は衰弱して乳も出ず、私も痩せこけ、後に母は私に『お前が生き延びられるとは思えなかった』と語りました」

《Dタイプ》が住んでいた都市は、瀋陽・撫順など鉄道幹線に位置する大都市だけではない。錦州・丹東・阜新・大連・吉林等、遼寧省南部を中心に幅広く分散していた。

第三節　中国人に引き取られた状況

では対象者は、どのようにして中国人に引き取られたのか。

第一項　黒龍江省等の農村居住者――見ず知らずの中国人へ

まず《A~Cタイプ》の対象者は、数カ月間にわたる逃避行と難民生活の渦中で、見ず知らずの中国人に引き取られた。

【年長の残留孤児――実父母と離死別】

日本敗戦時に五歳以上だった年長者（《A・Bタイプ》）は、引き取られた場面を、鮮明に記憶している。

まず実父母と死別・離別したケースでは、三つのパターンがみられる。

第一は、対象者自身が、中国人に引き取られることを決意・選択したパターンである。ただしその場合でも、周囲にいた第三者の日本人の大人が「生き残るためには、そうした方がよい」とアドバイスしたり、中国人に依頼している。

＊「瀋陽の難民収容所まで逃げて来ましたが、家族はすべて死に、一人ぼっちでした。氷点下で寒く、食物もない中、中国人が毎日、難民収容所にやってきて引き取る子供を選んでいました。もうすぐ自分も死んでしまうと思っていたある日、後に養父になる中国人が饅頭を私に手渡して『メシ、メシ』と言い、『俺の家に飯があるから、行こう』と手振りをしました。私は自分の命は自分で守るしかないと決心し、ついていくことにしました。開拓団で一緒だった日本人の老女も、『こんな状態ではどうしようもない。行け』と言いました。それで、命が助かったのです」

「瀋陽の難民収容所で、栄養失調で動けなくなっていると、日本語が話せる中国人が来て、『中国人の家に行くか』と聞きました。もちろん『行く』と答えました。両親も死に、このままだと私も死ぬに決まっているからです。同じ難民収容所にいた見ず知らずの日本人男性も、その中国人に『その子が死んだら棄て、生き延びたら（労働力として）使って下さい』と頼んでくれました」

第二に、生き残っていた兄姉等の肉親が、中国人に託したパターンもある。

＊「瀋陽の難民収容所で、このまま死ぬか、それとも中国人の養子になるか、選ぶしかありませんでした。中国人は日本人と違う感じがして、怖かった。ある午後、一人の中国人男性が来て、私を養子にしたいと言いました。私が『嫌。怖い』と言うと、兄が『行け。行けば、ご飯だけは食べられる』と勧めました。私は、難民収容所の庭にある大きな墓穴の所に走り出て座り込み、死んだ母と妹の名前を呼びながら泣きました。そこに兄が来て泣きながら、『お前、死にたいなら死ね。ここ（難民収容所）にいたら、凍死するか餓死するしかない』と言いました。私は『絶対に嫌だ。言葉もわからないし、（中国人の家に）行くくらいなら、ここで死ぬ』と言い張りました。兄は『その中国人の家まで一緒に行ってあげるし、後で必ず連れ戻しに行く。しばらく預かってもらい、命を助けてもらうだけだ。お願いだから、行ってくれ。きょうだい皆で、生きて日本に帰ろう』と私を説得しました。兄の言葉を信じ、私はその中国人が持参した毛布を被り、兄と一緒にその人の家に行きました。本当に寂しくてたまりませんでした。私には、中国人の子供になるしか生きる道がなかったのです」

「一九四六年頃、内蒙古阿龍旗の難民収容所に兄と二人、取り残されました。私はガリガリに痩せこけ、病気で寝込んでいました。そこに蒙古軍の日本語の上手な連隊長が通りかかり、兄に『君の弟は、このままだと死んでしまうよ』と言いました。兄もその通りだと思い、私を連隊長に託しました。私も、そうするしかないと思いました。それが、兄との最後の別れです」

「二人の姉と一緒に黒龍江省延寿県を逃避行中、私は足が腫れあがり、歩けなくなりました。姉は見かねて、私を大通りに面した中国人地主の家にあげました。姉は、その家なら裕福だと思ったのです。『ここで預かってもらって。後で迎えに来る』と言いました」

そして第三は、肉親以外の日本人が、金銭や食糧と引き換えに中国人に斡旋したパターンである。

＊「撫順の難民収容所には大人が少なく、子供がたくさんいました。私も、両親もなく一人でした。難民収容所に一人の日本人の老女がいて、孤児達の世話をしながら、時々、子供を外に連れていき、一人ひとり中国人に売っていました。一九四六年二月、後に私の養母になる中国人が難民収容所を訪れました。日本人の老女は、五人の子供を集め、養母に見せました。五人の中で、私は一番小さかったです。老女は養母に、私を勧めました。養母は私を見て、『首がそんなに細いのに、腹は大きく膨らんでいる。病気にかかっているようで、引き取っても死ぬんじゃないか』と言いました。老女は『十数歳の大きな子だと、物事をはっきり覚えている。幼い子の方が記憶がなくていいよ』と説得しました。養母は半信半疑でした。『この子は生き延びられるかな』と、養母は半信半疑でした。私は当時、死にかかっていました。だから老女は一日も早く私を誰かに引き取ってもらおうと、懸命に勧めたのです。それで養母も心が動きました。『とにかく連れて帰ろう。生き延びられるか死ぬかは、運に任せよう』。私の値段は、当時の金で一五〇元だったそうです。老女は私を連れて養父母の家に行き、金を受け取りました。老女が帰った後、私はずっと泣き叫び、老女を呼び続けました」

「黒龍江省拉古屯の難民収容所で弟と二人で残され、二人とも中国人（後の養父）に連れて行かれました。私達を養父に託したのは、同じ難民収容所にいた日本人女性です。養父は、一度目に来た時は、もらえなかったそうです。二度目、饅頭を一篭、持って行き、日本人女性にあげました。それで女性は、私達をくれました。私と弟は、隣家どうしに引き取られました」

なお遼寧省等の都市まで逃避行を続けた《Aタイプ》は、敗戦時七歳以上と年長者が多いので、本人が決意した第一のパターンがやや多い。一方、黒龍江省等の農村内部を流浪した《Bタイプ》は、敗戦時五〜六歳と若干年少だったため、兄姉や第三者の日本人が託した第二・第三のパターンが多い。

【年長の残留孤児――実父母のいずれかが生存】

さて、日本敗戦時に五歳以上だった年長者も一部には、実父母がかろうじて生存し、一緒にいたケースがある。その場合もまた、《Aタイプ》と《Bタイプ》では差がある。

まず《Aタイプ》は、遼寧省等の大都市の難民収容所で、実父母が子供だけでも生き残らせたいと願い、中国人に子供を託した。その際も、金銭等の授受があった場合が多い。

＊「撫順の難民収容所で弟が危篤になった時、父は日本語ができる中国人の商売人の紹介で、養父母に私を託しました。多分、一つには私を餓死させないため、もう一つには私をあげるかわりに物をもらい、父自身の病気を治すためだと思います。私をあげてまもなく、弟は死んだそうです。仲介者は人身売買の人だと思います。当時、数人の日本人の子供が、この中国人を通して売られました。大人達が何を話しているのか、私はわかりませんでした。二日後、母に『町に食物を買いに行こう』と騙され、私は喜んでついて行きました。見ず知らずの中国人の家に連れて行かれるなんて、思いもよりませんでした。後に養父になる中国人の家まで、歩いて二時間位でした。こうしなければ、私も死んでいたでしょう」

「瀋陽で、父母が私を見ず知らずの中国人に託しました。後に養父になった中国人が、このままでは死んでしまう日本人の子供がいるという噂を聞き、引き取りにきたのです。私が寝ている間に、養父が私をおぶって連れて行きました。私は目が覚めたら知らない所にいるし、言葉もわからないので、大泣きに泣いてご飯も食べませんでした。養父は仕方なく、私を父母の所に連れ戻りました。ちょうどその日、弟が死に、父は『見てごらん。お前も戻ってきたら、こんな目に会うんだよ』と言いました。父は弟を埋葬しようとしましたが、地面が凍てつき、掘れませんでした。父は弟の髪と爪を切り、『日本で墓を建てるからね』と言いました。母は私を抱き、泣きながら『この人（養父）と一緒に行って。お前一人だけでも命を助けてもらって。そうしないとお前も死んでしまう』と諭しました。それで私は、養父についていきました」

「撫順の難民収容所で一九四五年一一月頃、母が私を中国人の養父母にあげました。生きるために、そうするしかなかったのです。養父母の家に連れて行かれた時、母は『しばらくここにいて。何日かしたら、迎えに来るから』と言い残して帰りました。でもいくら待っても、迎えに来ません。私が泣き出すと、養父は私を殴り、『もう泣くな。実母はお前を棄てた。ここにいろ』と言いました。私はしばらく抵抗しましたが、仕方なく泣きやみました」

こうした《Aタイプ》の場合、引き取り手の中国人は難民収容所の近隣に住んでいることが多かった。そこで実父母は、子供を託した後も安否確認のため、引き取り先を訪問している。また一九四六年五月以降、日本への集団引揚が開始され、帰国の目処がたった時点で、子供に面会に行った実父母もいる。しかし日本まで安全に帰国できる保証もなく、または子供の返還を拒まれ、一緒に帰国することは叶わなかった。

＊「実母は、私をあげた三カ月後、少し暖かくなった頃、養父の家に私の様子を見に来ました。養祖母は実母に御馳走しました。その時、私はまだ日本語がわかっていました。実母は『お父さんも弟も病死した。お母さんは、もう日本に帰る』と言いました。私は『お母さんについて行きたい』と泣き、養祖母も同意しました。でも実母は『途中の船で死ぬかもしれないから、どうしても連れて行けない』と言いました。実母は優しそうな養祖母を見て、またきちんと服を着ている私を見て、安心したのでしょう。実母は最後に、『もし生きて日本に帰れたら、必ず手紙を出す』と言いました。私は養祖母や仲介人の中国人と一緒に、撫順の大同映画館まで実母を見送りに行きました。それが、実母の最後の姿です」

「私を託して約一カ月後、実父が私に会いにきました。実父がいた難民収容所から養父の家まで、歩いて一〇分位でした。実父が来た時、これでやっと実父と一緒にいられると思ったら、そうではなくて『もう日本に帰る』と告げにきたのです。私が『お母さんは?』と聞くと、実父は『死んだよ』と答えました。私は『お父さんについて行く』と言いました。実父は『いったん日本に帰ってから、連れに戻ってくる』と言いました。実父は、一人で帰国するのが精一杯だったのです」

「数日後、実母がもう一度来ました。その時、養父は私を二階の部屋に閉じ込めました。私は二階の小さな窓から頭を出し、実母を見ました。叫びましたが、声は届きません。実母は養父と何か話をした後、帰ってしまいました。私は二階の窓から、去って行く母の姿を泣きながら見ていました」

これに対し、《Bタイプ》で実母が生存していた場合、黒龍江省等の農村での逃避行の途上、実母は自らが生きるため、また子供の命を守るため、見ず知らずの中国人男性と再婚した。結婚相手は貧しい高齢の農民、または既婚の地主である。当時、中国の農村では男性が結婚に際し、女性の親に多額の結納金を贈る習慣があり、そのため貧しい男性は結婚できず、富裕な男性は一夫多妻も珍しくなかった。そしてこうした男性と結婚した実母は、いずれもまもなく自殺を遂げ、孤児は中国人養父のもとに残された。

＊「一九四五年一一月頃、中国人の地主（養父）が黒龍江省方正県の九班を通りかかり、まだ若かった実母に目をつけ、嫁にしました。実母は二八歳、養父は五六歳でした。養父には正妻がいましたが、男の子がいなかったので、男の子を生ませるため、実母を引き取ったのです。私は、実母と一緒に養父の家に入りました。実母は一九四六年二月頃、首吊り自殺

しました。実母は中国語ができず、旧正月の準備で豚を殺す作業中に指を切り落とす事故にもあい、正妻にも嫉妬されていじめられ、肉体的にも精神的にも追い詰められました。実母は、河のほとりの木に首を吊っていました。棺桶もなく、コウリャン殻を入れる袋を巻かれ、そのまま山に埋葬されました。実母は人生に絶望し、辛すぎて、私のことを考える余裕すらなくなってしまったのでしょう」

「実母は途方に暮れたあげく、一九四六年頃、黒龍江省延寿県の中国人の嫁にされました。私と三人の姉も実母についてその家に入り、牛飼いをさせられました。実母は、牛の餌のイヌビエを砕く時、それが目に入ったけれど治療してもらえず、失明しました。中国語もできず、いじめられました。そして一九四九年頃、実母は首吊り自殺しました。三人の姉は地元の中国人の嫁にされましたが、寒さと劣悪な医療状況の中、三人とも中国で死にました」

【年少の残留孤児――黒龍江省等の農村に遺棄】

さて、日本敗戦時に四歳以下だった《Cタイプ》は、自らが引き取られた場面の記憶があまりない。ただし前述の如く、断片的な記憶、及び、後に中国人養父母等から聞かされた話によれば、黒龍江省等の農村での逃避行の途上、実父母が死去し、または実父母によって置き去りにされたと考えられる。

彼・彼女達は、偶然に通りかかった中国人に拾われた。《Cタイプ》が拾われた場所には、二つのパターンがある。

一つは、日本人の遺体が散乱する戦場または殺戮の跡だ。この場合、実父母は死去した可能性が高い。

＊「黒龍江省の東麻山付近の草むらで一九四五年八月一五日の朝、養父が私を拾いました。銃撃で殺されたたくさんの日本人の遺体が転がる中、私は風呂敷に包まれて一人生き残っていました。母親らしい女性の死体の傍で、泣いていたそうです」

「養母の友人が維持会にいました。維持会とは当時、ソ連軍と日本軍の戦いで多くの人が死んだので、その死体を埋葬する活動をしていた会です。一九四五年八月、養母の友人は牡丹江市から寧安県鉄嶺河に向かう鉄橋の下の戦場跡の草むらに一人で置かれていた私を拾いました。彼女の話によれば、私は軍のコートに包まれ、セーターと毛で編んだズボンを着ていました。拾われた時、私は日本語で『三歳』と答えたそうです」

「日本敗戦直後、養母が豚を放牧している途中、黒龍江省鶏西市の近くで泣いていた私を拾いました。私のいた所は、黒衣泡という池です。池の周囲には草が生い茂り、私は草むらに身を隠していました。戦場なのでたくさんの人が死に、水が血で赤く染まっていました。死に方も、とても惨めでした。それが戦争です。私の傍らには風呂敷包みがあり、日本人の持ち物と思われるお金が入っていました。私は当時四歳ではっきり覚えていませんが、人を見ると怖がり、風呂敷包みの陰に隠れようとしたそうです」

「一九四五～四六年頃、黒龍江省寧安県東京城付近の日本軍官舎のような家で、死体が積み上げられた中、私は一人、生き残っていました。通りかかった行商人の老人と若い女性の中国人が、私を拾いました。私の曖昧な記憶によれば、その二人が部屋の中に入ってきて、私を抱いて連れ出しました」

いま一つは、逃避行の途上の線路脇や路上である。この場合、付近に日本人の死体が見当たらないことから、実父母またはそれに代わる保護者が生存していたが、《Cタイプ》の子供達を放置・遺棄して逃げたと考えられる。

＊「日本敗戦前後の混乱時、養父が、内蒙古の博克の汽車の線路脇で私を拾いました。和服姿で、生年月日が書かれた布団にくるまって放置されていたそうです。私だけでなく、多くの日本人の子供が、線路脇の空き地に並べて棄てられていました」

「母が死んだ後、兄と一緒に逃げていましたが、私は歩けなくなり、兄は私を棄てて一人で逃げました。当時はどこにいるかわかりませんでしたが、後に聞いた話によると、黒龍江省鶏西郊外の鉄道踏切の所で私は泣いていて、中国人鉱夫に拾われたそうです」

なお《Cタイプ》にもごく一部、《Bタイプ》と同様、生存していた実母が農村の中国人男性と再婚したケースがある。これもまた、農村を徒歩で逃避行していた対象者に特有のパターンといえよう。実母は、約半年後に衰弱死した。

＊「牡丹江付近の開拓団からハルビン郊外の廂房まで逃げ、そこで実母は中国人の養父と再婚しました。当時、行き場を失った日本人の女性や子供が皆、列車の駅前に集まっていて、私達のように引き取られていったそうです。養父は、私の実母と結婚して私を引き取るのは、嫌ではなかったと思います。当時、中国の農村では養父のような貧しい男性には一生、結婚できなかった人が多かったからです。半年後、実母は精神的ショックもあり、衰弱死しました。私には実母の記憶はほとんどありませんが、実母が泣いていた姿は覚えています。実母は中国語もできず、養父の家は貧しく、病気の治療も受けられず、辛かったと思います。死ぬ前に実母は、『日本人は皆、よく勉強するよ。お前も大きくなったら学校に行きなさい』と言いました。それだけは覚えています」

第二項　遼寧省等の都市居住者——知人を介して中国人へ

最後に、遼寧省等の都市で生まれ育った《Dタイプ》の多くは、敗戦時二歳以下なので、当時の記憶がまったくない。

ただし、中国人養父母等から後に聞いた話によれば、彼・彼女達の多くは、実父母のいずれかまたは両方が日本敗戦後も生存しており、「このままでは子供が間違いなく死ぬ」という極限状況の中で、または「日本への帰国の目処がたったが、幼い子供を連れて帰ると船中で死ぬ可能性が高い」という判断のもとに、知人を介して信頼できる中国人に子供を託した。つまりここでは見ず知らずの中国人ではなく、実父母が引き取り手をある程度、選択しえたのである。また、特に生命力の弱い年少の子供達が、優先的に中国人に託された。

子供を託された中国人と実父母との関には、次のパターンがある。

第一は、地域での付き合いだ。

＊「丹東市にいた実父母は一九四六年秋頃、日本へ帰国することになりました。でも私が赤ん坊の上、病弱で痩せ細っていたため、連れて帰ると途上で死ぬ可能性が高いと考え、養父母に託しました。養父母に引き取られた時、私は顔色が悪く、息も絶え絶えでした。実母のお腹にいる時から、栄養が取れなかったからでしょう。ただし実父母は、そんなに簡単にあげたのではありません。誰も自分の子供を他人にあげたくないでしょう。たとえ死んでも、自分の大切な子供を変な人には絶対渡さないと思います。だから実父母は、子供を引き取ろうとした人達をよく観察し、悪そうな人には渡しませんでした。当時、養父の友人のHは、よく日本人の住宅に炭や薪の行商に行き、実父母はHに客を紹介してあげていました。こうして長い付き合いがあり、心が通じていました。実父は簡単な中国語もできたので、仲良くできました。それで実父はHに、『日本が負けたから、私達は日本に帰らなければならない。年長の二人の子供は連れて帰れるかもしれないが、この赤ちゃんは途中で死ぬ心配がある。私達夫婦も、生きて帰れるかどうかわからない。もし子供がいない優しい人がいたら、引き取ってもらいたい。この子の命を助けてほしい』と頼みました。Hは養父と長年の付き合いだから、養父母に子供がいないことを知っていました。この話を持ちかけられ、養母はとても喜びました。養母の弟は当時、日本の銀行に勤めており、少し日本語ができました。実母は養母を見ると、優しい人だとわかったので、一〇〇％安心したそうです。それで実父が、養母、養母の弟、Hの妻と一緒に馬車で養父母の家に私を連れてきました。養母の弟は日本語・中国語二枚の契約書を書き、日本語版は実父に、中国語版は養父母に渡しました。『自分の子供として育てること。養父母に実子が生まれても長女として扱うこと。往来が可能なら親戚として交際していくこと』が取り決められました。当時、私は赤ちゃんで痩せっぽちで、養父母がいなければ、とっくに死んでいたでしょう」

「一九四五年、実父が出征してから、実母は大連市で私と二人暮らしになりました。実母は仕事のため、よく私を家において外出しました。どんな仕事かは、わかりません。私は一人で家に取り残され、よく泣いていました。お腹が減ると、いろんなものを口に入れました。隣家の中国人の老女がそれを見て、かわいそうに思いました。生きるため、実母も仕事をやめるわけにいきません。それで老女が実母に、『この子がかわいそうだから、人にあげた方がいい』と勧めました。実母も、私の面倒をみられないと感じていたので了承しました。それで一九四六年秋頃、老女が養父を紹介しました。当時、実母は日本に帰りたかったけれど、旅費がありませんでした。養母によると、実母に半年の生活費ほどの金をあげたそうです。実母は私を養父母に託す時、私の臍の緒、私と実母の名前を書いた紙を一緒に渡しました」

第二は、職場での付き合いである。

＊「実父母は困窮して一九四七年秋頃、兄と私を別々の中国人に養子に出しました。生活が苦しく、実母は衰弱して母乳もろくに出ませんでした。私は生後二カ月で痩せ細り、このままでは確実に餓死すると思われたからです。養父は実父と同じ大工で、一緒にジャムス市で働いていて知り合いでした」

「養父の異母弟のCは戦前、瀋陽市で日本人の執事の仕事をしていました。一九四五年一〇月頃、その日本人がCに、私を引き取ってくれる人を紹介してほしいと頼みました。Cは、養父を紹介しました。詳しい事情は不明ですが、当時、日本人はわが子の面倒もみられない状況で、私を手放すしかなかったのでしょう。私を預けた日本人が、実父かどうかわかりません。とにかくCの家で、養父が私をもらい受けました。日本人男性とC、そして実母と思われる日本人女性が立ち会いました。実母の素性については、養父母は何も聞かされませんでした」

第三は、地元の中国人の名士による紹介である。

＊「実母は、炭鉱の組頭を介して私を養父にあげました。組頭は、日本語ができて通訳をしていました。養父は、その炭鉱で働いていました。実母が自分の手で、私を養父に渡したそうです。その時、姉と兄は傍らにいました。弟は、私より早く中国人にあげました。年齢の小さい子供を人にあげ、大きな子供を日本に連れ帰ろうと考えたのでしょう。でも、日本に帰れたかどうかはわかりません」

「養母の話によると、丹東市の旅館が難民収容所になっていて、一九四五年一二月六日、仲介者が養母をそこに連れて行きました。実母は養母に『この子は生まれたばかりだが、私は乳が出ず、病気なので育てられない。あなたにさしあげる。そうすれば、この子にも生き延びる道ができる。お願いだから、この子の命を助けてほしい』と頼みました。私は生後三日位でとても小さく、大きな靴ほどの大きさだったそうです。仲介者の夫は、丹東市郵政局の副局長で顔が広かったので、養母を紹介しました。養母は実母に二〇〇元あげたそうです。当時としては大金だと思います」

そして第四は、日本人の知人を介した紹介である。

＊「敗戦後、実母は私と二人の姉（五歳・三歳）を連れ、生活できなくなりました。実母は、実父の友人のMという日本人に相談しました。Mは障碍があり、徴兵されていませんでした。Mは、『三人の幼子の面倒をみるのは、到底無理だ。特に一番小さい子は病弱だから、親切な中国人に預けた方がいい。日本に帰国する時、返してもらえばいい』と勧めました。実母も、その考えに賛成しました。そしてMの知人のWという中国人に、預かってくれる人を探してくれるよう頼みました。Wは、養父母を紹介しました。ただし実母は、私を養子に出すとは言っていませんでした。『とりあえず、しばらく預けたい』とだけ頼んでいませんでした。実母は私の命を守るため、そうするしかなかったと思います」

いずれにせよ、このように実父母が信頼できる中国人を選んで子供を託した場合、実父母はその後も引き取り先を訪れている。また日本に帰国する目処が立った時、子供に面会に行ったケースもある。しかしここでもまた、安全に帰国できる保証はなく、または子供の返還を拒まれ、一緒に帰国することは叶わなかった。

＊「私を託した後も、実父母は何度か養父母の家に来たようです。もちろん養父母に遠慮し、こっそり遠くから覗き見るだけです。それでも養父母は、私を取り戻されるのではないかと心配し、黙って引っ越しました。実父母は私を探したけれど見つからず、兄・姉・弟の三人を連れ、一九五三年に引揚船で日本に帰りました」

「実母は養父の家に三度、私の様子を見に来ました。一度目は、養父の家の前で私が遊んでいるのを見かけたそうです。二度目も私と会えました。養父の話によると、実母は私に会うと二度とも大泣きしたので、三度目に実母が来た時、養父は私を外に連れ出し、会わせませんでした。実はこの三度目、実母は私を連れ戻し、日本に帰ろうとしていたのです。でも、養父の家には鍵がかかり、仕方なく実母は二人の姉を連れて日本に帰りました」

なお《Dタイプ》では、ごく一部だが、遼寧省の都市で置き去りにされ、または迷子になって、見ず知らずの中国人に引き取られたケースもある。

＊「長春市郊外の道端で、私は実母に棄てられました。前夜、難民収容所で母に寄り添って寝ましたが、翌朝、なぜか独りぼっちで道端にいました。母がどこに行ってしまったのか、わかりません。まわりに誰もいませんでした。私は、道端で

ずっと泣き叫んでいました。するとLという中国人が通りかかり、『寒いね。寒いね』と言いながら私を抱きあげ、養父母の家に連れて行きました。養父母の家は、歩いて一〇数分です。私は養父母の家に行った当初、ずっと『お母さん、お母さん』と泣き叫んでいました」

「大連市で物乞いに行く途中、実父母とはぐれて迷子になり、一人で泣きながら流浪しているところを、中国人の養父に拾われました。流浪している時は、中国人の子供達に『小日本狗』と罵られ、石を投げつけられました。私は全身傷だらけで、あちこち隠れながらさまよいました。ひどい病気で、知り合いも行くあてもありません。髪の毛も引っ張られて抜かれ、ほとんどなくなりました。人間なら、お腹もすくでしょ。でも、お金がないでしょ。腹ぺこでどうしようもないので仕方なく、売っている人のすきを狙って焼餅を盗みました。一つ盗むと、すぐに逃げました。捕まったら、なぐり殺されかねません。噛む暇もなく、飲み込むような感じでした。証拠を消すため、すぐ食べなければなりません。私は靴もなく裸足で歩き、凍傷で足が腐ってきました。手足の爪は凍傷で全部なくなり、後に一五歳の頃、やっと生えてきました」

考察　残留孤児の誕生と戦争被害

以上、残留孤児の誕生と戦争被害について分析してきた。

彼・彼女達が一九四五年八月から一九四六年頃までに被った被害とは、ソ連侵攻・日本敗戦に伴う中国東北地方の混乱の渦中に遺棄・放置され、日本に帰還できず、生命の深刻な危機に陥り、また実父母などすべての肉親と死別・離別し、事実上の「孤児」になるのを余儀なくされたことにある。

第一項　植民地支配と東西冷戦

こうした被害は、明らかに広義の戦争被害である。

すなわちまず傀儡国家「満洲国」における日本政府の植民地支配、特に国策としての満洲開拓移民政策がなければ、残留孤児とその被害は発生しなかった。また関東軍による静謐確保や「満洲」放棄の作戦は、残留孤児を発生させた直接の契機である。日本敗戦直前の「根こそぎ動員」、及び、撤退する日本軍による橋梁・鉄道等の破壊は、被害を一層増幅させた。そして何より、ソ連軍による日本人の非戦闘員、特に子供や女性への無差別爆撃・銃撃・殺戮・略奪は、残留孤児とその家族が体験した最も直接の戦争被害であった。

しかしそれにもかかわらず、残留孤児の被害を、戦争被害と単純に規定することはできない。

なぜならまず第一に、これらの被害の大半は、日本がポツダム宣言を受諾した一九四五年八月一四日以降、また降伏文書に調印した九月二日以降に発生した。

第二に、日本への集団引揚は、日本敗戦から九カ月が経過した一九四六年五月、ようやく着手された。この引揚事業の大幅な遅延こそが、残留孤児とその被害を生み出した直接かつ最大の原因である。そして引揚を遅延させた要因は戦争そのものではなく、①戦後の日本政府が日本人難民に対して無責任な「現地土着方針」を採ったこと、②日本政府の外交権を停止したGHQが難民の早期帰国措置を採らなかったこと、そして③中国東北地方を実効支配していたソ連軍が日本人難民の保護・送還にまったく無関心であったことにある。

第三に、残留孤児が言葉の正しい意味で「残留孤児になった」のは、早くとも一九四六年五月の集団引揚開始以降である。それ以前は、「引揚者（引揚児童）」も「残留日本人（残留孤児）」も存在せず、ともに中国東北地方に取り残された日本人難民であった。集団引揚の開始に伴い、「引揚者」と「残留日本人」が発生・分岐した。つまり残留孤児は、ただでさえ大幅に遅延した日本への引揚事業から、さらに取り残された日本人の子供達である。

これらの諸事実をふまえれば、一九四五年八月から一九四六年頃に限ってみても、残留孤児の被害は戦争被害というより、主要には日ソ両政府の杜撰で無責任な戦後処理が生み出した被害という要素が圧倒的に大きいと言わざるをえない。

したがって残留孤児の被害は、日本の侵略戦争・植民地支配の単なる残滓ではない。それは東西冷戦――ソ連の極東戦略、中国の国共内戦、GHQ・日本政府と中国共産党の関係――をはじめとするポスト・コロニアルの世界史的文脈で引き起こされた被害だ。残留孤児は、「満洲の記憶」と結合した「帝国の落とし子」（蘭信三）、「過去の不幸な戦争の犠牲者」（中国残留孤児問題懇談会）であるばかりではない。むしろ、多数の日本人の子供を帰還させず、生命の危機にさらし、孤児にして顧みなかった日本政府の戦後処理、及び、戦後の東西冷戦の「落とし子」であり「犠牲者」であったと言えよう。

第二項　戦争被害と責任の所在

さて、一九四五〜四六年頃の残留孤児の被害――正確には、日本人難民の子供の被害というべきだが――を生み出した法的・政治的責任はどこにあるのか。

まず前述の如く、彼・彼女達の被害が戦前・戦後の日本政府の諸政策によって生み出された事実は、否定し難い。

またソ連軍の責任も大きい。日本人の非戦闘員、特に子供・女性に対して無差別爆撃・銃撃・殺戮を繰り広げ、しかも中国東北地方を実効支配している期間中、日本人難民の保護・送還にまったく着手しなかった責任は重大である。

国賠訴訟において、日本政府は、残留孤児の被害がソ連の対日参戦によって生じた混乱に起因すると主張した。この見方は、日本政府の先行する諸政策が被害を生み出したという明白な事実を無視・隠蔽している。同時に、ソ連軍が対日参戦した事実と、戦後も含めてソ連軍が繰り広げた非戦闘員・難民への暴虐行為を峻別せず、ソ連軍・ソ連政府の責任をも曖昧にしているといわざるをえない。

ところで残留孤児の被害は一九四五〜四六年頃のそれに限ってみても、前述の如く、戦争被害というより、日ソ両政府の杜撰かつ無責任な戦後処理によって生じた被害であった。したがって、それを「国民が等しく受忍すべき戦争被害」とする日本政府の主張は、直ちには成り立たない。

もとより日本の裁判所が「国民が等しく受忍すべき」とみなす戦争被害の範疇には、戦後占領時代に発生した被害も含まれる。しかしこの判断を、日本への帰国すら許されなかったために生じた被害、さらに日本が主権を回復した一九五二年以降の帰国遅延にまで無条件に適用するのは、明らかに無理があるだろう。

また残留孤児の被害は、それが戦争被害であるか否かを問わず、日本の国家政策に起因する被害であることは明白だ。

この事実は、国家の政策が、民衆一人ひとりの生命・利益を守るものではなく、国家権力またはせいぜい「想像の政治的共同体」(四〇)としての国民を守るものにすぎないことを、明瞭に物語っている。天皇制国家の防衛を唯一の目的とする関東軍にとって、「満」ソ国境付近に居住する開拓移民は静謐確保のための「生きた案山子」にすぎなかった。敗戦後、日本政府の現地土着方針のために中国で死んでいった多数の日本人難民も、国家再建の捨て石でしかなかった。

その意味で、残留孤児が自らの被害について、「戦争被害だからこそ国家に責任がある」、「残留孤児の戦争被害は、一般の日本国民のそれと同一視できない」と主張する時、彼・彼女達は日本国民としてではなく、あくまで民衆としての階級的立場から、しかも国民の同質性に回収しえない個々人の具体的体験に根差して発話しているのである。

第三項　戦争被害者としての残留孤児

さて、本章の分析をふまえれば、一九四六年頃までの残留孤児の体験にあるのは加害と被害の錯綜ではなく、純然たる被害であった。

すなわちまず敗戦時に一三歳未満だった残留孤児に加害者としての「政治上の罪」(四一)は問いようがない。孤児達が、戦前の日本の国家政策の決定に、国民として関与する余地があったとは考えられない。彼・彼女達に「道徳上の罪」も問えない。道徳上の罪は、選択の余地がある時に問われる。開拓移民等として中国に渡ることについて、孤児自身に選択の余地があったとは考えにくい。もとより人間相互の絶対的連帯を作りえていないという意味での「形而上的な罪」は残留孤児を含むすべての人々に問われるが、それは決して残留孤児に固有の罪ではありえない。

また残留孤児が被った主な被害は、蘭信三が重視するような、現地中国人の反感・敵意の爆発、中国人による襲撃・収奪ではなかった。

確かに一部の孤児は、中国人「匪賊」に実父を殺されたり、中国の民衆に金品を略奪された。しかし逆に中国の民衆から食糧をもらい、生き延びることができたケースの方が圧倒的に多い。そして何より残留孤児は中国の民衆に引き取られることによって、かろうじて命をつなぐことができた。残留孤児とその家族に最も悪辣な無差別殺害・強姦等を行ったのは、ソ連兵だ。そしてその被害を構造的に作り出した加害者は、杜撰で不適切な戦後処理政策を採った日ソ両政府であった。

第四項　被害の諸類型

では、残留孤児の被害における多様性とは何か。

それは主要には、敗戦前の居住地、及び、わずかな年齢の違いに基づく種差であった。

すなわちまず敗戦前、黒龍江省等の農村に住んでいた対象者は、ソ連軍侵攻直後から、数カ月間に及ぶ凄惨な逃避行・難民生活を余儀なくされ、その過程で実父母と死別・離別し、孤児となった。

その中にも、三つのタイプがある。

まず第一は、鉄道で数カ月間にわたる逃避行を続け、遼寧省等の大都市にたどりついた《Aタイプ》である。彼・彼女達は、敗戦時八歳以上と最も年長であった。一九四一年以前の移民事業の本格期に組織された満洲開拓移民の子供が多い。そこで鉄道沿線とは言えぬまでも鉄道幹線に比較的近い地域に、大規模な集団移民として入植した。こうした条件があったため、遼寧省等の大都市まで列車で逃げることができた。

第二は、黒龍江省等の農村内部を徒歩で流浪し、敗戦時に五～七歳だった《Bタイプ》である。彼・彼女達は、一九四二年以降の移民事業の崩壊期に組織された小規模な満洲開拓移民団の子供が多い。鉄道幹線から特に遠隔の「満」ソ国境地域に送り込まれた。そこで鉄道までたどりつけず、またたどり着いても鉄道が既に不通で、黒龍江省等の農村内部を徒歩でさまようことになった。

第三は、敗戦時三～四歳だった《Cタイプ》だ。彼・彼女達は、内モンゴル東部から黒龍江省東部にまたがる広範な鉄道沿線の農村の路上・戦場跡に置き去りにされているところを、中国人に拾われた。鉄道沿線まで辿りついたものの列車に乗れず、鉄路に沿って徒歩で逃避行を続けていたと考えられる。それをふまえれば彼・彼女達の実父母も、一九四二年以降の移民事業崩壊期に、しかも《Bタイプ》よりさらに広範な地域に分散して開拓団として入植していた可能性が高い。

さて一方、遼寧省等の都市に住んでいた《Dタイプ》は、敗戦時二歳以下の幼少者が多い。逃避行の経験はなく、都市で実父母とともに難民生活をしていたようである。そして実父母によって、信頼できる中国人に託された。実父母が多少でも養父母を選べたのは、この《Dタイプ》に限られている。

以上の諸類型の存在は、次の事実を物語っている。

まず、黒龍江省等の農村に居住していた《Aタイプ》・《Bタイプ》・《Cタイプ》の相違、すなわち彼・彼女達の逃避行や難民生活の被害の多様性は、日本政府の移民政策の変遷によって大枠で規定されていた。

また、黒龍江省等の農村居住者（《A・B・Cタイプ》）には、敗戦時二歳以下の乳児がいない。このことは、逃避行の途上、二歳以下の乳児はほとんどが死亡したことを示唆している。

これと対照的に、遼寧省等の都市に居住していた《Dタイプ》には、敗戦時二歳以下の乳児が多い。これは、都市で生存していた実父母が、生存が危ぶまれる年少の子供から順に中国人に託したことを示している。

以上のように、一見、多様な偶然に左右されたかにみえる対象者の被害は、主要には日本政府の移民政策の変遷に規定された中国での居住地、及び、わずかな年齢差によって大枠で規定されていた。

国賠訴訟で被告の日本政府は、「残留孤児に共通して論じられる被害は存在しない」、「原告各人の個別事情は、国の政策の違法性認定と無関係」と主張した。しかしこの主張は、少なくとも一九四六年頃までの残留孤児の被害の実態をふまえれば、事実に反すると言わざるをえない。

〔補注〕

(一) この分岐に関する文献として、児童書だが、本庄編（二〇一五）。

(二) 南（二〇〇九-b）四一頁。南（二〇〇五）、南（二〇〇六-a）二六頁、南（二〇〇七）二八四〜二八五頁、南（二〇一五）四七頁。

(三) 厚生省援護局編（一九八七）一二七頁。中国残留日本人孤児問題懇談会（一九八五）、佐々木（一九八五）一〇九頁。

(四) 読売新聞大阪社会部（一九八二）二五二〜二五三頁、粟田（一九九九）二三・二七頁等。橋本訳・編（一九七八）も「シリーズ・戦争の証言」の一環として刊行された。南（二〇〇七）二七九・二八五頁、南（二〇一六）一九三〜一九四頁も参照。

(五) 原告の主張は、安原（二〇〇四）五二頁、鳥海（二〇〇五）七〇頁、斉藤（二〇〇六）二〇〜二二頁、井上（二〇〇六）二五〜二八頁、安原（二〇〇六）四〇頁、小栗（二〇〇七-a）一九〜二一頁、小栗（二〇〇七-b）五頁、西埜（二〇〇七-b）三七九頁、人見（二〇〇六-b）二九頁、田見（二〇〇六）三四頁、永田（二〇〇七）一九七〜一九八頁等。土井（一九九六）九〇〜九一頁、菅原（一九八二）七八頁、江口（一九八九）、石井（二〇一〇）、坂本（一九九六）四九頁等も参照。なお日本軍（関東軍）の作戦に、残留孤児の被害発生の責任を見いだす主張として、朝日ジャーナル編集部（一九八六）八頁、菅原・社団法人神奈川中国帰国者福祉援護協会編（一九九八）二四七頁、北澤（二〇〇七）五八頁等。これへの反論として、草地（一九七九）九二頁、草地（一九八六）四八〜五〇頁、若槻（一九九五）三二〇・三二五〜三三六頁等。

(六) 庵谷（二〇〇九）二四二〜二四三頁。

(七) 鈴木（一九八五）三二頁。

(八) 蘭（二〇〇〇-b）四〇頁、蘭（二〇〇〇-c）三九〇〜三九三頁、蘭（二〇〇六-c）、蘭（二〇〇九-b）五五〜五七頁。

(九) 残留孤児自身は、「満洲」という用語をほとんど用いない。彼・彼女達がそれを用いるとすれば、それは日本に永住帰国した後のメディアやボランティアの影響による。

(一〇) 蘭（二〇〇九-b）二五〜二七頁、蘭（二〇〇九-a）一〜六頁。

(一一) 蘭編（二〇〇九）の副題より。蘭（二〇〇九-b）五七頁も参照。

(一二) 蘭（二〇〇六-a）四頁。

(一三) 小野寺（二〇〇三）七頁、西埜（二〇〇七-a）九頁、西埜（二〇〇七-b）、永田（二〇〇七）一六二・一九六〜一九八頁、岡庭・真野（一九八五）二〇五〜二〇六頁、猪股（二〇〇六）一三頁、人見（二〇〇六-b）三〇頁、井上（二〇〇六）二八頁等。

(一四) 蘭（二〇〇〇-a）三〜四頁、蘭（二〇〇〇-b）四〇〜四一頁、蘭（二〇〇〇-c）三九三頁。

(一五) 厚生省援護局編（一九八七）一〜三頁、天野（一九九五）一六頁等。ソ連またはソ連軍の責任を明確に強調する見解は、今野（二〇一〇）一三四〜一三五頁、櫻井（二〇〇七）一五五頁、草地（一九七九）九三頁、草地（一九八六）四八～五三頁、若槻（一九九五）三二五～三二六頁、及び、江口（一九八九）一〇三～一〇四頁で紹介・批判されている野村氏の見解等。

（一六）家永（一九八五）二九七頁、中野（一九八七）二二三頁。

（一七）本書では、ソ連侵攻以降、逃避行・難民収容所での生活を余儀なくされた日本人を「難民」、彼・彼女達を収容した施設を「難民収容所」と呼ぶ。先行研究では「難民」「避難民」「避難者」、また「難民収容所」「避難民収容所」「収容所」「集団収容所」「避難所」等、多様な呼称が用いられている。「難民の地位に関する条約」（一九五一年）で難民は、「人種、宗教、国籍若しくは特定の社会的集団の構成員であること又は政治的意見を理由に迫害を受けるおそれがあるという十分に理由のある恐怖を有するために、国籍国の外にいる者」と定義され、本書の対象者は該当しない。ただし国際難民機関の難民定義によれば、「国籍を有する国の外にあり…（中略）…第二次世界大戦開始時以後に起きた事件の結果」、自国の政府の「保護を要求することが出来ない」人と、「戦争孤児であるかまたは両親が行方不明であり、かつ、出身国外に在留する、同伴者のない子ども」も含む。蘭（一九九四）二五三～二五五頁。

（一八）山田（二〇〇五・一九七八）四七～四八頁、猪股（二〇〇六）一三頁、菅原（一九八二）一一一～一一三頁、新井（一九八六）一九六～一九七頁、中野（一九八七）一九二～一九四頁、小川（一九九五）一六一頁、呉（二〇〇四）三三三頁、高橋（二〇〇九）五九頁、藤森（二〇一一）五四頁等。

（一九）班（一九九二）九一頁、中島・NHK取材班編（一九九〇）二一四～二一六頁、和田（一九九一）一〇七～一〇九頁、小川（一九九五）一八三～一八四・二〇一頁、小川（一九九四）二六五～二六六頁、鎌田（一九八七）一五八頁、植村（一九九四）一〇〇～一〇六頁、山室（一九九三）二八七頁、歩（一九九四）二七二頁、中野（一九八七）一五二頁、浅野（二〇〇六-b）四頁、于（一九八七）二五一頁、吉川（二〇〇六）二〇二頁、浅田（一九九三）九八～一〇〇頁、大場・橋本編（一九八六）二頁、史（一九九六）一五六頁、班（一九九六）一六四～一六五頁。

（二〇）蘭（一九九四）一二・三一五頁。

（二一）蘭（二〇〇〇-b）二六～二七頁、蘭（二〇〇九-a）二〇・四六～四七・五五～五六頁、蘭（二〇〇六-b）、蘭（一九九四）一四六～一四七・二四二～二四五頁。これに対し、猪股（二〇〇九）二八～三〇頁、塚瀬（一九九八）二二三頁は、中国人の襲撃が国民的な反日感情というより、階層間対立によるものだったと述べる。

（二二）蘭（二〇〇九-b）六三六頁。

（二三）原告側弁護団の斉藤（二〇〇六）二四頁は、「一人ひとりの経験は一篇の小説の題材にしても余りあるほどの数奇なものを含んでいる。…（中略）…我々は、孤児の損害は、共通して一律な面を持つという特徴を有するという議論を立てている。これには個々人の損害の立証による訴訟の長期化を避けるという戦術的な面もあるが、何よりも人格被害という被害の本質から導かれる理論的帰結であると考えられる」と述べる。同じく斉藤（二〇〇九）七四頁によれば、関東の残留孤児国賠訴訟では、最終的に個別主張は政策違法を基礎づける重要な間接事実として扱った。

（二四）郡司（一九八二）四九頁。

（二五）菅原（一九八六）一七三～一七四頁。

（二六）中野（一九八七）四八～五二頁。木下（二〇〇三）二八～二九頁も参照。

（二七）猪股（二〇〇六）一八頁、猪股（二〇〇九）三〇頁。

（二八）南（二〇一六）六〇～六一頁、南（二〇一五）四七頁。

（二九）残留孤児の実父の職業構成比については、郡司（一九八一）四九頁、厚生省援護局編（一九八七）五一頁、片岡（一九九五）二〇一頁、関・張（二〇〇八）一三四・二八八・三六五・四三四頁。

（三〇）満蒙同胞援護会編（一九六二）七九八頁、橋本訳・編（一九七八）二五八頁、新井（一九八六）一四二頁、大場・橋本編（一九八六）四八頁、中野（一九八七）六五頁、大谷（一九八九）七八頁、高橋（一九九七）一六九頁、若槻（一九九五）一四九頁、楠本（一九九五）一三頁、浅田（一九九三）七九頁。

（三一）浅田（一九七六）四・八七頁、浅田（一九七八）、浅田（一九九三）、小林（一九七六）四一九・四三八・四七一～四七二頁。

（三二）防衛庁防衛研修所戦史室（一九七四）三四九～三五〇頁。中国「残留孤児」国家賠償訴訟弁護団全国連絡会編（二〇〇九）三五六頁。

（三三）防衛庁防衛研修所戦史室（一九七五）三四八頁。若槻（一九九五）三一〇頁、国勢研究所・戦後処理問題調査会編輯（一九八七）一五一頁も「関東軍は昭和二〇年四月以降国境地帯におけるソ軍の行動が次第に活発化する状況を見て、ソ軍の対日参戦は避けがたく、八、九月ごろは特に警戒を要するものと判断していた」と述べる。

（三四）当時の戦局・作戦・静謐確保については、防衛庁防衛研修所戦史室（一九七四）三五四頁、江口（一九八九）一〇五～一〇六頁、草地（一九七九）一七～二二・九一頁、飯山（一九八六）、朝日ジャーナル編集部（一九八六）八～九頁、朝日新聞残留孤児取材班（一九八七）九～一〇頁、鈴木孝雄（一九八九）六～七頁、若槻（一九九五）三一〇～三一二頁、坂本（一九九六）四九頁、坂本（一九九八）一六四頁、菅原（二〇〇六）五頁、林（二〇〇八）二九六～二九七頁。「案山子」という表現は、朝日ジャーナル編集部（一九八六）九頁、宮井（二〇〇八）一四〇頁等。八月二日、関東軍報道部長・長谷川宇一大佐の新京放送局からの放送については、坂本（一九九六）四九頁、坂本（一九九八）一六四頁等。

（三五）立石（二〇〇七）一二八頁、鈴木孝雄（一九八九）七頁。

（三六）非戦闘員・一般民間人への攻撃の禁止は当時の国際慣習法であり、ハーグ陸戦法規でもあった。ただしソ連は一九五五年までハーグ陸戦法規を批准していなかった。

（三七）鈴木孝雄（一九八九）七頁、植村（一九九四）九五～九七頁、若槻（一九九五）四九～五〇頁、坂本（一九九六）四九頁、坂本（一九九八）一五六～一六四頁、坂本（二〇〇三）六～七・一三三頁、坂本（二〇〇五）二九九～三〇〇頁、南（二〇〇三）一〇八～一一〇頁、呉（二〇〇四）五一～五二頁、猪股（二〇〇六）二〇頁、大澤（二〇〇七）三七頁、宮井（二〇〇八）一三七頁、林（二〇〇八）二九七頁、花井（二〇一〇）一一六～一一七頁、庵谷（二〇〇九）二二三～二二五頁、本島（二〇〇九）一〇七～一一七頁、厚生省援護局編（一九七八）五三九頁、田中（二〇一〇）一六三～一六五頁、浅野豊美（二〇〇八）五七八頁、厚生省（二〇〇〇-a）一・資料七七頁。

（三八）国勢研究所・戦後処理問題調査会編輯（一九八七）一七四頁、山田（一九九七）三九六頁によれば、「満洲」は連合軍から発せられた一般命令第一号を受け、ソ連軍の管理地域となった。

（三九）ソ連軍侵攻後の開拓団の逃避行経路は、満洲開拓史復刊委員会企画編集・全国開拓自興会監修（一九八〇）四八八～四九九頁、厚生省援護局編（一九八七）二頁、厚生省援護局編（一九七八）九〇頁。残留孤児の居住地は中国帰国者定着促進センター（一九九六-b）、関・張（二〇〇八）一三六・二八八・三六五・四三四頁。

（四〇）アンダーソン（一九八七）一九頁。

（四一）ヤスパース（一九九八）四五～五五頁。

第二章　中国を生きる

序節　問題の所在

残留孤児は、第二次世界大戦後の中国社会をいかに生きてきたのか。

その一端は、ライフヒストリー研究や当事者の手記の中で、しばしば紹介されている(一)。ただし、それを固有のテーマとして論じた研究は少ない。

以下、残留孤児の数十年間にわたる中国での生活を単なる「空白」とみなさず、その社会的意味を考察した数少ない先行研究の到達点と課題をみておこう。

第一項　「超負荷体験」論と「普通の中国人」論

蘭信三によれば、残留日本人は日本敗戦によって国家の保護を失い、「むき出しの個人」のまま、戦後の中国社会に放り出された。そして敗戦国民という負の遺産を背負いつつ、中国社会を生き抜いてきた。彼・彼女達は「日本人」というスティグマを刻印され、孤立し、「一人きり／ひとりぼっち」の残留生活を余儀なくされた(二)。特に残留婦人はアイデンティティの危機に瀕し、中国での現実生活を「かりそめ」のものと捉え、「ノスタルジアとしての日本」を心の支えとして生きてきた(三)。総じて蘭は、戦後の中国社会における残留日本人の生活を過酷な「超負荷体験」と捉える(四)。

一方、残留日本人が戦後の中国社会に包摂され、「普通の中国人」として生きてきた事実を強調する論者もいる。

まず新井利男は、中国に生きる残留孤児が「血は日本であっても、言葉や習慣、文化などすべてが中国人」であり、「四十、五十代の働き盛り。多民族国家・中国で大和族としてたくましく生きている」と述べる。(五)

岡庭昇・真野貢一も、残留孤児が中国社会で確固とした位置を占める「新中国人」であり、「まだ日本に帰ってこれない日本人」といった同情は日本人側の傲慢と指摘する。(六)

呉万虹も、残留孤児の中国での生活を「必要以上に同情の目で見」、日本に帰国した残留日本人を、まるで収容所から出てきた「英雄」のように迎えるのは、日本人の傲慢な優越感の現れと批判している。(七)

なお蘭信三も、残留婦人が中国人と日常生活をともにするうちに、中国社会・中国人への共感を育み、中国社会の懐の深さによって、日本人としての民族意識を相対化していった面があると指摘する。(八)

これらの見方は、それぞれ現実の一面を言い当てているだろう。

しかし、一方で中国社会での排除・疎外、他方で中国社会への適応・包摂という二つの事実を二者択一し、または並列させる観点は、それ自体がナショナリズムだ。排除と包摂は、方向は真逆でも、その基準はいずれも「日本（人）と中国（人）」というネイションでしかない。岡庭・真野が「ごく普通の、まっとうな中国現代社会の社会人」とみなす残留孤児像は、主に中国で成功して一定の社会的地位を獲得した孤児からの聞き取りに依拠している。呉が、日本人の「過剰な同情」を批判する際にあげる根拠も、残留日本人にも高学歴で管理職・専門職として成功し、「中国で満足すべき生活をしているものが多くいる」との事実である。いずれも階級的上昇を通して国民統合を果たした一部の事例にほかならない。

重要なことは、国民国家を前提とした排除と包摂という二つの事実を並列させて形式的公平性を担保することではない。戦後の中国社会における残留日本人の生活過程とそこでの矛盾、そしてそれらを克服する主体的営為と協働の実態を把握することであろう。

第二項　残留生活の受けとめ方

さて、包摂と排除を二者択一し、または並列させるナショナリズムは、しばしば中国での生活体験の単純な類型化につながる。

蘭信三は、①中国での残留体験を肯定・受容し、達観して中国に定住しているタイプ、②否定的に受けとめ、恨みや日本への望郷を強めているタイプ、そして③諦観と悲しみをもって受けとめている中間的タイプの三類型を示す[九]。

呉万虹も、残留日本人を、①中国に根を下ろして落ちついて生活しているタイプ、②仮住まいの意識が色濃く残っているタイプ、③それらの複合型の三類型を抽出している[一〇]。

そしてこうした類型化においてはしばしば、残留体験を肯定的に受容しえたタイプが、「適応力」という観点から肯定的に評価される。蘭によれば、「中国社会で生きることを選択したひとたちこそ歴史に流されずに生き抜いているひとたち」[一一]だ。また呉によれば、「中国に根を下ろして落着いた生活を送っている人」は、「生活に立ち向かう態度が真面目である」[一二]。

しかし、蘭や呉のこうした諸類型は、当事者の現実の生活実態の把握に基づくというより、むしろ研究者のナショナリスティックな問題関心に沿って抽出されたものである。またそれは、たえず揺れ動く主観的意識を固定化させて捉えたステレオタイプな類型にならざるをえない[一三]。

そうした限界をもたらす原因の一つは、序章第二節で述べたライフヒストリー法の理論的枠組にある。またそれを一層助長する要因は、これらの類型が、オリジナルな実態調査ではなく、既存の手記やドキュメンタリー等の二次資料に依拠していることにある。蘭や呉ももちろん、インタビュー調査は実施している。しかし、二次資料への依存度が高い。二次資料が多様な時期に、しかも多様な社会的文脈・意図の下に作成・発表されたものであることはいうまでもない。またそこに、ある当事者の体験が記載されていたとしても、同時に彼・彼女達がそれ以外の体験を併せ持っていなかったかどうかは検証しえない。ある時点での主観的な意識やその変化を、現実の生活過程やその変化と結びつけて検証する上でも限界がある。トータルな生活史・生活過程について質疑応答を重層的に積み重ねるインテンシヴなインタビュー調査、または周到に設計されたアンケート調査によって得られるオリジナルなデータに比べ、二次資料の限界は明らかであろう。

第三項　中国における研究動向

さて中国では一九九〇年代以降、残留日本人の研究が急速に蓄積されてきた[一四]。そこには、戦後の中国社会における残留孤児の生活や意識の克明な記録がみられる。

特に関亜新・張志坤の研究は、その集大成といってよい[一五]。関・張は、中国における残留日本人の居住地や教育水準、実父母の職業階層等を統計的に示し、併せて質的調査によって中国での生活実態を提示した。関・張の研究の最大の特徴は、档案を元資料としたことにある。ここでいう档案とは、個々人の詳細な人事資料を指す。中国では国民一人ひとりに档案があり、共産党組織の人事部門・公安機関等がこれを管理している。档案には、出身家庭、学業成績、賞罰、政治運動や学習の態度、業務能力や日常生活の態度等、一切が記載対象となる。档案は原則として非公開で、本人も閲覧できない。しかも中国では、残留日本人の管轄官庁は省レベルの公安庁であり、その個人情報への自由なアクセスは極めて難しい。そうした中で関・張の研究は、中国社会科学院の国家プロジェクト研究として採択された経緯もあり、档案を研究資料として使用することを許可された。

しかしこうした関・張の研究も含め、中国の先行研究の認知枠は管見の限り、ほとんどが愛国的なナショナリズムである。[一六] 国民国家の限界を問う視点、そしてそこに不可欠な階級的視点は、希薄といわざるをえない。中国の公安機関が作成・管理する档案が、国家の治安維持の観点から収集・記載されているのは当然であり、これを分析する関・張にもその観点は相対化されていない。関・張は、独自のインタビュー調査も行っているが、この限界を打破しえていない。

残留孤児は、日本ではしばしば「血が呼んだ祖国（日本）への帰国」、「日本人としての同化と排除」、「日本国民としての権利の侵害」等、政治的立場は違っても各種のナショナリズムの物語へと回収されがちである。同様に中国でも残留孤児は、「敵国・日本の子供を引き取って育てた中国の寛大さ」、「恩義あるもう一つの祖国（中国）への愛着」の象徴と捉えられることが多い。日中双方のナショナリズムは時として矛盾・対立するが、しかし多くの場合、それ以上は掘り下げて考察されず、「二つの祖国への愛情」、「中日友好の象徴」という形で安易に調和が図られる。そしてこうした認知枠を逸脱する現実の残留孤児の生活・意識・行為は、視野の外におかれがちとなる。

第一節　養父母との関係

ではまず、残留孤児の戦後の中国での生活の出発点ともいえる養父母との出会い・関係をみていこう。

第一項　養父母との出会い

【仲介者の有無】

残留孤児を最初に引き取った中国人は、養父母とは限らない。特に年少の孤児（《C・Dタイプ》）には多くの場合、仲介者がいた。

すなわち黒龍江省等の農村の路上・戦場跡で《Cタイプ》の孤児を拾った中国人の多くは、養父母の親戚・友人だった。

＊「一九四五年八月、西麻山の鉱山で働く鉱夫が鉄道の線路脇で私を拾いました。彼は、私の養父母と同じ村の住民で、養父母に子供がなく、ほしがっていることを知っていました」

「一九四五年八月、養母の友人が戦場跡の草むらに一人で置かれていた私を拾い、自宅に抱いて帰りました。でも私は何も食べず、泣くばかりでした。ある日、養母がその友人宅に遊びに来て、私を抱き上げると、すぐ泣き止みました。養母が何か食べさせると、私はおとなしく食べました。養母の友人は驚き、『あなた達は縁がある。この子をあなたにあげよう』と言いました。それで養母は、私を引き取りました」

一方、遼寧省等の都市で引き取られた《Dタイプ》の孤児の仲介者の多くは、第一章第三節で述べた如く、日本人実父母と中国人養父母の共通の知人である。

総じて残留孤児、特に年少者の救命は、養父母だけでなく、中国人の地縁・血縁・職縁のネットワークによってなされたといえよう。「養父ははじめは日本人の子供を引き取る勇気がなかったが、仲介してくれた中国人の友人に説得され、私を引き取る決心をした」、「養母に乳が出ないから、赤ちゃんがいる仲介者に飲ませてもらった」と語る孤児もいる（一七）。

【養父母世帯の移動】

さて、年長の孤児（《A・Bタイプ》）の多くは、仲介者を介さず、養父母に直接引き取られた。ただしその過半数、特に農村で引き取られた年長者（《Bタイプ》）では八割が、一九四〇年代後半に複数の養家を移動した。

移動には、いくつかの理由があった。

まず第一は、土地改革で地主の烙印を押された養父母が没落し、または殺害されたことである。中国の土地改革法は一九五〇年六月に施行されたが、共産党の勢力が強かった東北・華北地方では、一九四六年四月に「日本人と傀儡の土地の処理に関する指示」が発布され、日本人に協力していた中国人地主の土地が没収された。また一九四七年一〇月には土地法大綱が出され、地主と認定された人は家産を没収されただけでなく、殺害されたケースも多い。

＊「一九四七年の土地改革で、最初の養父は地主と決めつけられ、銃殺されました。実際にはそれほど土地を持っていたわけではありません。ただ養父は日本の統治時代、日本人と一緒に建設の仕事をしたことがあり、また日本敗戦後、多くの物品を拾ってきました。それで、地主と見なされました。養父を殺した民兵は若げの至りで、八つ当たりしたのでしょう。養母は、『お前のせいだ』と私に辛く当たるようになりました。その養母も毎日、血が出るほど殴られ、郊外に連行され銃殺されました。悲惨でした」
「最初の養父は地主で馬十五頭を持ち、四人の馬飼がいました。でも一九四七年秋、土地改革が始まり、養父は撲殺されました。土地も家産も馬もすべて没収され、食物もなくなり、養母は私を養えなくなりました」

第二に、養父母が極端に貧困、または病死して、養子を育てられなくなったケースもある。

＊「最初の養父は乞食で、子供連れの方が貰いが多いと思って私を引き取りました。養父は私を連れて半年ほど物乞いをしましたが、冬になると着る服もなく、私を養えなくなりました」
「最初の養父は寒村の貧しい土医者でした。私を引き取って一カ月ほどすると、食物がなくなり、私は飢えて肌も変色しました。生き延びるため、私は他家にやられても仕方がありませんでした」

第三は、孤児の衰弱が著しく、または養家に馴染まなかったケースである。

＊「最初の養家には、一週間もいませんでした。私は痩せて衰弱し、泣いてばかりでした。養父はこのままでは私が死んでしまうと恐れ、引き取ってくれる人を探しました」
「私は、最初の養家から何度も逃亡しました。『なぜ逃げる』と聞かれ、私は『姉や弟に会いたい』と答えました。養父は『姉や弟は死んだ』と言いましたが、私は信じず、何度も逃げました。それで養父も『お前のような子は、もう要らない』と言いました」

そして第四に、残留孤児が養父母の虐待に耐えかねて逃亡し、または養父母の側が追い出したケースもある。

＊「最初の養父は、凶暴で暴力をふるいました。私は七頭の豚を放牧させられましたが、ある日、豚が他家の畑を荒らしたため、その家の人が一頭を刺し殺しました。私は呆然としました。普段、ささいな事でも養父にひどく殴られています。豚を死なせたら、私も間違いなく殺されます。私は大急ぎで逃げました。その後、別の養家でも、私は豚の世話をさせられました。疲れ果て、つい居眠りをすると、養父は私を蹴飛ばし、『怠け者は出て行け』と怒鳴りました。私は、また浮

表　中国での生活（タイプ別）　　（人）

		A	B	C	D	計
養父母との仲介者	あり	2	4	9	10	25
	なし	8	6	3	3	20
養家の移動	あり	4	8	4	1	17
	なし	6	2	8	12	28
養父母の実子（最後の養家）	あり	4	6	6	1	17
	なし	6	4	6	12	28
養父の職業（最後の養家）（複数回答）	自営業	8	2	7	9	26
	労働者	4		5	7	16
	専門・管理職		1		2	3
	農民	1	8	5		14
	不在	2	2			4
養父母の優しさ（最後の養家）	あり	6	6	11	12	35
	言及なし	4	4	1	1	10
養父母による虐待（最後の養家）	あり	7	4	7	4	22
	言及なし	3	6	5	9	23
養家での児童労働（最後の養家）	あり	9	10	5	3	27
	言及なし	1		7	10	18
学歴（中国の学校）	高校・専門学校等	3		3	6	12
	中学卒・小学卒	1	1	5	7	14
	小学中退	3	6	4		13
	不就学	3	3			6
中国語の読み書き	まったく問題なし	2	1	6	9	18
	日常は困らない	3	2	1	3	9
	日常も困る	1	2			3
	ほとんどできない	4	5	5	1	15
就職年次	1946～56年	5	10	2		17
	1957～59年	3		7	3	13
	1960年以降	2		3	10	15
職歴（複数回答）	労働者	8	8	6	10	32
	自営家従	3	1		1	5
	専門管理・技能工	4		4	8	16
	農民・農林業		9	5	1	15
転職回数	２回以上	6	6	3	4	19
	１回	1	1	3	3	8
	なし	3	3	6	6	18
子供人数	４～７人	2	6	8	4	20
	３人	7	4	1	2	14
	１～２人	1		3	7	11
差別（複数回答）	子供時代いじめ	9	10	12	13	44
	学校	3	4	12	11	30
	就職・職場	8	5	6	9	28
	結婚・家族	7	3	2	8	20
	文化大革命	8	3	9	11	31
	言及なし	1				1
計		10	10	12	13	45

資料：実態調査より作成。

浪児になりました」

「最初の養父母は、私を朝から晩まで働かせました。朝五時から小便（尿桶）を捨てたり、市場に朝食を買いに行かされました。気に食わないことがあると、箒でひどく殴られました。食事も満足にくれず、私は猫の食べ残しを食べました。それもなくなると、近所の家に忍び込んで食物を盗みました。まともな服も着せてもらえず、いつもボロボロの服を着ていました。しばらくすると私は『もう要らない』と追い出されました」

「九軒の養家を転々とし、どの家でも殴られ、罵られました。ある家では朝、トイレ代わりのバケツを捨てに行く時、階段が凍っていて、私は転げ落ちました。バケツもへしゃげました。すると養父は、私の頭をこぼした尿に押し付け、『なめて、きれいにしろ』と怒鳴りました。ここにいたら絶対に死ぬと思い、逃げました」


上記のうち、第一～第三の理由で移動した場合、元の養父母やその親戚・隣人が、次の養家を紹介・斡旋した。元の養父母の親戚・隣人自身が、次の養父母になったケースも多い。
＊「最初の養父は親切な人であちこち尋ね、次の養父母を探してくれました。ある家の前で、『奥さん、この子の命を助けてあげてよ』と頼んでくれたのです。私は四歳でしたが、自分で『お母さん、私をもらって』と中国語の単語を日本語の語順に並べて言ったそうです。養父の口添えもあり、私は次の養家に引き取られました」
「最初の養父母とも死去し、仲介者だった親戚が葬式にきました。私はその人の服を掴んで離さず、『連れて行って』と泣き叫びました。仲介者はやむなく私の二番目の養母になってくれました」

「最初の養父母の死後、その親戚が引き取ってくれました。その二番目の養父母も貧しくて私を育てられなくなると、養父と義兄弟の契りを結んでいた男性が、三番目の養父になってくれました」


これに対し、第四の理由——虐待による逃亡、養父母による追放——の場合、孤児は浮浪児となり、自力で新たな養父母を捜すしかなかった。
＊「最初の養家から逃げ、夕刻に川岸で寝込んでしまいました。その時、一人のごみ拾いの男性が『一緒に行くか』と言ってくれ、彼が次の養父になりました。その後も一〇回ほど、養家が転々と変わりました。その間、浮浪児になり、物乞いもしました。最後の養父母以外、名前も覚えていません」
「最初の養家を逃げ出し、見知らぬ家の前で『母さん、私をもらって下さい』と大声で叫びました。でもその家の母親は留守で、一四歳の娘しかいませんでした。彼女は私を可哀相に思い、家に入れてくれました。私は引き取られたというよ

り、押しかけたのです。実は養母は、私を引き取りたくありませんでした。身体も小さく、できものだらけで汚かったからです。でも、もう家の中にいるし、やむなく受け入れてくれました。私は生命力が強いね」
「養家でいじめられる度に逃げ出し、あちらの家に一カ月、こちらに二カ月と、九軒の家を転々としました。寒い冬、私は高熱を出し、ふらふらと歩いていましたが、寒さを避けるため、道端の大きなごみ箱の中に入りました。意識は朦朧としていました。その時、最後の養父がごみ箱のそばを通りかかり、物音に気づき、蓋をあけて探ってみました。でも、私は小さいので見つかりませんでした。養父が去ろうとすると、また音がして、もう一度探ってみると、私の手に触れました。私はすごく怖かったけれど、抵抗する力もありませんでした。養父の綿入れの服に包まれ、家に抱いて行かれました。私は息をしているだけ、心臓が動いているだけの状態だったそうです。足も手も凍傷で腐っていました」

人数でいえば、元の養父母やその親戚・知人が次の養父母を紹介したケースが、養家移動者の八割を占める。その意味でもまた、残留孤児の救命は、中国人の血縁・地縁ネットワークによって初めて可能になったと言えよう。

第二項　養父母の実子の有無・受け入れ動機

【実子がいなかった養父母】

さて、残留孤児を引き取った時点で、養父母の六割以上には実子がなかった。特に都市に住む年少の孤児（《Dタイプ》）を引き取った養父母には、ほとんど実子がなかった。

こうした養父母が孤児を引き取った主な動機は、「どうしても子供がほしい」、「老後の頼りとして子供がほしい」ということであった。(一八) 当時、中国では、老後はわが子に扶養してもらうのが当然と考えられていた。仲介者も、養父母に実子がいないからこそ、孤児を紹介したのである。そして実子がいない養父母は、実父母の記憶が少なく、なじみやすいと思われる年少の孤児を優先的に引き取った。

＊「養父母は四〇歳をすぎても、ずっと子供に恵まれませんでした。養母は昔、日本軍の軍服工場で働き、繊維を吸って喘息になり、妊娠してもすぐ流産していたのです。それで子供がどうしてもほしくて、人に頼んで養子を探していました」
「養父は五〇歳でしたが離婚して独身で、子供もなく、養子を探していました。老後の頼りのために、私を引き取ったそうです」
「養母は男児を生みましたが、生後三カ月で死んでしまいました。それで養母は一時、精神的におかしくなったそうです。

私の話をもちかけられ、喜んで引き取りました」

ただし、こうした「老後の頼りとして子供がほしい」という動機の重みは、人によって様々であった。確かに子供がほしくて焦っていた中高年の養父母もいる。しかしまだ若く、子供がいないことに深刻に悩んでいなかった養父母もいた。実際、残留孤児を引き取った後に、実子が生まれたケースも少なくない。

また、「老後の頼りとしての子供」は本来、男児を指す。しかし実子がいなかった養父母が引き取った孤児には、女児も少なくない。当時、「養子を引き取る＝子供の命を助ける」と、その功徳で男児の実子を授かるという民間信仰があり、これが女児を引き取った理由になった可能性はある。ただし男女を問わず年少の孤児が、実子のいない養父母に引き取られたことは事実である。

しかも当時、残留孤児の多くは痩せ細り、病気を患い、衰弱しきっていた。養父母自身、孤児の命を救う自信がなく躊躇したケースも多い。総じて孤児の多くは、老後の頼りというには、あまりにひ弱だった。

以上の諸事実をふまえれば、「老後の頼り」というだけでは、養父母が孤児を引き取った動機を十分に説明しえない。これとともに、あるいはこれを上回るほど大きなもう一つの動機として、「子供がかわいそう。命を助けるしかない。今、ここで見棄てたら子供は死ぬ」ということがあげられる。

【実子がいた養父母】

一方、残留孤児を引き取った時、既に実子がいた養父母は、全体の四割弱を占める。特に年長（《A・Bタイプ》）、及び、年少でも農村在住（《Cタイプ》）の孤児の養父母には、実子がいたケースが多い。

実子がいたにもかかわらず、孤児を引き取った養父母の動機は様々である。

まず第一に、「娘しかいなかったので、息子がほしかった」、「息子しかいなかったので、娘がほしかった」との動機がある。これは、年長の孤児（《A・Bタイプ》）を引き取った養父母に多く見られる。実子は、孤児より年長（兄・姉）だったケースが多い。ここには、息子の将来の嫁として女児の孤児を引き取ったケースもある。息子の将来の嫁として幼い女児を引き取る――買い取る――慣習を「童養媳」といい、当時の中国の貧困層にかなり広範にみられた。

＊「女児は五人いましたが、男児がいなかったので、私を引き取りました。私が引き取られた時、養姉はもう大きく、長姉

は結婚して家を出ていました」

「私より一二歳年上の娘がいましたが、息子がいませんでした。もともと息子もいましたが、『満洲国』軍の兵士で戦死したそうです。養父母は、五〇歳をすぎていました」

「養父母は息子しかいなかったので、娘がほしかったそうです。それで私は一二歳の頃、今の夫の家に童養媳で引き取られました」

第二に、ここでもまた「残留孤児があまりに哀れで、引き取るしかなかった」との動機も見られた。「養父母は八人も子供がいたが、私を見棄てるに忍びず、引き取ってくれた」、「家族は、『こんな汚い子をもらってどうするんだ』と嫌がったが、養母は『かわいそうだ。このままだと死ぬかもしれない。家に帰って洗えばきれいになる』と私をもらってくれた」等である。この動機は、年少の孤児（《Cタイプ》）を引き取った養父母に特に多くみられた。こうした決断をする際、養父母に子育ての経験があること、及び、年長の実子がいて子守を手伝わせられることが、むしろ引き取りを促す条件となった。「養母は躊躇したが、一八歳の養姉が『私が世話をする。抱かせて』と説得してくれた」、「養父母は引き取る気はなかったが、二〇歳の養姉が私を家に連れ帰ったので仕方なく受け入れた」と語る孤児もいる。

そして第三に、年長の孤児（《A・Bタイプ》）の養父母には、後述する如く、家内労働力として引き取ったケースもある。この場合、養家には、残留孤児より年少の実子がいた。

第三項　養父母の職業と経済水準

次に、養父母の職業と経済水準をみよう。

【都市に住む養父母】

まず遼寧省等の都市で引き取られた残留孤児（《A・Dタイプ》）の養父母の多くは、自営業または労働者であった。もともと零細な自営業を営んでいたが、一九五四〜五六年の公私合営政策を機に養父が労働者になるか、または退職したケースが多い。公私合営とは、私営企業の集団化・国営化の一環で、実際には零細な自営業の経営者・家族従業員がそのまま同じ職場で、労働者として雇用される場合が多かった。ただし経営権は国・行政に移り、一部には解雇される元自営業者・家族従業員もいた。

都市に住む養父母には、極端な貧困層は少なかった。

しかし都市に住む残留孤児や養父母も、深刻な飢餓や貧困に見舞われたことがある。それは、養父母がともに早く死去したケース、及び、共産党と国民党の内戦（一九四六〜四九年）・大飢饉（一九五九〜六一年）等の時期である。内戦の際、都市と農村の境界に人や物資の移動を制限する検問所（「卡子」）が設けられた。そこで都市で深刻な食糧危機が発生し、多数の住民が餓死した。また一九五九年以降、三年連続で大飢饉が発生し、中国全土で二〇〇〇〜四五〇〇万人が死亡したとも言われている。

＊「一九四八年に養父が病死し、養母も失踪して生活は窮乏しました。特に八路軍（共産党軍）が瀋陽を包囲した時は、食糧がなく、生きるか死ぬかでした。小便や汚水が入った臭水坑の水を飲んで生き延びました。一九六〇年頃も大飢饉に襲われ、皆、木の皮まで食べました。食糧不足は何年も続きました」

「内戦下、瀋陽では工場が次々に倒産しました。私達は、河北省の養父の実家まで物乞いをしながら五〜六カ月間、歩いて流浪しました。私は栄養失調で、夜はほとんど目が見えませんでした。夏は服にわいた虫に悩まされ、冬は凍死寸前でした。錦州では丸太橋を抱いて這うようにして、大きな川を渡りました。何時間もかかった気がします。多くの人が転落死しました。私は物乞いをして養父母に食べさせ、自分も水を足して食べて飢えをしのぎました。生きていられるだけでいいと、自分に言い聞かせました。養父の実家に着いても極貧で、養母は耐えきれず、失踪しました」

「養父は雑貨店を経営してやや裕福でしたが、内戦の一九四九年には国民党に商品をすべて没収され、共産党には自営を禁じられ、極貧になりました。泥で家を建てる大工になりましたが、餓死寸前でした。零下四〇度の極寒の中、私はボロボロの帽子しか被せてもらえず、耳がひどい凍傷になりました。特に内戦で共産党が長春を包囲した時、市内に閉じ込められた市民が少なくとも数十万人規模で餓死しました。私もサツマイモの蔓やモミガラしか食物がなく、骨と皮に痩せ細りました。長春解放後、薪を採りに行くと、草むらに無数の餓死者が横たわっていました。また一九六一年の大飢饉の時も悲惨で、皆、木の皮まで食べました」

「養母は一九五五年、三九歳で脳の病気で死にました。四年後、養父も四八歳で胃病で死にました。私は天が落ちたような衝撃を受け、本当に心細かったです。手袋作りの内職で自活しましたが、食事も満足にとれず、何とか生きてきました。服は、死んだ養父母の服を不器用に直して着ました。養父母の治療費の借金もあり、いつも『いつ金を返すのか』と聞かれ、『一年以内に必ず』と答えて実際に返済しました。私は一口のご飯さえ食べられればいいと思いながら、その日その日をすごしました」

【農村に住む養父母】

一方、黒龍江省等の農村で引き取られた孤児（《B・Cタイプ》）の養父母には、農民が多い。

特に年長の孤児（《Bタイプ》）の養父母は、ほとんど農民である。

年少の孤児（《Cタイプ》）の養父母は、農民だけでなく、零細自営業や労働者も多い。ここでもやはり公私合営政策を機に、労働者が徐々に増えた。「養父は露店で鶏やアヒル、野菜を売っていた。でも公私合営で形式上、販売員になった。あいかわらず元の場所で鶏やアヒルを売っていた」等である。

そして農村に住む養父母の多くは、貧困であった。確かに土地改革で、農民の生活は以前に比べれば若干改善された。しかし農村には、日常の衣食にも事欠く継続的・構造的な貧困が蔓延していた。

＊「八年間も柳の葉を食べるほど極貧でした。ひどい時は、葉もありません。厳寒の冬も、ズボン一枚しかなく、布団もなくて、よく病気になりました。食べるために村から村へと流浪し、ようやく落ち着いた山奥の村は、ズボンもない人がいるほど貧困でした」

「養父母とも病床に伏していました。養父は喘息ですが薬を飲まず、呪術師に頼り、ますます貧しくなりました。トウモロコシの粥だけで飢えをしのぎました。一九四七年の土地改革後、私は初めて綿入れのズボンを履き、まともな服をきました。それでも靴はなく、冬は家に閉じこもっていました。家の中でも足の寒さは耐え難かったです」

「養父は、馬車の転覆事故で死にました。私達は貧しく、農作業で重労働をする時だけ、腹一杯食べるのを許されました。普段は、トウモロコシの薄い粥だけです。木の板に土を固めた壁の家に住み、零下三〇度を下回る厳寒の中、十分な布団も衣服もなく、透き間風が吹き込み、毎年、凍傷になりました。私は何年間もひどい栄養失調でお腹がパンパンに腫れ、頭ばかり大きくなりました。手足は骨と皮だけでした」

「一九四八年に養父が五〇歳位で死に、養母は無収入になりました。養母は喘息でひどい咳をしていました。その後、養母も死に、私は中学生の時に独りぼっちになりました。農業で自活しましたが、食うや食わずの極貧で、本当にひもじかったです」

【富裕な養父母の運命】

都市・農村を問わず、残留孤児を引き取った時点で裕福だった養父母は、一九五〇年代前半までに政治的に批判・打倒され、貧困に陥った。

農村では前述の如く、地主だった養父母が打倒され、他の養家に移動せざるをえなかった孤児がいた。また養家を移動しなくても、地主・富農とみなされた養家が没落し、貧困の渦中におかれた孤児もいる。

＊「養父母は一九四七年末、土地改革で土地をすべて奪われました。日本人開拓民に奪われていた土地が日本敗戦後に戻ってきたため、地主とみなされたのです。養祖父は撲殺されました。私達は布団一組だけをもち、着の身着のまま他村に追放されました。服も一着しかなく、冬に洗濯した服を乾かないまま着ると、凍ってバリバリになりました。春になるのを待って畑にジャガイモやトウモロコシを拾いに行きましたが、私の腰より高く雪が積もり、私は何も拾えませんでした。兄や養母が凍ったジャガイモを干し、粉にして分けあって食べました」

「養父はそれほど土地を持っていないのに、富農と決めつけられました。当時、各村に地主が何人、富農が何人という割り当てがあり、それで養父は、まわりの人よりほんの少し金があったので富農にされ、批判の的にされたのです」

「養父は日本人が捨てた馬と馬車を拾い、廃品回収をしていました。また稼いだ金で、もう一頭、馬を買いました。それで一九四七年の土地改革で、富農と決めつけられました。実際は金持ちではないけれど、貧しい村では目立ったのです。私達一家は、『浄身出戸』政策で全財産を没収され、身一つで地元を離れなければならなりませんでした」

富裕な自営業者だった都市の養父母も、公私合営政策で資産を失った。また一九五七～五八年には、毛沢東の指導の下、反右派闘争が展開された。「ブルジョア右派」と認定された養父母は農村等に追放され、強制労働を強いられた。

＊「一九五七年、反右派闘争で養父は打倒され、経営していた旅館は閉鎖されました。養父は三年間、ダム建設現場に送られ、強制労働させられました。養父は商工会の元会長だったので、打倒されたのです。養父が労働改造させられている間、養母は靴の中敷きを作って一枚三〇銭で売り、かろうじて生活を支えました」

「解放（中華人民共和国成立）以前、養母は三軒の食堂を経営し、一六人の従業員がいました。でも解放後、二軒は没収され、残る一軒も閉鎖させられました。米・油・石炭はすべて没収されました。大金がありましたが、国民党の紙幣なので紙切れ同然でした」

第四項　養父母と残留孤児の関係

さて、四五名の対象者のうち三五名は、養父母に優しさを感じとっている。また移動前の養家を含め、二七名が虐待を体験した。

【養父母の優しい諸行為】

愛情をもって優しく育ててくれた養父母の行為は、次のとおりである。

まず第一に、病気で衰弱していた孤児を懸命に看護・治療し、生命を救った。

＊「私は引き取られるまで、何カ月間もろくに栄養がとれませんでした。また極寒の中、難民収容所の不潔で冷たい床の上ですごしたため、凍傷もひどく、血を吐いたり、血便の下痢も出て衰弱しきっていました。骨と皮になり、腹が異常に膨らみました。医者にも、助かる見込みはないと見放されました。それでも養母は諦めず、あちこち走り回って民間療法を聞き、試してくれました。凍傷には山査子が効くと聞き、磨り潰して塗ってくれました。私は四歳で、やっと歩けるようになりました。養母の献身的看護で、私は一命をとりとめたのです」

「私は黄皮瘡というできものが頭や背中、足に一杯できました。白い下痢と腹痛もひどく、瀕死状態でした。養父母の家に入って、ようやく栄養が足り、漢方薬も飲まされました。ひどい脱肛でしたが、養父母は民間療法をしてくれました。青いレンガを熱くして上に糠水を撒き、布で包み、その上に毎日一日中、座るのです。私は四歳でしたが、今もはっきり覚えています。とてもよく効き、脱肛は治りました」

「私は凍傷で手に爪もなく、髪の毛もほとんど抜けました。病院で治療する金はなかったので、養父があちこち聞きまわり、塩水で手足を消毒してくれました。私は以前の養家で虐待され、窓ガラスを壊して逃げたので、身体中にガラスの破片がたくさん入っていました。養父はガラス片を一つひとつ取り除き、また毎晩、樟の木を煮た湯で私の足を洗ってくれました。樟は朝、暗いうちに山から取って来てました。これらは全部、民間療法です」

「私は小さく痩せていて、発熱して弱々しく泣いてばかりいたそうです。まわりの人は皆、『あんな病弱な子を引き取っても死ぬだろう』とか、『治療に金がかかる』とか言いました。でも養父母は、『一口でも食べられる飯があれば、この子を養う』と答えたそうです。どんなに偉大な父母でしょう。私は小さい頃、麻疹にもかかり、ひきつけを起こしたり、高熱を出したり、コレラで黒い便も出ました。危篤になったこともあります。養父は私を都会の病院に何度も連れて行き、薬を飲ませてくれました。養母は懸命に看護してくれました。私は本当に九死に一生をえました」

第二に、日本人とわかるといじめられるので事実を隠し、また転居を繰り返し、残留孤児を守り抜いた養父母もいる。

＊「日本人とばれないように、二〜三年の間に養父母は四度も転居してくれました。誰かに『日本人だ』と言われると、すぐ引っ越しました。日本人とわかると殴ったり、殺そうとす

る中国人がいるからです。まわりから『日本人の子を育てるなんて』と悪口も言われましたが、それにも耐え、とてもよく守ってくれました」

「養父母は、神経質なくらい私が日本人であることを隠していました。事情を知っている人の目や口から逃れるため、一九四八年、五〇年、五六年の三度、市内をあちこち引っ越してくれました。少しでも私の噂がたつと、すぐに引っ越しました」

「養父は私のことを、『朝鮮人の子供だ』と言い触らしました。日本人とわかると殺されたり、誘拐して棄てられかねません。『やっと火中から救ったのだから、火中に返してはいけない』が、養父の口癖でした。近所の派出所の所長も養父と同郷の優しい人で、私が日本人だと知りながら口裏を合わせてくれました」


第三に、日常の中で、養父母の優しさや愛情を感じとった孤児も少なくない。

＊「養父は私を風呂に入れ、新しい綿入れの服を買ってくれました。私の肌はもう人間の肌ではなく、木の皮のように荒れていました。髪の毛も、シラミだらけです。養父は私を坊主にして、帽子を買ってくれました。切った髪を火中に捨てると、パチパチ音がするほどたくさんシラミがいました。夜は、暖かいオンドルで寝ました。昼は、白米の粥と饅頭や焼餅を食べさせてくれました。養家では皆、私をかわいがり、私を六歳上の兄の嫁にするつもりでした。私に見合い話がきても断り、『大きな娘を嫁に出さない』と近所で笑われていました。私も優しい兄が好きで、知らない家に行くより、ここにいる方がいいと思っていました。私は、まわりの中国人の子供より幸せでした」
「養母は、焼餅を作るのがとても上手でした。餅に芋の千切りを巻いて食べたら最高です。魚も卵も腹一杯食べさせてくれました。養父母は、実子と別け隔てなく優しく育ててくれました。私は養父母やきょうだいと仲が良く、幸せでした」

「一度、何かを売って飴を買ってくれました。とても美味しかったです。今思えば、飴とは言えないほど粗末なものですが、養父母の愛情がこもっていました。おいしい焼餅も、よく作ってくれたし、栄養のある食物が手に入ると、誰より先に私に食べさせてくれました。一九六一～六二年の大飢饉の時も、養父母がいなければ、私はとても生き延びられなかったでしょう」

「養父母の家に引き取られた時、清潔な中国服を作ってくれました。とても気持ちがよかったです。養父は、中国語を一つひとつ教えてくれました。実子とも別け隔てなく育ててくれ、他の子供達も私を姉妹として慕ってくれました。馬小屋にブランコも作ってくれました。私は人一倍、よく泣きました。そんな時、養母は他の子に、『昔のつらいことを思い出しているから、今は泣かせてやって』と言ってくれました。

衣食にも事欠く苦しい生活の中、子供が一人増えるのは大変なことです。まわりの人が『童養媳にして売ればいい』と勧めましたが、養母は『一家が餓死しても、この子は育てる』と言ってくれました。私達は、貧しさの中でも助け合って暮らしました」
「養母はいつも一番おいしいものを、私に残してくれました。養母は『私は、もう食べた』と言いますが、本当は食べていないことは、私にもわかっていました。飢饉の時も、まず私の食物を確保し、自分は我慢していました。また養母は私を進学させるため、ずっと節約していました。とにかく私がすべてという感じです」

こうした優しい養父母に育てられた残留孤児は、「恩は一生、忘れられない」、「実父母より優しかった」、「とても感情深い」と語る。

＊「養父母の恩は一生忘れられません。養父母がいなければ、私はとっくに死んでいました。いくら恩返ししても足りず、何世代たっても返しきれない大恩です。もし養父母が生きていたら、私はきっと全力を尽くして親孝行をしているでしょう」
「養父母は実父母より優しく、実子のように、かわいがって育ててくれました。養父母のおかげで私は生きてこられ、本当に感謝しています。だから私達は絆があり、養父母への感情は、とても深いです。今も懐かしく養父母を思い出します。たとえ実父母が見つかっても、そんな感情は持てないでしょう」
「養父母は人格的にとても立派で、私を掌中の玉のように大切に育ててくれました。養父は温厚で優しく、養母は親切で気が利きます。慈しんで育ててくれ、本当に感謝しています。恩は絶対に忘れません。養父母がいなければ、私は今日まで生きてこられませんでした。二度目の命は、養父母にもらいました。私も実子以上に、親孝行しました。養父母と私は、実の親子より親しいです」

病気の治療・看病、及び、転居は、年少の孤児（《C・Dタイプ》）に特に多くみられた。日常の中で感じる優しさは年長の孤児も含め、広範にみられた。

【虐待】

一方、養父母による虐待は、具体的には次のとおりだ。

まず第一に、暴力である。

＊「養父は凶暴で、すぐに手元にある物で私を殴ったり、蹴ったりしました。仕事が満足にできないといっては殴られ、楽しい思い出は何一つありません。あまりに虐待がひどく、養父が周囲の人から罰せられたこともあります。引き取られた

時は一番寒い季節だったので、私は毎晩、おねしょをしました。その度に養母は罰として、私を裸のまま外に出し、凍えさせました」

「養父母には毎日、殴られました。普通の殴り方ではありません。天秤棒や箒の柄で殴られ、警察が養父を処罰したこともあります。腕や手足を、刃物で切られたこともありました。裸にされ、顔もつねられました。死んだ方がましと思いました。隣人も見かねて、『養父母と離れて暮らす方がいい』と言いました」

「養父は酒を飲んでは、理由もなく私を激しく殴りました。養母にもしょっちゅう殴られたせいか、私はものごころついてから、ずっと頭痛に悩まされてきました。学校からの帰宅が少し遅れると、理由も聞かず、すぐ殴られます。学校の先生が、『養父母と離縁して、学校の寮で暮らしたらどうか』と勧めてくれましたが、そんなことをしたらどんな目にあわされるかわからず、とてもできませんでした」


第二に、十分な食事や衣服を与えられなかった孤児もいる。

＊「食事も養父母一家とは別で、トウモロコシの粉を丸めて蒸した団子を一日二回、二個ずつ食べることができた程度です。一食の日もありました。とてもひもじく、私は痩せて顔色も悪かったです。時々、学校で同級生に食物を分けてもらいました。新しい服を着せてもらったことは、一度もありません」
「食事は、養父母一家の残飯でした。事あるごとに叱られ、罰として一日中、食事も水ももらえないこともよくありました。いつもボロボロの服を着せられていました。私はトウモロコシを盗み、寝床の中で隠れて食べました。見つかると殴られるからです」

「食事も十分にもらえず、冬でも長ズボンも靴もありません。足が凍え、牛糞に足を突っ込んで暖めました。近所のおばあさんが哀れに思い、せめてもとトウモロコシの皮で私の足を包んでくれました。近所の人が見かねて厚手のぼろぎれで服を一着作ってくれ、それを裸の上にまとって一冬すごしました」


第三に、精神的虐待も少なくなかった。

＊「名前もつけられず、ただ『シャオズ（子供）』と呼ばれていました。私と九歳下の弟（養父母の実子）の待遇は全然違います。他の子供が皆、学校に行っているのに、自分だけ家畜の世話をさせられ、とても辛く恥ずかしかったです。他の子供に見つかりそうになると物陰に隠れたり、人に見つからない所で泣いたりする毎日でした。事あるごとに叱られ、養父母といい関係だったとは、とても言えません」
「養母は事あるごとに、『お前は金で買った日本人だ』と言いました。養父母は、私も含めてたくさんの女の子を引き取り、経営する売春宿で働かせるつもりでした。養父母に、いい思

い出はまったくありません。私が一四歳の時、中国が解放（中華人民共和国成立）され、売春宿が閉鎖されました。一六歳になれば、客の相手をさせられます。廃業して、ホッとしました。もし解放がもう少し遅ければ、私も売春させられていました」

こうした虐待は、都市に住む年少の孤児（《Dタイプ》）では比較的少ないが、それ以外では広範にみられた[一九]。

虐待の体験は、孤児のパーソナリティにも深い陰影を刻み込んだ。複数の孤児が、無口・引っ込み思案で自己主張しにくい性格になったと語る。

＊「残留孤児は、無口な人が多いです。養父母に放置されたり、暴力を受けて、人の顔色をみて暮らさねばならず、どうしても無口で引っ込み思案な性格になってしまいます。私自身、養父母から親としての愛情・優しさをもらえず、寂しく育ちました」

「養父母に気を使い、何かあっても我慢する性格が身につきました。養家に入る前は活発で奔放な性格でしたが、養家では心が晴れず、重苦しい影をずっと引きずっていました。たとえ優しくされても、いつもどこか孤独を感じ、よく泣いていました」

「残留孤児は養父母にいじめられ、乞食のようなこともさせられましたが、それは仕方ないことです。我慢するしかありません。そのように自分に思い込ませなければ、生きていけませんでした」

ただし、ここで留意すべきことは、虐待された孤児も、多くが養父母に感謝しているという事実である。「食べさせてくれただけで、ありがたい」、「命を救ってくれただけでも恩を忘れてはいけない」等の言葉がしばしば聞かれる。

＊「どんなに虐待されても、それでも食べさせてもらったので、やはり感謝すべきだと思います。命を救ってくれただけで、一生、恩を忘れられないし、忘れてはいけないと思います。ひどい扱いでしたが、養父母を悪く言うつもりは今後も一切ありません。養父母がいなければ、私は今日まで生きてこられませんでした」

「ひどく虐待されましたが、それでも育ててくれた恩を忘れてはいけないと思います。私が今、生きているのは養父母のお蔭です。ひどい目にあったとか、そんな話を多く語るのは、恩知らずでしょう。殴られたり罵られたりして不満は一杯ありますが、それは小さなことです。養父母はとにかく私を育ててくれ、私は生きてこられたので、感謝しています」

【児童労働】

最後に、養家での児童労働についてみよう。

年長の孤児（《A・Bタイプ》）は、ほとんどが厳しい児童労働を体験した。一方、年少の孤児（《C・Dタイプ》）では児童労働は比較的少ない。

都市で引き取られた年長者（《Aタイプ》）は、養父母の自営業を手伝った。縫製店に住み込みで弟子入りし、厳しい修行を積んだ孤児もいる。


*「養父は馬で運送業をしていたので、私は馬の餌・水やりをさせられました。直系約三〇センチ、深さ約五〇センチの木桶を二つ、天秤棒で前後に担ぎ、家から二〇〇メートル以上離れた井戸に行き、水を一杯に汲んで帰るのですが、幼いので大変でした。途中、最低でも四～五回は休みながら、毎日一〇数往復しました。井戸から水を汲む時、力が足りず落としてしまったこともあります。水汲みが終わると、大豆をつぶして丸く固めた馬の餌を、一切れずつ小さく削ります。これはとても重く、私はなかなか持てませんでした。草を刈ったり、細かく切る仕事もありました。これも一人でやるので、きつかったです。冬に外でこの作業をすると、手が凍えてすごく痛みました。夜中の一二時頃と三時頃には、馬に餌をやらなければなりません。私はまだ幼く、外に出るのはすごく怖かったです。飼い葉桶は高く、私は踏み台に上がり、餌を入れて混ぜました。目を覚まさなければ、殴られます。だから夜もぐっすり眠れず、学校でよく居眠りしました。先生に『なぜ、すぐ眠くなるのか』と聞かれましたが、言えば、また養父に殴られます。当時の辛かった仕事を思い出すと、今も涙が出ます」

「養父母が経営する売春宿で、掃除、水汲み、炊事等、言われるままに雑用をしました。その後、売春宿が禁止され、養父母は焼餅の店を始めました。ここでも私は毎夜一二時頃に起こされ、朝八時まで火加減をさせられました。居眠りして焦がすと、一番汚い言葉で罵られ、頭を殴られます。養父が運送の仕事を始めると、私は朝からその手伝いで手押し車を押して一日中、歩きまわりました。零下三〇度の冬の朝五時に起こされ、石炭拾いもさせられました。手にひどいあかぎれができ、手当もしてもらえず、痛さに懸命に耐えました。身体を休められるのは、寝ているわずかな時間だけです。辛い毎日で、人のいない所でよく涙を流しました」

「一二歳で、縫製店に住み込みで弟子入りさせられました。無給で、食事だけ与えられます。殴られ、怒られるばかりの毎日でした。二尺の分厚い物差しで、よく頭をたたかれました。中に炭火を入れて暖めるアイロンがあり、『もっと熱くしろ』と言われましたが、私は言葉がわからず、『冷やせ』と言われていると勘違いして水を入れると、『何やってるんだ』と殴られました。冬に染色作業をすると、手足にひび割れができて血が流れました。仕事が終わると、親方の子供の子守です。本当に、あの三年間は死にたい時もありました。でも、実父が死ぬ前に言い残した『どんなことがあっても、必ず日本に帰れ』の一言が、頭の中にずっと残っていました。その一言がなければ、私はもう自殺してしまっていたかもしれません」

一方、農村で引き取られた年長の孤児（《Bタイプ》）の児童労働は、家畜の世話、搾乳、草刈り、畑仕事等、農作業が多い。農村に住む年少の孤児（《Cタイプ》）も、これに準じている。

＊「七頭の豚の飼育と五頭の牛の放牧を任され、一日中働きました。一着しかない服は、放牧するとすぐ破れてボロボロになりました。牛のための草刈り、水運びもきつかったです。養祖父と一緒にノコギリで木を切る仕事もしました。私はまだ身長が低かったので、なかなか届かず、うまくできなくて、よく殴られました」

「八歳から牛馬の餌やりや放牧の見張り、鶏や豚の世話等、懸命に働きました。朝早く起きて畑仕事をしてから学校へ行き、昼休みも帰宅して仕事をしました。餌の草運びは大変でした。放課後も、農作業と牛の放牧にあけくれました」

「八歳頃から放牧、草刈り、畑仕事ばかりで、とてもきつかったです。毎朝六時頃から夜まで、豚や牛に餌と水をやり、羊の乳搾りもしました。豚は数十頭、羊も数百頭を放牧しました。村の各家を回って『放牧をしますか』と注文を取り、二角ずつもらいました」

また年齢や居住地を問わず、家事や介護・子守の児童労働も広範にみられた。

＊「八歳の頃から皿洗い、洗濯、テーブル拭き、少し大きくなると薪割、掃除、炊事もしました。養父も養祖母も病気で、私は長い間、二人の介護をしました。養祖母の尿瓶の尿を捨て、洗います。養父は喘息で、家の土の床に痰を吐くので、私が毎日、掃除しました。ほとんどの家事は私がやっていました」

「毎朝五時頃から、白樺の薪を切り、湯を沸かし、炊事を手伝い、水浴用の水を汲みました。水桶はとても重く、寒くて足は凍傷になりました。とにかく朝から晩まで働かされました。兄（養父母の実子）の子供を背負って洗濯、掃除、石炭拾いもしました」

こうした児童労働は、必ずしも虐待とは直結しない。「優しく愛情をもって育てられた」と語る孤児にも、児童労働はごく一般的にみられた。

しかし、一部で虐待と結びついた児童労働が行われたことも事実である。

＊「八歳の時から外出も許されず、ずっと家事をさせられました。私は門扉のすきまから、外で縄跳びをして遊ぶ近所の子供の姿を一生懸命に見ていました。養母は家事をすべて私にさせ、外から鍵をかけ、遊びに外出しました。私は小学校に通う一二歳までの五年間、外出したことがありません。学校

に行ってからも、放課後は他の子供との付き合いは禁じられました。学校の先生が『養母と絶縁したらどうか』と勧め、私はしばらく学校に泊まったこともあります。でも養母が学校に来て、先生達と口論になりました。私は怖くなり、養母と家に帰りました」

「私は、子供というより、労働力として引き取られたようなものです。養父母は仕事をせず、三人の実子と毎日ぶらぶらして、私だけが働かされました。私が稼いだ金はもちろん、すべて養父のものです。養父母は私が逃亡するのを恐れ、学校にも行かせませんでした。養父母の実子は学校に通っていました」

第五項　中国の民衆としての家族生活

そしてここで留意すべきことは、こうした残留孤児と養父母の生活のかなりの部分が、当時の中国の民衆の共通体験だったという事実である。

一九四〇年代後半、養父母に引き取られた養子・孤児は、日本人だけではなかった。日本の植民地支配や戦争・内戦で両親が死去し、または窮乏して養子に出された中国人の子供達が多数いたのである。対象者の中にも、「養父母は、私の後にも中国人の女児を二人、養子としてもらった」、「養父母は、私の前にも中国人の子供をもらったが、死んでしまったそうだ」等の事例がある。

童養媳も、同様である。当時、中国では結婚する際、男性が莫大な結納金を支払う習慣があった。そこで貧困層では、比較的安い代金で幼女を買い、当面は家内労働力とし、成長後は息子の嫁にする童養媳の慣習が見られた。童養媳となる幼女は、極貧層の出身が多い。幼女を買う側も、結納金を払えない貧困層であった。

対象者のある女性の残留孤児が、見知らぬ家の門前で「私をもらって下さい」と叫んでいた時、彼女を迎え入れてくれた一四歳の中国人の娘(後の養姉)もまた、童養媳として「買ってこられた子」であった。この孤児は、「養姉は自分にも実親がいないし、ずいぶん苦労したので、私のことを可哀想に思い、家に入れてくれた」と語る。

中国の内戦、及び、中国政府の諸政策――土地改革、公私合営、反右派闘争等――で職業や生活に多大な影響を受けたのも、残留孤児やその養父母だけではない。中国の民衆は皆、同じ影響下にあった。

虐待や児童労働も、残留孤児だけの経験ではない。特に児童労働は、当時の中国の家庭ではごく一般的にみられた。子供が働かなかったり、仕事で失敗した場合、暴力を含む虐待も——是非はともかく——さほど珍しいことではなかった。

もちろん残留孤児の中に、実子との扱いの違いに言及するケースもある。しかし他方で、「家の仕事を手伝わされ、怠けたといって養父母に殴られたが、それは当時、普通の中国人の家庭でもよくあったことだ」と語る孤児もいる。

第二節　基本的生活史

では次に、残留孤児の中国での基本的生活史をみていこう。

まず学歴である。

第一項　学歴

【年長者の学歴——中退者の多さ】

年長の孤児（《A・Bタイプ》）の約半数は、日本敗戦以前、中国に設置されていた日本人小学校に通った。ただし敗戦のため、卒業には至らなかった。彼・彼女達の多くは、一〇数歳になってから中国の小学校に再入学した。中国共産党は内戦時代から、支配地域で就学を奨励していた。また一九四九年の中華人民共和国成立、一九五一年の学制改革以降、学齢超過者を含む不就学者の就学を促進した。そこで年長の孤児の多くも、小学校に再入学したのである。しかし、小学校を中退した者も少なくない。一部だが、中国の学校にまったく通わなかった年長者もいる。特に農村で育った年長者（《Bタイプ》）は、ほとんどが小学校中退または不就学で、非識字者も少なくない[二〇]。

＊「開拓団の日本人小学校三年生の時、敗戦で通えなくなりました。一九四九年に一四歳の時、八路軍が来て文盲をなくすため、私を学校に通わせるよう養父母に勧めました。私は小学校一年から通いましたが、日本人なのでいじめられ、半年位でやめました」

「七歳で日本人小学校に入りましたが、半年足らずで敗戦になりました。一九四八年、一〇歳頃から短期間に三つの学校に通いました。最初の農村の学校は複式学級で先生が足りず、自習が多かったです。その後、引っ越して正式の小学校に入りましたが、私の学力が足りず、もう一度一年生からやり直しました。一年後、また引っ越して別の学校に一年半ほど通いましたが、牛に蹴られて右足首を骨折し、村に医師がいなかったので治療を受けられず、二年位寝たり起きたりの生活でした。それで学校もやめました」

「敗戦前、ごく短期間、日本人小学校に通いました。あいうえお位しか習いませんでした。一九五〇年頃、一二歳で中国の小学校に通いましたが、養家の生活が貧しくて学校どころではなく、心苦しかったです。三年半後、一六歳で中退しました」

「敗戦前、日本人小学校に半年位通いました。一九五二年に一三歳で中国の小学校に入学しましたが、養父は私が逃げるのを恐れ、また家に金もなかったので、あまり学校に通わせませんでした。私は学校を続けたかったけれど、四年後、養父に『働け』と言われ、一七歳でやめるしかありませんでした」

【年少者の学歴——農村と都市の格差】

一方、年少の孤児（《C・Dタイプ》）は日本敗戦時に四歳以下だったので、日本人小学校に通った経験がない。また養父母に引き取られた後、多くが中国の学校で比較的安定して就学した。中華人民共和国が成立した一九四九年当時、年少の孤児は八歳未満だったため、小学校に通えたのである。

ただし年少でも、農村で引き取られた孤児（《Cタイプ》）では、やはり小・中学校の中退者や非識字者も少なくない。

＊「学校には二年位しか通ったことがありません。養父に頻繁に殴られ、私はいつも頭痛がして学校を休みがちになり、家事や農作業で時間をとられて勉強もできなかったので、学校をやめることにしました。だから私は字が書けません」

農村で中学まで進学した年少の孤児も一部にいたが、彼・彼女達は在学中、大躍進政策と大飢饉に遭遇した。中国では一九五八年から大躍進政策が推進され、農村では人民公社化が強行された。また鉄鋼増産やダム建設のため、大衆動員が行われた。しかし、これは無謀な政策だった。手作りの簡便な小規模溶鉱炉による製鉄は、石炭や鉄鉱石を浪費した上、使用に耐えない粗悪な銑鉄しか生まなかった。鉄鉱石不足を補うために鉄製の農具・炊事用具が供出され、農業・生活基盤も破壊された。多数の農民が大衆動員され、農業生産は一層衰退した。自然災害も重なり、厖大な餓死者が出た。こうした混乱の中で、中学を中退せざるをえなかった孤児もいる。

＊「中学に合格したけれど、三カ月で中退しました。当時、大躍進政策で鉄鋼増産のキャンペーンがあり、中学でもろくに勉強せず、毎日、鉄鉱石を運んだり、石炭からコークスを作る作業ばかりしていました。うちは六人家族ですが、収入は養父の五〇元の給料しかなく、生活はとても苦しかったです。本当はもう二人子供がいましたが、相次いで死にました。私は家計を助けるため、学校をやめて働く決心をしました」

農村では、女性であることを理由に、高校進学を果たせなかった孤児もいる。

＊「当時、中学に進学できる子は少なかったのですが、私は成績優秀で合格しました。私は勉強が大好きで、中学でずっとクラスの学習委員でした。夢は天文学者になることで、大学にも進学したかった。でも養父母はともに自分の名前すら読み書きできず、『女の子は自分の名前さえ書ければいい。女の子を学校にやるのは水を撒くような（無駄な）ものだ』と言い、高校に進学させてくれませんでした。悔しかったです」

一方、都市で引き取られた年少の孤児（《Dタイプ》）は、大半が中学卒以上で、高卒者も少なくない。農村居住者に比べれば、学歴は高い。

【高学歴の残留孤児】

都市で育った孤児（《A・Dタイプ》）、及び、農村の年少の孤児（《Cタイプ》）には、ごく一部だが、高等教育を受けることができたケースもいる。それは成績が優秀だったことに加え、学校推薦や奨学金、及び、養父母の理解が得られた幸運なケースに限られる。またいずれも、一九五八年の大躍進政策以前に高等教育機関に入学したケースである。

＊「一九五三年頃、一〇数歳で小学校三年生に入学しました。一～二年の内容は独学です。二年後の一九五五年、中学に進学しました。私は毎年、優秀学生に選ばれ、旅順・大連地区の中学生代表にもなりました。中学時代は公園の街灯で毎日、午前二時まで勉強しました。中学卒業後、学校推薦で一九五八年、五年制の医学専門学校に進学しました。学校推薦なので学費は不要です。食費や生活費はかかりますが、養父母は進学させてくれました」

「中学卒業後、一九五八年に林業局管轄の医学専門学校に進学しました。うちは貧しかったけれど、林業局の学校なら、一四元の奨学金がもらえます。食費は一〇元で十分だから、残りを養母にあげ、家計も助けられます。いろんな制度を利用すれば、当時は『知力投資』にお金はかからず、それで私も進学できました」

「中学に行くには、少し大きな町に行き、寮に入らなければなりません。当時、うちはとてもそのようなことができる経済状況ではありませんでしたが、養母はまるで男性のように力仕事で働き、稼いでくれました。また養母は、村のリーダーや役所を訪ね、『あの子は父親もなく、家も貧しい。でもすごく勉強ができるから、助けてやってほしい』と頼んでくれました。それで私は授業料が免除され、文房具・書籍・食糧等の費用も役所が毎月三元、援助してくれました。私はその三元を節約し、残りを養母に送りました。まず腹一杯水を飲み、その後、食堂で饅頭等を食べ、食後にまた水を飲んで食費を節約しました。私は高校まで進学し、ずっと成績優秀でした」

第二項　職歴

次に、職歴である。（二二）

【都市に住む年長の孤児——公私合営と大躍進】

都市に住む年長の孤児（《Aタイプ》）の多くは、子供時代から養父母の自営業を手伝ったが、一九四六〜五九年に労働者として就職した。当時、中国では前述の如く、公私合営や大躍進政策が推進されていた。つまり養父母が経営する自営業が公私合営で集団化・国営化され、これを機に家族従業者だった残留孤児も労働者になったり、他の企業に転職したのである。また大躍進政策の下、鉄鋼製造等の企業に配置されたがまもなく破綻し、再び国家の指示で別の製造業企業に移動させられ、複数の職場を転々としてきたケースが多い。

＊「一九五五年から養父の理髪店を手伝いましたが、公私合営で理髪店も国営になり、また一九五八年の大躍進政策で鉄鋼増産のキャンペーンがあり、私も鉄鋼工場に配置されました。でも工場は一年後に破綻し、全員、製紙工場に配置換えになりました。一九六三年には陶磁器工場に移りました。すべて国の配置です」

「一九五八年に鉄鋼生産を発展させる大躍進があり、それで一九五九年、発電所建設にの仕事につきました。一九六〇年から、炭鉱夫、兵器工場の包装工、電球工場の機械修理工等、職場を転々としました。すべて国の政策による集団的な異動です」

「個人の店で縫製工をしていましたが、一九五六年の公私合営で縫製工場に配置されました。一九五八年に大躍進で重工業を発展させると言われ、金属工場で鋳造工になりました」

【農村に住む年長の孤児——人民公社化と大躍進】

一方、農村で引き取られた年長の孤児（《Bタイプ》）の多くは、子供時代から農作業を手伝い、一九四六〜五六年、農民または労働者として正式に就職した。当時、中国の農村は、土地改革によって創出された自作農体制から協同化・人民公社化への過渡期にあった。特に一九五八年の大躍進政策以降、人民公社化が急速に進んだ。製鉄・ダム建設等への動員も強化された。そこで《Bタイプ》には当初、家族従業者として農業を手伝ったケースもあれば、最初から人民公社の一員として農業に従事したケースもある。ただし、いずれにせよ一九五八年以降、建設・製造業等に配置転換され、労働者として二回以上、転職を重ねてきた。

＊「一九五六年から生産隊（人民公社）に配置され、農作業や馬車曳きをしました。でも生産隊は、一年間で五万元の赤字

が出ました。腹が立って辞め、よそで大工、建築、野菜の貯蔵等の臨時雇として一年間、働きました。転々と職を変えたのは、生産隊が圧力をかけたからです。当時、生産隊から抜けるのは大変でした。一九五八年に大躍進で方正県に種畜場ができ、種馬を飼う仕事に配置されました。でも一九六四年、そこも赤字で廃止され、私は建築会社で大工見習いを始めました。足場組みや運搬等、きつい力仕事ばかりさせられ、給料も低く、頭にきて辞めました。そして、もっと給料の高い土木の重労働を始めました。さらに二年後、大きなのこぎりで丸太を切るきつい仕事に移りました。一九六八年には運輸会社に入り、トラックに積む木箱を作りました。そこで電気ノコギリで親指を切断し、倉庫の保管員になりました」

「うちは農家で、私も一九五一年から牛の放牧をしました。その後、労働局に行って仕事を探しましたが、学歴も体力もないので、オンドル作りの助手やダム建設など臨時の仕事しか紹介してもらえません。一九五五年、林口県に引っ越して農作業の手伝いをしました。一九五八年、大躍進政策で鶏西市の炭鉱機械工場が労働者を募集し、私はそこに入りました。最初は工場建設の土木作業員で、後に鋳造工になりました」

「人民公社で農業に従事していましたが、一九五八年、大躍進でダム建設に応募しました。その現場で知り合った友人を頼って一九五九年、林業場の雑役になり、その後、林道建設や木材検査の仕事をしました。本当は一九五八年に林業場に行きたかったのですが、行政の許可が出ませんでした。それで一九五九年、出身地を偽装して、友人と一緒に林業場に移ったのです」

「一九五〇年代に人民公社ができ、私はトウモロコシ・麦・大豆・ジャガイモを作りました。一九五八年、大躍進政策で製鉄工場に転職しましたが、すぐに倒産してしまいました。一九五九年に国の配置で酒造工場に転職しましたが、そこも破綻寸前で、給料も四四元でまったく足りず、借金してやりくりしていました」

【農村に住む年少の孤児――生産請負制・三線建設】

農村で引き取られた年少の孤児（《Cタイプ》）の多くは、一九五七～五九年、農民として就職した。この時期、農業は既に人民公社化されていることが多かった。人民公社では農業生産だけでなく、生活も集団化され、様々な生活関連業務が生み出されたため、当初から労働者として働いた孤児も多い。その後、人民公社の破綻が明白になり、一九六〇年代後半以降、徐々に小規模な自作農経営（自留地）が認められていった。一九七八年以降には、個別農家による農業経営（生産請負制）が導入された。しかしそれでも農村では、都市に比べて明らかな貧困が継続・蔓延していた。

＊「一九五七年、人民公社で農業を始めました。農村なので、他の就職はありません。私はまだ子供だったので、皆につい

て牛の世話や、トウモロコシ・麦・大豆・ジャガイモ等の畑仕事をしました。翌年から、人民公社で郵便配達の仕事につきました。一九六五年以後、獣医センターで出納員をしました。すべて人民公社の指示です。最後は一九七四年から、道路管理・修復の班長でした」

「私は、ずっと農業をしてきました。結婚する前は養父母の家で農業を手伝いましたが、貧しく、ひもじかったです。一九五八年から人民公社になりましたが、一年位するとやはり生活は苦しくなりました。六人の子供を養うにはとても収入が足りず、一年間働いて年末に清算すると赤字で、利益配分がない年もありました。普通の病気では医者にかかれず、胃潰瘍で倒れて初めて医者にかかるような状態でした」

また一九五八年以降の大躍進政策の下、男性を中心に《Cタイプ》の一部は、建設業・製造業等の労働者に転職した。さらに一九六〇年代以降、三線建設政策に基づき、中国東北地方を離れ、内陸部に移動した孤児もいる。三線建設とは、東西冷戦・中ソ対立の深刻化をふまえ、東部沿海部が攻撃・破壊されても持久戦を行えるように、軍需産業等の重工業を内陸部に移転させる政策である。

＊「一九五八年に木工機械工場に入りました。当時は大躍進の時代で、各工場が労働者を募集していました。入社試験もなく、身体検査と政治審査だけで、親が地主や富農なら駄目です。私の養父は貧農なので、優先的に採用されました。その後、製鉄所は次々に倒産しましたが、私の勤め先は木工機械なので生き残りました」

「一九五八年、製薬会社に入りました。翌年、大躍進政策で小さな機械工場の仕上見習になりました。でも一九六一年、大飢饉で工場が倒産し、あちこちで臨時雇で働きました。一九六三年には三線建設で内陸部の開発が重視され、私も貴州等の内陸部で鉄道の敷設工になり、七六年にようやくハルビンに戻ってきました」

【都市に住む年少の孤児——大躍進の破綻、農村への下放】

都市で引き取られた年少の孤児（《Dタイプ》）は、主に一九六〇年以降に労働者として就職した。この時期、大躍進政策は既に破綻し、都市での就職は困難であった。食糧不足も著しく、都市の若年労働者を農村や新開発地域に送り出す政策（「下郷」）が実施されていた。そこで《Dタイプ》の中には都市で就職できず、新開発地域や農村に移動したケースもある。

＊「一九六四年、一九歳で農村に『下郷』しました。一九五〇年代は大躍進で政府が製鉄増産を呼びかけたので仕事も見つけやすかったのですが、これは無謀な政策で、倒産が相次ぎ、

都市に失業者が溢れました。一九六〇年代に入ると、政府は『待業青年（失業した若者）』を農村に送ることにしました。私も農村に行き、運輸管理所で出納員になりました」
「中学を卒業しても就職がなく、雑用をしていました。仕事があれば行き、なければ自宅待機です。一九六四年、大慶で労働者の募集があり、私も応募しました。大慶は大油田があり、『工業は大慶に学べ』というスローガンで有名でした。当時は東西冷戦・中ソ対立の時代で、大慶も秘密地域とされ、募集の際も地名が隠されていました。私が大慶に行った当時、まだ住宅も仮設で、毎日、土砂運びばかりしていました」

ただしその一方、都市でいったん就職できれば、倒産やそれに伴う職場移動は相対的に少なかった。

＊「私は手袋作りの内職をしながら、就職を探していました。そして一九六〇年、電機工場に就職できました。近所の人達のお陰です。一九五八年、大躍進政策で燃料（木炭）を集めるため、私の留守中、二人の男性が無断で我が家の柳を切り倒しました。私は怖くて何も言えませんでしたが、隣人や町内会長が抗議してくれました。『この子は両親とも死に、一人で頑張っているのに、その財産を奪うのは許せない。あの柳は、亡き両親がこの子に遺してやったものだ。本来、孤児は助けるのが当然だ。逆にいじめるとはどういうことか。せめてこの子に、就職先を紹介してやれ』と。当時は大飢饉もあり、失業者が街に溢れ、就職は容易ではありませんでした。でも私は、隣人や町内会長のおかげで就職できました。電機工場では最初は機械の見張り番の臨時雇でしたが、その後、常雇になりました。工場の生産品目は電線から電子玩具までいろいろ変わりましたが、私は最後は係長になりました」

【専門職・管理職の残留孤児】

そしてタイプを問わず、高等教育を受けた孤児は、医師・教師・技師等の専門職として働いてきた。すべて国家による職場配置である。

＊「医学専門学校卒業後、師範学校の診療所で内科と鍼灸科の医師をしながら、医療知識・保健の授業も担当しました。私は大連市の『労働模範』に選ばれたこともあります」
「林業幹部学校卒業後、小学校教師になり、『優秀教師』『先進工作者』として何度も表彰されました。一九八〇年には校長になりました。私の学校は模範学校で、大勢の人が見学に来ました」
「電機専門学校を卒業後、鉄鋼研究所で溶接工になり、次いで電球の技師、さらに研究員になりました。電子顕微鏡の周辺機器を設計しました。私が設計したイオン関係の機械が、国際展覧会で受賞したこともあります」

一部の専門職は、三線建設政策に基づき、黒龍江省等の新開発地域に移動した。三線建設の主な拠点は内陸部だが、各省でも山間地域の工業拠点開発が推進されたのである。

＊「医科大学卒業後、最初は吉林省の林業局医院で三年間、産婦人科医として働きました。一九六三年頃、三線建設で黒龍江省大興安嶺の病院を志願し、移動しました。もちろん国の許可が必要です。新開発地域なので、住民は全国各地から集まっていました」

「一九六〇年、遼寧省阜新市で夜間学校の教師になりました。当時、文盲一掃のキャンペーンがあり、私は労働者の識字教育をしていました。一九六六年、三線建設で内陸の寧夏自治区に行き、保育士になりました。その後、産科の勉強をして助産師になりました」

「一九六五年、村では学歴がある文化人として、新聞を読んで放送する社会主義教育宣伝員になりました。その後、黒龍江省の農村で中学の教師として採用されました。そこは新たに開拓して作られた農村で、多くの退役軍人が食糧生産の任務を負って入植していました。私は『模範教師』に選ばれ、誇らしかったです」

また都市居住者《A・Dタイプ》には、いったん労働者として就職した後、職場で専門技能を修得し、技術職・管理職になった孤児も少なくない。特に一九六六年以降、中国では文化大革命の政治的動乱が吹き荒れた。文化大革命については、本章第三節で詳述する。ただこれにより、専門職・管理職が迫害の対象となり、追放された。そこで、労働者の中で比較的技能水準が高い人が事実上、技術職・管理職を務めるようになったのである。

＊「文化大革命で、技術者・管理職が皆、追放されました。それで職場の一八六人全員で選挙し、私が主任に選ばれました。その後、元の管理職が名誉回復されて戻ってきましたが、私は技術があったので、技術課長代理として新入社員に技術指導をしました」

「アルミ製品工場で働きましたが、文化大革命のため、技術者不足でした。私は高卒だったので研修班に派遣され、ハルビン工業大学の教材を使い、二年七カ月勉強しました」

「最初は土木工事の仕事をしていましたが、後に旋盤工になりました。旋盤技術は、最初は独学し、一九七〇年に工農兵学院に派遣されて学びました。私は製図が得意で、当時は技術者も不足していたので、実質的に技師として重宝されました」

第三項　家族形成

次に、家族形成の歩みを見よう。

【結婚と配偶者】

結婚の年次・年齢には、性差がある。男性は多くが一九六三年以降に二〇歳以上、女性は多くが一九六二年より前に二〇歳未満で、それぞれ結婚した。一部の女性は童養媳として、または養父母の強要で、特に若く結婚した。
＊「一二歳の時、童養媳として夫の家に入りました。一九五六年頃、私が一九歳、夫が一六歳で結婚しました。これは仕方のないことで、私に選ぶ余地はなく、何も考えませんでした」「一七歳の時に養父母に見合いを迫られ、初対面の人と無理やり結婚させられました。私は、まだ結婚したくありませんでした。この苦しみは、誰に訴えればいいのでしょう」「養母がある男性との結婚を勧めましたが、私は嫌でした。彼は定職もなく、年齢も本人が言うより、ずっと年上に見え、出身地もはっきりしません。それで私は断りました。養母は怒り、私を一番汚い言葉で罵り、棒で殴りました。その男性は、養母にいろいろ贈物をしていました。養母は、その男性を婿にして、老後の面倒をみてもらおうと思っていたのです。私は、つくづくうんざりして、一八歳の時、近所に住んでいた夫と結婚しました。一刻も早く養家を出たかったからです。当時、夫の家は貧しく、しかも二人の弟と二人の姉、高齢で身体が不自由な両親がいました。毎日、高粱のお粥しか食べられませんでした」

都市に住む孤児の中には、配偶者が農村出身者であることにあえて言及するケースが複数ある。これは前述した都市と農村の経済格差に加え、中国固有の戸籍制度による差別待遇・移動制限があったからだ。
＊「私は都市戸籍ですが、妻は農村戸籍なので、妻は都市に住宅も仕事ももらえません。私には、勤務先から与えられた独身用の狭い住宅しかありません。だから結婚後、一年ほど、農村の妻の実家に住みました。その後、友人のアドバイスで、勤務先の会社の小さな倉庫に数年間、住みました。結婚して子供もいることは皆、知っていますが、規則上、住宅はもらえません。妻は仕事も臨時雇で、同僚がこっそり紹介してくれました。食糧等の配給券も、私の分しかありません。当時は油・小麦粉・米等、職場からもらう配給券がなければ何も入手できませんでした。ただしこれは、妻が農村出身だから、妻の実家に取りにいけば解決します。私は三線建設で、貴州の深い山中で鉄道敷設の仕事をしていました。女性と知り合う機会もなく、私達は『坊主班』と言われていました。職場の同僚が、自分の親戚で農村出身の妻を紹介してくれました。私は、とにかく女性と結婚できるならいいと思いました。当時、農村戸籍の嫁をもらう男性はあまりいませんでした」

【人口・出産政策と子供の誕生】
子供の人数は、一～七人と様々である。都市より農村の方が、子供の人数が多い傾向がある。また都市居住者では、年少者（《Dタイプ》）より年長者（《Aタイプ》）の方が子供が多い。中国では一九五〇年代後半以降、毛沢東が多産を推奨する論陣を張り、出生率が極めて高かった。これはまさに残留孤児が結婚し、子供を生んでいく時期であった。

＊「子供が七人いました。今のような避妊もないから、生めるだけ生んだのです。当時は八～十人の子供がいた家も珍しくありません。子育ては大変で、配給の食糧も足りませんでした。七人の子供のうち、一人は骨軟化症、もう一人は脳出血で、どちらも四歳で死にました。貧しかったので、医者にも診せられませんでした」

しかし一九八〇年以降、いわゆる「一人っ子政策」が強化され始めた。農村に居住する孤児（《B・Cタイプ》）には、この政策に抵触して処罰されたり、堕胎手術を強制されないよう隠したケースもある。

＊「一九八〇年に末子が生まれた時、一人っ子政策違反で大問題になりました。堕ろすのは、かわいそうです。私は罰として営林員の職務から外され、ひどい目に遭いました」

「末子が生まれた時は一人っ子政策が厳しく、妊娠がばれたら、強制的に流産させられました。大勢の同僚が会社の招待所に軟禁され、堕胎手術を受けさせられました」

第三節　差別・迫害

さて、残留孤児は、戦後の中国社会で日本人ゆえの差別・迫害を経験した。

第一項　子供時代のいじめ

【いじめの実態】

まずほぼ全員が、子供時代に差別・いじめを体験している。いじめに耐えきれず、学校を中退した孤児もいる。

＊「近所の子供達と喧嘩すると、いつも『小日本』と罵られました。喧嘩しなくても、背後から言われます。『小日本鬼子を殺せ。日本の獣の子供を殺せ』と叫びながら石を投げられ、頭に怪我をしたこともあります。とても怖く、心に深い傷が残りました。喧嘩をふっかけられても、逆らうと集団で反撃されるので、反抗できません。養父母がつけてくれた中国名で呼ばれず、幼い頃からいつも『小日本鬼子』と呼ばれていました。いじめのため、友達もできず、小学校も半年でやめてしまいました」

「小さい頃、まわりの子供によく大声で『小日本鬼子』、『小日本の豚の子』と罵られました。遊び仲間に入れてもらえず、殴られたり、ぶっ飛ばされたこともよくあります。喧嘩するといつも『小日本鬼子』、『お前の母は日本人だ』と罵られ、逆らうと同級生に頭を椅子で押さえられ、上に座られました」
「子供達が私に石を投げ、『小日本狗』と罵りました。髪の毛も引っ張られ、ほとんど抜けました。小学校でも弁当や鉛筆、ノートを隠され、石を投げられたり、叩かれたりしました。私は凍傷でいつも手袋をしていたので、『妖怪』と呼ばれていました」

この事実は、次の二つのことを意味している。

第一は、一九四〇年代後半から五〇年代前半の中国社会で、侵略戦争時代の日本人による暴行・略奪の記憶が鮮明に維持され、その憎しみが残留孤児にぶつけられたことである。

＊「私の村では、かつて日本人が中国人から無理やり土地を奪って入植したので、日本人への感情は最悪でした。また村にはかつて日本の軍人も多くいて、村人達は蹴られたり殴られたり、酷い仕打ちを受けました。村の子供達は、親がそんな体験をしていたから、その憎しみを私にぶつけたのです」
「私の子供時代、日本の侵略に対する中国人の憎しみの記憶が色濃く残り、それが私達のような、取り残された日本人に向けられました。それはある程度、理解できます。日本人が中国であまりにひどいことをしたのは、否定できない事実ですから」
「喧嘩相手の子供の親にも、『お前の親父が侵略者として俺達をいじめ、今度はチビのお前がまた俺達の子供をいじめるなんて、許せるものか』と罵られました。かつて中国人は日本人にいじめられ、子供にその話をするので、私は同級生から毎日、『お前ら日本人は残虐』、『お前の両親は人殺し』、『うちのクラスに小日本のガキがいる。侵略者の子だ』と騒ぎ立てられました」

第二は、周囲の人々が、残留孤児を日本人と認識していたことである。年長の孤児（《A・Bタイプ》）は当初、日本語しかできず、周囲から日本人とみなされていたのはいうまでもない。しかし年少の孤児（《C・Dタイプ》）も多くが、周囲の人々によって日本人の子供と認知されていたのである。

＊「いくら引っ越しても結局、ばれてしまい、私が日本人であることは皆、知っていました。学校の同級生も、親から聞いて知っていたようです。誰にも言っていないのに、なぜ皆、この子が『小日本』とわかるのかと養父母も不思議がっていました」
「小学校の同級生は私が日本人だと知っていたと思うし、先生は絶対に知っていました。少し日本語がわかる先生や近所の人が、私にこっそり日本語で話しかけてきました。でも私は日本語を忘れていたので、何を言っているのかわかりませんでした」

「村人は皆、私が日本人の子だと知っていました。養父が私を連れ帰った時、近所の人に『日本人の子を拾った』と言いました。たとえ言わなくても、四〇軒ほどの小さな村で、男の子が急に増えたので、わからないわけがありません。養母は『日本人の子』と言われるのを嫌がりましたが、どうしようもありませんでした」

なお年長の都市居住者（《Aタイプ》）には、近隣に残留孤児が多数住んでいるケースもあり、そこではどの子供がそうか、暗黙の了解事項となっていた。

＊「近所に、日本人の子供がたくさんいました。皆、わかっているからこそ、逆に口にしませんでした。日本人の子供どうしの付き合いは、養父母に禁じられました」

「近所に残留孤児が何人もいました。日本人の男の子を引き取った養父が近所にいて、『あんたも日本人だね。うちも日本人の子を引き取ったが、近所の噂がうるさいので引っ越すんだ』と私に話しかけてきました。誰が残留孤児か、近所の人は皆、知っていました。私も養父から日本語を使うことを禁じられていましたが、まわりの人には日本人と認識されていました」

【いじめの受けとめ方】

いじめの受けとめ方は、年齢によって異なる。

まず年長の孤児（《A・Bタイプ》）は日本敗戦前の記憶が鮮明で、自分が日本人だとはっきり自覚していた。そこで、誰かから「日本人」と言われても、「違う」と反論できなかった。また学校等で日本の侵略戦争の歴史を知れば知るほど罪の意識をもち、自己嫌悪や劣等感に苛まれ、萎縮していったケースも多い。そこで年長の孤児の多くは、できるだけ自己主張せず、目立たぬようおとなしくするという対応をとった。

＊「日本敗戦時六歳だったので、自分が日本人だとわかっていました。日本人であることを罪のように感じ、萎縮した毎日を送ってきました。何を言われても、日本人だから仕方ないという負い目・諦めを感じていました。戦後の中国で日本人として生きていくことが、どれだけ肩身が狭く息苦しいものか、言葉では表せません」

「日本敗戦時、私は一三歳だから、自分が日本人だとわかっていました。自分が日本人だと考える度に不安・恐怖に襲われ、萎縮して何もできず、自分のすべてが他人の半分以下だと感じていました。誰かが日本の中国侵略のことを話し出すと、まるで自分のことを言われているような気がして、毎日、心が晴れませんでした」

「日本敗戦時七歳で、自分が日本人だと記憶に残っていました。でも日本のことを思うだけで怖くなるから、できるだけ考えないようにしました。最初は、なぜ子供達が日本人を殺したいほど憎むのか、わかりませんでした。日本人が中国でどんな悪いことをしたか、知らなかったのです。少し大きくなると、わかりました。自分が日本人だとわかっていたので反論もできず、悔しい思いをしました。いつもおとなしくして、敵を作らず、外出や争いを避け、何も参加しないようにしました。映画等で日本軍の非道が告発されると、自分が責められているようで辛かったです」

「日本敗戦時六歳だったから、自分が日本人だと覚えていました。小学校でいじめに耐えかね、一度だけ相手を押し倒しましたが、この時は集団で復讐されるのではないかと恐ろしかったです。いつも萎縮し、コソコソしていました。日本人が中国を侵略して悪いことをしたことだけはわかっていたので、負い目・引け目を感じ、いじめられても、じっと我慢しました。小学校の頃から、余計なことを言って恨みを買ってはいけないと一つひとつの言動に気を遣い、いたずらをされても悪口を言われても、日本人だから仕方ないと思い込もうとしました。できるだけ目立たないようにおとなしくして、『小日本』と言われないよう心がけました」

これに対し、年少の孤児《C・Dタイプ》は、日本人としての記憶・自覚が希薄であった。

年少でも、三～四歳で引き取られた孤児には、当初、中国語ができず、自分が中国人ではないと自覚していた人もいる。

＊「拾われた時、言葉が通じなかったので、毎日泣いたのを覚えています。まわりの人の話もまったくわかりませんでした。どれほど月日が経ったかわかりませんが、皆としゃべれるようになりました。幼い頃から、自分がまわりの人と違うということは、うっすら意識していました。自分が日本人とわかったのは、学校に通うようになってからです。それまでも中国人ではないということは何となくわかっていましたが、小学校で近所の子から『小日本の子』と言われて初めて、自分が日本人だとはっきり感じました」

「四歳で引き取られましたが、小さい頃から自分が日本人とわかっていました。私には家がなく、他人の家に住んでいると思い続けてきました。実父母の名前も住所も覚えていませんが、中国語ができなかったことだけは印象に残っています。『他人の家で生活するのは、生きるためだ。そうしなければ死ぬに決まっている』。小さい頃から、そう思ってきました」

「三歳で養父母に引き取られた時、ずっと『お母さん、お母さん』と日本語で呼びながら、泣いていました。養母は私をなだめ、『手、耳、目』など一つひとつ中国語を教えてくれました。それを私は覚えています。私は自分の子供に聞いてみると、三歳頃の記憶はまったくありませんでした。でも、私は三歳の時の記憶がとても鮮明です。言葉がすっかり変わったからでしょう。だから幼い頃から、自分が日本人だと思っていました。中国語に慣れるまで五～六歳まで苦労した記憶があります」

しかし総じて年少の孤児の日本人としての記憶は、希薄である。養父母の実子・中国人と思い込んで育った年少者も多い。そこで年少者には、子供時代にいじめられると、「日本人ではない。中国人だ」と反論していたケースが多い。また自分の中で「もしかすると日本人かもしれない」との疑問が募るほど、対外的にはそれを一層隠そうとする心理も働いた。

*「小学校で同級生に『小日本』と呼ばれると、私は同級生を追いかけ、殴っていました。深く考えず、ただ私を罵っているだけだと思っていたのです。でもそんなことが繰り返されるので、だんだん自分は日本人かもしれないと思いながら育ちました」

「小さい頃、同級生から『日本人』と言われ、ひょっとしたらという思いは心のどこかにありましたが、それでも自分は中国人で養父母の実子だと思い込んでいました。だから誰かに『日本人』と言われたら、『違う』と言い返していました」

「五～六歳の頃、養父が知人の家に私を連れて遊びに行くと、『小日本の娘も大きくなったね』、『小日本の娘は元気だね』という話がいつも耳に入ってきました。でも私は、『小日本じゃない。中国人だ』と言い返していました。だって日本人であることは、良いことではないもの。私はまだ小さかったから、皆と同じじゃないか、なぜ自分だけ日本人と呼ばれるのかと不思議でした。日本人や中国人という概念も、よくわかっていなかったのです」

「八歳の頃、私は同級生に服を破られ、泣きながら帰って来ました。隣人が私を見かけて自宅に連れて行き、破れた服を縫いながら、『あんたは日本人の子だよ。ひどいこともされるけれど、我慢するしかないね』と教えてくれました。それ以前は、喧嘩して誰かに『小日本』と言われたら、私は負けずに『もう一回言ってみろ。私は中国人だ』と殴りかかっていました。デタラメの悪口を言っているだけと思っていたのです」

【年少の孤児と養父母の対応】

周囲から「日本人」と言われ、半信半疑になった年少の孤児（《C・Dタイプ》）は、養父母に様々な対応をとった。養父母の対応もまた、様々であった。

まず第一に、この問題は触れてはならぬタブーだと直感し、養父母に何も聞かなかった孤児がいる。

*「養父母に聞いたことはありません。聞くと、親に余計な思いをさせます。それにはっきりわかるのも恐ろしく、聞けませんでした」

「養父に聞けば怒られるにちがいなく、養母に聞くと『自分が生んだ子だ』と言うに決まっています。それがわかっているから、聞くに聞けませんでした」

「養父母には、私しか子供がいないので、養父母を悲しませないため、黙って耐えました。『日本人』と言われたと言うと、その度に養母が悲しそうな顔をします。それで聞けませんでした」

第二に、養父母に尋ねたが、何も答えてもらえなかった孤児もいる。この場合、実は日本人だという孤児の確信は、一層深まった。

＊「八歳の頃、親戚の女の子と赤い髪留めの取り合いで喧嘩して『小日本鬼子』と言われ、泣いて帰りました。養母に言うと、養母は洗濯の手を止め、何もいわず涙を流しながら私を力一杯抱き締めてくれました。養母は、その親戚と交際を断ちました」

「養父母に聞きましたが、何も教えてくれませんでした。養母には『何を言われても、反撃するな』と言われ、悔しかったです」

第三に、養父母に尋ねると、「日本人ではない。実子だ」と言明されたケースもある。

＊「誰かに『日本人』と言われたと言うと、養母は即座に否定しました。『誰が言ったのか』と問いただし、その家に行って、『証拠を見せろ。なぜ日本人の子というのか』と抗議していました。養父が怒って斧を持ち、怒鳴り込みに行ったこともあります」

「私は泣きながら、養母に『なぜ皆、私を日本人と言うのか。本当にお母さんが私を生んだのか』と訊ねました。養母はそれを聞く度、私を抱き締め、『そんな言葉は気にしないで。私が間違いなくあんたを生んだよ』と大泣きしました。そして養母は私をそう呼んだ人の家に連れて行き、喧嘩していました。ただ、そんなことが何度もあったので、私はうすうす自分は日本人なのだろうと感じていました」

「養父はいつも『誰が日本人だと言った』と怒り、そう言った子供の家に喧嘩に行きました。それで私は、養父に聞く勇気がだんだんなくなりました。兄（養父の実子）が私と喧嘩した時、『小日本』と言ったことがあります。私が養父に言いつけると、養父は『お前こそ、もらった子だ』と罵りながら、兄を殴りました」

「私は養母に『なぜ小日本と呼ばれるのか。お母さんの子供ではないのか』と聞きました。養母は、『あれはでたらめ。気にするな。ばからしい』と笑いました。私は信じるしかありませんでした」

第四に、養父母に尋ねると、「日本人だ」と打ち明けてくれたケースもある。

＊「養母は『誰が言ったの。嘘だ』と怒りました。でも養父は、『お前は本当は日本人だ』と言い、私の日本名と実母の名前を教えてくれました。養父は正直な人で、『言わなければ、

真実を隠すことなる』と言いました」
「小学二年生の時、私が学校でいじめられる理由を、先生がうちまで聞きにきました。養父は初めて、私が日本人の子だと認めました。それまでは、養父にいくら聞いても教えてくれませんでした。それ以降、いじめられて帰ると、養父に『日本人だから仕方ない』と言われました。悔しかったです」

以上のような年少の孤児と養父母の態度は、同一人の中でも多様である。例えば長い間、聞かなかったが、後に思いきって尋ねた孤児もいる。また最初に聞いた時、養父母は何も答えなかったが、繰り返し聞くうちに「実子だ。何度も聞くな」と怒られた孤児もいる。

第二項　学校・職場での差別

さて次に、学校・職場での差別である。

【学校での差別】

年少の孤児（《C・Dタイプ》）はほとんどが、学校内でいじめを体験した。これに対し、年長の孤児（《A・Bタイプ》）の子供時代のいじめは、学校よりも地域で発生したことが多い。なぜならまず第一に、年長の孤児は十数歳になってから小学校等に入学したが、年少の孤児では同年配の年少者による幼さゆえの無配慮ないじめが横行した。第二に、年長の孤児が就学した一九四〇年代は、「残留孤児は日本の侵略戦争の被害者」という中国共産党の認識がそれなりに周知・教育されていたが、年少の孤児が就学した一九五〇年代には東西冷戦が激化し、日本を仮想敵国とする雰囲気が強まっていた。第三に前述の如く、年長の孤児は自ら日本人としての記憶をもち、周囲の誰の目にも日本人であることが明白であったのに対し、年少の孤児は「日本人であること」の暴露やむきになって否定する反応も含め、いじめの対象になりやすかったと思われる。そして第四に何よりも、年長の孤児に比べ、年少の孤児は比較的高学歴で就学期間が長かった。

これに加え、学校では一部だが、フォーマルな差別もあった。主に都市に住む男性の孤児において、大学・高校への進学の際、日本人であることを理由とした差別が見られたのである。また学校在籍中、少年先鋒隊や共産主義青年団への加入が認められなかった孤児もいた。少年先鋒隊・共産主義青年団はいずれも共産党の指導下にある青少年組織で、これらへの加入は、将来の幹部・管理職への登竜門である。こうした差別は、もともと一部のエリート選抜に関わるものであり、体験した孤児の人数は必ずしも多いとはいえない。しかし当事者にとっては、極めて深刻な問題であった。

＊「大学に進学したかったけれど、日本人は信用できないとの理由で高校の推薦をもらえず、進学できませんでした。悔しかったです。また高校時代、共産主義青年団への入団申請書に日本人だと書きませんでした。自分でも、はっきりわからなかったからです。でも、『事実を隠した』と警告されました」

「高校の成績が私より一〇〇点以上、低い人も大学に合格したのに、私は不合格でした。後で同級生の共産主義青年団役員と先生が調査して、不合格の理由が日本人の子供だからだと教えてくれました。大学に行けなかったことは、私の一生で最大の痛恨事です」

「小学校で少年先鋒隊に入る時、『中国人ではないから資格がない』という噂を聞きました。でも当時はでたらめと思い、気にしませんでした。中学で共産主義青年団への加入を申請しましたが、政治審査で落とされました。学校の成績は優秀で、全校でつねに三位以内でした。でも教師から、『日本人だからだ』と告げられました。自分が日本人であることが中国でどういう意味をもっているか、思い知らされました」

【就職・職場での差別】

職場での被差別体験は、六割以上の孤児が言及している。

まず第一に、就職や昇進・昇給、職務配置上の差別である。特に都市に住む孤児（《A・Dタイプ》）の多くが、この差別に遭遇した。

＊「新聞工場に入って一年後、『日本人だから、この仕事から外す』と上司が言い出しました。五年後、嫌々ながら辞職しました」

「就職試験を三カ所、受けましたが、日本人という理由で、すべて不採用でした。瀋陽の軍工場、布団製造工場、そして二〇四軍秘密工場の三カ所です」

「『日本人だから、会計の仕事は任せられない』と言われ、事務から工場作業員に配置替えされました。いくら仕事がよくできても、逆に妬まれ、出世は望めません。給料も同僚より安かったです」

「中学の頃、空軍の募集があり、試験には合格したのに、『日本人だから入れない』と言われました。ショックでした。中学卒業後、また軍隊を受けましたが、やはり駄目でした。三線建設関係の就職も最初は不合格で、『日本人は駄目』と言われました。町内会の人が交渉してくれ、何とか就職できました。就職後も『小日本』と言われて差別され、いくら努力しても昇進は遅かったです」

第二は、昇進・昇格と密接に関わる共産党・共産主義青年団等の政治組織からの排除である。この差別は、日本人かどうか曖昧だった年少の孤児（《C・Dタイプ》）で特に多い。

年長の孤児（《A・Bタイプ》）は日本人であることが明白なので、最初から政治組織への加入をあまり申請しなかった。

＊「職場に銃を持てる武装基幹民兵組織があり、私も入りましたが、一年足らずで除名され、普通民兵にされました。普通民兵は老人、弱者、病人、障碍者、地主、富農、反革命分子、破壊分子、右派分子を含み、昇進は無理で、静かな生活を送れるだけでも幸せという感じです。一九七六年に共産党への入党を申請しましたが、却下されました。審査を担当した同僚から、『日本人なので却下された』と聞かされました。以前から私は日本人だという噂を聞いたことはありましたが、確実には断定できませんでした。でも、これで完全に信じるしかありませんでした」

「一九六六年、共産主義青年団に入団申請書を出すと、『自分の身分を知らないのか』と聞かれました。困惑して養父母に尋ねると、『何もない』と言います。結局、入団は不許可でした。共産党の入党は、最初から無理です。私は申請もしませんでした」

第三は、職場での有形無形のいじめである。

＊「大慶に引っ越しましたが、職場では悪意や冗談で『小日本』と呼ぶ人もいました。公安局も知っているし、工場の保衛課も知っているから、皆、噂でわかるのでしょう」

「職場で日本人として、プレッシャーがありました。例えば歴史教育で、職場の集団で撫順市の『万人坑』（二二）を見学に行きます。そんな時、一番つらいです。皆が、私の顔を見ます。私の前では言わなくても、裏では皆、『日本人』と噂していました」

「職場では『日本人』と言われ、除け者にされて悔しかったです。当時は中国の映画等で日本人は侵略者ですべて悪いというイメージでした。優しかった人でも、私が日本人とわかると態度が一変します。後ろ指をさされ、皮肉を言われ、あざ笑われました。私の話題が出ると、変な目で見ながら、妙な笑い方をします。上司も私に優しくすると、自分が政治的に悪い烙印を押されるので、厳しく接していました」

「職場の同僚と喧嘩すると、『小日本鬼子』と罵られました。悪いことはすべて日本人が持って来たという風潮があり、私は侵略者の子として差別されました。冷たくされ、友人もできません。当時、誰も日本人と付き合う度胸はありませんでした」

【東西冷戦下でのフォーマルな差別】

学校や職場での差別は、子供時代のいじめと、二つの点で異質である。（二三）

すなわち第一にそれらは、日本侵略時代の実体験に基づくインフォーマルな差別ではない。国家権力によって文書化された档案に基づくフォーマルな差別である。档案の記載情報は、進学、昇進・昇格、入党等、人生のあらゆる局面で審査され、大きな影響力をもつ。しかも档案による管理は、転職・転居等で国内のどこに移動しても、逃れられない。また档案は一般に共産党組織の人事部門・公安機関が管理しており、本人も閲覧できない。学校の教師や職場の上司・公安機関から「日本人だ」と言われたということは、「自分が日本人である」、または少なくとも「国家は自分を日本人とみなしている」という烙印——当事者には変更も反論もできない烙印——が押されたことを意味する。

＊「一九七三年、工場が档案を作るため調査に来たので、工場の同僚も私が日本人だとわかりました。私が言わなくても、工場や公安局には記録があるから、わかっていました」「公安局には档案があり、学校側は当然、私が日本人だとわかっていました。たとえ中国の戸籍に入っていても、档案の記載でわかってしまいます」

第二に、進学・就職・昇進・政治組織加入等での差別はいずれも、戦後の中国社会における新たな階級構造の一環である。したがって「日本人であること」は、差別の唯一かつ絶対的な指標ではない。

例えばまず、すべての残留孤児が日本人ゆえに学校でいじめられたわけではない。複数の孤児が、「私は勉強ができたので、いじめにはあわなかった」、「私は成績がいいので、いじめられたことはない」と語っている。いいかえれば、勉強ができないことは、戦後の中国社会においても一定のハンディ、ないしスティグマとして機能したのである。

小中学校の中退も、すべてが日本人ゆえの差別・いじめによるものではない。むしろ貧困による中退の方が多い。つまり中国人の子供にも、貧困を理由に学校を中退せざるをえなかったケースは多かった。

さらに学校でのフォーマルな差別は、主要には都市に住む男性でのエリート選抜の競争に関わるそれであった。学校や職場での共産主義青年団や共産党への加入も、それ自体がエリート選抜の構造的差別にほかならず、「日本人である」というハンディはそうした差別化の一つの指標にすぎなかった。

したがって第三に、学校や職場での差別は、日本の侵略戦争の歴史よりむしろ、戦後の中国社会が新たに生み出した構造的差別である。前述の如く、一九五〇年代初頭まで、中国共産党は残留孤児を日本の侵略戦争の被害者と位置づけていた。中国共産党は、日本の支配階級による中国侵略戦争は、中国人民のみならず、日本人民にも多大な被害をもたらしたとする階級的観点を堅持していた。しかし一九五〇年代、国家権力によるフォーマルな、しかも「日本人の血統」を口実とした差別が顕在化した。ここには戦後の中国共産党が階級的観点を希薄化させ、血統主義的な国民統合路線へと変質した事実がみてとれる。この変質を生み出したのは、過去の侵略戦争の歴史ではない。戦後の東西冷戦の中で、日本が中国にとって仮想敵国の一つになったという新たな現実である。その意味で、残留孤児へのフォーマルな差別は、たとえ侵略戦争の歴史を口実になされたとしても、戦後の東西冷戦・ポストコロニアルの歴史的文脈において、初めて理解しうる。

第三項　結婚・家族の差別

さて結婚に際し、四割以上の孤児が差別を経験した。それは、都市居住者（《A・Dタイプ》）で特に顕著に見られた。

＊「結婚する前、妻の両親が『日本人は信用できない。日本人と結婚すると変な思想を植えつけられ、周囲から悪く言われる』と反対しました。必死に説得して二年後、ようやく結婚できました」

「中国では共産党員は外国人と結婚できない規則があり、私は好きな男性（共産党員）と結婚できませんでした。その後、何度も見合いをしましたが、日本人とわかると、その度に断られました。一番ロマンチックな恋愛時代、私は大きな苦痛を味わいました」

また年齢・居住地を問わず、過半数の孤児は、自分が日本人であることを相手に隠して結婚した。

＊「日本人であることは、妻にも隠して結婚しました。結婚して二～三年後に打ち明けました。当時の中国では、日本人だと言い出しにくい雰囲気がありました」

「結婚前に日本人だと言うと結婚できなくなると思い、黙っていました。三人目の子供ができてから妻に打ち明けると、『何で結婚前に言わなかったの』と怒られました」

「結婚する時、夫には日本人だと教えませんでした。教えたのは、日中国交正常化（一九七二年）より後です。結婚当時、海外関係（外国人との関係）があると夫が職を失うリスクもあり、それで言わなかったのです」

結婚にまつわる差別・隠蔽は、一九六一年以降、一層強まったようである。ここにも結婚差別が、単に日本の侵略戦争の記憶に基づくというより、戦後の東西冷戦の中で拡大再生産されたことが示唆されている。

結婚後、四割強の孤児は、家族への迫害・差別も体験した。

第一は、インフォーマルな差別・いじめである。

＊「私の妻や子供達は、『小日本鬼子の家族』と罵られ、いじめられました。私は日本に永住帰国する一九八四年まで、子供に、自分が実は日本人だと告げられませんでした。自分が経験してきた苦しさを思うと、とても言えません。もっとも子供達はいじめられるので、分かっていました」

「一九七三年頃、私の末っ子が幼稚園で大便をしくじり、床と便器を汚してしまいました。すると先生が、『この小日本の豚の子、本当に悪い馬鹿』と罵りました。たまたま私は、その言葉を聞き、とても腹が立ちました。その後も私の子供は学校で『小鬼子』といじめられ、将来の心配がたえませんでした」

第二に、進学・就職・昇進等で不利益を被った家族もいる。

＊「夫は軍人で、軍学校の教師でした。でもある日、『君は、妻が日本人と知っているのか』と尋問され、退役させられました」

「夫は小学校の教員でしたが、私のせいで辞めさせられ、食堂の管理人になりました。子供達も皆、優等生でしたが、軍関係や技術系の大学進学は認められません。長男は空軍学校の試験に合格しましたが、母親が日本人なので、入学させてもらえませんでした」

第三は、共産党への入党不許可等、政治的な不利益である。

＊「夫は、私のせいで共産党に入党できませんでした。彼は頭がよく、労働模範で仕事もでき、何度も入党申請しましたが、日本人を嫁にもらったので、入党も出世もできませんでした。子供達も医者、看護師など、いい仕事に就きましたが、共産党には入れません」

こうした中で、ごく一部の女性の残留孤児は、配偶者や親戚につらく当たられ、または離婚を余儀なくされた。

＊「夫も、私につらくあたりました。私が他の残留日本人と話すと、『何をスパイしている』と怒りました。夫も、日本人の妻をもつことで職場で嫌な思いをしているらしく、帰宅すると私を殴ったり、蹴ったりしました。私は、我慢するしかありませんでした」

「最初の結婚は、私が日本人なので姑が反対しました。結婚後も姑に責められ、結局、一年ほどで離婚させられました。前夫の祖母にも、『日本人だから、人と付き合うな』と言われ、引きこもって暮らしていました」

家族に対する差別もまた、都市に居住する孤児（《Ａ・Ｄタイプ》）に特に多く見られた。

第四項　文化大革命での迫害

残留孤児への差別が最も激化したのは、一九六六～七六年の一〇年間にわたる文化大革命の時期である。

【文化大革命時代の迫害・差別の実態】

文化大革命時代、対象者の少なくとも三分の二は、差別や迫害を経験した。

まず第一は、政治活動からの排除である。文化大革命期のそれは、単なる政治的自由の制約、または昇進・昇格の不利にとどまらない。いつ迫害・打倒されてもおかしくない要注意人物の烙印を意味していた。

＊「私が造反派(二四)に入ると、公安局の人は『日本人に造反派に入る資格はない』と批判しました。それで私は、造反派を自主退会しました。政治集会や文化的な催し物にも、参加させてもらえません。自分だけが日本人として村八分にされるのが寂しく、いつ打倒されるか不安でした」

「婦人隊長を解任されました。生産大隊（人民公社）の隊長に理由を聞くと、『あなたが日本人かどうか、追及されないだけでも幸運だと思え』と言われました」

「文化大革命期、私は工場で二〇数人を管理する班長でした。当時、私は二七～二八歳で非常に純粋で、政治面でも進歩を追求しようと共産党の入党申請書を書きました。でも一年経っても、何の返事もありません。私は不思議に思い、党委員会書記長に会いに行きました。すると書記長は『共産党を信じているなら、きちんと仕事をすれば、それでいい』と言いました。私の班は毎年、先進班として表彰され、仕事はできました。私が日本人であること以外、理由は考えられません。私は書記長に『もう申請書は書かない。党を信じ、ひたすらまじめに働く』と告げました」

第二は、スパイ呼ばわり、監視、壁新聞での非難等である。思想教育を強制された孤児もいる。

＊「壁新聞に『日本特務（スパイ）』、『日本人の狗の子』と書かれ、街中にベタベタ貼られました。服装から歩き方まで『日本人だ』と決めつけられ、罵声を浴びせられました。思想改造学習班にも入れられ、約一カ月間、監禁されました」

「スパイ呼ばわりされ、ショックを受けました。私は一九六九年に学習班に入れられ、半年間ほど労働改造・思想学習を受けさせられました。倉庫のような場所に監禁され、一日中、政治文書を読まされたり、罪の自白や反省を強要されました。自白すべき罪がないので黙っていると、ますます責め立てられます。毎日がその連続で、自殺も考えました。一日が一年にも感じられました。親しかった友達も急によそよそしくなり、挨拶もしてくれません。帰宅が許されるのは、土曜の夜から日曜の夜まで週一日だけです。何より辛かったのは、子供と引き離されたことです。二人の幼い子供のことを思い、最初の二カ月間は毎日、泣いていました。週末、倉庫に戻ろうとすると、二歳と三歳の子供が『行かないで』と泣いてしがみついてきました。本当に辛かった。結局、いくら調べても私のスパイの証拠は出てこないので、ようやく釈放されました。しかも私は当時、妊娠中でした。釈放され、二カ月後に出産しましたが、生まれた子は骨と皮だけに痩せこけていました。学習班の食事はひどく、栄養状態も最悪で、精神的ストレスもあり、私は釈放後もずっと下痢をしていました」

「日本のスパイの容疑で、常時監視下におかれました。そのことは、職場の二〇年来の友人が教えてくれました。彼は、文化大革命の一番厳しい時期がすぎたある日、職場で私をわざわざ呼び出し、『一緒に歩いて帰ろう』と言いました。いつもは自転車通勤ですが、人前や大声では話せないからです。歩きながら彼は小声で、『君は常時監視されている。十分注意しろ。人と付きあう時、細心の注意を払え。特に日本と関係がある人との付きあいは危ない』と忠告してくれました」

第三は、最も苛酷な政治的迫害である。街中を引きまわされ、大衆集会で糾弾され、暴行を受け、強制労働に従事させられた。僻地に下放された孤児もいる。

＊「日本のスパイ・反革命分子と批判され、九カ月と二一日間拘束され、工場も退職させられました。『日本の狗の子』と書かれた大きな三角帽子をかぶらされ、首には四～五キロもあるレンガや『反革命分子』と書かれた看板をぶら下げられ、街中を引きまわされました。糾弾集会で数百人に取り囲まれ、『打倒日本帝国主義』の怒号の中でつるし上げられ、『おまえの実父母は日本のどこにいるのか。どうやって連絡をとっているのか。白状しろ』と問い詰められました。そして一五年間、農村に下放されました。農村でも最低の扱いでした。屎尿をくみ取って堆肥を作る仕事は、とてつもなくきつく低賃金で、わずかに配給されるトウモロコシ以外、何も買えません。家は泥と草で作った粗末な小屋で、窓にガラスもなく、ビニールが張ってありました。夏はあちこち雨漏りし、冬は透き間風が吹き込み、朝になると窓が厚い霜に覆われ、タオルまで凍っていました。極寒の地で過労のため、何度も病気で倒れました。私は高校卒で読み書きができたので、村の仕事で都市に派遣される機会がありましたが、外食した残飯はすべて持ち帰り、家で半月位かけて少しずつ食べました。文化大革命以後の人生はめちゃくちゃです」

「『日本特務（スパイ）』と書かれた看板を首に下げ、街中を引きまわされ、数百人の群衆に取り囲まれて糾弾されました。皆から顔に泥や石を投げつけられ、罵倒されました。勤務先の学校の同僚・生徒からも毎日のように批判され、半年間も監禁されました。『小日本狗の子』と言われ、また自分でも、そう言わされました」

そして第四に、残留孤児の家族も各種の迫害を受けた。

＊「文化大革命時代、夫は私が日本人なので林業場の副科長を解任され、二年間、木材運搬・トイレ掃除等を強制されました。夫は、私が教師としてまじめに働いてきたと庇ったため、逮捕・監禁されました。養母も呼び出され、私と一切の関係を絶ち、私を告発するよう強要されました。でも養母は、『この子は小さい頃から私が育てたから、日本の親と会ったことがない。スパイのはずがない』と告発を拒否しました。それで造反派のボスに皮靴で蹴られ、六〇歳で下半身麻痺になり、大小便も自力でできない寝たきりになってしまいました。養母は毎日泣き、白髪になりました。私はその時、一緒に死にたかった。養母に申し訳なく、心が張り裂けそうでした。養母は私のせいで、私のことを案じながら早く死にました」

「夫は、私が日本人なので打倒されました。皆が、『まわりに中国人女性が大勢いるのに、なぜお前は日本人を妻にしたのだ』と夫を問い詰めました。夫は一〇〇日間、監禁され、思想教育を受けさせられました。その後、農村に二〇年間も下放されました」

「七人家族全員で一五年間、寒村に下放されました。養父母は都会の出身なので、農作業は不慣れでした。養父は神経痛がひどくなり、動けなくなりました。零下三〇度の室内で、寝たきりの養父に養母が付き添い、三人の子供達が真っ赤にあかぎれした手を火鉢で温め合っている様子をみると、胸がつぶれそうでした」

文化大革命時代のスパイ容疑が、荒唐無稽な決めつけだったことは明白である。日本敗戦時に乳幼児・児童で日本語も話せず、日本との連絡が途絶えたからこそ残留孤児となった人々が、スパイであるはずがない。孤児達は、「何の証拠もない反革命の罪」、「証拠などあるはずがない」と語る。

そしてそのことは当然、多くの中国人も理解していた。残留孤児を指弾した中国人は、そうした行為によって自らの中国（共産党）への忠誠心を顕示し、自己防衛しようとしていたのである。

【文化大革命の迫害における年齢・地域・階層差】

文化大革命時代の差別・迫害は、広範に見られた。ただしその中でも、農村より都市、年長より年少の孤児で、特に深刻な差別・迫害が頻発した。

年少の孤児には文化大革命当時、まだ自分が日本人だと完全に認識・自覚していなかったケースもある。日本人かどうか曖昧で、「日本人ではないと信じたい」と考えていた孤児も少なくない。そこで年少の、特に都市居住者には「模範的な中国人」になるため、積極的に政治運動に参加し、目立つとともに政治対立の矢面に立ったケースが多かった。また日本人であること自体より、むしろそれを隠そうとしているとの口実で批判の的にされた年少者も多い。

＊「文化大革命で一身をささげて政治運動に参加し、共産党のため、毛沢東のために民衆を率いて徹夜で運動を組織しました。でも敵対する派閥から、『お前が日本人なのは、消すことのできない事実だ。日本人は信用できない。お前が積極的に運動に参加するのも、不純な動機からに違いない。つまりスパイだ』と決めつけられました」

「文化大革命で私は積極的に政治運動に参加しましたが、工場の保存書類がすべて明らかにされ、そこに私が日本人だと明記されていました。それで一転して、批判される側になりました。それまで私は、自分が日本人だと考えたこともありませんでした。子供時代からの噂は、嘘だと信じていました。私自身が日本人を憎んでいました。自分がその日本人だと知って驚愕し、もう人生は終わりだと思いました」

これに対し、年長の孤児は前述の如く、自分が日本人だとはっきり自覚していた。そこで文化大革命の時期も目立たぬようおとなしくふるまい、細心の注意を払った。そのため最もひどい差別・排除は免れたケースが多い。

＊「私は九歳で敗戦を迎え、自分が日本人だとわかっていたので、おとなしく目立たないように、何にも興味をもたないよう自制してきました。ひたすら仕事に打ち込み、誰とも余計な口をききませんでした。日本人は皆、スパイと思われることが多かったので、私はとにかくミスをせず、まじめに働くことで、疑いをはらそうと一生懸命でした。周囲の同僚の顔色を窺い、つねに中立的に行動し、敵対関係を作らないようにしました。そうしたこともあって、文化大革命の時、一番ひどい迫害だけは免れました」

「文化大革命時代、私は日本人だと自分から告白しました。隠して、後でばれてひどい処分を受けるより、正直に申告した方がましと思ったのです。私は処分を覚悟していましたが、予想に反して処分はありませんでした。私は『仕事の鬼』と呼ばれるほど熱心に仕事をしており、周囲の信頼が厚かったからかもしれません。私はおとなしくして、絶対に敵を作らないよう用心していました」

「日本人だとわかっていたから、何についても出しゃばらないことにしていました。日本人の私が自己主張すると、政治的な跳ね返りが強いとわかっていました。だからとにかくおとなしく、政治運動にも参加せず、過ちを犯さないよう、細心の注意を払ってまじめに仕事をしました。もし日本人であることを知らなければ、他の人と一緒に政治運動で騒いでいたかもしれません」

専門職・管理職、及び、中学卒以上の比較的高学歴の孤児は、大半が厳しい迫害を受けた。文化大革命時代の中国では、個人の能力・学歴・専門性が敵視され、知識人は「老九臭（九番目の鼻つまみ者）」と蔑視・迫害された。

さらに養父母、及び、配偶者（特に夫）やその両親の出身階層もまた、差別・迫害に影響を与えた。文化大革命時代の中国では、社会的な生得的属性――出身階級――が重視された。代表的な例として、「紅五類」とよばれる労働者・農民・兵士・革命幹部・革命烈士（戦死者）の家族出身者は優遇され、逆に「黒五類」とされる地主・富農・反動分子・悪質分子・右派分子の家庭の出身者は批判・打倒の対象とされた。養父母や配偶者またはその両親が「黒五類」の出身だった場合、残留孤児への迫害は一層苛酷なものとなった。

＊「私達一家が文化大革命で迫害されたのは、私が日本人であるだけでなく、夫も国民党のスパイと決めつけられたからです。昔、夫の故郷を国民党が占領していました。当時、夫は子供でスパイのはずがありません。でも、そんな理屈は通りません」

「夫の父も打倒され、撲殺されました。理由はたくさんあります。富農出身だし、知識人です。もちろん嫁の私が日本人であることも罪の一つとされました」

「養父は解放前、商工会の役員で、しかも私という日本人の子供がいます。それで私達一家はスパイ・反革命分子として打倒され、農村に下放されました」

「養母が地主出身だったことも、迫害の一因です。また、夫が美術品管理の仕事で、古美術品を守ろうと紅衛兵に逆らいました。それで、私達一家は農村に下放されました」

【迫害を免れた諸条件】

文化大革命で迫害を受けなかったり、または特に深刻な迫害を免れた孤児は、前述した理由以外に、次のような理由・条件を自ら指摘している。

まず第一は、「日本敗戦時、まだ年少であったこと」である。年少であることは一般的には、より苛酷な迫害にさらされやすい条件だった。しかし比較的迫害が緩やかだった農村に居住していた年少者（《Cタイプ》）の一部は、年少ゆえに迫害を回避しえたと自ら考えている。

＊「日本敗戦時、四歳だったので批判は免れました。私は確かに『小日本』ですが、何を聞かれても全然わかりません。まわりの人も皆、それを承知していました。日本語も話せないので、スパイのはずがありません。もし日本語ができる残留婦人だったら、スパイと思われ、ひどい目にあったかもしれません」

第二に、「自分は戦争の被害者で、日本のスパイではありえない」と主張し、または逆に自ら率先して日本人としての「罪」を自己批判・謝罪したり、中国共産党を賛美することにより、迫害を免れたケースもある。これらも年少の孤児（《C・Dタイプ》）に見られた。

＊「文化大革命の時、『日本人』と言われたら、私は『私は戦争に参加したことはない。私に何の過ちがあるのか。私も好きで孤児になったのではない』と反論しました。すると、それ以上、私を攻撃する人はいませんでした」

「私はまわりの人に、『私の実父母は、中国人に申し訳ない事をした。だからその罪を償うため、私は一生懸命に仕事をしてきた。日本人は中国人に残忍なことをした。これは事実だ』と繰り返し言いました。それで皆、私に優しくしてくれました」

「私は、『中国共産党は最高だ。共産党に入りたい』といつも強調しました。これは、あながち嘘ではありません。共産党が私を学校に行かせ、育ててくれたのです。おかげで村の放送係になり、共産党や毛沢東を讃える新聞や雑誌を読んで放送する仕事につきました。だからまわりの人々も私の言葉を信じてくれ、文化大革命でもあまりひどい被害にあいませんでした」

第三は、身元の徹底的な隠蔽である。日本人の子供であることを認めず、または周囲にその事実を知る人がいない地域に移動することによって隠蔽し、迫害を免れた孤児もいる。

＊「文化大革命の時、私の身元が詳しくはわからなかったので助かったと思います。私は何軒もの養家を転々としたので、いくら追及されても、ルーツは途中で途切れます。私は乞食にも引き取られたし、浮浪児にもなりました。私の過去は誰にもわかりません。私のことを調べようにも、手がかりはまったくありません。私は何を聞かれても、『知らない』と言い張りました」

「たまたま迫害されなかったのは、一つは養父母の口が固く、もう一つは日本人の子だとはっきり特定できなかったからです。日本人だとばれたら、必ず迫害されたでしょう。養父母と私は、とても用心深く、誰にも内緒にしていました。文化大革命当時、紅衛兵が二～三度来て尋問しましたが、養父は一切隠し通しました」

「文化大革命当時、私は南方の貴州省で働いていたので、日本人だと知られず、迫害を受けずにすみました。当然、私も言いません。もし東北地方にいたら、やられたでしょう。家族もその場で、民衆に殺されたかもしれません」

もとより、以上の理由はいずれも、本人による推測にすぎない。本当にそれが迫害を免れた理由であったか、確証はない。迫害を受けた孤児達は、「いくら気をつけても、迫害される可能性は誰にでもあった」、「ちょっとした人間関係で誰でもやられた」と語る。日本人であることを隠せば隠すほど、ますます疑われて迫害された孤児もいる。実際の迫害は、個人の事情や対応だけで回避しうるものではなかった。

また、迫害されなかった理由を推測するということは、いいかえれば当時は残留孤児であればそれだけで、迫害される十分な理由だったことを意味している。つまり迫害を免れた孤児も、いつ自分が迫害されてもおかしくない政治的緊張感の中で日々、生活していたのである。孤児達は、「迫害はされなかったが、中国ではやはり自由に感情を解き放ってしゃべることができなかった」、「残留孤児どうしで会話することは厳禁で、これがみつかるとスパイ扱いされるので恐ろしかった」、「日本人だとばれることへの恐怖感をもちながら暮らしていた」、「『日本人だ』と言われるのが怖くて、中国人のふりをしていた」、「いつも日本人として心理的な負担・重荷を抱えて暮らさなければならず、心からの自由というものがなかった。胸を張って堂々と生きることができず、いつも侵略者の子孫としてビクビクしながら生きなければならなかった」等と語る。

第五項　連帯と共感

最後に留意すべきことは、残留孤児を差別・迫害から庇い、守ろうとする中国人も少なくなかったという事実である。

学校には、いじめる同級生がいると同時に、「『日本鬼子という呼び方はしないで。もしあんたの家に養子がいて、いつも人にそう言われたら、あんただって嫌でしょう』と庇ってくれた」同級生もいた。「小中学校の同級生は、私が毎日、睡眠時間を削りながら大変な家事をしているのを知っていたから、いじめるようなことはなかった」と語る孤児もいる。

職場でも、「日本人として差別された時、私は怒って労働局の技術学校に転職した。友人のコネで転職できた」、「私の仕事ぶりが評価され、係長になることができた」、「私はまだ子供だったので、親切な共産党支部書記長が、私にできる軽い仕事を探してくれた。私は人民公社の会議中によく居眠りをしたが、皆、見逃してくれた」、「同僚に『日本の友達』と呼ばれていた。食事もよく奢りあった」等、多くの中国人が残留孤児を支えてきた。

文化大革命の渦中でも、残留孤児と中国人の間で、ひそかな連帯が息づいていた。それは、最も迫害が激しかった都市に住む年少者（《Dタイプ》）を中心に、広範に見られた。

＊「八月一五日、中国では月餅を食べる習慣がありますが、我が家は月餅どころか、醤油を買う金さえありませんでした。でも下放されてきた中国人は優しい人達で、私に月餅を買ってくれました。私が他人の目を気にして隠れて食べようとすると、一人の下放された老人が『心配いらない。いくら私達が「（政治的に）問題がある」人間でも、月餅くらい食べさせるよ』と笑いました。私は感動しました。それはただの月餅ではなく、肉親のような暖かさと情のように感じられました。同じ苦難をともにしているせいか、『世の中には、私を単なる「日本人」とみなさず接してくれる人もいるんだなぁ』と感心しました。三つの月餅を持ち帰り、一つは養父母、もう一つは三人の子供と家内にあげ、残った一つはまた後で子供がねだるだろうと思い、そっと隠しました。妻は自分の分を私にくれましたが、私は食べられませんでした」
「文化大革命時代、私が知っている老幹部は、罪もないのに打倒され、肺が悪いのに街の道路掃除をさせられました。私は、彼が埃を吸わなくてもすむように毎日、水を撒いてあげました。老幹部は私を見て、にこにこ笑っていました。文化大革命が終わった後、老幹部は私に『毎朝、あんたはバケツで水を何度も運んで撒いてくれたね。本当にありがとう。あんたは優しい人だ』と言ってくれました。私が勤める師範学校の学長も文化大革命の後、一番つらい時期に私が彼にいつもにこにこ笑いかけてくれたと語りました。学長が肺炎で血を吐いた時、私が『この人は病気だ』と言い張って、病院に連れて行ったことがあります。学長は、『もしあんたがいなければ、私はもうとっくに死んでいた』と言いました。私は、中国人にいじめられたことはありません。まわりの中国人は、私のことを優しいと言い、私に優しくしてくれました」

「職場の書記長が、走資派として批判されました。私は当時、民兵だったので、書記長の監視を任されました。私は彼を迫害せず、優しくしてあげました。彼が悪い人間ではないとわかっていたし、文化大革命では誰でも運次第で批判されたからです。その後、書記長が名誉回復して復帰しました。彼は、条件のよい工場の労働者募集の際、私を推薦してくれました」

「職場の師匠が造反派のリーダーだったので、私は処罰されませんでした。師匠は、私がスパイのはずがないとよくわかっていたし、信頼してくれていました。彼は『日本人を庇っている』と脅迫・批判されましたが、それでも私を庇い続けてくれました」

「養父が私を養子にした罪で告発された時、取り調べを担当した造反派のメンバーが私の仲のいいクラスメートでした。彼は、告発書類を抹消してくれました。彼がいなければ、養父は殺されていたかもしれません」

「私は同僚と仲よくできました。時々同僚の家に行き、洗濯をしたり、子供の面倒を見てあげました。同僚の家に何か困ったことがあると、私は自分のことを後回しにして、助けました。だから、まわりの人々も信頼して、優しく付きあってくれました。もちろん文化大革命の時、『この中に日本人の容疑者がいるが、まだ摘発していない』と言う人もいました。でも、多くの人はそうした人を批判し、私を庇ってくれました」

　こうした中で、ある孤児は「私は中国で大変な苦労をした。でも中国人を責めようとは思わない。これははっきりさせなければならない。中国の普通の庶民は、やはり慈悲深い。これをまず言わなければ、私の苦労話は語れない」と語る。

　また厳しい迫害・差別の中でも、離散・崩壊した家族は、ごく一部にすぎなかった。大多数の配偶者・養父母は残留孤児とともに迫害・差別を受けとめ、家族の結束と生活を守り抜いた。子供達も、いじめ・差別に耐えた。

*「学習班に入れられ、私は絶望して自殺も考えましたが、夫や姑が励ましてくれました。私は家族のおかげで、どうにか生きることができました。夫は私の影響で、管理職の地位を剥奪されました。でも夫は、『自分は管理職より技術職の方が向いている。気にするな』と言い、逆に私を慰め、励ましてくれました」

「夫も舅も私の巻き添えになり、特に舅は紅衛兵に撲殺されてしまいました。いくつかの罪状があげられましたが、嫁の私が日本人であることも罪の一つとされました。それでも夫は、私を責めませんでした。私は日本人であることを隠して結婚しましたが、夫は事実を知った後も優しく接してくれました」

「私のために家族全員が農村に下放されましたが、それでも家族は私を非難したことはありません。子供達もずっといじめられてきましたが、私に不平を漏らしたことは一度もありません」

　なお、こうした民衆レベルの連帯・協働以外に、時期によっては中国政府の残留日本人に対する一種の優遇政策があった。[二五] 特に一九七二年の日中国交正常化以降は、一部だが、住宅や職場配置の逆差別的優遇も実施された。

*「うちは平屋で条件がよくありませんでしたが、日中国交正常化以降、私が日本人という理由で、市政府が特別の指示を出し、集合住宅をあてがってくれました。また市政府の人がわざわざうちに来て、『何か困っていないか』と尋ねてくれました」

「日中国交が正常化すると、私達に特別の優遇策がとられました。中国人の子供は、学校を卒業すると何年間か農村に行かされますが、私達は外国人扱いで、子供もすぐ都市で就職できました」

「一九八五年に日本に肉親捜しにきて、中国に戻ると、急に優遇されました。職場で給料はそのままで重労働を免除され、とても楽になりました」

考察　ポスト・コロニアルの中国における残留孤児

以上、第二次世界大戦後の中国における残留孤児の生活実態を分析してきた。

第一項　混乱期の中国

まず、戦後の中国は、まさに政治・経済・社会の大混乱期であった。

一九四五年に日本が敗戦した後も、一九四九年まで国民党と共産党の内戦が続き、都市では多数の餓死者が出た。また一九五〇年代以降、東西冷戦の渦中で、中国政府の国家運営は混迷を深めていった。中国政府の諸政策――土地改革、公私合営、反右派闘争、大躍進、三線建設、文化大革命、そして独特の戸籍・単位制度、人口増加の推奨やそれと真逆の人口抑制政策――は、その多くが中国の政治・経済・社会を深刻な混乱に陥れた。

もとよりどの国でも、民衆の生活は国家政策によって左右される。しかし戦後の中国のそれは、あまりに苛烈であったと言わざるをえない。そこには二つの要素がある。

一つは、被害の甚大さである。全貌は今もなお不明だが、内戦、大躍進政策やそれと関連した大飢饉、文化大革命等、政治的混乱に伴う死者数が千万人単位で推定される国は、第二次世界大戦後の世界で他に例をみない。

もう一つは、民衆一人ひとりの生活が、国家政策によって極めてダイレクトに規定されたことである。特に就職・転職は、ほとんど国策・国家配置に基づいていた。人民公社や単位制度、及び、独特の戸籍制度（都市・農村戸籍）や档案によって生活は丸抱えで厳しく管理され、それは家族の生殖にまで及んだ。

こうした政治・経済・社会の混乱が、残留孤児や養父母の生活を翻弄し、深刻な苦難に陥れたことはいうまでもない。一九四五年から早くとも一九七〇年代までの残留孤児の生活は、まさに苦難の連続であった。壮絶な貧困を背景とした虐待や児童労働、不就学や非識字、内戦や大飢饉に伴う窮乏・飢餓・流浪、無謀な国家政策によって強制される転職・失業・困窮・地域移動、そして政治的自由の抑圧と、時には死に至りかねない迫害等々である。

こうした体験は、日本に住む同世代の日本人にはみられない。少なくとも戦後の日本人の中では、中国に残留した日本人に固有の苦難といってよい。

そしてこのように中国では、一人ひとりの生活が国家政策によってダイレクトに規定・翻弄されてきたがゆえに、孤児の生活や苦難の質も、居住地（都市と農村）と年齢階梯――《A～Dタイプ》の四類型――毎に大きく異なっていた。それは、戦後の中国において、都市と農村が明らかな格差を伴った異質な空間を構成し、しかも激変・混迷する諸国策に、いかなる年齢階梯・ライフステージで遭遇したかによって、被る影響が異なったからである。

残留孤児の中国での人生は、多様である。しかしそれは単なる偶然や個人的事情に根ざす多様さではない。個人的な努力や選択で変更しえた差異でもない。戦後の東西冷戦下での中国の社会変動、とりわけ中国政府の政策とその混乱によって歴史・社会的に生み出された構造的な多様性である。

第二項　残留孤児の苦難――中国の民衆の典型的発現形態

したがってまた、残留孤児の生活や苦難は、その多くが中国の民衆の共通体験でもあった。

政治・経済・社会的な混乱が続いた戦後の中国で、実父母と死別・離別し、孤児・養子になった子供は、残留日本人孤児ばかりではない。むしろ中国人の子供の方が一層多かったと考えられる。

養父母が残留孤児に尽くした様々な優しさ、または貧困を背景とした児童労働や虐待、就学の制約、そして童養媳をはじめとする人身売買や婚姻の自由の欠如。これらもまた、残留孤児とその養父母のみならず、当時の中国の貧しい民衆に広範にみられた現象である。

中国政府の一連の政策がもたらした苦難もまた、残留孤児や養父母だけでなく、中国の民衆に広範に共有された。残留孤児に見られる居住地・年齢による生活・苦難の質の違いも、大多数の中国の民衆の人生に刻印された相違である。

総じていえば、残留孤児が戦後の中国社会で遭遇した数々の苦難は、確かに世界的には希有のものであり、同時期の日本に住む日本人には見られなかった苦難である。しかしそれは、同時期・同地域の中国の民衆の苦難とは同質性が高く、中国の民衆の苦難の典型的な発現形態にほかならなかった。

第三項　「日本人ゆえの苦難」が内包する二つの契機

もとより残留孤児が、日本人の血統を口実とした差別に遭遇したのは事実である。

ただし、そこには、二つの背景があった。

一つは、一九四五年～五〇年代初頭に見られた、子供時代のいじめである。これは日本の侵略戦争によって被害を受けた中国の民衆の記憶に根ざすインフォーマルな差別という側面が強い。もとより日本敗戦時に子供だった残留孤児に、侵略戦争・植民地支配の政治的責任、及び、中国人に対する暴行等の前歴があったわけではない。しかし日本人に身内を殺され、暴行や略奪を受けた中国人の反発・復讐の心情が、素朴な形で残留孤児に向けられたようである。

いま一つは、一九五〇年代を通して強化された、進学・就職・昇進、さらに共産主義青年団や共産党への加入等において、日本人の血統が大きなハンディとなった差別である。これは文化大革命期、暴力的な迫害にまでエスカレートした。この差別は、戦後の東西冷戦の中で、新たに構築された。またそれは、中国の共産党・公安部門が作成・管理する档案に基づき、フォーマルに組織された差別である。

後者の差別は、戦後の中国社会が新たな階級差別を構築し、その指標の一つとして日本人の血統を活用したことを物語る。すなわち戦後の中国では、学歴、居住地（都市─農村）、学歴や職業、そして何より共産党をはじめとする政治組織への加入に基づく厳然たる階級構造が新たに構築された。階級構造の構築自体は、他の諸国──資本主義・社会主義を問わず──とまったく同じである。ただし中国では、この階級構造への諸個人の配置・選抜の負の指標の一つとして、日本人の血統という属性も活用・動員された。

その意味で、一九五〇年代以降の中国における残留孤児への差別・迫害は、日本の侵略戦争の歴史の単なる残滓ではない。ポスト・コロニアルの東西冷戦を機軸とする世界社会構造が生み出した、新たな差別・迫害である。(二六)このことは、残留孤児に対する迫害を、侵略戦争のナショナル・ヒストリーとして「被害／加害」の二者択一の文脈で把握することの限界を物語っている。

第四項　中国の民衆としての差別・苦難

しかもポスト・コロニアルの中国社会、特に文化大革命時代の特徴は、階級構造とそれによる差別が、極めて奇怪な形態──マルクスのいう「粗野な共産主義」(二七)──をとって立ち現れた点にある。すなわち中華人民共和国建国当初の人民民主主義路線が放棄され、市場・自営中間層を敵視する政策が強まる中で、近代的階級構造、及び、それを正当化する能力主義・獲得的業績主義に対する大衆の不満・ルサンチマンが喚起され、生得的属性主義（血統主義）・反能力主義に基づく特異な差別・階級構造が構築されたのである。

したがってまた、ここでも日本人の血統は差別の唯一の指標というわけではなかった。特に「紅五類、黒五類」に端的に示された出身階級という生得的属性に基づく差別は、すべての中国人に適用された。国家が管理する档案によって出身階級を暴かれ、暴行・迫害に晒されたのは残留孤児だけではない。

能力・獲得的業績主義への反発により、知識人も迫害された。文化大革命時代、教育機会を奪われたのも残留孤児だけでなく、すべての中国の民衆である。

文化大革命の被害者もほとんどが、いうまでもなく中国人であり、残留日本人ではない。そして残留孤児を「日本のスパイ」と指弾した中国人も、そうしなければ自らが迫害されかねないという政治的恐怖心に駆り立てられていた。

中国共産党・政府が、自らの諸政策をいかに「階級闘争」と名付けようと、そこでなされたのは生得的属性主義（血統主義）とルサンチマンに基づく奇怪な階級構造を、一党独裁に基づいて構築しようとする排他的ナショナリズムにほかならなかった。もとより中国共産党・政府をこうした混乱に追い詰めたのは、ポスト・コロニアルの東西冷戦という世界システムにほかならない。

その意味で、一九五〇年代以降に増幅し、文化大革命で頂点に達した残留孤児に対する差別・迫害は、日本人の血統を口実になされたとはいえ、実は広範な中国の民衆に向けられた差別・迫害、及び、「粗野な共産主義」の被害の一環であり、これもまた中国の民衆の苦難の典型的な表現であった。

第五項　中国の民衆としての協働・連帯

それゆえに残留孤児は、戦後の中国社会で苦難をともにする多くの中国の民衆の支援を受け、また中国の民衆と協働し、それによって初めて自らの「生命＝生活（life）」を維持・発展させることができた。

まず中国人養父母がいなければ、残留孤児の命はなかった。愛情をもって育ててくれた養父母はもちろん、虐待された養父母に対しても、孤児は「命を救ってくれただけでありがたい」と感謝している。また孤児の救命には、養父母だけでなく、中国人の地縁・血縁・職縁ネットワークが重要な役割を果たした。

そして残留孤児は、中国の民衆とともに学び、働き、家族を作ってきた。大躍進の破綻や大飢饉を生き抜き、転職を重ね、結婚し、子供を生み育ててきた。このような生活は、いずれも残留孤児一人だけでは、決して達成しうるものではない。周囲の中国人による積極的・能動的な援助、あるいは見て見ぬふりを含む消極的な支援、そして何より日々の職場や地域での協働や信頼の醸成を抜きには、孤児達の基本的生活史——就学、就労、家族形成——は成立しえなかった。残留孤児は、多数の中国の民衆と苦難をともにし、それゆえにまた協働してきたのである。

文化大革命が最も苛烈な時期でさえ、残留孤児と中国の民衆との間には密かな連帯・共感が生成され、それによって双方の「生命＝生活」が維持されてきた。残留孤児の養父母・配偶者・子供達も、ほとんどは迫害・差別をともに受けとめ、家族の結束を守り抜いてきた。

ここには、血統・民族・出自・イデオロギーの違いを越えた人間としての普遍主義がある。それは、ポスト・コロニアルの中国社会における苦難を共有し、現実の矛盾に抵抗し続けてきた民衆の批判的な普遍主義である。

第六項　ナショナリズムを超えて

以上の諸事実をふまえると、残留孤児は、戦後の中国社会において、蘭信三が言うような「むき出しの個人」でも「一人きり／ひとりぼっち」でもなかったことは明らかである。戦後残留日本人が、敗戦国民として負の遺産を背負いつつ、戦後の中国社会を生き抜いてきたという蘭の認識は、一面的である。また残留日本人が戦後の中国ですごした数十年間は、単に「日本人」としての苦難やアイデンティティの模索、ノスタルジアとしての日本を紡ぎ出すだけの人生でもなかった。人間は、「一人きり／ひとりぼっち」では生きられない。(二八)残留孤児が戦後の中国社会で生き抜くことができたのは、まず中国の民衆による保護や支援が、そして何より中国の民衆としての協働が存在したからである。

また残留日本人が戦後の中国社会に統合され、普通の「中国人」として生きてきた事実を強調する新井利男・岡庭昇・真野貢一・呉万虹等の認識も、やはり一面的と言わざるをえない。それらの見方には、戦後の中国社会で「普通の『中国人』として生きること」が、いかに苛酷な体験だったのかという事実が、十分に位置づけられていない。

ポスト・コロニアルの中国社会においては、残留日本人はもちろん、大多数の中国の民衆もまた、多大な苦難を強いられてきた。それは、戦後の日本に住む日本人が体験してきた苦難とは、比較にならぬほど苛酷で凄惨なものである。戦後の中国社会において残留日本人が直面した苦難は、日本人としての差別・排除だけにとどまらない。中国人として統合されれば、すべての苦難が解消したわけではないのである。

残留孤児の中国での生活を、「日本人としての差別・排除」と「中国人としての包括・適応」の二者択一、または並列で語るのは、いずれも狭隘なナショナリズムである。残留孤児のトータルな生活過程とそこでの矛盾、そしてそれらを克服する主体的営為と中国の民衆としての協働・連帯は、ポスト・コロニアルの東西冷戦、及び、その渦中での中国共産党・政府の失政に対する無言の抵抗であり、異議申し立てであった。同時にそれは、残留孤児を日本に帰国させず、中国の地に放置し続けた日本政府への異議申し立ての根拠でもありうる。

〔補注〕

（一）趙（二〇〇六）四二～四六頁、松田（一九八三）、城戸（二〇〇七）、城戸（二〇〇九）、城戸（二〇一四）、北崎（一九九七）、河野（一九九六）、佐藤・大越・山下（二〇〇九）、寺田（二〇〇二）、中川・正安・斎藤（二〇〇六）、原田（二〇〇三）、渡辺（一九九六）、渡辺（一九八六）、良永（一九九六）。また三留（一九八八）は、残留日本人の取材を「彼らの中国の家で行うこと」を自らに義務づけた。そこで彼の著作、特に一六七～一六八頁等は、残留日本人の中国での生活やその重みをふまえた上で、肉親捜しや帰国の葛藤をリアルに捉えている。

（二）蘭（二〇〇六-b）、蘭（二〇〇九-b）二〇・三〇～三一・四七頁・五六頁、蘭（二〇〇〇-b）二四・二六～二七頁。

（三）蘭（一九九二）二九三～二〇五頁、蘭（一九九四）二五一・二五三頁。蘭（二〇〇六-e）四六〇頁も参照。

（四）蘭（二〇〇〇-b）二六～二七頁。「超負荷体験」はもともと大久保（二〇〇〇）三三七頁が、残留日本人二世の日本帰国後に直面する深刻なストレスやプレッシャーを指して用いた用語である。

（五）新井（一九八六）二二二頁。

（六）岡庭・真野（一九八五）六〇頁。

（七）呉（二〇〇三）四九頁、呉（二〇〇四）一三一頁、呉（二〇〇六）六一頁、呉（二〇〇九）一七一～一七二頁。

（八）蘭（一九九四）二五三頁。

（九）蘭（一九九四）二六二～二六六・三三五～三三二頁、蘭（二〇〇〇-b）二九頁。

（一〇）呉（二〇〇〇）七四～七五・一四一頁、呉（二〇〇三）六七～六八頁、呉（二〇〇四）一三四～一三五・一四一・一七一～一七二・一七七～一七九・二二二～二二四・二四八頁、呉（二〇〇六）六一～七二頁、呉（二〇〇九）一七三～一七五頁。

（一一）蘭（二〇〇九-b）三一頁。

（一二）呉（二〇〇六）六二頁、呉（二〇〇九）一七三頁。

（一三）蘭（二〇〇〇-b）二九頁は「言わずもがなであるが、これらの特性はいわゆる客観的なものではなくて当事者が主観的に構成した体験の特性」と述べる。

（一四）関・張（二〇〇八）、梅（一九九一）、祝主編（一九九一）、瀋主編（一九九三）、馮（一九九七）、曹（一九九八）、王（二〇〇四）、和（二〇〇九）等。

（一五）関・張（二〇〇八）。

（一六）佟・浅野（二〇〇八）四一〇～四一一頁、佟・浅野（二〇〇九-a）一五七頁、浅野・佟（二〇一一）四四頁。

（一七）仲介者には、人身売買・斡旋を生業としていたと思われるケースも皆無ではない。しかし多くの場合、養父母の親戚・知人・友人だった。菅原（一九八二）二四二～二四四頁にも同様の指摘がある。

（一八）浅野・佟（二〇〇六-b）は、主に実子がなく、年少の孤児を引き取った都市在住の養父母の実態を描いている。養父母が孤児を引き取った理由・動機については、三留（一九八八）五二～五三頁、林（一九八三）四八頁、中野（一九八七）五三～五四頁、新井（一九八六）一五四頁、菅原（一九八二）二四二～二四三頁。

（一九）斎藤・箕口（一九九六）二九一頁、斎藤・箕口・原田・高橋（一九九六）二七三頁。

（二〇）坂本（二〇〇三）一七八～一七九頁、関・張（二〇〇八）一三四・二八九・三六六・四三四頁、菅原（一九八九）一三一頁、西岡（二〇〇六）四八頁等を参照。

（二一）厚生省援護局編（一九八七）五三頁、坂本（二〇〇三）一七八頁。

（二二）日本軍による大量虐殺事件の遺跡。撫順の平頂山の万人坑は約三〇〇〇人の遺骨が土に埋もれた状態で展示されている。

（二三）米倉（二〇一五）二六頁は、フォーマルな差別や文化大革命当時のそれも含め、日本の中国侵略への抗議であり、「差別」ではないと指摘する。

（二四）文化大革命で「造反有理」という毛沢東の言葉を武器に、実権派に反逆した人々。様々な派閥があり、互いに対立した。

（二五）小川（一九九五）二一〇頁、鈴木（一九八五）三二～三二頁、鈴木則子（一九八九）一三頁等。

（二六）浅野（二〇〇一）九頁、浅野編著（二〇〇七-c）六頁、浅野（二〇一二-a）、佟・浅野（二〇〇九-a）一七五頁。

（二七）マルクス（一九七五）四五五頁。「共産主義は…（中略）…その最初の形態においては…（中略）…私的所有として万人によって所有されえないものはことごとくぶちこわしてしまおうとする。それは強引に才能等々を度外視しようとするのである。…（中略）…この共産主義は―人間の人格をいたるところで否定することによって、―まさに、この否定にほかならぬところの私的所有の整合的な表現でしかない。…（中略）…その考えの鋒先は少なくとも、より富める私的所有にたいして妬みと水平化への欲念として向けられるのであって…（中略）…私的所有のこの廃止がいかに現実的な獲得に程遠いものであるかは、教養と文明との全世界の抽象的否定、貧しくて粗野で無欲な人間の不自然な素朴さへの逆戻りによってまさしく証明される」。

（二八）鈴木（一九八五）二八頁、南（二〇〇六-b）二〇〇～二〇一頁、佐藤・大越・山下（二〇〇九）一六二～一六四頁も参照。蘭（一九九四）二五四頁の聞き取りでも、残留婦人は「生きること、とにかく生き抜くことが大事」と語っている。人が衣食住を確保して生き抜くには、協働が不可欠である。

第三章　肉親捜しと血統

序節　問題の所在

残留孤児の肉親捜しは従来、固有のテーマとしては、ほとんど論じられてこなかった。

それは、①肉親捜し、②日本への永住帰国、そして③日本国籍の回復・取得という三つのトピックスがほぼ一連の流れと捉えられてきたからである。国賠訴訟においても肉親捜しは、日本政府の早期帰国実現義務の一環と位置づけられ、固有の争点にはならなかった。

しかし肉親捜しは、永住帰国・国籍回復の単なる前段階ではない。①肉親（血統）の確認、②定住国の選択、③国籍帰属は本来、それぞれ独立した事柄である。現に肉親が判明しても、中国籍のまま、中国に定住している孤児もいる。逆に肉親は判明していないが、日本に永住帰国し、日本国籍を取得した孤児も多い。肉親（血統）・定住地・国籍の一体視はそれ自体、戦後日本の「単一民族神話」[一]への帰依にほかならない。

第一項　肉親捜しの主体は誰か

肉親捜しに言及する先行研究のほとんどは、日本政府が一貫して消極的役割しか果たさず、逆にボランティアやマスメディアが重要な役割を担ってきたことを明らかにしてきた。[二]

この論点を最も明快に指摘したのは、庵谷磐である。[三] 庵谷によれば、肉親捜しをはじめとする残留孤児の援護活動は民間ボランティアがつねに先行し、政府は後追いをしてきた。また政府は残留孤児問題を「個人次元」の問題にすりかえ、本来、政府の責任で行うべきことまで肉親やボランティアに担わせてきた。しかも政府はボランティアに協力的でなく、ボランティアの力を有効に生かす姿勢にも欠けていた。

逆に日本政府の立場からいえば、残留孤児問題は元来、「個人次元の問題＝民事」である。それゆえ民事不介入の原則に基づき、政府が介入することは不適切であり、むしろ肉親やボランティアに問題解決を委ねるのが当然ということになる。

残留孤児問題、特に肉親捜しが「個人次元」の問題か、それとも政府の公的責任に係る問題なのか。これはもちろん重要な論争点ではある。

しかし同時に、こうした論争の構図はそれ自体、肉親探しの最大の主体が残留孤児自身であるという事実を看過させかねない。そこには、二つの背景がある。一つは、残留孤児は肉親の記憶も曖昧で、日本語もできず、自ら肉親捜しを遂行する主体としてはあまりに弱い立場にあり、それゆえボランティアや行政の支援が必要だというパターナリズムの論理である。いま一つは、従来、肉親捜しに関する先行研究・文献のほとんどが、当事者の残留孤児ではなく、ボランティア・マスメディア関係者から発信されてきたという事実である。

確かに肉親捜しにおいて、ボランティア・マスメディアが一定の貢献をしてきたことは間違いない。日本政府が民事不介入の立場に立ち、限定的な役割しか果たさなかったことも、その是非はともかく事実であろう。

しかしそれでも言葉の正しい意味で肉親を捜した主体は、残留孤児自身であった事実を見逃してはならない。ボランティアが政府より大きな役割を果たしたとしても、残留孤児自身による主体的な肉親捜しの総過程で、ボランティアの支援がどれほどの意義と重みをもったかは、別問題である。

第二項　血統主義的国民統合

肉親捜しを残留孤児自身による主体的行為と捉えると、従来、十分に考察されてこなかったいくつかの論点が浮上する。まず、血統主義的国民統合の論理をいかに捉えるか、である。

残留孤児の肉親捜しはしばしば「血が呼んだ祖国」[四]、「肉親と巡り会って、本当の日本人になる」[五]等、血統主義的ナショナリズムの文脈で語られてきた。

一般に血統主義的ナショナリズムは、肉親捜しの促進要因とみなされがちだ。肉親捜しが日本人としての血統の確証と同一視され、日本の国民的課題と位置づけられやすいからである。

しかし同時に、肉親と巡り会いたいと願う心情やそれに根ざす行為は、必ずしもナショナリズムと直結しない。そうした心情や行為の基底を流れる人間としての普遍主義を汲み取らなければ、残留孤児の主体性を把握し損なう。

そしてこの論点は、戦後日本の国家と市民社会が、残留孤児の肉親捜しをめぐる血統主義的国民統合において、一種の共犯関係にあったのではないか、という問題をも提起する。

日本政府は当初、肉親（戸籍）が確認できた孤児に限定して、永住帰国・国籍回復を認めた。これは、日本の国籍が血統主義であるからだ。

一方、日本の市民社会（ボランティア・マスメディア・家族等）の多くもまた、残留孤児が日本人の血統をもつがゆえに、肉親捜しや帰国の支援を日本の国民的課題と捉えてきた側面がある。そこでまず肉親を捜し、その結果をふまえて帰国・国籍回復を実現するというプロセスを自明視してきた。

もちろん、日本の市民社会にとってみれば、肉親（血統）の捜索に当面の関心を集中させるのは、ごく「自然」な行為であった。また、すべての残留孤児の肉親を判明させることが日本の国家・市民社会の責務とみなす規範の中では、私的な血統の確認が国民的課題に直結されても不思議はない。

しかし、私的な血統と「日本人であること」の一致・調和が、中国籍をもって中国に暮らす残留孤児や中国人養父母にとっても、つねに「自然」であったか否かは、一考の余地がある。中国政府は、残留孤児の認定において、私的な血統（日本の肉親・戸籍）の確証には固執しなかった。日本敗戦時の混乱状況、及び、年少の孤児に肉親の記憶・情報が乏しいことをふまえれば、私的な血統の確認といった認定基準が現実的でないことは明らかだったからだ。まずは社会的・現実的に「日本人（残留孤児）であること」を幅広く認定し、それを前提として可能な限り、私的な血統の解明に取り組む。中国社会では、これこそがむしろ「自然」な順序であった。

したがって日本の政府と市民社会が共有する血統主義的国民統合の論理が、残留孤児の肉親捜しを逆に阻害し、遅延させた側面がなかったか否かも、十分に検証されるべきだろう。

第三項　国家と市民社会／公と私

以上の論点は、国家と市民社会、公と私の関係の問題にも連なる。

残留孤児の肉親関係（血統）は、公的には「日本人であること」の根拠であると同時に、究極のプライバシー・私事でもある。
日本政府は当初、一方で血統（戸籍）の確認を日本国籍付与・日本帰国許可の必須条件としたが、他方では前述の如く、民事不介入の立場から肉親捜しに消極的であった。日本の市民社会（ボランティア等）は、これらを政府の公的責任の放棄と見なして批判した。中国政府、及び、日本の一部のボランティアは、中国人養父母等の私的生活・感情・プライバシーを時として無視し、肉親捜しという国家的及び国民的な「正義」を強行した。また中国政府は、日本のボランティアの中国国内での自由な活動を禁止した。(六)これに対し、日本のボランティアは、中国に市民社会がなく、中国政府がボランティア活動への理解を欠いていると憤った。(七)
残留孤児の肉親捜しは、このような日本と中国における国家と市民社会の複雑な関係性を解きほぐさなければ理解できない社会的実践であった。こうした諸点に踏み込んで考察した先行研究は、極めて乏しい。

第四項　自然と社会の葛藤

最後に、家族の自然本質性と社会構築性という論点も、従来、ほとんど深められてこなかった。

残留孤児が血統上の肉親を捜すことは、しばしば自然な本能的行為とみなされる。しかしそこに様々な社会構築性を見出すこともまた、容易である。さらに、いくら多様な社会構築的要素を列挙しても、最終的に自然本質的要素が存在しないことの証明にはならない。人は、血統――遺伝・生得的身体・肉親――を自己決定・選択できない。肉親捜しは、それがいかなる社会的文脈でなされるにせよ、個を超えて自らの生物的発生・連続性を確認しようとする意識的な行為であり、その意味で人間の本源的・類的な営みといえる。また肉親に関する記憶の濃淡やそれに起因する肉親捜しの困難さが、残留孤児の年齢という身体的・自然発生的な違い――例えば離別・死別時に一〇歳だったのか、〇歳だったのか――によって大きく左右されることもいうまでもない。しかし同時に、人間の本能・意識・身体はつねに社会的に構築され、しかも自然本質に反逆する変革性を孕んでいる。(八)残留孤児の肉親捜しは、自然本質主義と社会構築主義の二分法・二者択一では把握しきれない。

それにも関わらず、残留孤児の家族関係はしばしば、「日本人実父母＝自然」、「中国人養父母＝社会」といった安易なアナロジー・二分法で捉えられがちだ。自然としての実父母が「まだ見ぬ理想・本物」になればなるほど、社会としての養父母は「かりそめの現実・偽物」とみなされる。逆に社会としての養父母が「崇高な理想的現実」になればなるほど、自然としての実父母は「自分を棄てた冷酷な仮想」として現れる。

そこで残留孤児の肉親捜しの過程では、実父母・養父母・孤児の三者間で、孤独感や親密さ、秘密や警戒心、信頼や疑惑、憧憬や失望といった多様な感情の渦が巻き起こる。

大坊郁夫は、自らを棄てた実父母を恨まずにいられないという残留孤児の愛着対象の喪失体験を重視する。また現実の養父母、及び、極端に理想化して仮想されたまだ見ぬ実父母の希求の相克の中で、中国の養父母の影響が全面的でなくなり、孤児が「日本人的な行動特徴」を保持する傾向があると述べる(九)。

肉親が判明しない残留孤児の自己不全感(「自分は不完全な人間だ」、「私は誰ですか?」)、及び、血・出自への過大な憧憬を指摘する先行研究も少なくない(一〇)。

田見高秀は、人が他者とつながる最も重要な要素を「血縁・家族と、文化を反映した言語」に見出し、残留孤児が家族(日本の肉親)と言語(日本語)を二つながら喪失したことは、「人であることを、つまり人格を喪失することに等しい権利侵害」と主張する(一一)。

朝日新聞残留孤児編集班は、肉親捜しの過程で生起した曖昧な根拠での肉親の認定、人違い、認知拒否等の事象をふまえ、「『肉親関係』は結局、人がイメージでつむぐ崇高な虚構ではないのか」と述べる(一二)。

これらはいずれも、自然と社会の二分法を前提とした葛藤・感情の渦の一切片をすくい取った考察といえよう。ただしここで重要なことは、残留孤児が肉親捜しの過程で、自らを形作る自然と社会、本質的要素と構築的要素を自らの「生命＝生活(life)」の創造過程として、いかに主体的に統合し、変革していったかであり、その営為を事実に即して解明することではなかろうか。

第一節　身元に関する記憶・情報

さて、肉親捜しにおいては、残留孤児が自らの身元に関する記憶・情報をどれほどもっているかが、決定的な意味をもつ(一四)。

年長の孤児(《A・Bタイプ》)——特に八歳以上——は、実父母の氏名・職業、自らの日本名・年齢、家族構成、日本や中国での生活状況、家族との離別状況等、具体的な記憶をもっていた。

＊「実父の名前も、漢字の順番が少し曖昧ですが、覚えていました。もちろん自分の日本の名前、家族の名前や容貌、開拓団の住所、中国に渡る前の様子も記憶していました。私は誰に似ているか、何のために中国に渡ったかも、すべて覚えていました」

「実母と弟妹がどこでどのように死んだか、家族がいつ中国に来たか、日本の故郷の地名もすべて覚えていました。生年月日は曖昧でしたが、自分が何歳かは分かっていました。自分の名前も実母がよく呼んでくれたから、記憶していました」

「自分の名前や家族構成、出身地等、すべて覚えていました。家の近くにソ連人が住み、その庭にイチゴが植えられていたこと、兄が学校の寮生活をしていたこと、小さな橋を渡って日本人学校に通学したことの記憶もありました」

これに対し、年少の孤児（《C・Dタイプ》）は身元に関する記憶が少ない。

日本敗戦時に主に二～四歳だった農村居住者（《Cタイプ》）では、「目の前で、実母がソ連兵に撃ち殺された」等、強く印象に残った場面の断片的記憶をもつ孤児もいる。また幼い頃から、自分の記憶か、周囲の人から教えられたのかは曖昧だが、「自分は日本人だ」と感じてきた孤児も少なくない。しかしそれでも農村の戦場跡・路上に放置されていた《Cタイプ》は、肉親の身元につながる具体的な情報が最も少ない。

＊「本名も実父母も故郷も生年月日も、つまり自分が誰なのか、さっぱりわかりません。養父が私を拾った時、見た目で二歳位と思ったから、二歳にされました。年齢など、いいかげんなものです。養父母は、私を拾った日を私の誕生日にしたそうです」

「私を証明するものは、何一つありません。養父母に引き取られた時、顔つきなどから、だいたい四歳位に見えたから、四歳にされました。誕生日も、あてずっぽうで決めたそうです」

一方、日本敗戦時に主に二歳以下だった都市居住者（《Dタイプ》）には、当時の記憶はほぼ皆無である。《Dタイプ》は、日本人実父母と中国人養父母が仲介人を介して知己だったケースが多い。しかし養父母の多くは、孤児にも養子である事実を隠し、実子として育てた。そこで実父母の身元情報は、孤児にはほとんど伝えられなかった。

年少の孤児の一部には、身元を示す物的証拠があった。養父母が引き取った際に着せられていた衣服、実父母が残した手紙・メモ・写真等である。しかしそれらはほとんど、破棄・焼却された。養父母が引き取った直後、「実子として育てる」

ために証拠を処分したケースもある。戦後の中国社会で残留日本人への差別・迫害が激化したため、養父母や孤児自身が身の安全を守るために処分したケースもある。

＊「私を引き取った直後、養母は私が着ていた服を全部捨ててしまいました。服には、私の名前らしい文字が書かれていたそうです。今はもう、知りようがありません」

「実母が私を養父にあげた時、家族の写真、手紙、小刀、小銭が入った包みを一緒に渡したそうです。でも文化大革命の時、日本人だとばれるのを恐れ、写真と手紙は焼きました。小刀も養父が処分しました。小銭は形見として養父から受け取り、今も大切に保管していますが、それでは身元はわかりません」

「養父母が私を引き取った時、実父母と交わした契約書がありましたが、文化大革命の時に焼きました。仲のいい友人に『証拠になるから、焼いた方がいい』と勧められました。後で、どこかに隠せばよかったと後悔しましたが、当時は、いつ打倒されるか、びくびくしていたから、仕方ありません」

第二節　国交正常化以前の集団引揚と肉親捜し

さて戦後、本書の対象者が肉親と再会しうる最初のチャンスは、一九四六～五八年まで断続的に行われた集団引揚であった。

第一項　前期集団引揚

第一章第二節で述べた如く、一九四六年五月以降、GHQ管轄下で集団引揚（「前期集団引揚」）が実施され、約一〇〇万人の日本人が日本に帰還した。

ただし、実父母と死別・離別していた残留孤児がこれに参加することは、ほぼ不可能だった。またたとえ実父母が一緒にいても、衰弱した幼少の子供を引揚船が出航する葫蘆島まで連れて行き、乗船させることは困難であった。

日本に帰還した引揚者は、中国に数千人に及ぶ日本人孤児が取り残されている事実を、日本社会に伝えた(一五)。しかし日本政府は、孤児達の捜索・帰還の措置をとらなかった。

その後、中国では国民党と共産党の内戦が激化し、一九四八年八月を最後に前期集団引揚は途絶えた。

第二項　後期集団引揚

一九四九年一〇月、内戦が終結し、中華人民共和国が成立した。しかし東西冷戦下、中国政府とＧＨＱ管理下の日本政府との交流は断絶したままだった。一九五二年四月、サンフランシスコ講和条約の発効により日本は主権を回復したが、日本政府は引き続き中華人民共和国を承認せず、国交は樹立されなかった。

ただし日中間に、民間レベルの経済・文化等の交流はあった。赤十字社等の国際機関、及び、第三国を仲介とした政府関係者の接触もみられた。中国政府は、両国間でインフォーマルな交流を積み重ね、その延長上で国交正常化を目指す、いわゆる「積み重ね方式」の外交を重視していた。

一九五二年一二月一日、中国政府はラジオ放送（北京放送）を通じ、中国に残留する日本人の帰国を援助する意向を表明した。これを機に、中国紅十字会と日本側三団体（日本赤十字社・日中友好協会・日本平和連絡会）が協議を重ね、一九五三年三月から計二一次にわたり、民間ベースで集団引揚（「後期集団引揚」）が実施された。これにより、三万数千人の日本人が帰還を果たした。

後期集団引揚で帰還しえたのは、主に戦犯関係者、中国共産党に技術者として留用されていた日本人等、中国の権力下で留めおかれていた成人の日本人であった。残留孤児については、事前交渉で話題にはのぼったが、具体的な解決策は示されなかった。後期集団引揚で帰国した三万数千人のうち、残留孤児はわずか九三名にすぎなかったといわれる[一六]。

中国政府は、残留孤児も引揚対象と位置づけ、後期集団引揚に積極的に協力した。すなわち公安局を通じ、中国国内に住む孤児に大規模な面接調査を実施し、一人ひとりに帰国の意思を確認したのである。本書の対象者四五名のうち年長者を中心に少なくとも九名は、この調査を受けた記憶がある。

ただし、この九名は一九五三年当時、最年長で一七歳、最年少で八歳、平均一三・七歳にすぎなかった。彼・彼女達は当時、中国人養父母の保護の下、ようやく一応の生活の安定を確保した時期にあった。また肉親・保護者の存否も不明な日本に単身で帰還して、どのように生きていけるのか、彼・彼女達には想像もつかなかった。特に年少の孤児には、この調査で初めて、自分が養父母の実子ではなく、日本人だと知らされたケースもある。養父母の多くもまた、孤児達が中国にとどまることを望んだ。そこで孤児達は、「日本には帰らない」と答えるしかなかった。

＊「一九五三年、公安局が自宅と学校に調査にきて、『帰国したければ、させる』と言いました。当時、私はまだ小学生で、意味がよくわかりませんでした。『帰国』と言われても、中国が自分の住む場所、養父母の家が自分の家と感じていたよ

うな気がします。養父母は大切な人だし、国と言われても、いったい何が国なのか。養父母も、『帰らないで』と言いました。それで私は『帰らない』と答えました」

「一九五三年、公安局の職員が来て、『日本に帰りたければ、帰ってもいい』と言いました。でも、いったいどこに帰るのか。日本はどこにあるのか。養母と離れ、私はどうやって生きて行くのか。誰が私の面倒をみてくれるのか。何が何だかわからず、『いいえ』と断りました」

「一九五三年、公安局の職員が自宅に調査にきました。その時、私は初めて自分が養父母に拾われた日本人の子だと知らされました。公安局の人は、『日本に帰りたいなら、手続きしてあげる』と言い、養父母も『帰るかどうか、自分で決めなさい』と言いました。私は、日本に帰っても実父母もいないので自活しなければならないと思い、『帰らない』と答えました。私は小さかったから、あまり物事がわかっていなかったのです。せめて一五歳位だったら、『日本に帰る』と答えたかもしれません」

「一九五三年頃、村長から『日本に帰国できる』という話があり、写真を二枚撮って地方政府に提出しました。村にいた大人の日本人も、帰還することになりました。でも私は当時一五歳の子供で、日本語も話せず、日本に身寄りもありません。帰還する日本人に一緒に連れていってくれるよう頼みましたが、断られました」


比較的年長で、しかも調査が一九五六年まで遅延した孤児の場合、「帰国を望む」と答えたが、日本政府側の応答がなく、帰国は果たせなかった。
＊「一九五六年、撫順市公安局が『日本に帰国したければ、中国政府は反対しない』と伝えてきました。養父も『帰国したいなら、してもいい。私は仕事があるから、大丈夫だ』と言ってくれました。私は公安局に『帰国したい』と答えましたが、その後、連絡はありませんでした。尋ねに行くと、公安局の職員は『天津で会議を開き、あなたの情報を日本政府に伝え、早急な対応を求めた。でも、まだ回答がない』と言いました。結局、そのまま放置され、帰国は実現しませんでした」

後期集団引揚で帰還した人々は——前期集団引揚者と同様——、中国に多数の孤児が取り残されている事実を日本社会に伝えた。日本の厚生省も一九五四年四月当時、約二五〇〇名の残留孤児が中国にいると認識していた(一七)。

しかし日本政府・厚生省は、「孤児として現地住民の家庭に入った者は一応その生活は保障され、その結果、現地住民の生活に同化して残留することになった(一八)」とみなし、捜索・帰還の措置をとらなかった。

第三項　後期集団引揚の中止

後期集団引揚も東西冷戦の激化・日中関係の悪化に伴い、一九五八年七月には打ち切られた。

すなわち一九五八年五月二日、長崎市で開かれていた日中友好協会主催の中国品展示会場で、日本人右翼男性が中国国旗（五星紅旗）を引きずりおろす事件が発生した。日本の警察は、この男性を即日釈放した。中国政府は抗議したが、岸信介総理は、国交のない中国の五星紅旗は国旗に当たらず、中国側の抗議は日本への内政干渉と反論した。なお前年一九五七年六月には、岸総理は台湾を訪問し、「共産主義が日本に浸透するには、ソ連からよりも中国からの方が恐ろしい」とし、台湾国民党の中国大陸反攻への支持を表明していた。

これらを受け、中国紅十字会は一九五八年六月四日、日本人の帰還への援助停止を日本側三団体に電報で通告した。

従来、日本では、この中国紅十字会の通告により、後期集団引揚が打ち切られたとする見方が一般的であった[一九]。

しかし南誠は、この通説を覆す新たな事実を発掘した[二〇]。まず一九五八年六月四日の中国紅十字会の電報は、集団引揚の中止ではなく、あくまで残留婦人の一時帰国（里帰り）への援助を暫く停止するとの内容であった。また外交史料館公開資料によれば、日本の厚生省は同年七月の引揚船を「今次引揚の最終船」とすることを既に予定しており、それに向けて「最近の日中関係」を、「あまり目立たず自然な形で利用し得る機会」とみなしていた。つまり中国側に集団引揚中止の意図・意思表明はなく、逆に日本政府側がこれを終結させた可能性が高いのである。現に同年一〇月一一日、中国紅十字会は集団引揚の援助を再開したい旨のラジオ放送（北京放送）を行ったが[二一]、日本政府はこれを無視し、集団引揚は再開されなかった[二二]。

第四項　一九五〇年代の肉親捜しと後期集団引揚

後期集団引揚が実施された一九五〇年代、年長の孤児の一部は、自主的に肉親捜しに踏み出していた。

すなわちまず年長の孤児には、兄弟姉妹が自分と同様、中国で残留孤児になっていることを記憶しているケースがあった。彼・彼女達は一九五〇年代、兄弟姉妹の捜索を試みた。

＊「日本の肉親は捜しようがないけれど、せめて中国にいる弟を捜そうと思いました。私は、二人の弟が中国で残留孤児になっているのを覚えていました。上の弟は近所に住んでいましたが、彼の養父母は私と弟の交際を嫌がり、一九五二年に

転居しました。でもその後も、上の弟と私はこっそり文通していました。下の弟は一九五一年頃、私が養母に頼んで捜し出してもらいました。私は養母と一緒に、下の弟の家に行きました。私は一三歳、弟は八歳で、弟は自分が日本人ということも、私が実姉ということも覚えていませんでした。弟の養父母も、弟が日本人であることを隠し、私と弟が交際するのを嫌いました。それで弟に『もう二度と来るな。お前なんか知らない』と言わせ、私に殴りかからせました。私も幼かったので腹を立て、弟の家に行かなくなりました。私は、弟に真実は話しませんでした。彼と養家の関係が悪くなってしまうと感じていたからです。でも私達は小さな街に住んでいたので、偶然、すれ違うこともありました。弟も後に真実を知ったらしく、私とすれ違うと、ずっと振り返り、悲しそうにこちらを見ていました。互いに声もかけられず、ただ心が痛みました」

また一部の年長の孤児は、一時帰国する残留婦人に手紙を託すなどして、自主的に日本の肉親捜しに踏み出した。日本敗戦時に一三歳以上だった残留婦人は、年長の孤児以上に詳細な記憶と情報をもち、日本語も流暢であった。日本の肉親と連絡を取りあっていた残留婦人もいた。

＊「一九五〇年代末～六〇年代初頭、私は黒龍江省方正県に行き、人に頼んで肉親を捜してもらいました。また一九五七年頃には、一時帰国する残留婦人に手紙を託し、肉親捜しを頼みました。私は当時、もう日本語を忘れ、中国語で手紙を書きました」

一九五〇年代、日本の肉親との文通に成功した年長の孤児もいる。しかし一九五八年、後期集団引揚の終結を機に、それも途絶えた。

＊「一九五七年、実父から突然、手紙がきました。実父はシベリア抑留を経て一九四九年に日本に帰国し、私が中国人の家庭に引き取られたことを引揚者から聞いたそうです。私は実父が生きていたと知り、心からのうれしさ・喜びがこみあげました。いつか帰国して実父と再会したいと思いました。実父の手紙は日本語だったので、ある残留婦人が中国語に翻訳してくれました。私は実父に返事を書き、やはり残留婦人に翻訳してもらいました。これまでのつらい生活や自分の気持ちをありのままに書きたかったけれど、検閲を意識し、『中国での生活はとてもよい』と書きました。また同年、日本から瀋陽に来た訪中団から、私の勤める農場に突然、電報が届きました。私は片道二〇時間以上、汽車に揺られて瀋陽に行きました。実父から託された土産として、万年筆をもらいました。でも、それを最後に連絡は途絶えました。その後も私は何度も実父に手紙を書きましたが、返事はありませんでした」

「一九五七年、日本の実母が中国公安局に、私宛の手紙を送りました。公安局はこれを私の家に届けましたが、養父は受け取りを拒みました。私は当時、そのことを知らず、翌年に養父から聞かされました。すぐ公安局に行き、手紙を見せてくれるよう頼みましたが、見せてもらえませんでした。以来、音信は途絶えました」

第三節　年長の残留孤児の肉親捜し

さて、肉親捜しの実態は、孤児の年齢によって大きく異なる。

まず年長の孤児（《A・Bタイプ》）についてみていこう。

第一項　日中国交正常化の前後

一部の年長の孤児は前述の如く、一九五〇年代から自力で肉親捜しに踏み出した。特に都市に住む年長の孤児（《Aタイプ》）は半数が、日中国交正常化以前から自主的に肉親捜しに取り組んでいた。

しかし日中の国交がなく、一九五八年に後期集団引揚が中止された状況下では、自主的な肉親捜しには限界があった。年長の孤児の中にも、「国交回復以前は、いくら日本の肉親を捜したくてもどうしようもなかった」、「早く日本の肉親を捜したいという思いはあったが、養家には戦争中、日本人に首を切られた人もいて、そんなことを口に出せる雰囲気ではなかった」、「幼い頃からずっと肉親と会いたかったが、どうすればいいかわからなかった」等の声もある。

こうした年長の孤児にとって、一九七二年の国交正常化は大きな突破口となった。

*「田中角栄が中国に来た日は、人生で一番うれしい日です。どんなに待ち望んでいたことか。新聞でそのニュースを読み、これでやっと日本の肉親に会えるかもしれないと思いました」

「日中国交正常化の知らせを聞いた時は、本当にうれしかった。日中の友好関係が築かれたというだけで、中国での居心地が少しよくなったように感じました。これで、いつか実父とも再会できるのではないか、絶対に再会したいと思いました」

年長の孤児、特に情報の伝達が早い都市に住む年長の孤児（《Aタイプ》）は、国交正常化を機に本格的に肉親捜しに取り組んでいった。

第二項　自主調査の方法

【残留婦人を介した自主調査】

年長の孤児の肉親捜しの最も主要な方法は、残留婦人への依頼であった。国交正常化を機に、日本に一時帰国（里帰り）する残留婦人が増加した。年長の孤児は、自らの身元情報を中国語で手紙に書き、残留婦人に託した。残留婦人は、それを日本語に翻訳し、孤児の肉親や出身地の地方自治体、日本の厚生省やマスメディアに届けた。

＊「一九七八年、知り合いの残留婦人が日本に一時帰国すると聞き、この機会を逃してはならないと思い、自分の記憶を手紙に書き、写真も添えて託しました。彼女は、私の手紙を日本語に翻訳して日本の県庁と厚生省に届け、テレビでも宣伝してくれました」

「一九七二年以降、近所に住む残留婦人達に依頼し、肉親を捜し始めました。彼女達が日本に一時帰国する時、私は自分の凍傷等の情報を手紙にまとめ、写真も託しました。彼女達は私の手紙を日本語に翻訳し、日本の厚生省や新聞社に届けてくれました」

年長の孤児は、地縁・職場・親戚等、あらゆる手づるをたぐって残留婦人と連絡をつけた。また残留婦人の側から、孤児にアプローチしたケースもある。彼・彼女達は、孤児の肉親捜しのためのネットワークを構築していった。そのネットワークは、多数の中国人に媒介・支援されて成立・拡充した。

＊「一九七九年頃、近所に住んでいた残留婦人が日本に帰る前、『あなたも肉親を捜して日本に帰りなさい』と勧めてくれました。また撫順にも高齢の残留婦人がいて、残留孤児の名簿を作り、自分の息子をあちこちの孤児のもとに行かせ、『日本に帰りたくないか、肉親を捜したくないか』と聞きまわってくれていました。私はこの二人の残留婦人に、手紙と写真を託しました」

「一九七八年、日本に一時帰国して戻ってきた残留婦人が、日本で私の叔父に頼まれ、私を捜してくれていました。彼女も、私と同じ鹿児島県出身です。彼女は二年間、私を見つけられませんでしたが、私の隣人が、その噂を教えてくれました。隣人とその残留婦人は、遠い親戚にあたります。私は、その残留婦人の家を尋ねました。彼女の家は方正県の西端で、村にはバスも通っていません。私は運送会社のバスを借り、村まで送ってもらいました。村の子供達はバスを見たことがないので、珍しそうに集まってきました。その残留婦人から、叔父が私を捜していると教えられました」

「職場の同僚の親戚に、残留婦人がいました。また近所に別の残留婦人もいて、彼女の夫は私の養父の知り合いで、彼女の隣人は私の同僚でした。一九七三年、この同僚が『あの残留婦人が、あなたに会いたがっている』と伝えてくれ、私は会いに行きました」

「夫（教師）の同僚の教え子の母が、残留婦人でした。私は休暇をとり、彼女に会いに行きました。彼女は私に同情して、肉親捜しに協力してくれました。また彼女は、既に日本に帰国した残留孤児と知り合いで、その孤児も手伝ってくれることになりました」

年長の孤児には、「日本の同郷出身」「同じ開拓団出身」等、ローカルな属性に踏み込んで、残留婦人との接触を試みたケースが多い。そこで、残留婦人も効率的に孤児の肉親を捜すことができた。中には、同じ開拓団出身の残留婦人を捜す過程で、残留婦人になっていた実姉と巡りあった孤児もいる。

*「私は開拓団があった農村であちこち訪ねまわり、偶然にも残留婦人になっていた実姉と再会しました。昔の家族の状況や思い出を語り合い、姉弟と確認できました。姉は日本の敗戦時、もう大人だったのですべてを記憶していました。姉は日本語もでき、日本に一時帰国したこともありました。すぐに日本の肉親に、私が見つかったという手紙を出してくれました」

「同じ開拓団出身の残留婦人に、私の肉親のことを聞きましたが、わかりませんでした。でも彼女は、方正県に住む、やはり同じ開拓団出身の別の残留婦人に紹介状を書いてくれました。一九七三年、私が尋ねて行くと、彼女は私の姉の名前を覚えていてくれました。そこで得た情報をもとに、鹿児島県庁に手紙を出しました」

「岐阜に一時帰国した残留婦人が、近所にいました。私は自分の戸籍が岐阜だと覚えていたので、彼女に肉親を捜してくれるよう頼みました。彼女は一九七三年、岐阜県庁を訪ね、私の消息を知らせ、肉親捜しを依頼してくれました」

「一九七四年、同じ開拓団出身の残留婦人に肉親捜しを頼むと、『開拓団の住宅番号を覚えていないか』と聞かれました。私は覚えていたので、教えました。彼女は、私の氏名と住宅番号を手がかりに捜してくれました。彼女と私は、日本の出身地も近所でした」

【日本政府への調査依頼】

また日中国交正常化（一九七二年）以降、都市に住む年長の孤児（《Aタイプ》）の多くは、北京の日本大使館や日本の厚生省に直接、手紙を出し、肉親捜しを依頼した。[二三]

これに対し、日本政府・厚生省が当初行ったことは、残留孤児から届いた手紙を国内資料と照合し、一致点が多ければ、日本国内の肉親に確認する作業にとどまった。[二四] そこで実際には、残留孤児がいくら日本大使館や厚生省に手紙を出しても、ほとんどナシのつぶてという状態が続いた。年長の孤児の六

表　肉親捜し（タイプ別）　　（人）

			A	B	C	D	計
身元判明につながる記憶		あり	10	10		1	21
		曖昧			5	1	6
		なし			7	11	18
自主調査	開始年	1950～71年	5	2			7
		1972～74年	3	2	1	2	8
		1975～80年	2	2	2	8	14
		1981～86年		4	4	3	11
	方法（複数回答）	残留婦人等に依頼	9	9	3	6	27
		日本大使館に手紙	8	3	3	9	23
		厚生省に手紙	8	3	2	6	19
		ボランティア等から連絡	6	3	1	1	11
		ボランティア等に連絡	2	1	1	5	9
		公安局に依頼	1		4	9	14
		その他		3			3
	なし				5		5
日本政府の肉親捜し		問題あり	7	5	11	13	36
		問題言及なし	3	5	1		9
養父母の態度		反対等	2		1		3
		反対等→死去	2		1	4	7
		反対等→容認等	1	2	2	7	12
		反対等→容認等→死去			1	1	2
		賛成・容認等	2	4	4		10
		死去	3	4	3	1	11
公安局との接触（1972年以降）	接触なし		9	6	1		16
	内容	訪日調査通知のみ		1	7	1	9
		その他接触あり	1	3	4	12	20
	年次	1983年以前	1	3	1	10	15
		1984年以降		1	10	3	14
訪日調査	不参加		7	6	1	1	15
	問題点（複数回答）	遅すぎる	2	3	2	5	12
		短期すぎる	1	1	6	1	9
		証拠収集困難			5	7	12
		肉親名乗り出ず	1		8	9	18
		中国側行政の問題				3	3
		その他		1	5	2	8
		言及なし	1	1			2
判明状況	年次	1978年以前	7	3	1	1	12
		1979～81年	1	3		1	5
		1982年	1	3	1	2	7
	方法（複数回答）	自主調査	8	8	2	2	20
		訪日調査	2	3	1	3	9
	属性	実父母	4	2	2	4	12
		兄弟姉妹のみ	2	6			8
		その他のみ	3	1			4
	未判明		1	1	10	9	21
計			10	10	12	13	45

資料：実態調査より作成。

割は、日本政府の政策・対応に問題を指摘している。

＊「厚生省に、肉親捜しを依頼する手紙を何度も出しました。でも、ずっと放っておかれました。ナシのつぶてです。大使館にも何度も手紙で督促しましたが、『待ってほしい。捜すから』との返事ばかりでした。肉親捜しで、日本政府の支援はまったく何もなく、私は三〇年も待たされました」

「家族全員の名前と開拓団の住所を手紙に書き、北京の日本大使館、日本の厚生省に、肉親捜しを依頼しました。厚生省には三回出しました。でも、返事は一切ありません。日本政府には不満です。残留孤児を中国に置き去りにして、しかもかなりの資料をもっていたはずなのに、まったく捜してくれずに見棄てました。国交正常化から一〇年間以上、無駄にしました」

【ボランティア・マスメディアからの連絡】

一方、残留婦人が日本に伝えた孤児の情報は、日本国内に大きなインパクトを与えた。マスメディアは、これらを日本国内に広く紹介した。[二五] 日本国内には、中国で離別した孤児との再会を願う肉親も多かった。肉親達は一九七二年一二月、「日中友好手をつなぐ会」を結成し、捜索活動に着手していた。[二六] こうした動きに後押しされる形で、日本政府も一九七五～八一年にかけ、計九回にわたり、残留孤児の顔写真や肉親との離別状況等を新聞・テレビで公開し、情報を求めた（「公開調査」）。残留孤児が日本政府に向けて発信し続けてきた情報の一端が、ようやく日本社会に広く公開されたのである。

これを受け、年長の孤児、特に都市居住者（《Aタイプ》）には、日本のボランティア・マスメディアから連絡が届きはじめた。

＊「一九七五年頃、日本人男性ボランティアが突然うちに来て、『日本に帰りたいなら、何でも手伝う』と言ってくれました。私は、自分の記憶をすべて話しました。彼は私に同情して、私の情報をもって厚生省に調べに行ってくれました」

「熊本県の男性が、残留婦人が投書した新聞記事を読み、手紙をくれました。彼も私と同様、内蒙古の阿龍旗にいたことがあるそうです。私は返事の中で、日本敗戦当時の家のまわりの地図や状況を書きました。彼は、それをもとに肉親を捜してくれました」

「一九八六年、中国公安局を通じ、朝日新聞社から突然、手紙が届きました。『敗戦前後の逃避行の記憶について書いてほしい』とありました。私はすぐに返信しました」

第三項　養父母との関係

ところで、一部の養父母は、年長の孤児の肉親捜しに葛藤・

反対した。それは、都市に住む年長の孤児（《Aタイプ》）の養父母に特に多くみられた。

＊「私が肉親捜しをすることに、養母は不快感をもちました。最初は、養母も反対せず、私が手紙を書いていると『どうせ見つからないよ』とからかうだけでした。でも肉親が見つかると、態度が一変しました。ぶつぶつ文句を言い、口喧嘩もしました」

「養父は気をもんでいました。公安局が養父に、『あなたの娘は日本の親戚を捜している。娘はあなたを日本に連れて行くかどうかわからない』と告げました。それで養父は、自分が棄てられるのではないかと焦ったのです」

しかし年長の孤児は詳細な記憶をもっているため、養父母から改めて根掘り葉掘り聞き出さなくても、肉親捜しに取り組むことができた。また養父母の実子ではない年長の孤児はともに、「孤児は日本人であり、養父母の実子ではない」との認識を最初から共有しており、そのこと自体は親子間で隠すべき秘密ではなかった。そして年長の孤児の養父母の多くは――様々な葛藤を抱えつつも、それを乗り越え――、孤児の肉親捜しに協力していった。養父母の承諾・協力は、農村に住む年長の孤児（《Bタイプ》）で特に多く見られた。

＊「肉親を捜したかったのですが、養母が怖くて言い出せませんでした。でも一九八四年頃、養母の方から、『私は高齢で、いつ死ぬかわからない。私が死ぬと、お前は中国に親戚がいなくなる。日本に親戚がいるなら、捜してみなさい』と勧めてくれました」

「養父は、私が日本大使館や厚生省に手紙を出しているのを見て、『数十年も肉親と離れ離れになってきたのだから、皆と会えたらいいね』と言ってくれました。また養父は自ら公安局に行き、肉親捜しの交渉もしてくれました」

「養父母は肉親捜しに反対せず、見守ってくれました。養父は自分が病気になり、もう長くないと思った時、『実父を捜して会いに行け』と言い、私の身元に関するメモを書いてくれました」

第四項　肉親の判明と再会

以上の自主的な肉親捜しの結果、年長の孤児の多くは、一九八一年より以前に、日本の肉親を見つけることができた。

＊「肉親捜しを依頼した残留婦人が日本に行って一カ月後、一九七七年に実父の消息がわかりました。私は実父の名前を覚えていたので、すぐ見つかりました。実父から手紙が届き、開拓団で撮った一家の写真も同封されていました。父に間違いない、父は生きていたのだと思うと、涙が止まりませんでした」

「私が残留婦人に頼んで日本に手紙を出すのと前後して、日本にいた伯母も厚生省に私を捜す資料を提出していました。それで一九七八年頃には伯母と連絡がとれ、手紙のやりとりが始まりました。私は実父母の名前を覚えていたので、身元はすぐわかりました」

「一～二年もかからず、伯父夫婦が判明しました。一九八〇年、私の写真と手紙が日本のテレビで放映され、伯母がそれを見ました。彼女は自分でもいろいろ調べ、帰国した残留婦人から話も聞きました。その残留婦人は私に、『正確な名字がわからないか』と手紙をよこしました。私は昔、住んでいた所に行って調べました。するとある人が当時、私の服に『T』という名字が書かれていたことを覚えていました。私の証拠は日本と中国の両方で捜したのです。私は中国で、伯父夫婦が日本でそれぞれ調査しました」

「肉親が判明したのは、伯父のおかげです。伯父は、帰国した残留婦人にお金やテレビを贈り、私を捜してしてくれるよう頼んでくれました。伯父が判明した時、日本に肉親がいるという喜びと、これまで長い間一人ぼっちで生きてきたことの悲しみが交錯しました。私にも肉親がいる。それだけでうれしく、感激で涙が止まりませんでした」

なお年長の孤児の中でも都市居住者（《Aタイプ》）の多くは、一九七八年以前に最も早く肉親が判明した。実父母が生存していたケースが、やや多い。[二七] これに比べ、農村居住者（《Bタイプ》）の多くは、一九七九年以降まで肉親の判明が遅れた。実父母は既に死去し、兄姉が判明したケースが若干多い。

そして肉親が判明した年長の孤児は、三カ月～半年間ほど日本に一時帰国し、肉親との再会を果たした。その多くは親戚に囲まれ、喜びの時をすごした。

＊「実父と奇跡的な再会を果たしました。空港まで出迎えてくれた実父は言葉も出ず、ただ泣くばかりでした。実父と布団と枕を並べて寝ました。言葉が通じなくても、習慣が違っても、『自分の家だ』と実感できる時間でした。六カ月間、実父の家に滞在しました。親戚は皆、優しく、あちこち観光に連れていってくれました」

ただし一部の年長の孤児は、肉親との間に軋轢を感じざるをえなかった。三〇年間以上にわたる別離は、言語や文化習慣、実父母の再婚等による新たな壁を作り出していた。年長の孤児は、思い描いていた懐かしい肉親のイメージを打ち砕かれ、ストレス・苦悩にさいなまれた。悲惨な体験や思いを存分に語れない悔しさが、実父母への恨みにも似た強烈な感情となって噴出した孤児もいた。

＊「実父は訪問当初、とても歓迎してくれましたが、言葉が通じず、味噌汁を飲まされるなど食事もあわなかったので、次

弟に気詰まりになりました。実父が何を言っているか、私にはまったくわかりません。漢字も日本と中国では違い、『子供』『実父』『写真』と書かれても何のことかさっぱりわかりません。一言も話せず、一緒にいればいるほど逆に寂しくなりました。当時、父のことが全然理解できませんでした」

「実母とは三一年ぶりの再会でしたが、言葉の問題であまり話ができませんでした。しかも実母は、『どうしてお前は日本語が話せないのか』と私を責めました。実母は三〇年以上も私を中国に置き去りにしたのに、私を責めるのはとても理不尽です。通訳は初日の歓迎会の時しかいなかったので、とても困りました。三カ月後、（同じ残留孤児の）弟も一時帰国してきました。弟が着いたのは、夜一一時頃です。私は家にあった麺と卵で、弟に食事を作ってあげました。すると実母は、『この卵は、夫（実母の再婚相手）のためにとっておいたのに、なぜ食べさせるのか』と怒りました。私はたどたどしい日本語で、『弟は帰ってきたばかりだし、腹が減っている』と言いました。実母は『駄目だ、それは夫の明日の朝食だ。どうするつもりだ』と怒鳴りました。私は日本語で反論できず、中国語で反論しました。その後、何日間も喧嘩が続きました。私は実兄の家に行き、『もう我慢できない。中国に帰る。母は私達を我が子と思っていない』と訴えました。実兄は『難しい手続きをして、ようやく日本に来られたのだから、もう少し我慢しろ』と言いました。私は、『私達は幼い頃からずっと苦労してきた。それなのになぜ、母に会ってまでこんな悔しい思いをしなければならないのか。どうしても日本に残れと言うなら、アパートを借りてくれ』と言いました。実兄はアパートを借りてくれ、私と弟は実母と別居しました。本当に悲しく、悔しかったです」

「実父と会い、ただただ涙でした。言葉にならない感動やうれしさとともに、なぜか、中国での幼い頃からのつらい生活が脳裏を駆け巡りました。なぜ私を置き去りにしたのか、なぜ早く会いにきてくれなかったのかと、それまで実父に対して感じたことのない恨みにも似た感情がわきあがりました。でも言葉がわからないから、それを聞くこともできず、どうしようもない思いが膨らみました。七歳からずっといろんな苦労をしてきたことを実父に話したかったのですが、話せません。悲しい、苦しいという思いばかりが募り、がっかりした気持ちで毎日をすごしました。例えば外出する時、実父が『その服は中国式で日本に合わない』と言うと、私は『早く呼び戻してくれていたら、今頃は日本式の服を当たり前に着ていたはずなのに』と反抗し、実父の言葉を素直に聞けませんでした。実父は再婚して、二人の娘がいました。実父は私に優しく接してくれましたが、言葉が通じないせいか、継母に気を使っているせいか、見えない壁のようなものを感じました。継母も表面的には優しく接してくれましたが、心はあまり感じられませんでした。実父は自分が何かを伝えたい時だけ、近所に住む残留婦人に通訳を呼びます。何日も会話がないこともしばしばで、私は実父と一緒にいるのが気詰まりになりました。当初、六カ月の予定で一時帰国しましたが、中国にいる姑の病気も気になり、三カ月で中国に戻りました」

第四節　年少の残留孤児の肉親捜し

さて次に、年少の残留孤児（《C・Dタイプ》）の肉親捜しについてみよう。

第一項　自主調査の契機と動機

年少の孤児もまた、多くが自主的に肉親捜しに踏み出した。ただしそれはすべて、日中国交正常化（一九七二年）以降である。国交正常化以降、年長の孤児の肉親が次々に判明するのを目の当たりにして、自分も捜してみようと思い立ったケースが多い。

*「国交正常化まで、自分では捜しようがありませんでした。手がかりが皆無ですから。でも国交正常化以後、他の孤児の肉親が見つかった話を聞き、私も見つかるかなぁと心が動き始めました」

「国交正常化までは、どのように捜せばいいか、わかりませんでした。捜したい気持ちはあっても何もできず、『見つかればいいなぁ』と漠然と思うだけです。国交正常化後も、すぐには肉親捜し自体、思いつきませんでした。その後、肉親が見つかった孤児が出てきたので、私も捜したいと思うようになりました」

「国交が正常化し、肉親を捜すことに興味をもち始めました。でも一九七七年頃まで、方法を教えてくれる人も手がかりもなく、どうすればいいかわかりませんでした。その後、同じ村に住む孤児の肉親が見つかったという話を聞き、いても立ってもいられなくなり、その孤児に、どうやって捜したのか教えてもらいました」

年少の孤児は、肉親についての具体的な記憶がないので、年長者のような「懐かしい肉親との再会を切望する」といった心理的動機は希薄である。そこで自ら進んでというより、周囲の勧めで肉親捜しに踏み出したケースも少なくない。一部には、日本の肉親を捜すことが生活水準の向上につながるのではないかとの動機も――貧しい農村に住む孤児（《Cタイプ》）を中心に――、見られた。

*「一九八五年頃、夫の同僚が夫に『妻の肉親を捜してあげないと可哀想だ。他の残留孤児は、もう肉親を見つけて日本に帰国した。君の妻はまだ道路掃除（の仕事）をしているのか。

早く肉親を捜し、日本に行ったらどうだ』と勧めました。私自身は中国で何十年も暮し、今さら日本に帰るなんてと思っていたので、なかなか捜す決心がつきませんでした」

「一九七七年頃、妻の伯父が『たとえ日本の肉親が見つからなくても、日本人だと認められれば、妻の戸籍を都市に移せるのではないか』とアドバイスしてくれました。当時、私の妻と子供は農村戸籍で、都市に正式の仕事がなく、住宅ももらえませんでした。それで私は日本人であることを利用して、妻と子供の戸籍問題を解決しようと思いました。それが私の肉親捜しの主な目的です」

「まわりの人から『肉親を捜した方がいい。偽物（の残留孤児）でも捜している。あなたは本物なのに、なぜ捜さないのか』と言われました。ある残留婦人が、日本に一年間、里帰りして、中国に戻って来ると、皆にとても羨まれました。彼女は『日本の生活はいいよ。あなたも肉親を捜して日本に行ったらどうか』と勧めました。それを聞き、私も子供の将来のために肉親を捜そうと決心しました」

他方で、年少の孤児の肉親捜しの動機には、「自分は何者なのか」、「欠けている過去を取り戻したい」といった自己の存在とアイデンティティの根源を求める要素も——相対的に生活が安定した都市に住む孤児（《Dタイプ》）を中心に——、見られた。これもまた、具体的な記憶をもつ年長者とは異なる、年少の孤児に固有の動機である。

＊「肉親を捜そうと思ったのは、自分がなぜ孤児になったのか、当時の歴史や経過を知りたかったからです。それと、自分の目で故郷を見てみたかったのです。自分の本当の出自、自分が誰なのかを知りたい。そんな思いが次第に膨らみ、実父母を見つけることが、私の一生の目標になっていきました」

「肉親を捜そうと思ったのは、私も三〇歳をすぎ、自分はいったい何者なのか、子供にもきちんと伝えたかったからです。自分は日本人なのか、中国人なのか。どこの誰の子供なのか。なぜ、どうして残留孤児になったのか。はっきりさせたかったのです」

「一つは一生に一度でいいから故郷を見てみたい、もう一つは運がよければ実父母に会い、当時の歴史について聞きたいという気持ちです。自分が日本人とわかってから、実の親は誰で、私はどのようにして残留孤児になったのか、ずっと気になっていました」

第二項　情報収集とその困難——養父母の抵抗・葛藤

さて、年少の孤児の肉親捜しにおける最大のネックは、情報不足である。そこでまず関係者、特に養父母から情報を聞き出すことが、どうしても必要になった。

しかし、それは困難を極めた。

まず第一に、養父母など関係者が既に死去したり、離婚等で行方不明、あるいは認知症になっていたケースがある。
＊「肉親を捜そうと思い始めた一九八一年頃、養父はもう亡くなっていました。養母も、早く亡くなりました。私を拾った時のことを証言してくれる人は、誰もいませんでした」
「肉親捜しを始めた一九七六年、養父は既に死去し、養母はずっと前に離婚して音信不通でした。養母の捜索を警察に頼むと、『同姓同名の人が市内だけで三〇数人もいて、調べようがない』と言われました。養父が亡くなる直前、伯父（養父の義弟）が私の身元について知っていると言い残しました。でも伯父は戦時中、日本の通訳をしていたので文化大革命で迫害され、音信不通でした。苦労して伯父を捜しましたが、やはり亡くなっていました」

「養父母が死去する前に一度だけ、自分の身元について訊ねたことがあります。でも、養父母は認知症になっており、何もわかりませんでした。本当はもっと早く聞きたかったのですが、気を使ってどうしても聞けませんでした。後悔先に立たずです」

第二に、養父母や仲介者自身、情報をもっていないケースも少なくなかった。特に農村の路上等で拾われた孤児（《Cタイプ》）の場合、身元につながる情報はほとんどなかった。

また実父母と養父母の共通の知人が都市で仲介した孤児（《Dタイプ》）でも、仲介者があえて実父母の身元を明かさず養父母に託したり、長い歳月の間に記憶が薄れていた。
＊「養父にもわかりませんでした。ただ養父の知人が、路上で私を拾ったというだけです。傍らに多数の日本人の遺体が横たわり、私は日本の着物を着ていたそうです」
「仲介者だった養母の弟も、はっきり覚えていませんでした。当時、彼も深く考えず、姉のために子供をもらっただけで、実父母は日本に帰るから、もう関係ないと思ったのです。日中の両国民がまた付き合うなんて、当時はそこまで考えなかったでしょう」

そして第三に、肉親捜しに抵抗感・葛藤を抱いた養父母も多い。もともと年少の孤児を引き取った養父母の中には、「年少の孤児の方が実父母の記憶がなく、実子として育てやすい」と考え、あえて年少者を引き取ったケースが多い。孤児自身にも「養子ではない。実子だ」と言い聞かせて育ててきた養父母も少なくない。いわば年少の孤児と養父母の間では、「子供が日本人であり、養子である」こと自体——たとえ残留孤児が、ある時点で気づいていたとしても——、触れてはならぬタブーとされていたことも多い。文化大革命時代、多くの養父母は年少の孤児のことを「日本人ではない」と言い張り、迫害から守り抜いた。しかも養父母が年少の孤児を引き取った動機の一つは、「老後の頼りとなる子供がほしい」ということだった。特に実子がない養父母にとって、養子はかけがえのない「老後の頼り」であった。実父母の新たな登場は、養父母と養子の親子関係を大きく変えてしまうかもしれない。こうした多様な事情が絡み合い、年少の孤児の養父母の多くは、容易に真実を語ろうとしなかった。そして同様の葛藤は、残留孤児の側にもあった。第二章第一節でみた如く、年少の孤児には養父母に愛情をもって優しく育てられたケースが多い。「実父母を捜すと、養父母に不満があったと思われるのではないか」、「今まで育ててもらったのに、いまさら実父母を捜すのは恩知らずではないか」。養父母と孤児は互いに葛藤と配慮を行きつ戻りつした。

＊「養母は、最後まで真相を語りませんでした。私が自分の身元について聞く度、養母は泣いたり、怒ったりしました。ある時、養母の弟が『この子は日本人だ』と口を滑らし、養母と大喧嘩になりました。その場面を、私は今もはっきり覚えています。養母は『他のことはともかく、それだけは口にするな』と叫び、弟を追い出しました。その後、養母の弟は二度とこの話をしませんでした。私も養母を悲しませないために何も聞かず、ずっと我慢していました。養母が何も語らないまま死んだ時、養母の弟は私に、『お母さんは馬鹿だね。女性は気が小さいから、お前がお母さんを棄てるんじゃないかと思ったんだ』と言いました。私は『棄てるわけないよ。私も女だし、子供の母親だから、お母さんの気持ちはよくわかる。それに中日国交が正常化して日本の肉親と交流できるなんて、お母さんも思ってもみなかったでしょう。私は、お母さんに不満はない。これは私の運命だ』と答えました」

「私は最初、養父母に聞く勇気がありませんでした。養父母はもう七〇歳以上で、聞くに聞けません。だって養父母は私に何も言わないし、まわりの誰かが私のことを『日本人だ』と言うと怒って喧嘩に行くのですから。私は、肉親を捜したい気持ちと、養父母に申し訳ない気持ちの狭間で悩みました」「私は真実を知りたいと思うようになりましたが、養父母には聞けません。それで、昔のことを知る知人に聞きまわりました。でも皆、養父母に気兼ねして何も教えてくれません。仲介者の家にも行きましたが、『知らない』の一点張りです。しかも知人達は、すぐ養母に報告しました。養母は私のことになると命懸けなので、知人達は皆、恐れていました」

しかしこうした葛藤や配慮の中でも、多くの年少の孤児は、養父母に真実を尋ねる決意を固めていった。また多くの養父母も、最終的には孤児の心情を理解し、肉親捜しに協力していった。そしてほとんどの場合、肉親捜しを通して、養父母と残留孤児の信頼関係は一層深まったようである。

＊「私には何の手がかりもないので、どうしても我慢できず、一九七六年、思い切って養父に尋ねました。その日のことは、今も鮮明に覚えています。私が養父に『日本の肉親を捜したい』と言うと、横になっていた養父はバッと起き上がりました。怒り出すかなぁと思っていると、養父はゆっくりと『いつか必ずお前は聞くと思っていた。その日が来たら、私は全部隠さず教えようと、ずいぶん前から覚悟していた。もちろんお前が聞かなければ、言わないつもりだった』と言いました。養母は、『やはり自分の生んだ子ではないから、実父母を捜すのだ』と嘆き、いくら私が説明しても納得しませんでした。私は養母を責めるつもりはありません。養父母には、子供は私一人しかいないのです。私が肉親捜しをしている最中、養母は脳出血で倒れました。これは、もしかすると私の肉親捜しと関係があるかなぁと思いました。翌年、養父も脳出血で倒れました。私達一家は、養父母を最後まで介護しました。私に悔いはありません。良心に恥じるところもありません。しっかり介護していなければ一生、悔いが残ったでしょう」

「私は、ついに思い切って、養父母に『肉親を捜したい』と相談しました。養母はやはり『今まで育ててきたのに』と反対しました。そう言われると、私もとても辛かった。でも養父は、『実母は世界に一人しかいないのだから』と賛成してくれました」

「養母に一度だけ、『私は日本人の子か？』と聞いたことがあります。養母はすごく敏感になっていて、慌てて話を逸らしました。養母は死ぬまで、何も言ってくれませんでした。養母の死後、養父に尋ねました。すると養父は、『日本人ではない。誰がそんなことを言った』とすごく怒りました。それでも私はどうしても本当のことが知りたくて、事情を知っている養母の姉に頼み、養父を説得してもらいました。それでようやく養父も私が日本人だと認め、一緒に公安局に行き、証言してくれました」

孤児が肉親捜しに踏み出し、養父母がそれに協力する上で大きな決め手になったのは、寿命（「生命＝生活」の有限性）の認識である。「自分が死ぬと、養子は永遠に事実を知ることができなくなる」、「早く実父母を見つけなければ、永遠に会えないままに終わる」。限りある人生だからこそ、今／ここでの決断・主体性の発揮が可能になり、葛藤が乗り越えられていった。

＊「養父が亡くなり、養母も寝たきりになりました。私は養母の介護をしながら、『このまま養母が亡くなれば、私の身元は永遠にわからなくなる』と悩みました。それで勇気を出し

て養母に、『今までお母さんを傷つけたくないと思い、聞けなかった。でも今、聞かなければ、私は一生後悔する。私もつらいが、私がどんな息子なのか、お母さんは一番よく知っているはずだ。何か教えてくれないか』と頼みました。それでも養母は、教えてくれませんでした。二年後、私はまた養母に『お母さんが亡くなると、私のことを知っている人は誰もいなくなるよ』と話しかけました。すると養母は『私が本当のことを言っても、お前は後悔しない？』と重い口を開きました。私は、『今まで苦しみも楽しみも両親とともに生きてきた。後悔なんか絶対にしない』と答えました。養母は『お前が、もし日本に行ったら、日本人に殴り殺される心配はないの？』と聞きました。私は『息子がどんなに強いか、お母さんは知っているだろう。私はどこに行っても、お母さんを連れて行くよ』と答えました。養母は『中国もいい所じゃないか』と言いました。私は『日本に行くかどうか、それはまだ先の話だ。今、私は自分のことを知りたいだけだ。それに、日本に行くかどうかは自分で決めればいい。誰かに無理やり行かされることはない。昔、公安局が調査に来て私が日本人だという話が出てから、もう一〇年たつ。もし私が日本に行きたいなら、とっくに行っているよ』と言いました。それで一九九〇年、ようやく養母は、一九四五年一二月六日に日本人の実母から私を引き取ったいきさつを語ってくれました。養父が生きていれば、養母はまだ本当のことを言わなかったでしょう」

「私はうすうす感づいていましたが、一九八一年まで養父は私に何も言いませんでした。公安局が調査に来た時も、養父は『実子だ』と怒って職員を追い返しました。でも一九八一年、養父は『私はもう年だから、本当のことを言わなければならない』と言い出しました。私は『もう肉親は捜さない。お父さんとずっと一緒に暮らす。言わなくてもいい』と言いました。それでも養父は、『とにかく覚えておきなさい。いざという時のためだ』と言いました。また養父は自ら公安局に出向き、『この子は日本人だ。肉親を捜してやってほしい』と頼んでくれました。公安局の人が『せっかく育てたのに、なぜ実父母を捜させるのか』と聞くと、養父は『誰にも自分の実父母がいる。もし日本の国が、この子の面倒をみてくれたら、それが一番いい。私がこの子を一生、面倒みることはできない』と答えました。それでも養父は、肉親捜しに喜んで賛成したわけではありません。養父が生きていれば、私は今も肉親を捜していないかもしれません。人の一生は、本当に簡単ではありません」

「一九七四年、養母は病気で倒れ、私にすべてを話しました。『お前は日本人だ。私が拾った。日本の実母を捜しに行け』と。それまで養母は何も言わず、私も聞きませんでした。その年の六月、養母は亡くなりました。養母は、もう自分の命が長くないと思い、打ち明けたのです。養母は死の直前にも、『皆、日本に行ったのに、お前はなぜ行かないのか。実母を捜しに行け』と言いました」

なお養父母の葛藤や証言拒否は、年少の孤児の中でも都市居住者（《Dタイプ》）で特に顕著に見られた。農村居住者（《Cタイプ》）では、養父母に孤児以外の実子がいるケースがやや多かったこと、及び、日本人としての認定が貧しい農村から抜け出す契機になるかもしれないとの思いもあり、養父母の反対・証言拒否は相対的に少なかった。

第三項　自主調査の方法と問題

さて、年少の孤児の多くは、こうした葛藤と配慮を繰り返しつつ、養父母・関係者からわずかな情報を聞き出し、自主的に肉親捜しに踏み出した。

その主な方法は、①残留婦人等への依頼、②日本大使館・厚生省等への手紙、③日本のボランティアへの依頼、そして④中国の公安局への依頼であった。年長者と比べれば、残留婦人等への依頼が相対的に少なく、逆に日本大使館や厚生省・中国公安局等、フォーマルな諸機関への依頼が多い。特に中国公安局への依頼は、年少者に特有の手法である。

そして年少の孤児の中でも、肉親捜しに特に多様な方法を駆使し、能動的に取り組めたのは、都市居住者（《Dタイプ》）であった。

これに対し、農村居住者（《Cタイプ》）の多くは自主調査に踏み出せず、またたとえ踏み出したとしても、上記の①〜④のいずれか一つか二つだけの方法しか取り組めなかった。総じて農村に住む孤児は情報が十分に入手できず、自主的な肉親捜し自体が難しかったといえよう。しかも農村に住む年少者の多くは、戦場跡・路上等に放置されていた孤児である。そこで同じ農村居住者でも、日本人開拓団の付近にあった難民収容所から引き取られた年長者（《Bタイプ》）に比べ、記憶が少ないだけでなく、身近に残留婦人・残留孤児も少なかった。そこで、各種情報の入手も特に難しかった。

＊「一九七二年の国交正常化以降、実父母を捜そうと思いましたが、結局、自分では何もできませんでした。肉親の名前も出身地も知らず、どうやって肉親を捜せばよいのか、途方に暮れるばかりでした。身近にそういうことを教えてくれる人もいませんでした」

「農村にいたので、国交正常化の知らせも、肉親捜しができるという知らせも届きませんでした。実父母に会いたい気持ちはありましたが、身近に残留孤児や残留婦人もいないので、どうすればいいかわからず、何もできませんでした。国交正常化を知ってからは、実父母や日本政府が捜しに来てくれるかもしれないと漠然と期待していました」

肉親捜しの方法を詳しくみても、年少者のそれは、年長者と明らかな違いがある。

まず第一に、年少の孤児は身元の記憶が希薄なので、残留婦人等に依頼する場合も、同郷・同じ開拓団の出身者を選べなかった。残留婦人からの情報提供も、関係諸機関の連絡先等、一般的な内容にとどまった。

＊「一九八〇年、同僚の娘が残留孤児で肉親が見つかったので、肉親捜しの方法をアドバイスしてもらいました。彼女は、『北京の日本大使館、日中友好協会、北京公安局の三カ所に手紙を出し、中国紅十字会にも問い合わせればいい』と教えてくれました」

「一九七三年以降、残留婦人や残留孤児が帰国するという情報を得ると、訪問して肉親捜しを依頼し、手紙を託しました。手紙の宛名はなく、ただ自分の身の上を書いただけです。彼・彼女達は、その手紙を日本の赤十字や新聞社等、いろんな所に出してくれたと思いますが、どこに出したのかはわかりません」

第二に、日本大使館や厚生省に手紙を出しても、なかなか返事がこなかった点は年長の孤児と同じである。ただし年少の孤児の場合、たとえ問い合わせの返事があっても、それ以上、詳しい情報を提出できなかった。

＊「一九七二年以来、『肉親のことを何も覚えていないが、肉親捜しができるか』という手紙を、北京の日本大使館に何度か出しました。でも、一度も返信はありません。やはり肉親を捜すのは無理だと諦めるしかありませんでした」

「北京の日本大使館に手紙を出しましたが、返事はありませんでした。中国の紅十字会にも依頼しましたが、担当者から『実父母の名前は？』。いつ棄てられたのか？』と聞かれ、私は『何も覚えていない』と答えました。すると担当者は『それなら、私達も捜しようがない』と言いました。私は断念するしかありませんでした」

「厚生省に手紙を出すと、出生前後の事情について詳しい情報を求める返事がきました。その後も厚生省や日本領事館に何度手紙を書いても、『情報が足りない』と言われるばかりです。私には、それ以上の情報がないのだから、どうしようもありません」

「日本大使館に手紙を出しました。すると返事がきて、詳しい状況を聞かれました。でも、私は何も記入できませんでした。例えば、実父母とどのように別れたかという欄がありましたが、当時、私は生後数カ月で、わかるわけがありません」

そして第三に、日本のボランティアとの関係も、年少者の場合、ボランティア側からではなく、孤児の側から連絡をとったケースが多い。(二八)情報が乏しい年少の孤児には、ボランティアも容易にアプローチできなかったようである。またボランティアから提供される情報も、「厚生省に手紙を出せばよい」といった一般的なアドバイスにとどまった。

＊「日本の日中友好団体に手紙を出すと、返事がきました。知人の残留婦人に翻訳してもらうと、『肉親を捜したいなら、日本の厚生省に手紙を出せばよい』と書いてありました」

「日本のボランティア団体の住所を残留婦人に聞き、手紙を出しました。しばらくすると、『厚生省からの連絡を待つように』という返事がきました。待っていましたが、連絡はありませんでした」

「『日中友好手をつなぐ会』に手紙を出しました。すると一九八〇年、『肉親捜しをするには、まず中国政府に孤児証明書をもらう必要がある』と書かれた手紙が来ました」

なお一部の日本のボランティアは直接、訪中して情報を収集しようとしたが、その際、養父母等の葛藤や心情に配慮を欠く場合があった。そこで中国政府は一九八一年以降、日本のボランティアの中国国内での活動を禁止した。(二九)

＊「一九八二年、夫の同僚の残留婦人を通して、日本のボランティア団体と連絡をとりました。その団体の人が訪中するというので、会いに行こうと思いました。でもその後、中国の公安局から『民間団体による肉親捜しの活動は認めない』と通告され、諦めるしかありませんでした。訪中も中止になったようです」

「一九八一年頃、中国政府から『日本の民間訪中団と面会させる』との知らせがあり、私も応募しました。でもその後、両国間でトラブルがあったようで、面会は突然、中止されました。私達は納得できず、訪中団の宿泊先を聞き出し、押しかけました。外事事務所の職員が鋭い目つきで宿泊所のまわりで見張り、私達を見かけると『帰宅しろ！』と叫んで追い払いました。それ以来、日本から訪中団が来たことはありません」

第四項　中国公安局の調査

中国政府は一九七二年の国交正常化以降、公安局を通して、残留孤児の個別調査を改めて実施した。年少の孤児の養父母には、この時も「実子だ」と言い張ったケースが多い。しかし、公安局は档案に基づいて対象者が残留孤児であることを把握しており、詳細な証言・情報を収集しようとした。

＊「一九七二年の国交正常化以後、公安局が養父母の家に何度も調査にきました。養父母は『実子だ』と言い張り、堅く口を閉ざしました。一九八〇年にも公安局がきました。私と養父は不在で、養母と妻がいました。公安局の職員は養母に、『息

子さんは日本人の子と聞いている。心配せず、教えて下さい』と言いました。養母は、『実子ができないので養子をもらうのは、違法ですか』と反問しました。公安局の職員は養父母から聞き出すのを諦め、私を公安局に呼び出して『養父母を説得して下さい』と頼んできました。私は、『養父母は私を大切に育ててくれ、実父母も同然だ。事実がどうかより、養父母の心を傷つけないことが大切だ。私自身、何も知らないし、養父母に尋ねるわけにもいかない』と答えました。でも公安局も日中の国際問題なので、引き下がりません。私は断りきれず、『やってみます』と一応答えました。でも、養父母には何も聞きませんでした。しばらくすると公安局の職員が訪ねてきましたが、私は『養父母は、あいかわらず何も言わない』と嘘をつきました。一カ月後、また私は公安局に呼び出されました。そして『調査に食い違いがあるので、何もなかったことにして下さい』と言われ、話はそれっきりになりました」

「一九八一年、公安局が調査に来ました。最初、養父母は『息子と相談してから答える』と答えました。私は相談を受け、『事実を話そう』と言いました。養父母と私は、とても関係がよかったから、冷静にそんな話もできたのです。私は大学受験で落とされた経験等から、自分が日本人だとうっすらわかっていました。だから養父から話を聞かされても、あまり突然という感じはしませんでした。それから養父母は公安局に私が日本人だと話し、『実父母を捜してやって下さい』とお願いしてくれました」

また残留日本人が多く居住する都市では、公安局は会議を招集し、実態把握を試みた。

＊「一九七三年、華甸市で民族会議という会議に招集されました。なぜ私が呼ばれるのかわかりませんでしたが、行ってみると、たくさんの残留婦人・残留孤児がいました。その場で、『日本の肉親を捜し、帰国したいなら援助する』と言われました」

「一九七〇年代、吉林市公安局が残留日本人の会議を開き、私も招かれました。会議で公安局長は、『親愛なる日本人の友人諸君。肉親を捜したいなら援助する』と言いました」

しかしこうした公安局の関与には、政治的リスクも付きまとっていた。一九七二年に国交が正常化されたとはいえ、文化大革命は一九七六年まで続いていた。その後も東西冷戦の下、迫害の記憶は色濃く残っていた。文化大革命時代、最も苛烈な迫害の標的とされたのは、第二章第三節でみた如く、主に年少の孤児だった。そこで年少の孤児の中には、政治的迫害を警戒し、公安局に肉親捜しを申請できない者もいた。また政治的リスクは、年少の孤児の自主調査・情報収集にも大きな支障となった。養父母等が公安局の調査に容易に真実を語らなかった理由の一つも、政治的リスクにあった。

＊「恐ろしくて、なかなか肉親捜しを始められませんでした。一九八四年頃、近所に住む残留孤児が『私は肉親を捜す。君はどうする?』と言いました。私は『もう一度、文化大革命のような政治運動が起きたらどうする?』と尋ねました。彼は『心配ない』と言いましたが、私は勇気が出ませんでした。一九八六年頃、近所の残留孤児の様子を見て大丈夫だと思い、ようやく私も日本政府に手紙を出し、公安局にも電話をかけました。すると公安局の職員が来ました。私はまだ恐れていて、『肉親を捜すべきかどうか、アドバイスをお願いします』と言いました。職員は『捜すべきだ』と言いました。公安局の職員が証拠集めに行くと、証人達は皆、すごく警戒して口が固かったです」

「一九七三年頃、個人で海外に手紙を出すのは危険でした。公安局に検閲されます。公安局を通して出したら、もっと駄目です。スパイと疑われます。残留婦人にこっそり手紙を託すため、いろいろ交流していると、近所で噂が飛び交い始めました。近所の人が町内会(居民委員会)に報告したらしく、派出所が調査に来ました。子供なら疑われないので、うちの小さな娘が残留婦人に手紙を渡す『通信員』の役目をしました。日本大使館に手紙を出した時も、この方法は秘密にしなければなりませんでした。この方法を教えてくれた残留孤児は、『私が教えたことは誰にも言わないでね。もしばれたら、私が責められる』と何度も念をおしました」

「工場の後輩が共産党員で、保衛課の幹事に就任しました。一九七二年、彼は私に『先輩、日本の肉親を捜さないのですか』と尋ねました。『どうして君は私が日本人だと知っているの』と聞くと、『保衛課で登録されていますよ』と教えてくれました。文化大革命は、まだ完全に終わっていませんでした。打倒という雰囲気はないけれど、やはりびくびくしていました。それで後輩に『とりあえず様子を見よう』と答えました」

年少の孤児の中でも、都市居住者(《Dタイプ》)の多くは、一九八三年以前と相対的に早い時期に自ら公安局に肉親捜しを依頼し、または公安局側から調査が入った。これに対し、農村居住者(《Cタイプ》)の多くは、一九八四年以降になってから、しかも後述する訪日調査の通知という形で公安局と接触した。

第五項　訪日調査の実施

年少の孤児の肉親捜しが、これまでみてきたような個人・民間レベルの自主調査、及び、公安局による中国国内での調査だけでは到底不可能であることは、一九七〇年代に既に明白になっていた。日本国内でも一九七六年八月、「日中友好手をつなぐ会」は、政府が孤児を日本に帰国させて身元調査(「訪日調査」)を実施すべき旨を決議した。しかし日本政府は、公的な訪日調査に取り組まなかった。

日本政府が訪日調査に踏み切ったのは、一九八一年になってからである。日中国交正常化以降、九年を経た後であった。しかも訪日調査は一九九九年まで一九年間をかけ、計三〇次に分けて小規模に五月雨式に実施された[三〇]。一回あたりの参加人数は二〇名から一三五名、例外的に多い時でも二〇〇名にとどまった。残留孤児や支援ボランティア、及び、中国の行政担当者からは、もっと短期集中的に大規模な訪日調査を実施すべきとの批判が出され続けていた[三一]。

本書の対象者が訪日調査で来日しえたのも、平均すれば一九八五・五年、年少の孤児に限っていえば一九八六年である。日中国交正常化後、一三～一四年を経た後だった。最も遅延した孤児は、一九九二年まで訪日調査に参加できなかった。「訪日調査があまりに遅すぎた」と日本政府を批判する年少の孤児は少なくない。特に一九八一年以前から多様な方法を駆使して活発に自主調査を行ってきた都市居住者(《Dタイプ》)は、訪日調査の遅延を厳しく批判している。

＊「一九七二年に国交が正常化してすぐ訪日調査が実施されていれば、私も納得できます。でも、私が訪日調査に参加できたのは、一九八四年です。私は早い方ですが、それでも国交正常化から一二年間もたっています。国交正常化の後、日本政府が直ちに残留孤児捜しに着手しなかったのは、棄民罪にあたります」

「一九七二年に国交正常化したのに、なぜ私の訪日調査は一九九一年なのか。その間、二〇年も空白があり、遅すぎます。これでは肉親も、もう亡くなっているでしょう。国交正常化の後、日本政府は自ら中国に行って私達を捜す努力をしたのか。私達が中国で生きているかどうか、なぜ捜しに来なかったのか。本来、国交正常化以前でも捜すべきだし、捜せたはずです。国交正常化していなければ、対話も交渉も一切できないとでも言うのでしょうか」

「もし日本政府が一〇年、二〇年早く私達を捜していたら、多分、私達は実の親に会えたでしょう。こんなに遅くなると、実父母は高齢になり、生きているかどうかもわかりません。政府の肉親捜しは、あまりに遅きに失しました」

とはいえ、こうした公的な訪日調査の開始に伴い、年少の孤児の肉親捜しをめぐる状況は一変した[三二]。

すなわちまず、これまで政治的迫害を恐れ、肉親捜しに踏み出せなかった孤児、及び、密かにインフォーマルな調査を行っていた孤児が、公安局に残留孤児としての認定を公然と申請し始めた。また都市居住者《Dタイプ》を中心に、日本大使館・厚生省・中国公安局等の公的機関に、訪日調査への参加を自ら申し込む孤児も増加した。訪日調査の情報は、他の残留孤児・残留婦人、中国公安局、日本のボランティア等、多様なルートで伝えられた。

＊「一九八三年、他の残留孤児から紹介してもらった残留婦人が、厚生省に申し込めば訪日調査に参加できると教えてくれました。私は驚いて、すぐ申し込みました」

「一九八三年、公安局を訪ね、再び迫害を受けることがないよう訴えました。すると北京の日本大使館を紹介され、訪日調査があると知らされました。いても立ってもいられず、すぐ申請しました」

「一九九〇年末、勤めていた小学校に日本人ボランティアが訪れ、訪日調査という方法があると教えてくれました。私は驚き、公安局に参加を申請しました。もっと早く申請すればよかったけれど、当時、そういう方法を教えてくれる人はいませんでした」

また、それでもなお肉親捜しに踏み出せない／踏み出さない孤児に対しては、公安局が改めて大規模な個別訪問を実施し、訪日調査への参加を勧めた。

＊「一九八五年、公安局から、『訪日調査があるが、肉親を捜したくないか』と問い合わせがきました。私は『もちろん捜したいが、どうすればいいかわからず、諦めていただけだ』と即答しました」

「一九八八年、公安局から『訪日調査をすることになった』との連絡がきました。私は、なぜ公安局が私を呼び出すのかと怯え、『また日本のスパイ扱いされたら困る。行かない』と断りました。でも、工場の幹部達も行くように説得してくれたので、行くことにしました」

「一九八六年、公安局から勤め先に『訪日調査に行かせるから、出頭せよ』との電話がありました。私にとっては寝耳に水でした。私は養父母が昔、住んでいた阿城に確認に行き、そこに住む七〇歳以上の老人に尋ねると、『確かに養父母の家は日本人の子をもらった。あなたは日本人だ』と教えてくれました。当時、うちの近所の派出所長も『訪日調査に行くべきだ』と勧めました。私がわざと『なぜ私を中国から追い出すの？』と聞くと、所長は『君は日本人だ。公安局は把握しているよ』と言いました。所長と個人的に親しかったから、こんな言い方もできたのです」

「一九八三年、知人が『公安局が君を捜している』と言いました。私は何かの犯人扱いされていると思い、怖かったです。工場の事務室に入ると、保衛課の課長と工場の政治指導員、党支部書記長が座っていました。そして公安局の職員が『日本に肉親捜しに行けるようになった』と言い、北京の日本大使館の住所と手紙の書き方を教えてくれました。私は日本大使館に手紙を出し、訪日調査の申請用紙を送ってもらいました」

第六項　訪日調査の参加資格

しかしそれでもなお大半の年少の孤児は、いくつかの大きな壁を乗り越えなければ、訪日調査に参加できなかった。

　まず訪日調査に参加するには、「本人が公安局に自分が残留日本人孤児だという認定手続きを申請し、併せて信頼性のある認定資料、あるいは手がかりになる証拠品を提出」し、日中両政府の確認を得ることが求められたのである[三三]。

　いうまでもなく、ほとんどの身元未判明の孤児は、明確な資料・証拠品をもっていない。そもそもそれをもつ年長の孤児は、訪日調査を待つまでもなく、一九八一年以前に自主調査で肉親が判明していた。訪日調査への参加を必要としていたのは、具体的な資料・証拠品がない年少の孤児である。ある年少の孤児は、「敗戦時〇歳だった私に、日本人孤児であることを立証せよ、証拠を出せ、というのはあまりに理不尽だ。本来、私達残留孤児を作り出した日本政府が、もっと早く私達を捜索し、日本人孤児と認定すべきだった」と語る。

　この矛盾をさらに増幅させたのは、逆説的だが、訪日調査の目的があくまで肉親捜しだったことである。訪日調査の目的が肉親捜しにある以上、それに参加するには、単に日本人であるというだけでなく、肉親・身元につながる手がかり・証拠の提出が必要となる。そしてこれこそ、身元未判明の年少の孤児にとって、最も入手が困難で、どんなに望んでも得がたいものにほかならない。厚生省援護局は訪日調査について、「孤児から寄せられる肉親捜しの依頼とそこに記載されている離別の状況、父母の名前などの手がかり資料に基づいて開始します[三四]」と述べている。しかし、そのような手がかり資料がある孤児は、そもそも最初から訪日調査の必要が少ない。そうした手がかり資料がないからこそ、訪日調査に一縷の望みを託さざるをえなかった大多数の年少の孤児は、ここでもまた大きな壁に直面した。それはまさに年少の孤児にとって、「針の穴」をくぐり抜けるような難関であった。

　厚生省援護局によれば、訪日調査が「第一回（一九八一年）から第五回（一九八四年）までは、日本名、肉親の氏名、開拓団名など具体的な手がかり資料を保有している孤児や、文通などにより肉親関係につながる有力な資料を得ている孤児を優先的に招いていた…（中略）…。しかしその後は肉親など関係者も高齢化してきたことから、肉親捜しを早急に進める必要があり、手がかり資料の多少にかかわらず対象に加えるように」[三五]なり、「第八回目（一九八五年）以降の訪日孤児が具体的な手がかりに乏し」[三六]かったという。肉親につながる手がかり・証拠が少ない年少の孤児達の訪日調査は、実質的には一九八五年以降まで遅延させられたのである。

　年少の孤児の資料・証言集めには、膨大な時間と労力がかかった。資料・証言が乏しいゆえに、日中両政府の認定を得るにも、さらに長い時間がかかった。[三七]またその認定は、養父母や関係者の証言の説得力や信憑性、矛盾の少なさといった曖昧な基準に依存せざるをえなかった。ほとんどの証人・関係者は高齢で、数十年も過去の出来事の記憶は曖昧だ。記憶ちがい、証言間の矛盾の発生は避けられない。当時の証人がすべて死去し、証言を得られない孤児もいた。しかもここでの審査は「偽物ではないか」との猜疑に満ち、また認定に至るかどうか、認定されるとしてもいつなのか、先の見通しもまったく立たないストレスに満ちたものだった。証拠集めの困難を指摘する年少の孤児は、訪日調査の遅延を問題視するそれより一層多い。

＊「公安局に申請すると、職員が来て上から下まで、何回も詳細な調査を重ねました。私自身は自分の身元について何の記憶もありません。あるのは関係者の証言だけです。それは一応、提出しましたが、肉親につながる情報はありませんでした。公安局は、まるで探偵のように養父の家の近隣の人々に、私をどのように引き取ったかを聞き回りました。聞き回れば聞き回るほど、食い違いも出てきます。例えば、養父が私を拾った場所について、証言が微妙に食い違ったようです。四〇年も前のことだし、証人はもう高齢です。証人がいつ誰からそれを聞いたのかも、曖昧です。結局、いくら調べても、新しい事実は出てきませんでした。そして調査が終わると何年間も、どこからも何の連絡もなく、私はただひたすら待つしかありませんでした」

「公安局は私に、『なぜ自分が日本人だとわかるのか。実父母の氏名もわからないのに』と厳しく尋問しました。私が養父やかつての近隣の人から聞いた話をすると、公安局は『証拠がないから、認められない』と言いました。私は何度も公安局に通いましたが、そのうち腹がたち、『それなら、私が日本人ではないと書いてくれ。私は今まで日本人として散々差別されてきた。私が日本人ではないという証明書をくれれば、二度と公安局には来ない』と言ってやりました。また、『もし私が日本人でないなら、なぜ以前、公安局は吉林市で開催した残留日本人の会議に私を招集したのか。その座談会で公安局長が最初に言った言葉を、私ははっきり覚えている。「親愛なる日本人の友人諸君」と挨拶したではないか』と問い詰めました。そんなやりとりを繰り返す中で、しだいに公安局も私の言うことを本当だと認めていったようです」

「公安局に肉親捜しの書類を提出すると、担当職員はすぐ档案を確認し、『あなたが日本人であることも、実父母の名前も記載されていない。昔は記載されていたとしても、文化大革命の時に消されたのだろう。この档案も新しく作ったもので、昔の資料をそのまま保存したものではない』と言いました。それからずっと審査が続き、ようやく八年後、日本人孤児である旨の証明書が出ました。公安局に初めて申請してから、実際に訪日調査に参加できるまで九年間を無駄にしました」

訪日調査への参加にまつわる苦労は、それだけではない。辺鄙な農村に住む孤児（《Cタイプ》）の中には、公証処・公安局等の公的機関に行って申請手続きをするだけで数日を要するケースもあった。貧困な孤児には、旅費・宿泊費も重い負担であった。また不就学・非識字のため、書類作成を他人に頼まざるをえない孤児もいた。その際、必要な情報が正確に、過不足や矛盾がない形で記されているかどうか、本人には確認しようもなかった。[三八]

中国行政組織の官僚主義や腐敗もまた、残留孤児の認定や訪日調査への参加を遅らせる一因となった。

＊「公安局の職員は、『調査する』、『検討する時間をくれ』と言うばかりでした。私は中国の役人が『調べる』と言っても、返事がいつになるかわからないとわかっていたので、『二週間後にまた来る』と念を押して帰りました。二週間後、公安局に行くと案の定、『市の公安局から省の公安庁に報告し、国家の公安部にも問い合わせた。しかし証明書は出せない。裁判所が管轄する公証処に行け』と言われました。私はやむなく公証処に行きました。すると公証処は、『証拠書類をそろえて出せ』と言います。私は『すべて公安局に提出した』と言いましたが、『管轄が違うから、もう一度最初から手続きをやり直さなければならない』と言われ、また何カ月もかけ、いろんな書類をそろえて提出しました。するとようやく公証処は、私を残留日本人孤児と認める証明書を出してくれました」

「私は訪日調査への参加を申請しましたが、省の公安庁で一年間ほど、放置されました。賄賂を渡さなかったからです。それで私は、妻の勤務先と取引がある銀行の頭取が、公安庁の副庁長と知り合いなので紹介してもらい、土産を持って会いに行きました。するとようやく話はとんとん拍子で進みました」

「公安局は、『私達は直接、外国に連絡できない。あなたが自分で日本の厚生省に連絡しなさい』と言いました。他の残留孤児は、公安局から厚生省に直接、依頼してもらっています。なぜか私は、『できない』と言われました。中国の役所では、理由を聞いても時間の無駄です。私は、自分で厚生省に訪日調査を申請しました。そのためにまた、長い時間をかけて多数の書類を作成しなければなりませんでした」

ただし、訪日調査への参加を遅延させた主な原因は、中国の辺鄙な農村事情や中国行政組織の問題ではない。むしろ根本的には前述の如く、①未判明の孤児は、もともと肉親の判明につながる手がかり・証拠が乏しいからこそ訪日調査を必要としていたにもかかわらず、訪日調査への参加資格として信頼性のある手がかり・証拠の提出を義務づけられ、その収集に膨大な時間を費やさざるをえなかったこと、及び、②日中両政府による審査・認定にも多大な時間が浪費されたことにある。いわば、訪日調査の基本的な制度設計に大きな矛盾、現実との乖離があったといわざるをえない。

以上のように、膨大な時間と労力を要する認定作業を前提としたため、訪日調査は短期集中的かつ大規模に実施されなかった。一九八二年、厚生省がボランティア・マスメディア等の有識者を組織して立ち上げた諮問機関・中国残留日本人孤児問題懇談会は、一方で「肉親捜しは、孤児の永年の悲願であり、肉親や当時の事情を知る者が既に高齢に達している現状から、まさに時間との競争ともいうべき緊急の課題」、「できるだけ早い時期に肉親捜しを完了させる必要がある」としつつ、しかし他方で「一度に多人数の者を訪日させても、成果をあげることは困難であり、…（中略）…当面、一回の訪日調査対象孤児は六〇人程度、訪日調査の回数も年三回が限度」と答申した。(三九) 当事者の孤児と厚生省やその諮問機関との間には、大きな認識の乖離があったと言わざるをえない。

第七項　訪日調査の問題点

さて、以上の諸困難を乗り越え、年少の孤児は、ようやく訪日調査に参加した。

参加した孤児の思いは様々である。肉親との再会に大きな期待を寄せていた孤児がいる一方、「何の手がかりもないので、見つかるわけがない」と冷静に予想していた孤児もいた。

＊「日本に行けば、もし実母が生きているなら、必ず会いにきてくれると信じていました。実母も、我が子を好きで中国に置き去りにしたのではないのだから、生きてさえいれば、私に会いたいはずです。必ず見つかると信じて来日しました」「何の手がかりもなく、見つかるわけがないと思っていました。公安局から電話があった後も、訪日調査に行くかどうか迷っていたくらいです。公安局の課長が『他の人は行きたくても行けないのだから、行くべきだ』と勧めたので、行くことにしました」

農村に居住する孤児（《Cタイプ》）の中には、故郷を離れ、訪日調査に参加すること自体に大きな不安を感じていたケースもある。

＊「私は辺鄙な農村に住み、ハルビンにすら行ったことがありませんでした。訪日調査に行くのは、とても怖かったです。ハルビン駅まで公安局の職員が迎えに来てくれるというので、私は一人で列車に乗って行きました。ハルビン駅で職員と会えなければ、そのまま家に帰るつもりでした。ハルビン駅で、公安局の職員が声をかけてくれました。私は『本当に公安局の職員ですか。偽物ではないですか』と尋ねると、相手は『本物だよ』と笑いました。ハルビン駅には私と同じように訪日調査に参加する人が何人かいたので、偽物ではないだろうと思いました。その後、列車で北京に行き、数人の班に組まれたので、ようやく少し安心しました。同じ郷の出身者がいるか、尋ねまわりましたが、いませんでした。でも、近くの郷出身の男性が一人いました。私は彼に『私が迷子にならないよう、目を離さないでおいてね』と頼みました。とにかく私は出身郷から一人ぼっちで、すごく不安だったのです」

訪日調査への参加は一人一回のみとされ、期間も観光・行事等を含めて二週間程度にとどまった。この点に関しては、訪日調査以前にあまり多様な方法で自主調査を展開できず、いわば訪日調査にすべてをかけていた農村に住む年少の孤児（《Cタイプ》）で、特に不満が大きかった。

＊「訪日調査は短すぎ、あまりにお粗末です。二週間だけで、肉親が見つかるはずがないでしょう。その後、情報を提供されたり、肉親捜しの要望を聞かれたことはまったくありません。本来、日本への永住帰国後も継続的に肉親を捜すべきなのに、訪日調査が終われば、それで肉親捜しも終わりという感じです」

「日本政府の肉親捜しは、お座なりでした。肉親と離れて何十年もたっているのに、たった一二日間の訪日調査だけで、見つかるわけがありません。その後も続けて捜さなければならないのに、肉親捜しの情報を聞きにきた政府関係者は一人もいません。念願の肉親捜しは、今日まで一歩も進んでいません」

「日本での肉親捜しはこの一回だけで、それ以降、調査されたことはありません。本当はその後も捜し続けるのが当然なのに、わずか二週間で終わりです。私は永住帰国後、日本の役所に自分の身元情報を提出し、肉親捜しを依頼しました。でも、ナシのつぶてです。日本政府は、肉親捜しなど重視していないのでしょう」

訪日調査中、通訳が不足していたことへの不満も聞かれる。

＊「訪日調査中、数人の残留孤児に一人の通訳しかつかず、通訳はとても忙しそうでした。訳された内容が私にわからないこともあれば、私の言ったことが向こうに伝わっていないこ

ともありました。通訳がいない時、面会に来た人とは、ただお辞儀をしたり、笑ってみせたりするだけです。日本政府は、もっと多くの通訳を確保すべきでした。でも当時は、せっかくチャンスをくれたのだから感謝しなければと思い、文句は言えませんでした」

訪日調査中の血液検査にも、問題があった。先行研究では、①血液鑑定費用が当初、自己負担だったこと、(四〇) ②確度の高い血液鑑定方法が採用されなかったこと等の問題が指摘されている。(四一) しかし対象者からは直接、こうした言及はなかった。そうした問題の存在を知る由もなかったからだ。孤児が語った問題は、「血液検査の結果が知らされなかった」ことである。

＊「私は、ある老夫婦と血液鑑定をしました。でも結果は、私に知らされませんでした。採血した以上、たとえ違っていても結果を教えるべきです。老夫婦は、私を実子と認めるかどうか迷っている様子でした。それで結果を知らせなかったとしたら、不明朗です。『なぜ知らせないのか』と聞くと、通訳は『わからない』と言うばかりでした」

そして残留孤児は、訪日後の調査会場でも肉親・身元につながる情報を聴取された。前述の如く、彼・彼女達は膨大な時間と労力をかけて乏しい情報を収集し、日中両政府によようやく残留孤児だと認めさせ、訪日調査に参加した。訪日後に及んでも繰り返される執拗な聞き取りは、たとえ日本側の善意・熱心さの発露だったとしても、孤児の不審を招いた。少なくとも一部の孤児は、「ここまできて、まだ疑うのか」、「事前にあれほど伝えた情報が、まだ伝わっていないのか」、「記憶・情報がないのは、私達（孤児）のせいか。私達に聞くばかりでなく、逆に日本側こそ情報を提供すべきではないか」といった不信感を抱いたのである。一部の厚生省職員やボランティア・研究者は、こうした孤児達のうんざりした態度をみて、「残留孤児の質が変化した。最近の孤児は肉親捜しに無関心だ。日本に永住帰国したいだけ」と受けとめた。(四二)

＊「訪日調査で東京についた後も、いろいろ調べられました。私はつくづくうんざりしました。私は話せることはすべて、中国で何度も何度も話しました。偽物（の残留孤児）ではないかという疑惑に満ちた無礼な質問にも、ずっと耐え続けてきました。それでやっと残留孤児だと認めさせ、訪日調査に参加したのです。日本政府も認めたからこそ参加させたはずです。それなのに東京まで来て、またいろいろ調べられるなんて。中国での聞き取りは、いったい何だったのか。日本に伝えられていないのか。何度同じことを聞けば、気が済むのか。そもそも記憶・情報がないのは、私達のせいか。私達に聞くばかりでなく、逆に日本側こそ私達に情報を提供すべき

ではないか。私達は日本側の情報を聞くために、わざわざ日本まで来たのではないか。私は嫌気がさして、職員に『もう肉親は捜さない』と言いました。その後、皆、バスで観光旅行に行きましたが、私は行きませんでした」

第八項　判明と未判明

訪日調査に参加した三〇名の対象者のうち、肉親の判明率は三〇％と低水準にとどまった。特に年少者のそれは一七％にすぎなかった。

いいかえれば、訪日調査で肉親が判明した数少ない孤児は、主に身元情報が豊かな年長の孤児であった。本章第三節で述べた如く、年長の孤児の大半は、訪日調査に参加するまでもなく、自主調査で肉親と再会した。年長の孤児の中で訪日調査に参加した人は、ごくわずかである。しかしそうしたわずかな年長の参加者が、訪日調査の判明率を高めた。

＊「訪日調査の二日目、実父がテレビを見ていて、即日、東京に面会にきました。私は実父の容貌や実母の身長、当時の年齢や中国での暮らし、通学中に転んで足に怪我をしたことなど、自分の記憶を話しました。これらがすべて実父の記憶と一致しました」

「訪日調査の時、姉がテレビを見て、私が弟だと直感しました。二人の姉が面会にきてくれ、即日判明しました。当時、実父も生きていました。私は実母や弟妹が、どこでどのように死んだか記憶していました。日本の故郷の地名も覚えていました」

しかも訪日調査での判明者とされる孤児の過半数は、実際にはそれ以前に既に肉親が判明していた。訪日調査は、最終確認の場にすぎなかったのである。

＊「残留婦人に手紙を託し、肉親捜しを依頼しました。彼女は、私の手紙を厚生省に届けてくれました。日本にいる伯母も、私の捜索依頼を厚生省に提出していました。それで身元が判明し、一九七八年頃から伯母と直接手紙のやり取りを始めました。一九八一年、厚生省に電話をかけ、一日も早く訪日調査団の一員に加えてくれるよう要請しました。それで一九八二年、訪日調査に参加して伯母と再会できました」

「訪日調査より二年位前、私の写真が朝日新聞に掲載され、日本の家族が実父とよく似ていると気づきました。実父は厚生省を訪ねて私の写真やプロフィールを確認し、中国にいた私宛に直接、手紙を出しました。私は養母の姉に、私が拾われた時に着ていた服や靴の特徴を問い合わせました。すると証言が一致し、身元が判明しました。その後、一九八三年に訪日調査で来日して実父、兄、姉に会えました」

「私が厚生省に送った情報や幼い頃の写真が、一九八二年、日本の新聞に載りました。実母も兄姉も関心をもってテレビや新聞に注目していました。私の顔写真と別離の時の状況、実父が大工で養父と一緒に働いていたこと、実母は看護師のような仕事をしていたこと、ジャムスの家の様子。それらの情報をみて、兄が厚生省に電話をかけました。だから実際には一九八五年の訪日調査の前に、だいたいわかっていました。最終的には訪日調査で面会し、血液検査を経て、三八年ぶりに判明ということになりました」

「一九八三年、知り合いの残留孤児を通じて、伯父らしい男性と連絡がとれました。その後、手紙や写真のやりとりをして、伯父に間違いないとわかってきました。それで一九八四年、厚生省に手紙を出し、直接会って確かめたいとの意向を伝えました。そして訪日調査で面会し、血液検査もして最終的に確認しました」

年少で、しかも純粋に訪日調査だけで肉親が判明した孤児は、一ケースのみである。これは、実父母が知人の仲介で養父母に託した都市居住者《Dタイプ》だ。しかも、①養父母が日本人仲介者の姓を、実父母のそれと誤解しつつも、正確に記憶していたこと、②実父が日本敗戦前に勤務していた会社のOB親睦会が一九八〇年代まで全国規模で活動を続け、しかもその会長が残留孤児の肉親捜しに強い関心をもっていたこと、③仲介者が生存し、しかも名乗り出たこと、④実父は死去していたが、実母が生存していたこと等、特殊ともいえるほど多くの偶然の条件が重なったケースである。そして何よりこのケースは、⑤日本のボランティアの斡旋により、第一回（一九八一年）の訪日調査団に参加を認められており、その点でもまさに例外的だった。訪日調査への参加が数年遅れ、親睦会長や仲介者、そして実母の高齢化がさらに進んでいれば、身元判明に至らなかった可能性は否定しえない。

＊「日本の『日中友好手をつなぐ会』の役員が手紙で、『肉親を捜したいなら、訪日調査に参加するのが一番いい』と教えてくれ、手続きしてくれました。おかげで私は、第一回目の訪日調査団に入れてもらいました。訪日調査の一一日目、六〇〜七〇歳位の男性が私に面会に来て、『私はあなたの肉親ではない。でも新聞記事を読み、あなたの実父は戦前、私の会社の同僚だったのではないかと思う。私はその会社のOB親睦会の会長だ。必ず捜してあげる』と言いました。二日後、その男性が再び来ました。私がある部屋に入ると高齢の女性がいて、厚生省の人が『この方が、あなたのお母さんだ』と言いました。私は諦めかけていたので、本当に驚きました。私の手がかりは、養父が教えてくれたAという日本の名字だけです。面会にきた男性にも、それを話しました。男性は親

睦会の全国組織名簿でAという人を捜すと、三人いました。でも三人とも、子供を中国に残していません。ただそのうちの一人が、『私が仲介して、N家の子供を中国人に託した』と証言しました。それでN家に連絡すると、実父は亡くなっていましたが、実母がまだ生きていて判明したのです」

以上のように、訪日調査における実質的な判明率の低さは、単に調査参加者の多数を占める年少の孤児の記憶・情報の少なさに由来するだけではない。訪日調査の大幅な遅延に起因することは、否定しえない。そのことは、厚生省援護局すら、判明率低下の要因として「肉親側も次第に年をとって、名乗り出る関係者が減ったこと」[四三]があると認めざるをえないことにも窺える。

そして訪日調査でも肉親が判明しなかった大半の年少の孤児は、多かれ少なかれ精神的な打撃を受けた。訪日調査に大きな期待をかけていた孤児の落胆は、いうまでもない。「身元情報が少ないから、肉親は見つからないだろう」と半ば諦めていた孤児も、実際に調査期間中、面会者が一人もなく、未判明に終わることが確実になると、何とも言えない心痛を感じたという。

＊「訪日中、一二日間ずっと待つだけのつらい日々でした。戦後、長い年月がすぎ、おそらく家族全員、死んだのでしょう。戦争で肉親と引き離され、今となっては捜し出すこともできず、自分が何者かすらわかりません。言葉にできない苦しみに襲われました」

「私を訪ねてくれる人は、一人もいませんでした。おそらく家族全員、死んだのでしょう。生きていれば、会いに来てくれたはずです。全員死んだと思わなければ、やりきれません。でも全員死んだと思うのも、もっとやりきれません」

「誰も面会に来ませんでした。せっかく来日したのに、何の新たな手がかりもなく、がっかりしました。日本滞在中、毎日、とてもつらかったです。私達は、本当に惨めです。本当の父母、本当の自分の名前すらわからないまま、調査は終わりました」

第九項　名乗り出ない肉親

訪日調査で、心を一層傷つけられた年少の孤児もいた。遺産相続問題により、肉親が認知しなかったのではないかと思われるケースが散見されたからである。また実母と思われる女性が、再婚後の家族に気がねをして、認知に踏み切れないのではないかと思われるケースもあった。孤児達は、こうした肉親の事情を理解しつつ、同時に強い反発も覚えた。

*「訪日調査の際、通訳の残留婦人が『実はここ数日、あなたの実母がずっとこっそり会いに来て泣いていた。実母は経済力がないらしい。同居している嫁が、あなたを認知するなら実母に家から出て行ってもらうと言っている。だから認知できないそうだ』と言いました。私は何も言えず、涙に泣き濡れました。私は実母を責めません。少なくとも会いに来たのだから。ただ私は実母の顔すらわからず、とても悲しかった。実母と一緒に写真を撮り、思い出にして、子供にも見せたかった。こんな話、教えてくれなくてもよかったのにと思いました。訪日調査の最終日の前日、その実母らしい人が『面会したい』と言ってきました。でも翌日、彼女は『用事で来られなくなった』と言いました。それきりです。私は実母を恨んでいません。理解しています。ただ日本人には肉親の情が欠けていると思います。中国人の心の広さと比べものになりません。中国人の嫁なら、『早く迎えにいかなきゃ』と積極的に受け入れるでしょう。日本人のきょうだいは、残留孤児が財産目当てではないかと疑い、認知しませんでした。私達は中国に四〇年間も棄てられ、中国政府と養父母に育てられました。大きくなってからは、誰にも頼らず自立して生きてきました。その間、日本政府や日本の親族は何をしてくれたのか。財産目当てと思われたのは、侮辱です。私達が、財産目当てに肉親を捜したというのか。両親、きょうだい、血縁を知りたかっただけです。私達が肉親を捜す時、肉親がどれぐらい財産をもっているか、尋ねたことがあったでしょうか。

私は日本人に非常に反感を持ちました。私達の中国での生活は、確かに日本より貧しい。でも、志は貧しくありません。私はこれまで、どんな困難でも乗り越えてきました。物乞いはしません」

「訪日調査で、実母らしい女性が会いに来てくれました。彼女は『丹東の日本神社に子供を置いた。子供の首にホクロがあり、こんな着物を着せていた』と話しました。それは私の証言とことごとく一致し、彼女は大泣きしました。でも結局、彼女は私を娘とは認めませんでした。彼女とはしばらくの間、手紙をやりとりしました。私は、彼女の気持ちがすごくわかります。彼女の生活を邪魔してはいけないと思いました。彼女は再婚して、二人の息子がいます。一般に実父母が再婚したり、他に子供がいると、今の家族への遠慮や財産問題があり、認知されにくいです。逆に実父母が両方健在なら一番認知されやすく、父母の一方が健在でも再婚していなければ、まだ認知されやすいです。再婚すると、なかなか認めてくれなくなります。再婚後、子供がいれば、なおさらです。日本では遺産相続の問題がありますからね。私達は横から割り込むようなものだから、実父母の子供は財産を分与したくないに決まっています。心の中では肉親と認めたくても、表立って認められないのです。でも私達残留孤児は、財産のことなど考えたこともありません。私達は、ただ親が見つかり、故郷に帰れることだけを考えていました。中国から来た人は貧しいから皆、財産を狙っているという偏見が、日本人にはあるようです。これは侮辱です。ただでさえ苦しんでいる残留孤児の心の傷に、塩をすり込むようなものです」

「ある老夫婦が面会にきました。その時、一緒に付き添ってきた娘は、なぜか私と会おうとしませんでした。訪日調査の期間中、結果は聞かされず、中国に戻ってから、この老夫婦から手紙がきました。手紙は、老夫婦の知人の中国人が届けてくれました。その中国人は、『あの老夫婦は、あなたを実子として認知しようとしている』と言いました。でも半年ほどすると、またその中国人が来て『老夫婦は何らかの事情があり、やはりいい友達でいようと言っている。あなたはこの老夫婦の希望だ』と言いました。それ以前は、『あなたのことをすごく懐かしく思っている。顔もそっくりだ』と言っていたのに、突然、態度が変わりました。老夫婦には息子と娘がいます。推測ですが、息子達が認知を望まなかったのではないでしょうか。親やきょうだいが負担になるのを恐れて会いに来なかったり、認知しなかったケースが、他にもありました。私の場合も、おそらく同じでしょう。日本人は本当に冷たく、情がありません。本来、日本にいる肉親こそ、残留孤児の捜索を先に始めるべきだったのに」

年少の孤児の認知は、二重に肉親側の判断にかかっていた。年少の孤児は、別離当時の記憶がほとんどない。そこで実質的な認知は、鮮明な記憶をもつ肉親の側に、ほぼ一方的に委ねられたのである。孤児の中には、「実の親子であることが明白な場合、日本政府は認知しようとしない実父母を説得すべきだ」、「日本政府は孤児の意見を聞かず、親の事情ばかり一方的に配慮した」、「たとえ肉親が認めてくれなくても、その理由・事情を説明すべきだ」との声が聞かれた。

最後に、肉親が認知を拒む背景に、日本政府の責任を指摘する孤児もいる。肉親が判明すると、その後の孤児の受け入れや帰国後の日本での生活は、すべて肉親の責任・負担とされる。つまり日本政府が残留孤児の帰国・受け入れをすべて家族の私事とみなし、政府の公的責任と捉えなかったことが、肉親の認知を阻んだとする批判である。[四四]

＊「認知寸前までいったのに突然、肉親が認知を拒む例がありました。もし残留孤児が日本に帰国して就職できなければ、自分達が生活の面倒をみなければならないので、認知しなかったのです。日本政府が、『孤児が帰国すれば政府が責任をもつ。肉親に負担はかけない。肉親はただ認め合いさえすればいい』という方針をとっていれば、こんなことは起きませんでした。政府が孤児を中国に棄てたのだから、政府が責任をとるべきです。だから負担を押しつけられ、認知できなかった肉親も被害者です」

「肉親でありながら知らんぷりをさせたのは、罪深い日本政府です。日本政府の政策によれば、もし残留孤児の肉親が見つかれば、日本での住宅も仕事も、政府はまったく関知せず、すべて肉親に任せることになっていました。これが、肉親への無形の圧力になったのです。四〇～五〇年ぶりに外国から帰ってきた子供を、肉親が見つかっても見つからなくても、政府は平等に扱うべきでした。そうすれば、私達の肉親捜しはもっと順調に進み、肉親も気軽に受け入れたでしょう。日本政府が肉親と孤児の間に障壁を設けたせいで、結ばれるはずの肉親も結ばれなくなってしまったのです」

年少の孤児（《C・Dタイプ》）はほぼ全員、日本政府の肉親捜しの政策・対応に問題があったと指摘している。

考察　残留孤児の肉親捜し

以上、残留孤児の肉親捜しの実態を分析してきた。

第一項　東西冷戦下の日本政府と肉親捜し

戦後の日本政府、つまり東西冷戦下の国家間システムの一環としての日本国家は、残留孤児の肉親捜し・肉親との再会にとって、巨大な阻害要因であったといわざるをえない。

まず日本政府は戦後、中国東北地方からの集団引揚事業を一度も自力で組織しなかった。一九四六年以降の前期集団引揚はGHQ管轄下、一九五三年以降の後期集団引揚は民間ベースで、それぞれ実施された。日本政府は中国東北地方に数千人に及ぶ日本人の子供が取り残されている事実を把握しつつ、その捜索・帰還の措置を採らなかった。

二つの集団引揚は、いずれも東西冷戦によって終結した。前期集団引揚の終結は、国共内戦の激化による。また内戦が終結し、一九四九年に中華人民共和国が成立した後も、日本政府はこれを承認せず、国交を樹立しなかった。国交断絶の下でも中国政府は「積み重ね方式」の外交を重視し、残留孤児を引揚対象者と位置づけ、国内で大規模な調査・意向確認を実施する等、後期集団引揚に積極的に協力した。しかし日本政府は、露骨な反共産主義・中国敵視政策を採り、後期集団引揚を終結させた。この政策判断が――政治的妥当性の評価はともかく――、残留孤児の肉親捜しにとって致命的な阻害要因となったことは明白である。一九五〇年代、年長の孤児は中国で自主的に肉親捜しに着手し、一部は日本の肉親との文通に成功していた。しかし一九五八年の後期集団引揚の終結は、こうした孤児達の自主的な営為・成果をも断ち切った。ここでもまた国家の政策は、民衆一人ひとりの生命・利益を守るものではなく、国家権力またはせいぜい「想像の共同体」としての国民を守るものにすぎなかった。この点で、戦前の天皇制国家も戦後の民主主義国家も変わりはない。

一九七二年、日中国交が正常化した後も、日本政府は残留孤児の捜索・肉親捜しに消極的だった。日本国内で孤児の捜索にいち早く着手したのは、多くの先行研究が指摘する如く、肉親・民間ボランティアである。孤児が厚生省・大使館に情報を発信し、肉親捜しを依頼しても、ほとんど無視・放置された。日本政府が、ボランティア・マスメディア等の批判に押され、孤児から寄せられた情報を公開（「公開調査」）したのは、一九七五年以降である。また訪日調査を実施したのは、国交正常化から九年を経た一九八一年になってからであった。しかも訪日調査は、小規模・五月雨式に実施された。ボランティア・マスメディア、そして中国の行政当局者からは、もっと短期集中的に大規模な訪日調査を実施すべきとの批判が出され続けていた。

本書の対象者の八割は、肉親捜しにおける日本政府の政策・対応に問題があったと感じている。

第二項　肉親捜しの主体

さて、肉親捜しを推進した最大の主体は、残留孤児である。まず年長の孤児はほぼ全員、年少の孤児も八割が、自主的・自発的に肉親捜しに取り組んだ。

その最も主要な方法は、残留婦人等への依頼である。残留孤児・婦人は、中国で孤児の肉親捜しのためのネットワークを構築した。それを媒介・支援したのは、職場・地域・血縁等、多数の中国人であった。またそれは、年長の孤児においては、国交正常化以前から試みられていた。

国交正常化以降、残留孤児は、日本の政府（大使館・厚生省）に向けても、積極的に情報を発信し始めた。年少の孤児は、それに加え、中国公安局や日本のボランティアにも肉親捜しを自ら依頼した。国交が正常化したとはいえ、東西冷戦下、中国でこのような情報を発信する行為は、大きな政治的リスクを伴っていた。しかしそれでも多くの孤児は、それを実践し続けた。

こうして伝えられた情報は、日本社会に大きなインパクトを与えた。日本のボランティア・肉親・マスメディアは、これを受信し、日本国内に広めた。遅ればせながら、日本政府の情報公開（「公開調査」）も可能になった。日本のボランティア・マスメディア・肉親の側から、中国に住む孤児にわずかではあれコンタクトもとれるようになった。

以上のように、残留孤児は肉親捜しにおいて無力な客体ではなかった。むしろ極めて能動的な主体であった。日本のボランティア・メディア・政府は、いずれもこうした孤児の主体的営為に依拠して初めて、活動を展開できたのである。

そして実際に肉親が判明した年長の孤児に即してみれば、その判明のほとんどが残留婦人等を介した自主調査によって達成されていた。政府だけでなく、ボランティアが果たした役割も限定的である。政府等が大きな役割を果たしたのは、主に身元情報が乏しい年少の孤児の肉親捜しだが、そうした年少者の実際の肉親判明率は著しく低かった。

第三項　肉親捜しにみる年齢と居住地

残留孤児の肉親捜しにおいて、年齢という属性は大きな意味をもつ。

まず一九四六~五八年の集団引揚に残留孤児が参加できなかった最大の理由は、年齢が低かったからである。都市で実父母と一緒にいた年少の孤児（《Dタイプ》）が前期集団引揚で実父母とともに帰国できなかったのは、あまりに幼く、引揚の苛酷な行程に耐えられないと判断されたためだ。後期集団引揚では、年長の孤児も含めて未成年だったため、日本での養育の見通しが示されない限り、単身で日本に帰国するという意思決定はできなかった。

その後の肉親捜しにも、孤児の年齢は大きな影響を与えた。すなわち年長の孤児（《A・Bタイプ》）の多くは、肉親・身元に関する具体的な記憶をもち、早ければ一九五〇年代から、遅くとも一九七二年の国交正常化を機に、自主的に肉親捜しに踏み出した。彼・彼女達の多くは、同郷・同じ開拓団出身の残留婦人に依頼するなど、インフォーマルでローカルなネットワークを介して肉親を捜した。そして一九八一年以前に肉親が判明し、再会を果たした。

一方、年少の孤児（《C・Dタイプ》）の多くは、肉親・身元につながる記憶・情報が乏しかった。彼・彼女達も多くが自主的に肉親捜しに踏み出したが、それはすべて国交正常化以降である。また日本政府（厚生省・大使館）や中国公安局等、フォーマルな国家機関にも肉親捜しを依頼した。そして一九八一年以降、日本政府が実施した訪日調査に参加したが、結果的に肉親判明率は極めて低かった。彼・彼女達は、日本政府の政策・対応に、特に強い不満を感じていた。

こうしてまずは年齢という自然的属性が、肉親捜しの命運を分けたといってよい。しかしそれだけではない。年少の孤児にも、身元につながる物的証拠は一定程度、残されていた。ただしそれらはほとんど戦後、破却された。そこには、養父母の思い、中国社会での差別・迫害等、歴史・社会的要因が大きな影響を与えていた。

残留孤児の居住地もまた、肉親捜しのあり方を左右した。まず都市居住者（《A・Dタイプ》）は、農村居住者（《B・Cタイプ》）に比べ、各種の情報を入手しやすく、肉親捜しに有利であった。そこで、より早期に、また多様な方法を駆使して肉親捜しに取り組むことができた。年長の孤児の中では、都市居住者の方が、肉親が早く判明した。

年少の孤児の多くは肉親が判明しなかったが、やはり都市と農村の居住者で差がみられた。

年少の都市居住者（《Dタイプ》）は、一九八一年以前から多様な方法を駆使して肉親捜しに取り組んだ。そこで、日本政府の訪日調査が一九八一年以降まで遅延したことを強く批判していた。

一方、年少の農村居住者（《Cタイプ》）は、肉親捜しに着手できなかったり、または限られた方法でしか取り組めなかった。そこで訪日調査――つまり実質的な肉親捜し――がたった二週間程度で終わり、その後の肉親捜しの継続的支援がないことに、強い憤りを感じていた。

第四項　血統主義的国民統合と自然本質主義

さて、残留孤児の肉親捜しにおいて、日本人としての血統主義的国民統合、及び、血統をめぐる自然本質主義は、いかなる意味をもったのだろう。

【肉親捜しの動機・方法】

年長の孤児（《A・Bタイプ》）は、記憶に残る個別具体的な懐かしい肉親との再会を切望していた。そこで重要な関心は、「日本人の血統」や「日本人一般」ではない。

これに対し、年少の孤児（《C・Dタイプ》）は、肉親に関する記憶をほとんど持たない。懐かしい肉親との再会を切望するといった感覚も希薄である。

年少の孤児の中でも、貧困な農村の居住者（《Cタイプ》）には、日本の肉親を捜すことが生活水準の向上につながるのではないかと考えた人もいた。ここでは、まずは日本人としての認定が重要であり、肉親捜しはそれをクリアする手段ともいえた。この動機は、肉親捜し（戸籍の確認）を日本人としての認定条件とする日本政府の政策・血統主義的国民規定に即した応答である。

一方、相対的に豊かな都市に住む年少の孤児（《Dタイプ》）では、「自分はどこからきたのか、自分は何者なのか」等、自己の存在とアイデンティティの根源を明らかにしたいという動機もみられた。ここでは、個別具体的な肉親の特定が重要であり、それが日本人か否かは副次的な問題となる。

こうした年少の孤児の二つの動機――経済的動機と精神的動機――は一見、正反対にみえる。また血統主義的国民統合の論理からみれば、前者は不純な利己主義、後者は純粋な統合の希求とみなされがちだ。

しかし、この二つの動機はいずれも、血統主義的国民統合の論理ではない。よりよい生活を望む経済的動機は、いうまでもなく人間に普遍的なものである。またそれは、ポスト・コロニアルの世界に現存する国家間の経済格差という現実認識に裏づけられた動機でもある。一方、自己の存在の根源を求める精神的動機も人間に普遍的なものだ。またこれも、日本の侵略戦争、ポスト・コロニアルの中国社会での苦難、そして日本政府による放置等といった現実認識を基盤に成立する。つまり年少の孤児の二つの動機はいずれも、日本人としての血統主義的国民統合の論理ではなく、人間としての普遍性、及び、現実の国家システムに対する批判的認識に根ざす。

【中国人養父母との関係】

養父母との関係も、血統主義的国民統合や自然本質主義への歯止めとなった。

残留孤児の肉親捜しに際し、養父母の多くは葛藤・苦悩を余儀なくされた。孤児も、遠慮・苦悩に直面した。しかし両者はともにそれを乗り越え、肉親捜しを遂行していった。

まず年長の孤児（《A・Bタイプ》）は、肉親の鮮明な記憶をもつため、養父母から根掘り葉掘り聞き出さなくても、自力で肉親捜しに踏み出せた。また孤児と養父母はともに「孤児が日本人であり、養父母の実子ではない」という事実認識を共有していたため、双方の葛藤・苦悩は比較的少なかった。

一方、年少の孤児（《C・Dタイプ》）は、肉親につながる記憶をもたないため、養父母の証言・情報提供が不可欠であった。また孤児が養子であること自体、養父母との間で触れてはならぬタブーになっていたケースも多い。そこで葛藤は、特に深刻であった。

年少の孤児の中でも、農村居住者（《Cタイプ》）では、養父母の葛藤は幾分少なかった。ここでは、日本の肉親の判明が、孤児の生活水準の向上・貧困からの脱出につながるかもしれないという経済的関心が見られた。子供の生活水準の向上を望むのは、親として当然である。

一方、「自分はどこからきたのか、自分は何者なのか」を問おうと肉親捜しに踏み出した都市の年少の孤児（《Dタイプ》）の養父母は、最も激しく葛藤・抵抗した。この養父母には、孤児に濃やかな愛情を注ぎ、実子と偽って育ててきたケースが多い。それだけに養父母は、孤児達の肉親捜しという行為そのものよりむしろ、その背後にある動機が受け入れにくかったようである。

しかし最終的には、都市に住む年少の孤児の養父母も含め、多くの養父母が孤児の肉親捜しを受け入れていった。孤児達が、養父母（社会性）を棄て、実父母（自然性）を選択しようとしているのではないことが理解できたからだ。自然と社会の二者択一ではなく、その双方が養子の「生命＝生活（life）」にとって不可欠だという認識・確信を、孤児と養父母は葛藤に満ちた行きつ戻りつのコミュニケーションを通して獲得していった。そしてその際、大きな決め手になったのは、寿命（個の生の有限性）の認識であった。「自分が死ぬと、養子に事実を伝える人がいなくなる」、「実父母を早くみつけなければ、永遠に会えないままに終わる」。限りある人生だからこそ、今／ここでの決断・主体性が発揮され、葛藤が乗り越えられていった。そこには個の有限性をふまえた人間としての連続性・主体性が垣間見られた。

【日本の肉親との関係】

日本の肉親との関係も、血統主義的国民統合や自然本質主義と直結しない。

まず年長の孤児（《A・Bタイプ》）の多くは、肉親との再会を果たした。ただし一部では、三〇年間以上にわたる離別が、言語・習慣、実父母の再婚等にまつわる新たな壁を創出し、再会以前に思い描いていた「懐かしい肉親」のイメージが打ち砕かれた。肉親との出会いは、単なる自然性ではなく、社会性を突き付けた。悲惨な体験や思いを存分に語れない悔しさは、ごく一部だが、自らを中国の地に置き去りにした実父母への恨みにも似た感情を芽生えさせた。こうした喪失体験も、肉親と再会後に新たに構築された社会的体験——現在が過去を規定する——であった。

一方、年少の孤児（《C・Dタイプ》）の多くは、肉親が判明しなかった。自然的血統としての肉親が判明しなかった年少の孤児に残された課題は、「日本人」としての社会的認定であった。

また訪日調査の際、日本人の肉親が遺産相続・再婚等の私的事情から、年少の孤児を肉親として認知しなかったのではないかと思われる事態が、一部で発生した。その背景には、日本政府が孤児の受け入れ・帰国を家族の私事とみなし、公的責任を負わなかった事実がある。肉親はここでもまた、単なる自然的血統ではなく、極めて社会的に構築された。

【肉親をめぐる自然と社会の融合】

以上のように、残留孤児による肉親捜しは、血統主義的国民統合や自然本質主義に回収されるものでは決してない。また、自然（実父母）と社会（養父母）の単純な対立や二者択一の物語でもない。むしろそれは、人間としての普遍的要求に根ざし、同時に歴史・社会に対する現実的な認識をふまえた主体的な行為であった。また肉親捜しは、様々な感情の渦に翻弄されつつ、しかしそれでも養父母・実父母等に対する配慮・相互理解を軸として行きつ戻りつするコミュニケーションを通して遂行された。

本章序節で述べた如く、大坊郁夫は、現実の養父母、及び、極端に理想化して仮想された実父母の希求の相克から、中国の養父母の影響が全面的でなくなると述べる。しかしそれは、たとえあったとしても、現実の一面でしかないだろう。逆に現実の実父母への幻滅、養父母の理想化が生じる局面もある。また養父母であれ実父母であれ、父母の影響が全面的でないのは成人として当然だ。ましてそれを「日本人的な行動様式」の保持と結びつける根拠は、希薄といわざるをえない。

また田見高秀は、残留孤児が家族（肉親）と言語（日本語）の双方を喪失したことは、「人格を喪失することに等しい権利侵害」とみなす。しかし中国人の家族に育てられ、中国語を身につけた残留孤児は、決して人格を喪失していない。同時にまた肉親・血縁は、人間の誕生・生成に不可欠の関係であり、それは朝日新聞残留孤児編集班が指摘するような「人がイメージでつむぐ崇高な虚構」とも言い切れない。残留孤児の肉親捜しは、自然な感情の渦に翻弄されたり、自己不全感に突き動かされて出自に過大な憧憬を抱いたり、肉親というイメージで虚構を紡ぐだけではない。むしろ、そうした感情・憧憬・虚構を乗り越え、新たな家族関係・生活・自己・人格を創造する営みにほかならなかった。しかもそこには、個としての自立にとどまらず、個の「生命＝生活」の有限性をもふまえた人間の類的連続性が垣間見られた。これもまた、自然本質主義と社会構築主義の二者択一では把握しきれない人間の主体性の発現であろう。

第五項　肉親捜しの阻害要因——血統主義的国民統合

さて、年少の孤児（《C・Dタイプ》）の肉親は、なぜ未判明に終わったのか。

最も直接的な理由は、肉親につながる記憶・情報が少なかったからだ。

しかし、それだけではない。年少の孤児はほとんどが、日本政府の肉親捜しの政策、特に訪日調査に問題を感じていた。最大の問題は、訪日調査の目的・制度設計自体にあった。

すなわち訪日調査の目的は、あくまで私的な血統を明らかにする肉親捜し・身元判明である。そこで、調査に参加するには、単に日本人というだけでなく、肉親・身元につながる個別具体的な資料・手がかり・証拠を、孤児自身が提出しなければならなかった。つまり残留孤児が日本の敗戦時、中国に置き去りにされた未成年の日本人という**歴史的・社会的**な事実より、むしろ肉親の判明につながる事実——**私的・生物的**な血統を示す証拠・証言——が重視された。

しかし訪日調査を実際に必要としていたのは、そうした**私的・生物的**な手がかり・証拠が極めて乏しい年少の孤児であった。そこで年少の孤児は、まるで「針の穴」をくぐり抜けるような希少な手がかり・証拠を収集するために、膨大な時間と労力を費やした。手がかり・証拠が乏しいゆえに、日中両政府の審査も長時間を要し、しかも審査基準は曖昧にならざるをえなかった。こうした現実離れした参加資格の高いハードルが、おのずと訪日調査の規模・頻度を制約し、その実施を五月雨式に遅延させた。また手がかり・証拠が乏しいので、訪日調査も一人一回限り・二週間程度で十分とみなされた。

訪日調査の事前調査も、年少の孤児には納得しがたいものであった。年少の孤児が懸命に収集したわずかな手がかりを日中両政府が審査し、不足や矛盾を指摘した。審査が誠実かつ緻密に行われれば行われるほど、それは「偽物ではないか」との猜疑に満ち、しかもいつ結論が出るとも知れないものとなった。年少の孤児に言わせれば、「敗戦時○歳で棄てられた私に、肉親・身元につながる証拠を出せと言うのは理不尽」だ。またせっかく日本に赴いて調査を実施する以上、「日本側こそ、私達に情報を提供すべき」である。年少の孤児が、日本政府にとりわけ強い反発を抱くのは当然であった。

戦後の中国での生活史全体に基づき、日本人の子供として柔軟に認定することは比較的容易であった。これを前提として訪日調査を実施すれば、事前審査にさほど時間はかからず、実施の費用と体制さえ整えれば、大規模かつ短期集中的な訪日調査の実施は十分に可能だった。また二週間程度・一人一回限りの訪日調査で終わらせず、希望者を日本に長期滞在または定住させ、肉親に関する情報が豊富な日本社会で継続的に肉親捜しを行うことも可能であった。

もとよりこれは、結果論ではある。しかし日本政府が当時、こうした対応をとらなかったのは、日本の血統主義的国民規定、及び、肉親捜しをあくまで私的な家族問題と位置づけ、次章で詳述する如く、肉親の身元保証を得られる残留孤児だけに永住帰国を認めていたことと無関係ではない。

血統主義的国民規定は、肉親の記憶・情報が豊富な年長の残留孤児（《A・Bタイプ》）の場合、国民国家が孤児の肉親捜しを支援・促進する要因になる可能性がある。ただし実際には、年長の孤児の多くは国家の力を借りるまでもなく、自力で肉親との再会を果たした。つまり彼・彼女達の肉親捜しに、血統主義的国民規定はほとんど無意味だった。

一方、肉親につながる記憶・情報が乏しい年少の孤児（《C・Dタイプ》）の場合、血統主義的国民規定は、しばしば肉親捜しの阻害要因となった。確かに国民国家の責任で孤児の肉親を捜すべきという社会規範のドライブは働いた。非常に遅延したとはいえ、訪日調査の実施はその一つの現れではある。しかしその反面で、血統主義的国民規定の下では、公的・社会的な日本人としての認定基準が私的・自然的な血統・肉親の判明という「針の穴」に絞り込まれ、実質的には多くの孤児が公的な肉親捜しの対象から排除され続けたのである。(四五)

第六項　国家と市民社会／公と私

最後に、日本政府が残留孤児の肉親捜しに消極的であったもう一つの理由に、民事不介入の原則があった。

日本のボランティアは、こうした政府の姿勢を厳しく批判した。ただしそれは、民事不介入の原則そのものへの批判ではない。残留孤児問題が民事（私事）ではなく、日本政府が公的責任を負うべきとの立場からの批判である。

一方、中国政府は残留孤児の肉親捜しに積極的に関与した。一九五〇年代の後期集団引揚、一九七二年の国交正常化、そして一九八一年以降の訪日調査のいずれの際も、中国政府は孤児の調査に積極的に取り組んだ。社会主義の原則からいえば、民事不介入は国家と市民社会が分離した近代ブルジョア社会の規範にすぎない。また残留孤児問題が日本の侵略戦争に端を発する国際問題だとすれば、日中両政府間でこれを解決するのは当然である。中国政府が民事不介入の原則に縛られず、積極的に介入したのは当然ともいえよう。

しかしそうした中国政府の積極的関与は、残留孤児やその家族にとって、しばしば政治的リスクとして立ち現れたことも事実である。それは、孤児・養父母・関係者に警戒感を生み出し、特に年少の孤児（《C・Dタイプ》）の自主的な肉親捜し・情報収集に多大な困難をもたらした。この事実は、戦後の中国が社会主義を標榜していても、実際には国家と社会が厳然として分離し、しかもそれは時として市民社会・市民的自由を抑圧する国家体制だったことを物語る。この事実と、一部ではあれ中国の行政組織の腐敗・官僚主義が年少の孤児の訪日調査への参加を遅延させたことは、無関係ではない。

中国政府と日本のボランティアは、それぞれ異なる論理に基づき、残留孤児の肉親捜しに積極的に取り組んだ。それは時として、中国人養父母の私的生活・感情・プライバシーを軽視し、肉親捜しというそれぞれの国家的・国民的「正義」を強行することにもつながった。

そしてこの問題が顕在化すると、中国政府は日本のボランティアの中国国内での活動を禁じた。これに対し、日本のボランティアは、中国に市民社会がなく、中国政府が民間ボランティアの活動への理解を欠いていると受けとめた。

ただしこのような日本と中国の政府、及び、日本のボランティアの複雑な対立と相互依存の関係が最も顕在化したのも、主に年少の孤児の肉親捜しにおいてである。そして結果からいえば、こうした年少の孤児の肉親捜しはほとんどの場合、失敗——未判明——に終わった。

近代社会において、民事不介入は国家の責任放棄に、積極的介入は国家による政治的抑圧に、それぞれ容易につながる。この二者択一は、残留孤児の肉親捜しにおいて、実質的な問題解決をもたらさなかった。

前述の如く、訪日調査の際、日本人の肉親が私的事情から残留孤児を認知しなかったのではないかと思われる事態が一部で発生した。孤児の中には、「日本政府が肉親を説得すべき」との声もあった。現に中国政府・公安局は、葛藤する養父母を説得した。しかし日本人の肉親が認知を阻んだ主な要因は、まさに民事——私的所有（遺産等）、及び、家族における女性高齢者（実母）の地位——であった。こうした近代市民社会そのものの矛盾が認知を阻む以上、国家の介入には限界があった。国家が肉親と孤児のいずれの立場にたって他方を説得したとしても、それは結局、生きた親子関係への国家権力の介入にほかならない。その意味で、残留孤児の認知をめぐる葛藤は、近代家族・国家の枠内では解決しえない。遺産を勝ち取るにせよ、放棄するにせよ、そのような権利や自由をいくら獲得しても、遺産という制度から孤児も肉親も自由にはなれず、一層強く拘束される。公と私に引き裂かれない生きた家族は回復しえないのである。

戦後日本の血統主義的国民規定の下では、公と私の関係は一層複雑になる。日本政府は当初、一方で血統（戸籍）の確認を日本人としての認可の必要条件としつつ、他方で民事不介入の立場から肉親捜しに消極的であった。日本のボランティアの多くはこれを批判したが、しかし同時に、まずは肉親捜しという私的な「針の穴」を通ることができたわずかな孤児から順番に公的・社会的な日本人と認定する訪日調査の制度を自明視してきた。一九八二年に厚生省がボランティア・マスメディア等の有識者を組織して立ち上げた諮問機関・中国残留日本人孤児問題懇談会も、「一回の訪日調査対象孤児は六〇人程度、訪日調査の回数も年三回が限度」と厚生省の方針を実質的に支持したのである。

そして繰り返すが、こうした国家・市民社会の取り組みによって、結果として年少の残留孤児の肉親はほとんど判明しなかった。残留孤児の肉親捜しを最も現実的に進めたのは、国家でもボランティアでもなく、主体的に自らの肉親を捜そうとした残留孤児自身であった。孤児達は、養父母との間で葛藤と配慮に満ちた行きつ戻りつの中で相互の信頼関係を深め、まずは中国国内で残留婦人や中国人とのネットワークを培い、次いで日本のボランティア・メディア・行政機関等を活用して、肉親捜しを推進した。日本政府が実施した訪日調査は、こうした残留孤児自身による主体的な肉親捜しの営みに、結果的に終止符を打つものとなった。一人一回限り・二週間程度の訪日調査が終わると、残留孤児の肉親捜しはほとんど継続されなかったのである。

〔補注〕

(一) 浅野(一九九三-a)、浅野(一九九五-a)、浅野(一九九八)第六章等。

(二) 朝日新聞残留孤児編集班(一九八七)、新井(一九八六)、遠藤(一九九二)、大久保真紀(二〇〇四)二一五~二一八頁、大久保(二〇〇九)三〇三頁、大場・橋本編(一九八六)、木下(二〇〇三)、菅原(一九八六)、菅原(一九八九)、菅原(二〇〇九)一〇〇~一〇一頁、菅原・社団法人神奈川中国帰国者福祉援護協会編(一九九八)、菅原(二〇〇三)、菅原(二〇〇六)、田中(二〇〇四)七八頁、久野(一九八二)二六頁、園田・藤沼(一九九八)七九~八〇頁等。

(三) 庵谷(一九八九)一四~一七頁、庵谷(二〇〇九)二二八・二三六・二三九頁。

(四) 椎名(一九八四)。

(五) 菅原(一九八二)二一四~二一五頁。

(六) 厚生省援護局編(一九八七)一九頁、関・張(二〇〇八)六九~七〇頁、呉(二〇〇四)七九~八〇頁。

(七) 郡司(一九八一)四〇~四一頁。

(八) 浅野(二〇〇五)一〇七~一〇九・一八八頁。

(九) 大坊・中川(一九九三)四一八頁。江畑・曽・箕口・江川(一九八九=一九九六)も参照。

（一〇）遠藤（一九九二）、大坊・中川（一九九三）。

（一一）田見（二〇〇六）三五頁。

（一二）朝日新聞残留孤児編集班（一九八七）八三頁。

（一三）浅野（二〇〇五）八〇～九〇・一八八頁。

（一四）厚生省援護局編（一九八七）四六頁、郡司（一九八一）四一～四四頁、国勢研究所・戦後処理問題調査会編輯（一九八七）一八八頁、石丸（一九九九）五二四頁。

（一五）『朝日新聞』一九四七年一〇月三〇日、一九四九年九月一七日。

（一六）厚生省編（二〇〇〇-b）九二～九三頁、田見（二〇〇六）三四頁。

（一七）厚生省援護局編（一九七八）二〇二頁、厚生省援護局編（一九八七）四・五頁、朝日新聞残留孤児取材班（一九八七）五二頁。南（二〇〇九-b）四九頁、菅原（一九八六）一一九頁、菅原（二〇〇三）二〇頁、厚生省大臣官房企画室（一九五八）二四五頁。

（一八）厚生省援護局編（一九八七）五～六頁も参照。

（一九）小川（一九九五）一九三～一九四頁、庵谷（一九八九）一六頁、朝日新聞残留孤児取材班（一九八七）五五～五六頁、山本（二〇〇七）二四頁、木下（二〇〇三）三一頁、中島・NHK取材班編（一九九〇）第四章、厚生省援護局編（一九七八）一二四～一二五頁、大場・橋本編（一九八六）五一頁、新井（一九八六）一四八頁等。

（二〇）南（二〇〇五）一五四～一五五・一六一・一六八頁、南（二〇〇九-b）四五～五〇頁、南（二〇〇六-a）二五～二八頁、南（二〇一六）六二～六四頁。

（二一）厚生省編（二〇〇〇-b）四五六頁。

（二二）呉（二〇〇四）二二七～二二八頁、南（二〇〇九-b）五五～五六頁。なお王（二〇〇五）一七二～一七三頁は、「五〇年代に赤十字など民間組織を通して（残留日本人を）中国に送還してもらえたことは六〇年代にもできたはずである。また、五〇年代に日本が利用した外交ルートの方法は六〇年代では再び利用できないことはなかったであろう。…（中略）…文化大革命の間においても、ピークの混乱期を除いて、残留日本人の引き揚げについて中国と交渉する可能性もあった」と指摘する。古川（一九八三）九二頁は、鳩山一郎内閣時代のジュネーブ交渉において、「もしこの時期に、何らかの形で政府間による協議の機会が持たれていたなら、中国残留孤児たちについても、身元確認の上でいまよりもはるかに多くの資料や手がかりをつかめていたことであろう、帰国を促進できたかも知れない。今日の孤児問題の悲劇は、中国との対話を拒み続けた日本政府の責任である」と述べる。

（二三）厚生省援護局編（一九八七）一七頁。

（二四）菅原幸助によれば、一九八〇年一〇月二二日、衆議院外務委員会で「孤児問題で政府は正式に中国に協力を申し入れたか」との質問に対し、当時の外相が「実はまだ申し入れていない」と回答している。坂本（二〇〇五）三〇五頁。

（二五）『朝日新聞』一九七四年八月一五日「生き別れた者の記録」等。

（二六）NHKプロジェクトX制作班編（二〇〇四）。呉（二〇〇四）七七～七八頁、呉（一九九九）二二五～二二六頁、山本・原（一九八一）、南（二〇一六）一四一～一四七頁、児童書だが、和田（一九八七）も参照。ボランティアの中国での調査については、江成（一九八四）、『風雪の四十年』刊行委員会編（一九九一）等。

（二七）判明した肉親の属性について、国勢研究所・戦後処理問題調査会編輯（一九八七）一八七頁。

（二八）中国に住む残留孤児から日本のボランティアに宛てて出さ

れた手紙として、橋本訳・編（一九七八）、大阪中国帰国者センター編（二〇〇六）、山本・相坂・高田編（一九八一）。

（二九）厚生省援護局編（一九八七）一九頁、関・張（二〇〇八）六九〜七〇頁、呉（二〇〇四）七九〜八〇頁。

（三〇）二〇〇〇年以降は、訪日調査に代え、厚生労働省が調査担当官を中国に派遣し、日中政府共同で面接調査を行い、日中両政府が残留孤児と確認した者について、その情報を公開し、また肉親情報のあった者を訪日させ、対面調査を行っている。

（三一）『毎日新聞』一九八四年一〇月三一日は、中国公安局職員、及び、中国行政担当者の発言として、「現在のような訪日調査では、一〇年かかっても終わりませんよ」、「孤児は既に四〇代で、早くしないと肉親に会えなくなる。調査のスピードが遅すぎる責任はすべて日本政府にある」、「集団訪日と並行して個人の訪日も推進すべきだ。また、孤児を捜す父母の集団訪中も必要」等を報じている。

（三二）厚生省援護局編（一九八七）四一〜四二頁によれば、訪日調査（第一回〜第一五回）に参加した孤児では〇〜五歳が約七五％を占める。

（三三）関・張（二〇〇八）七頁。

（三四）厚生省援護局編（一九八七）三五頁。

（三五）厚生省援護局編（一九八七）四四頁。

（三六）厚生省援護局編（一九八七）四八頁。判明率は本章年表を参照。

（三七）日中両政府のいずれかが残留孤児と認定できない者について、日本厚生省職員が訪中し、中国現地で残留孤児との面接調査等を実施し、残留孤児である蓋然性が高いと判断した場合、訪日調査に参加させるようになったのは、一九九四年以降である。

（三八）本書の対象者ではないが、筆者の中国での調査によれば、他人に書類作成を依頼した際、誤記ないし改竄が行われ、残留孤児として認定されないケースが複数見られた。

（三九）中国残留日本人孤児問題懇談会（一九八二）。

（四〇）菅原（一九八六）一九七〜二〇〇頁、菅原（一九八九）一〇二〜一〇五頁、新井（一九八六）一三一頁。

（四一）松倉（一九八六）一二三頁。松倉（一九八四）一七三〜一七四頁も参照。

（四二）呉（二〇〇四）一一四頁、呉（一九九九）一三〇〜一三一頁。元資料は『毎日新聞』一九九七年一一月六日。

（四三）厚生省援護局編（一九八七）四四頁。

（四四）大谷（一九八九）一三三頁、庵谷（一九八九）一七頁等。

（四五）野村（一九八七）一二五頁。

第四章　永住帰国と国籍

序節　問題の所在

残留孤児の日本への永住帰国について考察しよう。

ただしそれに先立ち、触れておかねばならないことがある。それは、本書の調査対象者がすべて、永住帰国をとにもかくにも実現した人々に限られているということだ。(一) 中国には、永住帰国を切望しつつ、それを実現しえていない孤児もいる。帰国を果たせず、ついに中国で人生を終えざるをえなかった孤児も多い。もちろん中国で安定した生活を確立し、日本への帰国を望まない孤児もいる。

第一項　永住帰国の時期と日本政府の政策

さて、残留孤児の永住帰国が最も多かったのは、一九八六〜九八年頃である。(二) 日中国交正常化から数えても、一四〜二六年間が経過している。

そして先行研究の多くは、日本政府の政策が帰国を大幅に遅延させたことを批判している。(三)

本章でも、帰国の時期とその規定要因を考察したい。ただしその際、政府の政策との関連だけに視野を限定するのは、適切ではあるまい。

すなわちまず残留孤児が中国で数十年間にわたって築き上げてきた生活と社会関係の重みは、決して無視しえない。それらと決別して日本に渡ることは、孤児とその家族にとって、まさに人生の一大転機であった。それゆえまた永住帰国は、孤児自身の主体的な選択・決断にほかならなかった。

しかも、帰国を主体的選択・決断と捉える際、孤児自身に「いつから帰国したかったか」、「いつ帰国を決意したか」等と問うのは、あまり意味がない。

なぜならまず、実際の帰国時期は、個々の孤児の希望や決意によって決まったわけではない。帰国を切望しても、それが容易に叶えられなかったことにこそ、大きな問題がある。

また第二章・第三章の分析をふまえれば、「いつ帰国を決意したか」という問いへの答えは、個々人の中でも錯綜し、変化してきたと考えられる。孤児の帰国に向けた主体性は、単に希望・願望・決意といった主観的言説のレベルでは捉えきれない。それは、中国での現実の生活や社会関係、及び、それらをふまえた生活戦略として捉えられなければならない。

中国で築き上げた生活の重みを考慮する際にも、留意すべき点がある。

第一章〜第三章で分析した如く、残留孤児の中国での生活・社会関係・肉親捜しは、年齢と居住地（都市・農村）の違いに基づき、四類型（《A〜Dタイプ》）に区分しえた。しかし本章で分析する日本への永住帰国の実態は、この四類型とは単純に対応**しない**のである。

この事実は、二つのことを意味している。一つは、日本への帰国において、それまでの中国での生活の構造とは断絶した、まったく新たなインパクト——その一つが日本政府の帰国政策であったことは容易に想像できる——が作用したことだ。そしてもう一つは、その新たなインパクトにより、残留孤児の新たな主体性が創造されてきたことである。

第二項　永住帰国の変遷

この論点と関わり、先行研究は、残留日本人の帰国の質が時期毎に変化してきたことを明らかにしている。

木下貴雄は、それを三期に区分した。①身元判明孤児が少数ながらも帰国した時期（一九七四〜八〇年）、②肉親捜しの訪日調査で来日し、円高・バブル景気の日本に接して帰国希望者が増えた時期（一九八一〜九〇年代前半）、そして③帰国者数は減少したが、中国経済の停滞により、日中の経済格差が拡大し、「金の成る木＝日本」への帰国が継続した時期（一九九〇年代後半以降）である。[四]

蘭信三・高野和良も「仮の試み」ではあるが、三期に区分している。[五]①主に肉親が判明した孤児が、日本への望郷の念、及び、中国での政治的迫害等から脱出するといった動機で帰国した初期（一九七二〜八〇年）、②訪日調査で未判明孤児の帰国が促進され、日本政府の受入政策が整えられた本格期（一九八一〜九〇年代前半）、そして③日本政府が大量帰国政策をとる中で、（a）日本や中国の肉親・家族の反対等により、それまで帰国できなかった孤児、及び、（b）経済大国日本での生活という二世・三世の夢、中国からの出国熱に後押しされた孤児の帰国が増加した後期（一九九〇年代後半以降）である。また蘭は、一九八〇年代末を境として、残留日本人の帰国が、祖国への「望郷」に基づく一世の「帰国」から、二世・三世の「『先進国』日本へのあこがれ」に主導された「来日」にシフトしたとも述べる（六）。

一方、呉万虹は、引揚者を含む日本への帰国の歴史を、四期に区分した。ただしその四期には、二種類ある（七）。

一つは帰国方法を基準として、①集団引揚開始から中華人民共和国成立（一九四六〜四九年）、②集団引揚終結以前（一九四九〜五八年）、③日中国交正常化以前（一九五八〜七二年）、④国交正常化以降（一九七二年以降）の四期だ。また④国交正常化以降を、一九八〇年代中葉の日中両政府交渉・口上書締結の前後で小区分している（八）。

もう一つは、帰国後の日本社会への適応の観点から、①前期集団引揚（一九四六〜四九年）、②後期集団引揚（一九五三〜五八年）、③個人ベース帰国（一九五八〜八〇年）、そして④大規模な帰国（一九八一年以降）の四期である（九）。③個人ベース帰国は肉親判明者が、また④大規模な帰国は訪日調査を契機として身元未判明者の帰国がそれぞれ多数を占めるとの認識が、前提にあると思われる（一〇）。

また呉は、蘭と同様、残留日本人の帰国が、祖国日本への望郷に基づく「帰国」から、二世・三世に主導された家族ぐるみの「経済『先進国』日本への『来日』・移住」へとシフトしたと捉える（一一）。さらに残留孤児の中でも、自らのルーツと過去を重視した祖国への「帰国」から、功利主義に基づく異国への「来日」へのシフトが進んだと指摘する。

本章では、こうした先行研究の時期区分の妥当性についても検証したい。

第三項　永住帰国と血統主義的ナショナリズム

さて残留孤児の帰国は、しばしば「血が呼んだ祖国（一二）」、血統に基づく望郷・ノスタルジーといった血統主義的ナショナリズムの文脈で語られる。

これに対し、岡庭昇・真野貢一は、残留孤児の帰国を血統主義的民族主義の発露、または経済大国・日本への必然的移動とみなして当然視する認知枠を、日本の大国主義として批判する（一三）。

呉万虹や蘭信三も、第二章序節で述べた如く、残留孤児の永住帰国を「可哀想な日本人の救出」、または「『収容所』から出て来た英雄」の帰還のように捉える風潮を、日本のナショナリズムとして批判している（一四）。

これらの批判は、残留孤児の帰国それ自体というより、それを受け入れる日本社会のまなざしに対する批判として、一定の意義をもつ。

しかし、日本社会のまなざしがどうであれ、残留孤児が日本人の血統に基づいて日本に帰国したことは、まぎれもない事実である。また大多数の孤児が帰国した当時、日本が経済大国であり、日中間に大きな経済格差があったことも事実だ。文化大革命時代、まさに『収容所』に入れられた『可哀想な日本人』だった孤児も少なくない。これらの現実が、日本への帰国動機になっても、決して不思議ではない。岡庭・真野、呉、蘭自身、そうした事例の存在を指摘している。

日本への帰国を望まず、中国に定住した孤児の事例を列挙しても、ナショナリズムの認知枠は崩れない。それは単に、日本と中国のナショナリズムのバランスをとったにすぎない。またそうした事例を列挙しても、実際に大多数の孤児が日本に帰国してきた事実は覆せない。

重要なことは、日中双方のナショナリズムのバランスをとることではない。むしろ残留孤児の帰国において、日中双方の国民国家・ナショナリズムが果たした意義・役割を、事実に即して解明することであろう。

ナショナリズムの問題を考える際、資本主義・市民社会との関係も重要な論点となる。残留孤児の帰国は、経済的な豊かさを求めた一種の移民ともみなされる。蘭や呉がいう「来日」である。そこで一方で、ナショナリズムの立場から、経済的動機による「来日」を批判的に捉える世論が生まれる。他方で、実質的な外国人労働者としての「来日」を積極的に受け入れ、低賃金で活用する資本主義的立場も成立する。さらに中国帰国者を新来住のエスニック・マイノリティと位置づけ、日本の多文化共生社会化の担い手と捉える市民社会的立場も現れる。しかもここで留意すべきことは、この三つの要素――国民国家、資本主義、市民社会――が、いずれも近代社会の不可欠の構成要素であることだ。それらは相互に対立しつつ、同時に依存している。したがって三者のいずれか一つの立場に立って他の二つを批判して事足れりとする発想は、残留孤児の帰国がもつ歴史・社会的意義を近代主義の枠内に封じ込める結果となる。

第四項　プッシュ・プル理論批判

さて、帰国動機に焦点をあてた数少ない研究として、呉万虹と張嵐のそれがある。

呉万虹は、残留日本人の日本への帰国を、プッシュ・プル理論で分析した[一五]。すなわち帰国動機を、①中国側のプッシュ要因と日本側のプル要因、及び、②内的要因（本人の選択動機、心理的理由）と外的要因（経済構造、関係者の助言・サポート）の二軸で構成される四象限で捉え、日本側のプル要因が大きい場合を「積極型」、中国側のプッシュ要因が大きい場合を「消極型」と命名した。また呉は、孤児の永住帰国が「祖国日本への『帰国』なのか、異国日本への『来日』なのか、大いに問うべき問題」と述べる[一六]。

こうした呉の分析は、単純なステレオタイプに陥っていると言わざるをえない。まずここでは、日本に帰国した残留日本人にも存在したはずの中国側のプル要因、及び、日本側のプッシュ要因が考慮されていない。またそれらの要因を無視しうる理由は、その残留日本人が実際に日本に帰国したという結果論でしかない。しかも呉の研究は、一部を除き二次資料に依拠しているため、その「結果」は二次資料が発表された時点の暫定的結果にすぎない。さらにプッシュ・プル理論に基づく研究の常として、そこでのプッシュ・プル要因は当事者にとって外から与えられた条件であり、主体的に創出したり、変更しうるものではない。呉のいう「内的要因」も、与えられた状況の主観的認識、または願望の域を出ない。そこで想定される当事者の主体的行為は、諸要因の創造・変革ではなく、中国定着と日本帰国の二者択一、及び、それをめぐる葛藤に限られる。また日本側のプル要因も、「祖国日本への帰国希望」という内的要因、及び、「異国日本への来日」を促す「経済的先進性」という外的要因の二者択一が、「大いに問うべき問題」となる。二次資料の限界に加え、結果論から溯るプッシュ・プル理論の単純な分析枠が、多様な現実をステレオタイプな類型に閉じ込めている。

第五項　対話的構築主義批判

張嵐は呉の知見を、二次資料への依存、及び、当事者の「語り」でなく、研究者の分析枠組による整理と批判する[一七]。

そして張は、残留孤児の「語り」に基づき、帰国動機を考察する。特に当事者の「語り」が生み出された文脈、とりわけインタビュアーとの相互行為・関係性による「語られ方」を重視する。張は、こうした対話的構築主義の方法により、

帰国動機を多元的に構築されるプロセスとして把握する。(一八)

筆者は、こうした対話的構築主義にも批判的である。

対話的構築主義は、当事者の現実の生活・人生の重みを軽視し、インタビューという行為を過大評価している。インタビュアーがいなくても、残留孤児は存在する。残留孤児がいなければ、インタビュアーは存在しえない。どちらが自律的主体で、どちらが依存的・従属的な存在か、明白であろう。インタビュアーとの関係性・文脈・場によって、当事者の「語り」が変化するのは当然である。しかしそのような「語り」の変更など、当事者の主体性の中では極めて些末な破片にすぎない。当事者の最も重要な主体性は、インタビュアーとの関係性・「語り」の変更などではなく、現実の人生・生活そのものの構築に発揮・蓄積されている。帰国の動機に関する「語り」が多様に変化しうるのは、もともと多様な動機が当事者の現実の人生・生活に内在したからである。インタビュアーとの関係が、その多様性を構築したわけではない。

第一節　日本政府の帰国政策

ではまず、日本政府の政策、及び、その問題を検証しよう。

第一項　国交正常化以前

日中国交正常化（一九七二年）以前、日本政府は、肉親・戸籍が確認できる孤児に限定して、永住帰国（引揚）を認めていた。(一九)

しかし実際には、中国に暮らす孤児が、たとえ日本の肉親に関する詳細な記憶をもち、日本への帰国を切望していても、国交がない中で帰国しうるチャンスはほぼ皆無であった。

＊「幼い頃から日本人の自覚があり、ずっと日本に帰りたいと空想していました。特に日本人としていじめられた時、日本に郷愁を感じました。日本に帰り、実父母に会いたい気持ちは山々でしたが、どうすれば帰れるかわからないまま、すごしてきました」

「日本に帰りたいという思いを幼い頃からもち続け、そう思わない日は、ありませんでした。特に嫌なことがあると、日本の田舎の風景を思い出しました。でも、どうすれば帰れるのかわからず、ずっと中国ですごしてきたのです」

「小学生の頃から、日本にいる実父母の下で生活できればどんなに幸せだろうと思い続けてきました。もし日本に帰れるチャンスがあれば、迷うことなく一日も早く帰ったはずです。でもそんなチャンスはなく、諦めるしかありませんでした。だからそのことを、できるだけ考えないようにして生きてきました」

第二項　国交正常化と身元保証人制度

日中国交正常化以降も、直ちに帰国できたわけではない。

＊「国交正常化の話を聞いた時、本当にうれしかったです。でも日本に帰るための情報が入ってくるわけでもなく、帰国の道が開けたという感じはまったくありませんでした」

「国交正常化を知って喜びがこみ上げ、早く日本に帰りたい気持ちが膨らみました。でも、どうすればいいのか。日本との連絡方法もわからず、そのまま中国で暮らすしかありませんでした」

「農村に住んでいたので、一九七二年に国交正常化したことも知りませんでした。まして、日本に帰る方法もわかりません。もちろん帰国は望んでいましたが、どうすることもできませんでした」

ただしそれでも国交正常化を機に、職場でインフォーマルに、また中国公安局から公然と、帰国につながる情報がわずかずつだが、残留孤児に届き始めた。従来通り、日本政府が帰国（引揚）を認めていれば、少なくとも肉親・戸籍の記憶がある孤児の帰国は、一挙に促進されたはずである。

＊「国交正常化の直後、職場の同僚から『日本に帰れるかもしれない』とこっそり言われ、すぐにも帰国したいとの思いが募りました」

「国交正常化以後、勤め先の会社で公安局から『日本に帰る方法がある』と教えられ、期待をもちました。自分でも、帰国するにはどうしたらいいのか調べ始めました」

「一九七三年、吉林省樺甸市で公安局が残留孤児や残留婦人を集めた会議を開き、私も招かれました。そこで『日本に帰国したいなら援助する』と言われ、心底うれしかったです」

しかし日本政府は、遅くとも一九七四年頃までに、肉親・戸籍が確認できた孤児も含め、すべての残留孤児に外国籍者としての入国手続き——中国政府の旅券、日本政府の査証——を求めるようになった。孤児の帰国は、日本国民としての引揚から、中国籍者の新規入国へと一変した。

しかも日本政府は、孤児の帰国に際し、日本の肉親による身元保証書の提出を課した。これにより、肉親が判明していない孤児は、帰国の道を断たれた。本書の四五名の対象者のうち肉親が判明していない孤児は、二一名に達する。

＊「一番困ったのは、身元保証人がいなければ帰国できないことです。すぐにも帰国したかったのですが、肉親が見つからず、身元保証人が確保できません。日本政府は、身元保証人

制度という大きな壁を作り出しました。これは、まったく不当です。私達は日本人です。正々堂々、日本国民です。なぜ帰国するのに身元保証人が要るのでしょう」

「肉親が見つからなかった私のような人は、どうすれば日本に帰国できるのか、領事館に聞きましたが、返事はありませんでした。日本政府は、こんな難題を出して、どういうつもりなのか。私達をどんな人間だと思っているのか。ずっと中国で育ち、日本について何も知らないのに、いったい誰に保証人を頼めというのか」

「身元保証人制度は不当です。日本人が日本に帰るのに、なぜ保証人が要るのか。大使館の職員に尋ねると、『まだ日本人かどうか、はっきりしない』と言われました。日本人でなければ、なぜ訪日調査に参加させたのか、矛盾しています」

また肉親が判明しても、身元保証を拒否されれば、帰国できなくなった。肉親が判明した二四名の対象者のうち、肉親がスムーズに身元保証人を引き受けたケースは一一名と半数に満たない（二〇）。

＊「実父に身元保証人になってほしいと手紙を出しましたが、断られました。伯母にも断られました。四～五年間にわたり、実父と伯母に何度も手紙を送って頼み続けましたが、駄目でした。帰国を諦めるしかないと絶望感に打ちひしがれました」

「実姉に身元保証人を断られました。親戚訪問で一時帰国した時、何度も頼みましたが、実姉は聞く耳をもちません。実姉との関係もこじれ、感情も傷つきました」

肉親が身元保証を拒否した理由は、主に三つある。

まず第一に、最も多い理由は、特に経済面で、帰国後の生活・扶養に責任がもてないことだ（二一）。

＊「実兄は当時、もう五七歳で、自分に迷惑・負担がかかると思ったのでしょう。確かに日本語もできない私達一家に仕事を見つけたり、住宅を斡旋するのは、大変です」

「実父は、経済的負担を恐れたのだと思います。何かあれば、肉親が責任を負わなければなりません。実父は高齢のため無職で、経済力がありませんでした」

「実母と継父は高齢だし、私達の存在は経済的・精神的に負担になるので、身元保証人になってくれませんでした。誰も皆、自分の生活があります。私達は途中から割り込むことになり、帰国を認めてもらいにくいです」

第二に、日本に帰国すれば、孤児の生活水準が中国在住時より下がり、生活苦に陥ると、肉親が判断したことである。

＊「実姉は、『中国での生活は苦しくないのに、日本に来てどうするの。あなたは年をとり、日本語もできず、日本に来たら生活も苦しくなる。日本では働かなければ、その日の食事もない』と言い、身元保証人になってくれませんでした」

「実母は、私達の永住帰国に大反対でした。私は中国では医師ですが、日本に帰ると生活水準が下がってしまうからです。『中国にいる方がいい』と、私を説得しました」

「実父は、『日本に来たら、いい仕事につけず、言葉の壁もあり、年をとっているから、大変な苦労をする。中国にいた方がいい』と言い、身元保証人になってくれませんでした。伯母からの手紙にも、『中国で生活が安定しているなら、中国にいた方がいい。日本語がわからないと仕事もできず、生活に困る』とありました」

「実姉は、『日本は不景気だから、中国にいた方がいい』と言い張りました。『日本の経済はもう衰退し、仕事もみつからない。日本に帰ると生活できなくなる』と繰り返しました」

そして第三に、遺産相続がネックになったケースもある。

＊「実姉は、どうしても身元保証人になってくれません。このままでは埒があかないと思い、私は『日本に帰してくれたら、遺産をすべて放棄する』と手紙に書き、指紋押捺して実姉に送りました。すると実姉は、しぶしぶ身元保証人になってくれました。私は、実父母が遺してくれた田畑や家屋など全財産を失いました」

肉親に身元保証を拒否された孤児は、説得に時間を費やし、帰国を遅延させざるをえなかった。最後まで肉親の承諾を得られなかった孤児も少なくない。

＊「実母の説得は、とても時間がかかりました。一九七五年に実母と連絡がとれ、一二年後の一九八七年にやっと帰国できました。実母は、いくら頼んでも身元保証人を引き受けてくれません。私は、『遠縁の親戚に身元保証人を頼む』と宣言し、実際に頼み始めました。それで実母も、しぶしぶ身元保証人になってくれました」

「実兄が反対したので、とても時間がかかりました。先に帰国した知人の残留孤児が、私の実兄に『絶対に負担はかけない。帰国させてあげてほしい』と頼んでくれました。でも実兄は、『妹のことは私が決める。他人は口を出さないでくれ』と断りました」

肉親に身元保証を拒まれた孤児の半数は、その説得をボランティア等に依頼した。ボランティアに実質的な身元保証を頼み、肉親に形ばかりの署名をしてもらった孤児もいる。

＊「日本のボランティアの人が、私の継母と異母弟を説得してくれましたが、やはり断られました。あるボランティアが私のいとこを捜し出し、『何か問題があれば、すべて私が責任をもつ。形式だけでいいから、身元保証人になって下さい』と説得し、それでようやく、いとこが署名してくれました」

「日本のボランティアのA氏が私の実父に、『何か問題が起きたら、すべて自分が責任をもって解決する。名前だけ身元保証人になって下さい』と説得してくれました。それでようやく、実父が身元保証書に署名してくれました。私が永住帰国した日、実父は空港に迎えに来ました。A氏が頼んでいたからです。でも実父は、ほとんど何も話さず、当日のうちに帰ってしまいました。とても寂しかったです。その日は、A氏が歓迎会を開いてくれました」

肉親に身元保証を拒否された孤児は、ほぼ全員が身元保証人制度を批判している。それは、肉親への感情的批判にとどまらない。孤児の帰国後の生活保障・扶養義務を肉親に押しつけ、公的責任を回避した日本政府への批判である。

*「日本人である私の帰国の権利を、なぜ親戚に決めてもらわなければならないのか。親戚の同意がないと、なぜ帰国できないのか。私は日本人で、日本の名前も戸籍も実家もあります。本来、身元保証人など必要ないはずです。肉親に身元保証を断られた私のような残留孤児は、どうすれば帰国できるのか、日本大使館や厚生省、日本の出身地の県庁や市役所に何度も問い合わせました。でも、どこも明確な回答をくれず、互いに責任を押しつけあっていました。厚生省は、私が日本に帰れない理由を書き連ねた手紙をよこしました。日本語で書いてあったので私にはわからず、知人に訳してもらいました。すると日本語ができないとか、身元保証人がいないとか、肉親に身元保証を頼んだらどうかとか、書いてありました。その繰り返しで、一〇年もすぎてしまいました。日本政府は、私達一家の帰国後の生活費を負担せず、肉親にすべて押しつけました。それで肉親は、身元保証ができなかったのです」

「一九八五年に北京の日本大使館に行き、『日本人なのに、身元保証人がいなければ帰国できないのはおかしいではないか』と尋ねましたが、はぐらかすような答えしかもらえませんでした。そもそも日本政府が私達の住宅や生活の面倒をみてくれたら、親戚も皆、私達の帰国を喜んでくれたはずです」

「身元保証人制度は一体、誰が作ったのか。考えれば考えるほど業腹です。なぜ日本人が日本に帰るのに、身元保証人が必要なのか。実姉が同意しなければ、私は永遠に日本に戻れないというのか。あまりに理不尽で、私は今も日本政府を憎んでいます」

第三項　身元引受人制度・特別身元引受人制度

身元保証人制度は、残留孤児・支援者・弁護士団体等から批判を浴びた。(二二)

これを受け、日本政府は一九八四年、中国政府と「孤児が自ら日本国に永住することを希望する場合には、その在日親族の有無にかかわらず、これを受け入れる」との口上書を交わした。(二三)また一九八五年、身元未判明孤児に査証を発給し始めた。以後、身元未判明孤児は帰国後、中国帰国孤児定着促進センターで身元引受人を斡旋されることとなった[二四]。

ただし、それ以降も身元未判明孤児の帰国がスムーズに進んだわけではない。一九八四年の口上書は、永住帰国について「既に訪日親族捜しをしたが親族が判明しなかった孤児を優先させる」と定めた。肉親捜しの訪日調査への参加が、帰国の関門とされたのである。

しかも訪日調査への参加には、第三章第四節で指摘した如く、無為に時間がかかった。また訪日調査の際に永住帰国を申請しても、何ら理由を説明されないまま、何年間も待たされるケースが多発した[二五]。

＊「一九八二年の訪日調査の際、『永住帰国を希望するか』と聞かれ、私は『一九七二年（日中国交正常化）よりずっと前から、待ち望んでいた』と即答しました。それなのになぜ、日本政府は一九八七年まで帰国させてくれなかったのでしょう。中国政府は一九八三年、すぐに旅券をくれました。でも日本の査証が下りず、何度、申請書類を送ってもナシのつぶてです。一番最後に日本大使館に申請書類を提出してからでも、三年以上は放置されました。厚生省から返事が来たことはありません。自分で何度も督促に行き、また日本の『凍土の会[二六]』というボランティアが何度も督促してくれなければ、一九八七年にもまだ帰国できなかったでしょう。一九八六年に『もう三年も待たされている。なぜ許可が下りないのか』と大使館に確認すると、『今年の帰国予定者は、既に決定している。あなたは間にあわないので、来年になる』と言われました。三年以上も前に書類を出したのに、間にあわないとはどういうことか。日本に帰国後、定着促進センターで、厚生省から来た局長を問い詰めました。でも、『もう帰国できたのだから、いいんじゃない？』と言い逃れするばかりでした」

「一九七二年から日本大使館に手紙を出して肉親を捜し始め、一九八六年にやっと訪日調査、一九九〇年にようやく永住帰国できました。一八年間、焦るというより、どうしようもないと思うしかありませんでした。どうすれば日本に戻れるのか、何度も領事館に尋ねましたが、返事はまったくありません。帰国できない理由の説明さえありません。訪日調査の際も、『今すぐにでも帰国したい』と職員に言いました。それなのに、それからまた四年もかかりました。最初から四年かかるとわかっている四年ではありません。まったく先が見えない四年間です。私は将来の人生設計の立てようもなく、ただひたすら領事館に通ってお願いし、返事を待ち続けるしかありませんでした」

「一九八六年の訪日調査の際、永住帰国を申請しましたが、一九九〇年にやっと帰国できました。厚生省の職員の話によると、定着促進センターが満員で後回しにされたようです。日本政府は、センターの定員枠を増やし、もっと早く帰すべきでした」

一九八六年、日本政府は身元が判明した孤児についても、肉親による身元保証書の提出を不要とした。ただし、査証申請の際、在日関係者の招聘理由書等の提出を要求した。これにより、日本のボランティアと連絡をとっていたごく一部の身元判明孤児は、ボランティアを招聘人として帰国することができた。しかし中国に暮らす大半の孤児は招聘人を確保するチャンスもなく、帰国の道は閉ざされたままだった。

一九八九年、日本政府は、肉親の身元保証を得られない身元判明孤児に対し、肉親に代わって孤児の帰国手続きを行う特別身元引受人を斡旋することとした[二七]。ただしそれでもなお、この斡旋を受けるには、①肉親が死亡し、または不明であること、②肉親が孤児の受入れを拒否し、長期にわたり説得したにもかかわらず納得が得られないこと、③その他、肉親以外の者による帰国受け入れがやむをえないと認定されること等の条件が課された。しかも一九九一年までは、特別身元引受人の行う手続きで孤児が帰国することに異存がない旨の確認書を、肉親から提出させていた。事実上、肉親の同意が必要であり続けたのである。

*「親戚訪問で日本滞在中、実姉に身元保証を断られたので、地元の地方議員に身元引受を頼みました。議員は承諾し、嘆願書を作り、一三九五名の署名を集めてくれました。私はこれでようやく永住帰国できると思い、いったん中国に戻り、仕事をやめ、家を売るなど帰国準備をしました。ところがその後、議員から『やはり肉親の同意がなければ帰国は認めないと、日本政府に言われた』との手紙が来ました。私はまた帰国の道を断たれたのです」

「一九九〇年、日本のボランティアに身元引受を頼んで日本政府に帰国を申請しましたが、許可されませんでした。肉親の同意が必要との理由です。でも私は、肉親が身元保証人になってくれず、肉親以外の身元引受でも帰国できると聞いて、ボランティアに頼んだのです。それも駄目と言われ、いったいどうしたらいいのでしょう。親戚訪問から永住帰国まで、一六年もかかりました」

一九九三年九月五日、特別身元引受人を確保できない残留婦人一二名が、日本に「強行帰国」する事件が起きた[二八]。これを一つの契機として、一九九四年四月、「中国残留邦人等の円滑な帰国の促進及び永住帰国後の自立の支援に関する法律（以下、支援法）」が議員立法で制定され、「残留邦人等の円滑な帰国の促進」が国及び地方公共団体の責務とされた。

そして一九九四年、日本政府は、特別身元引受人が行うことになっていた帰国手続きを政府が直接、行うこととした。これにより、身元引受人と特別身元引受人に大差がなくなり、一九九五年二月以降、両制度は一本化され、新たな身元引受人制度が創設された。また一九九四年六月一〇日の衆議院法務委員会で法務省入国管理局長が、「入国手続きの際に中国残留邦人を日本人として扱う。入管法上、残留孤児の入国に際して身元保証など要求しない」と答弁した（二九）。総じてこの頃、帰国における各種の身元保証という障害が、ようやく解消したといえよう。

なお、以上の日本政府の複雑な政策変更は、中国に暮らす残留孤児にほとんど知らされなかった。多くの孤児は、身元保証人・身元引受人・招聘人・特別身元引受人の違い、及び、自らがどの制度で帰国したのか、はっきり理解できていない。

＊「身元保証人について皆それぞれ言い方が違うから、私は未だにわかりません。なぜ私の場合は、肉親でなければならなかったのか。他の孤児には肉親以外の保証人もいるし、保証人がいない孤児さえいます。不公平です。日本大使館で帰国手続きの説明を聞きましたが、日本語だったので、よく理解できませんでした」

「私の肉親は一九七五年に判明しましたが、身元保証人になってくれませんでした。それでずっと帰国できず、さんざん苦労して一九九三年にやっと帰国できました。でも帰国後、他の孤児から、『なぜあなたは、自分でそんな大変な手続きをしたのか。私達はすべて国にしてもらった』と言われました。私も、よくわかりません。日本政府はなぜ、幾通りもの方法をとったのか。なぜ私に、その変更を知らせてくれなかったのか」

第四項　帰国旅費の国費負担

帰国旅費もまた、大きな問題となった。日中の経済格差は大きく、帰国旅費を自弁できる孤児は少なかった。

日本政府は一九五二年以降、中国からの引揚者に対し、帰国旅費を支給してきた。

日中国交正常化（一九七二年）以降も、肉親の身元保証を得られた残留孤児に限り、帰国旅費が国費から支給された。ただし一九七九年まで、親戚訪問の一時帰国旅費を国費から受給した孤児には、永住帰国の旅費は支給されなかった。

また一部には、中国国内の旅費が支給されず、調達に苦しんだ孤児もいた。

＊「日本政府が送ってくれた帰国旅費は、全然足りません。私達は牡丹江にいて、北京までの旅費もかかります。また出国審査のため、ハルビンで一泊しなければなりません。査証申請のため、北京までの往復費用もかかります。農村出身の人

は帰国手続きで全財産を使い果たしたり、借金までしていました」

一九八五年、身元引受人制度が創設されると、未判明孤児にも帰国旅費の支給が開始された。また一九八六年以降の招聘人・特別身元引受人等の制度変更の度毎に、該当する孤児に旅費が支給された。

総じて帰国旅費の支給基準もまた、日本政府の帰国政策に沿って変遷してきたといえる。

第五項　日本政府の政策と帰国の遅延

こうした日本政府の帰国政策、及び、その変遷は、残留孤児の永住帰国の時期をダイレクトに規定し、遅延させたといわざるをえない。

本書の対象者の中で最初の永住帰国は一九七六年、最も遅延したそれは二〇年後の一九九六年である。

このうち自主調査で肉親が判明し、しかも身元保証をスムーズに得られた孤児の多くは、一九七六〜八四年と最も早く帰国できた。帰国時の年齢は四九歳以下と若い。ただしこうした孤児は四五名のうち、七名にすぎない。

一方、自主調査で肉親が判明したが、身元保証を拒否された孤児の帰国は多くの場合、一九八五年以降にようやく始まり、一九九六年まで五月雨式に遅延した。帰国時の年齢は、過半数が五〇歳を超えた。こうした孤児は九名いる。

一九八一年以降に開始された訪日調査で肉親が判明し、身元保証をスムーズに得られた孤児は、一九八五〜八七年に集中的に帰国した。帰国時の年齢は四三歳以下と若い。こうした孤児は四名にすぎない。

そして訪日調査で肉親が判明したが、身元保証を拒否された孤児、及び、肉親が未判明に終わった孤児の多くは、一九八八年以降になってからようやく帰国できた。帰国時の年齢は多様に分散している。これが二五名と最も多い。

このように、永住帰国の時期・年齢は、①肉親判明の有無、②判明方法（自主調査・訪日調査）、そして③肉親の身元保証をスムーズに得られたか否か、の三点によって大枠で規定されていた。日本政府がこの三点を基準に帰国を制限したことが、個々の孤児の帰国年次をダイレクトに規定し、五月雨式に遅延させたのである。

また日本政府の政策は、孤児の帰国年次をさらに細部にわたって規定した。

すなわち第一に、肉親に身元保証を拒否された孤児の帰国は、未判明孤児のそれより早いとはいえない。帰国時の年齢は、むしろ高齢である。つまり一九八五年に身元引受人制度が創設されて以来、未判明孤児の方が帰国しやすい逆転現象が多発したのである。

第二に、肉親に身元保証を拒否された孤児の中でも、肉親を説得して受諾してもらったケース、及び、第三者に特別身元引受を頼んだケースの間で、帰国の時期・年齢にあまり差はない。つまり日本政府が、肉親を「長期にわたり説得したにもかかわらず納得が得られない」場合に限って特別身元引受人制度を適用したことが、孤児の帰国を一層遅延させた。

そして第三に、身元未判明の孤児の中では、訪日調査への参加が早ければ早いほど、帰国も早い。訪日調査の遅延が、帰国の遅延に直結したのである。

こうして帰国が遅れた結果、対象者は帰国時で既に平均四七・七歳に達していた。帰国が遅れるほど帰国時の年齢も高齢化し、一九九〇年以降の帰国者のそれは五一・七歳である。(三〇)

四五名の対象者のうち三七名は、日本政府の帰国政策によって自らの帰国が遅延したと認識し、政府を批判している。

第六項　扶養義務と市民社会

さて、残留孤児の帰国に際し、日本政府が肉親・戸籍の確認、及び、肉親による身元保証に固執した主な理由の一つは、帰国後の親族扶養義務の明確化にあった。そこで肉親も身元保証人になることを重い負担と感じ、慎重にならざるをえなかったのである。

このことは、日本政府が孤児の帰国を家族の私事と位置づけていたことを意味する。

したがってまた、身元保証をめぐって肉親と残留孤児が対立した場合、日本政府は民事不介入の立場を貫いた。

＊「日本の厚生省にいくら事情を説明しても、『肉親が見つかった人の件は関与しない』と一切、手を差しのべてくれませんでした。県庁も、『親戚が身元保証を拒否している以上、どうしようもない』との手紙を送ってきただけです。肉親が身元保証人になるよう、日本政府はもっと説得すべきでした」「厚生省と肉親が住む地域の県庁・市役所に、『帰国したいが、実母が身元保証人になってくれない』と訴える手紙を出しましたが、ナシのつぶてです。帰国後、厚生省の職員を問い詰めましたが、『肉親判明者の件には関与できない』と言うばかりでした」

表　永住帰国と戸籍（帰国年次別）　（人）

				1976～84年	1985～87年	1988～89年	1990～91年	1992～96年	計
タイプ	A			3	2	1	1	3	10
	B			3	3	2	1	1	10
	C				2	3	3	4	12
	D			1	4	5	1	2	13
肉親	判明	自主調査	帰国に賛成	6		1			7
			帰国に反対	1	4		1	3	9
		訪日調査	帰国に賛成		4				4
			帰国に反対			3		1	4
	未判明				3	7	5	6	21
訪日調査	1981～84年				3				3
	1985～89年					7	5	3	15
	1990～92年							3	3
	参加なし			7	8	4	1	4	24
帰国時年齢	53～60歳						1	4	5
	50～52歳				1	3	2	5	11
	45～49歳			3	6	6	3	1	19
	37～44歳			4	4	2			10
子供	国費			3	8	4	1		16
	両方			3	2	7	3	8	23
	私費			1	1		2	2	6
帰国動機（複数回答）	日本人	肉親	具体的血縁あり	4	4	1		2	11
			肉親捜し継続		2	2	2	1	7
		祖国	ロカール	5	1	3		1	10
			ネイション		5	7	5	6	23
	生活防衛	政治	迫害	2	4	3		1	10
			差別・その他	2	1	3	1	2	9
		経済	日中格差	2	3	1			6
			生活不安定化			3	4	6	13
		医療		2	1				3
	子供のため	教育		2	3	4	1	2	12
		生活不安定化					2	4	6
		要望			1	1	3	6	11
	政府の政策				2	6	2	3	13
戸籍	戦時死亡宣告			7	6	3	1	4	21
	就籍				3	7	5	6	21
	その他				2	1			3
計				7	11	11	6	10	45

資料：実態調査より作成。

三権分立の下では、民事紛争を調停する国家権力は司法である。そして司法は、当事者の提訴がなければ機能しない。中国に住み、日本の法律や社会に接したことがない残留孤児が、日本で肉親を提訴することは、ほぼ不可能だ。また提訴すれば、身元保証人の確保は一層困難になったであろう。

肉親による受入が困難な場合、日本政府が肉親の代理――招聘人・身元引受人・特別身元引受人――と位置づけたのは、ボランティアであった。

ボランティアには、二つのタイプがみられた。

一つは、中国東北地方からの引揚者である。彼らは自らの戦争体験をふまえ、残留孤児に深い関心を寄せ、「肉親代わり」として身元を引き受けた。

＊「私の招聘人は戦争中、中国の丹東市にいました。彼は日中国交正常化以降、昔を懐かしみ、毎年、丹東市に団体旅行に来て、その度に、私達残留孤児を宴会に招待してくれました。そして『帰国したいなら、招聘人になってあげる』という手紙をくれました。願ってもないことです。私は身元保証人がいないというだけで、長らく帰国できなかったのですから。すぐ感謝の手紙を書きました」

「私の招聘人は、一八歳まで大連にいた引揚者です。私は藁にもすがる思いで、招聘人になってくれる日本人を捜していました。そして先に帰国した残留孤児に手紙を出すと、自分の身元引受人を紹介してくれました。本当にうれしかったです」

もう一つのタイプは、残留孤児一家に労働力を期待する中小企業経営者である。彼らは資本主義的な割り切った関係の中で、積極的に身元を引き受けた。

＊「先に帰国した残留孤児が、S食肉加工の社長に身元引受人を頼んでくれました。社長は鶏肉の仕入れに、よく撫順に来ていました。彼の会社は、労働力不足でした。うちは家族が多く、いい労働力だったので、彼は喜んで受け入れてくれました」

「親戚訪問で来日してA温泉で働いた時の支配人が、招聘人になることを快諾してくれました。温泉の仕事はとてもきつく、人手が足りなかったからです」

「私の身元引受人は、建築会社の社長です。彼は、人手不足で悩んでいました。私の家族が来日した後、彼の会社で働けば生活のめどがたちます。彼も働き手がほしかったので、一生懸命に帰国を応援してくれました」

中には、低賃金労働力目当ての身元引受組織もあった。その組織を残留孤児に斡旋したのは、日本大使館の職員である。

＊「私は永住帰国したくて、何度も北京の日本大使館を訪ねました。なかなか面会してくれませんでしたが、ようやく大使

館職員のO氏と会えました。うれしかったです。会ってくれたからには、政府が何とかしてくれると思ったからです。でも夢にも思わぬことに、O氏は私の取り扱いを、S会という日本の民間団体に回しました。私は、『政府の正規の手続きで帰国したい』と何度も頼みました。でもS会の人は、『国を通すと帰国が遅れるから、S会を通した方がいい』と勧めました。私は納得しませんでした。他の残留孤児から、『民間団体を通して帰国すると、むりやり働かされて大変だ』と聞いていたからです。でもS会は、執拗に私を説得しました。私は迷いに迷いましたが、一日も早く日本に帰りたかったので、ついに泥舟の誘いにのりました。私はただ身元保証人がいないというだけの理由で、永住帰国できる日を、もう一〇年間も待たされていたのです。大使館・厚生省・市役所、どこに何度頼んでも何もしてくれず、日本に知り合いもいません。いったい誰にお願いできるのでしょう。しかもS会を紹介してくれたのは、日本大使館の職員です。私は思い切ってS会に頼みました。でもその後、やはり不幸の連続でした。S会は来日三日目から会員が経営するコーンスターチ工場で、私達一家四人を臨時雇として働かせました。私は身体が弱く、息子はまだ一五歳、娘は一八歳です。仕事はきつく、二四キロの重さの袋を毎日、三〇往復、運搬させられました。時給も他の日本人は八〇〇円なのに、私と息子は七〇〇円、妻と娘は六〇〇円です。社長は私達の逃亡を恐れ、旅券を取り上げました。日本語教育もなく、朝八時から夕方五時半まで仕事で、息子と娘は学校にも行かせてもらえません。『仕事を止める』と言うと、『別の仕事は紹介しないし、身元引受もやめる』と言われ、耐えるしかありませんでした。せめてもと思って賃上げを要求すると、社長は『文句を言うなら、中国に帰れ。他の人は皆、言葉ができる』と怒りました。私が『言葉ができなくても、皆と同じ仕事をしているではないか』と言うと、『黙れ。とにかく日本で教育を受けていないのだから、我慢しろ』と言われました。いくつかの職場を転々と回され、最後の職場で不満を言うと、社長は怒って私達を解雇しました。失業保険もなく、私達は日本で生きるすべを失いました。私は、埼玉の定着促進センターに助けを求めました。でもセンターの職員は、『国の正式の手続きではなく、個人で帰国した人の面倒はみられない』と言い、相手にしてくれませんでした。私は国の正式の手続きで帰りたかったのに、国が受け付けてくれなかったのです。私は心から怒りを覚え、中国に帰る決意をしました。本当は定着促進センターの前に家財道具を積み上げて座り込みをしたかったけれど、やめました。来日一年足らずで、私達一家は逃げるように中国に帰りました。私が正式に国の手続きで永住帰国できたのは、一九九六年になってからです」

多くの残留孤児にとってみれば、ボランティアの力を借りざるをえなかったのは、日本政府の帰国政策に幾多の問題があったからだ。そこで彼・彼女達はボランティアに謝意を表しつつ、公的責任を放棄した日本政府を厳しく批判している。

＊「私達が日本に戻って来られたのは、国のおかげではなく、民間団体のおかげです。日本政府は、私達の帰国にまったく無関心で、責任を負いませんでした。本来、開拓団も軍人も、中国に行かせたのは日本政府です。政府は、民間団体任せにせず、責任をもって帰国させるべきでした」

「私達は日本政府の政策のせいで残留孤児になったのだから、本来、日本政府が身元保証すべきです。それなのに、なぜ私を帰国させてくれないのか。日本大使館の職員は、面会すらしてくれませんでした。一九九〇年、もうこのままでは日本に帰れないと思い、大使館の前で看板を掲げ、国を相手に訴訟を起こそうと思いました。自分のことを世界に知らせ、日本政府に恥をかかせようと思ったのです。もう、日本に帰れなくてもいいと覚悟しました」

「残留孤児は、日本政府の政策によって生み出されました。それなのに日本政府は、あまりに冷淡で無関心です。永住帰国を希望するかどうか、聞かれたこともありません。身元保証人も、自分で捜すしかありません。私は何から何まで全部、自分でやったのです。日本政府は怠慢で職務放棄し、何もしてくれませんでした」

第二節　中国における家族の動向と国家の介入

さて次に中国の家族、及び、中国政府の対応をみていこう。

第一項　養父母の意向と状態

まず四五名の対象者の八割にあたる三六名は、日中国交正常化（一九七二年）当時、養父母のいずれかまたは両方が健在であった。日本に永住帰国した時点でも、一九名の孤児の養父母のいずれかまたは両方が健在だった。そして養父母達は、孤児の帰国が本格化した一九七〇年代後半以降、介護・扶養を要する老境にさしかかっていた。中国では日本と同様、またはそれ以上に、老親の扶養は、法的にも慣習的にも子供の責任とされていた。そしてほとんどの養父母は渡日を望まず、中国にとどまった。

こうした中で一部の養父母は、残留孤児に帰国を勧めた。

＊「養母はとても思いやりがあり、『数十年、私に親孝行を尽くしてくれたから、もう十分だ。日本の実母もお前が帰るのを待っている。帰りなさい』と言ってくれました」

「養父は、私の帰国にまったく反対しませんでした。『お前は日本人で日本に肉親がいるのだから、日本に帰りなさい。私は中国人だから、日本には行かない。ただ、日本に帰っても私のことを忘れないように』と言いました」

「養母は、私が日本に帰ることに大賛成でした。もう一度、文化大革命のようなことが起きると、私の三人の子供の将来も台なしになるからです。養母はそれを案じ、『日本に帰国できるなら、方法を捜しなさい』と言ってくれました」

しかし帰国を勧めた養父母を含め、大半の養父母は苦悩・葛藤に苛まれた。孤児の帰国に、はっきり反対した養父母も多い(三二)。養父母は何も語らなかったが、その苦悩をひしひしと感じた孤児も少なくない。長年育ててくれた養父母との離別は、孤児にとってもまた、つらい決断だった。

＊「養母と別れるのは、とてもつらかったです。養母は芯が強く、『お前は日本人だから、日本に帰るのは当然だ』と言い、私の前で決して涙を見せませんでした。でも、やはり陰で泣いていました。養母は私達の帰国に伴い、養兄嫁を頼って山東省に行きました」

「養母は最初、私達の帰国に反対しました。養母は心臓病で白内障もありました。『一緒に日本に行こう』と誘いましたが、養母は『日本に行ったら見えないだけでなく、言葉も通じなくなる』と断りました。説得の結果、私達の帰国は認めましたが、すごく悲しそうでした。申し訳ない気持ちで一杯でしたが、帰国の思いも断ち切れず、どうしようもありませんでした」

「養母との別れはつらかったです。養母は、『ここまで育てたのに、私を置いて皆、行くなんて』と泣きました。私は随分悩みましたが、自分の国に帰りたいという気持ちを押さえられませんでした。私は養母に、『お母さんの生活・老後には絶対に責任をもつから、安心して。必ず会いにくる』と慰めましたが、それでも養母は、とても悲しんでいました。私の心情は複雑です。実の親に棄てられ、自分を育ててくれた養母を残して日本に行く。こんな親子の生き別れが、なぜ繰り返されるのでしょう」

「私は、養母が亡くなってから帰国しようと思っていました。でもそうすると、いつになるかわかりません。やむをえず、後ろ髪を引かれる思いで帰国しました。養兄嫁と姪・甥がいたので、養母の面倒をみてもらうことにしたのです。私がいよいよ帰国する時、養母は何も言わず、ただ泣き続けるばかりでした」

帰国の意思を養父母になかなか言い出せなかったり、養父母が死去するまで帰国を決意しなかった孤児も少なくない。

＊「養父母は七〇歳を超え、私が帰国すると耐えられないと思いました。それは、良心的にも道義的にも忍び難いです。養父母には、子供は私一人しかいません。それで私は、養父母

が亡くなってから帰国しました。養母の最期を看取り、自分の責任を果たしました。養父母は晩年、二人とも半身不随になりました。九四年、私は養母を看病しました。養母は死ぬまで、私が帰国してしまうのではないかと心配していました」

「一九八一年に養父が亡くなり、私は帰国を決意しました。養父の生前は、帰国できませんでした。一九七二年頃、養父に相談しましたが、やはり反対されました。養父も日本に呼ぼうと思いましたが、養父は同意しませんでした。その後も、私はずっと日本に帰りたかったけれど、反対されるのがわかっていたので、言い出せませんでした。養父には、私しか子供がいません。養父は私の帰国について、気をもんで悩んでいました」

「一九七九年に養父が亡くなるまで、私は帰国できませんでした。養父が私を育てるのは大変でした。私の実父が見つかったことを、養父は喜んでくれました。それでも私は、数十年間も育ててもらったのに日本に帰るのは、申し訳ない気持ちで一杯でした」

どうしても養父母に言い出せず、黙って帰国した孤児もごく一部だが、いる。
＊「養母が反対するのはわかっていたので、日本に行くことは最後まで隠しました。養母が悲しがり、『行かせない』と言い出すと困るからです。養母には実の娘がいたので、彼女に養母の面倒をみてもらうことにしました。それでも養母にはどうしても言えず、黙って帰国しました」

第二項　配偶者・子供の意向と状態

さて配偶者や子供にも、中国での仕事と生活があった。配偶者や子供が帰国に反対または躊躇したケースは、対象者四五名のうち三一名に達する。配偶者の反対・躊躇に遭遇した孤児は二六名と、全体の過半数を占める。子供による反対・躊躇は一三名と、やや少ない。

配偶者や子供が反対・躊躇した理由で最も多いのは、中国での安定した生活を中断し、日本の未知の生活に入っていくことへの不安であった。
＊「妻は反対しました。妻は薬剤師ですが、日本で薬剤師として働くには、日本の資格が要ります。だから妻も、なかなか決心がつきませんでした。日本語ができないのに大丈夫か、日本政府がどのように私達を処遇するのか、いろんな不安もありました。当時、長男もいい仕事についていたので、迷っていました」
「妻は政府機関で働き、まだ定年退職してなかったので、日本に帰国するつもりはありませんでした。私の仕事も順調で、生活も問題なかったので、妻は『日本に行く理由がない』と

言いました。息子も条件のいい職場に勤めていたので、反対しました」

「夫は反対しました。当時、私達の仕事や生活は安定していたからです。また日本での生活がどうなるのか、想像もつきません。言葉も通じず、仕事もできないでしょう。息子も、『国有企業を退職するのは惜しい』と言いました。当時は、『鉄椀飯』の安定した職業を重んじる風潮が残っていたからです」


一部の配偶者には、日本がかつての侵略国であり、また資本主義国であることも不安要因となった。

＊「夫が反対しました。まず日本は『敵国』です。また中国は日本より遅れているから、日本に行けば、きっと差別されます」
「妻は最初、戦争の歴史の影響で日本に悪いイメージがあり、行きたがりませんでした。その後、改革開放があり、テレビなどの影響で少しずつ考えが変わりました」

「妻は、『日本は資本主義だ』と強く反対しました。当時、共産党の宣伝で、日本は資本主義だから治安が悪いというイメージが強かったのです」


こうした配偶者や子供の意向をふまえ、残留孤児は家族とねばり強く話し合い、ほとんどの場合、家族の意思を円満に統一した。

＊「夫は管理職で生活も安定していましたが、とても思いやりがある人で、私の人生に同情してくれました。『（夫の）母ももう長くないから、こちらのことが片付いたら一緒に日本に行こう。お前は波瀾万丈で大変な人生を歩んできたので、これからは日本で好きなように生きればいい』と言ってくれました」
「夫は私のために、自分のきょうだいと別れて日本に来てくれました。二人の子供も含め、うちの家族四人は来日前に何度も話し合い、団結して世間を渡ろうと誓い合いました。『日本に行けば、生活は上と比べず、下と比べよう。仕事は下と比べず、上と比べよう。皆で努力して頑張ろう』と話し合いました」

「私が日本に帰ることができたのは、一重に妻のおかげです。もし妻が『嫌だ』と言えば、帰れません。妻には、きょうだいも両親もいます。私と一緒に日本に来るのは、大変なことです」

「親戚訪問から帰り、約一年かけて家族全員で何度も話し合い、永住帰国することに決めました。私は、『他の人は、条件がなくても外国に行っている。私達は条件があるのに、なぜ行かないのか』と家族を説得しました。一人でも反対すれば、帰国できません。最後に私の思いが通じて妻も同意してくれ、帰国できました」

前述の如く、配偶者に比べ、子供達は日本への帰国に賛成する傾向がやや強かった。そこで孤児と子供達が一致して、躊躇する配偶者の同意をとりつけたケースも少なくない。

＊「長女は中国で非正規雇用だったので、日本に行きたがりました。彼女は、『もし日本が良くなければ、また中国に帰ればいい』と妻を説得しました。妻は最初、泣いて反対しましたが、長女の説得で最終的に同意しました」

「子供達は皆、日本に行きたがりました。夫は心が揺れていました。夫が同意したのは、家族会議で、中国に残るのが夫だけになったからです。子供達の説得で、夫も来日せざるをえなくなりました」

「夫は来日を嫌がりました。それで家族で民主的に投票しました。三人の子供は皆、『日本に行きたい』と言いました。それで夫も、やむなく賛成しました。一人で中国に残っても辛いからです。私は内心、夫が日本に来ないのではないかと心配していました」

ごく一部だが、家族会議でどうしても同意が得られず、残留孤児が帰国の意思を一方的に宣言したケースもある。その場合、配偶者や子供達は、半ばやむなく日本行きに同意した。家族は決裂せず、最終的には行動をともにした。

＊「家族に反対され、私はついに『皆、行かなくてもいい。私一人でも日本に帰る』と宣言しました。それで、皆も諦めました。ちょうどその時、旅券や旅費も届いたので、妻と息子は仕方なく私について日本に行くことになりました」

「夫は自分が反対したら、皆、日本に行かないと思っていました。でも私は、『皆が行かなくても、私一人でも行く』と宣言しました。未婚の三人の子供に、『日本に行くことに賛成か反対か。もし賛成なら、四人分の手続きをする』と言うと、三人の子供は賛成しました。私は夫に、『この三人の子供をもらって日本に行き、残りの四人の既婚の子供をあなたにあげる。安定したら、皆を日本に呼ぶ。離婚はしない』と言いました。夫は、家族の離散に強く抵抗しました。でも私達は、夫を中国に置いたまま帰国しました。二年後、夫はやっと日本に来る決心をしました」

第三項　その他の親戚の意向

永住帰国に反対・躊躇したのは、養父母・配偶者・子供だけではない。中国では日本以上に親族の相互扶助関係が強く、親族の意向も無視しえなかった。三分の一以上の孤児が、中国の親族による反対に遭遇した。

まず配偶者の両親や兄弟姉妹・親戚である。特に孤児が女性だった場合、夫の両親や親戚には、帰国に抵抗・反対するケースが少なくなかった。

＊「同居していた夫の母が反対しました。夫の母は年老い、認知症になりかかっていました。彼女を残して、日本に帰るわけにはいきません。一九八六年、夫の母が亡くなりました。葬儀を終え、落ちついてから、帰国手続きを進めました。夫の親戚も『見知らぬ日本で、ゼロから生活を始めるのは心配だ』と反対していました」

「夫は数人のきょうだいがいて、病気の母もいたので、なかなか帰国を決意できませんでした。夫の母は体調が悪く、夫のきょうだいも皆、反対していました」

「妻の両親に抵抗があり、なかなか行かせてくれませんでした。妻の両親は日中戦争の体験者で、日本に悪い印象がありました。妻も親孝行なので、迷いました。私は『自分の目で日本を見てきた。他の残留孤児の家族も皆、日本に永住している。私達も行く方がいい』と説得し、妻の両親も、ようやく同意してくれました」

「妻の伯父が、反対しました。私と妻は、この伯父の紹介で結婚したのです。伯父は、『結婚する時、お前は日本に親戚がいなくて、もう日本に帰れないと言った。話が違う』と怒りました。伯父は、妻に離婚を勧めました。でも妻は、離婚しないと言いました。伯父はおそらく、私達の日本での生活がどうなるのか、心配してくれたのだと思います」

子供が既婚の場合、その配偶者やさらにその両親が反対したケースもある。

＊「娘の夫が反対しました。彼は末っ子で、『日本に行くと、残留孤児のように親や兄姉と離れ離れになってしまう』と言いました。娘は、『もしどうしても日本に行くなら、離婚する』と言われ、すごく大変でした」

「息子の妻の両親が反対しました。娘と遠く離れ、なかなか会えなくなるからです。でも私達が親戚訪問から中国に戻り、日本の事情を話し、説得しました。息子夫婦も、日本行きを強く希望しました。それで両親も、やっと諦めて許してくれました」

「息子の嫁に『お前は一人っ子だから、親とよく相談しなさい』と言うと、嫁はその時、初めて『実は自分は養子で、両親は自分をかわいがってくれなかった』と告白しました。私は、『それなら、なおさら親の同意が必要だ』と言いました。嫁は自分の親が絶対に反対するとわかっていたので、偽物の同意書を作ってきました。私達は真実を知らないまま手続きを進めましたが、出発前日になって嫁の両親が『どうして私達と相談もせず、娘を連れていくのか』と詰問に来ました。私達は同意書を見せましたが、もうどうしようもなく、嫁も一緒に日本に来ることになりました。嫁の両親には、申し訳ないことをしました」

表　帰国に対する中国の家族の意向（帰国年次別）　（人）

			1976～84年	1985～87年	1988～91年	1992～96年	計
養父母	自主判明肉親賛成	死去	2		1		3
		賛成	2				2
		反対	2				2
	自主判明肉親反対	死去		1		3	4
		賛成		3			3
		反対	1		1		2
	訪日判明肉親賛成	死去		1			1
		賛成		2			2
		反対		1			1
	訪日判明肉親反対	死去			1	1	2
		反対			2		2
	肉親未判明	死去		1	4	2	7
		賛成			2	1	3
		反対		2	6	3	11
	計		7	11	17	10	45
配偶者・子供	自主判明肉親賛成	賛成	2		1		3
		反対	4				4
	自主判明肉親反対	賛成		1			1
		反対	1	3	1	3	8
	訪日判明肉親賛成	賛成		2			2
		反対		2			2
	訪日判明肉親反対	賛成			3		3
		反対				1	1
	肉親未判明	賛成		2	3		5
		反対		1	9	6	16
	計		7	11	17	10	45

資料：実態調査より作成。

総じて、家族・親戚による反対・躊躇にまったく言及しなかった孤児は四五名のうち六名しかいない。少なくとも三九名は、反対・躊躇に直面したのである。

第四項　家族・親族の意向と帰国時期

以上のように、中国の家族・親族の生活と意向は、残留孤児の帰国に多大な影響を与えた。

しかしそれにも関わらず、ここで特に留意すべきことは、こうした家族・親族の生活や意向が帰国を遅延させる主要な原因では**なかった**という事実である。

本章第一節で明らかにした如く、残留孤児の帰国年次は、日本政府の政策に基づき、①自主調査で肉親が判明した孤児、②訪日調査で肉親が判明した孤児、③身元未判明の孤児で、それぞれ異なる。また①と②の中では、肉親がスムーズに身元保証人になったか否かで、帰国年次が規定されていた。

そこでこの①～③のそれぞれのケースを、中国の家族・親族の反対・躊躇の有無で分けてみると、次のことがわかる。

まず肉親が判明した孤児の場合、中国の家族・親族の反対・躊躇の有無による帰国年次の違いはほとんどない。つまり日本で身元保証人等が確保でき、日本政府に帰国を許可されれば、たとえ中国の家族・親族が反対していても、説得したり、何らかの対策を講じて帰国することが可能だったのである。

一方、肉親が未判明の孤児の場合、一九八五年以降、日本政府の政策変更により、帰国できるようになった。ここでは、配偶者や子供が反対・躊躇した場合、帰国が遅延している。養父母等の反対・躊躇の有無は、帰国年次に影響を与えていない。つまり日本政府による帰国制限がなくなり、いつでも自由に帰国できる状況の下で初めて、配偶者と子供の意向が帰国年次に影響を与えたのである。

第五項　中国政府の介入

さて前述の如く、中国でも日本と同様、またはそれ以上に強く、親族の扶養義務が法的に規定されていた。

そして中国政府・公安局は、中国の家族・親族内に意見対立があれば、積極的に介入した。民事不介入を貫いた日本政府とは、対照的である。

ここには、次のような背景があったと考えられる。

まず第一に、孤児の帰国に伴い、中国で家族の扶養義務をめぐって様々なトラブルが――本書の対象者ではなく、またごく一部だが――発生した。養父母が帰国した孤児を告訴し

たり、配偶者との離婚問題が発生したのである。(三一)

第二に、社会主義を標榜する中国政府は、公私の分離という近代ブルジョア社会の原則を重視しなかった。

そして第三に、日本政府にとって残留孤児問題を国家（公）的問題と位置づけることは、特に中国との関係では、歴史認識や戦後処理に繋がりかねないセンシティブな文脈にあった。一方、中国政府からみれば、孤児問題は侵略国（日本）の子供を育てた中国の人道主義の証であり、戦争の記憶と反省をふまえた日中関係のシンボルと位置づけることが可能だった。

こうして残留孤児問題への対応は、しばしば中国政府が積極的、日本政府が消極的となった。日本政府は民事不介入を理由に公的責任を回避し、逆に中国政府は実質的な問題解決を重視し、介入したのである。(三二)

養父母の扶養をめぐっても、日中両政府の立場には同質性と異質性が錯綜した。それは、一九八四年と一九八六年に両政府が交わした口上書に端的に見てとれる。

まず一九八四年の口上書は、「日本国に永住する前に、家庭問題を適切に処理しなければならない。日本国に永住するすべての孤児は、訪日に同伴しない養父母、配偶者、子女及びその他孤児の扶養を受ける者に対し扶養・養育の義務を有している」と確認した。とはいえ実際には、残留孤児が言葉も通じない日本で直ちに経済的に自立し、中国にいる養父母等への扶養義務を果たすのは、非現実的である。そこで口上書では、日本政府が「孤児の日本国への永住により生ずる家庭問題を責任をもって適切に解決」し、「日本国に永住した孤児が負担すべき養父母、配偶者、子女及びその他孤児の扶養を受ける者が必要とする生活費用の二分の一は、日本政府が援助する」とした。

一九八六年の口上書は、これをさらに具体化した。「日本の財団法人中国残留孤児援護基金（以下、援護基金）はそれぞれの孤児に代わり、中国における養父母等被扶養者のために…（中略）…扶養費を送金する」こととした。扶養費の支払いは日本政府の公的事業ではなく、援護基金の民間事業である。「扶養費の支払いの標準額は毎月六〇元、支払期間は一五年（計一万八〇〇〇元）」で、その半額は日本政府が援助し、残る半額は民間寄付を財源とした援護基金が負担する。扶養費は、残留孤児本人の申請に基づいて送付される。

ここには、①残留孤児の扶養義務遂行を求める中国政府、及び、②孤児問題を私事と位置づける日本政府の双方の主張の折衷策が示されている。(三四)その折衷を可能にしたのは、養父母の扶養義務はあくまで個々の孤児にあるとする日中両政府の共通認識、及び、日本の市民社会・ボランティア（援護基金）の活用である。

もとより中国政府による公私の分離の軽視と介入は、様々な公私混同、及び、政治的圧力を引き起こした。また中国国家の不利益につながる孤児の帰国が、中国の行政介入によって遅延させられたケースも皆無ではない。

*「私は軍の機密工場で働いていたので、なかなか日本に帰れませんでした。私の仕事はそれほど秘密ではありませんが、それでも北京の軍本部の許可をもらわなければならなかったのです。軍本部は『日本の親が中国に来るように』と言い、三年間も許可してくれませんでした。軍工場から電球工場に転勤になり、ようやく家族を中国に残して一人だけで訪日することを許可されました」

「一九七八年頃はまだ政治的空気が濃く、出国には公安局の許可が必要でした。職場の上司に相談しましたが、『絶対に出国は認めない』と言われ、口喧嘩になりました。後に、私自身は日本に行ってもいいけれど、夫は中国の技術者だから出国を認めないと、はっきり公安局に言われました」

しかも本書の対象者に即していえば前述の如く、中国の家族問題はほとんどの場合、家族内で自主的かつ円満に解決されており、行政の介入は不要であった。養父母の扶養も、孤児達は法的義務というより、家族の親密性に根ざす責任感でそれを受けとめ、だからこそ深く葛藤・苦悩していた。

第六項　家族の同伴帰国の制限

中国の家族の動向が、残留孤児の帰国を遅延させたとすれば、それは個々の家族員の意向よりむしろ、日本政府——正確にいえば日中両政府——が、家族の同伴帰国を厳しく制限したことに基づく。

一九八四年に両政府が交わした口上書には、「日本政府は、孤児の養父母、配偶者、子女及びその他孤児の扶養を受ける者が、孤児と共に日本国に永住することを希望する場合には、その希望を受入れ、孤児と共に訪日できるための査証を発給する」とある。しかし実際には日本政府は、二〇歳以上・既婚の子女の同伴帰国を認めなかった。そしてこの措置は、一九九三年の口上書で追認された。同伴の対象が「配偶者及び扶養する家族」に限定され、「扶養しない実子」、及び、その家族は同伴の規定から外されたのである。(三五)

帰国旅費の国庫支給対象も、扶養家族に限定された。二〇歳以上・既婚の子供は対象外となった。(三六)

いわば口上書は、「家族離別の問題の発生を避けるため」

と称しつつ、実際には扶養義務――国家の負担――を基準として家族内に境界線を引き、家族離別を促進したのである。

残留孤児は、幼少時に家族と離別した痛切な体験をもつ。それだけに家族と再び離別したくないとの思いが強かった。しかし、対象者の約六割にあたる二六名は、成人・既婚の子供を中国に残したまま、日本に帰国せざるをえなかった。

＊「日本政府は、私と妻の二人しか帰国を許可してくれませんでした。三人の娘達は、既婚という理由で、中国に残るしかありません。『なぜ実の娘が一緒に行けないのか。なぜ家族がバラバラにならなければならないのか。両親（残留孤児夫婦）が年老いたら、いったい誰が面倒をみるのか』と、娘達は憤りました。私達が日本に発つ日、近くの駅まで見送りに来た娘達は押し黙ったまま、うつむいていました。次はいつ会えるかわからず、言葉を発したら涙がとまらなくなるからです」

そして、すべての子供を国費で同伴帰国させることができた孤児の帰国は、私費で子供を呼び寄せざるをえなかった孤児のそれに比べ、明らかに早い。

すなわち二〇歳以上・既婚の子供を同伴帰国できないことが、孤児の帰国を一層遅延させたのである。

＊「最初、私達夫婦二人だけの帰国を許可する書類が届きました。長男は既婚で、次男は未婚だが二〇歳をすぎていたからです。子供を残し、私達夫婦だけで日本に帰るわけにはいきません。それで私は、帰国を諦めるしかありませんでした」

「家族全員分の申請書類を北京の日本大使館に提出しましたが、長男と長女は二〇歳を超えていたので、日本政府の許可が出ませんでした。私達は、日本に行くなら家族一緒でなければならないと考えていました。社宅に住んでいたので、私が日本に行けば、子供達は家がありません。それでやむなく帰国を遅らせました」

日本政府の政策によって帰国が遅延した結果、子供達が二〇歳を超え、同伴帰国が認められなくなった孤児もいる。

＊「私は、上の二人の子供が同伴帰国できないという政策を聞き、すごく不満を感じました。なぜなら、せめて一九九〇年に帰国できていれば、私の子供達は皆、二〇歳未満で同伴帰国できたのです。日本政府の手続きが遅くて一九九二年になったから、子供達は二〇歳をすぎました。これは日本政府のせいです」

帰国の遅延と子供の同伴制限という、いずれも日本政府の政策に基づく二つの事象は、互いに因となり果となり、残留孤児の帰国にまつわる苦難を増幅させた。私費で子供を呼び寄せざるをえなかった孤児、及び、一九八八年以降まで帰国が遅延した孤児のほとんどは、子供の帰国を制限する日本政府の政策に問題があったと批判している。

第七項　一時帰国から永住帰国への切り替え

最後に、ごく一部だが、正規の永住帰国の手続きをふまず、親戚訪問で一時帰国し、そのまま日本で永住帰国に切り替えた孤児もいる。

日本政府は、この切り替えを容易に許可しなかった。一九八四年の日中両政府の口上書で、「新たな家族離別の問題の発生を回避するため」、「里帰りのため訪日した孤児が、中国へ戻ることを望まない場合には、日本政府は、その孤児が家族問題を解決するため、一旦中国へ戻るよう必要な措置をとる」と決められていたからである。一九九三年の口上書も、日本に一時帰国した孤児が日本に永住帰国を希望した場合、「日本政府は、本人が家族問題を解決するために、一旦中国に戻るよう必要な措置をとる」と確認した。

しかし本書の対象者の中で、一時帰国から永住に切り替えようとした孤児はいずれも、中国で「新たな家族離別の問題」や「家族問題」を抱えて**いなかった**。むしろ彼・彼女達がこうした対応をとらざるをえなかった原因は、日中両政府の政策にあった。そこで彼・彼女達は、いったん中国に戻そうとする日本政府・行政の措置に納得せず、激しく抵抗した。

すなわちまず第一は、日本政府による身元保証人制度の問題である。ある孤児は、肉親との関係が悪化し、いったん中国に戻ると身元保証人の確保が絶望的になるため、日本に滞在したまま永住に切り替えようとした。

＊「親戚訪問で来日しましたが、実父や異母兄と言葉も通じず、食事等の習慣も違い、だんだんギクシャクし始めました。また私は日本滞在中、病気で入院しました。その費用がかかったせいか、退院すると異母兄は一層不機嫌になり、『もう中国に帰れ』と言い、入院中のパジャマやタオルの費用を請求してきました。私達は怒り、実父の家を飛び出し、アパートを借りて住みました。以降、肉親とは絶縁状態になりました。永住帰国の身元保証人など、引き受けてくれるわけがありません。だから私達は、日本で永住の申請をしました。手続きをしてくれたのは、ボランティアの日本語教室の先生です。県の役人は、なかなか認めようとせず、『とにかく一度、中国に戻れ。それが規則だ』と言い張りました。でも私達は、絶対に中国に帰るつもりはありませんでした。日本人の私が日本にいて、何が悪いのでしょう」

第二は、日本政府による帰国手続きの遅延である。それに耐えかねた孤児も、断固として中国に戻ろうとしなかった。

＊「親戚訪問で来日して、日本で永住に切り替えました。正規の永住帰国を待っていると、いつになるかわからないからです。日本の役人は、『とにかく中国に帰れ』の一点張りで、私達を追い出そうと必死でした。肉親が判明して戸籍もある日本人がようやく帰って来たのに、なぜ追い出すのか。私達はいったん中国に戻り、数年待てば、正規の手続きで永住帰国できたかもしれません。でも、それができる保証は、どこにもないのです。私達は、もう十分に待たされました。いくら希望しても帰国できない孤児も、たくさんいました。とにかく帰国できる時にしなければ、いつにされるかわかったものではありません」

そして第三は、中国政府が、孤児一家の日本への永住帰国を容易に認めなかったケースである。

＊「夫は国有企業の技師で受賞歴もあったので、中国側が手放したがりませんでした。私達は省政府まで何度も申請に行き、五年かかって、ようやく『親戚訪問なら許可する』と言われました。それで親戚訪問で来日し、日本で永住帰国に切り替えることにしました。一度中国に戻ると、二度と出国させてもらえないのは明らかです。日本の役所は、どうにかして私達を中国に帰そうとしましたが、絶対に応じるわけにはいきませんでした」

第三節　永住帰国の動機

さて、こうした様々な制約・困難を乗り越えてまで、残留孤児はなぜ、日本への帰国を望んだのか。

その最も素朴な答えは、「日本人だから」である。しかし、人が一生をかけた決意には複雑な動機が絡まりあっている。「日本人だから」という言葉一つにも、多様な意味が込められている。また日本人であっても、すべての孤児が帰国を望んだわけではない。本書の対象者ではないが、中国定住を選択した孤児もいる。そして残留孤児とともに日本に「帰国」した配偶者は、日本人ではない。総じて「日本人だから日本に帰るのが当然」といった認知枠では、帰国動機を十分に捉えることはできない。

第一項　肉親と祖国

まず、「日本人だから」という動機には、「日本に肉親がいる」という血縁的要素、及び、「日本は祖国」という地縁的要素がある。そしてその内実は、肉親が判明した孤児と未判明の孤児で異なる。

【肉親への思い】

「日本に肉親がいる」という血縁的要素についてみると、肉親が判明した孤児の場合、再会を果たした具体的な血縁者が念頭におかれている。

＊「三五年ぶりに再会した実父が高齢になっており、できるだけ近くで暮らし、最後まで面倒をみて親孝行をしたいと思いました」

「日本の親戚が、帰国を勧めてくれました。親戚訪問で一時帰国した時、親戚がたくさんいて、とても親切にしてくれました。それで帰国を決意しました」

これに対し、身元未判明の孤児は、「日本に帰って肉親捜しを続けたい」という思いが、帰国動機になっている。中国にいたままでは、肉親の情報は入手しにくい。また、未判明孤児は日本政府による訪日調査に参加したが、わずか二週間程度のおざなりな調査では諦めきれないとの思いも強かった。

＊「肉親を捜したくて帰国しました。訪日調査では身元が判明しなかったけれど、日本に帰国してじっくり捜せば、必ず見つかると信じていました。たった二週間の訪日調査では納得できません。肉親を見つけだし、自分が何者なのか知りたかったのです」

「血縁を見つけたい。それが、人生で唯一の目標になっていました。当時、中国にいたまま、肉親を捜せる状況ではありませんでした。日本の地を踏むことさえできれば、肉親も捜しやすくなると思い、帰国しました」

【祖国としての日本】

次に「日本は祖国」という地縁的要素についてみると、肉親が判明し、しかも年長（《A・Bタイプ》）の孤児の場合、「日本」としてイメージしているのは、肉親や幼少時の記憶といった具体的事象によって構成されたロカール（locale）である。彼・彼女達は、「望郷の念」という言葉をしばしば口にする。また、「日本に帰国する以上、二度と中国に戻るつもりはなかった」と語るケースが多い。そしてこうした動機をあげる孤児は、肉親がスムーズに身元保証人になってくれたケースが特に多い。

＊「実父母と離れ離れになった時から、日本に帰国したいという気持ちが消えることはありませんでした。日本は私が生まれた故郷です。心の中には、いつも学校や神社、家、池、山、田んぼといった故郷の景色がありました。日本に来て、駄目なら中国に戻ろうという気はまったくなく、最初から永住する決心でした」

「帰国の動機は、実父が死ぬ前に、『どんなことがあっても、必ず日本へ帰れ』と言ったことです。私の故郷は長野県A村で、まわりは深い山に囲まれていました。そこには兄や姉がいます。私は帰国する時点で、故郷へ帰るんだと思っており、中国に戻ろうという気持ちはまったくありませんでした」

「望郷の念を押さえきれず、帰国しました。私は日本人だから、故郷に帰りたいと思っただけです。長年、中国に流浪して故郷に戻れず、どんなに辛かったか。やっとチャンスが来たから、何が何でも帰ろうと決心しました。もちろん日本に定住するつもりでした。もう絶対に中国に戻りたくありませんでした」

　これに対し、年少（《C・Dタイプ》）の孤児の場合、「祖国としての日本」は「想像の政治的共同体」[三七]としてのネイションであり、具体的な地縁・血縁・記憶等の媒介物を欠いたまま、自らと同一化されている。彼・彼女達の多くは第一章第一節で述べた如く、中国生まれか、または出生地が不明である。また戦後の中国での差別・疎外体験を通して、自分が日本人であることを否応なく自覚・認識させられてきた。いわばその人生においては、「日本人の血統を引く日本民族」という抽象的・観念的な事実が、具体的・現実的な重みをもち続けてきたのである。

　年少の孤児は、肉親捜しでも特に苦労した。訪日調査に参加するには、具体的な情報・証拠が乏しくても、「日本の血統を引く日本人」であることを日中両政府に対して強調しなければならなかった。訪日調査後も、肉親の身元保証人が確保できず、容易に帰国できなかったケースが多い。こうした体験の中で、一方でますます「想像の祖国＝日本」への思いが膨らみ、他方で「祖国に棄てられた」との思いも増幅し、愛憎を込めて「祖国としての日本」や「日本人の血統」に思いを巡らさざるをえなかった。

　年少の孤児には、自らの帰国動機を「落葉帰根」[三八]と語るケースが少なくない。「帰根」の場は特定の家庭やロカールではなく、日本というネイションである。これに対応して「落葉」の場も、養父母の家庭や中国東北地方のロカールというより、中国というネイションとなる。彼・彼女達の帰国動機は、ネイションを単位とした血統に基づく「宿命」（「血が呼んだ祖国」）として語られることが多い。しかし彼・彼女達は、現実の日本が残留孤児の肉親捜しや永住帰国に消極的であり、決して「優しい祖国」でないことも、十分に体験している。そこで年少、特に身元未判明の孤児には、「日本に行ってみて、自分と合わなければ、中国に帰るつもりだった」と語るケースが多い。一方で抽象的だが重い現実によって構築された「想像の祖国」への深い思い入れ、他方で具体的な繋がりを確認できず、自らに対して冷たい「現実の祖国」への醒めた思い。この両極端の「祖国としての日本」のアンビバレンツが、年少の孤児の帰国動機には輻湊している。

＊「私の血管には、日本人の血が流れています。どこで生まれたのかわからないけれど、それでも祖国は日本です。だから日本で暮らすのは当然で、選択の余地はありません。日本人として祖国への思いを強くして、落葉帰根で日本に戻って来ました。私は昼も夜も祖国を思い、肉親を思い、祖国からの情報と肉親からの呼びかけを待ち望んでいたのです。日本人の私が生きる場所は、やはり祖国日本しかありません。ただ、日本に行ってみて、どうしても状況が悪ければ、また中国に戻ろうと思っていました」

「私は血統が日本人なので、人生の最後は何としても日本で暮らしたいと思っていました。落葉帰根です。ただ、働ける間は中国にいた方がいいと思いました。一方で、人はどこで生きてもいいという気持ちもありました。もし日本の生活にあわないなら、中国に帰るつもりでした。中国でいい仕事についていたので、職場を離れたくないという気持ちもありました。私は三年間、中国の職場に七〇〇元という大金を払い、いつでも元の職場に戻れるように手配して、日本に帰国しました」

「日本人だから日本に帰りたいという素朴な気持ちでした。同胞は皆、祖国に帰れたから、自分もやっとこの日を迎えることができたという感じです。やはり落葉帰根で、日本人は祖国に帰るべきです。私は戦争のせいで中国に生まれ、日本に来ました。戦争がなければ日本に来ることもなく、普通の中国人として中国で生きられたでしょう。日本でどのように生活していけるのか、よくわからなかったので、とりあえず日本に行ってみて、よかったら定住し、駄目なら中国に帰ってくればいいと思っていました」

「日本人だから、自分の国で暮らしたいという気持ちです。私の出生地は不明ですが、それでも日本は両親が育った国なので、祖国としての絆を感じていました。私は、中国の職場で一年の休暇をとって来日しました。日本について何もわからないから、もし万一、日本での生活が無理なら、中国に帰るつもりでした。来日して様子をみて、定住するかどうか決めようと思っていました」

第二項　生活防衛

さて、残留孤児の帰国のいま一つの、そして最大の動機は、自らと家族の「生命＝生活（life）」の防衛である。

ここには、①政治的動機、②経済的動機、③子供の将来、④自分や家族の健康・治療という四つの要素が含まれる。

【政治的動機】

まず政治的動機についてみる。

戦後の東西冷戦、特に文化大革命時代の迫害の体験をふまえ、日本への永住帰国を望んだ孤児は多い。

＊「もし文化大革命のような政治弾圧が再び始まれば、私のような日本人はまたひどい迫害を受け、夫や子供も巻き添えにされます。それで、どうしても日本に帰りたいと思いました。中国は政治運動が多く、自由がなく、抑圧された感じがしていました。日本に帰れば安心です。周囲の人にも、『日本に行ける時に行った方がいい。文化大革命で、ひどい目に遭ったのを忘れたのか』と言われました。夫も子供も、『もう一度、文化大革命が起きたら生き残れない』と言いました。それで帰国を決心しました」

「文化大革命以降、自分だけでなく、子供の将来にまでどんな被害があるかわからないという不安を抱え、日本に帰りたいとの思いを強くしました。いつ戦争が起きるかも、わかりません。もし何か起きたら、子供達がどうなるか、不幸になるんじゃないか。友達も、『もし、文化大革命のようなことが再び起こったら、ひどい目にあうよ』と言いました。日本は中国のように階級闘争や政治運動もなく、自由な国だと聞きました。やはり日本の方が安心感があるので、決断しました」

「文化大革命で日本のスパイとして迫害されてから、『日本に帰りたい』と痛切に思いました。このまま中国にいたら危険だ、中国では生きられないとの思いが強烈になりました。中国では、いくら努力しても中国人と同じように生きられない現実を突き付けられ、中国で生きていく意欲も気力も萎えてしまいました。中国にいる限り、日本人として、いつも脅え、遠慮して生きなければなりません。子供達にも、同じ思いをさせます。それで私は、どうしても日本に帰りたかったのです」

中国社会での日常的な差別・疎外を、帰国動機としてあげる孤児も少なくない。

＊「子供時代から日本人としていじめられる度、日本に帰りたいとずっと思っていました。中国では、いつも引け目を感じ、正々堂々と生きられません。親戚訪問で日本に一時帰国した時、中国でのような片身の狭い感覚がなく、やはり日本こそ私の家であり、日本で生活するのが当たり前だと感じました」

「中国ではいつも違和感・疎外感がありました。たとえ仕事ができても、日本人なら出世できません。些細なことで皮肉を言われ、嫌がらせもされます。夫も、私のせいで差別されました。だから、日本に帰国したいという気持ちをずっと持っていました」

「私は日本人の子供だから、中国にいると、つねに不利な扱いを受け、将来が望めません。ことあるごとに『小日本鬼子』

と侮辱され、あざ笑われ、頭を上げて堂々と暮らせません。特に人間関係がもつれた時、抑圧されたような気分になります。それで、真剣に帰国を考えるようになりました」

さらに、天安門事件や官僚の腐敗、コネ社会等、日本人というより、むしろ中国人として中国社会に失望し、日本への帰国を決意した孤児も三名みられる。これも、広義の政治的動機といえよう。

＊「天安門事件の時、私は民主化の横断幕を掲げた三輪自動車で街中を走り回りました。この事件で多くの人が殺されたのを見て、私は中国の政治的未来に失望しました。それで、日本に行こうと決意しました。私が民主化運動に参加したので、上司は怒りました。上司に『海外追放にしてくれ』と言うと、『それくらいなら刑務所に閉じ込めておく』と言われました」

「日本では、コネや人脈がなくても理不尽に殴られたり、馬鹿にされたりしません。中国の会社では、上司にコネがないと汚い仕事、危ない仕事を押しつけられます。殴られたこともあります。これは日本人差別ではなく、中国人どうしの差別です。中国のどこの会社でも、そうでした。それで日本に行こうと思いました」

「中国で、いろんなトラブルに巻き込まれました。夫が研究所名で書いた論文が受賞しましたが、研究者ではない行政官の所長が、その論文を自分の個人名にして高級技師の資格を取ろうとしました。それで夫は、所長ともめました。また当時、住宅不足の中、私達に住宅が分配されましたが、不満をもつ人々が、私達が入居するはずの住宅の鍵を壊し、占拠しました。新聞も取材にきて、大騒ぎになりました。扇動した四人の幹部は免職処分になり、住宅は私達に返されました。でも幹部どうしのコネがあるから、後任の幹部も私達を目の敵にします。私達が日本に来たのは、こんな中国社会に耐えられなかったからです」

【経済的動機】

次に、経済的動機である。ここには、二つの要素がある。一つは、日中の経済格差だ。これは、肉親が判明し、しかもスムーズに身元保証人になってくれた孤児に多く見られる。

＊「日本に行くことは周囲の憧れでした。当時、中国の人々は、日本は経済的に豊かな国という印象を持ち、皆、行きたがりました。帰国手続きを始めて三ヶ月ほどたつと、私の長男には、若い『嫁さん候補者』が列をなしました。今日はこの娘、明日はあの娘と見合いの連続で、大忙しでした。長男の嫁の家は、喜んでうちに嫁がせました。ただ、結婚を急いでほしいという条件つきでした。私達の気が変わらないうちに、決めたかったのです」

「一九九一年当時、私達は月一〇〇元しか稼げませんでした。

日本に比べ、中国は貧しく、立ち遅れていました。親戚訪問で日本に一時帰国して、日本の生活は、どの方面を見ても中国よりずっと良いと感じました。実際、私達が持ち帰った日本のお土産は、中国人が欲しがるものばかりです。もし中国が今のように経済発展していたら、私達は日本に帰らなかったかも知れません」

二つ目は、中国での経済生活の不安定化である。この場合、半ばやむなく来日したケースが多い。こちらの動機は、肉親が未判明の孤児、及び、肉親が身元保証人になることを拒否・躊躇した孤児に多く見られる。

＊「一九七〇年代、私は中国で仕事が順調だったので、あまり外国に行きたくありませんでした。でもその後、仕事がうまくいかなくなり、子供達も将来の見込みがなくなったので、日本に行く方がいいと思うようになりました」

「洪水で田圃が大きな被害を受けました。一生懸命に耕したのに流されてしまい、収穫が全然ありません。これで、もうおしまいです。日本に帰った直接の原因は、この洪水です。日本に行くしかなかったのです」

「私は重病にかかり、仕事ができなくなりました。夫も喘息で、農村なので何の仕事もできません。それで、日本に行く方がいいと思いました」

【子供のため】

さて次に、「子供のため」という動機である。この場合、自分の状況だけを考えると日本に行かない方がいいと感じていたケースが多い。子供の将来を考え、自分が犠牲になっても日本に行った方がいいと判断したのである。(三九)

ここにも、三つの要素がある。

一つ目は、就学中の子供の教育や将来を重視したケースだ。

＊「当時、中国では海外留学ブームでしたが、うちは金もコネも無いので、私が日本人であることを一つのチャンスにしようと思いました。学校の先生も子供に、『君の母親は日本人なのに、どうして早く日本に行かないのか。日本はとても発展した国で、将来性がある。こんな絶好のチャンスを逃したら、もう二度とチャンスは来ない』と力説しました」

「娘の教育・将来を考えて帰国しました。娘が日本語と中国語の二カ国語を覚えれば、就職に有利で、日中の架け橋にもなれます。私達はずいぶん迷いました。私達夫婦は中国での仕事も給料もよく、また高齢だから日本に行くと言葉の問題もあり、仕事も老後も不安でした。でも最後は、娘のためと思って決意しました」

「一九九一年、中国は海外留学ブームでした。また長男が大学に入れず、次男も進学したいと言うので、日本に行くことにしました。私の親族や友人も皆、『子供の将来のために、日本に行った方がいい』と勧めました。私自身は、中国でいい仕事をもち、日本に行くのは不安でした。でも、子供の教育を考えて決断しました」

二つ目は、子供の中国での経済生活が不安定になったため、来日したケースである。

＊「長男と三男は仕事がうまくいかず、場所を変えてやってみようと思いました。次男の勤務先の工場は、赤字で倒産寸前でした。次男の嫁は最初は店で働いてけっこうな給料があったので、来日に反対していましたが、その後、店がうまくいかなくなったので、日本に来ることにしました。私自身は当初、中国で仕事も生活も安定しており、永住帰国するつもりはありませんでした。日本に来る決め手は、子供達の将来です」

「当初、子供の職場が安定していたので、日本に帰るつもりはありませんでした。でも一九九〇年代になると、長男の自動車工場は赤字続きで、リストラされる恐れがでてきました。私達夫婦は中国で仕事も生活も安定し、日本に帰ったら言葉もできず、仕事もできなくなります。でも子供のことを考えると、やはり日本に行った方がいいと思いました」

そして三つ目は、子供の強い要望に押し切られたケースである。これは、前述の二つ目の動機とも重なる。しかし経済的に安定していても、新たな経験を求める子供もいた。

＊「私と夫は中国でいい仕事につき、十分生活していけたので、日本に行きたい気持ちはありませんでした。日本に行くのは言葉の問題もあり、不安でした。でも、子供達が日本に行きたがりました。私の子供達は皆、中国で教師や事務員など、いい仕事をしていましたが、それでも皆、日本に行きたがりました。特に長女は、中国では結婚相手を探す気がありません。それで私達も、早く中国を離れようと思いました」

「私は中国で管理職なので、自分の仕事や生活だけ考えると、日本に帰国したくありませんでした。でも、子供達が来日を望みました。厚生省から書類が送られて来た時、子供達が勝手に記入しました。子供のためを考えると、日本に来る方がいい。親は子供の犠牲になった。そう考えて、精神のバランスをとっています」

【自分や家族の健康・医療】

「生命＝生活」の防衛に直接、関わる最後の動機として、自分や家族の健康・医療がある。これは、医療環境が劣悪な農村に住んでいた年長の孤児（《Bタイプ》）にみられる。

＊「私は高血圧と心臓病があり、中国で子宮の腫瘍の手術も受けました。でも中国では医療技術が低く、医療費は高く、満足に治療が受けられません。それで日本で治療を受けたかったのです。私は中国にいたら、とっくに死んでいたでしょう。

日本では医療保険があり、治療を受けられます。おかげで、今まだ生きています」

「親戚訪問の時、日本の叔父が『日本に永住すれば、身体も良くなる』と言い、帰国を勧めてくれました。当時の私は、体重が四五キロ位しかありませんでした。今は六〇キロです。畑で働き、日焼けもすごくて真っ黒でした。もしずっと中国にいたら、今頃は死んでいたかもしれません。中国は寒く、食物もよくありません。夫は喘息でしたが、日本にきて自然に直りました。日本は自然に恵まれ、空気も綺麗で、医療も先進的です」

「長男が血友病で、三歳頃から出血が止まらなくなりました。ハルビンの漢方病院に行って診てもらうと、天津の血液研究所を紹介され、借金して行きました。でも、やはり特効薬はありません。当時、私の給料は四四元で、そのほとんどを息子の治療費に注ぎ込み、生活は苦しかったです。また中国は当時、医療条件が悪く、このままでは息子の病気は絶対治らないと思いました。私達は、日本の医療技術が先進的だと聞いたので、日本に帰って来ました。今、息子は障碍者として福祉を受けています」

第三項　政府の帰国政策

最後に、日本政府の政策を、帰国の動機としてあげる孤児も多い。これはほぼすべて、身元未判明の年少の孤児である。

ここには、次の三つの要素が複合している。

一つ目は、日本に帰れば、まがりなりにも政府の生活保障があることだ。ただし孤児達が想定していたのは、日本政府による補償的優遇策であり、実際に実施されていた恩恵的な最低水準の生活保障とは、かなり乖離があった。

＊「私は残留孤児として中国で苦労してきたので、日本に帰れば日本政府が当然補償してくれ、優遇策があると思っていました。もちろん、困難はあるでしょう。それでも日本政府が『帰って来い』と言う以上、責任をもって支援してくれると思い込んでいました。問題があっても、政府は私を無視できないと考えていました」

「日本政府から、いい生活条件で受け入れるという手紙がきました。まず日本語教室に四ヶ月通い、それから仕事ができれば仕事を斡旋し、できなければ国から生活保障が出る。年金も補足され、住宅も保証されると書かれていました。私はもう五一歳だったから、これで老後は安心と思いました」

「日本政府が、戦争被害者の残留孤児を呼び戻す以上、帰国後の必要な援助・補償は当然、してくれると思いました。何か困ったら、政府に言えばいいと思っていました」

二つ目に、日本政府が手続き期限を区切ったので、迷いはあったが帰国に踏み切ったケースである。厚生省は一九八七年二月、訪日調査の概了宣言を行い、第一五回をもってこれを打ち切った。しかし各方面から批判を受け、補充調査として実質的に訪日調査を継続した。また一九九三年一二月、厚生省は帰国を希望する一六〇〇人余の残留邦人全員を、三年以内に帰国させる方針を発表した。これらはいずれも、支援策の時限設定と受け取られ、またそのように機能した。

＊「日本での生活が不安だったので、永住帰国を決断できず悩んでいました。でも一九九三年、『日本に行くかどうかを決める最後のチャンスだ』という厚生省の手紙が届き、ついに決心しました。この手紙が来なければ、まだ迷っていたかもしれません」

「来日直前まで決意できませんでした。一九八八年、吉林省外事課長から長距離電話がかかってきて、『日本に行きたくないのか。もう日本政府の期限が切れる。一〇日以内に出国しなければならない』と、まるで追い出すような口ぶりでした。翌日、旅券を取りに行き、すぐ日本に帰国しました。急すぎました。何の支度もせず、家もそのままにして、二人の子供も中国において来ました。それまで帰国手続きをとらなかったのは、帰国後、どこに住み、どこに就職すればいいのか、子供の教育をどうすればいいのかわからず、日本での生活が不安だったからです」

「養母が亡くなってから帰国しようと思っていましたが、厚生省から二回書類が届きました。一回目は無視しました。二回目には、『一九八七年一〇月までに日本に帰らなければならない』と書かれていました。それで、仕方なく帰国を決断しました。自分の気持ちとしては、定年前だし、養母も生きているし、まだ日本に行きたくなかったのです」

「もう少し後に帰国するつもりでしたが、一九八八年に日本大使館が『早くしないと、手続きを中止する』と催促してきました。もう少し様子を見たいという気持ちと、今、帰国しなければ、将来後悔するだろうという気持ちの間で、迷いながら手続きしました。督促されなければ、いつまで手続きを延ばしたかわかりません」

三つ目に、中国在住のままでは日本政府の支援が受けられないことが、帰国動機になったケースもある。

＊「日本政府は、『中国に残る人には何の援助もできない。日本に帰国する人だけに、援助する』とはっきり私達に伝えました。それで私は、帰国する決心をしました。日本に来たら、程度はともかく、一応援助をいただけると思ったからです」

第四項　永住帰国をめぐる不安

一方、永住帰国を躊躇させる要因もあった。それは、帰国後の日本での生活への不安である。

一刻も早い帰国を切望していた孤児も含め、ほとんどすべての孤児は、日本に生活の場を移すことに不安を感じていた。戦後数十年をかけて築き上げてきた中国での生活を断ち切り、未知の国・日本で新たな生活を一から始めるのは、不安と葛藤に満ちた決断であった。特に中国で安定した生活基盤を確立していた孤児ほど、不安や葛藤は大きかった。帰国が現実的になればなるほど、期待とともに不安も増幅した。

*「日本に帰りたいと思いつつ、なかなか決心がつきませんでした。中国では仕事もあり、十分生活して行けますが、日本では言葉の問題もあり、不安でした。中国で校長だったので、まだ退職しなくてもよかったのです。中国で教育の仕事に注いできた情熱と、日本に帰国したいという気持ちの狭間ですごく悩みました」

「日本での生活の保障は、まったく聞かされていませんでした。言葉や仕事の問題があることも、わかっていました。だから日本に帰りたくない気持ちもあり、葛藤しました。中国ならいざとなれば物乞いでもできますが、日本では言葉が通じないからそれもできません。中国では親戚・友達がたくさんいますが、日本ではほとんどいません。心配するのは当然です」

「中国での生活を捨て、日本に永住帰国しようとまでは、なかなか決断できませんでした。とても不安でした。当時はまだ今のように情報公開されてなかったので、日本のことをよく知っている人を訪ね、話を聞きました。日本に帰ると、言葉もできません。年齢も年齢だし、新しい言語の勉強は難しいでしょう。私も妻も、中国で仕事も生活もとてもよく、老後の保障もありました。まわりの人も、『日本に行っても、中国より良いとは限らない』と言っていました」

「私が住む瀋陽は大都会ですが、日本の肉親が住む長野は田舎です。親戚訪問で来た時、長野は本当に山の中で田舎でした。習慣も違います。家族全員、日本語ができず、就職も難しいでしょう。日本で、どんな生活ができるのか。誰しも、こういう心配がありました。私は、何が何でも日本に帰りたいと思いつつ、実際に帰るとなるといろんな不安を感じていました。人間である以上、それは当然です」

第五項　多様な動機と規定要因

以上のように、残留孤児の帰国には多様な動機が輻湊している。そしてそこには、年齢や居住地（《A～D》の四タイプ）、及び、肉親判明の有無、身元保証人の確保状況等の違いによって、明らかな差異がみてとれた。

そして肉親判明や身元保証の状況――それらを基準とした日本政府による帰国制限政策――が、帰国年次をダイレクトに規定したことをふまえれば、帰国動機もまた帰国年次毎に大きく変化してきたのは当然である。

すなわち一九八五～八八年を境として、それより以前に帰国した孤児では、「日本に肉親がいる」こと、及び、具体的なロカールとしての「故郷」への思いが、主な帰国動機であった。肉親による受け入れを前提として、「日中の経済格差」や「子どもの教育・将来のため」、「自分や家族の健康・医療問題」を理由に帰国する孤児もみられた(四〇)。

これに対し、一九八五年以降、特に八八年以降に帰国した孤児の帰国動機では、「肉親捜しを続けたい」、抽象的ネイションとしての「祖国」への思い、及び、「中国での生活不安定化」や「日本政府の政策」が大きな位置を占めている。

さらに一九九〇年以降には「子供の中国での生活不安定化」や「子供の希望」を理由に帰国する孤児も増加した。

政治的動機は、帰国時期を問わず一貫してみられる。ただし、政治的動機が占める比率に着目すると、一九八九年以前の帰国者に特に多い。いわば東西冷戦の終焉まで、政治的理由が比較的大きな位置を占めていたのである。とはいえ、一九九〇年以降の帰国者の中にも、日本人としての差別、及び、天安門事件や中国の政治・社会の混迷を理由に、日本への帰国を決断したケースが見られる。

以上のように、残留孤児の帰国動機は多様な諸要素の複雑な絡みあいの中で、時期毎に大きく変化してきた。

そこには少なくとも、次の三つの背景が相互に関連しながら展開している。

まず第一は、東西冷戦からグローバリゼーションへと世界社会が大きく転換したことである。特に一九八九年頃を境に「政治的迫害の回避」から、経済的理由、とりわけ孤児夫婦だけでなく子供も含む「生活の不安定化」へと動機がシフトしたことは、これを抜きには理解できない。日中の経済格差を動機とした帰国は、それ以前からみられた。一九八〇年代末に増加した経済的動機は、むしろ中国における市場経済化・改革開放の下での生活の不安定化に根ざしていた。残留孤児が住む中国東北地方は、かつて重工業・国有企業の集積地であった。一九八〇年代末以降、改革開放・市場経済化の進展に伴い、国有企業の倒産・リストラが激増した。「中国の都市貧民の四分の一は東北にいる(四一)」と言われるほど、失業率は跳ね上がった。医療や教育の費用も高騰し、経済的理由でそれらを受けられない人も激増した。地方都市・農村では、一層深刻な貧困が蔓延した。

第二は、日本政府の政策の変遷に基づき、永住帰国を許可される孤児が、①身元判明者から未判明者へ、②肉親に身元保証人を受諾された者から拒否された者へ、そして③日本生まれの年長者から、中国生まれまたは出生地不明の年少者へとシフトしたことである。一九八〇年代後半以降、「日本に肉親がいる」、及び、ロカールとしての「故郷」への思いという動機が減少し、「肉親捜しの継続」、及び、抽象的ネイションとしての「祖国」への思い、そして「日本政府の政策」という動機が増加したことは、これに基づく。

そして第三は、帰国が遅延するにつれ、孤児の家族で世代交代が進んだことである。帰国が遅延するほど、帰国時の孤児の年齢は着実に上昇している。一九九〇年以降、子供に関わる動機が増加したことは、これと関係している。しかもそれ以前は「子供の教育・将来のため」が多かったが、一九九〇年以降は就職した子供の「生活の不安定化」や「子供自身の希望」が動機となっている。

第四節　国籍と戸籍

最後に、国籍と戸籍の変遷について見ていこう。

第一項　出生時の国籍

大多数の残留孤児は出生後、日本の行政機関に出生届が出された時点で戸籍に登録され、日本国籍を取得したと考えられる。たとえ中国東北地方に生まれても、「満洲国」には国籍法がなく、一九四〇年に日本帝国臣民の二重身分を認める暫行民籍法が施行されていた。ほとんどの日本人移民は、日本国籍を保持したまま、日本と「満洲」の二重民籍（戸籍）登録をしていたのである(四二)。

とはいえ、すべての残留孤児が出生時に日本国籍を取得したわけではない。ごく一部だが、日本敗戦の混乱の渦中、または戦後になってから中国で生まれた孤児もいる。彼・彼女達の出生届は、日本の行政機関に出されなかった可能性が高い。本書の対象者でも一名、一九四七年に中国で生まれ、一九八五年に肉親が判明して出生届未了と認定され、その後、肉親が出生届を出し、日本の戸籍・国籍を取得したケースがある。彼は出生後、直ちに中国籍に登録されたとも考えにくく、一九五〇年代まで無国籍・無戸籍だったと思われる。

またたとえ出生時に日本の戸籍・国籍を取得しても、その事実を確認しうるのは、後に肉親が判明した孤児だけである。対象者の約半数を占める身元未判明の孤児は、出生時の戸籍・国籍が確認できない。彼・彼女達の現在の戸籍は後述する如く、一九八〇年代以降、新たに作成（「就籍」）されたものだ。残留孤児の国籍・戸籍について考える際、本人を含む誰にも語りえず、またおそらく永遠に確定できない事実があることを銘記しなければならない。

第二項　国籍の変遷と錯綜

さて、大多数の残留孤児は日本敗戦後、中国人養父母に引き取られた時点で、中国人としての氏名をつけられた。またいずれかの時点で、自らの意思とほぼ無関係に中国籍に登録された。養父母が幼い孤児を引き取った際、養子として、または養子であることさえ隠して実子として登録したケースもある。また一九五八年に集団引揚事業が終結した時点で、中国政府は中国籍を希望する残留孤児に国籍証を発給する政策をとった[四三]。その際、中国で生きていく上で、他に選択肢がほとんどない中で、中国籍に加入した孤児もいた。もちろん、いつの時点で自分が中国籍に加入したか知らない孤児も多い[四四]。

＊「一九五〇年代、政務院で周恩来が署名した中国籍加入許可証をもらいました。私の意思というより、養母が私のことを思って、私に黙って申請したのです。中国籍でなければ、共産党入党も昇進も難しいからです」

「一九五八～五九年頃、公安局がうちに来て『中国籍をとって下さい』と言いました。当時、残留日本人を中国籍にするという指示があったようで、今も多くの残留孤児が、周恩来が署名した中国籍加入許可証をもっています。でも私は、養父母が既に実子として役所に届け、中国籍に入っていました。だから、中国籍加入許可証は持っていません」

「一九五〇年代、公安局が調査に来ましたが、養父母は私の素性について何も言わず、実子だと言い張ったそうです。当時、日本人の子とばれたら、絶対に悪影響があります。だから私は、いつからかはっきりわからないうちに、中国籍に入っていました」

しかし一方、日本政府は一九七二年まで、中華人民共和国を国家として承認していなかった。一九五七年、日本の法務省は「日本人が中華人民共和国の国籍を取得しても、日本の国籍は離脱できない」とする方針を明示していた[四五]。また本書の対象者ではなく、しかもごく例外的な少数事例だが、肉親・戸籍が判明した残留日本人が一九七二年以前に個別に日本に帰国するケースがあったが、その場合、日本政府はこれを日本国民の帰還（引揚）として受け入れた。中には中国政府発給の旅券を持って帰国したケースもあったが、日本政府は事実上、日本国籍者として入国を許可した。ただしこのように入国を許可されたのは、肉親・戸籍が確認できた残留日本人に限られている。

つまり日中国交正常化（一九七二年）以前、中国在住の大多数の残留孤児は――個々人の意思・記憶を問わず――、中国政府からみれば中国人としての氏名をもつ中国籍者だった。しかし日本政府からみれば、日本の戸籍が確認できる孤児は日本人としての氏名をもつ未帰還の日本国籍者であった。ただしまた同じ残留孤児でも、日本の戸籍が確認できない場合、日本政府は彼・彼女達を日本国籍者と認めなかった。

第三項　戦時死亡宣告

さて前述の如く、日中国交正常化以前、日本政府は、戸籍が確認された残留孤児に限って、事実上、日本国籍を認めていた。ただしこのことは、日本政府が残留孤児の戸籍・国籍の認定、及び、日本国民としての保護に積極的だったことを意味しない。むしろ日本政府は、第三章で詳述した如く、残留孤児の捜索・身元確認にはまったく消極的であった。

日本政府は、多数の孤児が中国で消息不明者として生存している事実を知りつつ、何ら特別の措置を取らないまま、未帰還者特別法（一九五九年）に基づく戦時死亡宣告を促進し、その戸籍を抹消した。[四六] 死亡宣告を受けた孤児は、厚生省の未帰還者調査の対象から外された。[四七] 日本政府は、残留孤児の戸籍を「生きた日本国民」の捜索・保護に活用せず、行政上の死者と定義しうる手段として活用し、残留孤児問題の存在を消し去ったのである。

肉親・身元が判明した二四名の対象者のうち約九割に当たる二一名は、戦時死亡宣告で戸籍を抹消されていた。[四八] 墓が建立されていた孤児も多い。後にこの事実を知った孤児は、大きな衝撃を受けた。肉親が判明した孤児には、年長者（《A・Bタイプ》）が多い。彼・彼女達は日本敗戦当時から日本の肉親の記憶をもち、またそれゆえに自力で肉親捜しに早くから取り組み、ようやく肉親との再会を果たし、日本への帰国を果たした。そこで日本政府や肉親が自らを既に死者として処置し、捜そうとしていなかったという冷厳な事実を思い知らされた時、彼我の思いの落差に打ちのめされたのである。

＊「戸籍上、私は死者として抹消されていました。一九六四年に戦時死亡宣告され、二五年間、死者として生きてきました。墓もありました。親戚訪問で来日した時、兄は墓に刻まれた私の名前に赤ペンキを塗りました。これは、生き返った印だ

そうです。私は自分の墓を見て、泣き崩れました。日本政府が私達の死亡も確認せず、戸籍を抹消したのは、死刑判決を下したのと同じです。せめて生死不明と書くべきでしょう。私は言いようのないショックを受けました」

「戸籍は、死者として抹消されていました。抹殺です。木製の墓もありました。私はそれを、自分の手で引き抜いてしまいました。兄嫁は、『これから長生きするよ。一度、死んで、また生き返ったから』と冗談を言いました。でも私は、悲しみと苦しみで一杯でした。なぜ、生きているのに死んだことにされているのか。ひどいよ、これは。私の命と人格への侮辱です。まだ生きているのに、調査もせずに抹消するなんて。戸籍を抹消したのは、私を帰国させないためではないか。要するに日本政府は、私達を中国で死なせ、永遠に日本に帰したくなかったのでしょう」

「私の戸籍は抹消され、デタラメの死亡宣告がなされていました。これを知った時、言葉では言えないほどショックを受けました。生きている私を死者にしたのは、日本政府の大きな犯罪です。私達が日本に帰国するため、身元確認を必要としているのに、なぜ私達の安否も確認せず、戸籍を抹消したのか。墓碑に私の名前が彫られているのを見て、私は悲しくて悔しくて、人目をはばからず泣きました」

「一九七〇年一二月二五日付けで、戦時死亡宣告を受けていました。私は死人にされ、戒名が刻まれた墓も建てられていました。死者扱いされていたことに、大変な衝撃を受けました。中国で必死に生きてきたのに、勝手に死んだことにされていたのは許せません。私達が身元確認を必要としているのに、なぜ戸籍を抹消したのか。中国で九死に一生を得た私を救わないどころか、勝手に死者にするとはどういう了見なのか」

第四項　日本の戸籍をもつ中国籍者

【国交正常化に伴う「中国籍」の認定】

さて、肉親が判明した孤児の多くは、本人または肉親の申請によって死亡宣告が取り消され、戸籍上、「生き返った」。しかし日本政府は、彼・彼女達を直ちに日本国民と認めたわけではない。

前述の如く、日中国交正常化以前、日本政府は中華人民共和国を承認していなかったため、残留孤児の中国籍も認めていなかった。しかし国交正常化以降、遅くとも一九七四年頃までに日本政府は、残留孤児がいずれかの時点で「自己の志望」により中国籍を取得し、日本国籍を喪失したものと認定するに至った。そして個々の孤児の意思を問わず、国交正常化の日（一九七二年九月二九日）にさかのぼって日本国籍を喪失し、中国籍になったものと行政的に処理した。（四九）こうして残留孤児は、たとえ肉親が判明して日本の戸籍を確認・回復しても、ほぼ一律に中国籍者とされた。日中国交正常化は、残留孤児の日本への帰国に新たな道を開くと同時に、日本国籍の剥奪という新たな壁を作り出したのである。

こうした日本政府の処置は、残留孤児には納得しがたいものだった。前述の如く、孤児が自己の志望で日本国籍を放棄し、中国籍を取得した事実はほとんどない(五〇)。まして中国籍を取得した日付が一九七二年の日中国交正常化の日というのは、孤児には到底理解不能な国家による偽装であった。

*「私の日本国籍喪失の理由は、一九七二年九月二九日に私が中国籍を取得したからだと言われました。でも、そんな事実は絶対にありません。私が中国籍を取得したとしても、それが何年何月何日か、私にもわかりません。中国政府の公証書によれば、私は一九六五年五月一三日に中国の戸籍に登録されています。でもそこには、私が日本国籍だとも書いてあります。つまり、私は在中日本人だったわけです。たとえ私が中国籍を取ったとしても、それは一九七二年ではなく、一九六五年ではないでしょうか。一九七二年は日中国交正常化の年であり、私がそんな年に、わざわざ中国籍を取るわけがありません」

残留孤児の帰国手続きも、本章第一節で述べた如く、日本国民の引揚から、外国籍者（中国籍者）の新規入国へと一変した。中国政府発給の旅券、日本政府発給の査証、及び、日本国内の身元保証人の確保が不可欠になったのである。また帰国を果たした後も、残留孤児は外国人登録をするよう指導された。こうした取り扱いは、地域によって異なるが、一九八六年以降まで続いた(五一)。

*「日本に帰国すると強制的に指紋を取られ、外国人登録をさせられました。私は嫌でしたが、手を引っ張ってむりやり取られました。私はだまされたのです。指紋を要求されるのは、外国人だけです。私は日本人です。それなのに私はいったん外国人登録をさせられ、それから改めて帰化の手続きをせよと強制されました」

「私は日本国民として帰国したにもかかわらず、中国の旅券で帰国したという理由で中国人とみなされ、市役所に外国人登録の手続きに行かされました。でも私達はもう一枚、日本政府が発給した中国残留日本人孤児と明記された引揚証明書も持っていました。日本政府は日本国民を帰国させたのか、それとも外国人を入国させたのか。なぜ日本政府は、私達を正真正銘の日本人として扱ってくれなかったのでしょう」

「帰国直後、身元保証人に連れられ、市役所に外国人登録に行かされました。戸籍があるのに、なぜ外国人登録をしなければならないのか。納得がいかず、腹が立ちました。中国では日本人とみなされていたのに、日本に帰ったらなぜ中国人扱いされるのか。戸籍があるのに、なぜわざわざいったん外国人になり、その後、帰化を申請しなければならないのか。地元の法務省に行き、『生粋の日本人なのに、なぜ外国人なのか。手続きを変更せよ』と抗議しましたが、受け入れられませんでした」

ただし日中両政府は、孤児を単純な中国籍者とみなしていたわけでもない。

中国政府は、確かに孤児に中国籍者としての旅券を発給した。しかし当時、中国では出国管理が厳しく、特別の理由がなければ、旅券は発給されなかった。中国政府は、孤児が日本人だという特別の事情を考慮したからこそ、日本に帰国するための旅券を発給したのである。

一方、日本政府は孤児の帰国に際し、外国人(中国籍者)としての入国手続き——旅券と査証、身元保証人——を求めた。しかし一般の外国人の入国とは異なり、残留孤児の身元保証人を日本の肉親に限定し、しかも肉親の身元保証さえ得られれば定住や帰化を許可した。一九八五年以降は、身元未判明の孤児にも永住帰国を認めた。

このように日中両政府はともに、残留孤児を中国籍者と位置づけつつ、しかし潜在的・実質的な日本人でもあるとみなしていたのである。

ただしまた、日中両政府の対応には違いもあった。中国政府による旅券発給は、帰国・日本国籍取得を援助・促進する立場からなされ、実際にもそのように機能した。これに対し、肉親による身元保証を求める日本政府の措置は、帰国・日本国籍の取得を制限し、阻むものだった。

一方で潜在的な日本人と認めつつ、他方で日本への帰国・国籍の回復を阻む。こうした日本政府の矛盾は、一九八一年に肉親捜しの訪日調査が始まると、ますます増幅した。日本政府が「日本人の可能性が高い」と認定して訪日調査に参加させたにもかかわらず、肉親が未判明であるため身元保証人が確保できず、日本に帰国できない孤児が激増したのである。また肉親・戸籍が判明しても、肉親に身元保証を拒否され、日本に帰国できない孤児も増え続けた。

日本政府が、肉親・戸籍が判明して身元保証が得られた孤児に、永住帰国のための特別の渡航証を発行するようになったのは、一九八六年頃からである。これにより、肉親が判明した孤児はようやく日本国籍者として、日本の査証・中国の旅券を持たずに帰国することが可能になった。

ただしその後も本章第一節で述べた如く、最終的には一九九四年頃まで、日本の戸籍・渡航証をもつ孤児が日本に帰国する際、各種の身元保証人を必要とする矛盾は継続した。

【未判明孤児の就籍・永住帰国】

一方、訪日調査を経ても肉親が判明しなかった孤児に対しては、日本政府は一九八五年まで、永住帰国を認めなかった。ただしこうした未判明孤児も、日本の家庭裁判所に申し立てれば、新たな戸籍を作ること（「就籍」）ができた。

訪日調査を終えて中国に戻った未判明孤児の一部は、日本のボランティアの支援により、中国にいながらにして日本の戸籍を作った。

＊「私は、まだ中国にいた一九八六年、日本の戸籍に就籍しました。戸籍を作ってくれたのは、ボランティアの山村文子さんです。私の戸籍には実父母の記載はありません」

「知人の残留孤児に、『日本の戸籍に入るか』と聞かれました。私は『中国にいるのに、日本の戸籍に入れるのか』と聞くと、東京の河合弘之弁護士を紹介され、手紙を出しました。すると手続きの方法を書いた手紙がきました」

「一九八五年、訪日調査を終え、中国に帰った後、東京の弁護士（五二）が吉林市に来ました。彼は私達の話を聞き、腕の種痘の跡を確認してから、戸籍を作る手続きを教えてくれました。そして日本で私の戸籍を作り、中国に送ってくれました」

とはいえこれができたのは、日本のボランティア（五三）と連絡がとれたごく一部の孤児のみである。中国に暮らし、日本語もできず、日本の法律知識もない大多数の未判明孤児は、独力で就籍の申請手続きができるわけもなかった。

そして本章第一節で述べた如く、一九八五年以降、日本政府は身元未判明の孤児に査証を発給し始めた。未判明孤児は、中国籍のまま、身元保証人なしで帰国できることになった。これにより、未判明孤児の帰国が急増した。大多数の未判明孤児は、帰国後、中国帰国者定着促進センターや自立指導員・ボランティア等の援助を得て就籍し、日本国籍を取得した。

＊「中国の旅券で来日してから、所沢の定着促進センターに入所して、すぐに日本国籍をくれました。帰化ではなく、日本人として認定した上での国籍回復です。家庭裁判所に申請しました。千野誠司という人が手続きを全部してくれました。就籍許可証には、次のように記されています。『父母の氏名は不祥。申立人は出生により日本国籍を取得した日本人である。しかるに、申立人は中国人として成長してきたため我が国に戸籍を有しない。…（中略）…申立人の両親の身元は全くといってよいほど不明ではあるが、少なくとも、申立人は日本人母の非嫡出の子か、日本人夫婦の嫡出子と認めることが許されると考える。…（中略）…また、申立人が一旦取得した日本国籍を喪失したとする事由の存在は認められない。

しかして、中立人については、戸籍を有しないから、就籍を認めるのが相当である』」

「来日後、就籍しました。私の戸籍は神奈川県鎌倉市にあります。菅原幸助という鎌倉市の人が、私の戸籍を作ってくれたからです。父母は不詳と書かれています(五四)」

以上のような複雑かつ多様なプロセスを経て、残留孤児の戸籍と日本国籍は「回復」されていった。

ただし、こうした戸籍・国籍の「回復」のプロセスに疑問を感じた孤児も少なくない。特に就籍については、身元未判明孤児の大多数が問題を感じていた。

すなわちまず第一に、日本政府が自らの責任で就籍を行わず、その経費も当事者（残留孤児、または身元保証人等）の自己負担だったことに疑問を感じている孤児がいる(五五)。

*「本来、日本政府が戸籍を作ってくれるべきです。私達は日本政府の責任で残留孤児になり、しかも日本人と認定されて帰国しました。なぜ自分で申請しなければ、戸籍をもらえないのか。私達は中国に遺棄されましたが、中国政府は黙っていても戸籍を作り、受け入れてくれました」

第二に、中国の国籍証明書がなく、二重国籍になると言われ、手続きが繁雑だった孤児もいる。

*「養母が私の中国籍の申請手続きをしてくれたので、私の手元には中国籍加入証がありません。それで日本国籍を回復する時、とても面倒でした。中国籍の証明書がないと二重国籍になる可能性があり、日本国籍をとるのは難しいと言われました」

第三に、日本国民としての氏（名字）のつけ方に納得していない孤児もいる。なぜその氏になったのか、本人にもわからないケース、及び、「いかにも日本人らしい氏名」をつけるよう強要されて不満を感じたケースもある。自ら主張して中国名を維持したのは、一名のみである(五六)。

*「私の中国での居住地から一字とり、いかにも日本人らしい名字をつけたのでしょう。定着促進センターの通訳が勝手につけました。私が自分でつけたのではありません。私は、中国名のままにしたかった。養父母がつけてくれた名前であり、私はその名前でずっと生きてきたのですから。私は最初、名前の変更なんか全然考えていませんでした。『日本の戸籍に入り、日本国籍をとるには、日本人らしい名前が必要だ』と通訳に言われ、仕方なく変えました。なぜ名前まで変えなければならないのか、納得できる説明もありません。考える暇もくれず、『この名前でいいか』と、すぐに認めるよう求められました。身元未判明の人は、その場で数十人が即座に次々に名づけられました。本当は今後の生活のことを最優先に考

えるべきなのに、日本政府はまず名前の変更にすごくこだわっていました」

「私の中国の名字はLです。日本でも、Lのままにしたかったです。養父が私を大人になるまで育ててくれたので、名字に愛着がありました。でも定着促進センターで、『日本の名字にLはない。日本人らしい名前にしなければならない』と言われました。そしてLに発音が近い漢字を教えられ、それを名字にするしかありませんでした。名前は養父の名前から一字取り、それに日本人女性に多いと言われて『子』の字をつけました」

「私の日本名は、誰がつけたのかわかりません。おそらく夫の名字と私の中国名から一字ずつとって、いかにも日本人らしい名字にしたのでしょう。知らないうちに決まっていました。裁判所か厚生省がつけたのではないですか。私が自分から、この名字を名乗るわけがありません。そのような名字が日本にあることすら知らなかったのですから。私達は、自分の本当の名字、祖先とのつながりすらわからず、本当にかわいそうです」

「私は中国名のままです。日本国籍をとる時、『日本人の名前をつけろ』と言われました。私が『どんな名前にするのか』と聞くと、役所の職員が『私と同じ姓にしようか』と言いました。私は、『もし肉親が見つかったら、また姓を変えるのか』と尋ねました。職員は『中国名だと、孫が学校でいじめられるから、変えた方がいい』と言いました。私は『では肉親を捜してくれ。肉親がみつかれば、姓を変える。それまでは絶対に変えない。姓をつけるのは、いいかげんな遊びではない』と主張しました。二〇日ほどすると、役所から『中国名のまま日本国籍が取れた』と連絡がきました」

第四に、誕生日の変更をめぐる混乱もみられた。

＊「私の誕生日の日付は、生まれた日ではなく、棄てられた日です。私の心を一番傷つける日です。だから私は、就籍を機に誕生日を変えようと思いました。それで、大変なことになりました。私は旅券を取る時、誕生日にした日付を忘れ、手続きできませんでした。そのために家庭裁判所で、もう一度手続きをさせられ、結局、また棄てられた日付に戻されました。私はこの日付を口にすると、泣きたくなります。子供は『誕生祝いをしよう』と言ってくれますが、『私には誕生日はない』と断っています」

第五に、国籍変更の必要性・理由の説明が不十分だったと語る孤児もいる。

＊「定着促進センターの職員に『日本国籍を取るか』と聞かれた時、私は、『日本国籍を取るメリットとデメリットを教えてほしい』と言いました。すると職員は、『君は日本人だから、日本国籍を取らなければならない』と言いました。私は『それならなぜ、私に尋ねるのか』と思いましたが、状況がよく

わからないので黙っていました。本当は私達にきちんと説明すべきなのに、日本政府はもう決めていて、形だけ私達に承認させるという感じです。日本国籍への変更も、日本政府が面倒を避けるためにしただけではないでしょうか。私達が日本国籍に入れば、政府はもう普通の国民として扱い、中国政府との関係で面倒がなくなるからです」
「私は来日してすぐには日本国籍を取りませんでした。これまでの日本政府の対応に、不満があったからです。でも、子供一家を呼び寄せる手続きをすると、孫の来日が許可されませんでした。驚いて入国管理局に聞くと、日本の法律では三世まで呼び寄せられるが、私が日本国籍を取らないので私自身が二世、子供は三世、孫は四世になるそうです。だから『孫は呼べない』と言われました。私は、やむなく日本国籍を取りました。このことで何度も泣きましたが、仕方ありませんでした」

第六に、家族が事実上、日本国籍への変更を強制された孤児もいる。

＊「来日後、自立指導員に言われ、私は日本国籍を回復しました。四人の子供のうち年少の二人は、詳しい説明もなく、意見も聞かれないまま、私と一緒に日本国籍に入りました。でも年長の二人の子供は抵抗しました。日本での生活がどうなるか、不安だったからです。すると自立指導員は怒り、『家族全員が日本国籍に加入しなければ、まだ中国にいる子供達を呼び寄せられない』と言いました。私達一家は、二度と家族が離れ離れになりたくなかったので、やむなく全員が日本国籍に変更しました」
「自立指導員に言われ、私達母子四人とも日本国籍に入りました。私は、『私は日本人だから日本国籍にするが、子供達は中国籍でもいいのではないか』と尋ねました。すると自立指導員は、『家族全員、日本国籍に入らないと生活保護が受けられない。それに今すぐ国籍変更せず、後で自分達で手続きすれば、ややこしくなる。そもそもあなたたち一家は日本人だから日本に帰国できたので、日本国籍にするのは当然だ』と言いました。私はよく理解できませんでしたが、当時は従うしかありませんでした」

そして第七に、一九八五年の国籍法改正まで、子供（二世）の国籍取得に性差別があった。改正前の日本の国籍法は父系主義であり、男性の孤児の二世にのみ日本国籍が認められた。一九八四年の一部改正で、一九六五年から一九八四年に生まれた女性の孤児の二世も、手続きが可能になった日から三カ月以内に届け出れば、日本国籍が取得できるようになった。ただし実際には、その手続きは極めて困難であった。(五七) そして一九八五年の国籍法改正で、父系主義から両系主義に変わり、一九八五年以降に生まれた二世は、残留孤児（親）が男女いずれでも日本国籍を取得できるようになった(五八)。

＊「女性の残留孤児の子供は、帰国後三カ月以内に手続きしなければ、帰化という形でしか日本国籍に入れませんでした。男性の孤児の子供は、何も手続きなしにすぐ日本国籍に入れます。これは男女差別です。私達は定着促進センターを出る時、既に四カ月たっていました。兵庫県に来てからも、そんなことを考える余裕もありませんでした。センターでも兵庫県でも、そんな規則があると誰も教えてくれません。子供が学校でいじめられて初めて、子供も日本国籍に入れようと思いました。でも、『もう遅い』と言われました。こういう男女差別の意識は、男性の孤児にもあります。ある男性の孤児は、『私達は純粋な日本人だが、女性は中国人の妻であり母だから、半分の日本人だ』と言いました。別の男性の孤児も私に、『あなたの子供は半分の日本人だ。日本政府に日本人として認められていない。うちの子はすぐに日本国籍に入れた』と自慢しました。私はすごく腹が立ちました。日本政府はなぜこんな男女差別の制度を作り、残留孤児の内部に愚かな差別意識を生み出すのか。残留孤児が受けた被害に、男女の違いはありません。日本政府は、なぜこんな不当な差別をしたのでしょう」

「日本政府は、男女差別をしました。男性の孤児の子供は日本国籍を回復しましたが、女性の孤児の子供は帰化にされました。日本人の子供なのに、なぜ帰化なのか。同じ残留孤児なのに、なぜ男女で違うのか。まったく不合理で納得できません」

考察　残留孤児の永住帰国

以上、残留孤児の永住帰国の実態を分析してきた。

第一項　帰国時期の規定要因

まず残留孤児の帰国年次を最もダイレクトに規定したのは、日本政府の政策とその変遷であった。

【日本政府の帰国政策】

すなわち日中国交正常化（一九七二年）以前、日本政府は、多数の残留孤児が中国で生存している事実を認識しつつ、その捜索・帰還にほとんど着手しなかった。そこで、日本への帰国を切望していた年長の孤児を含め、帰国は事実上、困難であった。むしろ日本政府は、未帰還者特別措置法（一九五九年）に基づく戦時死亡宣告を促進し、多数の孤児の戸籍を抹消した。戸籍を「生きた国民」の捜索・保護に活用せず、行政上の死者と定義しうる手段として活用し、残留孤児の帰国問題そのものを消し去ったのである。

ただし日中国交正常化（一九七二年）以前、本書の対象者ではなく、またごく例外的な少数事例だが、個別に自力で日本への帰国を果たす日本人がいた。日本政府は、日本の肉親・戸籍が確認できれば、これを日本国民の引揚として受け入れた。国交正常化以降も日本政府がこの措置を継続していれば、少なくとも肉親・戸籍が確認できる孤児の帰国は、一挙に実現されたはずである。

ところが日本政府は、遅くとも一九七四年までに、肉親・戸籍が確認できたケースも含め、すべての残留孤児を中国籍者と認定した。残留孤児の帰国は、日本国民の引揚から、外国籍者の新規入国へと一変した。呉万虹のいう「祖国・日本への帰国」を「異国・日本への来日」に変えたのは、実は残留孤児ではなく、日本政府であった。

しかも日本政府は、残留孤児の帰国に際し、日本の肉親による身元保証を課した。これにより、肉親が未判明の孤児は帰国の道を断たれた。また肉親に身元保証を拒否された孤児も、帰国できなくなった。

こうした日本政府の政策には、各方面から批判が相次いだ。そこで日本政府は一九八五年以降、肉親が未判明の孤児に帰国を許可した。また一九八六年以降、肉親に身元保証を拒否された孤児の帰国に、いくつかの緩和措置（招聘人、特別身元引受人、帰国旅費支給基準の緩和等）を設けた。

しかし、残留孤児の帰国に何らかの身元保証を求める日本政府の規制は、最終的には一九九四〜九五年頃まで続いた。日本国交正常化以降、諸規制の撤廃に二〇年間以上も費やしたことは、残留孤児の帰国に重大な遅延と混乱をもたらした。

【日本政府の政策と帰国時期の関連】

そして個々の残留孤児の帰国年次は、こうした日本政府の政策とその変遷によって、ダイレクトに規定された。

すなわち自主調査で肉親が判明し、身元保証人を確保できた孤児は、一九七六〜八四年と相対的に早く帰国できた。自主調査で肉親が判明しても、身元保証を拒否された孤児の帰国は、一九八五年以降にようやく始まり、一九九六年まで五月雨式に遅延した。訪日調査で肉親が判明し、身元保証人を確保できた孤児は、一九八六〜八七年にやや早く帰国できた。訪日調査で肉親が判明しても身元保証を拒否され、または肉親が判明しなかった孤児の帰国は、一九八八年以降まで遅延した。

日本政府の政策は、さらに細部にわたっても孤児の帰国年次を規定した。まず、①身元引受人制度を肉親が判明した孤児に適用しなかったため、肉親が未判明の方が帰国しやすい逆転現象が多発した。また、②長期にわたる肉親の説得を経た後でなければ第三者による特別身元引受制度の適用を認めなかったため、この制度も十分に機能しなかった。そして、③身元未判明の孤児では、訪日調査の遅延が帰国の遅延に直結した。

なお、日本政府による訪日調査の概了宣言（一九八七年）、及び、帰国の期間限定方針発表（一九九三年）は、帰国すべきかどうか最後まで迷っていた孤児に最終決断を迫った。これは、極めて限定的かつ切迫的な、しかも日本政府にとっては意図せざる帰国促進策となった。

【帰国の時期区分】

したがって残留孤児の帰国における時期区分は、第一義的には日本政府の政策の変遷に基づいてなされる必要がある。すなわち、第一期：日中国交正常化（一九七二年）以降、第二期：未判明孤児の帰国許可（一九八五年）以降、第三期：肉親判明孤児の各種身元保証制度の完全撤廃（一九九〇年代半ば）以降という、三期の区分である。

本章序節でみた如く、蘭信三・高野和良、木下貴雄、呉万虹はいずれも訪日調査開始（一九八一年）を画期と捉えた。しかし、帰国における転換点は、訪日調査ではなく、未判明孤児の帰国許可（一九八五年）であろう。

呉は、一九八〇年代中葉の日中両政府交渉・口上書成立を画期とした。この交渉を経て、日本政府が未判明孤児の帰国を許可したことをふまえれば、呉の指摘は妥当である。

そして蘭・高野、木下の、一九九〇年代中葉を一画期とする認識も、時期区分としては妥当である。ただしそれは孤児の帰国動機の変化ではなく、あくまで日本政府の政策変更の画期だ。また蘭・高野は、一九九〇年代半ばの変化の背景として、「大量帰国政策」がとられたと述べるが、そうした事実は見いだせない。日本政府は、日中国交正常化以降に自ら創設した各種の帰国妨害政策をようやく廃止しただけである。

【中国での生活・社会関係と帰国時期】

さて、残留孤児が戦後の中国で築き上げてきた生活は、日本への永住帰国において重大な意味をもっていた。中国での仕事や生活を中断し、日本に渡ることは、孤児にとって人生の一大転機であり、大きな不安・葛藤を伴っていた。中国の養父母をはじめ、家族・親族との関係でも深い葛藤があった。

しかしそれにも関わらず、中国での生活・意識・社会諸関係は、残留孤児の帰国年次の主要な規定要因では**なかった**。

すなわちまず中国での生活は、年齢と居住地によって四類型（《A～Dタイプ》）に区分しうるが、これと帰国年次の間に直接の相関・因果関係はない。

孤児自身の記憶や帰国への希望・決意も、帰国年次を左右しなかった。年長の孤児の多くは、日本の肉親等に関する明確な記憶をもち、日本敗戦直後から日本への帰国を切望していたが、それは実現されなかった。その後の東西冷戦・日中国交断絶の下、年少者も含め、残留孤児はしばしば日本への帰国を望んだが、やはり実現されなかった。そして一九七二年の日中国交正常化以降、残留孤児は正式に日本政府に帰国の意向を伝えたが、しかしその実現は前述の日本政府の帰国政策によって一方的に規定され、大幅に遅延させられた。

そして最後に、中国の家族・親族の意向もまた、帰国年次との間に、直接の相関・因果関係は認められなかった。日本の肉親が判明した孤児は、身元保証人を確保して日本政府の帰国許可さえ得られれば、たとえ中国の家族・親族の反対があっても、説得し、何らかの対策をとって帰国しえていた。逆に身元保証人が確保できず、日本政府の帰国許可が得られなければ、中国の家族・親族に反対がなくても帰国できなかった。そして身元未判明の孤児の場合、一九八五年に日本政府が帰国制限を廃止し、いつでも自由に帰国できる条件が整った段階で初めて、配偶者と子供の意向が帰国年次に一定の影響を与えていた。

総じて、孤児の帰国年次は、中国での生活や社会関係、個々の孤児の意向とは異なる、まったく別の機制——日本政府の政策——によって規定されていた。

第二項　血統主義と国家

【血統主義的国民規定と親族扶養義務】


さて、日本政府が孤児の帰国に際し、肉親・戸籍の確認、及び、肉親による身元保証に固執した理由は、①日本の血統主義的国籍規定、及び、②孤児の帰国後の生活における親族扶養義務の明確化にあった。すなわち血統（肉親・戸籍）が不明確な孤児、及び、肉親による扶養義務が期待できず公的負担になる孤児の帰国に、日本政府は強く抵抗したのである。

少なからぬ日本の肉親が身元保証人になることを拒否・躊躇した理由もまた、親族扶養義務とその社会規範にあった。

その意味で、日本の血統主義（国籍規定、親族扶養義務）は、残留孤児の帰国を阻み、大幅に遅延させたといえよう。孤児の帰国は、確かに日本人としての血統の認定に基づき、血統主義的家族の再結合にほかならない。そこで一般に、血統主義は、残留孤児の永住帰国の促進要因とみなされがちだ。しかし同時に日本政府・社会の血統主義が、残留孤児の帰国を阻害し、遅延させた最大の契機であったこともまた、看過しえない事実である。

【中国国家の親族扶養義務】

一方、中国政府は血統主義に固執しなかった。戸籍・血統の確証にこだわらず、幅広い証言・記録・証拠に基づいて残留孤児が日本人であることを社会的・現実的に認定し、これをふまえて帰国を支援する対応をとったのである。

ただし中国政府も、日本政府の血統主義をある程度、容認した。一九八四年に日中両政府が交わした口上書で、身元未判明の孤児について、肉親捜しの訪日調査への参加を帰国の関門とすることに合意したのである。これによって、まず先に日本に帰国し、その後、日本で継続的に肉親を捜すという選択肢は消え去った。また訪日調査自体が無為に遅延したため、帰国はさらに大幅に遅延した。

また中国政府は、中国国内での親族扶養義務を重視した。一九八四年・八六年の口上書は、養父母の扶養義務が個々の残留孤児にあることを確認した。養父母の扶養等、家族問題が解決されない限り、中国政府は孤児の帰国を許可しなかった。一九九三年の口上書は、孤児の帰国に際し、同伴できる子供を扶養義務の及ぶ範囲に限定した。親戚訪問等で日本に一時帰国した孤児を必ずいったん中国に戻すとの規定も、中国での親族扶養義務を果たさせるためであった。これらはいずれも、帰国を一層遅延させた。

【親族の扶養義務と家族の生活の論理】

そして日中両政府が重視した親族扶養義務と、実際の残留孤児の家族の論理は、まったく似て非なるものだった。

日中両政府の口上書は、「家族問題の適切な処理」、「家族離別の問題発生の回避」を掲げた。しかしそこで重視されたのは、親族扶養義務――国家による生活保障負担の回避――でしかなかった。

親族扶養義務を前提とした身元保証人制度は、残留孤児と日本の肉親の間に新たな対立・亀裂を生んだ。親族扶養義務は、その遂行の困難が予想された瞬間から、親族の敵対関係へと転化した。同伴帰国を扶養義務関係のある二〇歳未満・未婚の子供だけに制限する規定は、新たな家族離別の創出そのものであった。養父母の扶養についても、孤児達は法的義務というより、家族の親密性でそれを受けとめ、それゆえ葛藤・苦悩した。それは、月額六〇元・一五年分の扶養費の支払いで割り切れるものではなかった。

しかも本書の対象者の場合、帰国に伴う中国の家族問題は、自律的かつ円満に解決されていた。法的・行政的介入を要するトラブルは、存在しなかった。国家権力のパターナリスティックな介入・帰国制限は、大多数の孤児の永住帰国に却って遅延と混乱をもたらし、現存する家族の「共生＝生きた関係」を切り裂いたのである。

第三項　公と私

【私事としての残留孤児問題】

さて、日本政府が重視した血統主義は、一方で国籍規定という公的規範だが、他方では残留孤児問題を家族の私事に封じ込め、国家の公的責任を回避する梃子としても機能した。血統主義は、残留孤児問題を私的で自然本質的な親子の物語に収斂させ、国家の責任を解除することと表裏一体であった。

各種の身元保証・身元引受制度、帰国手続きの遅延、不十分な情報提供、帰国旅費支給の制限、就籍手続きの自己申請・費用自己負担、そして帰国支援期限の一方的決定。これらはいずれも日本政府にとって、単なる消極的対応ではない。むしろ政府があくまで民事不介入の原則を守りつつ、恩恵的・側面的に支援する立場にあることの帰結であり、その立場の積極的表明でもあった。

一九九四年に制定された支援法で、「残留邦人等の円滑な帰国の促進」が国等の「責務」とされた。この頃から日本政府は帰国政策をなし崩し的に変更し、帰国制限を事実上、撤廃した。ただしこの支援法も、国家の公的責任を明確にし、政府に補償的施策を義務づけるものではなかった。

残留孤児は、日本政府が公的責任に基づいて早期に帰国させないことを厳しく批判していた。身元保証人についても、孤児達の批判は、これになることを拒否する肉親だけでなく、この制度を作った日本政府に向けられていた。

【国家・資本主義・市民社会】

行政が残留孤児問題を私事と位置づける以上、公私の分離（民事不介入）は事実上、問題の放置、国家の責任放棄として現れた。また私事である以上、経済的負担や遺産相続等、私的所有に根ざす肉親の受入拒否も多発した。

立法も、支援法を議員立法で策定したとはいえ、国家の法的義務を明確にしなかった。司法も、未判明孤児の就籍では一定の役割を果たしたが、身元保証をめぐる肉親と孤児の調停には無力だった。総じて三権分立もまた、残留孤児の早期の帰国を実現する基盤たりえなかった。

日本政府は、親族扶養では対処しえない私事の解決を、市民社会・ボランティアに委ねた。肉親（身元保証人）の代理（招聘人、身元引受人、特別身元引受人）は、ボランティアが担った。養父母への孤児の扶養義務を肩代わりしたのも、民間の寄付を財源としたボランティア・援護基金であった。

帰国を支援したボランティアには、①戦争体験をふまえ、「肉親代わり」として孤児を受け入れた中国引揚者、及び、②孤児一家に低賃金労働力を期待する経営者がいた。ボランティア、特に中国引揚者を中心とするそれは、公的責任を放棄する日本政府を批判した。しかしそれでも政府と各種ボランティア——国家・市民社会・資本主義——は、相互に協力・依存しあい、残留孤児の帰国をなし崩し的に実現していった。

【中国政府の姿勢】

さて中国政府は前述の如く、養父母に対する孤児の扶養義務を重視した。

ただしそれは、日本政府のような公私の分離、孤児問題の私事化を意図したものとは考えにくい。むしろ中国政府は、問題の現実的解決——正確にいえば、中国国内での扶養問題発生の抑止——を重視した。現に中国政府は、孤児の家族問題に積極的に介入した。民事不介入を貫いた日本政府とは対照的だった。

そこで孤児の帰国問題の実質的解決に照準すれば、中国政府はつねに積極的、日本政府は消極的であった。帰国の遅延はほとんどの場合、日本政府側の政策・対応に起因した。

もとより中国政府による公私の分離の軽視、国家権力の介入は、深刻な公私混同、残留孤児家族への政治的圧力をもたらした。この事実は、社会主義を標榜する中国でも、実際には国家と社会が分離していたことの証である。また中国の行政の介入により、帰国が遅延したケースも皆無ではない。

【養父母扶養金をめぐる日中両政府の対応】

日中両政府の対応の違いとその調整が如実に表れたのが、一九八四・八六年の口上書による養父母扶養問題の処置である。前述の如く、ここでは個々の孤児が養父母の扶養義務を負うことが確認された。ただし実際には、それのみに依拠した問題解決は非現実的だ。そこで、孤児が支払うべき扶養費の半額を日本政府が「援助」することとなった。しかもこれは、あくまで援護基金による民間事業であり、半額は民間寄付を財源とし、孤児自身の申請に基づいて「それぞれの孤児に代わ」ってなされるものとされた。つまり中国政府の現実的な問題解決、及び、日本政府の民事不介入の双方の主張の折衷策である。この折衷は、個々の孤児の扶養義務という日中両政府の共通認識、及び、日本の援護基金（ボランティア・市民社会）の存在を基礎として、初めて可能になった。

第四項　帰国動機とその変遷

【「日本人だから」という動機の多様性】

さて、永住帰国が一生をかけた重大な選択・決断である以上、そこには多様な動機が絡まりあっている。

まず「日本人だから（日本に帰国する）」という動機の中にも、「日本に肉親がいる」という血縁的要素、及び、「日本は祖国」という地縁的要素がある。そして血縁的要素も、肉親が判明した孤児の場合、再会を果たした具体的な血縁者が念頭におかれているのに対し、未判明孤児のそれは「日本に帰って肉親捜しを続けたい」との思いである。地縁的要素も、肉親が判明した年長の孤児の場合、肉親や幼少時の記憶と結びついたロカールの要素が強く、「日本に帰国する以上、二度と中国に戻るつもりはない」との感覚につながっていた。一方、年少の孤児のそれは、「想像の政治的共同体」としてのネイションへの思い、及び、「日本に行ってみて、自分と合わなければ、中国に帰るつもりだった」との感覚であった。年少の孤児には、一方で抽象的だが重い現実によって構築された「想像の祖国」への深い思い入れ、他方で具体的な繋がりを確認できず、自らに対して冷たい「現実の祖国」への醒めた思いというアンビバレンツが見て取れた。

【「生命＝生活（life）」の防衛と日本政府の政策】

帰国の、より一層大きな動機は、自らと家族の「生命＝生活（life）」の防衛であった。

ここにはまず、政治的動機として、①文化大革命時代の政治的迫害の記憶、②中国社会で日常的に体験した日本人としての差別・疎外感、そして③天安門事件や官僚の腐敗、コネ社会など中国社会への失望がある。

また経済的動機として、①日本と中国の経済格差、及び、②中国での経済生活の不安定化がある。肉親が判明した年長の孤児には、①日本と中国の経済格差という動機が多く見られた。逆に肉親が未判明に終わった年少の孤児では、②中国での経済生活の不安定化が主な動機の一つとなっていた。

「子供のため」も、帰国動機の一つである。ここには、①子供の教育のため、②子供の中国での経済生活の不安定化、そして③子供自身が人生の新たな経験を求めたことがあった。

「自分や家族の健康・医療」という帰国動機も、医療環境が劣悪な農村に住む年長の孤児（《Bタイプ》）に見られた。

そして、日本政府の政策が帰国の動機になったケースも、肉親が未判明で年少の孤児に多く見られた。すなわち、①日本で政府による生活保障があること、②日本政府が永住帰国の手続き期限を区切ったこと、そして③中国在住のままでは日本政府の支援が受けられないことである。

【帰国時期による帰国動機の多様性と推移】

以上のように、日本への帰国動機は多様であり、しかもそれは孤児の年齢・居住地（《A～D》の四タイプ）、及び、肉親判明・身元保証の有無と深く関連していた。そして前述の如く、残留孤児の肉親判明・身元保証の有無を基準とした日本政府による帰国制限が、帰国年次を規定した以上、帰国年次によって動機が変化してきたこともまた当然である。

すなわちまず一九八五～八八年を境として、それ以前は、「日本に肉親がいる」こと、ロカールとしての「故郷」への思いといった動機に基づく帰国が多かった。肉親による身元保証を前提として、「日中の経済格差」や「子供の教育・将来のため」、「自分や家族の健康」を理由に帰国する孤児も見られた。

これに対し、一九八五年以降、特に八八年以降になると、「肉親捜しを続けたい」、ネイションとしての「祖国」への思い、及び、「日本政府の政策」等の動機に基づく帰国が増えた。また身元未判明の孤児だけでなく、肉親に身元保証を拒まれて帰国が遅延した孤児も含め、「中国での生活不安定化」を動機とする帰国が増え、さらに一九九〇年代以降には「子供の中国での生活不安定化」や「子供自身の希望」を理由に帰国する孤児も増加した。

政治的動機は、文化大革命時代の弾圧の経験をふまえ、一九八八年以前に特に多く見られる。ただし一九八九年以降の帰国者にも、日本人としての差別、及び、天安門事件や中国の政治・社会の混迷を帰国動機として挙げるケースがある。

総じて残留孤児の帰国動機は、一九八五～八八年頃を境に大きな変化を遂げていた。これは、本章序節でみた蘭信三・高野和良、木下貴雄、呉万虹の時期区分では、あまり重視されていなかった画期である。またこれは、先行研究でしばしば指摘されてきたような「望郷の念」による「祖国への帰国」

から経済的動機による「異国への来日」へといった単純な変化でもない。さらにこの時期区分は、前述の日本政府の政策に基づく時期区分の第二期とほぼ一致している。つまり残留孤児の帰国動機は、まず何よりも日本政府の帰国政策の変遷に基づき、帰国を許可される孤児が、①肉親判明者から未判明者へ、②肉親に身元保証を受諾された者から拒否された者へ、そして③日本生まれの年長者から、中国生まれまたは出生地不明の年少者へと変化したことによって大きく変わったのである。さらにそれに加え、この時期に東西冷戦からグローバリゼーションへと世界社会が大きく転換したこと、及び、帰国の遅延に伴って孤児や子供が高齢化したことも、帰国動機を大きく変貌させたといってよい。

【世界社会変動と「生命＝生活」の防衛】

帰国動機の多様性・変化だけでなく、それらを貫く普遍性も看過しえない。

多様な帰国動機の基底にあったのは、自らと家族の「生命＝生活」の発展的再生産という人間として当然の要求であった。その観点からみれば、経済的動機も政治的動機も同一平面上にある。「日本人だから」、「子供のため」、「日本政府の政策」等の動機も、こうした普遍的要求に基礎づけられたものといってよい。その意味で、残留孤児の帰国とは、東西冷戦、南北格差、グローバリゼーションといった地球規模の社会構造変動をふまえ、しかも現実の中国での生活や社会関係の重みをもふまえた、人生をかけた主体的選択・決断であったといえよう。

それゆえに養父母をはじめとする中国の家族は、様々な葛藤・苦悩を抱きつつも、残留孤児の帰国を理解し、受け入れた。配偶者・子供達も単に帰国を切望するだけでなく、またはそれを自ら望んだ。そして孤児達も単に帰国を決断し、または帰国後の日本での生活に大きな不安・葛藤を抱いていた。

日本政府が残留孤児の帰国に様々な障害・制約を創出した理由も、単に私事化・国家の責任回避といった内向きの論理ばかりではない。そこには何よりもポスト・コロニアルの世界社会とその中での国家戦略があった。すなわち、①一九八〇年代末頃まで東西冷戦は続いており、「社会主義国＝中国」からの入国には一定の警戒が必要だったこと、②一九八〇年代末以降、グローバリゼーションの進展の中で、経済的動機で来日する偽装「残留孤児」への警戒の必要が増したこと、そして③残留孤児問題が侵略戦争の歴史・戦後処理と結びついたセンシティヴな国際問題だったこと等である。

その意味で、日本政府と残留孤児の帰国をめぐる矛盾・対立は、ポスト・コロニアルの世界社会の渦中で、国民国家と諸個人の「生命＝生活」が互いの利益と正統性をかけて繰り広げた攻防戦であったといえよう。そして残留孤児は、国家が課した様々な障壁を乗り越え、変革し、とにもかくにも帰国を勝ち取ったのである。

　日本には呉万虹が指摘するプル要因だけでなく、政府の政策をはじめとする強烈なプッシュ要因があった。逆に中国にもプッシュ要因だけでなく、残留孤児とその家族が築き上げてきた現実の生活と社会関係という強固なプル要因があった。それらすべてをふまえて残留孤児とその家族は、日本への帰国を決意し、実現した。様々な要因は、単に与えられた条件ではなく、孤児にとって主体的な創造と変革の対象であった。また帰国動機の多様性・多元性は、張嵐が指摘するようなインタビュアーとの対話の中で構築されたものではない。現実の生活過程の中で、主体的に創造・構築されたものであった。

第五項　国籍・戸籍

【血統主義的国民規定の基礎としての戸籍】

そして残留孤児の国籍・戸籍は、多様かつ複雑な変遷をたどった。本人を含め、誰も知りえない事実も多い。

ただし、多種多様な例外を除けば、大多数の孤児は出生直後、日本の戸籍に登録され、日本国籍を取得したと思われる。そして戦後、いずれかの時点で自己の意思とはほとんど無関係に、中国籍に加入した。

　一方、日本政府は、一九七二年まで中華人民共和国を承認せず、残留孤児の日本国籍離脱も認めなかった。したがって孤児は、個々人の意思を問わず、中国政府からみれば中国籍者、日本政府からみれば日本の戸籍が確認できれば日本国籍者、確認できなければ日本国籍者ではないという特殊な状態におかれた。

　日中国交正常化以降、この特殊な状態をいかに解消するかが、日本政府にとって一つの課題となった。日本政府はまず、残留孤児が自己の志望によって中国籍を取得し、日本国籍を離脱したものと擬制した。すなわち個々人の意思を問わず、国交正常化の日（一九七二年九月二九日）にさかのぼって日本国籍を一律に喪失したものと行政措置したのである。以降、日本に帰国した孤児は、外国人登録を求められた。こうした取り扱いは、地域差はあるが、一九八六年以降まで続いた。

　次いで日本政府は、戸籍制度に基づき、残留孤児の日本国籍への再統合を図った。まず肉親・戸籍が判明した孤児には本人の申請による帰化方式で日本国籍を認めた。戦時死亡宣告で戸籍が抹消されていれば、本人または肉親の申請によって死亡宣告を取り消し、戸籍上、「生き返らせた」。肉親・戸籍が未判明の孤児については、本人の申請によって「就籍（戸籍作成）」させ、日本人としての血統を示す氏（名字）を付与し、血統主義的国民規定の綻びを取り繕った。そしてすべての残留孤児について、日本国籍の回復と同時に、中国籍から離脱したものと認定した。残留孤児の国籍をめぐる混乱が、既存の国民国家と国家間システムの秩序に沿った形でなし崩し的に解消されたのである。

【個人の国籍選択と国家の個人選択】

このように残留孤児の国籍は、個々人の生活や意思とはほぼ無関係に、国家または国家間システムによって決定されてきた。国家は相互承認によって初めて成り立ち、しかも原則として諸個人に両属を許さない。一九七二年以前、中国に取り残された残留孤児は、日本政府からみれば日本国籍者であり、中国政府からみれば中国籍者だったが、しかしそれは少なくとも日本政府の側からみれば「二重国籍」でも「両属」でもない。なぜなら中華人民共和国という国家は、日本政府にとって存在しなかったからである。したがって日本政府が中華人民共和国を承認した瞬間から、事実上の両属をいかに解消していくかが、日本政府にとって不可避の課題となった。固定的な国籍の二者択一を迫るのは国家間システム・国民国家の側であり、残留孤児自身の生活上の必要性ではない。

残留孤児が、戦後の中国で日本国籍を維持し、または帰国後の日本で中国籍を維持する自由は、一部の例外を除けば、ほとんど存在しなかった。しかしそれにも関わらず形式的には、国籍変更は個人の意思に基づくものとされた。戦後の中国での中国籍、及び、帰国後の日本での日本国籍の取得は、いずれも個々の孤児やその家族による申請という形式が踏まれた。こうした国籍変更における個人申請の矛盾は、一般の自由意思に基づく移民では、あまり顕在化しない。しかし残留孤児の場合、日本から中国、中国から日本という二度の国籍変更において、個人による選択の余地は実質的にはほとんどなく、しかしそれはつねに個人の申請という形式を踏んで行われた。孤児達は帰国後、自ら申請して就籍・国籍変更をしたにもかかわらず、その際、そうしなければならない理由を行政に尋ねた。行政から、納得できる説明は得られなかった。それは当然である。選択の余地のないものを、自ら選択した形で申請しなければならない理由は、それが近代国民国家の原則だという以外に、説明のしようがない。

【越境的人間と国民国家】

国交正常化以降、日中両政府はともに、残留孤児を中国籍者と位置づけた。しかし両政府は実際には、残留孤児を特殊な歴史的背景をもつ潜在的日本人であることを、条理として認めざるをえなかった。

実際、残留孤児の国籍は、日本による「満洲」支配、東西冷戦と日中国交断絶、そして日中国交正常化とグローバリゼーションといった、一九三〇年代から九〇年代までの長期にわたる、しかも国境を超えた地球規模の社会変動によって振り回されてきた。そこには、調和的な国家間システムや一国単位の国民的公共性の枠組みには到底収まりきれない数々の混乱が見られた。残留孤児は、「越境的な人間」にならざるをえなかった。

そこで国交正常化以降、日中両政府にとって、こうした残留孤児を近代の国家間システムと国民的公共性の枠内に回収することが、避けて通れない課題となった。日本政府は、自ら中国籍者と規定したはずの残留孤児に対し、日本への永住帰国、及び、日本国籍の回復・取得を認めた。中国政府は、日本に永住帰国するための旅券を、自国民であるはずの残留孤児に発給した。

しかし日中両政府、特に日本政府は「越境的な人間」である残留孤児を、既存の国民国家を単位とした公共性の枠内にスムーズに埋め込むことができなかった。そのことは、本章でみた永住帰国をめぐる無数の混乱、及び、それによってもたらされた残留孤児の苦悩に如実に現れている。

〔補注〕

（一）中国在住の残留孤児については、呉（二〇〇四）第二部、湘（二〇〇六）。

（二）厚生労働省によれば、残留孤児の永住帰国は一九七五年以降に開始し、一九八六年に一五九名、八七年に二七二名、八八年に二六七名、八九年に二一八名とピークを迎えた。一九九八年頃までは年間ほぼ一〇〇名以上を維持したが、その後、急速に減少し、二〇〇三年以降は年間ほぼ一〇数名で推移している。中国「残留孤児」国家賠償訴訟弁護団全国連絡会編（二〇〇九）三七四頁。

（三）庵谷（一九八九）一五頁、庵谷（二〇〇六）八二頁、庵谷（二〇〇九）二三九〜二四〇頁、岩田（二〇〇四）、遠藤（一九九二）、大久保（二〇〇四）、郡司（一九八一）、菅原（二〇〇六）六頁、中国「残留孤児」国家賠償訴訟弁護団全国連絡会編（二〇〇九）、田見（二〇〇六）三五頁、浅野（二〇〇六-a）二六二〜二六三頁、浅野（二〇〇七-b）六八頁、浅野（二〇〇七-a）一四頁、浅野（二〇〇九-a）一二三〜一二四頁、浅野（二〇〇九-b）六七〜六八頁、浅野・佟（二〇〇六-a）三四〜三八頁、浅野・佟（二〇一一）一一四〜一一九頁、佟・浅野（二〇一〇）一三六〜一三九・一五一～一五二頁、関・張（二〇〇八）一七六頁、南（二〇〇六-a）二九～三〇頁、坂本（一九八六）二〇一～二一三頁、八木（一九八〇）四五頁、西岡（二〇〇七-a）二六～二七頁等。

（四）木下（二〇〇三）六四頁。

（五）蘭・高野（二〇〇九）三二一～三二三頁。

（六）蘭（二〇〇〇-b）二九～三〇頁。

（七）呉（一九九九）一九四～二一三・二四二～二四三頁、呉（二〇〇三）五八頁、呉（二〇〇四）四三頁。

（八）呉（二〇〇四）七六～八二頁。

（九）呉（二〇〇四）二二五～二三二頁。

（一〇）呉（二〇〇四）二四七～二四八頁。

（一一）呉（一九九九）二三二頁、呉（二〇〇四）一一四～一二五頁等。

（一二）椎名（一九八四）。浜口（一九九五）、浜口（一九八五）、浜口（一九八六）、朝日新聞社出版サービス編集・制作（一九九八）の表題も、残留孤児にとって日本が祖国である点を強調している。

（一三）岡庭・真野（一九八五）二〇一～二〇二頁。

（一四）呉（二〇〇四）一三二頁、呉（二〇〇六）六一頁、蘭（二〇〇六-a）九頁、蘭（二〇〇九-b）四九頁。

（一五）呉（一九九九）一九五～一九六頁、呉（二〇〇三）五六頁、呉（二〇〇四）四四～四五頁、呉（二〇〇〇）一四二頁。

（一六）呉（二〇〇四）一一五頁。

（一七）張（二〇〇七-a）一〇〇頁。

（一八）張（二〇〇七-a）一〇一～一〇三頁、張（二〇〇七-b）九一～九二頁、張（二〇一一）一〇八～一四七頁。

（一九）南（二〇〇五）一五九～一六〇頁、南（二〇〇六-a）二九～三〇頁、南（二〇〇九-b）四九～五〇頁、南（二〇一六）八二頁。

（二〇）坂本（一九八八）一六頁、班（一九九二）一九七頁、林（一九九三）一四三頁。坂本（一九八六）二〇六～二〇八頁、西口（一九八二）も参照。

（二一）原賀（一九八六）四四頁。米田（一九九五）、斎間（一九八七）一二七～一二八頁も参照。

（二二）第六次訪日調査に参加した瀋陽出身の残留孤児達は、「日本政府と日本国民への公開状」（一九八五年二月一二日）で身元保証人制度を批判した。関・張（二〇〇八）一四〇～一四一頁、井出（一九八六-b）二七九～二八〇・二八八頁。庵谷（二〇〇九）二四九頁、中国残留孤児の国籍取得を支援する会（二〇〇〇）一三～一八頁、遠藤（一九九二）九九～一〇〇頁、中島・NHK取材班編（一九九〇）一七六～一七八頁等も参照。

（二三）関・張（二〇〇八）一七六頁によれば、中国外交部・公安部は一九八二年、肉親の判明・未判明を問わず、訪日調査に参加した残留孤児について、「当人が永住帰国を希望する場合、（中国側）関連部局の審査を経た後、日本側の迅速な手続きを要請」した。「しかし、制度が実際に施行されると、日本政府は当初、既に身元の判明している残留日本人孤児の永住帰国にのみ同意し、身元未判明の残留日本人孤児にかんしては消極的な態度をとった。『戸籍登録（入籍）』や『保証人』といった規定を過度に重視したのである」。

（二四）一九九四年四月以降、「中国帰国者定着促進センター」と改称した。身元引受人はセンター退所後、三年間、相談や助言に当たる。

（二五）菅原（二〇〇三）二一頁、大場・橋本編（一九八六）八八頁、国勢研究所・戦後処理問題調査会編輯（一九八七）一九八頁、八木（一九九六）二六頁等。
（二六）凍土の会については、宮井（二〇〇八）一〇七頁。
（二七）中国「残留孤児」国家賠償訴訟弁護団全国連絡会編（二〇〇九）六二七頁は、特別身元引受人の登録者数が少なく、制度の周知も図られなかったためほとんど機能しなかったと述べる。中島・NHK取材班編（一九九〇）一七一～一七二頁は、肉親が判明した残留日本人の永住帰国に必要な膨大な書類を列挙・紹介している。
（二八）大久保（二〇〇四）二二〇～二二一頁、大久保真紀（二〇〇六-b）二二三～二三九頁、植村（一九九四）一～七頁。
（二九）第一二九回国会衆議院法務委員会議事録第五号、一九頁。
（三〇）中国帰国者定着促進センター（一九九六-a）二〇二頁でも、永住帰国が遅延するほど、帰国時の年齢が着実に上昇している。天野（一九九五）一七頁参照。
（三一）菅原（二〇〇九）一四五頁。養父母の葛藤については、浅野・佟（二〇〇六-b）、鐘（二〇〇九）五三～五四頁。
（三二）菅原（二〇〇九）一〇二～一〇三頁、菅原（一九八二）二四七～二四八頁、岡庭・真野（一九八五）一一九～一二三頁。
（三三）厚生省援護局編（一九七八）一二五頁。
（三四）厚生省援護局編（一九八七）八三～八四頁。長谷川（一九八七）七〇～七一頁も参照。
（三五）一九九二年度以降、身体等に障碍を有する残留邦人に対し、介護人という名目で二世一家の呼び寄せを認めた。また一九九四年度以降は六五歳以上、一九九五年度以降は六〇歳以上、一九九七年度以降は五五歳以上の残留邦人が帰国する際、扶養者として成年の子一世帯に限って同伴帰国が許可された。ここでもまた、扶養関係が主な基準となっている。
（三六）一九八二年五月一日までは、国費帰国の同伴帰国対象配偶者は妻だけであり、女性残留邦人は配偶者を連れて同伴帰国できなかった。これも、扶養家族の定義に基づく差別である。小川・石井（二〇〇五）六一頁、菅原（一九八二）二三九頁。南（二〇〇九-b）四五頁も参照。
（三七）アンダーソン（一九八七）一九頁。
（三八）落葉帰根については、大久保（二〇〇六-a）一五九頁。
（三九）一九九〇年の入国管理法改正により、残留日本人の子孫は「日系人」として「定住者」等の在留資格で来日可能になった。
（四〇）潮編集部（一九七三）一〇七頁で、一九七二年に帰国した孤児・伊藤伝助氏は、「もの心がついてからも、強く帰国したい気持ちはありませんでしたが、子供の教育のことなど妻と相談して、そうですね。昭和四一年ごろから帰国の手続きをとり始めました」と語る。
（四一）『東方時報』二〇〇三年一一月二七日。浅野・佟（二〇〇六-b）一六〇頁も参照。
（四二）南（二〇〇九-c）一二三頁、浅野（二〇〇八）四八八～四八九・六四四頁、塚瀬（一九九八）一九九頁、山室（一九九三）二九八頁、田中（二〇〇七）一八・一三九頁、川村（一九九〇）一七四頁。
（四三）関・張（二〇〇八）七頁。
（四四）幼方（二〇〇三）二二一頁、南（二〇〇九-c）一二三頁、佐藤（二〇〇九）二五六頁。
（四五）醍醐（一九七九）二〇～二一頁、法務省民事局第五課国籍実務研究会編（一九八七）二三七頁。
（四六）戦時死亡宣告を行った留守家族の意識・動向は、南（二〇〇五）一六三～一六四頁、南（二〇〇六-a）三二一～三三二頁、南（二〇一六）

八六～八七頁、古本（二〇〇七）九二頁等。

（四七）菅原（二〇〇一）七一頁、菅原（二〇〇三）、坂本（二〇〇五）三〇四頁等。

（四八）庵谷（一九八九）一五頁、坂本（二〇〇五）三〇二頁、呉（二〇〇四）五七頁、小川・石井（二〇〇五）二二頁。

（四九）醍醐（一九七九）二〇・二三頁。

（五〇）裁判所も、中国籍を取得した残留日本人が日本国籍を喪失していないと判断した。清水（一九八九）三六～三七頁、庵谷（二〇〇九）二四八頁、小川・石井（二〇〇五）三九頁等。菅原・社団法人神奈川中国帰国者福祉援護協議会編（一九九八）二五三頁も参照。

（五一）菅原（一九八九）一六三～一六九頁、高麗（一九八九）二四～二六・二九頁。外国人登録・日本国籍取得については、山陽新聞社編（一九九〇）一七〇～一九八頁、佐藤（二〇〇九）二五七頁参照。

（五二）日本人と中国人の種痘痕の相違については、関・張（二〇〇八）四〇〇～四〇一頁補注参照。

（五三）中国残留孤児の国籍取得を支援する会（二〇〇〇）。「国籍取得を支援する会」の成立経過については、河合（一九八五）。

（五四）本書に登場する千野誠司・菅原幸助・河合弘之・山村文子等は、いずれも残留孤児の帰国を積極的に支援した代表的なボランティアや弁護士である。山村文子については、宮井（二〇〇八）、菅原については、神奈川新聞編集局報道部編（二〇〇五）も参照。

（五五）関・張（二〇〇八）二三九頁、庵谷（二〇〇六）八三頁、菅原・社団法人神奈川中国帰国者福祉援護協議会編（一九九八）二六八～二六九頁、菅原（一九八九）一一三頁、菅原（二〇〇三）二一頁、菅原（二〇〇九）一〇九頁、坂本（二〇〇三）一八五頁、中国残留孤児の国籍取得を支援する会（二〇〇〇）三頁。

（五六）横山（二〇〇〇-a）一四九頁も参照。

（五七）菅原（二〇〇九）五一～五二・一一〇～一一一頁。

（五八）南（二〇〇九-c）一三一～一三二頁、佐藤（二〇〇九）二五八頁、菅原（二〇〇九）五一～五二・一一〇～一一一頁、菅原（二〇〇一）七一頁、小川（二〇〇六）五八～五九頁、小川・石井（二〇〇五）六一頁、鍛治（二〇〇一）二八三頁、黄・依光（二〇〇四）六頁等。

第五章　日本を生きる

序節　問題の所在

永住帰国した残留孤児は、日本社会をいかに生きてきたのか。

第一項　政府・支援者・当事者

ほとんどの先行研究は、残留孤児が帰国後もまた幾多の深刻な問題に直面してきたことを明らかにしている。

ただしその原因、及び、そうした問題の解決・改善の主体については、互いに矛盾しない三つの認識がある。すなわち、①日本政府の公的責任、②孤児の自己責任、そして③ボランティア・支援者の独自の役割をそれぞれ重視する立場である。

庵谷磐・八木巌・菅原幸助・大場かをり・橋本進等は、日本政府の公的責任を重視し、支援策の不備を批判した[一]。日本弁護士会も二〇〇四年、政府の支援策を批判し、改善を勧告した。菅原幸助・郡司彦・原賀肇は、一方で政府の公的責任を追及しつつ、同時に孤児の努力不足・「甘え」にも言及している[二]。菅原幸助・庵谷磐は、ボランティア支援の独自の意義や役割も重視した[三]。

一方、日本政府の支援策を基礎づけた中国残留日本人孤児問題懇談会は、政府・地方自治体・ボランティアの支援の重要性に言及しつつ、しかし「それはあくまで側面的な援助であって、最終的には、孤児自らが努力して困難を克服していかねばならない[四]」と、孤児の自己責任を強調した。

そして圧倒的多数の研究・報告は、孤児が直面する諸問題の原因・責任の所在に触れず、個別課題のテクニカルな改善

——例えば日本語教授法の開発、救助ニーズの把握等[五]——を指向した。その多くは、教育学・臨床心理学・精神医学等の専門家によるアクション・リサーチであり、広義の支援者の役割を重視する立場といってよい。

しかしこうした一見、最も現実的・実用的に見えるテクニカルな専門的研究は、実は非現実的であった。その一つの証左は二〇〇二年以降、日本に帰国した残留孤児の約九割が原告となり、国賠訴訟を起こした事実に見てとれる。この訴訟は、諸問題の解決・改善において、政治・社会的原因の究明、及び、責任の明確化が避けて通れない現実を暴露した。

また国賠訴訟は、前述の三つの立場にも分岐・対立をもたらした。原告の残留孤児は、日本政府の公的責任を追及した。被告の日本政府は、自らに自立支援の法的義務はなく、また必要な措置は講じてきたと反論した。ボランティアや専門家の支援者も、多様な立場に分岐した。日本政府の公的責任を重視する支援者は、原告を支援した。逆に孤児の自己責任を重視する支援者は、提訴を批判・妨害または傍観した。そして提訴を従来の自らの支援への批判とみなした多くの支援者は、様々な位相と水準で動揺・葛藤した。

第二項　パターナリズムと「自立」を越えて

さて、残留孤児が日本社会で直面した深刻な諸問題を指摘・列挙することは、時として彼・彼女達を救済・支援の客体とみなすパターナリズムへと陥る。

しかし実際の孤児は、支援・救済を待つだけの客体ではない。諸問題を自ら克服する生活の創造的主体である。当事者の創造的主体性は、あらゆる支援に不可欠の前提的基盤である。したがってまた、当事者の創造的主体性を認めることは、彼・彼女達の自己責任を重視する立場とはまったく異なる。

そして残留孤児を生活の創造的主体として把握することは、一部の例外的な成功事例、及び、「良い面」だけを拾い集めて列挙し、正負のバランスを取ることではない[六]。また、訴訟のような社会運動だけに焦点を当てることでもない。そこで必要なことは、一人ひとりの日々の生活そのものを、当事者の主体的創造物・成果と捉える視点である。

ところで残留孤児の主体性は従来、「自立」という概念で語られることが多かった。国賠訴訟でも、原告の孤児と被告の日本政府はともに「自立」を自明の目標とした。孤児は、政府が自立支援義務を怠ったと批判した。政府は、自立指導員を配置し、自立支援法[七]に基づいて「自立」に必要な措置を講じてきたと主張した。

しかし、ここでいう「自立」の内実は明確ではない。日本政府、及び、その政策を基礎づけた中国残留孤児問題懇談会の提言は、自立の主な指標を、就職して生活保護から脱却することとした[八]。しかしこれはしばしば、行政による「自立の強制（無理な就労の強要、生活保護支給の打ち切り）」という逆説を生み、孤児を苦しめた[九]。

また日本政府は二〇〇〇年、孤児の高齢化に伴い、主な支援課題を「経済的自立に限らず、地域での交流を保ちながら社会の一員として生活するという意味での社会的ないし精神的自立」にシフトさせた[一〇]。平城真規子は、社会的自立を「地域社会の中で自ら周りの人と良好な人間関係を作っていけること」、精神的自立を「自律」すなわち「自己決定できること」と解説している[一一]。

しかし、「社会的ないし精神的自立」の内実は一層曖昧だ。生活必需品の購入や最低限の医療受診を含め、「地域での交流をもちながら社会の一員として生活」していない人間など、一人もいないだろう。残留孤児が生きるために必要な反抗・異議申し立て・断交・闘争等を行った場合——それらを行えずに我慢するしかない状況に比べれば、はるかに良好な人間関係と思われるが——、それは社会的自立なのだろうか。貧窮にあえぐ残留孤児が「悪い足を引きずり、遠方の安売店まで食料を買いに行く」か、それとも「安売店に行くのを断念し、食事の回数を減らす」か自己決定すれば、精神的自立・「自律」したことになるのだろうか。そして「良好な人間関係」の構築は双方向的営為のはずだが、なぜ孤児の側にだけ社会的・精神的自立が求められるのか。

残留孤児の主体性が、「自立」という概念に収まるか否かは、検証の余地がある。多くの孤児が「自立の強制」という逆説を体験してきた事実は、彼・彼女達の主体性が、少なくとも日本社会が想定し、期待する「自立」との間に矛盾を孕んでいた可能性を示唆している。

第三項　異文化適応を越えて

「自立」、特に「社会的ないし精神的自立」は、「同化＝異文化適応」とほぼ同義である。同化と異文化適応が違うと主張する論者は多い。しかし両者はいずれも国民国家とそれに縁取られた市民社会への適応であり、同工異曲だ[一二]。

「同化＝異文化適応」論において、資本主義・国民国家・市民社会という近代社会が孕む矛盾は、すべて言葉と文化の壁へとすり替えられる。日本社会での「自立」には日本語・

日本文化の習得が不可欠とされ、日本社会の問題はせいぜい異文化への不寛容に矮小化される[一三]。本来は双方向の営為によって構築されるはずの「良好な人間関係」も、残留孤児側の「同化＝異文化適応」という課題に収斂される。諸課題の解決・改善の方策は、事実上、日本語習得・異文化適応に限定される[一四]。

　現に、残留孤児の日本での生活に関する研究は、日本語教育・異文化適応の領域に極端にというしかないほど偏重している。中国帰国者定着促進センター紀要の収録論文も、圧倒的多数がその領域である。それらの研究は近代主義という政治思想に立脚するが、現実の近代社会ではまるで政治的に中立なテクニカルな研究であるかのように立ち現れる。また近代科学の特性として、狭隘な専門性の枠内で、さらなる専門分化・細分化を重ねる。日本語の学習機会、教授法、カリキュラム開発、学習支援メソッド、学習ニーズ、習得プロセス、能力評定法、教師・生徒関係、通信教育やインターネット活用法、ボランティアのための支援法等である[一五]。さらにまた、①言語だけでなく、より幅広い文化領域での適応[一六]、②教室内での一方的・短期的教育ではなく、地域での双方向的・継続的学習、③「同化」との違いを強調した「異文化適応[一七]」、そして④生活問題の解決に直接役立つ日本語教育――サバイバル日本語、日本語ニーズ[一八]――等、やはり狭隘な専門性の枠内で多様な展開が試みられる。

　しかし異文化適応論は、その内部にいかに多彩な論点を孕もうと、帰国した残留孤児が直面する最大の問題をカルチャーショックと捉え、それを教育・生活指導によって解決しようとする点で一致している[一九]。それは、孤児を異文化（しかもナショナルな異文化）の狭間に生きる特殊な人々とみなし、当たり前の生きた人間――生活創造・社会変革の主体――と捉えない。そこで孤児はつねに文化的マジョリティによる支援・教育の対象・学習者とされ、あえて主体性を見出すとしても異文化適応・日本社会の多文化共生化のそれに限定される[二〇]。またそれは、専門家・教師等の指導によって問題解決を目指すパターナリズムに陥らざるをえない[二一]。

　実際の残留孤児にとって最も重要なことは、まず生きるという営み（「生命＝生活（life）」の維持・発展的再生産）であり、現実の生活問題――失業、苛酷な労働・居住条件、貧困、差別等――の克服であろう。彼・彼女達の生活創造の主体性は、異文化適応といった狭隘な専門性では捉えきれない。

第一節　居住

ではまず、居住について見よう。

第一項　一九八三年以前の帰国者、及び、私費帰国者

一九八三年以前の帰国者、及び、その後の私費帰国者は、肉親または身元引受人の地元に居住して、日本での生活を開始した。

中でも一九八三年以前の帰国者の当初の居住地は、鹿児島県・岐阜県・長野県等、兵庫県以外に住む肉親の地元であることが少なくない。早く帰国できた孤児は、肉親が比較的スムーズに身元保証を引き受けたからだ。日本政府も、孤児を肉親等が居住する戸籍所在地に定住させる方針をとっていた。

しかし彼・彼女達は、肉親の地元に就職先がなく、まもなく他の肉親や中国の同郷者を介して兵庫県の都市部に転居せざるをえなかった[一三]。

＊「伯父が住む鹿児島県奄美大島で四年間、暮らしました。ずっと大阪に行きたかったのですが、伯父が『大阪は広すぎ、お前は日本語ができず、行っても生活できない』と反対しました。でも、鹿児島には工場がなく、私も息子も道路工事の仕事しかありません。大阪に近い兵庫県なら少しは仕事が探しやすいと思い、伯父の反対をふりきって引っ越してきました」

「帰国して約一カ月間、岐阜県の山中にある実兄の自宅に身を寄せました。地元には、仕事がありません。それで、先に兵庫県に行った息子を追って、私も来ました」

これに対し、一九八四年以降の私費帰国者の多くは、肉親の地元ではなく、兵庫県の都市部に住む身元引受人の地元に居住した。肉親が身元保証を拒否し、また身元保証をめぐって肉親との関係が悪化したからである。

＊「実兄が身元保証人になってくれず、親戚訪問の一時帰国の際に勤務した温泉の支配人が、身元引受人でした。だから永住帰国後も、その温泉で住み込みで働く約束でした。温泉施設内の物置のような部屋で、家賃は月二万円でした」

一九八三年以前の帰国者とその後の私費帰国者は、兵庫県の都市部でも転居を経験した。その理由は、①部屋の狭隘さ、②建物の老朽化、③高家賃といった居住環境の問題に加え、④通院の都合、⑤阪神大震災による住宅倒壊等、多様である。彼・彼女達は、政府・行政の住宅斡旋がなかったことに不満

を感じている。調査時点もなお公営住宅に入居できていない孤児もごく一部だが、見られる。

＊「兵庫県に来て、古くて汚い民間アパートに入りました。天井でネズミが走り回り、うるさくて夜も眠れません。時々、ネズミが天井から落ちてきました。トイレも水洗ではありません。私は、『住宅を何とかしてほしい』と厚生省に何度も手紙を出しましたが、返事はありませんでした。自立指導員(二三)にも何度も頼みましたが、『公営住宅は満室』の一点張りです。私が実際に空室があると指摘すると、自立指導員は『言うことを聞かないなら、他の地域に行け』と怒りました。私は自立指導員を見限り、ボランティアの日本語教室の校長に頼んで公営住宅を申請してもらい、ようやく入居できました」

「実兄の斡旋で、兵庫県内の民間アパートに転居しました。四畳半一部屋に、私と二人の娘が三人で同居です。娘は台所の流し台で身体を洗っていました。その後、娘が就職したので社宅に入れましたが、やはり狭く、夫や息子も来日したので住めなくなりました。四軒目でようやく公営住宅に入れました。それまでは公営住宅があることも知らず、自分でアパートを探すしかないと思っていました。公営住宅の存在を知ってからも抽選なので、なかなか当たりません。同じ残留孤児でも、国費帰国者は公営住宅に優先的に入れますが、私のような私費帰国者はすべて自分でやるしかありませんでした」

「民間アパートに住んでいましたが、阪神大震災で倒壊してしまいました。途方に暮れて帰国者仲間の家に身を寄せ、一時は八畳一間で九人が住みました。その後、同じ私費帰国者から公営住宅の募集があると聞き、申請しました。彼女もたまたま、その情報を知ったのです。誰も教えてくれません。応募書類も、日本語が分からない中で自分で書かなければなりません。公営住宅は一戸に五〇人も応募するので、めったに当たりません。私は幸運にも当たりました。私に情報を教えてくれた友人は外れました。政府の住宅斡旋には、大いに不満があります」

「温泉の物置のような部屋に住み込みで働きましたが、仕事があまりにきついので辞め、民間アパートに引っ越しました。家賃が高い上、夏は暑く、冬は寒くてたまりませんでした。住宅は、誰も紹介してくれません。自分で探しました。国費帰国者は公営住宅の配置がありますが、私費帰国の私達には何もありません。私達が公営住宅に入るのは、容易ではありません。日本政府は、私達にせめて住宅を斡旋すべきでした」

第二項　一九八四年以降の国費帰国者

さて一九八四年、日本政府は埼玉県所沢市に中国帰国孤児定着促進センターを開設した。また一九八七年、札幌市・福島市・名古屋市・大阪市・福岡市にも、同センターが開設された。そこで一九八四年以降、国費帰国した孤児は帰国直後の約四カ月間、同センターに入所し、日本での生活を踏み出すこととなった。

本書の対象者は、所沢市と大阪市のセンターの入所者が、各一六名と多い。

ただしセンター入所者の四割弱は、そこでの処遇に不満を表明している。

まず第一は、医療がまともに受けられなかったことへの不満である。

＊「私達が病気になると、センターの指導員は顔色を変えて怒りました。まるで私達が、彼らの金を使ったようです。私は帰国前、胆石の手術をして帰国後も痛みが止まらず、指導員に言うと痛み止めの薬を渡されました。三日飲んでも治まらず、『このままでは駄目だ』と指導員に言いました。するとやっと病院に連れて行ってくれました。まるで刑務所の罪人のような扱いです。ある帰国者は、救急車を呼ぶまで我慢していました」

「センターで私達を管理する職員は残留婦人ですが、まったく冷淡でした。病気になって通院したいと言うと、『毎日毎日、病気のことばかり言ってうるさい。あなた達は自分で金を払わないから、皆、病気になるのだ』と、不快げに言い放ちました。ようやく診察しても、医者の説明を通訳せず、薬を渡してくれるだけでした」

第二に、居住環境の劣悪さである。[二四]居住スペースは狭隘で、四畳半に四人、六畳に五～六人が同居していた。高温多湿の夏の環境も、中国東北部から来た孤児には厳しかった。

＊「センターでは皆、小さな部屋に住まされ、投獄されたような気分でした。扇風機もなく、暑くてたまりません。蚊が多く、ひどく刺されましたが、網戸もなく、殺虫剤もくれません。文句を言っても、職員は無関心でした。私達は人間として扱われていませんでした」

そして第三に、センターの職員の態度・授業内容に、歴史認識の欠如、及び、中国への蔑視も垣間見られた。厳格な管理体制も、孤児を苦しめた。

＊「センターの教師は生活指導の授業でいつも、『いつまでも自分が戦争被害者だと甘えず、早く日本の社会に溶け込んで自立しなさい』と説教しました。私達は戦争被害者なのに、なぜそう考えてはいけないのでしょう。またセンターの職員は、『中国人は仕事に責任を負わない』とか、『中国人は無知で礼儀知らずだ』と侮辱しました。中国人はおかずをお客さんにあげる時、箸を舐めてから挟むといったビデオも見せられました。私達は皆、これを見て本当に腹が立ちました」

「センターでは、緊張の毎日でした。管理人にすべてを左右され、束縛された感じです。自由な外出も許されず、閉じこもってばかりで、外の様子はわかりませんでした」

孤児達は四カ月後、定着促進センターを出所し、兵庫県に定住した。

中でも一九八四〜八六年に帰国した孤児は、多くが兵庫県に肉親がいた。

これに対し、一九八七年以降まで帰国が遅れた孤児の多くは、肉親が未判明、または判明しても身元引受を拒まれ、定着促進センターで身元引受人を斡旋されて兵庫県に来住した。

ただし、身元引受人を斡旋された孤児——特に所沢市のセンターの入所者——には、兵庫県に配置されたことへの不満が少なくない。彼・彼女達は、東京・首都圏への定住を望んでいた(二五)。その方が、就職のチャンスや先に定住した帰国者が多く、地方自治体の帰国者対策も比較的充実していることが、帰国者の共通認識になっていたからである。しかし厚生省は、孤児に居住の自由を認めず、「適度な集中、適度な分散」と称し、抽選等で全国各地に割り振った(二六)。孤児達は、兵庫県への居住を強制されたと感じている。

*「どうしても東京に居たかったのですが、選択の自由はなく、抽選で一方的に決められました。最後まで粘ってごね得の人もいたし、センターの職員と喧嘩した人もいます。コネや賄賂が横行しているという噂もたちました。私は『北海道か富山に行け』と言われ、断りました。どこに自由があるのか。なぜ居住地も自分で選べず、強制されるのか」

「センターで指定された居住先がひどすぎて、バスや車を乗り継いで所沢に戻ってきた人もいました。私も兵庫県に来てしばらくは非常に不満で、所沢に戻ろうと思っていました。希望どおり東京に住める人もいれば、無理やり地方に回される人もいます。地方に行くのが嫌で、『絶対に行かない』と言い張る人もいました。私ももちろん東京に残りたかったのですが、我慢して来ました。兵庫県に来た時、まわりの景色があまりに寂しかったです」

「居住地は政府に一方的に決められ、皆、東京以外に無理やり行かされました。センターの職員が言うには、最初、東京(埼玉県所沢市)に集まるのは当面の適応促進のため、その後、各地方に行くのは住民・地域との交流促進のためだそうです。でも実際は、地方に行っても住民との交流などありません」

ある孤児は、帰国時の身元保証人が東京にいたが、それでも東京への定住を許されなかった。

*「帰国を助けてくれた身元保証人が東京にいたので、ぜひ東京に住みたいと思っていました。でもセンターの指導員は、『東京は駄目だ。人情が薄く、冬も寒く、物価も高い。日本有数の恐ろしい大都会だ。東京には住宅も仕事もない。どうやって生活するつもりなのか。政府が身元引受人を斡旋して

あげるから、兵庫に行け』と言います。私達は当時、生活保護の存在も知らず、センターを出たらすぐ働くしかないと思っていました。だから『仕事がない』と言われると、どうしようもありません。また私は日本語ができず、身元保証人と連絡も相談もできませんでした。センターの指導員も、『身元保証人には相談するな』と言います。とにかく政府が『新しい身元引受人と住宅を斡旋してあげる』というのですから、言いなりになるしかありません。断れば日本では暮らせないと思い、やむなく承諾しました。東京の身元保証人には黙って変更し、本当に失礼なことをしました。今も心が痛みます。私達を東京から強制的に追い出したセンターの指導員を許せません」

逆に帰国時の身元保証人が地方にいた場合、孤児が大都市への定住を希望しても、身元保証人の地元に定住させられた。

＊「私の帰国時の身元保証人はA県にいましたが、私は大阪のセンターで帰国者といろいろ話す中で、センター退所後、大阪で暮らしたいと思うようになりました。大阪には専門学校や夜間中学校がたくさんあり、子供達の教育や就職に有利だからです。日本での生活は、人生の再スタートです。少しでも環境が良い都会で暮らし、子供達に十分な教育を受けさせ、仕事をみつけ、自立したいと思いました。でも、身元保証人に相談すると激しく怒りだし、許してくれませんでした。日本の事情もよくわからず、日本語も不自由な私は、身元保証人の反対を押し切れませんでした。もしあの時、大阪に定住していれば、まったく違う人生になったのではないかと今も思います。大阪にいられれば、辛いことがあっても、自分で選んだ人生だから仕方ないと思えたでしょう。居住地を自分で選べなかったことを、今も残念に思います。子供達にも、申し訳ない思いで一杯です。結局、A県に行きましたが、身元保証人が経営する会社以外に仕事もなく、中国語ができる人もいないので、とても寂しかったです。そんな中、中国にいた時の知人で、私達より先に帰国して兵庫県に住む残留婦人が、『兵庫県には中国の同郷出身の帰国者がたくさん住んでいるから、引っ越してきたらどうか』と誘ってくれました。中国の同郷の帰国者が多くいれば精神的に支えになると思い、転居しました」

中国の同郷者がいる地方への定住を望んだが、認められなかった孤児もいる。

＊「大都市でなくても、せめて中国の同郷者がいる地方に住みたかった。不案内な土地で、同郷者がいればどれほど心強いか。センターの指導員は全国の残留孤児の住所録を持っていましたが、同じ人民公社の出身者の居住地を尋ねても、教えてくれません。どこに住むかは、私達の意思と無関係に政府が一方的に決めたので、不満です。どうして私達をバラバラ

にするのでしょう」

居住地の決定に際し、日本の地理・地域情報も十分に提供されなかった。

＊「私は自分や子供の就職の便宜を考え、工業が発達した東京・名古屋・大阪に住みたかったのですが、兵庫県にまわされました。当時、ここは大阪だと説明されました。来て初めて、兵庫は大阪ではないとわかりました。ここは期待外れの住宅地です。兵庫がどんな所か、全然知りませんでした」

「センターでは『北海道、広島、山形のどれかに行け』と言われました。北海道は寒く、山形は山ばかり、広島は原爆で空気が悪いと思い、懸命に断りました。本当は東京が一番いいけれど、認めてくれません。最後に神戸の話が出ました。私は中国にいた時、テレビで神戸の景色を見たことがあり、受諾しました。私達は、政府から指定された居住地に行くしかありません。だからせめて、行き先がどんな土地なのか、もっと情報がほしかったです」

センターから兵庫県に配置された残留孤児には、公営住宅が斡旋された。

ただしそれは、一般公募とは異なり、空室の割り当てである。そこで、様々な不満が生じがちだった。高齢でも、エレベーターのない高層階（五階程度）を割り当てられるケースが特に多かった。[二七] ある孤児は、「公営住宅の最上階は、帰国者ばかり」と語る。そこで彼・彼女達はその後、高階層、狭隘、老朽等、居住環境の劣悪さを理由に転居せざるをえなかった。一九九〇年以前に帰国した孤児は、約七割が転居を経験した。

＊「以前の県営住宅は、成人の娘と息子を含め、家族五人で三八平米・二部屋しかなく、あまりに狭すぎました。建物に亀裂もあり、ボロボロで汚く、初めて部屋に入った時、妻と娘は泣き出しました。そこが老朽化して建て替えられ、ようやく転居できました」

「最初の県営住宅は老朽化して、とても寒く、また家族四人で六畳と四畳半の二部屋しかありませんでした。それ以外に一畳半の物置部屋がありました。高校生の娘に四畳半、同じく高校生の息子に窓もない物置部屋を割り当てました。あまりに狭いので何度も申請して、ようやく引っ越せました」

転居できないまま、不満を抱えている孤児も多い。[二八] 特に一九九一年以降まで帰国が遅延した孤児の多くは、転居が困難で、現在の住宅に問題を感じている。

＊「三六平米しかなく、以前はここに家族四人が住んでいました。大きくなった息子や娘が一緒に、この狭い部屋に住むなんて、虐待です。子供達も、よく喧嘩していました。漏水が

ひどく、騒音も大きく、あまりに古いです。風が吹くと窓が揺れ、すごい音がして、とても眠れません。コンロが壁のそばにくっつき、危険です」

「狭く、息苦しいです。また山の上で、スーパーに行くにも四〇分かかります。山の下に降りることも少なく、人と交流できません。一階で太陽も射さず、暗くて湿気もひどいです。水漏れがひどく、臭くてじめじめしています。しかも私は、アスベストを疑っています。昔、中国で建築会社に勤めていたから、多少わかるのです。行政の職員に訴えると、『近隣の人には言わないでくれ。対処するから』と言いました。なぜ近隣に言ってはいけないのか、不信感をもちました。夫と次女は、ひどい湿疹です」

「以前は二男一女の子供達と夫婦の計五人が、この二部屋に住んでいました。豚小屋のように狭く、窮屈です。しかも夏は暑くてたまらず、かびもひどいです。五階でエレベーターもないので、妻は階段を降りる時、関節炎で痛がっています」


転居できないのは、公営住宅間のそれが容易ではないという一般的理由に加え、身元引受人・自立指導員が転居を認めないためでもある。

＊「身元引受人に『あまりに部屋が狭い』と苦情を言うと、『自分で働いて金を稼ぎ、広い部屋に引っ越せ』と言われました。この高齢で働けるわけがありません。諦めろということです」
「『狭いので引っ越したい』と自立指導員にいくら頼んでも、『我慢しろ』と言うばかりで手続きしてくれません。なぜ我々は、好きな所に自由に引っ越せないのでしょう」

「住宅を変えてくれるように市役所に何度も要求に行き、喧嘩になりました。生活保護で暮らしているから、勝手に転居もできません。私は日本語ができず、通訳もいないので、交渉もできません」


転居したケースはいずれも、自立指導員・身元引受人や行政と粘り強く交渉し、ようやくそれを実現した。

＊「最初の家は二DKで、とても狭く、『養母と子供二人、三世代の五人がとても住めない』と自立指導員に訴えました。自立指導員は『贅沢だ。公営住宅に空室はない』と言い張り、私達と睨み合いになりました。私は怒り、『市長に直接、訴えに行く。市長にどうしても会う』と騒ぎました。それで、ようやく広い住宅をもらいました。大声で騒がなければ、自立指導員も役所も耳を貸しません。でも、私のように騒ぐ人は珍しく、他の孤児は皆、狭くて高階層のボロボロの住宅をあてがわれ、我慢しています」
「夫が脳梗塞で半身不随のため、五階から一階の部屋に移りたいと頼みましたが、市役所の担当者に『生活保護を受けているのに引っ越しか』と嫌みを言われました。何度も粘り強く交渉しましたが、一階に空室はなく、ようやく二階に引っ

越しました。二階では夫は自力で外出できませんが、娘が背負えば何とかなります。一階が空けば、また交渉するつもりです。生活保護の担当者は私に、『一階が空けば、また新しい部屋か』と皮肉を言いました。高層階から一階に移りたい人は、たくさんいます。誰が優先されるかは、しつこく催促するかどうかにかかっています」

第二節　職業

次に、帰国後の職業生活をみていこう。

第一項　職歴

【就職の困難】

対象者の多くは日本に帰国後、就職した(二九)。帰国後、一貫して無職だったのは四五名のうち一一名にとどまり、主に心臓病・脳膜炎・肺疾患等の疾病を抱えていた人達である。

ただし就職できた孤児も、中高年になってから帰国し、日本語が不自由な中での職探しは困難を極めた。いくつもの職場で門前払いされた孤児も多い。四五名のうち三八名は来日後、就職の困難に直面したことに言及している。

＊「私のような年寄りが、言葉もできない日本で仕事を探すのは大変でした。何度、職業安定所に行っても言葉が通じず、仕事を紹介してもらえません。日本に来てから何もできず、すごく消極的になりました。来日直後は、いつか起業しようと思っていましたが、すぐに無理だと思い知らされました。例えば中国で靴を作って日本に輸入しようにも、販売ルートも市場ニーズもわかりません。またそれ以前に就職できず、準備資金も稼げません。私達は日本国籍ですが、就職の面接に行くと『外人は要らない』と簡単に断られます。これは間違いなく差別ですが、それが現実です。ぶらぶらして死ぬのを待つばかりです」

「職業安定所に何度も通いましたが、年齢も年齢だし、日本語も不自由なので、紹介してもらえません。求人している会社に直接、電話をしても、飛び込みで会社訪問しても、すべて門前払いです。中国人（帰国者）とわかると、まず採用してくれません」

【一九八七年以前の帰国者】

帰国後の職歴は、帰国年次と性別によって大きく異なる。すなわち一九八七年以前の帰国者の多くは、男性で一五年間以上、女性で九年間以上、就労し、約半数は転職を重ねてきた。多くは不熟練労働の非正規雇用だが、専門性・熟練を

表　日本での生活（帰国年次別）　（人）

		1987年以前	1988～91年	1992年以降	計
勤務年数	15年以上	6			6
	9～14年	7	4		11
	8年以下	3	11	3	17
	なし	2	2	7	11
職歴（就労者・複数回答）	自営業	4			4
	正規・熟練	2			2
	正規・不熟練	6	6		12
	非正規・熟練	5			5
	非正規・不熟練	10	13	3	26
	一貫して無職	2	2	7	11
就職手づる（複数回答）	自分	10	4		14
	帰国者	3	9	1	13
	職安・自立指導員等	5	1	2	8
	その他	4	1		5
就職政策不満（複数回答）	斡旋問題	14	17	8	39
	就労強制	5	13	6	24
	その他	4	5	4	13
世帯収入源（複数回答）	賃金・自営収入	7	3		10
	厚生年金	8	8		16
	国民年金	5	5	4	14
	生活保護	9	16	10	35
	その他	2			2
世帯月収	20万以上	6	1		7
	14万～	6	1		7
	10万～	2	15	10	27
	10万未満	4			4
経済生活評価	とても満足・やや満足		1	1	2
	どちらともいえない	2	2		4
	やや苦しい	12	4	4	20
	とても苦しい	4	10	5	19
日本語会話	日常は困らない	5			5
	日常も困る	11	3		14
	ほとんどできない	2	14	10	26
健康破壊の理由（複数回答）	中国での苦境	9	9	6	24
	日本での苦境	12	7	3	22
	言及なし	4	4	1	9
計		18	17	10	45

資料：実態調査より作成。

生かした職についたり、正規雇用・自営になったケースも男性を中心に一定の位置を占める。

専門性・熟練を生かした職種には、二つの種類がある。一つは、旋盤・縫製・医療等、中国で習得した技術を活用した職種である。

＊「中国で旋盤工をしており、技能コンテストで優勝もしました。その技術を生かし、日本でも旋盤工になり、その後、自分で鉄工所を開きました。旋盤工は、私の天職です」

「中国で一二歳から縫製一筋で働いてきました。帰国前は、ワイシャツ縫製工場の技術課長代理で、日本に輸出するシャツの品質管理・技術指導をしていました。日本の顧客からもらった名刺を頼りに、帰国後、貿易商社に履歴書と手紙を送りました。一社が返事をくれ、面接と技術試験を受けて合格し、採用されました。入社後、中国から輸入するシャツの検品に従事しました」

「中国で医師だったので、帰国後、病院で鍼灸や漢方の知識を提供しながら、リハビリ補助をしました。日本の医師資格がないので治療はできませんが、按摩や鍼灸のつぼの指導、電気治療補佐に従事しました」

いま一つは、貿易・中華料理等、中国語・中国文化を生かした職種だ。

＊「貿易会社に就職し、普段は工場で包装をして、中国からの顧客があれば、翻訳通訳をしました。その後、夫と二人で貿易会社を起業し、上海と神戸に事務所をおきました」

「肉饅屋を開業しました。店名は、父が満洲で死去し、私が満洲から帰還したことを記念して満洲亭としました。引揚者の日本人が常連客になってくれ、繁盛しました」

一九八七年以前の帰国者で、帰国後、不熟練労働に従事した孤児の具体的な職種は、皮革加工・焼鳥製造・運送・塗装工・清掃等である。これは、中国でも不熟練労働に従事していたケースに多く見られた。

【一九八八年以降の帰国者】

これに対し、一九八八〜九一年に帰国した孤児の多くは男女とも、日本で九年未満しか働けなかった。転職経験は少ない。男性でも正規雇用の経験者は半数以下、女性は全員が非正規雇用のみである。職種は、カーテン製造・鋳物製造・機械部品製造・皮革加工・金属加工・ゴルフコース保守・土木・掃除雑用等、不熟練労働に限られていた。

＊「土木作業の臨時雇で働きました。いい仕事は、私達には回ってきません。日本人が嫌がる、きつくて危険で低賃金の、いつ解雇されるかわからない不安定な仕事だけが回ってきま

す。仕事は選べません。それが現実です。それでも一九九〇年頃はまだ、仕事がみつけやすかったので、私もどうにか就職できました」
「工場の寮の食堂で、皿洗い・掃除・雑用のパートをしました。帰国者は皆、体力だけが求められるきつくて低賃金の仕事をするしかありません」
「カーテンの穴をつけたり、枠を切断する仕事につきました。機械の速度に合わせ、手早く作業しなければならず、検品も厳しく、緊張の毎日でした。きつくて大変ですが、私のような人間は、こんな仕事しかみつけられません」

そして一九九二年以降まで帰国が遅延した孤児の多くは、男女を問わず、日本で就職できなかった。

【調査時点の就労状況】

対象者は、二〇〇四年調査時点では多くが無職である。

かつて正規雇用だった男性の多くは、五五～六〇歳で定年退職した。非正規雇用だった孤児は男女とも、病気・労災・倒産等で定年前に退職を余儀なくされた。女性には、家族の看病・介護等の理由で退職した人もいる。

調査時点も就労していた数少ないケースは主に男性で、空き缶拾い・シルバー人材センターでの掃除・不定期のアルバイト等、低収入の仕事である。

＊「週四回、自転車で空き缶拾いをしています。ごみが混じった袋からアルミ缶だけを取り出し、早朝五時から一〇時まで、一メートルほどの袋二つ分を集め、リサイクル工場に持ち込みます。値段は時期によって違いますが、一キロ八〇～一五〇円、二五キロで二〇〇〇～三七五〇円、月に二～四万円にしかなりません」

第二項　労働条件

次に、対象者が働いてきた職場の労働条件をみていこう。

帰国年次・性別を問わず、ほとんどの就労経験者は、相互に関連する四つの問題に直面した[三〇]。

まず第一は、日本語の壁である。

＊「職場では、言葉がわからないと怒鳴られます。最初、道具の名前がわからず、よく『馬鹿』と怒鳴られました。質問しても返答がわからないので、聞き返せません。ゆっくり丁寧に話してくれればわかりますが、そんなことをしてくれる職場はありません」
「言葉が通じず、よく同僚に笑われました。例えば、カミソリを頼まれ、私は『雷はない。晴れ』と答え、何日間もからかわれました。『ポンプを修理しろ』と言われ、私は『本部』

に行きました。何度聞き直してもわからず、怒鳴られ、馬鹿にされました」

「床の掃除をしていると、班長が私に『もういい』と言いました。私は『いい』とほめられたと思い、真剣に掃除を続けました。すると班長は私の手から水のホースを奪い取り、『お前はアホか』と大声で怒鳴りました。職場の同僚は皆、笑っていました」


第二は、差別である。これは日本語の壁とも関連するが、それだけではない。孤児達は差別に対し、ある時は黙って耐え、ある時は口論を挑み、ある時は無能なふりをしてやりすごし、ある時は無視し、ある時は一人で怠業し、ある時は転職し、ある時は集団で立ち向かって対抗した。

＊「私達が鉄パイプの撤去作業をしていると、監督が『中国人は遅いんだよ』と言い、上から鉄パイプを乱暴に投げ落としました。本当に危なかったです。それで皆、怒りました。私も頭にきて鉄パイプを手にもち、監督を殴ろうとしました。監督は私達（帰国者）を、いつも『中国人』と呼んでいました。中国人で、何が悪いのか。中国人も人間だ。監督は、私達を人間扱いしませんでした。監督はどこかに逃げて隠れ、私達は探しました。警察が来たので、私達は筆談で事情を説明しました。翌日、工場長がきて、監督をくびにしました。別の日、私が上司に反抗すると、上司は、私だけ休息時間まで働かせました。日本人の同僚は、私を『アホ』『ボケ』『中国人』と罵っていました。私は悔しくてたまらなかったけれど、初めてつかんだ仕事を手放すわけにはいきません。どんなにいじめられても、ぐっとこらえ、懸命に働きました」
「炊事場の料理長に『皿を持ってこい』と言われましたが、私はまちがえて茶碗を持って行きました。そういう時、よく『アホ』と怒鳴られました。日本に来て初めて覚えた単語は、『アホ』『馬鹿』『ボケ』です。生きるのがつらかった。日本語ができないのをよいことに、仕事のミスをよく自分のせいにされました。同僚からは『中国人』と呼ばれ、失敗すると『やっぱり中国人だなぁ』と馬鹿にされました。私はある時、思い切って抗議しました。差別されていることがわかると、私は繰り返し断固として抗議しました。すると、いじめはだんだんなくなりました」

「同僚から『中国人』と呼ばれ、少しでも作業が遅れると『アホ、馬鹿』と罵られました。職場で殴られたことも、二度あります。何を言われても、我慢するしかありません。そうしなければ社長に告げ口され、『日本人の言う通りにしろ』と叱られます。手出しすれば、即解雇です。私は日本に来て、地獄に落ちたようです」

「日本人は、私ほど仕事ができません。私は一六歳から機械工場で働いてきたので、機械の音を聞いたり様子をみれば、故障がすぐわかります。それで教えてあげると、日本人は口実をみつけては、『アホ』『馬鹿』『会社をやめろ』と、私をいじめるようになりました。時には私も怒り、彼らを殴ろうと脅かしました。できるだけ日本人と口をきかないようにした時もあります」

「日本人の若者が仕事が遅く、しょっちゅう叱られ、そのストレスを、私にぶつけました。彼は、セメントを入れるバケツを私に向け、いきなり上から投げました。私は、バケツを蹴飛ばして『降りてこい』と怒鳴りました。彼は降りて来ません。私は中国語で罵りました。私も気が強いから、よく喧嘩しました。こちらが強く出ると、向こうは弱気になります。おとなしくすると、いじめられます。日本人は皆、そうです」

「職場で『支那人は、中国に帰れ』と何度も言われ、だんだん気持ちが悪くなり、転職しました。『中国で技師だった』と言うと、よけいにいじめられ、それ以来、言わないようにしました。私が無知なほど、日本人はうれしいようです。私は普段はできるだけ我慢しましたが、時々、同僚と喧嘩しました」

「仕事のことで言い争いになると、『中国に帰れ』とよく言われました。社長に『アホ』と怒鳴られ、私は怒って一人で現場でストライキをしたこともあります。納期に遅れるので、社長は突然、優しくなり、私をなだめました。私も、私が言われてきたとおり、『馬鹿、アホ』と言い返してやりました。他人の言うことを、一〇〇%おとなしく聞いてはいけません。たまには自分の思いを率直に言うことも必要です」

「掃除の職場で、いつも辛い汚い仕事を押しつけられ、いじめられました。私は仕事がうまく、トイレ等をいつもピカピカにして上司に褒められたので、まわりの五〇～六〇歳の女性の同僚達に嫉妬されました。私は、いくらいじめられても、一生懸命に仕事に専念しようと思いました。すると、上司と私が不倫関係にあり、私はいつも仕事をサボっているというデタラメの噂を流されました。私は日本語がわからず、その噂を知りませんでしたが、ある日、もっと上の上司から呼び出され、『その噂は事実か』と聞かれました。私は腹が立ち、他の掃除の職場に転職しました」


第三は、長時間・高密度の重労働である。サービス残業も横行していた。日本人の同僚に、きつい仕事を押し付けられることも珍しくなかった。

＊「食堂で、野菜や皿を洗う仕事につきました。もともと手足の関節が悪かったので、辛かったです。皆が嫌がる掃除の仕事もさせられました。一日の仕事が終わり、帰宅して食事を作り、家事を終えると身体の芯から疲れ切りました。休みは週一日しかありません。結局、足の関節が悪化して退職するしかありませんでした」
「外で強い日ざしを浴び、廃品回収の仕事をしました。鉄板は熱く、気温は三八度もあり、監督は『早く、早く、早く』と厳しく催促します。私は機械のように働かされ、腱鞘炎にもなりました。朝八時始業ですが、実際は七時から始め、夕

方も四〇分のサービス残業です。特にきつく汚い仕事があれば、『中国人にやらせろ』と言う日本人もいました。実際、そんな仕事はほとんど私達がさせられました」

「鋳物仕上げの仕事で、テンポがすごく早いです。休憩時間は五分しかなく、その間に皆、一生懸命、タバコを吸いました。残業手当はリーダーが残業と認めなければ出ず、形の上では八時間労働ですが、実際は一二時間以上で、非常に疲れました。しかも若い新米の平社員が、私のような年寄りをあごで使います。新米の仕事のはずの重労働を、よく押し付けられました」

「温泉旅館で、朝五時半から夜一一時まで、炊事場と洗い場、配膳と掃除等、休む間もなく働かされ、異常にきつかったです。倒れたこともあります。病院にも行けず、誰も気にしてくれませんでした。忙しい時は深夜一時まで仕事で、腕を上げて髪の毛を梳くことさえできないほど、疲れました。このままでは駄目だと思い、退職しました」

「機械の早い動きに合わせ、部品用電線を一日最低七〇〇〇本、作らなければならず、毎日、残業でした。休む間もなく手を動かし、休息時間以外はトイレも行けません。昼食も大急ぎで食べ、土日もよく出勤しました。有給休暇は一日も取ったことがありません。しかも誰もが嫌がるきつくて危険な作業、汚い作業が私に押しつけられました」

「金属粉が舞い、耳をつんざく騒音の中、金属加工の仕事に従事しました。一日一〇時間位働きましたが、不景気で解雇されました。その後は、ゴルフ場で草刈り・バンカー均し・落ち葉掃除をしました。狭心症の発作の恐怖に脅えながら、働きました」


第四は、低賃金である。一般的に低賃金の職場であることに加え、同じ職場で働く日本人の同僚より、さらに低賃金だったという声が少なくない。

＊「一日九時間も働いたのに、月一六万円しかくれません。給料の遅配も、日常茶飯事です。日本語を話せないという理由で、給料に差もつけられました。私より仕事ができず、私にあれこれ指図しかしない日本人も、私より高い給料をもらっていました」
「温泉旅館では最初、一日四〇〇〇円でした。その後、一日五〇〇〇円になり、嬉しかったです。いろいろ引かれ、月に八万円位です。正社員なのに残業手当も無欠勤手当もありません。転職先の焼鳥屋では時給五五〇円で、月給一二～一三万円になりました」

「一カ月休みなしで朝から晩まで働き、毎日残業しても、手取りは多くて一二万円でした。全然、言葉を使わなくてもいい仕事なのに、日本語がわからないという理由で賃金は低く抑えられました。生活はギリギリです」


これ以外にも、職場には多様な問題があった。ただし上記の四つの問題に比べれば、それを経験した孤児は若干少ない。
すなわち第五は、倒産・リストラによる解雇等、雇用の不安定である。この問題は、一九八八年以降に帰国した男性、及び、八七年以前に帰国した女性、つまり非正規雇用・不熟練労働の職場で継続的に就労した孤児に特に多く見られる。

＊「プレス工場が不景気で、常雇からパートに一方的に変えられました。また皮革加工の工場では、病気で入院した後、立ち仕事に変えられました。私は入院以前から、交通事故の後遺症で立ち仕事は無理でした。それを知りながらの配置換えで、要するに会社は私をやめさせたかったのです」
「医療保険や厚生年金は、一切ありませんでした。最初、言葉がわからないから、契約内容を全然知らずに勤め始めたのです。退職しても失業保険もありません。仕事は不安定で、仕事が多いと嫌でも残業、仕事がないと給料も出ません。逆らうと解雇です。社長は、従業員を人間とは見ていませんでした」

第六は、仕事の方法が中国と異なり、適応が難しかったことである。技術的な違いだけでなく、上司の指示を重視する日本と、現場での工夫を重視する中国の違和感は大きかった。

＊「中国でも鋳造の仕事をしていましたが、日本とはまったく方法が違います。それで、バリ取りや単純作業しかさせてもらえませんでした。日本人の仕事の仕方は、教条主義です。上司に絶対服従で、自分で考えようとしません。私の工場では高温の炉を使うので、四〇度位になります。そこで水を地面に撒くと、『製品の品質に影響するから駄目だ』と言われました。本当は、影響しません。現場の人は皆、それを知っていますが、上司に反論しません。日本の職場では、自分の意見を率直に言えません。率直に言うと日本人、特に上司は機嫌が悪くなり、文句をつけてきます」
「工事現場で、日本人と二人で一〇〇キロ以上の鍋を移動させようとしましたが、重すぎて動きません。私が『棒を梃子にしよう』と言うと、日本人は私の襟首をつかみ、『手で動かせ』と怒鳴りました。少し考えれば簡単に動かせるのに半日もかかり、最後は私の言う通りにしました。多分、あの日本人も心の中では私のやり方に賛成でしたが、意地を張ったのでしょう」

第七は、職場の人間関係の悩みである。これも、日本語の壁や差別と関連する。しかし、日本人労働者どうしを含む人間関係の悪さや希薄さもあった。

＊「上司が時間内に終わるはずがない仕事をさせるので、私は疲れ果て、何度も病気で倒れました。それでオーナーに直接、事情を話し、規定時間を三〇分延ばしてもらいました。すると上司は言いがかりをつけ、私を殴るようになりました。そ

の上司は、私だけでなく、皆をいじめていました。それで仕事を辞めたり、追い詰められて自殺した日本人もいます。同僚は皆、その上司を憎んでいました。私は同僚に、『私は日本語がわからないから彼（上司）の考えが理解できないが、貴方達も理解できないのか？』と聞いたことがあります。同僚がサボっている時、私は見張り番をして、上司が来ると皆に知らせてやりました」

「同僚は、仕事が終わると必ず酒を飲みに行きます。毎日残業が終わる七時から何軒もハシゴして飲み、互いにくだらない自慢話をします。土曜日や給料日には酒を二本ほど買って来て、工場で飲みます。最初は仕方なく付き合っていましたが、耐えきれず、付き合わなくなりました。すると残業をもらえなくなり、収入が激減して困りました」

「日本の職場で、いい人間関係になるわけがありません。朝、ちょっとうなずいて挨拶する。それだけで丸一日、会話がありません。一〇分間休憩もトイレに行くだけで、全然しゃべりません。中国では同僚と一日中しゃべらないなんて、考えられません」

「会社の親睦会が一二万円の自己負担で沖縄旅行を組織しましたが、私は『お金が無い』とも言えず、『用事で行けない』と言うしかありませんでした。そんなことが何回かあると皆、私を排斥するようになりました。また日本人は三時におやつを食べる習慣があり、私がこれに参加しないと、『付き合いが悪い。けちだ』と言われ、仲間外れにされました」


第八は、仕事上の危険である。職場での事故が労災として容易に認定されなかったケースも少なくない。ここでも言葉の壁や差別が、危険を一層増幅させた。
＊「フライス盤に腕を巻き込まれ、粉砕骨折しました。五回も大手術をして、腰と足から骨をとって移植し、神経や骨もつなぎました。会社は私が社員ではなく、自営で仕事をしていたと言い張り、労災と認めませんでした。地域の労働者支援組織の助けをかりて、ようやく労災認定されました」
「土木工事で足場から落ちて両足のかかとを骨折し、三ヶ月入院して手術しました。怪我の危険等、ボスはまったく気にしていませんでした。それに注意されても言葉がわからないから、なおさら危険です。会社は労災保険に加入してなく、自費で治療しました。リハビリに一年半かかり、再就職はできませんでした」

「危険な仕事なら、帰国者は歓迎されます。化学薬品が私の目に入った時、言葉がわからないのをいいことに、『水で洗えば大丈夫』と言われ、病院に行かせてもらえませんでした。それで目が悪くなってしまいました」

最後に第九として、中国での専門が生かせない問題もあった。これは、さほど多くが体験したわけではないが、中国で専門・管理職だった孤児にとっては深刻な問題である。
＊「中国で二二年間、医師として働いてきた経験が生かせる仕

事を探しましたが、日本語が話せないことが壁になりました。鍼灸の技術を生かそうとも思いましたが、日本で鍼灸師の資格を取るには改めて研修を受け、国家試験に合格しなければならず、授業料が一〇〇万円以上かかります。断念するしかありませんでした」

「中国で技術研究員でしたが、日本では肉体労働しかさせてもらえません。来日後の最初の仕事は、ホテルでの掃除、電球交換、トイレの修理等、雑用全般でした。中国にいたら、誰がこんな仕事をするものですか。ボイラーやモーター等の機械を調整する時、私がちょっとのぞくと、すぐ『他の仕事に行け』と言われ、すごく腹が立ちました。『私が昔、やっていた仕事は、あなたたちの今の仕事よりずっと技術レベルが高いよ』と内心で思い、気持ちを落ちつかせました」

第三項　職業斡旋

さて、残留孤児の就職は、どのような手づるでなされたのだろう。(三一)

まず最も多いのは、自分自身で探したケースである。これは一九八七年以前の帰国者に特に多い。比較的早期に帰国した孤児は、誰にも頼れず、自分で就職先を探すしかなかったともいえるし、当時は日本経済が好況で自力で仕事を見つけることができたともいえる。ただし前述の如く、何度も門前払いを経験したあげくの就職であり、それだけに就職できた時の喜びは大きかった。

*「多くの会社を訪問しましたが、ある会社に飛び込んで『仕事がしたい』と言うと、人事部長が応対してくれました。筆談と身振り手振りで必死に願い出ると、現場作業員として採用してくれました。当時、日本は景気がよく、仕事が人を探すという状態だったので、私も就職できたのです」

「就職は難しかったけれど、諦めずに役所やチラシの情報を調べていました。ある日、郵便受けに入った求人チラシを見て、すぐ電話をかけました。うまく話せなかったけれど、意外にも面接してくれました。結果が出るまで、とても緊張しました。一週間後、採用するとの電話があり、うれしくてたまりませんでした」

次に多いのが、帰国者仲間の紹介である。一九八八年以降の帰国者に多い。不況下、しかも帰国が遅れて一層高齢化した孤児が自力で就職先をみつけるのは難しく、先に帰国していた孤児が就職先を斡旋したのである。

一方、定着促進センター、職業安定所、及び、自立指導員・身元引受人等の公的な支援制度は、就職の斡旋にはあまり役立たなかった。(三二)職業安定所で就職を斡旋されたのは三名のみである。自立指導員や身元引受人に就職を斡旋された人も五名にとどまり、主に女性の不熟練労働の非正規雇用だ。

身元保証人・身元引受人、及び、自立指導員の中には、自らや友人が経営する企業で残留孤児を働かせたケースもある。そこでの労働条件は、とりわけ苛酷であった。

＊「自立指導員は、自分の友達の社長の廃品回収業の会社に私を紹介しました。その職場はとてもきつく、普通の日本人は寄り付かず、いつも人手不足でした。あまりにきつく、私も身体を壊しました。その自立指導員は、残留孤児の家族を次々に、その会社に斡旋していました。自立指導員に苦情を言っても、『贅沢を言うな』と取り合ってくれません。残留孤児に、こんな仕事をさせていいのか。不満と怒りを感じます」

四五名の対象者のうち三九名は、日本政府の就職支援策に不満を抱いている。

すなわちまず公的な就職斡旋がほとんどなかったことへの不満である。性別・帰国年次を問わず、三三名がこの不満に言及している。

＊「定着促進センターの教師は、『必ず正式の職につけ。本人にやる気があれば、身元引受人や自立指導員が正式の職を紹介してくれる。職業専門学校で学べば、もっといい就職がみつかる』と言いました。でも全然、話が違います。非正規のきつい仕事しかなく、職業専門学校での勉強など論外です。自立指導員にいくら頼んでも、仕事も学校もまったく紹介してくれませんでした」

「職業安定所に何度も行きましたが、日本語が不自由なだけなのに、障碍者の窓口に回されました。もちろん仕事も紹介してくれません。これでは、全然面倒をみてくれなかったのと同じでしょう」

「政府も職業安定所も、仕事を全然紹介してくれません。私達のような人間が、どうやって自力で仕事を見つけられるというのか。帰国時に国がきちんと仕事を紹介してくれたら、自立できたはずです。自分の道は自分で歩きたい。それが残留孤児の願いです」

「仕事捜しは、誰も何も助けてくれません。職業安定所に自立指導員と一緒に行っても、『あなたは身体に障碍があり、五〇歳をすぎ、言葉もできない。就職は無理だ。健康な日本人でもなかなか仕事がみつからないのに、あなたにみつかる訳がない』と簡単に断られました。結局、自分で探すしかありませんでした」

「政府・職業安定所・自立指導員・市役所福祉課・定着促進センター・日本語教室等はどこも、まったく仕事を紹介してくれませんでした。職探しには、何の優遇政策も配慮もありません。いきなり日本の社会に放り出し、『自分で仕事を探せ、仕事がなければ生活保護で暮らせ』と言うだけです。日本は、本当に冷たい国だと思いました」

自立指導員や行政は、就職を斡旋しないだけでなく、自力で就職先を見つけて働くよう圧力を加えた（三三）。特に一九八八年以降の帰国者を中心に、少なくとも二四名がこうした「自立の強制」に苦しんだと述べている。

＊「市役所の職員が一～二カ月に一度、訪問してきて、『仕事をしろ』と圧力をかけます。一段と惨めな気持ちになりました。自立指導員も、『早く仕事をみつけろ。生活保護は税金だ。早く日本語を覚えて自立しろ』といつも迫ります。でも病気の上、言葉もわからないのにどうやって仕事を見つければいいのか、何も教えてくれません。就職の斡旋もなく、どうしようもない中で、私は『ふまじめだ』、『努力が足りない』と責められるばかりでした。いったい何をどのように努力すればよかったというのか。私は苦労の末、ようやく建築現場の清掃のアルバイトを自分でみつけ、病をおして働きました。吐血するなど体調は最悪でしたが、休むと解雇されるので、痛み止めを飲みながら週に四日、夜に自転車で現場に向かいました。何度か気を失い、自転車ごと転倒しました。体調は一層悪化し、痛みのあまり汗や涙が噴き出るほどでした」

「身元保証人や自立指導員に催促され、確かに一部の帰国者は自立しました。でも、自立した帰国者がどんなにつらい目にあったか、日本政府は知っているのでしょうか。私は通勤中、交通事故にあい、膝を怪我しました。膝がまだ治っていないのに、自立指導員に『働け』と強要され、無理に仕事に出ました。まわりの帰国者は『そんな話は聞かない方がいい。足が悪化しても、指導員は責任をとってくれない』と言いました。案の定、私の膝は悪化して歩きにくくなってしまいました。それでも市役所から、『早く自分で就職先を探して自立しろ』と言われ続けます。自立指導員も頻繁に電話をかけてきて、『まだ働いていないの？　どうしてまだ家にいるの？』と催促します。私はやむなく自分で見つけた立ち仕事に働きに出ましたが、足が悪いので続けられませんでした。それでもなお自立指導員は、『自立しろ』と責めたてます。その間、就職の斡旋は一切してくれません。ただ責め立てるだけです」

「私は重い胃潰瘍と診断され、医者から『きつい仕事をしてはいけない』と言われました。でも自立指導員は、『就職して自立しろ』と強制します。病気や仕事内容について相談しても、取り合ってくれません。それで一週間、無理をして働くと、やはり胃潰瘍が悪化して続けられなくなりました。その後も自立指導員に責められ、断続的にきつい仕事に出ましたが、その度に病気が悪化しました。身元引受人や自立指導員は、無責任です。とにかくどこでもいいから就職させ、生活保護を停止すれば、自分達の仕事は終わると考えたのでしょう。私は自立指導員に、『この仕事はきつくて、とても無理だ』と訴えましたが、『甘えている。この仕事ができないなら、他に仕事などない』とはねつけられました。それで私は、完全に身体を壊しました。本当につらかったです」

「政府や自立指導員は仕事は斡旋してくれず、『早く自分で仕事を探して自立しろ』としつこく責め立てるだけです。私達は五〇歳をすぎているのに、就職口があるというのか。あるなら紹介してほしいものです。自立指導員に、『自分で努力せず、生活保護に頼るのは恥だ』と言われました。まるで私達が怠け者だから働かないかのようです。私達は、中国でずっとまじめに働いてきました。私達をこんな境遇に陥れた日本政府や、私達を責め立てるだけの役立たずの自立指導員の方が、よほど恥でしょう」

「市役所の職員は週に何度もやってきて、『早く仕事をしろ』と迫りました。『仕事を見つけないと、生活保護を打ち切る』とも言われました。でも、就職に必要な手助けは何もしてくれません。どうやって仕事をみつけるかは、自分で考えろという感じです。何の役にも立たず、人を苦しめるだけです。私達も自立したいが、意余って力足りず、できないのです。国はずるいと思います。まず病気の治療をして、基礎的な教育を受けさせるなど、働ける条件を作るべきでした」

日本政府が十分な職業訓練・職業教育を実施しなかったことに不満を抱く孤児も、八名と少ないが見られる。中国で専門・管理職だった孤児に、こうした不満は顕著である。(三四)

＊「中国で医師や教師だった人達は、日本で職業訓練すれば、例えば教師なら学校事務、医師なら医療補助の仕事もできたでしょう。たとえ言葉が通じなくても、能力を生かせたはずです。でも、日本政府は放置しました。中国で身につけた専門を活かせる就職支援制度を、政府はなぜ設けなかったのでしょうか」

「私達の専門と希望を聞き、専門学校に通わせるべきでした。そうすれば、残留孤児はこんなに惨めではなかったでしょう。私達は自分の能力を持ち腐れにして、きつく危険でやりがいのない仕事につくしかありませんでした。来日直後、私は中国での職歴を書き、翻訳してもらって市役所に提出しました。でもそれは、ごみ箱行きでした。市役所の職員は、『とにかく自立しろ』と言うばかりです。政府が関心をもつのは、ただ一日も早い生活保護の打ち切りだけです。私は日本に来たことを、心から後悔しました」

日本政府は、一九八二年から転職・雇用に関するいくつかの既存の給付金を残留孤児にも適用し、一九八七年から雇用促進事業団による就職時の身元保証を行った。(三五)しかし上述の実態をみる限り、こうした支援策はあまりに有名無実・焼け石に水だったといわざるをえない。

第三節　経済

次に、経済状況を分析する。

第一項　年金・賃金・自営収入

二〇〇四年調査時点で、本人や配偶者に賃金・自営収入があるのは四五名中、一九八七年以前の帰国者を中心に一〇名にすぎない。

対象者は調査時点で、六五歳以上が二〇名、六〇歳以上が四二名で、年金生活者が多い。本人・配偶者のいずれかまたは双方が年金を受給するケースは、少なくとも三一名を占める[三六]。ただし年金制度の理解が十分でなく、受給しているかどうかわからないと語るケースもある。

いずれにせよほとんどの孤児は、日本への帰国が遅延したため、保険料納付期間が短く、老後も年金だけでは生活しえない。夫婦の年金だけで生活している孤児は、一ケースしかない。

厚生年金の加入者は、一九九一年以前の帰国者を中心に少なくとも一九名（既受給者は一六名）みられる。しかし、その金額は極めて少ない。「私の厚生年金は一カ月ではなく、一年間で三万円しかない」と語る孤児もいる。

国民年金については、日本政府は一九九六年以降、満額の三分の一（月額約二万二〇〇〇円）を支給し、保険料を追納すれば満額支給する特別措置を残留孤児にも適用した[三七]。追納額は月六〇〇〇円で、総額一五〇万～二三〇万円位になる。一部の孤児は貯金をはたき、保険料を追納した。しかし追納して満額（月額約六万六〇〇〇円）受給しても、国民年金だけでは生活できない。

＊「社会保険庁から『国民年金の保険料一七五万二〇〇〇円を追納せよ』との通知がきました。当時、私の収入は月一六万円でしたが、死に物狂いで節約し、分割で全額納付しました」
「国民年金の保険料二二九万円を、一度に納めました。私達にとって本当に大金でしたが、夫婦で働いてこつこつ金をためた貯金をはたき、子供達からの援助も得て、何とか払いました」

大半の孤児は、追納する経済的余裕すらなかった。

＊「二三〇万円ほど追納して、初めて年金を全額支給してもらえるそうです。二二〇万円なんて、あるわけがない。どこの残留孤児が、そんな大金を持っているのでしょう」
「年金として、『一九五九年四月から毎月六〇〇〇円分を追納

せよ』と言われました。何百万円にもなり、そんなもの払えるはずがありません。おかしいなぁと思いました」

こうした年金のあり方には、四五名のうち四〇名が問題を感じている。

すなわちまず孤児達は、保険料の納付期間不足は自己責任ではなく、帰国を遅延させた日本政府の責任と考えている。

＊「私が日本に帰れず、年金の保険料を払えなかったのは、日本政府の責任です。中国に取り残されなければ、私も日本で働いて年金を払えたはずです。日本政府がもっと早く私達を帰国させていたら、こんなことにはなりませんでした」

「私達は好きで中国に残ったのではなく、好きで帰国が遅れたのでもありません。私達は帰国が遅れたから、年金納付期間不足になりました。これは日本政府の責任であり、私達のせいではありません。私は追納しましたが、その金も返してほしいくらいです」

「私達には、年金保険料を納める条件すらありませんでした。私達の親は、日本政府の呼びかけに応じて中国に渡りました。私達の帰国は、日本政府の政策のせいでずいぶん遅れました。帰国後も、住宅を用意して、就職を支援し、日本語をきちんと教えてくれていれば、私達は仕事ができ、年金も納付できました。私達は怠け者ではありません。なぜ日本政府のせいでこんなに苦労してきたのに、老後の年金さえないのか。日本で働けなかった事情や国の責任が一切無視され、年金がないのは、どうにも納得できません」

また中国在住時、日本の年金保険料額に相当する収入がなかったにも関わらず、その期間の納付を迫られるのも理不尽と考えている。

＊「国民年金保険料として、『二〇歳から毎月六〇〇〇円分を追納せよ』との通知がきました。本当に驚きました。私が中国の農村にいた時、収入は多い月でも四〇元で、現在のレートに換算すると一〇〇〇円以下です。一年間働いて秋に決算すると、借金はあっても収入は皆無の年も多かった。そのような期間について、月額六〇〇〇円の保険料を払えと言うのは、いったいどういう料簡なのか。戦後、ずっと日本で生活できた人と、日本政府が起こした戦争のために外国に置き去りにされた人を同じ基準にして年金保険料を決めるのは、どう考えても理屈にあいません」

当然、納付期間不足で年金額が低いことへの不満も多い。それとも関わり、中国での就労期間が年金額に換算されないという不満もある。

＊「私は一二歳から四九歳まで、ずっと中国で働きました。この期間を、年金保険料の納付期間に換算してほしい。私がもしずっと日本にいて働いていれば、他の人に見劣りしないほ

ど懸命に働き、年金も納め、今は受け取ることができたはずです」
「日本への帰国後、六〇歳の定年まで一四年間、懸命に働きました。中国での職歴も合わせれば三四年も働きました。ところが私の厚生年金は、わずか月二万五〇〇〇円です。とても生活できません。贅沢は言いません。生活に足りる年金にしてほしいだけです」
「中国で働いてきた期間を考慮せず、日本での生活を前提にする制度を機械的にあてはめるのは、残留孤児が置かれてきた実態から目を逸らすやり方です。日本では、二五〜三〇年働いたら年金がもらえます。私達は中国で、それ以上働きました。中国での就労期間も考慮した年金制度を設け、老後の生活を保障すべきです」

第二項　生活保護

年金で暮らせない以上、大半の孤児は、生活保護を受給せざるをえない。調査時点、生活保護受給者は全体の約八割・三五名に達していた(三八)。特に一九八八年以降まで帰国が遅れた孤児は一名を除き、全員が生活保護で暮らしている。調査当時、一般の日本国民の生活保護受給率が一％以下であったことをふまえれば、対象者の受給率の高さは顕著である。また調査時点は生活保護を受けていない孤児も、かつて就職する以前、または就職後も十分な収入が得られない時期に、ほぼ全員が生活保護を受給した経験がある。

生活保護制度にも、九割以上にあたる四二名が問題を感じている。

すなわちまず第一に、すべての孤児が必要に応じてスムーズに生活保護を受けられたわけではない。私費帰国者には、「生活保護の存在も知らされなかった」人もいる。またいったん就職して生活保護を打ち切られた人が、失業して再度、生活保護を申請しても、支給は容易に認められなかった。

＊「国費帰国者には帰国直後から生活保護が支給されましたが、私は私費帰国だから何もありません。最初、生活保護制度があることも知りませんでした。生活保護の存在を知り、生活が苦しいので申請しましたが、何度、申請しても認めてもらえませんでした。やっと帰ってきた祖国で生活保護をもらうだけのことが、こんなに難しいとは。生活保護を受給するまで、すごく辛かったです」
「生活保護が支給されるまで、一年かかりました。私は今、日本で就職したことを後悔しています。就職さえしなければ、もっと簡単に生活保護を受けられ、労災で怪我もしませんでした。胃の病気も、こんなにひどくならなかったでしょう。身体が悪いのに自立指導員に強制されて就職すると、生活保

護を止められました。自立できるとみなされたのです。私は自立ではなく、無理をしただけです。身体を壊して解雇され、生活保護を再申請しましたが、なかなか認められず、今年、やっと支給されました」

「帰国後、少しでも働いた私のような人が、働けなくなった時に生活保護をもらうのは、すごく大変でした。私は病気で仕事ができなくなり、市役所に生活保護を申請しましたが、『再就職しろ』と迫られました。医者も『仕事はできない』と診断書を書いてくれたのに、市役所の職員は『とにかく働け』の一点張りです。六カ月かかって、ようやく生活保護を受けられました。最初の二カ月、私は週一回、市役所に行きました。返事は決まって『検討中』です。その後、もっと頻繁に行きました。市役所の人はすごく迷惑そうな顔をしました。私も行きたくて行くのではなく、どうしようもなくて行ったのです」


第二に、生活保護費は極めて低額である。単身世帯で月額九～一〇万円、夫婦世帯で一二～一三万円であった。

＊「酒や卵、牛肉は買えず、我慢しています。一三万円の生活保護から水光熱費を引くと九万円しか残らず、家賃と食費ですべてなくなります。電気もできるだけつけず、暗い部屋で我慢しています。食品は遠方の安売り店で、賞味期限切れ寸前の物を営業時間終了直前の値下げ時に買います。毎日、風呂にも入れず、冷蔵庫も買えません。うちにある箪笥・机・テーブル等の家具はほとんど、ごみ捨て場で拾ったものです。娯楽費・交通費はもちろんありません。孫に入学・卒業のお祝いや小遣いもあげられず、悲しいです。日本に帰って、こんなに生活に困るとは思いませんでした」
「生活費は、全然足りません。食べたら服が買えず、服を買えば食料が買えません。米も一番安いのを買います。少し金があれば野菜を少し多く買い、金がない時は野菜を減らします。出費がかさんだ時は、一週間ずっと豆腐に味噌をつけて食べました。生活の苦しさは、限界を越えています。箪笥やベッドは友達からもらい、その他の家具は粗大ごみを拾ってそろえました。死んだ方がましです。生活保護は普通の日本人の生活保障ではなく、最低限の生活救済で、餓死しなければいいという水準です」

「普通の苦しさではありません。家賃や水光熱費を差し引くと、生活費は夫婦二人で月八万円で、かろうじて食べているだけのどん底生活です。たまに人目を避け、服や生活用品を拾ってきます。扇風機、箪笥、テーブルは、すべて粗大ごみを拾ってきました。豆腐も細心の注意で安い品を探して買い、野菜を買う量まで一々考えます。趣味なんて、とんでもない。孫が進学しても、お祝いもあげられず、肩身が狭いです。日本政府は本当に無情で、私達を人間扱いしていません」

「毎日のおかずは漬物ばかり。普通の日本人なら耐えられない最低限の暮らしです。家具は粗大ごみを拾ってそろえました。安い長ネギを買うために、五キロ以上離れた安い店に行っていましたが、最近、足が痛くて行けず、ますます苦しいです。生きるのに本当に疲れ果てています。美容室にも行ったことはなく、髪は夫に切ってもらい、夫の髪は私が切ります。毎日二食しか食べられず、飢え死にせずに何とか生きているだけです。生活が苦しすぎ、このまま死んでしまった方がましと何度も思いました。服も買う余裕はなく、中国から持ってきた服をずっと着ています。水光熱費や電話代、家賃を払うと、月に七～八万円、一人当たり三～四万円しか残りません。日本の最低水準、物乞いと変わりません」

第三に、生活保護受給者には「能力に応じて勤労に励み、支出の節約を図る」義務が課され、自立が督促される。また生活保護には補足性の原理があり、他に収入があれば、その分の保護費は減額される。

そこでまず行政は、就労・経済的自立を督促・指導した。本章第二節で述べた如く、孤児達は、無理な就労・経済的自立を強制されたと感じている。

また行政は、孤児やその同居家族が収入を得ていないか、厳格に監視した。

＊「市役所の職員は、私が仕事をしていないか、しょっちゅう監視に来ます。連絡なしに突然、抜き打ちで来ます。なぜ、そこまで監視されなければならないのか。私達は、外出する自由もないのか。私が留守にしていると、『どこに行ったのか、市役所に電話を下さい』とメッセージを残していきます。私は、すぐに電話して、どこに行っていたか説明しなければなりません。これは、かなり気持ちが悪いです」

「市役所の職員は、『仕事をしていないか、確認に来た』と言って監視に来ます。私達の悩みなど、一回も聞かれたことがありません。いつも、働いているかどうか聞かれるだけです。病院や買い物に行くと、働きに行ったのではないかと疑われます。私も働きたい。でも言葉ができず、年もとっていて働けない。私は職員に『こんな年齢で足も悪いのに、どこが雇ってくれるのか。私はもうすぐ死ぬ』と言ってやりました。多ければ、月二回来ます。怖くて断れません。反抗したら、生活保護を止められます」

収入が確認されれば、生活保護支給額は減額された。

＊「子供を高校・短大に進学させるために二〇〇万円が必要で、やむなく市役所に黙ってパン屋で働きました。必死で二年間働いた後、市役所の職員にばれ、『生活保護を受けているのに、なぜ大学に行かせるのか』と責められました。でも私は、どうしても子供に教育を受けさせたかった。子供達を『目も見えない、耳も聞こえない（日本語がわからず、読み書きもできない）』自分の二の舞いにしたくなかったからです。その後、

生活保護費の月額一二万円から毎月三万八〇〇〇円ずつ四年以上、市役所に返させられました」
「妻は働き、市役所にばれてしまいました。今は毎月、生活保護から一万五〇〇〇円ずつ引かれています。市役所・身元引受人・自立指導員に『もう少し保護費をあげて下さい。とても暮らせない』と何度も頼んだけれど、あっさり断わられました。それでやむなく働きに出たのに、生活保護費からそのお金を引く。市役所は、人道を口にできるのか。今、私は夫婦二人で実質一〇万円で暮らしています。私は自立指導員に『毎月の返済額を減らしてほしい。そうでないと餓死する』と何度も頼みましたが、無駄でした」
「夫は小遣いだけでも稼ごうと、掃除の仕事をしました。三年ほど続け、計二八〇万円ほど稼ぎました。ある日、市役所から電話で呼び出され、『二八〇万円分の生活保護費を返せ』と言われました。私も夫も、そんな規則は全然知りませんでした。毎月二万六〇〇〇円ずつ九年間、返しましたが、その間の生活の苦しさは並大抵ではありません」

こうした補足性の原理は、勤労意欲を減退させた。収入が変わらないので退職した孤児もいる。

＊「生活保護を受けながら働きましたが、月給分は生活保護費が減らされ、収入は変わりません。ばからしくなり、仕事をやめました。働くこと自体は、悪いとは思いません。日本語の勉強になるし、家にいるより外で働く方がいいです。でも、働いても働かなくても結局、月一一万円です。外で働くと、交際費・祝儀等、出費もかさみます。仕事をやめた方が節約できます。生活保護は監視しすぎです。大した収入でもないのに、少しでも働くと支給額をカットされる。これでは、誰も働きたくなくなります」
「最初、事情がわからないまま、『自立しろ』と言われて働きました。でも稼いだ金額は生活保護から引かれ、働いても働かなくても同じ収入になるとわかったので、仕事をやめました。この制度は、とても不合理です。本当は働くことを奨励すべきでしょう。帰国者の働く意欲を殺ぎ、国に何の得があるのか。どうせ私達は大儲けなどできません。なぜわずかな稼ぎを一々調べあげ、生活保護費を削り、働く意欲を殺ぐのでしょう」

年金収入も、生活保護費から引かれる。交通事故の保険金、子供の職業訓練校の在校手当等を減額された孤児もいる。

＊「『年金分を生活保護費から差し引く』と市役所に言われました。私はそんな規則は知らなかったし、事前に説明もありませんでした。夫が六五歳の時、年金が二〇数万円、まとめて支給されました。私達は、それを引っ越しに使いました。すると後から、『生活保護を受けているのだから、二〇数万円は返せ』と言われました。私達に返す金はありません。する

と市役所は、毎月の生活保護から一万五五〇〇円ずつ差し引きました」

「厚生年金は本来、自分が稼いだものです。でも、政府の言い方は巧妙です。『君達は年金で暮らせないから、生活保護で足してあげる』。いずれにせよ私達の年金分は、生活保護費をカットということです。豆腐一皿と言うか、一皿の豆腐と言うかの違いです。病気を抱えながら一生懸命がんばって働いて得た年金なのに」

「収入があれば、すべて市役所に報告しなければなりません。妻が交通事故で怪我をして、保険会社から一二〇万円の保険金が出ました。これも生活保護から全額引かれました」

「娘が職業訓練校の卒業時に、在校手当約二八万円を受け取りました。すると市役所の担当者は、『生活保護から二八万円を返せ』と言ってきました。私は『娘は既に独立し、住民票も別だ』と言いましたが、相手にされず、毎月五〇〇〇円ずつ返すことになりました。私は金を返すことより、納得のいく説明もないまま手続きを進められるのが悔しく、人知れず公園で何度も泣きました」

特に大きな問題になったのは、子供からの経済的援助だ。一方で生活保護支給の条件として、子供からの援助が強制された。

＊「生活保護支給の条件として、子供から月三万円もらうように言われ、その分は生活保護費を減額されました。子供達も貧しく、援助などとても無理です。私は市役所の人と何度も口喧嘩しましたが、どうしようもありませんでした。実際には私は、子供からもらいませんでした。子供も生活に困っています。やむなく書類上、子供から毎月もらうと記入しました。去年、子供の勤務先が倒産し、三万円の減額措置がなくなりました。だから去年まで私は、実際は生活保護水準以下の生活でした」

「生活保護を申請すると、市役所から『子供達から五〇〇〇円ずつ援助してもらわないと、生活保護を支給しない』と言われました。子供達も生活が苦しく、孫も就学援助をもらっています。私は何度も事情を説明しましたが、認められませんでした。私はやむなく長男と次男を市役所に連れて行き、『五〇〇〇円ずつ援助する』という書類を書いてもらいました。今も、計一万円の生活保護費を天引きされています。生活保護をもらうだけのことがこんなに難しく、子供を苦しめることになるとは」

他方で既に生活保護を受給している孤児は、子供から経済的援助がないか監視され、子供との交流・同居を阻害された。

＊「生活保護受給だから、子供と同居できません。同居して子供の収入分が生活保護から減額されたら、子供の負担になってしまうからです。市役所からは数カ月に一度、誰から何を

もらったか、細かく書いて提出しろと言われます。どんな食べ物をもらったかまで書かされます。娘が妻に服を買ってくれても、妻は市役所の職員からいろいろ言われるのを嫌がり、着ることもできません」

「娘が市役所の人に『親にきちんと小遣いをあげているか。親孝行しているか』と聞かれ、『あげている』と答えました。市役所の人は『親孝行だね』とほめましたが、翌月、その金額が生活保護費から引かれました。『娘も生活が苦しい中で小遣いをくれたのだ』と説明し、何度も頭を下げましたが、駄目でした。今、一番大きな問題は、子供と同居できないことです。子供と同居すれば、生活保護支給を止められます。日本政府は、私達を孤独死させたいのか。本当に腹が立ちます」

「子供がうちに来ると、市役所の職員が『金をもらわなかったか。何を買ってもらったのか』と細かく質問します。家財道具が増えていないかもチェックします。私が、子供達に代わって孫の面倒をみると、『孫の面倒をみるのは労働だ。子供から給料をもらわなければならない』と言われました。なぜ、そんなことまで干渉されるのか。孫は保育園が満員で入れず、誰かが面倒をみないと子供も働けません。それで私は、人目を避けてこっそり孫の面倒をみなければなりませんでした。日本では、家庭の暖かさは押しつぶされます。子供達が頻繁にうちに来たら、市役所に目をつけられます。親子関係も、だんだん冷たくなってしまいます」

「娘が就職した時、引き続き同居するつもりでした。でも市役所の職員が、『働いている子供と同居したら、生活保護の支給を停止する』と言いました。仕方なく、娘を追い出さなければなりませんでした。娘が自宅を出た日、妻は大泣きしました。別居すると家賃も余計にかかるし、若い女の子の一人暮らしを親が心配するのは当然です。生活保護を受けていたら、なぜ親子が一緒に住めないのか。娘は、私達を養えるほど高い給料をもらえるわけではありません。生活保護を受けていることの悔しさを痛感しました」

市役所による指導・監視は、日常の消費生活・行動・社会関係全般に及ぶ。孤児達は、「つねに監視・束縛され、自由がまったくない」と感じていた。

＊「市役所の職員が月一～二回、事前に連絡もなく突然、うちを見に来て、『この家具はどこからもらったのか。なぜ、こんなものがあるのか』としつこく聞きます。『どこで、いつ拾った』と一々説明しなければなりません。寝ていたのでドアを開けなかった時は、翌月の生活保護の支給を止められました。私は、何も話す勇気がありません。何か話したら、生活保護を止められるのではないかと怯えています。本当に犯人のように監視され、刑務所に入れられたような気分です」

「市役所の職員がうちに来て、『靴が多いね』と言いました。私は『日本人とは比べ物にならない。日本人なら、靴箱に靴が、箪笥に衣服がぎっしりでしょう』と皮肉を言ってやりました。この間も、『お宅のテレビは大きい』と言われました。私は市役所の人が大嫌いです。犯罪者のように監視され、束縛されています。自由がまったくありません。日本人はよく人権、人権と唱えますが、どこに人権があるのでしょう」「自立指導員はスパイのように、私達の状況をすべて県に報告していました。プライバシー侵害で訴えてやりたい。『家の中をみせてほしい』とも言われました。私は、中国でも日本でもまじめに働いてきました。それなのになぜ今、役所に監視されるのか。今の生活は、いったい何だ?。わずかなお金をもらっているだけで、まるで犯罪者扱いです。クーラーを使っていただけで、家の中を見に来られたこともあります」「夏に汗をかくので毎日服を着替えると、下の階に住んでいる日本人のおばあさんが、『奇麗な服をたくさん持っているね』と、生活保護を受けているくせにと言わんばかりの刺のある言い方で話しかけてきました。市役所にも監視されます。とにかく監視、監視の毎日で、まったく自由がありません。長年、中国で苦労して、やっと日本に帰ってきたら、また犯人のように監視されるなんて。私は、別に贅沢な暮らしをしたいと思っていません。自由にさせてくれたら、それだけで満足です」

こうした生活保護をめぐる不満は、行政の窓口対応によって一層膨張している。

＊「市役所の通訳は残留日本人の二世で、『私の母も残留日本人だが、生活保護など要求しない。あなたに生活保護を出すくらいなら、私の母に出すよ。なぜあなたの子供は、あなたを養わないのか』と私をなじりました。私は、『好き好んで生活保護など申請しない。もし私にお前のような市役所で高給をもらっている子供がいれば、私も生活保護なんか申請しない。どうしようもないから来たのだ』と反論しました。通訳が、私の言うことをまともに訳していないのは、日本語の不自由な私にもわかります。通訳は他の日本人の職員に、私の悪口ばかり言っていました。最後には、通訳は私が市役所に行っただけで『出て行け。生活保護はあげない』と罵倒しました。私も頭にきて、日本語と中国語をまぜて罵りました。朝九時から午後二時まで、食事もせず喧嘩を続けました。そその時、市役所の職員が『何月何日に話し合おう』と言ったので、に、通訳はそれも訳してくれませんでした。私はその場で、『この通訳は要らない。次は自分で通訳を連れてくる』と言いました。そして自分の娘に仕事を休ませ、一緒に行ってもらいました。それでも三回かかりました。一回目は途中で市役所の通訳が口を挟み、話がこじれました。結局、三回も娘に会社を休んでもらい、通訳がいない時にようやく生活保護支給が認められました。でも日本に来てもっといじめられたということを、残留孤児は、中国でずいぶんいじめられました。

日本人に知ってほしいです」

「私の生活保護費は銀行振り込みではなく、自分で取りに行かなければなりません。他の家は皆、銀行振り込みですが、うちだけはそうしてくれません。多分、無職の子供と同居しているから、それへの嫌がらせです。水道・電気・共益費・家賃も自動引き落としにしてくれません。市役所の通訳にも頼みましたが、対応してくれません。なぜ私達を、そこまでいじめるのか。私が市役所に行くと、職員は皆、眉を顰めます。私に対して眉を顰めても、どうにもならないでしょう」

以上の諸問題は、残留孤児の帰国後の生活を生活保護制度で保障することが妥当か否かという問題でもある。(三九) 孤児の多くは、日本政府の責任をふまえた独自の生活支援金・年金制度を創設すべきと考え、既存の生活保護制度への埋め込みを批判していた。

＊「生活保護とは別の給付金制度を作ってほしいです。日本人の中層または中の下のレベルの生活を保障してくれるだけで、満足します。日本政府は、私達を日本社会に放り出し、『生活保護で生活しろ』と言うだけで、何もしようとしません。日本がこんなに冷たい国とは思いませんでした。『生活保護を支給してあげているので、我慢しろ』と言われているようで、人間として扱われている気がしません。経済的困窮より、生活保護を受けること自体に惨めさ・恥ずかしさを感じ、前向きに考えるエネルギーさえなくなってしまいます。『生活保護は税金だ』、『自立しろ』と言われ続けた言葉が心に突き刺さり、後ろめたさで胸を張って生きられません。生活保護ではなく、軍人恩給のような形で支給してほしいです。私達には、その資格があるはずです。中国に残留したのは、私達の意思ではありません。日本政府の責任なのですから」

「特別の年金制度を作ってほしいです。生活保護は肩身が狭くて辛い。私達は何も悪いことをしたわけではなく、これまで本当に一生懸命に生きてきました。中国でまじめに働き、自力で生活を築いてきました。もし中国に置き去りにされず、日本にずっといられれば、日本で日本人と同じように働き、生活保護を受けず、日本人と同じような暮らしができたはずです。それなのにどうして、ようやく帰国した日本で、こんな後ろめたい生活をしなければならないのか。どうしようもなく悔しい気持ちです」

「私達はなぜ、生活保護で処置されるのか。生活保護には頼りたくありません。私達が今の状態になったのは、すべて国の責任です。私達は普通の日本人と違います。普通の日本人の貧窮者のための生活保護で処置すること自体、私達に苦痛を与える行為です。私達は、日本政府のせいで四〇年間も苦しい思いをしてきたのに、こんなにひどく取り扱われています。『生活保護を受けて国民に負担をかけるのは恥だ』と自立指導員に何度も言われましたが、本来、政府が私達をひどい目に合わせたのだから、政府は残留孤児が生活保護を受けなくても生活できる制度を作るべきです」
「生活保護受給に、とても屈辱を感じています。生活保護ではなく、残留孤児のための特別な給付金制度がほしいです。生活保護は、貧困な国民への最低水準の生活保障です。私達残留孤児が貧困状態に落ちぶれてしまったのは、私達の責任ではありません。それなのに私達は、いったん生活保護を受けると自由も奪われます。こんな支援政策は、残留孤児の人権を奪うもので、支援の名に値しません。国策の犠牲になった孤児の支援を生活保護で済ませることに、日本政府は良心の呵責を感じないのでしょうか」
「本来、私達は生活保護ではなく、年金を受け取るべきです。生活保護は受けたくありません。国は、残留孤児に対して『生活が苦しければ、生活保護を受ければいい』と言っているようですが、屈辱感を味わったことのない人に言われたくありません。市役所は一方で『生活保護を受ければいい』と精神的重圧をかけ、他方で『生活保護は国民の負担だ』というのは、あまりに人を馬鹿にしています。身元保証人に、『生活保護を受けているのは税金泥棒』とまで言われました。日本政府の政策のせいで帰国できなかったため、今の生活もこんなに困窮しています。政府が私達の生活を保障するのは当然ではないでしょうか。政府は私達のことを負担としか思っていないようですが、この負担を作り出した責任は、日本政府にあります」

第三項　世帯収入と経済的貧困

世帯収入をみると、生活保護受給者が相対的に少ない一九八七年以前の帰国者では、月額一四万円以上であることが多い。ただし月額二五万円を超えるケースは三名しかなく、経済的に「やや苦しい」と感じている孤児が多い(四〇)。

これに対し、生活保護受給者率が特に高い一九八八年以降の帰国者の多くは、世帯収入が月額一〇〜一三万円にとどまり、「とても苦しい」と感じている。

「経済的に苦しい」、「将来の生活が不安」といった経済的な悩みは、帰国年次と無関係にほぼすべての対象者が感じている。

「老後の生活保障がほしい」との声は、生活保護を受給していない一九八七年以前の帰国者に多く聞かれる。

＊「夫の給料で暮らしていますが、不景気で給料が年々下がっています。これから働けなくなると、もっと苦しくなります。将来の年金は月七〜八万円しかないと思われ、老後の不安が、ひしひしと迫ってきます。政府は、残留孤児のハンディを解消して、老後の生活に支援の手を差しのべるべきです」
「生活保護を受けていない残留孤児には、何も支援がありません。私達は中高年になってから日本に帰ってきたので、退

職後、年金が少なく、このままでは生活保護を受けるしかありません。私達は来日後、生活保護に頼らず働いてきました。その努力が報われるようにしてほしいです。懸命に働いた私達のような人に、国は何か支援すべきではないでしょうか」

そして残留孤児は日本語が不自由なので、チラシ・看板・マスメディア・近所の噂話等から節約に役立つ情報を入手できない。そこで一般の日本人の低所得者より一層、貧困に陥りがちで、老後の不安も大きい。

＊「老後、どうすればいいか本当にわかりません。年をとるにつれ、家にいる時間が長くなり、水光熱費等、生活費もかさみます。今はまだ歩けるのであちこちの店を何軒も回り、安いものを捜して買っています。だんだん歩けなくなると、高くても近い店で買い物をするしかありません。将来の生活が、不安でたまりません」

「老後は非常に不安です。貯金も家もなく、あるのは不安だけ。安い店があれば、どんなに遠くても買いに行きますが、いつどこの店で安売りをしているかわかりません」

第四節　日本語

では次に、日本語の教育と習得について見よう。

対象者は帰国当時、日本語がほとんどできなかった。年長の孤児も、日本語はほぼ忘却していた。

＊「日本が敗戦する一三歳まで、完全に日本語でものを考えていました。その後も一年位は日本のことばかり考えていましたが、その後は『もう日本に帰れないなぁ』と思い、中国語を勉強しました。三年位すると、日本語より中国語の方がしゃべりやすくなりました。生きるために、中国語を一生懸命勉強するしかありませんでした。逆に日本語は忘れてしまい、帰国した時は『こんにちわ』と『ありがとう』という挨拶しかできなくなっていました」

第一項　日本語教育

帰国した孤児に、日本政府が組織的な日本語教育を実施し始めたのは、一九八四年、中国帰国孤児定着促進センターを設立して以降である。また一九八八年には全国一五カ所に中国帰国者自立研修センターが設置され、各地に定住した孤児が、自宅から通所して日本語を学ぶ体制が取られた。

ただしこうした公的な日本語教育の支援対象は、原則として国費帰国者に限られていた。

【私費帰国者、及び、一九八三年以前の国費帰国者】

そこで私費帰国者、及び、一九八三年以前の帰国者は、公的な日本語教育をまったく受けていない。

彼・彼女達の多くは、民間ボランティアが運営する日本語教室に通った。ただしその授業は週に一〜二日、一回二〜三時間にとどまった。多くは、日本語の習得という点では「役に立たなかった」と感じている。

＊「政府による日本語教育は、全然ありません。ボランティアの教室で六カ月、日曜だけ一回二時間位、学びました。日本語教育としては、まったく不十分です。後から帰国した孤児はもっと長く勉強できたようですが、私達はほとんど学べませんでした」

「政府は、日本語の勉強を何も助けてくれませんでした。自立指導員も、『日本語を勉強しても仕事に役立たないから、勉強しなくてもいい』と言いました。でも私は、家に引きこもりたくなかったので、地元のボランティア教室で週二日、各二時間位、勉強しました。でも、まもなく入院したのでやめました」

ごく一部だが、夜間中学校に入学した孤児もいる。(四一)夜間中学校は日本語学校ではないが、各自のペースにあわせて日本語で長期間、ほぼ毎日、授業を受けることができた。これは、日本語習得に極めて有効に機能し、ここに通った孤児はいずれも「とても役立った」と評価している。

＊「他の残留孤児の紹介で、五〜六年前から夜間中学校に通い、日本語を勉強しています。いったん卒業したけれど、引き続き学校に籍をおいてもらって勉強を続けています。夜間中学校でのおかげで、私の日本語はずいぶん進歩しました」

「私が日本語を勉強したのは、夜間中学校です。夜間中学校で六年間、必死で学んだおかげで、だいぶ日本語がわかるようになりました。夜間中学校の先生が、『戦争で奪われた家族の命は戻ってこない。でも、奪われた文字は絶対に取り戻そう』と励ましてくれたことが、心の支えになりました」

逆に一部には、民間ボランティアの教室も含め、日本語教室に一切通ったことがない孤児もいる。

＊「日本語教室には、一日も行ったことがありません。肉親がいた岐阜の山間に住みましたが、そこに日本語教室はなく、肉親と片言で話し、身振り手振りで見当をつけながら、簡単な日本語を少しだけ覚えました。もっと後に帰国した残留孤児は日本語教室にも通えましたが、私が帰国した一九八〇年

頃はひどかったです。せめて二年間でもいいから、日本語教育を受けたかったです」

いずれにせよ、こうした一九八三年以前の帰国者、及び、それ以降に私費帰国した孤児は、公的な日本語教育がなかったことを批判している。

【一九八四年以降の国費帰国者】

これに対し、一九八四年以降の国費帰国者は、帰国直後の四カ月間、定着促進センターで週五日間・各五時限（一時限五〇分）、日本語教育を受けた。

同センター退所後の日本語教育は、一九八八年以前と以降の帰国者で異なる。

すなわちまず一九八四〜八七年の帰国者は、ボランティアが運営する日本語教室に通った。それらの教室の多くは一九八八年以降、自立研修センターとして認可されたが、彼・彼女達が通っていた時期は、まだその制度はなかった。通学期間は半年〜二年間で、開講頻度は週一回〜五回と多様である。

特に大阪の定着促進センターは、ボランティアの日本語教室も併設していた。ただしその教室への通学には、様々な制約があった。

＊「大阪の定着促進センターを出てから、A県に定住したので、センターの教室には通えませんでした。大阪に住む人はそのまま続けて通えましたが、A県からは到底通えません。A県には、他の日本語教室もありませんでした」

「大阪の定着促進センターを退所し、兵庫県に引っ越してからも、半年間位は月〜金まで二時間位、センターの日本語教室に通いました。でもその後、大阪に住む人は続けられましたが、兵庫県在住の人は断られました。『センターは新たに帰国する人が勉強するための施設だから、入り切れない』と言われました」

一方、一九八八年以降の国費帰国者は定着促進センター退所後、自立研修センターに通所して週四〜五日・各二時間〜二時間半、日本語を学ぶことができた。八カ月間は、通所交通費も支給された。

ただしいずれにせよ、こうした日本政府による日本語教育（定着促進センター・自立研修センター）は、それを受講した三六名のうち、一九名が「まったく役に立たなかった」、七名が「あまり役に立たなかった」と感じている。

＊「定着促進センターや自立研修センターでは、ひらがなは書けるようになりましたが、会話は挨拶と片言だけで、日常会話すらマスターできませんでした。日本語を習得できたとは、

とても言えません。思うように話せるなど、とんでもないレベルです」

「定着促進センターや自立研修センターは、全然役に立ちません。五〇音や『すみません』『ありがとう』『おはよう』など片言の挨拶は覚えましたが、日本語という一つの言語を覚えるというのとはまったく違います。日本人と交流して、日本で普通に生きていくのに必要な日本語レベルには、到底達しませんでした」

「定着促進センターの日本語教育が役立つなんて、国際的な冗談です。おざなりとも言える日本語研修をしただけです。簡単な挨拶やあいうえおを覚えたからといって、日本語を習得したといえるわけがありません」

一部に、「少し役立った」または「とても役立った」と評価する孤児もみられる。しかしその内容は、「五〇音を覚えた」、「簡単な挨拶を覚えた」等、ごく初歩的な学習成果を評価しているにすぎない。「役に立たなかった」と評価する孤児と、日本語の習得水準はさして変わらない。

＊「簡単な挨拶ができるようになりました。センターの教室がなければ、それすらできなかったことを考えれば、少し役立ったと言うべきでしょう」

「ひらがなが覚えられたので、役立ちました。でも、日常会話などとてもできません。センター修了時でも、『おはよう』がせいぜいでした」

【日本語教育の諸問題】

以上のように、夜間中学校等、ごく一部の成功例を除けば、日本語教育は総じて有効に機能しなかったのである。(四二)

そこには、多様な原因が絡み合っていた。

まず第一は、教育期間の短さである。定着促進センターの四カ月はもとより、自立研修センターを含む一年間でも、あまりに短すぎた。

＊「定着促進センターの四カ月は短すぎ、その場しのぎの形だけです。本来、目標の水準を決め、達成できるまで数年間かけて学べるようにすべきです。日本人の子供でも、九年間は義務教育で国語を学ぶのに、たった四カ月で、何ができるというのか。日本語会話がまったくできず、聞いてもほとんどわからない状態なのに、修了証明書を渡されました。何を修了したと言うのでしょう」

「あいうえおから勉強する初級クラスでしたが、四カ月というあまりに短い期間なので、日本語に少し慣れたところで定着促進センターは終了しました。自立研修センターも期間が限られ、日本語のレベルがどんなに低くても延長は認められませんでした」

「たった四カ月です。自立研修センターの通所費補助も八カ月で打ち切られ、通えなくなりました。他の日本語教室も紹介してもらえません。少なくとも数年間は勉強させてくれないと、ものになりません」

第二に、教師の資質・教授法にも問題があった。定着促進センター・自立研修センターは、時期にもよるが、中国語ができる日本語教師を確保できなかった。「日本語教室が、帰国者どうしの中国語での交流の場になっていた」と語る孤児も多い。

＊「定着促進センターの日本語教育は、まったく期待はずれでした。最初の数日はゆっくり教えてもらえたので、一生懸命がんばりました。でもすぐにスピードが早くなり、ついていけなくなりました。教科書をひたすら暗唱させるだけで、限られた時間内に多くのことを叩き込むような教え方でした。しかも中国語ができない先生が教えていたので、意味がわかりません。なぜ肝心の通訳がいなかったのか、残念でなりません。とてもではないが消化しきれず、ほとんどの人には無意味でした。センターで日本語を学び、それから仕事をみつけて頑張ろうと思っていましたが、授業を受ければ受けるほど、その決心が揺らぎ、自信を失い、希望が崩れていきました。将来の生活が、ますます不安になりました」

「日本語教室は、全然役に立ちませんでした。先生は中国語が全然できず、いつも私達に新聞や本を読ませました。私達は漢字をみれば意味は何となくわかりますが、発音は全然わからず、勉強になりません。また別の先生は、やはり中国語を話せず、日本語で一方的に講義をして、私達は理解できませんでした。せめて初級クラスは、中国語に精通した先生に教えてほしかったです」

「先生は日本語教育の専門家ではなく、定年退職後の普通の会社員でした。私達は彼らを『先生』と呼んでいましたが、本当は先生ではありません。中国語ができる先生も、一人もいませんでした。私達は大人だから、子供のように日本語を自然に身につけるのではなく、翻訳というプロセスを通して学びます。中国語をある程度、知っている先生でなければ、私達に効率的に教えられません」

「先生はまじめに教えてくれず、適当にやっていました。先生が日本語を教えるのではなく、生徒どうしで中国語で雑談する場所になっていました。先生はアマチュアで教え方がうまくなく、中国語もできないので何を説明しているのか分かりません。皆、なぞなぞを当てるようで、戸惑うばかりでした。日本語を教える時、日本語で説明するのですから、大部分の人はわけがわかりません」

「先生は中国語がわからず、日本語ばかりしゃべっていました。何を言っているのか、さっぱりわかりません。教室では、帰国者どうしが中国語で雑談するばかりで、時間つぶしのようなものでした。中国語が少しだけできる先生がいた時期もありますが、その時は私達が日本語を勉強するより、先生が中国語を勉強したような感じでした」

第三に、残留孤児の高齢化も、学習の困難を助長した。この問題は、帰国が遅延し、帰国時に既に高齢化していた孤児ほど顕著である。

＊「帰国時、私は既に五〇歳を超えていました。同じ先生から習っても、子供達はずっと早く日本語を覚え、どんどん上級クラスにいきました。私達はずっと初級クラスです。一日でたくさん教えられても全然、頭に入りません。後を覚えると前を忘れ、無理に覚えようとすると頭が痛くなりました。授業中は覚えていても、授業が終わると何も覚えていませんでした」

「子供達はすぐ覚えましたが、私達は高齢なので右の耳から左の耳に抜けました。今日覚えても、明日忘れ、頭の中にほとんど残りません。所沢センターの先生は『努力が足りない』と私達を責めましたが、私は『五〇歳をすぎ、こんなに努力して、あいうえおから勉強を始めた。そんなに簡単にできるようになるわけがない』と反論しました」

第四に、定着促進センター・自立研修センターでは、孤児達は今後の日本での生活に大きな不安を抱き、落ちついて日本語学習に専念できなかった。

＊「日本に帰国したばかりで、精神的に落ち着きませんでした。肉親は見つからず、慣れない国に来て、すべてが不安でした。仕事、子供の就職等、これからどうなるか不安で、あれこれ考え込まざるをえません。私達の心は、日本語の勉強ではなく、日本で安定した生活ができるかどうかの一点に向かっていました。これからどうなるかわからない不安の中で、どうして勉強に集中できるのか。先生達は日本語の勉強の重要性ばかり強調しましたが、まず安心させてから勉強させる形をとってほしかったです」

「来日したばかりで、仕事のあてもなく、どこに住むのかもわからず、これからどうなるか、不安で一杯でした。中国での仕事をやめ、家財も売り、夫も子供も連れて来て、今さら中国に帰れません。センターの教職員は『日本語ができなければ、将来もない』と言いますが、日本語がそんなに簡単に上達するわけもなく、そう言われれば言われるほど、不安ばかりが募りました。海に飛び込みたいような鬱屈した気分で、日本語の勉強をしようという気にはまったくなれません。家族の今後の生活をどうするか、考えなければならないことは山積みでした。そんな中で『日本語の勉強だけに専念しなさい』と言われても、普通の人間なら無理です」

第五に、日本政府は、一方で早期の「経済的自立＝就職＝日本語教育の修了」を強要し、他方で生活保護受給者には自立研修センターへの通所を強要した。経済的自立の強要については前述したが、それこそが日本語教育が短期間で打ち切られる一因にほかならなかった。(四三) また自立研修センターへの通所は、政府・行政側からみれば、日本語を習得して経済的自立を目指している姿勢の証だった。しかし残留孤児側からいえば、役に立たない日本語教室への通所を強制する措置と映った。(四四) 経済的自立の強制による日本語教育の早期打ち切り、及び、生活保護受給者に対する日本語教育の通所強制は一見、正反対だ。しかし両者は、行政による経済的自立の強要という観点でみれば、まさに表裏一体であった。

現に、こうした不満・葛藤は、一九八九年以前の帰国者に最も顕著にみられた。彼・彼女達は、一方で日本語教育を早期に打ち切られて自立を強制され、他方で生活保護を受給した場合は将来の自立に向けて二年間以上、自立研修センターへの通所継続を強制された。これに対し、一九九〇年以降の帰国者は、帰国時に既に高齢化していたため、最初から経済的自立が無理と判断され、したがって八カ月の規定期間がすぎると、特に強制も圧力もなく通所を止めていった。

＊「四カ月の定着促進センターでの日本語教育が終わるとすぐ、『自立しろ』と言われるようになりました。できるわけがありません。幼稚園の子供より日本語が下手なのに、自立できるものですか。実際の日本語の水準を問わず、『とにかく早く自立せよ』と迫られるのは、理にあいません」

「定着促進センターでも自立研修センターでも、一番不満なのは、『とにかくすぐに働け。自立せよ』とばかり言われ、長期間、落ち着いて日本語を学べなかったことです。『生活保護で暮らすのは恥だから、早く自立するために日本語を早く身につけろ』と強制される雰囲気では、焦るばかりで、落ち着いて勉強できません。日本語ができないのは、私達の責任なのか。定着促進センターで四カ月、その後も含めて一年ほどの日本語教育で、本当に自立して生きていける日本語が身につくと思っているのか。それで身につかなければ、私達の自立心が足りないというのか。どう考えても理不尽です」

「最初、生活保護で暮らしていた間は、日本語教室に通うことが、生活保護をもらう条件とされ、ひどい病気があっても通わされました。そしていったん経済的に自立すると、一転して、私達の日本語学習への関心は一切なくなりました。日本語がどうなったか、聞かれたこともありません。本当は仕事をする時、日本語がもっと必要になるでしょう。それなのに知らんふりです」

「日本語教室は全然勉強になりませんでしたが、それでも生活保護を受給する条件として、毎日、半強制的に出席させられました。日本語教室に在籍しなければ、生活保護ももらえません。日本語教室と生活保護がなぜ関係あるのか、よくわからなかったけれど、当時は従うしかありませんでした」

第六として、子供を中国に残し、家族の再結合に不安を感じていた孤児もいた。第四章第二節でみた如く、日本政府が同伴帰国できる子供を二〇歳未満・未婚者に限定したからである。この点でもまた孤児達は、落ちついて日本語学習に取り組める精神状態になかった。この悩みは、一九八八年以降まで帰国が遅延し、子供を中国に残さざるをえなかった孤児に、特に多く見られる。

＊「私の子供や孫は、まだ中国にいました。定着促進センターの先生はいろいろ教えていましたが、私は『中国の子供達は大丈夫か。孫は元気か。いつか日本で再会できるのか』とばかり、考えていました。夢に見るのも中国のこと、孫のことです。国際電話をかける金もありません。手紙は書きましたが、一～二カ月かかります。そんな落ちつかない中で、『日本語の勉強に集中しろ』と言われても、無理です」
「息子が日本に来られるかどうかもわからない状態で、日本語を勉強する気持ちになれません。センターの先生は日本語のことだけ考えていたようですが、私達は子供のことをはじめ、他に心配事がありすぎました。子供のことを解決して安心させてから、落ち着いて勉強させてほしかったです」

そして第七として、一部の孤児には識字能力の問題もあった。(四五)識字の困難は、机上の学習の精神的重圧を増幅させ、たとえ近くに日本語教室があっても通わない人もいた。しかし逆に、中国で教育を受けられなかったからこそ、日本語をはじめとする十分な教育を受けたかったと語る孤児もいる。

＊「私は中国で一年間しか教育を受けなかったので、自分の名前しか読み書きできません。中国で満足な教育が受けられなかった分、せめて日本できちんと日本語教育を受けたかったです。日本人なら、少なくとも九年の義務教育を受けたでしょう。私は漢字も読み書きできないので、日本語の習得になおさら時間がかかります」
「私は中国で学校に通ったのは二年間ですが、帰国申請の時、四年間通ったと嘘をつきました。通学年数が少ないと帰国させてもらえないと思ったからです。私は頭が悪いし、あまり教育を受けなかったから、漢字も読み書きできず、なかなか字や言葉を覚えられません。字が書ければ、勉強したことが頭に残るかもしれません。日本語の勉強は苦しいです」
「一日も学校に行ったことがないから、中国語の読み書きもできません。読み書きできれば、日本語の勉強にも役立つでしょう。だから私は、不遇な運命だったと思います。近くに日本語教室があり、誘われましたが、字の一つも読み書きできないのに、行っても無駄だと思い、行きませんでした。何か覚えろといわれても、無理です。日本語教室に入ったら、どんなふうに頭を使えばいいのかわからず、戸惑うばかりです」

「勉強というものをしたことがなかったから、頭に石が入ったようで、全然、頭に入って来ません。授業に出ても混乱して、わけがわかりません。私のような、あまり学校に行ったことがない人には、ビデオや絵で教えてくれなければ、無理です」
「私は、学校教育を一日も受けていません。中国でいろんな刺激やショックを受け、頭がおかしくなって、物事を覚えられなくなりました。知識は増えず、中国の諺どおり、トウモロコシを一本取ると、前に取った一本を落とし、いつも手の中には一本しか残っていない状態でした。先も見えず、つらい毎日でした」

　総じて、公的な日本語教育を受けた一九八四年以降の国費帰国者もまたほとんどが、日本語教育が不十分だったと批判している。

＊「日本語教育の面で、政府は無責任です。単なるみせかけ・飾りで、いい加減にあしらっただけです。必要な時に必要な教育を受けられる体制を、整えてほしかった。私が日本語を話せず、こんな言語障碍になった原因は、政府が私を早く帰国させなかった上、まったく日本語ができない状態で教育を打ち切ったせいです」
「政府は形式的に日本語教育をしただけで、実際は放置しました。継続的な教育もなく、日本語で困っているか、聞かれたこともありません。日本で数カ月暮らせば、自然に日本語ができるようになると思っていたなら、政府はあまりに非現実的で無責任です」

第二項　日本語の壁

　さて、すべての残留孤児は、日本語の問題で悩んでいる。国費・私費、帰国年次の違いを問わず、この問題で悩まない孤児は皆無である。

　就職、通院・治療、買い物、交通機関の利用、行政との応対、ニュース・気象等の生活情報の入手等、日常のあらゆる場面での不便・不自由がある。[四六] 阪神大震災の際、情報が入手できず、言い知れぬ恐怖に襲われた孤児もいる。

＊「発酵用のイーストを買いにスーパーに行きましたが、日本語で何というかわからず、売り場もわかりません。店員に身振りで聞こうかと思いましたが、諦めて帰りました。できることがすごく限られます。役所には、筆記用具とノートを持参して筆談しますが、少し難しい問題になると駄目です。結局、阿呆のように戻ってくるしかありません」
「外出しても看板や表示が読めず、危険な場所もわかりません。人にも尋ねられません。最初に覚えた言葉は、『助けて下さい』です。自動車に衝突されても、黙って帰るしかあり

ません。阪神大震災の時は状況がわからず、恐怖と不安で一杯でした」

「家電を買う時、こちらから言えず、店員の説明もわかりません。スーパーは話さなくても買い物ができますが、商品名が英語で書いてあると駄目です。新製品もわからず、いつも同じものしか買えません。阪神大震災ではアパートが倒壊しましたが、どこに逃げたらいいのか、どこで食料や毛布がもらえるのかわからず、途方に暮れました」

また日本語ができないため、「娯楽が制約され、退屈」、及び、「悩みを打ち明けられず、ストレスがたまる」といった悩みも、特に一九八四年以降の帰国者に一定数見られる。彼・彼女達はしばしば、自らを障碍者になぞらえる。(四七)

＊「日本語で思う存分、話してみたいけれど、できません。祖国の言葉ができない苦しさがわかりますか。九〇％以上の孤児は、ひどい言語障碍者です。言語は目や耳と同じ働きをします。言語ができないのは、障碍をもっているのと同じです」

「日本語ができないことに、いつも抑圧感と屈辱感を感じています。テレビ番組に出てくる人は皆、笑っていますが、私は日本語がわからないのでまったく笑えません。私達は、口も耳も目も不自由です。帰国者の八割は、こうした身体障碍者です」

「私は耳も聞こえ、話もできますが、帰国してから耳も聞こえず、言葉も失いました。文字も読めますが、非識字になりました。まるで障碍者になったようで、すべてが不自由です。私達残留孤児は、何級障碍者なのか。日本に帰って、こんなにストレスがたまるとは思いませんでした」

なお日本政府は一九八八年以降、自立指導員が日本語教育の相談を行うこととし、また医療・行政機関への自立支援通訳の派遣も実施した。しかし上記の実態をふまえれば、これらの措置もまた、極めて不十分だったといわざるをえない。

第三項　日本語能力

四五名の対象者のうち、日本語会話は、一四名が「日常生活にも困る」、二六名が「ほとんどできない」と答えている。日本語の読み書きは、一〇名が「日常の読み書きにも困る」、三三名が「ほとんどできない」と感じている。「日常会話には困らない」と答えた孤児は五名、「日常の読み書きには困らない」は二名にすぎない。(四八)

そして、一九八七年以前の帰国者の多くは、日本語の会話が「日常生活にも困る」または「日常は困らない」、日本語の読み書きは「ほとんどできない」または「日常も困る」と語っている。彼・彼女達は帰国後、日本政府による体系的な日本語教育を受ける機会が皆無、またはせいぜい四カ月に限られ、その日本語は主に就労先の職場で学んできたものである。そこで、会話は困りながらも何とか対応したが、読み書きは特に困難を感じている。

これに対し、一九八八年以降の帰国者の多くは、日本語の会話・読み書きとも「ほとんどできない」と語る。彼・彼女達は、定着促進センター・自立研修センター等、日本政府による日本語教育を形式的には最も充実した形で受けた。しかし帰国が遅延したため、帰国時に既に高齢で、日本での就労も困難であった。そこで、日本語は会話・読み書きとも最低レベルにとどまったと考えられる。

もとより就労すれば、自動的に日本語が習得されるわけではない。早期の就職を強制され、劣悪な職場環境の下で、日本語学習の時間や意欲を殺がれたと語る孤児も少なくない。

＊「自立を強制され、無理やり働かされた結果、日本語を勉強する時間も余裕も奪われました。仕事を通して日本語が勉強できたらいいと思いましたが、到底無理でした。仕事中、ボスはただ『おう』とか、『こうしろ』と言うだけで、勉強になりません。職場では、私に気を使ってゆっくり話すような人はいません」

「職場で日本語がわからず、殴られたり、罵られたりしたので、日本語を勉強する気がますます失せました。私が職場で覚えたのは、人を罵倒する日本語ばかりです。日本語など分からない方が楽です。わからないことがあっても、質問すれば、ますます怒られるだけなのでしません。職場で日本人の同僚はよく笑ってしゃべっていましたが、私は一度も笑ったことがありません。これは大げさではありません」

第五節　健康

最後に、健康状態をみよう。

第一項　疾病・障碍

対象者は全員、何らかの病気をもっている。癌、狭心症、脳梗塞等、深刻な疾病を抱える人も少なくない。(四九) 「心臓発作をおこし、救急治療と酸素吸入でようやく生還」、「時々倒れ、救急車で運ばれる」、「薬がなければ生きていけない」、「小児科以外はすべて通っている」等の声も聞かれる。

対象者の八割以上にあたる三七名は生活上の悩みとして自

らの健康問題をあげ、一二名が「高齢・障碍で日常生活が大変」と述べている。特に一九八七年以前に帰国した孤児に、健康上の問題が深刻である。

なおこうした健康状況は、年齢とは直接の相関がない。つまり高齢者ほど問題が多いとは限らない。明瞭な相関があるのは、むしろ帰国年次である。

このことは、健康破壊の理由とも関係する。

すなわちまず、帰国前の中国での苦境——日本敗戦前後の難民体験、及び、戦後の苛酷な生活——を健康破壊の理由としてあげる孤児は、帰国年次に関わりなく約半数を占める。

＊「中国にいた時は子供が多く、家も貧しかったです。脳膜炎で毎日、点滴を受けていた最中、卵巣に腫瘍ができました。これは高齢出産と関係があると思います。私は四〇歳で最後の子供を生みました。当時、中国の農村では男の子を生まなければならない精神的重圧があり、私は女の子ばかり生んだので、どうしても高齢出産になりました」

「日本敗戦時の逃避行で受けた弾丸の破片が身体に入っていて、子供の頃からずっと息苦しく、身体も弱かったです。日本に帰国後、摘出手術を受けました。子供の頃は靴もろくに履けず、厳寒時は足が冷たく、耐え難かった。今もリウマチに悩まされているのは、それが原因だと思います。ヘルニアも中国にいた時からありましたが、中国では農村にいたから地元に病院もなく、遠くまで治療に行く金もありませんでした。私は子供が多かったので無理をして頑張りすぎ、身体を壊しました」

「私がこんな身体になったのは、戦争に巻き込まれ、中国で貧しい生活を送ったからです。子供時代から、ずっと身体が弱かった。しかも中国では政治運動が激しく、夜も会議があり、疲れ果てました。仕事から帰り、たくさんの子供の面倒をみた後に、知人に頼まれた縫製に取り組み、夜一二時頃まで働きました。旧正月等に向け、ズボンや服の縫製を山ほど頼まれます。皆、知人・親戚なので、断れません。それで四〇歳代から、頭痛がひどくなりました。当時の中国の医療はまったく駄目で、私が初めて高血圧とわかって薬を飲んだのは、親戚訪問で日本に来た時です」

「中国で、リンパ腺結核にかかりました。精神的ストレスが原因だと思います。三年間の闘病生活は本当に大変でした。激痛があり、首の回りから膿が出ました。抗生物質の注射もしたし、猫の胎児を紹興酒に入れて飲む民間療法もやりました。また戦争直後の逃避行で凍傷になり、今も足の血管拡張静脈の障碍に悩まされています。中国では手術できず、日本に帰国後、『このままでは危ない』と言われ、両足に二〇数箇所も手術を受けました。腰痛は子供の頃、寒い中できつい仕事をさせられて始まりました。面倒をみてくれる実父母もいなかったので、健康を守れませんでした」

「一九四五年に黒龍江省から瀋陽まで逃げた時、物乞いをしたり、泥水を飲んだりしてから、ずっと今まで慢性の腹痛に悩んできました。栄養失調の影響もあります。養母による暴行の後遺症で、背骨や関節も痛めました。決定的だったのは、文化大革命でひどい暴行を受け、脊椎を損傷してしまったことです。今も辛いです」

「敗戦時、爆撃の中を流浪した時のショックで、大きな音がすると、今も手が震えたり、鼓動が激しくなります。夢の中に、しょっちゅう死人や血が出てきます。特にイラク戦争等のニュースを見た夜は、必ず昔の逃避行の悪夢をみて気分が悪くなります」

「小さい頃、母乳も飲まず、養家で食事もあまりくれませんでした。靴もなく、真冬も裸足ですごしました。子供時代から仕事をさせられた上、大飢饉が三年間も続き、皆、飢えました。これらが、私の身体を壊しました。ずっと胃腸が悪く、今も腹痛の時は、大粒の冷や汗がポロポロ落ちるほどです。昔の中国での生活の厳しさは、昔の日本と比べ物になりません。だから日本人は年をとっても元気で、平均寿命も長いです」

一方、帰国後の日本での苛酷な労働・生活が健康を破壊したと語る孤児は、一九八七年以前の帰国者に特に多い。

本章第二節でみた来日後の労災はその典型例だが、労災認定されたケース以外にも「神経抹消炎で手の指が硬直して曲がらないのは、電線製造作業の職業病」、「職場でクーラーが強すぎ、リウマチにかかった」、「焼き鳥の串刺し作業で、ひどい腱鞘炎」等の声が聞かれる。

＊「五〇歳をすぎて慣れない建設現場での肉体労働に従事し、若者と一緒に重いドラム缶を担いだので、腰痛になりました。当時は治療して治りましたが、年をとるとまた同じ箇所が痛み、夜も眠れません。肉体労働のきつさと心労が重なり、心筋梗塞にもなりました。やむなく仕事をやめ、生活保護を申請に行くと、市役所の職員が診断書をみて、『命が惜しくないのか』と驚くほどでした」

一九八七年以前の帰国者には、帰国後の精神的ストレスで健康を害したと感じている人も多い(五〇)。

＊「不公平だという思いが頭を離れず、精神的ストレスに苦しんでいます。もしずっと日本で暮らしていたら、今のように肉体労働をしなくてもよかったし、自分の家も持てたでしょう。言葉は駄目だし、いつも精神的な圧迫感があり、気持ちが晴れません。ストレスで結腸炎、大腸炎、十二指腸潰瘍になり、入院しました。アレルギーで花粉症や喘息にもなりました」

「胃癌で三回手術しました。私が癌になったのは、ストレスが原因だと思います。日本ではいつも腹を立て、ストレスが強いからです。日本に来て、急にこんなに苦しい生活になり、まわりから中国人と言われ、安定剤がないと眠れません。気持ちが落ち込み、体重が一〇キロも減り、いろいろな病気が出てきました」
「帰国後、気持ちが落ちつかず、ストレスがひどく、精神的に弱っています。言葉も分からず、友達もなく、出かけることもできず、子供は離婚したし、悩みを一杯抱え、病気になりました。医者にもストレスと言われます。免疫力がおち、アレルギー体質でアトピーにもなりました。顔が腫れ、頭も痛く、めまいもして、立ち上がることもできなくなりました」
「身体中、問題だらけですが、一番の悩みは心の病です。日本にきて腹が立つことばかりで、イライラして心が落ち着きません。私には脳梗塞もあるから、妻は『興奮しないで』と言いますが、自分でもどうしようもありません」

以上のように、残留孤児は全体として健康に多くの問題を抱え、中でも特に一九八七年以前に早期帰国した孤児ほど、帰国後の日本での苛酷な労働・生活の中で健康に深刻なダメージを受けていた。

第二項　通院

通院についてみると、生活保護の非受給者には通院していないケースが少なくない。ただし、非受給者が健康というわけではない。むしろ非受給者は一九八七年以前の帰国者に多く、したがって一層深刻な健康問題を抱えている場合が多い。彼・彼女達があまり通院しない主な理由は、経済的に医療費負担に耐えられないからである。

＊「生活保護を受けていないので、医療費も自分で払わなければなりません。医療費を考えると、生活保護を受けている人より、私達の方がきついかもしれません。私は中国の親戚から、中国の薬を送ってもらっています。病院に行くと、金がかかるからです。この実情を、日本政府は分かっているのか。私達が病院に行かないのは、健康だからと思っているのではないか」
「肝臓癌の治療に一〇〇万円以上かかり、貯金も底をつきました。今も経済的理由であまり通院していません。通院すると、一回で少なくとも一〇〇〇～二〇〇〇円かかります。収入が少ないから治療費が払えず、仕事があるから病院に行く時間もありません」

これに比べれば、生活保護を受給している孤児は、医療費の自己負担がないため、比較的通院しやすい。ただし、生活保護受給者は通院の際、市役所に報告しなければならず、しかも病院が指定される。

＊「病気になりましたが、連休で市役所が休みだったので申請できず、四日間我慢してから通院しました。指定された病院以外に行くのは手続きが面倒なので、できるだけ通院せず、我慢しています」

「生活保護を受けていると、指定病院でなければ治療費を請求できません。私は指定病院の治療に不信感をもっていますが、病院は変えられません」

また生活保護受給の有無を問わず、病院で言葉の問題は深刻である。病状を説明できず、医師による説明もわからない。薬の服用にも支障が出ている。

＊「病院では、私の言うことは医者がわからず、医者の言うことは私がわかりません。危ないので全然、通院せず、中国の薬を飲むだけです。日本の薬は説明がわからないので、怖くて飲めません。誰かが中国に帰ると聞くと、必ず『薬を買ってきてくれ』と頼みます。箪笥の中は全部、中国の薬です。家族は『勝手な判断で薬を飲むな』と言いますが、何の薬でどれだけ飲めばいいかわからない日本の薬よりは安心できます」

「病院に行ったことはほとんどありません。病状を説明できず、医者の説明もわからないからです。以前、一度だけ病院に行って筆談しましたが、悪い想像が膨らみ、よけい不安になりました。薬をまちがって飲むのも怖いので、あまり飲みません。自分で判断して中国の薬を飲んでいます」

言葉の壁のため、障碍者認定が遅れたり、医療不信に陥った孤児もいる。

＊「目が見えなくなって二〇年になりますが、障碍者の証明をもらったのは一二年前です。それまで、そういう制度があることを知りませんでした。最近、介護保険があることを知り、利用したいと思っていますが、日本語ができないからヘルパーも頼めません」

「三回も手術されました。最初、『初期の胃癌だから手術で治る』と言われました。でも切ってみると転移していることがわかり、二度目の手術をしました。その後、『また別の大きな病院で手術しなければならない』と言われました。手術の際に内蔵が傷ついたようです。これは医療ミスではないでしょうか。でも、私は言葉がわからないから、詳しい説明も聞けず、病院を訴えられません。この無念さを、誰にも訴えられないのは辛いです」

しかし一方、日本の医療・福祉を高く評価する孤児も、一部だが見られる。中国では受けられなかった治療が、日本で受けられたケースもある。また日本の医療機関の誠実な対応を高く評価する孤児もいる。

＊「日本の病院には、いい点もあります。腸閉塞で入院中、い

ろいろ検査して、私の胃癌を見つけてくれました。私は退院直前、『胃カメラをする』と言われましたが、『もう腸閉塞は治ったのだから嫌だ』と断りました。一週間後、病院に電話で呼び出されました。行くと中国人留学生の通訳がいて、『胃癌だ』と告知されました。日本の病院の、患者に責任を負うまじめな態度に敬服しました。中国なら、見つけてくれず、わざわざ患者を呼び出してもくれないでしょう。日本の病院に感謝しています。でもその一方、日本に帰国してからの苦しかった生活を思うと、もし中国にいたらストレスが少なく、胃癌にならなかったかもしれません。私の心境は複雑です」

「私はたくさんの病気を抱えており、日本政府はヘルパーを派遣して私のために食事を作ってくれています。足が悪いので、トイレに取っ手もつけてくれました。医療費もすべて、政府が出してくれています。そのおかげで私は今、生きていられます。この点では、日本政府にとても感謝しています。中国では到底考えられない手厚い福祉です」

考察　日本の地で暮らすこと

以上、残留孤児の日本での生活実態を分析してきた。

第一項　生活の質の規定要因

【帰国年次による生活の質の差】

まず残留孤児の日本での生活の質は、帰国年次によって大きく異なっている。

特に居住と日本語教育については、一九八三年以前の帰国者は、政府の公的支援がほとんど存在しなかった。彼・彼女達は帰国直後、肉親の自宅に同居し、または民間賃貸アパート等に入居した。しかし肉親の地元には就職先がなく、民間賃貸アパート等は居住環境が劣悪で、数度の転居を余儀なくされた。日本語教育も、民間ボランティアの低頻度の教室に通うしかなく、中にはそれすら通えない孤児もいた。

これに対し、一九八四年以降の帰国者は帰国直後の四カ月間、中国帰国孤児定着促進センターに入所し、日本語教育を受けた。また同センター退所後、公営住宅を斡旋された。一九八八年以降の帰国者はその後も数カ月間、自立研修センターに通所して日本語教育を受けることができた。こうした政府の日本語教育・住宅斡旋は後述する如く、深刻な問題を孕んでいた。しかしそれでも、帰国後の孤児の生活の質を一変させたことは間違いない。なお私費帰国者は一九八四年以降に帰国しても、公的支援の対象外とされた。

一方、就労や経済基盤に関しては、一九八七年以前とそれ以降の帰国者で明らかに異なる。

一九八七年以前の帰国者は相対的に若く帰国したため、男性で一五年以上、女性も九年以上、継続的に就労し、不安定ながらも経済的自立を果たした。その就労先は主に不熟練労働・非正規雇用だが、一部は専門・熟練を生かした正規雇用・自営の職に転職しえた。しかし彼・彼女達も日本での年金納付期間が不足し、高齢化に伴って退職すれば、生活保護を受給せざるをえなかった。調査時点の世帯月収は一四～二五万円程度で、生活は「やや苦しい」と感じていた。

これに対し、一九八八年以降まで帰国が遅延した孤児の多くは、帰国時に既に高齢化しており、日本での職歴は八年以下にとどまった。不安定な不熟練労働・非正規雇用が特に多く、低賃金による不足分を生活保護で補填せざるをえないケースも多かった。退職後も、生活保護で暮らしている。一九九二年以降まで帰国が遅延した孤児は、日本での就職自体が難しく、ほぼ一貫して生活保護だけで暮らしてきた。一九八八年以降の帰国者の世帯月収は一〇～一三万円と特に低く、多くが「とても苦しい」と感じている。

【帰国年次の違いが意味するもの】

以上のように、帰国後の生活の質は、帰国年次によって大枠で規定された。

この事実は、まず第一に、日本政府の帰国政策が、帰国後の生活の質まで根本的に規定したことを物語る。残留孤児は全体として中高年になるまで帰国が遅延したため、帰国後も就職の困難、年金保険料の納付期間不足、日本語の不自由等、深刻な問題に直面した。またその中でも、帰国年次によって、帰国後の生活の質は明らかに異なっていた。そして帰国年次は、前章で詳述した如く、日本政府の帰国政策によってダイレクトに規定されていた。

そこで第二に、残留孤児の日本での生活の質の違いを、個々人の自己責任・資質の差に帰すことはできない。特に一九八八年以降まで帰国が遅延した孤児は、個々人の資質・努力と無関係に、日本で経済的自立を果たすことは困難であった。

しかも第三に、日本政府の自立支援策は、残留孤児の就職・経済基盤の確立にはほとんど無力であった。むしろ経済的自立が果たせたのは、政府の自立支援策が未整備だった比較的早期の帰国者に限られていた。逆に相対的に充実した自立支援策・異文化適応教育を享受しえた一九八八年以降の帰国者は、就職・経済的自立が難しかった。

先行研究では、孤児の帰国後の生活の質において、①政府の公的責任（自立支援策）、②残留孤児の自己責任、③ボランティアの独自の意義の比重や相互関連が議論されていた。しかし本章の分析をふまえれば、まず何よりも日本政府の帰国政策によって規定された帰国年次——自立支援策以前の問題として——が、帰国後の孤児の生活の質を大枠で規定していた。それに加え、政府の自立支援策が就労・経済基盤の確立に無力であったことが、孤児の帰国後の生活上の困難を決定づけた。こうした困難・問題を、残留孤児の自己責任、またはボランティアの支援に依拠して解決することは、実際には不可能であったといわざるをえない。

第二項　「自立」とその妨害

では、日本政府の自立支援策は、なぜ目標とした「自立」につながらなかったのか。

【経済的自立をめぐって】

日本政府がとったほぼ唯一の経済支援策は、とりあえず生活保護を支給し、その上で自己責任で就労・経済的自立するよう強制・指導することでしかなかった。公的な就職斡旋・職業訓練はほとんどなされなかった。

そこで大半の孤児は、たとえ就職できても不安定な非正規雇用にとどまった。彼・彼女達の職場には、長時間の過密労働、低賃金、労災、疎外された人間関係、倒産・解雇、差別等の問題が蔓延していた。日本語の不自由、中国と日本の労働観の違い等、異文化による苦痛も重なった。ごく一部、自立指導員・身元引受人による就職斡旋もみられたが、そうした職場の労働条件はとりわけ苛酷であった。一九八七年以前に帰国し、日本で比較的長期にわたって就労した孤児は、苛酷な労働やストレスにより、著しく健康を損なっていた。一九九二年以降まで帰国が遅れた孤児は、そうした職場への就職さえ、ほぼ不可能だった。

また政府は、国民年金の満額の三分の一（月額二万数千円）を支給する措置を採ったが、これで老後の経済的自立が達成されるわけもなかった。保険料を追納すれば満額給付する措置も適用されたが、大多数の孤児は貧困のため、追納できなかった。また追納しても、それだけでは老後の経済的自立は実現できない。

そこで結局、大多数の孤児は、生活保護を受給するしかなかった。帰国後、就労しえた孤児の多くも、退職後は生活保護に依存せざるをえなかった。調査時点で対象者の約八割は生活保護を受給し、非受給者も含め、ほとんどが「経済的に苦しい」、「将来の生活が不安」といった経済的苦悩を抱えていた。

そして生活保護を受給すると、補足性の原理に基づき、所得分の生活保護費が減額された。これは、孤児の就労意欲を減退させた。厚生年金、及び、保険料追納による満額の国民年金分も、生活保護費から減額された。孤児達の帰国後の就労の努力は、老後の生活安定をもたらさなかった。

総じて日本政府が想定した経済的自立とは、残留孤児が自力で就労先を確保し、生活保護から脱却し、国家負担を軽減することであった。

しかし前述の如く、孤児の就労の可否は、個々人の努力・資質とはほぼ無関係に、帰国年次によって大枠で決まっていた。そこで政府による経済的自立の強制・指導は非現実的であり、孤児に深刻な苦痛をもたらした。「自立の強制」という逆説は、こうした中で生み出されたのである。

【社会的・精神的自立をめぐって】

さて二〇〇〇年以降、日本政府は残留孤児の高齢化に伴い、主な支援課題を「経済的自立」から「社会的・精神的自立」にシフトさせた。社会的自立は「地域社会の中で自ら周りの人と良好な人間関係を作っていけること」、精神的自立は「自律／自己決定できること」と解説されている。

しかし日本政府の支援策をみると、二〇〇〇年の前後を問わず一貫して、「社会的・精神的自立」を逆に妨げてきた側面が目立つ。

まず一九八四年以降、国費帰国の孤児は帰国直後、定着促進センターに入所した。しかし、その居住環境は劣悪で、病気の治療・受診すら自己決定を容易に許されなかった。センター職員の態度・歴史認識にも問題があり、良好な人間関係の構築は難しかった。

また日本政府は「適度な集中、適度な分散」を唱え、孤児に居住地の自己決定すら認めなかった。公営住宅は斡旋されたが、空室を行政が割り当てたため、孤児に自己決定の余地はなかった。特に高階層の住宅の割り当ては、高齢化した孤児の外出・人間関係形成を一層困難にした。そして孤児が転居を望んでも、行政・自立指導員等は容易に許さなかった。

大半の孤児は前述の如く、生活保護を受給するしかなかった。生存に必要な最低限の生活保護支給額では、消費面での選択・自己決定の余地もほとんどなかった。しかも生活保護受給者は、収入・支出、外出・行動を厳しく監視され、自律・自己決定や良好な人間関係形成を大幅に制約された。さらに一方で別居する子供に孤児への経済的援助が強要され、他方で子供からの経済的援助や同居の有無が監視され、家族内の交流・良好な人間関係の形成も妨げられた。

ほとんどの孤児は病気を抱えていたが、生活保護を受給していない孤児は医療費の負担に耐えられず、逆に生活保護受給者は病院指定・通院報告義務等により、いずれも医療受診を自由に自己決定できなかった。

総じて日本政府は一貫して、残留孤児を経済的・社会的・精神的に自立していない「弱者」とみなし、最低限の生活保障を恩恵的に与え、「自立」に向けてパターナリスティックに監督・指導してきた。恩恵的救済には、遠慮と服従、自由の放棄という見返りが求められる。しかし実際の残留孤児は政府に指導されるまでもなく、多様な生活領域で「精神的自立（自律、自己決定）」、及び、「社会的自立（良好な人間関係形成）」を一貫して主体的に追求してきた。むしろ彼・彼女達の「精神的・社会的自立」に向けた要求と行動は、日本政府のパターナリスティックな支援策によってことごとく封じ込められてきたのである。ここでもまた、「自立の強制」という奇妙な逆説が立ち現れたといえよう。

第三項　異文化適応と労働－生活問題

【労働－生活問題】

残留孤児が帰国後に直面した諸問題、つまり就職の困難、劣悪な労働・居住条件、経済的貧困、自由の剥奪、健康破壊等はいずれも、日中の異文化間での不適応に根ざす問題では**ない**。人間であれば、誰しも苦痛に感じる労働－生活問題である。したがってそれらは、日本に長く滞在して日本文化に適応すれば解消する問題でもない。むしろ時間が経過するほど、累積的に深刻化する苦難である。

日本で就労した孤児は、職場で言葉の壁、日中の労働観の違い等、異文化適応上の問題にも、確かに直面した。しかしそれ以上に深刻だったのは、長時間の過密労働、低賃金、労働災害、疎外された人間関係、倒産・解雇等、同じ職場で働く労働者一般に共通する労働問題であった。言葉や文化の差があるから、低賃金等の労働問題が生み出されたわけではない。逆に現存する労働問題のしわ寄せ・押し付けにおいて、言葉や文化の差が口実として活用されたのである。

生活保護受給に伴う貧困や自由の束縛・監視も、残留孤児だけでなく、受給者全体に課される。生活保護をめぐる行政との摩擦・対立も、同様である。

こうした労働－生活問題は、いくら流暢な日本語で交渉しても解決しない。言葉や文化の壁は、各種の労働問題、経済的貧困、パターナリズムを正当化する口実の一つにすぎず、それらを生み出す原因ではないからである。

【労働－生活問題と日本語能力・日本語教育】

したがって、現実の労働－生活問題の発生の有無は、個々の残留孤児の日本語能力の水準とは因果関係がない。またそうした問題の解決にとって、日本語・異文化適応の教育は、実践的有効性をもたない。

現に日本で就労しえた一九八七年以前の帰国者は、日本政府による日本語・異文化適応教育をあまり受けられなかった。彼・彼女達は、日本語を学習し、日本文化に適応したから就職できたわけではない。むしろ日本語会話では「日常生活にも困る」と感じていた。特に就職活動、職場での職務遂行において、言葉の壁に困っていたのである。

これに対し、一九八八年以降の帰国者は、自立研修センターへの通所等、比較的整備された日本語・異文化適応教育を受けたが、日本での就職は困難であった。彼・彼女達は、日本語会話が「ほとんどできない」と感じている。日本社会・日本人と交流・接点が少ないため、「日常生活で困る」場面すら少なく、「ほとんどできない」まま推移したのである。

総じて残留孤児の日本での就労・経済的自立の可否は、個々人の日本語能力、及び、公的な日本語教育・異文化適応教育の有無とは無関係に、もっぱら帰国年次によって規定されていた。一九八七年以前の帰国者の日本語能力、特に会話能力は、教室での日本語教育ではなく、日本での就労、すなわち日本社会・日本人との接触・交流――それがいかに疎外された差別的な交流だったとしても――の中で培われた。言葉や文化の違いは、それ自体が壁であるわけではない。それは、現実の労働－生活上の問題に直面し、自ら主体的に解決しようとした時、初めて壁として認識される。壁を壁たらしめるのは、言葉や文化の違いではなく、労働－生活問題とその解決に向けた主体性である。

【日本語教育の諸問題】

そして日本政府やボランティアによる日本語教育は多くの場合、日本語の習得に限ってみても、あまり有効に機能しなかった。すなわち教育期間の短さ、教師の資質・教授法、孤児の高齢化・非識字への対応等、多くの問題があり、十分な効果を上げえなかったのである。

これらは、単なるテクニカルな問題ではない。

例えば教育期間は、就労・経済的自立の強制と密接に結びついていた。一九八九年以前の帰国者は日本語教室で、しばしば早期の就職・経済的自立を強制・指導された。いったん就職が決まると、たとえ日本語能力が低くても、教育は打ち切られた。就職が決まらなければ、たとえ日本語習得に役立たなくても、生活保護支給の交換条件――経済的自立に向けた努力の証――として事実上、通学が強制された。一方、一九九〇年以降の帰国者は日本での就職・経済的自立が最初から困難とみなされたため、所定の期間がすぎると日本語教育は早々に打ち切られた。いずれの場合も、日本語教育における教育期間を規定したのは、日本語の習得水準ではなく、経済的自立の強制の論理であった。

また教師の資質・教授法、高齢化等への対応の問題は、言葉や文化の意義のみを過大に評価する異文化適応論の理念に根ざして発生した側面があった。帰国直後の孤児は、今後の日本での労働－生活、及び、政府の帰国制限によって同伴帰国できなかった子供・孫との再会の不安に苛まれていた。これらはいずれも異文化適応の問題ではなく、いかなる文化の下でも人間として不安を感じるのが当然の生活問題である。高齢化も、孤児を一人の人間と捉えれば、単なる語学学習能力の低下ではなく、将来の生活不安・家族再結合の問題の深刻化だ。しかし定着促進センターをはじめとする公的な日本語教室では、こうした孤児の生活上の不安に十分な解決の展望を示すことなく、まるで「日本語習得・異文化適応こそ、生活安定の鍵」であるかのような教育が実施された。孤児達は、学べば学ぶほど将来の不安に苛まれた。そして彼・彼女達は「生活安定こそ、日本語習得・異文化適応の鍵」との立場から、異文化適応教育の非現実性を見抜き、不満・反発を強めていた。

総じて日本政府による日本語・異文化適応教育は、教育の目的を事実上、孤児の自助努力による経済的自立、すなわち国家の負担軽減においていたため、孤児にとっての有効性は極めて限定的にならざるをえなかった。また日本政府の帰国政策に起因する構造的な労働－生活問題を、個々の孤児の日本語習得・異文化適応という個人的業績達成によって解決しようとする点でも、非現実的であった。日本政府の公的責任を明確にした補償的支援ではなく、恩恵的支援としての日本語教育は――その枠内で、いかにテクニカルな改善がなされても――結局、失敗に終わらざるをえなかったのである。残留孤児の日本語能力は、総じて低い。しかも、比較的拡充された教育を享受しえたはずの一九八八年以降の帰国者の日本語能力は、それ以前の帰国者に比べても一層低水準にとどまった。孤児達は、帰国後に受けた公的な日本語教育が「役に立たなかった」と評価している。

第四項　「島国」単位の公共性と創造的主体性

さて、以上の諸論点はいずれも、戦後、特に残留孤児が帰国した一九七〇年代後半以降の日本の社会構造、及び、日本人の生活様式の固有の特質を逆照射する。

【「島国」単位の公共性】

日本に帰国した残留孤児が日本社会に容易に同化・適応できなかったという現実は、いうまでもなく、容易に同化・適応を許さない固有の生活様式と社会構造が日本社会に厳然として存在したことを意味する。(五一) それは、単なる言語・文化の壁ではない。ポスト・コロニアルの日本という特殊な歴史・社会を生きる日本人の基本的で自明な生活様式そのものが、途中からの新参者への排他性を前提として成立していたのである。

すなわち、日本国内で義務教育をはじめとする学校教育を受け、卒業と同時に終身雇用・年功序列を基本とする正規雇用で就労し、その長期にわたる安定した就労期間内にローンで持ち家を取得し、年金保険料を納付して老後に備えるという規範的なライフコースだ。そしてこの規範的ライフコースから、何らかの理由で逸脱した場合、最終的には生活保護がセーフティ・ネットとして機能する。ただし生活保護はあくまで特例の救済措置なので、必要最低限の保障水準にとどめられ、受給者は本来の規範的なライフコースへの復帰に向けた厳しい管理・指導の対象とされる。

そこには、中高年になってから日本に帰国した残留孤児のような人々が入り込む余地は、最初から想定されていない。戦後の大多数の日本人の基本的かつ規範的な生活様式は、残留孤児のような新参者の途中流入を想定せず、「島国」単位の閉鎖的な国民教育・国内労働市場・国民福祉を前提として成立してきたといえよう。病院と役所という二つの代表的な公共機関において、残留孤児が最も深刻な日本語の壁に直面する現実は、この国の公共性を象徴している。

こうした「島国」単位の公共圏の構成員に期待される規範が、「自立」である。日本政府は当初、残留孤児を既存の公共性に埋め込み、個々人の可塑性と自助努力によって適応・同化（＝自立）させようと指導・強要した。既存の諸制度の変更は、せいぜい国民年金の一部支給、公営住宅の割り当て、短期集中的な日本語教育等の恩恵的実施にとどめた。しかし、それは破綻せざるをえなかった。それだけでは残留孤児は、政府が期待する「自立」を果たせなかった。そこで政府は、既存の諸制度の最終的なセーフティ・ネット、つまり生活保護に孤児達を埋め込むことによって統合を図るという最も安易な道を選択した。

帰国した残留孤児が直面した壁は、単なる言葉や文化のそれではない。戦後、「島国」を自明の単位として構築されてきた日本の公共性、及び、その維持に固執する日本の政府・国民生活そのものが、残留孤児を排除し、適応を許さない最大の壁にほかならなかった。

【残留孤児の創造的主体性】

そこで残留孤児は、帰国後も既存の日本社会の公共性に依存せず、まさに自力で「生命＝生活（life）」を維持・創造するしかなかった。すなわち彼・彼女達は、日本政府が一般の日本国民に提供する公教育・職業斡旋システム・公的年金制度等から実質的に排除され、自らの個人的・集団的な努力に依拠して生き抜いてきたのである。その意味では、残留孤児に「自立」を迫る行政職員・自立指導員等の方が、日本政府が提供する諸制度によほど依存してきたともいえる。行政職員・自立指導員等のいう「自立」とは、自らの生活を暗黙裡に支える日本の公的諸制度から残留孤児が排除されてきた事実は看過ないし無視し、自らには到底なしえないほどの超人的努力を個々の孤児に強いるものであった。

一九八七年以前に帰国した孤児は、公的な職業訓練・就職斡旋がほとんどない中で、しかも中高年で日本語も不自由というハンディを抱えつつ、幾度もの門前払いにも挫けず、自力で就職先を確保した。一九八八年以降の帰国者は、帰国者相互のネットワークを駆使して就職を果たした。職場では深刻な差別・排除が頻発したが、孤児達はそれでも絶望せず、時と場合に応じて、黙って耐え、口論を挑み、無能なふりをしてやりすごし、嫌がらせを無視して職務に専念し、新たな転職先を捜し、一人で怠業し、そして集団で抗議に立ち上がった。孤児の「経済的自立」は、行政やボランティアの支援によってというより、孤児自身の主体的努力によって、かろうじて達成された。

貧困の極限ともいうべき生活保護の下でも、孤児達は、遠方の安売店を何軒もまわり、安い商品を吟味し、廃品の家具を拾い集める等、節約と工夫の限りを尽くして餓死・絶望を免れてきた。公的な義務教育や日本語教育をまったく受けられなかった私費帰国者の一部は、自発的に夜間中学校に通って日本語を学び、その学習成果を高く評価している。

【社会の変動・変革】

残留孤児の創造的主体性は、既存の日本社会の公共性、及び、その維持に固執する日本政府や行政に対する抵抗・批判という形でも立ち現れた。

就労が困難になった孤児は、自助努力による再就職・経済的自立を強制・指導する行政・自立指導員等と対峙し、粘り強く交渉して、生活保護受給を克ち取った。公営住宅の入居・転居を拒む行政・自立指導員等と交渉し、それを獲得した孤児もいる。こうした交渉において、孤児達は言葉の壁を乗り越え、時と場合に応じて、中国語で大声で主張し、行政側の言い分ばかり代弁する通訳を拒絶し、筆談を試み、子供（二世）を通訳に立てた。

生活保護下での監視に対しても、孤児達は、時には行政に隠れて就労し、わずかではあれ生活費や子供の進学資金を稼いだ。子供や孫との交流も厳しく制約されたが、それでも孤児達は家族としての相互援助・交流を維持・発展させた。消費や外出の自由を束縛される中では、買い物や散歩さえ一つの闘いであった。監視する行政職員・自立指導員に対し、孤児達はある時は面従腹背の姿勢をとり、別の時は嫌みで抵抗し、正面から抗議し、そしてあまりにひどい自立指導員とは決然として断交した。

さらに孤児達は、生活保護の恩恵的享受者にとどまってもいなかった。彼・彼女達は、残留孤児の特殊性、及び、日本政府の責任をふまえた補償的な生活支援金・年金制度の創設を要求していた。

そしてほとんどの孤児は、日本政府が適切な就職・居住・経済生活・教育・医療等を公的に保障しなかったことを、厳しく批判していた。

前述の如く、日本政府は、既存の日本社会の公共性を自明の前提として、その枠組みの中で孤児達を適応・「自立」させようとした。これに対し、孤児達は既存の日本社会への埋め込みに反対し、日本社会の側を変容させようとしていた。孤児が社会に適応するのではなく、社会が孤児に適応することを求めたのである。彼・彼女達は、既存の社会構造・規範に固執する政府・日本人から「贅沢・我がまま・甘え」と非難されつつ、それでも自らの「生命＝生活」の維持・発展をかけて、既存の社会構造・規範に異議を申し立てていた。彼・彼女達が「日本の地で、日本人として、人間らしく生きる」ことは、新たな参入者を排除する「島国」単位の公共性に適応して「自立」することではない。むしろ既存の公共性やその枠内での「自立」に異議を申し立て、これを主体的に変革することであった。

〔補注〕

（一）庵谷（二〇〇九）、庵谷（二〇〇六）、八木（一九八〇）四五頁、大場・橋本編（一九八六）、菅原（二〇〇六）六頁。

（二）菅原（一九八九）一八二〜一八七頁、郡司（一九八一）二六〜二七頁、原賀（一九八六）四四頁。

（三）菅原（一九八九）、庵谷（二〇〇九）、庵谷（二〇〇六）。

（四）中国残留日本人孤児問題懇談会（一九八二）：厚生省援護局編（一九八七）一〇八頁。

（五）中国残留日本人孤児問題懇談会（一九八五）：厚生省援護局編（一九八七）一二七〜一三〇頁。

（六）梅田・江畑（一九九六）、梅田（一九九五）。

（七）南（二〇〇六-b）二〇一・二〇五・二〇六頁、南（二〇〇九-a）一二二頁は、残留孤児が救済の客体と見なされ、その主体性・生活戦略が看過されがちになる理由として、孤児が「戦争被害者」、「棄民」、祖国を失い苦難を強いられた犠牲者といったナショナリスティックな文脈で捉えられていることをあげる。しかしパターナリズムの土壌は、それだけではない。

（八）自立支援法とそれに基づく支援策については、小川（一九九五）、園田・藤沼（一九九八）、田中（一九九七）、田中（二〇〇四）八〇〜八一頁、中国「残留孤児」国家賠償訴訟弁護団全国連絡会編（二〇〇九）三四六頁、内藤（二〇〇六）等。政府の主張については、これひさ（二〇〇四）三〇〇頁。

（九）中国残留日本人孤児問題懇談会（一九八二）：厚生省援護局編（一九八七）一〇八〜一一〇頁。中国残留日本人孤児問題懇談会（一九八五）：厚生省援護局編（一九八七）一三一〜一三三頁。

（一〇）厚生労働省社会・援護局援護企画課中国孤児等対策室（二〇〇二）三一頁。平城（二〇〇七）八一頁、小林（二〇〇九）二七六〜二七七頁、馬場（二〇〇〇）一二頁、馬場（二〇〇一）一〜二頁。

（一一）平城（二〇〇七）八一〜八二頁。

（一二）適応と同化の同質性については、小田（一九九八）三二一・三三三頁、小田（二〇〇〇）も参照。

（一三）中国残留日本人孤児問題懇談会（一九八二）一一八頁、中国残留日本人孤児懇談会（一九八五）一三六頁。

（一四）中国帰国者定着促進センターの使命について、平城（一九九五）六一頁、佐藤・小林（一九九四）一三頁、日高（一九八九）一二四頁、本垰（一九九三）一頁、小林（二〇〇九）二七〇〜二七一頁。

（一五）馬場（一九九八）、馬場（二〇〇〇）、馬場（二〇〇一）、青木（一九九六）、池上（一九九六）、池上（一九九五）、池上・井本（一九九三）、池上・小林（一九九九）、泉（二〇〇五）、内海・富谷（一九九八）、小林（一九八八）、小林（二〇〇九）、小林（一九九六-a）、小林（一九九七）、小林（一九九三）、佐藤・池上・馬場・小林（一九九七）、佐藤・小林（一九九四）、佐藤・馬場・安場（一九九三）、西尾（一九九〇）、馬場・安場（一九九四）、山本（一九九九）、山本（二〇〇八）、山内（一九九五）、山内（一九九六）、安場（二〇〇七）、安場（一九九九）、安場（一九九七）、安場・馬場・平城（一九九七）、若松（一九九五）、平城（一九九八）、平城（一九九九）、平城（二〇〇一）、平城・斎藤・田中・山本（二〇〇〇）、細川（一九九六）、中国帰国者定着促進センター（一九九一）等。

（一六）池上（一九九四-a）一七頁。

（一七）小林（一九九三）一九〜二〇頁、文化庁文化部国語課（一九九一）第三章第一節一（三）。「適応」については定義に若干の差異を含みつつ、佐藤・小林（一九九四）一九頁、池上（一九九四‐a）一九頁、池上（一九九四‐b）、池上（二〇〇〇）、梅田（一九九五）一七九〜一八〇頁、原（一九八六）五八頁、小林（一九八五）八三頁、日高（一九八九）一一九〜一二〇頁、于（二〇一〇）三八〜三九頁。

（一八）小林（二〇〇九）二七四頁、池上（二〇〇〇）二二二頁。

（一九）山内（一九九四）二一一頁、日高（一九八九）一一九〜一二〇頁、平城（二〇〇七）八二頁、小林（一九八八）、小林（一九八五）七七頁。労働・経済生活・居住等に関する現実の生活問題を、文化的問題と捉える研究も多い。朝日新聞社出版サービス編集・制作（一九九八）一八八・二五四頁、趙・町田（二〇〇〇）一三七・一四三頁、趙・町田（一九九九‐b）五二二・五二六頁、張（二〇〇五）。また異文化適応過程については、江畑・曽・江川（一九九六）、江畑・曽（一九九六）等。全国社会福祉協議会異文化適応教材開発委員会編（一九八七）は、残留孤児が日常生活で様々な問題に直面する場面を想定し、それぞれ「正解」なるものを示している。ただしその「正解」はいずれも、日本の文化習慣の理解でしかない。現実の生活問題の解決は、最初から想定されていない。原（一九八六）、文化庁国語課（一九九七）、文化庁文化部国語課（一九九〇）、文化庁文化部国語課（一九九一）。

（二〇）山内（一九九六）一七四頁は「読み書き能力を身に付けなければ帰国者の労働の質的向上は望めない。…（中略）…（優れた）教材があれば、それが読み書き能力を伸ばし、いつの日か帰国者すべてが日本語で『読み書き』できる日が来る、と考える方が教師の性には合っている」と述べる。小田切（一九八九）二〇頁は、「学習者の日本に対する適応への認識の低さが学習の妨げになっていることがある。例えば、言葉や文化的情報を与えても、それらを実際に生かそうという姿勢が学習者に見られないといった場合である。…（中略）…学習者が自分のおかれている立場やおかれている環境を理解し、少しでも改善しようとする意識に目覚めれば、学習に対する姿勢も自ずと変わるのではないか」と述べる。また安場（一九九六‐a）四五三頁は、「帰国者の日本定住にまつわる困難は、①行政上の問題、②異文化接触にともなう問題に大別」され、「所沢の中国帰国者定着促進センターで帰国者に対する異文化適応教育にたずさわる筆者らにとっては、②が直接、指導領域として設定しえる領域」と述べる。安場（一九九二）一一四頁も参照。確かに異文化適応を専門とする研究者・教育者にとって、それは自らの専門性をかけて責任を負うべき領域であり、最大の関心事であろう。しかしそれが、残留孤児の現実生活において最重要課題・関心事であるか否かは別である。瀬戸（一九八二）一二九頁は、「帰国者が概して個人主義的であるのは事実である。日本語教育の面では、力量の弱い講師の授業には学生がこなくなり、講師が自信をなくしてしまうということも教室ではおきている」と述べる。これも本末転倒であり、問題は孤児の個人主義にあるのではなく、講師の力量の低さ、及び、そうした日本語教育しか保障しない日本政府の自立支援策にあるというべきであろう。

（二一）小林（一九八五）七五頁、小林（一九九三）一三〜一九頁、小林（一九九六‐a）五九・六二頁、小林（二〇〇九）二六一・二七四頁、池上（二〇〇〇）二二八頁は、異文化適応論に立脚し

つつ、その限界も自覚し、誠実に理論的模索を試みている。しかし重要なことは、異文化適応論を明確に克服し、構造的平等の実現に向けた当事者の主体的創造性を実証的に明らかにすることであろう。

（二二）都市部への移動については、伊藤（一九九五）二一三頁。

（二三）帰国者に地域社会で定着自立に必要な助言・援助を行う支援制度である。厚生労働省社会・援護局援護企画課中国孤児等対策室（二〇〇二）二八頁。

（二四）早田（一九八九）三五〜三七頁、釣部・鈴木他（一九八九）六五頁、多摩（一九八八）二〇一頁、林（一九九三）二六頁、小林（二〇〇九）二七二頁、小林（一九九六-b）三九五〜三九六頁。

（二五）八木（一九八〇）四四頁、中野（一九八七）一一〇・一三一頁、中国帰国者定着促進センター（一九九六-a）二〇三頁、伊藤（一九九五）二一三頁、吉岡（一九八四）三一一・三三一〜三三二頁、遠藤（一九九二）第三章、本田（一九八一）八六頁、菅原（一九八九）I-三・四、早田（一九八九）三八頁、坂本（一九八八）一七〜一八頁、飯田（一九九六）二六五〜二六七頁。

（二六）林（一九八八）二五頁、小田（一九九八）三三四頁、菅原（一九八九）五九〜七三・二〇七〜二一一頁、日垣（一九八八）一七四〜一七七頁、林（一九九三）一九三頁、庵谷（一九八九）二〇〜二一頁、小田（二〇〇〇）、鈴木則子（一九八九）一三頁、小林（一九九六-a）五八頁、小林（二〇〇九）二七二頁、小林（一九九六-b）三九五〜三九六頁、厚生省援護局編（一九八七）一〇二〜一〇三頁、遠藤（一九八七）、岡庭・真野（一九八五）、小川（一九九二）、坂本（一九八八）、多摩（一九八八）、菅原（二〇一〇）七二〜七三頁。釣部・鈴木他（一九八九）六六頁の鈴木発言によれば、「ボランティアの中で適度の集中、適度の分散なんていう人がいて、厚生省がその考えをそのまま採用した」という。遠藤（一九八七）付章ブロック・オープンシステム「中国帰国孤児の定着問題に対する私案」は、適度の分散、適度の集中を主張している。一九八七年九月、居住地指定をめぐる孤児の反発により、所沢定着センターにおける修了式は中止に追い込まれた。また小林（二〇〇九）二八一頁は、一九九五年頃から、帰国前に定着先都道府県を決める方式になり、問題は起きなくなったと述べている。

（二七）趙・町田（一九九八）八一八頁。

（二八）残留孤児に限らず、帰国者全般についてではあるが、住宅・居住上の問題点については、趙・町田（二〇〇〇）一三六頁、趙・町田（一九九九-a）五一二頁。趙・町田（一九九九-b）。

（二九）残留孤児の日本での就職率、職種・雇用形態・転職等は、厚生省援護局編（一九八七）九一〜九二頁、厚生労働省社会・援護局（二〇〇五）六頁、天野（一九九五）一九頁、木下（二〇〇三）八四頁、立石（二〇〇七）一二九頁、中野（一九八七）一三一〜一三四頁、西岡（二〇〇六）五一頁、大谷（一九八九）第八章、菅原（二〇〇九）一三一頁、飯田（一九九六）二七〇頁、蘭（二〇〇九-b）四一頁。

（三〇）厚生省援護局編（一九八七）九二頁によれば、就労者の七一・四％は調査時点の職業に「満足」「まあ満足」と回答している。就労先があるだけで「満足」「まあ満足」という意味合いもあるが、本書の調査対象者の回答とは乖離した評価といわざるをえない。

（三一）厚生省援護局編（一九八七）九二頁によれば、職業を斡旋したのは知人が二五・〇％、公共職安が二〇・七％、自分でが一八・六％とある。本書の調査結果とは大きく異なる。

(三二)中野(一九八七)一一七頁、山田(二〇〇六)九六頁。山田は、「帰国者の多くは、身元引受人や日本語ボランティアなど地域のネットワークを通じて就職先を得ているのが現状」と述べるが、本書の調査結果によれば、身元引受人・日本語ボランティアによる斡旋も少なく、自力もしくは帰国者仲間による就職が圧倒的に多い。

(三三)自立指導員等向けに発行した厚生労働省社会・援護企画課中国孤児等対策室（二〇〇二）七七頁には、「日本社会への適応は、早い時期に実社会に飛び込んで、生のままの日本人社会を体験することで効果があることを説明し、ぜひ就職を督励して下さい」とある。

(三四)高等職業技術専門校とそこでの問題点については、小田（一九九八）三二四頁。

(三五)厚生省援護局編（一九八七）六〇〜六三頁、中野（一九八七）一四六頁。

(三六)厚生労働省社会・援護局（二〇〇五）九〜一〇頁、菅原（二〇〇九）一三一頁。

(三七)天野（一九九五）一七〜一九頁、宮武（二〇一一）一一三頁、大久保（二〇〇四）七・二四〇頁、大久保（二〇〇七）、大久保真紀（二〇〇九）二九六〜二九七頁、小栗（二〇〇八）、木下（二〇〇三）七六頁、鳥海（二〇〇二）三五頁、園田・藤沼（一九九八）八二頁、中国「残留孤児」国家賠償訴訟弁護団全国連絡会編（二〇〇九）三九・三四七〜三四八頁、西岡（二〇〇六）四七頁等。

(三八)厚生労働省社会・援護局（二〇〇五）一一頁、菅原（二〇〇九）一三二頁、飯田（一九九六）二六八頁、中国「残留孤児」国家賠償訴訟弁護団全国連絡会編（二〇〇九）二九・三一八〜三二九頁、木下（二〇〇三）八二〜八四頁。

(三九)生活保護制度を残留孤児に適用すること自体の不合理については、釣部・鈴木他（一九八九）七三頁の鈴木孝雄弁護士の発言、坂本（二〇〇五）三〇四頁、安原（二〇〇六）四一頁、菅原（二〇〇六）、高橋（一九九四）一二二頁、庵谷（一九八九）二三頁、大谷（一九八九）二六三〜二六八頁等。

(四〇)厚生労働省社会・援護局（二〇〇五）一三頁、中野（一九八七）一三五頁。いずれも本書の対象者に比べ、「苦しい」「やや苦しい」の比率が極端に低い。

(四一)夜間中学校での学習については、浅野(二〇一二-b)、小林(二〇〇九)二六五頁、宮武（二〇一一）一一一頁、八木（一九八〇）四三頁、中野（一九八七）一一三〜一一四頁、大場・橋本編（一九八六）九五〜九九頁、宮田（一九九五）二一四頁、津花（二〇〇四）、太田（一九八三）、郡司（一九八一）二三〜二四頁。

(四二)教育者側からみた問題点・限界の指摘として、小林（一九九六-b）四〇〇頁、小林(二〇〇九)二七四〜二七五頁、小林（一九九六-a）五九〜六二頁。

(四三)自立促進が教育の短期化をもたらしていることについては、小林（一九九六-b）四〇二頁。

(四四)趙・町田（二〇〇〇）一四三頁によれば、自立研修センターへの通所について、帰国者の五一%が「気が重い」と感じている。

(四五)内藤(一九九五)、安場(一九九八)、安場(二〇〇七)、山本(二〇〇八)一〇七頁、太田（一九八三）一二三〜一二四頁、小田（一九九八）三三二頁、若松（一九九五）九八〜九九頁、小林（二〇〇九）二六二頁、椎名（一九八四）、児玉・内藤（一九九五）。小田（二〇〇〇）一〇〇頁、小田（一九九八）三三八頁。菅原（一九八九）一三一〜一三三頁は、残留孤児の約三割が非識字、安場(一

九九八）二一頁は五分の一～四分の一が学習困難者（非識字者・半非識字者）と述べている。

（四六）厚生省の帰国孤児実態調査（一九八六）では「買い物に不自由しない程度の会話ができる」孤児が二五・六%、厚生労働省社会・援護局（二〇〇五）では「買物、交通機関の利用に不自由しない」孤児が三五・三%を占めた。スーパーマーケットやバスの利用は、日常生活に組み込まれた範囲であれば、会話はほとんど必要がない。中野（一九八七）一三四頁、大場・橋本編（一九八六）九九頁、厚生省援護局編（一九八七）第五章、菅原（二〇〇九）一三一頁、中国「残留孤児」国家賠償訴訟弁護団全国連絡会編（二〇〇九）二六頁。行政職員側からみた対応の困難については、山本（一九九六）三二～四一頁。

（四七）「言語障碍者」という表現は、埜口（二〇〇五）二二〇頁も参照。

（四八）厚生労働省社会・援護局（二〇〇五年）、飯田（一九九六）二六九頁、菅原（二〇〇九）一三〇～一三一頁。

（四九）菅原（二〇〇九）一三三頁、名和田（二〇〇六）一七頁、辻村・石垣・胡（二〇一四）、孤児の心理的健康状況については、江畑・箕口・曽・斎藤・原・丹羽（一九九六）を参照。介護問題については、飯田（二〇一三）二一～二二頁。

（五〇）来日直後の時期を中心に、箕口・江畑・斎藤・梅田（一九九四）二七三頁、山形（一九八三）八七頁、胡（二〇〇七）四一〇～四一一頁、大坊・中川（一九九三）、江畑・箕口・山田・益子・増井・斎藤・梅津・原田・石原（一九九六）、丹羽・箕口・曽・江畑（一九九六）一八八～一九五頁、江畑（一九九六）三五〇頁、江畑・曽・箕口（一九九六）一四一頁、井出（一九八六-b）第七章等。

（五一）浅野（二〇〇一）第一〇章、浅野（一九九八）。班（一九九二）一五九～一六〇・二〇三～二一一・二一六頁は、一部に日中の文化差で様々な問題を解釈しようとする限界を残しつつ、しかし総じて帰国者を受け入れる日本の資本主義・市民社会、及び、ポスト・コロニアルの日中両国を通底する近代的諸矛盾を鋭く指摘している。

第六章　分断と絆

序節　問題の所在

日本に帰国した残留孤児が培ってきた社会諸関係の実態を明らかにしよう。

第一項　差別・孤立・孤独の原因

残留孤児の多くは日本社会で差別され、孤立・孤独を経験してきた。

その原因として、先行研究・実践は主に二点を指摘している。

第一は、日本政府の政策である。本書の対象者は国賠訴訟で、「人間どうしの繋がりをもつことが人には不可欠」との立場から、日本政府の政策に起因する被害の一部として、①日本における日本人としての人間関係・社会関係の構築の困難、及び、②中国における人間関係・社会関係との断絶をあげた[一]。

第二は、言葉と文化の壁である。大多数の先行研究は、ここに差別・孤立の主な原因を見出してきた。

ただし、言葉と文化の壁に問題を矮小化する異文化適応論の限界は、前章で既に指摘した。また残留孤児が中国帰国者相互、及び、中国に住む知人・親戚等と日常的交流を十分に維持・拡充できていれば、完全に孤立しているとは言い難い。逆にそうした日常的交流を維持・拡充しえていないとすれば、その原因は言葉・文化の壁ではありえない。

第二項　家族問題

残留孤児・帰国者の家族が直面する困難を考察した研究もある。

大坊郁夫・中川泰彬[二]は、残留孤児・帰国者において「家族内では過剰なほど多数のネットワークが張り巡らされるが、外部には広げ難い」と述べる。そこで家族内で感情的な一体感が高揚するが、同時に家族全員が日本の世事・世情に疎いため、適切な対応・判断ができず、現実的な問題解決が難しくなる「圧力釜効果」が生じると指摘する。そして「日本における知識、経験をもつ家族外の者とのネットワークを形成し、『参照』し得るものをつくること」の重要性を強調する。

こうした見方は、二〇〇八年に新たな支援策の一環として創設された支援・相談員制度に関する飯田奈美子[三]の見解にも引き継がれている。飯田は、支援・相談員に残留邦人二世が多数採用されていることについて、二世が「他の帰国者世帯とのつながりがあまりなく、自分の家族しか帰国者について知ら」ないため、十分な職責を果たしえないとの危惧を指摘する。

また鄭暎恵・大坊郁夫・中川泰彬・蘭信三は、残留孤児・帰国者の家族内で、一世・配偶者・二世等の生活や意識がそれぞれ大きく異なり、適応過程にも差があり、これが家族に緊張関係や解体の危機をもたらすと述べている[四]。

ただし、以上の諸研究では、残留孤児・帰国者の主体的な家族生活、及び、家族を越えた社会諸関係の形成の実態が、トータルに捉えられているとは言い難い。また家族が直面する主な課題は、ここでも異文化の壁と適応の困難へと矮小化されている。二世の支援・相談員に対する飯田の危惧も、兵庫県の現状をふまえれば、杞憂としか言いようがない。

先行研究において、帰国者家族の主体的営為として時折、着目されるのは、二世の進学・就職等、個人的階層上昇の戦略である。そこで比較的若い二世等の階層上昇に向けたエンパワメントや支援体制の整備の必要が強調される[五]。

これらはもとより、一定の範囲内で有意義ではある。しかし現実の日本社会は階級・階層格差を不可欠の構成要素として成立し、したがって貧困・失業・孤独・差別といった疎外状況を一定の人々に必然的に押し付ける。個人的階層上昇が、根本的な問題解決をもたらさないのは自明であろう。

第三項　支援者との関係

さて先行研究で、家族を越えた関係として注目を集めているのは、広義の支援者とのそれである。

残留孤児の周囲には、日本政府の援護策に基づく多様な支援者がいる[六]。帰国時の身元保証人、肉親やその代理としての身元引受人、日本の生活習慣・日本語の指導や公的機関の手続き介助を行う自立指導員、そして医療・行政機関との通訳にあたる自立支援通訳等である。

民間のボランティアも、多彩である。肉親捜し・帰国を支援したボランティアの多くは、孤児の帰国後も様々な支援を継続した。日本語教育には、新たなボランティアも多数、参加した[七]。

日本語教育・精神衛生等の専門家も、公的援護政策やボランティアに積極的に参加した。

箕口雅博は、「社会（コミュニティ）とのかかわりのなかで生活している人間」を重視してアクション・リサーチを行った。箕口によれば、「帰国者の支援ネットワークは量的・質的にも確実に拡がって」おり、帰国者支援は「コミュニティ・アプローチの先端を歩んでいる[八]」。彼は、インターネットを介して「中国帰国者定着促進センターを発信基地とする帰国者支援ネットワークは、…（中略）…ひとつのネットワーク・コミュニティを形成しつつある」と高く評価する[九]。

また蘭信三・高野和良は、長野県下伊那地方において、「主役の中国帰国者を真ん中に、行政の窓口、自立指導員、親族、旧満州開拓団関係者、ボランティアが脇を固め、生活の場としての公営住宅、職場、学校があり、それに職場・学校そして近隣などの一般住民が見守るという構図」があり、これらに支えられて帰国者は地域社会にソフト・ランディングしてきたと述べる[一〇]。

一方、支援者の諸類型の研究もある。その多くもまた同化主義と多文化主義の二分法である。すなわち①日本人としての同化を求める家父長的支援者、及び、②国籍を問わない人権や適応・多文化共生を重視する支援者である。前者の多くは、中国からの引揚体験をもつ高齢者で、長年にわたって身元引受人・自立指導員等として活動してきた。後者の多くは比較的若く、日本語教師・日本語教育ボランティア・在日外国人支援等に携わってきたとされる[一一]。

家父長的とみなされる支援者が自ら執筆した文献には、善意の信念による同化の強制ともいうべき記述が頻出している。本書の対象者の多くが通った自立研修センターの日本語教室を担った藤岡重司は自著で、孤児に「膝まで頭を下げる最敬礼」を学ばせ、「完全に日本式礼儀作法が仕上がるまで何回となく実習」した旨を記している[一二]。日本を代表するボランティアの菅原幸助も、「中国人から日本人への頭の切り替

えに力を入れて教育」し、「中国式に考えず、日本人になる決意で頑張るか」と何度も念を押したと記している。[一三]

一方、多くの論者は、こうした同化主義・家父長的支援に批判的である。[一四] いいかえれば、多文化主義的支援を肯定的に評価している。例えば蘭信三は、同化主義を批判し、「中国帰国者は、日本語（や日本文化）ができない欠けた存在ではなく、中国語（や中国文化）ができるうえに日本語（や日本文化）も学習中の可能性ある存在として理解することが、本来の理解」と述べる。[一五]

ただし本書では、多文化主義的適応の限界も、既に繰り返し指摘した。

重要なことは、同化主義であれ多文化主義であれ、支援者が、残留孤児の現実生活やそこでの問題解決において、いかなる役割を果たしたのか——また果たさなかったのか——を、事実に即して検証することであろう。

第四項　残留孤児・帰国者のコミュニティ

残留孤児・帰国者のコミュニティについても、いくつかの先行研究がある。

蘭信三によれば、長野県下伊那地方において、中国帰国者の集住コミュニティはあまり形成されず、適応にも役割を果たすことが少なかった。[一六] その理由は、帰国者は「元々基礎になる中国でのネットワークが不十分なうえに行政やボランティアの支援があったために、独自の組織や社会的ネットワークは十分には展開される必要がなかった」からだという。[一七] このように充実した支援があるために帰国者相互の自立的なコミュニティが形成されないとの見方は、二〇〇八年以降の新たな支援策の下、京都の都市部の実態を考察した飯田奈美子にも根強く受け継がれている。[一八]

しかし結論を先取りして言えば、本書の対象者の実態は、蘭の指摘とはまったく掛け離れていた。それは、第五章で分析した帰国後の生活上の困難からも明白である。行政・ボランティアの支援は、孤児の深刻な生活諸課題を解決する上で、まったく不十分であった。また残留孤児・帰国者相互のコミュニティが十分に展開されなかったとすれば、それは行政やボランティアの手厚い支援の下で必要がなかったからではない。逆に「適度な集中、適度な分散」[一九] と称して残留孤児に居住地を指定・強制した日本政府の政策、及び、公的支援の欠如に基づく生活の困難さに由来するように思われる。

蘭と筆者の認識の乖離は、一つには調査対象地域の違い——長野県下伊那地方と兵庫県の都市部——に由来する。

しかし、それだけではない。何よりも、地域の各種支援組織・支援者のまなざしからアプローチするか、それとも一人ひとりの残留孤児の生活過程と社会諸関係のトータルな実態把握から出発するかという、調査方法の違いに由来する部分も大きいと思われる。

蘭や飯田とは対照的に、残留孤児・帰国者が自ら主体的にネットワークを構築していたとの指摘もある。南誠は、従来、中国帰国者にはコミュニティが存在しないと言われてきたが、それは正しくないと述べる[二〇]。南によれば、帰国者どうしの相互扶助・情報交換はたえずなされてきた。またそのネットワークは特に二〇〇一年以降の国賠訴訟運動を通して一層、強化された。これは極めて妥当な指摘である。飯田が重視する二〇〇八年以降の新たな支援策も、それを創出したのは、残留孤児のコミュニティに根ざす国賠訴訟にほかならない。

そして小田美智子は、大規模公営住宅等で、中国帰国者が一種の「中国人社会」を作ることについて、これを「多文化教育で懸念されるモザイク型住み分けから生じるカプセル化、孤立化」とみなし、「周辺住民からの偏見や差別を招きやすく、社会的不安の要因ともなりかねない」と述べる[二一]。

しかし、偏見や差別、社会不安を生み出す主体は周辺住民であり、中国帰国者ではない。重要なことは、カプセル化をアプリオリに問題視してその解消を図ることではない。むしろ残留孤児・帰国者の現実生活とそこでの問題解決にとって、カプセル化と呼ばれる社会関係・コミュニティがいかなる意味をもつのかを、事実に即して検証することであろう。

なおカプセル化の問題視は、「適度な集中、適度な分散」政策とも通底する。小田自身は、カプセル化を生み出すものとしてこの政策を批判[二二]している。しかし、この政策は本来、カプセル化の防止策として実施されたものである。

最後に飯田俊郎は、中国帰国者の生活と社会関係について、「生活保護受給（依存）と就労（自立）」、「帰国者仲間のネットワーク（連帯）と孤立」の二軸に基づき、四類型を設定する[二三]。そして残留孤児に典型的なパターンを「依存—連帯型」もしくは「依存—孤立型」に見出す。また、「依存—連帯型」の孤児による異議申し立ての特徴として、被害者意識を日本人アイデンティティと結びつけ、過去に損なわれた社会的・経済的機会の補償を日本人としての当然の権利として要求することをあげる。

飯田の分析は、残留孤児の経済状況と社会関係（とりわけ帰国者相互のネットワーク）の関連を、しかも主体的な要求・運動の基盤と捉えた点で有意義である。しかし、そのネットワークを連帯と孤立の二分法で捉えるのは、やや強引であろう。また、連帯はつねに異議申し立ての基盤になるとは限らず、逆にそれを潜在化させる基盤にもなりうる。そして何より、実際の異議申し立ては連帯以前に、生活過程とそこでの問題から生まれる。具体的な生活過程のレベルに降りて見なければ、連帯が果たす機能、及び、連帯と孤立がいかに分岐・交差するのかも、十分に理解できないであろう。

総じて残留孤児は、広義の支援者や一般の日本人と良好な関係を結ぶために生きているわけではない。逆に生きるために、その必要に基づいて社会関係を主体的に構築・改変する。時には、社会関係を能動的に断ち切り、「適応」だけでない様々な戦略——同化、異化、不適応、受容、闘争等——を駆使し、または家族や「中国人社会」の内部に立てこもって身を守ることこそが必要な場面もありうる。もとよりそうした実践は、疎外と苦痛に満ちている。またそれは、外部から見れば、悪しき「カプセル化」や不合理な「圧力釜効果」と映るかも知れない。しかしそれでもそれらは、残留孤児自身が自らの生活とその必要に基づいて選択した主体的実践であり、そこには何らかの根拠と合理性がある。大坊郁夫・中川泰彬は、家族や同郷者との同族社会を形成し、出自文化を維持していけるサポート源を持つことが「異国」での適応につながると指摘する。[二四] 筆者は、それは単に「異国」での適応といった消極的契機にとどまらず、むしろ移住先社会が内包する諸矛盾に抗して人間的尊厳を守り、社会を変革する歴史の能動的要因たりうると考える。[二五]

第一節　家族

ではまず、家族についてみていこう。

四五名の対象者のうち、配偶者との二人暮らしが三八名と多い。子供との同居は二名、独居は五名にとどまる。

第一項　配偶者

配偶者の多くは、中国籍である。年齢は二〇〇四年調査時点で四八～七六歳と幅広く分散しているが、六〇歳代が六割以上を占める。女性の残留孤児の配偶者（男性）は六三歳以上、逆に男性の孤児の配偶者（女性）は六二歳以下が多い。

ほとんどの配偶者は、残留孤児と同伴して国費で来日した。ただし一部だが、女性の孤児の配偶者（男性）に、孤児より後に私費で呼び寄せられたケースもある。その場合、先に帰国した孤児は、身元保証人の確保に苦労した。

＊「私と娘が帰国して二年後、夫はようやく来日を決心しました。私達は日本で生活保護を受けていたので、『経済的に自立しなければ身元保証人になれず、夫は呼び寄せられない』と市役所に言われました。私と娘は必死で仕事をさがしました。娘は、日本語の勉強も諦めるしかありませんでした」「夫は私の三年後、来日しました。私の身元保証人が私達に黙って、入国管理局に『夫は片腕がなく、来日しても仕事ができないから保証人にならない』と申し出ました。私達は何も知らず、待っていました。全然許可が降りないので入国管理局に電話すると、『何も聞いていないのか。夫は来られない』と言われました。それで夫の来日は、大幅に遅れました」

配偶者の多くは来日後、不熟練労働・非正規雇用の職場で働いた。特に女性の孤児の配偶者（男性）は、相対的に長期間、就労した。また一九九〇年以降まで帰国が遅延した配偶者の多くは、就職できなかった。これらの特徴はいずれも、第五章第二節でみた残留孤児自身の職歴と類似している。女性の孤児には、夫の苦労を目の当たりにし、申し訳ない気持ちになったと語るケースが少なくない。

＊「夫は中国での技師のキャリアも何もかも投げ捨て、私についてきてくれました。日本ではきつい肉体労働に従事し、今は生活保護で自由のない生活を強いられています。職場では日本語ができず、言いたいことも言えず、つらい思いをしました。私は、申し訳ない気持ちで一杯です」「夫は、鉄工所できつい仕事を押しつけられ、いじめられました。言葉がわからないことを口実に、昇給も抑えられました。日本人は年二回五〇〇円ずつ昇給ですが、夫は二〇〇円です。私が妻でなければ、夫も異国の苦しみも味あわなかったでしょう」「夫は中国で技術者だったので、日本でも経験を生かせる仕事を探しました。でも、日雇の土木作業員として働くしかありませんでした。建設防水の職場で薬品を使い、夫はアレルギーで身体がかゆくてたまりませんでした。日本語もわからず罵られ、家に帰ってから、『惨めだ。中国でこんなにいじめられたことはない。もう中国に帰る』と、本当に泣いてカンカンに怒っていました。私は、申し訳なくてたまりませんでした」「夫は鉄工所の職場でいじめられました。道具を持って来いと言われましたが、夫は日本語がわかりませんでした。すると相手は突然怒りだし、道具箱の前に引きずって行き、同僚の前で夫の腕をつかみ、ズルズルと怒鳴りました。『これだ。持って来い』と怒鳴りました。夫は妻子を養うため、涙を堪え、怒りを抑えて屈辱を飲み込みました。夫は不機嫌になり、帰宅すると文句をぶちまけ、大変でした」

配偶者に対しても、孤児本人と同様、自立指導員や行政から無理な就労・経済的自立の強制があった。

＊「夫は『頭痛がする』と訴えましたが、自立指導員は『働け』としつこく責め立てました。指導員は、私達が病気と偽って働かないのだと最初から決めつけていました。夫はやむなく、トラックの積み降ろし作業で一日、工具製造で一日と働きましたが、やはり続きません。夫が仕事をやめる度、自立指導員はすごく怒りました。その後まもなく夫は脳梗塞で倒れ、入院しました。自立指導員は何の責任もとらず、謝罪もしませんでした」

配偶者の多くは、二〇〇四年調査時点には既に退職し、無職である。一九八九年以前に帰国した六名だけが、貿易の自営業、クリーニング店・皮革加工の常雇、ゴルフ場キャディ・食品製造の非正規雇用、空き缶拾いとして就労している。

そして、ほとんどの配偶者は疾病・障碍を抱え、通院している。癌、脳梗塞、糖尿病、喘息、肺気腫、リウマチ、「来日後の自動車事故の後遺症で寝たきり」等、深刻な疾病・障碍に悩む人も多い。高齢者の二人暮らしが多いため、家族内の介護は容易ではない。

＊「夫は、脳梗塞で半身不随です。私が付き添わなければ、トイレも行けません。倒れたら、私の力では立たせられません。夫の足を上げるだけでも、重くて一苦労です」

「夫は時々、突然、バーンと倒れ、三〇分〜一時間は意識が戻りません。倒れる時、頭や肩をぶつけます。私は目が見えないので、何もできません。夫は認知症もあり、私は日本語がわからないので、病院にも連れて行けません。もう死んだ方がましです」

「夫は肺癌で入院し、今は自宅療養中です。夫の食費や看病・通院のため、生活は一層苦しくなりました。夫は病床で、『故郷の風景を見たい』と涙をこぼします。私も看病で精神的に追い詰められ、睡眠薬がなければ眠れません。病院では、生活保護を受けているという理由で薬も制限されます。市役所の福祉課に相談しても、何も解決してくれません」

「妻は糖尿病の上、胆汁性肝硬変で入院を勧められていますが、貯金もないので入院できません。妻は、『日本に来なければよかった。あなたについて来ても、苦労ばかりじゃないか』といつも嘆きます。今の私は、妻にまともな治療も受けさせてやれず、ただ謝るしかありません。とても悔しく情けないです」

残留孤児は配偶者に対し、①日本で添い遂げること、②健康で長生きすること、そして③老後の介護を要望している。いいかえれば、それ以上の要望はもっていない。これらは、言葉が通じにくい日本で暮らす高齢の孤児にとって、切実な

表　社会関係（帰国年次別）　（人）

		1987年以前	1988年〜	1990年以降	計
配偶者の日本での職歴（複数回答）	専門職・自営	2			2
	不熟練・正規	2		1	3
	不熟練・非正規	9	8	4	21
	一貫して無職	5	3	10	18
	来日前死去			1	1
子供の悩み（複数回答）	子供のことで心配あり	5	7	13	25
	子供の教育・子育てで悩み	12	7	2	21
	子供の雇用・就労で悩み	8	8	14	30
	子供の結婚・恋愛・離婚で悩み	9	4	1	14
	子供との関係希薄化で悩み	8	8	8	24
	悩み言及なし	3		1	4
中国への送金	日常あり	7	4		11
	訪中時手渡しのみ	1	1	3	5
	なし	10	6	13	29
交際相手人数	５人以上	9	2	5	16
	１〜４人	7	8	10	25
	なし	2	1	1	4
相談相手（複数回答）	配偶者	7	4	4	15
	子供	8	5	11	24
	帰国者	7	5	1	13
	肉親	2			2
	その他	1	1	1	3
	いない	3		3	6
差別体験（複数回答）	職場	15	8	7	30
	公共機関	5	5	2	12
	地域	6	4	12	22
	言及なし	2	1	1	4
自立指導員等（複数回答）	役立った	3	3	9	15
	悪影響・問題あり	11	6	10	27
	役立たない	8	8	8	24
	実質不在	6	3	7	16
	言及なし	2	2		4
計		18	11	16	45

資料：実態調査より作成。

表　子供の状況（帰国旅費別。死去等を除く）　人（%）

		国費	私費			国費	私費
帰国年	1988年以前	47（65.3）	13（18.1）	職種	貿易	17（23.6）	1（1.4）
	1989〜92年	20（27.8）	18（25.0）		専門技術者	10（13.9）	2（2.8）
	1992〜99年	5（6.9）	41（56.9）		販売サービス	10（13.9）	5（6.9）
帰国時年齢	1〜15歳	27（37.5）	1（1.4）		製造工	17（23.6）	38（52.8）
	16〜20歳	30（41.7）	2（2.8）		建築	3（4.2）	7（9.7）
	21〜22歳	11（15.3）	4（5.6）		不明	−（−）	2（2.8）
	23〜29歳	4（5.6）	41（56.9）	雇用形態	正規雇用	26（36.1）	6（8.3）
	30〜39歳	−（−）	24（33.3）		自営・家従	13（18.1）	−（−）
国籍	日本	64（88.9）	30（41.7）		非正規雇用	16（22.2）	45（62.5）
	中国	8（11.1）	40（55.6）		不明	2（2.8）	4（5.6）
	帰国後死去	−（−）	2（2.8）	無職その他		15（20.8）	17（23.6）
計		72（100.0）	72（100.0）	計		72（100.0）	72（100.0）

資料：実態調査より作成。

要望である。

なお対象者のうち五名は帰国後に配偶者と死別、二名は離婚している。そこには、日本での生活の苦難の影響、及び、ジェンダー的差異が垣間見られる。

すなわちまず女性の孤児には二名、夫が単身で中国に戻り、中国で死去したケースがある。

＊「夫は、どうしても日本になじめませんでした。しかも肝硬変に罹り、日本で治る見込みがなくなったので、中国に帰って手術を受け、中国で死にました。日本で一度手術しましたが、退院後、生活のために重労働をしなければならず、再発してしまいました。夫は私に『病気の私がいると、お前も仕事ができず、家賃も払えない』と言い残し、中国に帰りました」

一方、男性の孤児には二名、離婚したケースがある。

＊「前妻は中学生・小学生の子供を残し、家出しました。帰国後、私は言葉がわからず、なかなか就職できませんでした。それで夫婦喧嘩が絶えなくなりました。日本に来て、私達一家は皆、精神的にバランスを崩しました。中国でいい暮らしをしていたので、日本で生活が一変して耐えられなかったのです」

なお配偶者と離死別した男性の孤児の多くは、その後、中国の親戚や他の帰国者の紹介で見合いをして、中国人女性と再婚した。女性の孤児は再婚せず、独居である。

第二項　子供

対象者には全員、子供がいる。人数は一～七人と多様で、平均三・四人である。子供達の多くは既に就職・結婚し、対象者と別居している。

対象者は、帰国前に死去した子供を除き、ほぼすべての子供達を日本に永住帰国させた。ただし二〇〇四年調査時点で、日本に子供が在住している孤児は四五名のうち四二名、中国に子供が在住する孤児は一五名である。

【国費同伴帰国と私費呼び寄せ帰国】

さて、子供達の状態は、日本政府の国費で帰国したか、私費で帰国したかによって、大きく異なる。

第四章第二節で述べた如く、日本政府は残留孤児の帰国に際し、国費での同伴帰国を二〇歳未満・未婚の子供に限定した。四五名の対象者のうち、すべての子供を国費で同伴帰国させることができたのは一六名にすぎない。残る二九名は子供を私費で、また二六名は自らが帰国した後に子供を呼び寄せるしかなかった（二六）。

国費・私費の違いは、帰国年次とも深く関連している。

一九八七年以前に帰国した孤児の多くは、すべての子供を国費で同伴帰国させることができた。子供の人数が三人以下と少なく、また当時は子供がまだ二〇歳未満・未婚だったからである。

これに対し、一九八八年以降まで帰国が遅れた孤児の多くは、子供が四人以上と多く、しかも既に成人していたため、国費での同伴帰国を認められなかった。

子供を私費で呼び寄せるには、身元保証人が必要とされた。そこでまずごく一部に、孤児夫婦が自ら経済的に自立して身元保証人になったケースがある。病気をおして働き、健康を害した孤児もいる。自立指導員・身元引受人には、これを理由に、孤児に就労を強制した者も少なくない。

＊「『親（残留孤児）が就職して経済的に自立しなければ、子供を呼び寄せられない』と自立指導員に言われました。仕方なく私は病気をおして無理に働き、ようやく自分自身が身元保証人になり、娘達を呼び寄せました。私は日本人です。日本人の私が娘達を呼び寄せ、一緒に暮らすのに、なぜ身元保証人が必要なのか。しかも自立指導員は、『一度に一人の子供しか呼べない。それが規則だ』と干渉し、そのため私はすべての子供を呼び寄せるまで何年もかかりました」

「最初、自立指導員に身元保証人を頼むと、『親（残留孤児）が経済的に自立して子供の身元保証人にならなければならない。それが規則だ』と断られました。それで私達は日本語もわからない中で、無理に働くしかありませんでした。ようやく経済的に自立しましたが、源泉徴収が出ず、改めて自立指導員に頼みました。すると今度は、なぜか手続きしてくれました。親が自立しなければならないというのが国の規則か、自立指導員が勝手に作った規則かわかりません。当時、私達は言葉もわからず、言いなりにするしかありませんでした。それで子供の帰国は、とても遅れました」

「高齢の私が日本で経済的に自立し、娘の身元保証人になるのは大変でした。私は自分の身元引受人に何度も頼みましたが、彼は、昨日はいい、今日は駄目と言を左右にして何年間も引き延ばし、あげくの果てに『あなたが経済的に自立しなければ、娘は呼べない。違法行為はできない』と言いました。私は、目が黒くなるほど怒りを抑え切れませんでした。それなら、なぜ何年間も引き延ばしたのか。私は身体を壊しても、娘を呼び寄せるために働くしかありませんでした」

孤児夫婦がどうしても働けず、比較的年長の国費同伴帰国の子供が進学を諦めて働き、兄・姉の身元保証人になったケースもある。

＊「中国に残った子供達の身元保証人は、私達と同伴帰国した二〇歳の長女がなりました。当初、自立指導員に頼むと、『家族の誰かが経済的に自立しなければ、駄目だ』と言われました。私達夫婦は病気で働けません。そこで長女が進学を諦め、すぐに働き、兄達の身元保証人になりました」

「年長の子供を呼び寄せる身元保証人は、同伴帰国した長女がなりました。妻は、中国に残してきた子供や孫のことを思い、毎日泣いてばかりでした。私も身体が悪く、働けません。それで長女が大学進学の夢を諦め、働いてくれました。私は自立指導員に身元保証人になってくれるよう何度も頼みましたが、彼は何もしてくれませんでした」

大半の孤児一家は経済的自立が困難で、子供の身元保証人を自立指導員等に依頼するしかなかった。しかし自立指導員等は容易に引き受けなかった。日本政府も、自立指導員等に「安易に引き受け」ないよう指示した（二七）。

＊「自立指導員に『子供を呼びたい』と言うと、彼は『それなら働け。そうでないと子供は呼べない』と怒鳴りました。市役所の生活保護担当者も、『無職の人は、子供を呼ぶ資格がない』と言いました。夫は市役所の机を叩き、『親が日本に来たのだから、子供を呼ぶのは当然ではないか。子供のことを思うとたまらない』と訴えました。私も『病気で仕事ができない。子供を呼んで何が悪いのか。子供のことを思うと、頭がおかしくなりそうだ』と言いました。その後、自立指導員に何度も頼み、ようやく手続きしてもらいました。それでも子供達を一度に全部呼び寄せてくれず、何度にも分けて手続きさせられました」

「自立指導員に何度も頼み、ようやく次女と三女の身元保証人になってもらいました。でも長男と長女については、どんなに頼んでもなってくれません。私達夫婦が自立しなければ、長男と長女は帰国できないと言うばかりでした」

国費で同伴帰国した子供の多くは、一九八八年以前に二〇歳以下（最年少は一歳）で帰国した。彼・彼女達は二〇〇四年調査時点でも、三七歳以下（最年少は二〇歳）と若い。一方、私費で呼び寄せられた子供の多くは、残留孤児よりさらに遅く一九八九年以降になってから帰国し、しかも帰国時に既に二三歳以上（最年長は三九歳）、調査時点では三八歳以上（最年長は五五歳）と高齢である。年長で、しかも帰国が遅れた私費帰国の子供達が、日本社会への適応において、特に深刻な困難に直面したことはいうまでもない。

その上、日本政府は、帰国後の自立支援においても、国費と私費の子供に差別を設けた（二八）。

すなわち国費で同伴帰国した子供は帰国後、残留孤児とともに定着促進センターで四カ月の日本語教育を受け、公営住宅に優先的に入居できた。また義務教育の学齢であれば、公立小中学校に編入学できた。帰国時、日本国籍に変更した子供が圧倒的に多い。

これに対し、私費で帰国した子供は、帰国後も一切の公的支援の対象外とされた。日本語教育もないまま、帰国直後から仕事を自力で見つけ、働くしかなかった。国籍を日本に変更する機会もなく、過半数が中国籍のままである。永住資格すら取れず、申請中の子供もいる。

＊「私費で呼び寄せた四人の子供は皆、日本国籍の取得を断念しました。中国に戻らなければ入手できない様々な証明書を自力で揃えなければならず、諦めるしかありません」

「私費で呼び寄せた娘は日本語教室に通えず、生活のため、来日五日目から働き始めました。仕事を探す時も、日本語ができないので大変でした。彼女は帰国後四～五年かかって、ようやく永住資格を取得しました」

「国費で同伴帰国した三人の娘は日本語がまあまあですが、私費で呼び寄せた長男と次男は、帰国直後から仕事に追われ、日本語を勉強する時間がありませんでした。だから彼等の日本語は駄目で、片言しかできません」

そこで残留孤児の中では、一九八八年以降まで帰国が遅延した、つまり私費呼び寄せ帰国の子供がいるケースほど、多くが「子供のことで心配」と感じている。

【子育て・就学をめぐる諸問題】

さて前述の如く、国費帰国の子供の多くは、義務教育の学齢であれば、日本の公立小中学校に編入した。彼・彼女達の多くは比較的順調に日本語を身につけ、学校生活に適応していった。大学・大学院等に進学したり、アメリカに留学した子供もいる。

＊「息子をアメリカの大学に留学させました。息子にとっては、日本に来てよかったです。そうでなければ、アメリカ留学などできません。私は息子にいつも『母さんが一生で一番悔しかったのは、学業を続けなかったことだ。だからお前達が勉強したければ、親は漬物しか食べなくても応援する』と言っていました。うちのような貧しい家庭が、息子を一年半、アメリカに留学させるなんて考えられないでしょう」

「息子は国立大学に入学しました。孤児援護基金が、帰国者子女の学費ローンを三〇万円提供してくれました」

「息子も娘も、留学生特別入試で国公立大学に進学しました。来日直後、日本語教室の先生に留学生用の日本語学校を紹介してもらい、そこで大学受験用の日本語と入試科目の勉強を教えてもらいました。日本語学校の授業料は、笹川財団の奨学金でまかなえました。娘は、大学院にも進学しました」

しかし国費帰国の子供達も、当初は日本語がわからず、苦労した。学年を一～二年下げた子供も多い。経済的理由や情報不足により、進学も制約された。

＊「長男も次男も来日前に比べ、学年を一年下げました。奨学金もなかったので、息子達を高校に進学させるため、私達夫婦は毎日残業し、土日祝日も休まず働きました。息子達も高校時代から毎朝、新聞配達をしました。長男は大学時代も、アルバイト浸けの四年間です。次男は、大学に進学できませんでした。日本語のハンディもあり、二回受験しましたが不合格で、本人も諦めました」

「長男は一六歳で帰国して日本で学年を一年下げ、中学に入りました。卒業後、全日制高校へ進学させる経済力が私達にありませんでした。それで長男は、昼間働きながら定時制高校に通いました。私は彼に大学まで進学してほしかったし、彼もそれを望んだけれど、経済的にどうしようもありませんでした。日本の学校や進学の事情がよくわからず、いつも生活がギリギリで考えるゆとりもありませんでした」

「長男は日本で中学卒業後、専門学校への進学を希望しました。でも学費が高く、諦めさせました。成績面では、中学の先生から『受験すれば、合格できる』と言われていたので、本当に悔しかったです。でも当時、うちには貯金もなく、日々の生活費を稼ぐのが精一杯で、どうしようもありませんでした」

日本の学校で、いじめられた子供も多い。

＊「長男は同級生に下校を妨害され、次男も無理やりプロレスの相手をさせられました。息子達が歩んだ道も、平坦ではありません。学校で『中国人だ』としょっちゅう馬鹿にされ、いじめられました。授業中、社会の教師が息子を話題にとりあげ、『中国は遅れている』、『中国が遅れているから戦争が起きた』と中国蔑視の発言をして、息子が辛い思いをしたこともあります。なぜ日本の学校は、こんな差別を作り出すのか。日本の侵略戦争は両国の人民に多大な被害を与え、残留孤児も生み出しました。なぜ日本の学校は、その歴史を教えないのでしょう」

「息子は、理由もなく何人もの同級生に無理やりトイレに連れ込まれ、殴られました。中国風の弁当を学校に持って行くと、投げ捨てられ、中に唾を吐かれたこともあります。授業中にいすを蹴られ、転ばされました。でも息子は、私に何も言いませんでした。ある日、先生がうちに謝りにきて、私はびっくりしました。子供達も、ずいぶん苦労しました。でも、誰にそんなことを話せばいいのか。話せば、『それなら中国に帰れ』と言われるでしょう。私達は、我慢するしかなかったのです」

「帰国直後、私は近所の知人の帰国者に息子の散髪をしてもらいました。翌日、息子は学校で髪が変だと同級生にからかわれ、もみあいになり、息子の前歯が折れました。担任の先生は同級生を叱りました。その同級生の家に行くと、彼の父親が上半身裸で出て来て、『子供の喧嘩に親が口を出すな』と怒鳴りました。後で、暴力団員と分かりました。担任の先生もどうしようもなく、結局、私達は自分で治療費を払いました。息子は、中学でもよくいじめられました。息子も負けずに戦い、殴り合いはしょっちゅうでした。息子は学校嫌いになり、高校に進学せず、就職しました。中国にいたら当然、高校に進学していたでしょう」

帰国時、義務教育の学齢を超えていた子供は、就学・進学で明らかな不利を被った。

＊「高卒で帰国した娘達は、日本で学校に通えませんでした。娘達は大学進学を望みましたが、役所の通訳に『生活保護で暮らしているのに、大学など贅沢だ。すぐに働け』と言われ、日本での前途を見失いました。次女と三女は家に引きこもり、長女は家を出て数年間、連絡がありません。娘達の将来が本当に心配です」

「次男は帰国当時、一七歳でした。言葉がわからないので、日本の高校にすぐ入るのは無理です。でも学齢をすぎているので、中学も入れてくれず、日本語を学ぶ場所もありません。本当に困り、目の前が暗くなりました。ある時、夜間中学校の存在を知り、通わせました。本当は夜間中学校も、中国で中学を卒業した人は入学できないそうです。でも特別に入学させてくれました。これで、ようやく次男は救われました。もし夜間中学校と出会わなければ、次男は日本でまったく教育を受けられませんでした」

「息子は一七歳で帰国し、日本で学校に行ったことがありません。日本語ができない中で、仕事を始めました。言葉が通じなくて困りましたが、とにかく働かなければなりません。勉強に時間をとられたら、何を食べて生きていくのか。教育は、息子には無縁でした」

「長女は二〇歳で帰国し、日本で大学に進学したかったのですが諦めました。次女と三女をまず中学校に行かせなければならず、その授業参観や懇談会にも長女が親代わりで出席しました。まだ中国にいる息子達を呼び寄せるためにも、長女はすぐに仕事をして、経済的に自立しなければなりませんでした」

子育ての問題は、就学・進学に関する事柄だけではない。前項で述べた孤児夫婦の離婚は、子供にも深刻な影響を与えた。

＊「息子が高校生の時、うちは離婚のゴタゴタの最中で、息子の進学や悩みの相談にのってやれませんでした。息子は家出して車を乗り回し、勉強もしなくなり、進学をやめました」

日本語の警告が読めず、事故に遭い、障碍者になった子供もいる。

＊「帰国の翌年、息子は学校の友達と公営プールに行き、飛び込んで脊椎を損傷して下半身不随になりました。『飛び込み禁止』と書いてありましたが、息子はまだ日本語が読めなかったのです。当時、私も日本語がわからず、お金もなかったので、裁判にも訴えられませんでした。行政から『息子が悪い』と一方的に言われましたが、質問も反論もできません。日本語が話せたら、もっと詳しく事故の原因を調べられるのにと思い、悔しかったです」

以上のような子供の教育・子育てに関する問題は、未成年の子供を国費で同伴した、一九八七年以前の帰国者がとりわけ多く直面した。

【子供の就労】

さて次に、子供の就職・就労についてみよう。[二九]

（一）国費帰国の子供達

まず国費で同伴帰国した子供の三割以上は、貿易など中国関連の業務、または専門技術を生かした職業に就いている。正規雇用・自営も過半数を占める。総じて、後述する私費帰国の子供に比べれば、安定している

貿易・中国関連の業務は、中国語や中国との繋がりを生かした就労である。ただしその取引先は出身地の東北地方ではなく、主に上海・厦門・北京・香港・蘇州・深圳等、沿海部の大都市だ。

特に男性の子供達では、中国に進出した日系企業の営業・技術職、及び、貿易の自営が多い。中国への長期駐在も少なくない。

＊「三男は、水産関係の貿易商社に勤務し、大連・香港・台湾によく出張します。四男は、中国の保険会社に勤務して大連と上海を往来し、年に一度だけ日本に帰国します」

「長男は、北京と天津でアパレル貿易業を起業しました。河南省にレストランも開きました。香川県に住む残留孤児の子供が長男の友人で、彼が河南省から嫁をもらいました。長男もその友人を介し、河南省政府の幹部の息子と交友があり、それでレストランを開いたのです。長男は中国で青年実業家と呼ばれています」

中国で就労する男性の子供の中には、いったん日本で就職したが、満足できず、中国に戻ったケースもみられる。

＊「次男は、日本で長距離トラック運転手、船舶部品製造の正社員として働きました。でも日本での仕事は、きつく危険で長時間労働です。職場で差別もされました。それで中国に帰

る決心をしました。今、大連で化学製品の貿易会社を自営しています。経営は大変ですが、やりがいがあり、収入も満足しているようです」

一方、女性の子供の中国関連の業務は、日本国内にある貿易業・製造業等の中小企業への勤務が多い。勤務先企業の経営者は華僑・中国人が多く、子供達もたまに中国に出張している。

また専門技術を生かした仕事は、ヘルパー、美容師等、帰国後に取得した学歴・資格を生かした就労である。一部には事務・会計等の仕事もみられる。

ただし、国費で同伴帰国した子供も、三割以上は不熟練労働に従事し、二割以上は非正規雇用である。また約二割は失業している。

＊「次男は溶接工として三〜四年勤めましたが、月六〇時間以上残業しても残業代がまったく出ず、腹を立てて辞めました。夜一二時まで帰宅できないことも、しばしばでした。その後、臨時雇の仕事を転々としましたが、今は失業しています」

「息子は職安に行きましたが、言葉がわからないので障碍者の窓口に行かされ、怒っていました。その後、友人の残留孤児二世の紹介で、自動車修理工場に就職しましたが、倒産してしまいました。それで機械製造の会社を自分で探して就職しましたが、そこも倒産しました。今は一〇カ月位、失業しています」

「娘は毎日、市役所から『仕事をしろ』と督促されますが、仕事がみつかりません。彼女は簿記三級に合格しましたが、どこも雇ってくれません。中国帰国者とわかると、門前払いです」

（二）私費帰国の子供達

さて、私費で帰国した子供達の就労状況は、国費のそれに比べ、明らかに厳しい。六割以上が非正規雇用の不熟練労働者であり、二割以上が失業している。

＊「私費で呼び寄せた長男と次男は、求職や面接の際、『外国人は要らない』と簡単に断られます。長男は、ようやく就職しましたが、低賃金で非正規雇用のきつい仕事で、職場で日本語ができず、いじめられて最近、また転職しました。今、仕事があれば風邪をひいても休まず出勤し、ひどい咳をしながら夜遅くまで働き続けています。仕事がなければ、自宅待機で収入もありません。一〇年間、こんな不安定な仕事を続けています。いつ解雇されるかわかりません。子供達のことを考えると、不安でたまりません」

「国費で同伴帰国した末娘はまだましですが、私費で呼び寄せた息子達は、きつい土木工事の仕事しかありません。長女も、製造業のパートを転々として、きつくて汚い仕事をおしつけられています。名前も呼ばれず、『あの中国人、この中国人』と呼ばれるそうです。私の悩みは、子供のことです」

「私費で呼び寄せた子供達は帰国後、日本語もできないのに、すぐ自分で仕事を探し、働かなければなりませんでした。長男も次男も解雇と転職を繰り返しています。彼等も四〇歳をすぎ、正社員での就職は一層難しいです。今はパン工場で臨時雇ですが、いつまで続くか心配です。夜八～九時まで、よく残業しています。このままだと将来、働けなくなったらどうするのか。いつ会社がつぶれるか、いつ解雇されるか、ビクビクしながら働いています」

「私費で呼び寄せた年長の子供達は、来日直後からすぐ働きました。日本で学校にも行けず、日本語も不自由な中、職業訓練や仕事の斡旋もありません。仕事はなかなか見つからず、就職できても、きつくて低賃金の非正規雇用ばかりです。職場でのいじめ・差別も日常茶飯事です。息子は勤務先が何度も倒産し、失業を繰り返してきました。今は小さな工場で、いつか正社員になれるのではないかと望みをもって働いています。娘も、倒産や解雇で職場を転々としてきました」


私費帰国の子供達が、帰国時の身元保証人が経営する会社で働いた場合、その労働条件は特に苛酷であった。

＊「長男、次女と三女の婿は最初、皆、身元保証人が経営する廃品回収の会社で働きました。熱処理するのですごく熱く、臭く、きつい仕事です。長男と三女の婿は、山の中で落石防止の網を取り付ける危険できつい仕事に派遣されました。三女の婿は仕事中、両足を骨折しましたが、『会社の責任ではない』と言われています。両足の大腿骨が壊死し、これ以上、ひどくなると歩けなくなります。それでも婿は社長に『出勤しろ』と言われ、完治しないうちに出勤しています。社長は身元保証人だから、その会社で働くしかありません。日本語が話せないから、他の仕事が見つかるはずもありません。高校に通う孫も含め、子供達一家は皆、危険なきつい仕事で、身を粉にして働いています」

私費帰国した子供達の中には、来日前、中国で専門職として働いていたケースもある。その場合、帰国後の仕事との落差に、残留孤児は子供に申し訳ないと感じている。

＊「息子達は帰国直後から、仕事を探し始めました。日本語がわからず、仕事も選べず、危険できつい仕事をするしかありません。三男は臨時雇の工員として働きましたが、中国人として差別され、嫌になって中国へ帰ろうとしました。でも妻子に反対され、自律神経失調症になりました。彼は、溶接のきつい仕事で肺も悪くなり、『お母さんのためでなければ、絶対に日本には来なかった』と言います。長男も失業中で、ずっと仕事を探していますが、見つかりません。中国にいた時、長男の嫁は内科医、三男の嫁は薬剤師、三男は幹部専用

の運転手で皆、いい仕事でした。でも帰国後、生活は苦しく、とてもかわいそうです。子供達は皆、私のせいで日本にきたので、私は責任を感じています。帰国は子供に、あまりに大きな影響をもたらしました」

「中国では、長男は教師、長女は文書管理、次女は看護師でした。日本に来てからは、低賃金できつい肉体労働ばかりです。私は愛する家族につらい思いをさせてしまい、自分が日本人であることを申し訳なく思っています」

そして私費帰国した子供の一部もまた、日本での就職を諦め、中国に戻らざるをえなかった。

そこには、専門性を生かして中国で就職した子供もいる。

＊「長女は中国の大学で医学部を卒業しましたが、日本では医者になれず、中国に帰りました。青島で産婦人科の医師をしています」

「三女は日本で臨時雇を転々としていましたが、日本での仕事に見切りをつけ、夫婦で中国に帰りました。三女の夫は元々、大学教師でした。今、内モンゴルで貧しい子供達のための学校を作っています。将来は夫婦で日本語学校も作るそうです」

しかし、中国に戻っても安定した仕事を確保しえないままの子供もいる。

＊「次女の夫は日本で土木工事の臨時雇で働いていましたが、日本にいるのがつくづく嫌になり、次女一家は全員、中国に帰りました。今、中国で何をしているのか、わかりません。中国でも定職はなく、臨時の仕事を転々としているようです」

「三女は日本で仕事がみつからず、一家で中国に戻りました。でも中国でも、やはり仕事はありません。遼寧省の農村で八年間すごしましたが、お金も仕事もなく、最近になって再帰国してきました。三女の子供も、中国での生活に慣れなかったようです」

「次女は日本に馴染めず、夫や子供とともに中国に戻りました。次女一家が今、どんな仕事をしているか、一切聞かないことにしています。私は、次女一家が中国に戻ることに反対でした。多分、日本で少し金を稼ぎ、中国の農村なら老後も暮らせると思ったのでしょう。考えが甘いです。中国では仕事はなく、結局、暮らせなくなります。どうするつもりでしょう」

総じて一九八八年以降まで帰国が遅延し、私費で子供を呼び寄せざるをえなかった孤児ほど、子供に非正規雇用・不熟練労働が多く見られ、子供の雇用・就労の問題で悩んでいる。

【子供の結婚・離婚】

次に、子供達の結婚である。(三〇)

国費で同伴帰国した子供達の多くは、未成年・未婚で来日したため、日本で結婚相手を捜すことになった。

彼・彼女達は日本語にあまり不自由はないが、それでも日本生まれの同世代の日本人との間で文化・価値観の違いを感じている。親が残留孤児であることを理由に、日本人の交際相手の親から結婚を反対された子供もいる。残留孤児の中にも、子供に中国語ができる中国人と結婚してほしいと望む人が少なくない。総じて残留孤児の子供達は、日本で結婚相手を見つけにくい環境にある。この傾向は、男性の子供に特に顕著である。

＊「長男は日本人と恋愛しましたが、親が残留孤児だから、相手の両親に反対されました。相手の両親は、長男夫婦に子供ができた後も、私達に会おうとしませんでした」

「次男は毎日、パソコンに向かうばかりで彼女もいません。私はいつも、『外に出ろ。彼女を作れ』と叱っています。長男も日本人女性と二度、交際しましたが、中国人とわかると女性はそれ以上、付き合ってくれなくなりました。残留孤児の子供とわかると、相手の親が嫌がるようで、縁談も立ち消えになります」

そこで国費で同伴帰国した子供達、特に男性には、中国の親戚等の紹介で中国で見合い結婚をしたケースが極めて多い。一部には「日本に行けること」、及び、女性の容姿・若さ・学歴等を交換条件とした打算的関係も見られる。

＊「息子は、中国の親戚の紹介で中国人と結婚しました。日本では結婚相手を見つけられないので、私が親戚に頼んだのです。結婚の条件は、息子より学歴が高く、身長も高いことです。送られてきた写真を見て、息子も気に入りました。中国に行って婚約し、日本に連れてきました。中国人を嫁にしたのは、日本人だと私や妻とコミュニケーションできないからです。息子の意思ではなく、私達夫婦の意思でした」

「息子は日本では結婚相手を見つけられないので、中国の親戚の紹介で農村出身の若い女性と結婚しました。恋愛ではなく、多分、嫁は日本に来たいから息子と結婚したと思います。私は息子に『もっと年上で、しっかりした人と結婚すべきだ』と反対しました。でも息子は『若い女性と結婚したい』と言い張りました」

中国から来た結婚相手の中には来日後、日本語がわからず、経済的にも期待外れで、離婚に至ったケースも少なくない。確認できるだけで、国費帰国した男性の子供達を中心に七名が離婚、または別居している。

＊「息子は、中国の知人の紹介で見合い結婚しましたが、三年で離婚しました。嫁は日本語がわからず、息子夫婦は喧嘩が絶えませんでした。また嫁は気が強く、金持ちになりたいと

望み、日本での実際の生活とのギャップにストレスを感じていました。それもあって二度も流産し、法輪功(三二)にのめり込みました。今、私の悩みは息子に再婚相手がいないことです」

「息子は離婚しました。結婚したのが、間違いでした。中国の知人が無理やり見合いさせ、息子も美貌に惚れてすぐ婚約し、日本に連れてきました。でも、無理がありました。離婚の責任がどちらにあるか、わかりません。孫は嫁が引き取り、今は完全に関係が切れています」

「息子の結婚は失敗でした。嫁はほとんど中国にいて、別居状態です。嫁が一方的に悪いとはいえません。嫁は日本にいた時、言葉も通じず、息子や孫の世話に追われました。しかも嫁は生活保護を申請しましたが、却下されました。日本語もできず、中国から来たばかりの嫁が、職に就けるわけがありません。そんな生活の中で、嫁は精神のバランスを崩しました。しかも中国にいる彼女の友達は皆、良い生活をしています。息子にお金があれば、うまくいくかも知れませんが、そのうち離婚するしかないでしょう。息子も悩んでいますが、嫁も悩んでいると思います。今、孫の一人は中国で嫁が、もう一人は日本で私が面倒をみています。息子一家のことは、本当に悩ましいです」

　日本で結婚相手をみつけた子供の場合、その相手は残留孤児の子供、または中国人留学生であることが多い。確認できるだけで、残留孤児の子供どうしの結婚は一三名、留学生との結婚は三名みられる。

＊「どの残留孤児にも二～三人の子供がいるので、その中で二人ずつカップルにさせました。うちの娘婿の母親も全員、残留孤児です。長男の嫁は中国人ですが、嫁一人では寂しいので、その妹も残留孤児の息子を紹介して来日させました」

　これに対し、私費で呼び寄せた子供の多くは、来日以前に中国で結婚している。当然、配偶者は中国人である。ここでは、結婚相手が見つからないという問題は比較的少ない。そこで子供の結婚・離婚等の問題で悩む孤児は、一九八七年以前の帰国者、つまり国費で同伴帰国した子供が多いケースに特に多数見られる。

【子供達との交流・コミュニケーション】

　子供達の多くは、残留孤児の近隣に居住している。もちろん一部には、中国で居住・就労し、たまにしか来日しない子供もいる。しかし三分の二以上の子供は兵庫県内、しかも「同じ団地の別棟」、「自転車で一〇分」等、近隣に住んでいる。子供達は週末等に孤児の家を訪れ、交流は比較的頻繁である。子供や孫との交流を楽しみにしている孤児も多い。

＊「毎週末、息子と娘がうちに来ます。それが、一番うれしい。特に孫に会えて、『ばあちゃん、ばあちゃん』と呼ばれたら、それだけでうれしくなります。うちに来ないと許しません。私達夫婦二人きりになると、沈黙だけで寂しくなります」

「毎週、子供が遊びに来るか、私達が子供の家に遊びに行きます。孫が遊びに来たら、うちは大騒ぎです。私は、長女の家でよく食事をします。数日、泊まることもあります。子供達の家に順番に行っているから、孤独感はありません。私は子供に恵まれています。孫は思いやりがあり、いろんなことを手伝ってくれます」

しかし一方、子供や孫との関係の希薄化に悩む孤児も全体の過半数を占める。

そこには、大きく二つの契機がある。

一つは、言葉の壁や差別体験だ。国費帰国した年少の子供の一部は、中国語が堪能とはいえなくなっている。孫（三世）は、もはや中国語ができない場合が多い。しかも子供や孫自身、学校でのいじめ等の体験を通して、中国帰国者であることに誇り・自信がもてず、恥ずかしいといった感覚を抱く場合も多く、これが家族内の交流を一層阻害している。(三二)

＊「私が孫の前で中国語をしゃべると、『中国語は駄目。うるさい』と言われます。私達は、子孫を土の中に棄ててしまったようです。私と夫は中国語しかわからず、子供達は主に中国語、孫達は日本語しかできません。家族の意志疎通にも、一苦労です」

「私費で呼び寄せた長女と長男はまだ中国語ですが、国費同伴帰国の下の二人の子供は、もう完全に日本語です。以前は孫がよく遊びに来ましたが、今は寄り付きません。言葉がわからないから、私達と遊びたくないようです。孫は中国語をしゃべれず、今は全然話をしてくれません。家庭内に言葉の壁があります」

「国費同伴帰国の二人の子供は、中国語がもうできません。簡単な日常会話はできますが、深く話せません。私費で呼び寄せた子供の家にも行けません。行くと、孫に『日本語しか話してはいけない』と言われます。中国語を話すと、恥ずかしいようです。一番小さい孫だけが、まだ一歳半で言葉ができないので、たまにうちに来ます。でも日本語が身につくと、来なくなるでしょう。私は孫と遊ぶことさえできません」

「孫達に『おばあちゃんは日本人なのに、なぜ日本語ができないの？』と聞かれる度、私は心が苦しくなり、悔しくなり、泣きたくなります。私達は中国語で話しかけますが、孫達はわからず、互いに戸惑い、イライラします。電話をかけても、孫が電話を取ると、『何を言っているか、わからない』と両親に渡します。とても悲しいです。雨が降った時、孫を小学校に迎えに行こうかと思いますが、孫は嫌がっているようです。『迎えに来る時、中国語を使わないで。友達に笑われるから』と言います」

もう一つは、子供達が仕事や生活に追われるなど、経済的理由である。これは、特に私費呼び寄せで帰国した子供の不安定就労・生活不安と密接に関連している。また第五章第三節で指摘した如く、生活保護を受給する残留孤児は、補足性原理によって子供との交流を阻害されている。

＊「日本では、家族全員が集まることがありません。皆、休日も違うし、子供達は忙しく、日曜も旧正月も休みを取れません。だから子供達と話せず、電話もあまりしません。孤独で寂しいです」

「子供達は、今はお金、お金、お金のために必死に働いています。息子の月給が三万円も下がり、生活がきついです。五月の連休も休まず働いており、なかなか会えません。こちらから行っても、留守が多いです。本来なら旧正月は親戚縁者が集まり、楽しいひと時をすごすはずですが、夫婦だけですごし、寂しく、みじめで自然に涙が出ます。日本では家庭の暖かさはありません。親子関係もだんだん冷たくなり、親しさもなくなってしまいます」

帰国前、専門職・管理職だった孤児の中には、帰国後、子供を援助できない無力感に苛まれる人もいる。

＊「中国にいた頃は子供を援助でき、家族の絆も強かったのですが、日本では何もしてあげられません。子供達のことが心配ですが、庇ってやれず、とても悔しいです。経済的困難のため、誰も互いに援助できず、家族関係も遠くなっています」

「子供達は就学・就職等、普通の日本人とは比較にならないほど苦労しています。でも私達は子供を助けられず、悔しいです。日本人の子供なら親に相談し、助けてもらえますが、私達の子供はすべて自力で解決するしかなく、本当に大変です。長女は口のまわりにできものが一杯できるほど、ストレスを感じていました。帰国後、うちの家族は皆、身体の調子を崩しました」

自らが残留孤児であったために帰国したことが、家族に多大な困難をもたらしたとの思い・責任感から、自分が中心になって家族を支えなければという意識をもつ孤児も見られる。

＊「いくら苦しくても、私が『日本に帰りたい』と言って帰ってきたので、自分が家族を支えなければという責任感を強く感じています。何があっても、私が愚痴を言うわけにはいかず、必死に頑張るしかありません」

「私が日本に帰りたいと願い、家族を連れて帰ってきたので、日本では自分が家族の支えにならなければと責任を感じています。でも、それが果たせません。子供達は皆、苦労しています。残留孤児の二世という言葉は聞きたくありません。次世代にまで、まだそんな悩みを背負わせるのか。私は中国で日本人として苦労しました。私の子供達にも、同じような苦労をさせたと思うと、申し訳なくてたまりません」

第二節　親族

その他の親族についてみていこう。

第一項　日本の肉親

まず日本の肉親である。四五名の対象者のうち、二一名は身元未判明で、日本に交際しうる肉親がいない。第四章第三節で述べた如く、身元未判明の孤児には、肉親捜しの継続を帰国の動機の一つとしていた者も多いが、帰国後、実際に肉親捜しができたケースはほぼ皆無である。「帰国後、生きていくだけで精一杯で、肉親探しが一歩も進まない。このままでは何のために帰国したのかわからない」、「心の中では肉親を一生懸命捜しているが、実際には何もできない。本当の家族のこと、本当の自分の名前が知りたいという気持ちは、今も変わらない」と語る孤児もいる。

肉親が判明した二四名のうち、二〇〇四年調査時点で実父母のいずれかが健在の孤児は三名しかいない。健在の実父母は、八〇歳以上の超高齢である。兄弟姉妹が日本にいるのは一八名、それ以外の遠縁（伯父・いとこ）だけがいる孤児は五名だ。これらの肉親も、多くが既に六〇歳を超えている。

一部の孤児は、これらの肉親と親密に交流している。特に肉親が近隣に住む場合、頻繁な交流がある。[三三]

＊「兄弟は私達一家に優しいです。近くに住み、何かあれば助けてくれます。弟は先日も電話をかけてきました。兄が『中国の食物がほしい』というので、私は友人に頼んで送ってあげました」

「伯父が優しくしてくれます。ありきたりの親戚ではなく、とても世話になりました。いとこも、近くにいます。病気になった時、すぐ病院まで車で送ってくれました。たまに家に行くと、いろいろ物をくれます」

しかし、肉親が遠隔地に住む孤児も多い。なぜなら第五章第一節で見た如く、当初、遠隔地の肉親の地元に住んだが、地元に就職がなく、兵庫県に転居してきた孤児もいる。また帰国時は近隣に肉親がいたが、その後、死去し、遠隔地にしかいなくなったケースもある。遠隔地に住む肉親との関係は、たまの電話や年賀状のやり取りにとどまるなど、かなり希薄化している。

また居住地の遠近を問わず、帰国時の身元保証等をめぐって肉親と対立し、事実上、絶縁状態になった孤児も少なくない。ごく一部だが、中国に置き去りにされたことに対して肉親、とりわけ実父母に葛藤をもつ孤児もいる。言葉・日本語の壁も大きい。実母が再婚し、継父に遠慮がある孤児もいる。

＊「帰国後、実父とは年末にお歳暮をやりとりする以外、言葉も通じないので、ほとんど連絡をとりませんでした。実父は、私達の身元保証人に挨拶に来たことがありますが、私達の自宅を見に来ようともしませんでした。当時、男親はそういうものかと思いつつ、やはり寂しかったです。私達が兵庫県の県営住宅に転居する際も、実父は入居の保証人になってくれませんでした。腹が立ち、涙が止まりませんでした。私は子供時代、実父がとても優しかった記憶があります。それなのに、帰国後の実父は冷たかった。せめて言葉が通じたら、実父との関係も違っていたでしょう。実父が亡くなる一カ月位前、見舞いに行くと、実父は『皆、日本に帰れてよかった。もう死んでも悔いはない』と書き、笑顔を見せてくれました。実父が亡くなった時は涙が出ました。実父の葬儀に参列したかったのですが、実父の再婚相手の娘から『参列しなくてよい』と言われ、香典だけを送りました。私は、実父の生前、ずっと恨みに思う気持ちを捨て切れませんでした。どうして早く呼び寄せてくれなかったのかという思いを持ち続け、素直に接することができませんでした。今にして思えば、実父は、そんな私の気持ちを知っていたと思います。実父は晩年、経営していた建築会社が倒産し、娘の家に世話になっていました。再婚した妻にも気兼ねし、思いどおりにならないことも多かったと思います。私達が実父と離れ離れになってしまったのも、父がシベリアから帰る時に私達を連れて帰れなかったのも、すべて戦争のせいです。でも私は、心の中で実父を責め続けていました。実父が私達を連れて帰ってくれなかったことを責め、実母が若くして亡くなったのも実父のせいだと責めるばかりでした。本当は実父は優しい人でした。私がいくら反抗しても、無理を言っても、実父は何も言わず、黙っていました。実父の気持ちを理解できず、ようやく再会できた実父と心からのふれあいを最後まで取り戻せず、責め続けてしまったことを、心から後悔しています」

「日本への永住に、兄が強硬に反対しました。それ以来、兄とはずっと関係が悪いです。兄は親が遺した家を売りましたが、私には一銭もくれません。日本に来た時、政府から支給された一時金も兄が取りました。私の苦しみは、本当に深いです。兄には、私の苦衷を理解してもらえませんでした」

「実母は再婚したので、遠慮があります。たまに見舞いに行きますが、向こうにお金があればあるほど、財産を狙っているとか、変に思われるような気がして、付き合いにくいです。

継父が私の永住帰国に反対したといういきさつもあります。実父の消息はわかりません。継父の前で、実母に実父のことは聞けません。以前、少し聞いただけで継父の顔色が一変しました。実母夫婦の仲を壊すわけにはいきません。実母も口にしたくないようです。実母の今の立場は理解しています」

総じて日本の肉親との交際は、一部を除き、あまり親密とはいえない。四五名の対象者の中で、肉親を日常の交際相手としてあげる孤児は四名、悩みの相談相手とする孤児は二名にすぎない。日本の肉親への要望も、「特にない」との答えが多い。「日本の親戚は人情が希薄で頼れない」と感じている孤児も多い。

＊「日本人は人情が薄いので、肉親でも何も望めません。日本と中国では、親戚の質が違います。日本では親戚は一時的に助けてもらえても、ずっと頼ってはいけません」

「日本では、親戚に相談すると迷惑をかけるので、遠慮しなければなりません。たとえ親戚でも、迷惑をかけないよう心がけています。日本の親戚は、中国に比べると少し冷たい気がします。言葉が通じないだけでなく、往来や感情が希薄です」

第二項　中国の親戚

さて対象者の多くは、中国にも親戚がいる。

【養父母との関係】

まず五名の養母、一名の養父が健在である。健在の養父母は八〇歳以上と超高齢で、経済的に貧しい場合が多い。残留孤児は、その介護・扶養問題に悩んでいる。(三四) 中国では法的にも社会慣習上も、高齢者の扶養義務は子供にある。

＊「養母は八〇歳で、撫順に一人暮らしです。今、養母は認知症の上、重病で寝たきりです。養母の弟が面倒をみてくれていますが、彼も七八歳で、『そろそろ限界だ』と言っています。他に面倒をみてくれる人はなく、養母には生活費もありません。私は養母のことが心配でたまりません」

「養母は八六歳で、黒龍江省の農村に妹（養母の実子）と一緒に住んでいます。妹一家も貧しく、養母は心臓も目も耳も悪く、私を頼りにしています。でも私も生活が苦しく、何もしてあげられません。このままでは恩知らずになってしまいます」

「養母は八六歳で、もう一〇年も寝たきりです。目も耳も悪く、今は住み込みの家政婦を雇い、介護してもらっています。私が帰省すると、養母は大喜びで泣いたり騒いだり、『お金を頂戴』と言ったりします。私が断ると、『恩知らず』と罵ります。私もお金はないし、養母は私を育ててくれた恩人だし、本当に困っています」

残留孤児が申請すれば、第四章第二節で述べた如く、財団法人中国残留孤児援護基金から養父母に対し、一万八〇〇〇元の扶養費が支払われる。(三五)「当時としては大金で、養父は一気に大金持ちになった感じだった」と語る孤児もいる。この扶養金はあくまで個々の残留孤児の扶養義務への支援で、財源は半額が日本政府の公費、残りは民間寄付である。ただし多くの孤児は、扶養金を日本政府の養父母への謝恩で、全額が政府負担と誤解している。

四五名の対象者のうち二六名は、永住帰国する以前に養父母がともに死去した。また帰国後、扶養金制度の存在を知らずに申請しなかったり、申請したが支給以前に養父母が死去した孤児もいる。これらの養父母には、扶養費は支給されなかった。孤児達は、これを不当と考えている。

＊「私の養父母のように早く亡くなった人に、日本政府は何も謝恩していません。日本政府に、良心の呵責はないのか。生きていれば養父母で、亡くなれば養父母ではないとでも言うのか。私達は養父母の墓参をし、墓も修理しなければなりません。それには金がかかります。少しは亡くなった養父母にも金を援助すべきです。生きている養父母には謝恩し、亡くなった養父母には知らん顔をするのは筋が通りません」「生きている養父母も亡くなった養父母も、同じ扱いにすべきです。私の養父母には、日本政府から何の謝恩もありません。私がようやく日本に帰れたのは六〇歳をすぎてからなので、養父母は既に亡くなっていました」

扶養金について、もう一つの不満は、金額の少なさである。一万八〇〇〇元の扶養金の算定基準は月額六〇元・一五年分だ。この制度ができた一九八六年当時、中国東北地方の一般労働者の平均月収が一〇〇元ほどであったことをふまえれば、月額六〇元は、当時としては一人分の生活費に当たる金額であったといえよう。しかしその後、中国では改革開放・市場経済化に伴い、物価が跳ね上がった。二〇〇四年調査時点の一般労働者の平均月収が四〇〇〜五〇〇元であることをふまえれば、物価も四〜五倍に上昇したと考えてよいだろう。一五年分のはずだった扶養金は、実際には三〜四年で使い果たされることになる。

＊「養育してもらった恩を考えれば、扶養金はまったく足りません。私は四歳から二一歳で就職するまで、養父母に育ててもらいました。日本人に棄てられた孤児を大きく育てたのはとても高尚な行為なのに、一万元はあまりに少ないです」

「養父母にくれた扶養費は、私が二歳から就職するまでかかった費用を考えても少なすぎます。一万元で子供を育てられると思うのが、そもそもおかしい。しかも中国の物価は高騰しています。本来、一回きりでなく、物価にあわせて毎月一定額を払うべきです」

扶養金の支給が大幅に遅延したり、または調査時点でもなお支給されていないケースもある。

＊「扶養金は二〇〇一年、ようやく養母の手に入りました。私は偶然、他の残留孤児から一万八〇〇〇元の養父母扶養金制度があると聞きました。養母に確認すると、『もらっていない』と言います。私が厚生省に手紙を出すと、厚生省から『既に渡した』と返事がきました。でも養母は実際、もらっていません。それで私は中国に行き、公安庁に尋ねました。すると北京の赤十字に聞いてくれ、ようやく扶養金が養母の手に入りました」

「扶養金は、今も養母の手元に届いていません。黒龍江省の赤十字に確認すると、一九九三年に支給されたことになっています。でも、養母が受け取っていないのは確かで、赤十字にも受領書はありません。二〇〇三年にも私達は、黒龍江省の外事事務所に直接、交渉しました。その後、何の音沙汰もありません。どうやら中国の行政機関が棚上げにしているようです。中国の役所は、非常に不道徳です」

【中国の兄弟姉妹・その他の親戚】

中国に兄弟姉妹（養父母の実子）がいる孤児も、一二名いる。それ以外の親戚も含めれば、二〇名の孤児は中国に親戚がいる。配偶者の実父母、及び、兄弟姉妹は、さらに多い。中国に、孤児本人または配偶者の親戚がまったくいないケースは、五名にすぎない。中国の親戚の健康・経済状態を心配している孤児も、確認できるだけで一六名みられる。

＊「私の弟が一人、夫のきょうだいが五人、中国にいます。弟は失業し、心筋梗塞で入院しています。私は中国の養父母の下、弟の成長をこの目で見守り、経済的にも応援してきました。だから弟との絆は強く、とても心配しています。夫の弟妹も二人が解雇され、生活に困っていて、こちらも心配です」

「七〇歳と六七歳の姉がいます。上の姉は癌で寝たきりです。中国に看病に行きたいけれど、金がなく行けません。でも、どうしても行かなければなりません。姉は私のことをよく思って、泣いています。正直な話、日本の実姉より、中国の二人の姉の方が親しいです。言葉の問題か、ずっと一緒にいなかったせいか、日本の姉は冷たいと感じます」

「夫の実母が九九歳で、肺気腫を患っているので心配です。冬になると症状が悪くなります。夫の兄や姉も七〇歳をすぎ、やはり身体が良くないので心配しています」

「夫の実母が八八歳で、喘息で大変です。夫の弟の勤務先は給料も払えない状態で、事実上、弟は失業しています。私の妹の病気も心配です。心配には限りがありません」

【訪中の困難】

このように中国の親戚との感情面を含む関係は、日本の肉親との関係と比べても、根強く維持されている。またそれは、孤児の訪中によって再確認・再生産されている。

＊「今年の夏、中国に帰って皆と会いました。養父母や兄弟姉妹とは、相変わらずいい関係でした。帰国前と同様、情・絆が深いです。親戚達は皆、とても喜び、『二～三年毎に会いに来て。土産なんか要らない。会いに来るだけでいい』と言ってくれました」

しかし客観的には、こうした交流は非常に限られている。まず対象者の訪中は、日本への帰国後、平均三・三回、七割以上は四回以下にとどまる。[三六] 養父母の死に目に会えなかった孤児も少なくない。

＊「帰国後、中国に帰ったのは一六年間で二回だけです。中国で亡くなった夫の墓参も、ままなりません。頻繁に帰りたいけれど、帰れません。夫の実母が死んだ時も葬儀に行けませんでした」

「一九九四年、妻の兄から電話があり、『養母が危篤だから早く帰って来い』と言われ、すぐに瀋陽に行きました。私が戻った時、養母はもう話ができませんでしたが、半月位たつと持ち直し、私のことを心配して『早く日本に帰れ』と言いました。私も日本に仕事があったので長く滞在できず、親戚や友達に後を頼みました。一カ月後、養母は亡くなりました。私はせめて葬儀に参加したかったけれど、行けませんでした」

頻繁に訪中できない最大の理由は、訪中すれば、生活保護の支給が停止されることである。四五名のうち三九名、調査時点の生活保護受給者は全員が、この問題を指摘し、不満・憤りを感じている。

＊「中国の養母に会いたいけれど、生活保護を止められるので行けません。とてもつらいです。どうしても養母と会いたくて、一度だけこっそり中国に帰りました。それが市役所にばれてしまい、一カ月分の生活費約一二万円の返還を求められ、二年位かけて月五〇〇〇円ずつ返しました」

「養父母の墓参で中国に帰ると、生活保護を止められてしまいます。以前、一カ月訪中すると、一カ月分の生活保護を丸ごとカットされ、家賃も停止されました。私は怖くて、もう中国に行けません。生活保護を止められたら、生きていけません」

「養父が心臓を患い、養母は気管支炎なので、様子をみるために中国に帰ると、市役所に『生活保護費で中国に帰ってはいけない』と叱られました。病気の養父母に会うこともできないのかと思うと、悲しかったです。今も年に一回は、八〇歳を超えた養母の様子を見に行かなければなりませんが、生活保護が止められ、家賃も払えなくなるので本当に困っています」

訪中を阻むもう一つの理由は、経済的負担の重さである。

＊「中国に帰ると、飛行機代がどれほどかかるのか。それに中国で飲まず食わず、土産もなしというわけにもいかず、お金が全然足りません。養父母の墓参をすべきなのは山々ですが、私にそんな金はなく、どうしても行けません」

「数年前、八八歳の妻の父のことが心配で、訪中しようと思いましたが、金がなく断念しました。妻の父母はもう死去しましたが、私は婿として長く世話になったから、墓参するのが当然です。自分の養父の墓参も行きたい気持ちで一杯です。でも行けません」

訪中が困難であることへの不満――とりわけ生活保護受給者のそれ――には、次のような要素が入り交じっている。

まず第一に、親戚訪問・墓参を望むのは、人間として当然の情である。養父母の恩を考えれば、なおさらだ。

＊「私は日本に帰り、肉親と団欒できました。でも、その代償として夫は肉親との団欒を失いました。私も、弟や中国で世話になった人々との交流を断たれ、日本に閉じ込められたような気分です。弟や世話になった人に会いに行きたいし、養父母の墓参にも行きたい。日本人も先祖の墓参に行くのに、なぜ私達は行けないのか。墓参は人間の情、道理です。養父母が育ててくれたのだから、墓参するのは当然でしょう。養父母に、申し訳なく情けない。これは人権侵害です」

「一番残念なのは、年に一度の墓参もできないことです。日本政府は、養父母にあまりに冷たい。私のために生き、私のために（文化大革命で暴行を受けて）下半身不随になった養母を墓参すると生活保護を打ち切るとは、あまりにひどいです。養父母に『ごめんなさい』と毎日、謝っています。夫も、中国に実母と四人のきょうだいがいます。夫は、親の扶養責任があります。夫の実母は九〇歳で、息子のことを思い、泣いてばかりいます。夫が肉親と会いたいのも、当然でしょう」

「私にとって養父母は絶対に忘れてはならない人、文字通り命の恩人です。毎年、墓参するのが当然でしょう。今のままでは私は恩知らずで、心中で恥じています。夫の墓も中国にあります。中国で夫の墓に線香をあげ、土を持ち帰り、日本の墓に入れてあげたい。私は、檻に閉じ込められた動物のようです。これは人権問題です。日本人も墓参するのに、なぜ私達にさせないのか」

「大恩ある養父母の墓参すら、できません。墓参は人間の情です。養父母がいないと、私達は生きて日本に帰国できませんでした。養父母は残留孤児を大きく育て、日本に送り返しました。日本政府は、本当に冷たすぎます。日本人も親孝行したり、墓参しています。しかも私の妻は中国人で、妻にも親戚がいます。なぜ親戚に会えないのか。妻は親戚に会いたくないとでも言うのか。海さえなければ、歩いてでも中国に帰ります。せめて数年に一度、自由に中国に行けるようにしてほしい」

「命を救ってくれた養母に、なぜ自由に会いに行くことすらできないのか。養母も八八歳と高齢です。もっと頻繁に、自由に会いに行きたい。この前、電話で養母は『お前に会いたい』と言って泣きました。二度目の命は養母がくれたので、実父より親しい肉親です。養父の墓参にも行きたい。日本人も、父母がいて墓参するでしょう。養父母の恩はもっと大きく、私は人間として礼を尽くしたい。養母は、私が帰ると大喜びします。残留孤児に訪中の権利はないのか。これは人権問題です」

第二に、残留孤児の苦難を生み出した責任は日本政府にある。その日本政府が養父母に謝恩するどころか、逆に墓参さえ許さない。この思いが、孤児の憤りを一層助長させている。

＊「日本政府が中国を侵略したにも関わらず、養父母は日本人の私達を育て、日本に返してくれました。日本政府は、養父母に感謝すべきです。それなのに私達に墓参もさせないとは、あまりにひどすぎます。日本の国民が、中国人の養父母によって育てられたのです。日本政府は、その恩を返すべきです。そうでなければ、良心がある国とは言えません」

「日本政府は侵略戦争で、多くの中国人を殺しました。それでも中国人の養父母は、自分の生活の苦しさも顧みず、日本人の私を育ててくれました。それなのに日本政府は、墓参に行くことすら許しません。まったく人道的ではありません。何の義理もないのに残留孤児の面倒を見てくれた養父母の労苦を思えば、本来、日本政府は年一回の墓参旅費や墓の修築費くらい負担すべきです」

「日本政府の侵略のせいで、残留孤児が生まれました。日本政府は戦争への謝罪の一つとして、養父母のことをもっと思いやるべきです。本来、日本政府は、自分が放置した日本人の私達を育ててくれた養父母への謝恩として、養父母への墓参を奨励・補助するのが当然です。それなのに逆に、生活保護を止め、墓参できないようにする。これは、本当にひどい」

第三に、訪中の間も生活費はかかる。しかも残留孤児の訪中は観光旅行とは異なり、短期間では済まない。

＊「中国に行っても、食事しなければなりません。中国人に育ててもらった上、食事代まで中国人に奢ってもらえと言うのか。私は少しでも長く養母のそばにいたいけれど、それもできません。私達は六〇歳をすぎ、慌ただしい旅行は無理です」

「以前、中国に一カ月行くと、生活保護を全額止められました。

その間、食べず、泊まらずにいろというのか。逆に食費や宿泊費等、普段以上に金がかかります。日本政府は私達を餓死させたいのか。養母の葬儀の時も、数日しか滞在できず、すぐ日本に帰るしかありませんでした」
「中国滞在中も生活費はかかるのに、生活保護を止めるのは不合理です。私の故郷はロシア国境近くの農村で、鉄道の駅から車でまだ二日かかります。帰省するには片道で六日、往復で一二日かかります。故郷にせめて一～二週間滞在して、墓参したいです」

そして第四に、残留孤児は隠れて訪中していないかどうか、行政に日常的に監視される。生活保護を止められずに訪中しようとすれば、隠れて渡航するしかない。こうした状態自体、残留孤児の尊厳を侵害するものだ。

＊「訪中する時、役所に申請すると、『規則違反だ』と咎められ、気分が悪かったです。生活保護もカットされます。だから黙って行き、数日しか滞在しませんでした。ばれたら大変と思い、すぐ帰ってきました。そのようにして一度こっそり訪中した以外、中国に帰ったことはありません。パスポートに記載された出国日を、よく役所にチェックされます。私達は、まるで犯人のように監視されています。もともと誠実な人でも嘘をつかなければならず、中国に行っても内緒にして、役所にばれなければラッキーとしか考えられなくなります。これは残留孤児にとって一番不合理で、非常に悲しいことです」
「私達は、中国に帰るのではないかといつも監視され、まるで犯人扱いです。私達が中国に行って悪いことをするかのように、自由を制限しています。市役所の職員が訪問してくるのは、私達の支援のためではありません。中国に帰っていないか、パスポートを調べに来るだけです」

以上の諸要素はいずれも、残留孤児の特殊な背景を考慮せず、一般の生活保護制度で対処すること自体に無理があることを物語る。第五章第三節で、孤児達が生活保護とは異なる独自の生活支援金・年金制度を求めていると述べたが、その理由の一つは、この訪中の便宜にある。

＊「私達をもっと特別に考えるべきです。私達は皆、二重国籍のようなものです。普通の日本人は日本生まれ・日本育ちなので、親戚訪問しても生活保護は止められません。でも私達は特殊で、必ず中国に親戚がいます。親戚訪問や墓参をするには、二つの国を往来しなければなりません。同じ親戚訪問や墓参なのだから、中国に行っても生活保護を自由に使えるようにしてほしい」
「私達は特殊なグループで、普通の日本人とは違います。中国で四〇年間も暮らし、夫の両親やきょうだいも皆、中国にいます。養父母の墓参もしなければなりません。だから生活保護ではなく、自由に中国に往来できる年金にしてほしいで

す。私達の特殊性を考えれば、この要求は理不尽ではないでしょう」

一方、生活保護を受給していない孤児もまた、休暇・渡航費用が確保できず、あまり訪中できていない。養母の看護のために訪中し、解雇された孤児もいる。

＊「養父母や夫の両親の墓参をしたいけれど、休暇が取れません。夫の会社は三日しか有給休暇がなく、三日では中国に帰れません。しかも有給休暇は実際は誰も取らず、言葉ができない私達はなおさら取れません。生きている親戚にも死んだ養父母にも『恩知らず』と罵られるのを覚悟し、私達は会社の休暇をとっていません」

「養母は癌で中国で亡くなりました。私は五カ月間、中国に行き、看病しました。それで日本での仕事は解雇されました。養母は私の懐で亡くなり、私は自分の責任を果たしました。今、一番残念なのは、養父母の墓参に行けないことです。養母の死後六年間、渡航費を用意できず、一度も帰っていません」

【電話・手紙・送金】

中国の親戚との国際電話も、頻繁とはいえない。隔月一回以下が二七名、年に一回未満が一一名を占める。頻度が少ない主な理由は、経済的困難である。中国の親戚が電話をもっていないケースもある。

＊「養母に一度だけ電話すると、養母はすごく喜びました。でも金がかかるから、めったに電話できません。姉や兄にも電話できません。彼・彼女達の家には電話がなく、電話がある家まで呼んできてもらい、かけ直さなければならず、すごく面倒です」

「養父母の自宅には電話がありません。他の親戚も電話代がかかるから、長く頻繁には話せません。中国からも電話はかかってきません。向こうは、もっと金がありません」

手紙による交流は一層少ない。「以前は手紙を書いていたが、今は電話になった」との声が多く聞かれる。ただし、「字が読み書きできない」、「仕事で疲れ果て、手紙を書けない」、「向こうは貧しくて手紙も出せない」といった声もある。

＊「二人の姉とは、来日して連絡が途絶えました。こちらから手紙を出しても、返事がありません。向こうは、車が通れる道さえない不便な農村に住み、生活が苦しいです。手紙を出すのも金がかかるので、出せないのでしょう」

金品のやりとりも、訪中時の土産を除けば、多くない。ただし一部には、貧困や病気に苦しむ親戚に送金している孤児もいる。
特に一九八九年以前に相対的に早く帰国し、来日後の就労期間が長かった孤児、及び、調査時点で生活保護を受給していない孤児の場合、送金が比較的頻繁に見られ、時にはかなり多額になることもある。

＊「妹の生活が苦しいので、上海で貿易業を自営する夫が年三〇〇〇～四〇〇〇元、送金しています。妹は病気で、正規の治療費以外に医者に『赤い袋（賄賂）』を渡さなければ、まじめに治療してくれません。養父母の墓地を作る時も送金しました。夫の実母も治療費が年に三〇～四〇万円かかるので、送金しています。夫の弟は退職後、収入がないから、ここにも送金が必要です。私達が中国の親戚のために使ったお金は、莫大です。私達は自立できているので、中国の家族観からいえば、親戚を助けるのは当然です」
「中国に帰る度に、養母とその親戚、妻の両親やきょうだいにお金を渡しています。数十万円は消えます。妻の弟妹は皆、給料が少なく、生活が苦しいので、援助しています。私の息子は妻の弟妹の子供を上海に呼んで仕事をさせ、五〇〇〇元位の給料を払っています。これも、妻の弟妹の助けになっています」

これに対し、一九九〇年以降まで帰国が遅延し、一貫して生活保護を受給してきた孤児は、中国の親戚への送金は困難である。ごく一部に生活費を切り詰めて訪中時に手渡したり、別居している子供達に頼んで送金している孤児もいるが、その金額は「養母の誕生日に数千円」、「年に一万円」等、総じて少ない。

＊「生活がぎりぎりなので、普段は養母に送金できません。訪中時、五〇〇～六〇〇元あげました。息子に頼み、弟に治療費を送ったこともあります。私達は食べられさえすれば、いいのです。大恩と親しみのある中国の家族のため、できるだけのことをしたいです」
「節約して、ごくたまに一万円ほど送っています。私は養母の扶養義務があるので送金するのは当然ですが、生活保護を受けているので、堂々とそれができません。市役所には内緒にするしかありません。養母の扶養義務を果たせていません」

生活苦に喘ぐ中国の親戚の中には、残留孤児の日本での貧困が理解できず、送金を求めてくる人もいる。日本への出稼ぎの斡旋を頼んでくる親戚もいる。それらにプレッシャーを感じ、親戚との連絡が疎遠になった孤児もいる。

＊「たまに養母に電話しますが、長く話しません。養母はすぐに『金を送って』と泣くからです。中国の生活の苦しさを考えると、当然です。でも、私も日本で最低限の生活です。中国に帰り、日本での苦労を話しても、親戚は理解してくれま

せん。『恩を忘れたのか、お前を訴えるぞ』と罵られたこともあります。中国人の目には、私達は日本政府に面倒をみてもらい、いい暮らしをしていると映っています」

「兄（養父母の実子）が日本に出稼ぎをしたがりましたが、私は手続きを断りました。それで兄は怒りました。生活保護で暮らす私が、出稼ぎの手続きなどできるわけがありませんが、兄は理解してくれませんでした。その後、兄は死去しましたが、兄嫁は今も『息子達を日本に出稼ぎに行かせてくれ』と手紙をよこします。いくら無理だと言っても、納得してくれません。だから最近はあまり連絡を取らないようにしています」

「夫の実家は貧しく、生活に困っています。『金を借してくれ』と頼まれるので、あまり連絡しません。私達の日本での厳しい生活をいくら説明しても、理解してくれません。中国の親戚は皆、私達が日本で金持ちで、いい暮らしをしていると思い込んでいます。それで『金がない』と言うと、『けち』と言われ、だんだん関係が悪くなってしまいました。私達が中国に行くと、夫のきょうだいが金を借りに来ます。貸せる金があるわけがないのに、嫉妬され、どうされるかわかりません。そんな事情があるから、中国に帰っても仲良くしてくれず、関係は悪くなりました」

「養父の死後、いとこ（養父の甥）が葬儀代を請求してきました。私には金がありません。いとこは養父の死去後、遺骨を無理やり養父の出身地の農村に持ち帰り、葬式をしました。『自分の養父なのに、なぜ葬式をしなかったのか。葬式代をよこせ』というのが、彼の言い分です。農村では葬式を盛大に行い、飲み食いしたので、大金を払えと言うのです。また中国の農村では、遺骨の管理者が遺産を受け継ぎます。私は養父から何の遺産も受け継がず、住宅も放棄しました。でもいとこは、私が遺産を継いだと思い込んでいます。それで私は、いとこと連絡をとらなくなりました」

第三節　社会諸関係

では次に、個々の残留孤児をめぐる社会関係の構造を明らかにしよう。[三七]

第一項　社会関係の基本構造

【交際相手】

配偶者と子供一家を除く日常の交際相手は、「なし」から二〇名まで多様である。ただし過半数が四名以下と少ない。四名の孤児は、交際相手が皆無だ。一九八八年以降まで帰国が遅れた孤児は、交際相手が特に少ない。

数少ない交際相手は、同じ帰国者どうしであることが圧倒的に多い。それ以外の日本人との交際は、極めて少ない。一九八七年以前に帰国した孤児には日本の肉親と交際しているケースもあるが、それも前述の如く、限られている。

＊「交際相手は、帰国者だけです。他の日本人とは、全然付き合っていません。隣家の人とも、せいぜい出会えばうなずいて挨拶するだけで、話もしません。日本人は私達に無関心です。団地の掃除当番の札をかけられたら黙って掃除をして、札を次の人の部屋にかけて終わり、顔も合わしません。この団地に中国人（帰国者）がいなければ、私はくさくさしてやり切れなかったでしょう」

「付き合っているのは全員、帰国者です。日本人とは全然付き合っていません。言葉が通じないから付き合えず、県営住宅の当番も免除され、行事も一切参加していません」

「友人は残留孤児なので、共通の話題があります。日本人とは一人も付き合っていません。地域の集会や行事には参加しにくい雰囲気があり、日本の社会で暮らしている実感がもてません」

帰国者相互の交流は主に帰国後、同じ公営住宅団地の近隣で形成された。

＊「この団地に住んでから、近所の帰国者と知り合いました。それまでは互いに知りませんでした。今はもう姉妹のように、何でも言える友達です。普段の楽しみは毎晩、団地に住む帰国者と一緒に外でおしゃべりすることです」

帰国前から知己だった帰国者、及び、帰国後の定着促進センター・日本語教室等で知り合った帰国者との交流も、特に一九八七年以前の帰国者では維持されている。ただし近隣に住んでいなければ、電話での交流が主で頻度も限られる。

＊「大阪の定着促進センターで一緒だった帰国者とは当時、仲がよかったけれど、その後、バラバラになり、自分の生活で精一杯になったので、あまり付き合っていません。ただし一人だけ、大阪に住む女性は夫が亡くなり、とても寂しがっていて、たまにうちに来ます。彼女は独りぼっちで、いつも泣いていています。もう一人、中国で同郷だった帰国者が横浜にいて、たまに電話で話します。でも金がかかるので、頻繁には電話できません」

帰国者・肉親以外の交際相手がいる人は、四五名のうち八名にとどまる。その中では近隣が七名と多い。そうした孤児達は、「言葉は通じなくても、心は通じる」と感じている。

＊「近所の日本人の老夫婦と互いの家で食事をしたり、風呂に入ったりしていました。今、老夫婦の夫が亡くなり、妻と往来しています。私達が寂しかった時、仲良くしてくれたこと

に感謝し、恩を忘れてはいけないと思っています。私は、おいしいものを作った時に持って行きます。日本語がしゃべれなくても、身振り手振りで心は通じます。心は日本人も中国人も同じです」

【悩みの相談相手】

悩みの相談相手は、約三分の二の孤児が配偶者と子供だけにとどまっている。

＊「何かあれば、夫や子供に相談します。日本人には相談しません。日本人に話して誤解されたら、ラジオのようにあちこちに宣伝されるのではないかと心配です」

「悩みは娘に言うしかありません。娘は、私が道に迷わないように携帯電話を買ってくれました。電話料金は多分、娘が払っているのでしょう。病院や役所は、いつも娘に通訳してもらいます。娘はとても頼りになります」

「子供以外に、悩みを相談できる相手はいません。市役所から書類が送られてくると、私は読めないから、子供に見せます。買い物も子供が会社帰りにしてくれます。病院は子供が連れて行って、病状を説明してくれます」

配偶者と子供以外では、一三名が近隣に住む帰国者を相談相手としている。特に相対的に早く帰国しえた孤児に、それが多い。いいかえれば、帰国が遅延した孤児は、相談相手が家族内部に限定される傾向にある。

＊「同じ団地に住む残留孤児に相談しています。嫌な事があっても彼等に打ち明ければ、少し気が晴れます。互いに、よく悩みを訴えあい、病院にも一緒に行ってもらいます。私は中国語も読み書きできないから、いつも近所の孤児を頼りにしています」

「妻に悩みをぶつけても解決しないし、妻にぶつけたら、妻は私より、もっと怒りが爆発します。だから近所に住む残留孤児のAさんを、頼りにしています。一緒に病院にも行ってもらいます。心の話は、誰にでもは言えません。何十年も同じ境遇に苦しんできた残留孤児どうしだからこそ、分かり合えるのです」

相談相手が家族も含めて「いない」と答えた孤児も、六名いる。

＊「悩みがあっても、自分の胸に収めるだけです。子供は忙しく、給料も少なく生活がきついから、頼れません。子供に言っても困らせるだけです。残留孤児の友達には冗談は言うけれど、皆、自分のことで精一杯だから、悩みは言えません。日本語ができないから、日本の親戚にも言えません」

「不満や悩みがあっても、誰にも相談できず、自分で飲み込むしかありません。姉とは言葉が通じず、妻に言っても解決になりません。子供も皆、稼がなければならず、私達の相談にのれません。頼りにできる人はまったくいません」
「悩みは誰にも話せません。皆の負担にならないように、自分で解決するしかありません。それを考えると、ますます眠れなくなり、一人で泣いています。子供達は生活に追われ、時間がありません」

第二項　社会関係における諸問題

【差別の構造】

日本で差別を体験した対象者は四五名中、四一名に達する。差別体験がないと語る人の中には、「日本人との付き合いがないから、差別されたこともない」、「言葉がわからないから、差別されていてもわからない」等が含まれ、実際にはほぼ全員が差別を体験したといってよい。

雇用・職場での差別は、第五章第二節で詳述した。

本章では、職場以外での差別について考察する。

まず市役所・病院等、公共機関での差別である。これは、一九八九年以前に比較的早期に帰国した孤児が特に多く体験している。

公共機関での差別には、二つの要素が交錯している。

一つは、特別の支援・配慮の欠如である。

＊「日本政府や市役所は残留孤児に対し、特別の支援・対策を行っていません。これは、差別です。言葉や習慣など大きなハンディを負わされた上、給与や仕事内容、日常生活でも支援は何もなく、経済的にも差別され、追い詰められています」
「阪神大震災の時も、中国語での情報提供は一切、ありませんでした。日本人は何か損害補償をもらったようですが、私達は言葉がわからず、情報もなく、何ももらえません。私は長く中国に住んでいても、こんなに差別されたことはありません」

二つ目は、「日本人」とみなされず、一般の日本人とは異なる対応・特別扱いをされることだ。

＊「病院の受付で、看護師が『あなた、日本人?』と声をかけてきました。私は『はい』と答えましたが、看護師は『本当は中国人じゃないの?』としつこく尋ね、信じてくれません。私が『痛み止めがほしい』と頼んでも、なかなかくれません。役所や病院の職員は、普通の日本人には優しく接しますが、私には態度が全然違います。日本人扱いしていません」
「私達は、市役所でも日本人扱いされません。言葉ができるかできないかで、職員の態度も大違いです。言葉ができれば、職員も親しく対応します。私達には、とても不親切で態度がきついです」

一方で特別の配慮がないこと、他方で特別扱いをされることが、いずれも差別と受けとめられている。つまり特別待遇の有無が問題ではなく、一般の日本人との実質的な格差・不利益を差別と感じているのである。

これが端的に現れるのは、生活保護をめぐる行政の対応だ。第五章第三節で詳述した如く、残留孤児には生活保護受給者が極めて多い。行政は、一方で孤児の特別の背景を考慮せず、一般の日本人の貧窮者と同じ生活保護制度で処遇した。しかし他方で生活保護の受給自体、一般の日本人の中では特別扱いであり、行政による就労の強制や生活の監視等、多大な精神的苦痛・自由の束縛を伴う。この双方の不満が、行政・公共機関による差別として認識されるのである。一見矛盾ともみえるこうした残留孤児の反発は、日本政府・行政の矛盾した対応に即した応答といえよう。

＊「市役所は私を差別しています。私が生活保護のことで市役所に行くと、職員は私を敵のようにみなし、表情がきつくなり、眉を顰めます。日本人には、すごく親切です。私が先に行っても、日本人に先に応対し、私を待たせます。私の入院先の病院の副院長も『日本人なら、この程度の病状なら生活保護を止め、働きに出ている。なぜ働かないのか』と私を責めます。日本語の問題もあり、仕事したくてもできないのに、一方的に責められます。この病院が中国人を差別しているのは、残留孤児の中では有名です。市役所や病院の差別的な発言や目つきは、言葉では語りきれません」

さて次は、公営住宅団地など地域社会での差別である。これは、帰国が一九九〇年以降まで遅延し、来日後の就職が困難で、自宅・地域にいる時間が長い孤児に特に多くみられる。ここにも、いくつかの要素が絡み合っている。

まず、単純な偏見だ。例えば、ごみ捨てのルール違反が、すぐに「中国人（帰国者）」のせいとみなされるなどである。

＊「ごみ出しのルール違反や廊下の煙草の吸い殻等、悪いことがあれば、何でも中国人のせいにされます。最近も、誰かが捨てたごみ袋を持って、うちを訪ねてきました。うちが捨てたのではないのに。つねに後ろ指を指されないよう気を遣っているのに、理由もなく真っ先に疑われ、とてもみじめな気持ちになります」

「町内会でごみの捨て方の説明会があり、ある人は、ごみの分類方法がわからない人の例として、中国人をあげました。また『指定のごみ袋は高いから、中国人は買えないのではないか』と言う人もいました。とにかく中国人を信用しないのです。まだ何もしていないうちから、中国人はできないと思うのは、差別です。『日本で悪いことをする中国人がいるから差別される』という人もいます。でも、悪い人はどの国にもいます。なぜ中国人というだけで差別されるのでしょう」

この場合、残留孤児はごみ捨て等のルール自体に異を唱えているわけではない。身に覚えのないルール違反の嫌疑をかけられる点を、差別と認識している。またルール違反は本来、個人の行為であるにも関わらず、「中国人（帰国者）」の問題とみなされることに、差別を感じている。

こうした偏見を結晶化させる一つの契機は、言語を含む文化的な「印（mark）」である。日本社会で、残留孤児は中国語等、脱ぎ捨てることのできない「文化的ユニフォーム」を身につけている。〔三八〕一人ひとりの人格や個性は、「中国人（帰国者）の一員」というステレオタイプに埋没させられる。

偏見の解消を困難にする要因の一つも、言語を含む文化の壁だ。言語・文化の壁は、残留孤児にとって、問題解決・抗議・弁明等を阻む壁となっている。

＊「誤解されても、日本語ができないので弁明できず、悔しいです。中国語で話すと奇異な目で見られ、会話も拒まれます。団地でも日本人どうしなら、にこにこして挨拶しますが、私達に会うと日本人は皆、冷たい顔をします。これは差別です。私が知人と中国語で話していると、通りかかった若者二人に睨まれました」

「喧嘩したくても、言葉ができないから、できません。罵る言葉はいくつか知っていますが、理屈で戦えず、泣き寝入りするしかありません。文句を言いたくても言えず、心がむしゃくしゃしてたまりません。近所の日本人に、『ニンニク臭い。中国人は汚い。礼儀知らずだ』と言われました。こちらから挨拶しても無視されるので、挨拶もしなくなりました。私達を見下しているのか、怖がっているのかわかりませんが…」

「私は公園でロープを拾い、柵にかけてあげました。すると日本人が来て、私が盗んだと怒りました。いくら説明しても、日本語が下手だから、聞いてくれません」

ただし、残留孤児が地域社会で体験する差別は、単純な偏見、及び、言語・文化の壁だけではない。

すなわち日本社会には、残留孤児には到底、納得しがたい暗黙のルールがある。そこでは日中の文化差が、公私の境界・正統性をめぐる陣地戦として現れる。双方の正統性は複雑に錯綜し、利己主義、個人的な趣味・嗜好も入り込み、問題解決をますます困難にする。しかもその陣地戦は、日中の文化差に根ざす以上、一種の民族対立の様相を帯びる。

例えばまず、公営住宅団地の庭での植物栽培をめぐるトラブルがある。ここでは、①植物栽培や動物飼育、②空き地・土・水の利用等、広義の自然と人間の関係をめぐる日中の文化差が、公私の境界をめぐる対立として現れている。

＊「家計の足しに、団地の空き地でネギやトウガラシを作りました。日本人も花を作っています。でも、そこは公園に変えられてしまいました。やむなく私達は、別の空き地に土を運びました。ところが、これが大事件になりました。息子と自治会の副会長が言い合いになり、息子は怒って『日本人は土を取って花を植えていいのに、なぜ私達はいけないのか』と言い、副会長も日本語で何か言いました。二人は揉みあいになり、副会長が警察に通報し、パトカーが四〜五台やってきました。これは差別です。土を取ることさえいけないなんて。空き地で野菜を植えるのは、中国では当然です。日本人は花を作ってもいいのに、なぜ私達は野菜を作れないのか。私達は日本国籍なのに、なかなか日本人として認めてもらえません。私をまだ中国人だとみなしています。だから私達は、日本人に抗議します。日本人は、自分を何様だと思っているのか。彼らに、私達を追い出す権利などありません。こちらが恐ろしい顔で睨み、抗議に行くのは当然です。私達が怖がったら、もっといじめられるだけです」

「団地の一階に住む日本人は、共同の水道を使って花に水をやっていました。でも私達は、『この水は団地の住民皆が五〇〇円を出して共同で使うものだから、野菜に水をやってはいけない』と言われます。とても理不尽です。日本人は自由に花に水をやれるのに、私達が同じことをすると文句を言われる。いろいろもめて結局、花を作るのはいいが、水は自宅から運ばなければならないということになりました。また一部の日本人の提案で、野菜を作るのはいけないと決まりました。野菜は自分達で食べ、個人のものになるから駄目という理屈です。私は三階の自宅から水を運び、野菜を作っていました。でも、それもやめろという雰囲気です。トウガラシを作りましたが、抜かれてしまいました。でも団地の規則では、犬や猫の飼育も、ベランダに花を置くことも禁止ですが、日本人はこちらは無視しています。どう考えてもおかしい。日本人と中国人の住民の間で、いろんな問題がおきます。『共同の水を使うなら、花を全部抜くぞ』、『花を抜いたら、犬を殺すぞ』と喧嘩になります。町内会長はそれを見て、『花も作ってはいけない。水をやってもいけない』と命じました。でもそれに対する反対意見も出て、まだもめています。町内会長も、犬を飼う日本人に対して『すぐ止めろとは言えない』と言います。でも中国人の野菜は『すぐやめろ』と言います。こうして日本人に差別されるのは、本当に腹がたちます。私達も本当の日本人です。偽物ではありません。それなのに『中国人だ』と言われます。この団地には、平等な人権などありません」

いま一つの例として、団地内での会話・騒音をめぐるトラブルをあげておこう。ここでは、①屋外での会話や声の大きさ、②生活騒音等、主に人間相互の関係性――広義のコミュニケーション――に関する日中の文化差が、個人的な健康状態や感覚の違いも孕みつつ、公私の境界をめぐる陣地戦となっている。

＊「私達は時々、団地の公園に集まって中国語で話をします。その声が、日本人住民にはうるさく感じられるようです。嫌がられる理由に、私達が中国人ということもあるのでしょう。時々、通りがかりの酔っ払いが私達に『ここで話すな』と文句を言います。建物の上階から『中国語で話すな。中国人は集まるな』と叫ぶ人もいます。私達が話すのは夕方で、真夜中ではありません。それでも白い目で見られるのです。先日、私は友達と公園に座っておしゃべりしました。でも近くに座っていた日本人の中年男性に『うるさい』と言われ、むかつきました。これは、いじめでしょう。私達の会話がうるさいなら、さっさと他の場所に行けばいい。そこは公園です。彼の家ではありません。なぜ、しゃべってはいけないのか。孫がうちに来てちょっと騒いだら、下の階の住民がすぐ文句を言いにきます。最初は謝りましたが、何度も来るので私も腹が立ち、『お前の家には子供がいないのか』と言い返しました。その後、無視することにしました。私は何も悪いことはしていません。時には上の階の人もうるさくしますが、私は我慢しています。私達は中国から来たから、差別されているのです」

「日本では、ちょっと声が大きいと『うるさい』と言われ、いつもピリピリと神経を使い、リラックスできません。夜、私達が外でしゃべると、『まわりの迷惑だ』と日本人に注意されました。週末に孫が来て公園で遊んで大声を出しても、『うるさい』と叱られます。でも日本人の子が同じことをしても、誰も何も言いません。なぜ公園で子供が騒いではいけないのか。孫が来て部屋の中で騒ぐと、下の階の住人に一〇数回もノックされます。抗議のノックです。無言のままノックして、何も言わずに去ります。たぶん言っても通じないと思っているのでしょう。このやり方に私も腹が立ち、『何をしているのか』と怒鳴ったことがあります」

「孫は障碍があり、片足をひきずるので音が出ます。孫がうちに来た時、下の階の住人に『朝から晩までうるさい』と苦情を言われました。でも孫は午後三時頃に来たので、朝から晩までというのはウソです。それに子供だし、障碍があるから、仕方ないでしょう。日本では、いつもまわりに迷惑をかけないよう気を使い、抑圧された感じがします。孫が来ても、あまり歩かせないようにしています。夏にドアや窓を開ける時、テレビの音も小さくし、夫が大声でしゃべると『小声で話して』と注意しています。まるで病気になったように、ひっそり暮らさなければなりません。こうしたことからも、日本人に差別されていると感じます」

これらは、単純な偏見に根ざすトラブルではない。なぜなら、日本人が決定したルールに残留孤児は納得していないからだ。日本人が正統と考えるルールそれ自体を、残留孤児は差別と認識している。

逆に日本人住民からみれば、それはまったく差別ではない。自分達はむしろ被害者であり、残留孤児への非難は「ルール（規則）」遵守の当然の要求、または逸脱者に対する正当な批判だ。しかも逸脱者に「中国人」が多く、その主張が中国の文化・生活習慣に裏打ちされ、それを日本に持ち込もうとしている以上、「中国人」に厳しい注意を払ったとしても、偏見や差別とはいえない。

しかし前述の如く、残留孤児の多くは、日本人住民や行政が決定した「ルール（規則）」自体に納得していない。それは恣意的で矛盾に満ち、「郷に入れば郷に従え」以外の根拠を欠く、押しつけがましい「ルール（支配）」でしかない。それに従わなければ「中国人（帰国者）は公共心がない／迷惑を考えない」と一方的に決めつけられるのは、まさに二重の屈辱であり、差別である。

こうして日本と中国の文化差は、それぞれの公私の境界・正統性と結びつくことによって容易に妥協できず、抜き差しならないトラブルへと深化していく。

なお日本で遭遇するこうした差別は、残留孤児に、とりわけ複雑な憤りや寄る辺なき喪失感をもたらす。なぜなら第二章第三節でみた如く、彼・彼女達は帰国前、中国で「日本人」として差別されてきたからだ。しかし、帰国後は一転して「中国人」として差別される。残留孤児が主張する正統性は、しばしば中国の文化に根差すが、それにもかかわらず彼・彼女達は自らを「中国人」とみなす周囲の「日本人」の行為を差別と感じざるをえない。また孤児は自らを「本物の日本人」だと主張しつつ、しかし自らを差別する相手をも「日本人」と呼ぶしかなく、その結果、「中国人」という立場から差別に異議申し立てをせざるをえない。このような独特の複雑なアイデンティティについては、第七章第一節で詳細に分析・考察する。ただし、日本で「中国人」とみなされてなされる差別が、残留孤児の精神に特に複雑な陰影と負荷を与え、それだけに孤児が差別に敏感にならざるをえないことは、ここで指摘しておかねばならない。

＊「まわりの人は私のことを中国人と思い、日本人と思ってくれません。冗談ですが、もしもう一度戦争がおきて、私の代わりに別の日本人を中国に連れて行き、中国に棄て、私と同じ体験をさせたらどうかと時々思います」

「近所の人に、『中国人』と言われました。この言葉を聞くと、中国にいた時を思い出します。『お前は小日本鬼子だ』。そう言われたのと、まったく同じです。これはもう、心の底から聞きたくない言葉です。『あなたが中国に行き、四〇年以上いて日本に帰ってきたら、日本語ができるか』、『中国で家族・肉親を亡くし、一人ぼっちで帰ってきた。この気持ちを誰がわかるんだ』。そう叫びたいけれど、中国語で言っても相手にわかりません。中国語でしゃべると、相手から白い目で見られ、『中国人』と言われるだけです。だから、すべてを心の中に押さえ込んで生きてきました」

「近所の商店に回覧板をもっていくと、『中国人』と言われました。私はもう一六年もここに住んでいるのに、まだそう言われます。すごく腹が立ち、『私は日本人だ』と訂正しました。普段、他人の会話の中で、自分が『中国人』と言われていても、いちいち訂正できません。団地の自治会長も、私達のことを『中国人』とか『中国二世』と呼びます。中国人も別に悪いわけではないから、聞き流しています。でも、理不尽です。『中国人』と呼ばれなくなって初めて、私達は平等に扱われたことになります」

「団地でたまに日本人と話すと、いつも『あなたは中国人か。日本人なら、なぜ日本語が話せないのか』という話になります。そんな時、かなりイライラします。私は、好きで日本語が話せなくなったのではありません。なぜこんなことをいつまでも言われ、言い訳し続けなければならないのか。相手を中国に連れて行き、実験してみたいです。こんなことで、人を差別すべきではありません。なぜ、やっと帰ってきた日本で中国人とみなされ、片身の狭い思いをしなければならないのでしょう」

そしてこうした差別や対立は、自治会等に形式的に平等に参加しても解消されない。形式的に平等な参加の強制が、逆に差別と受けとめられる場合もある。

＊「この団地に入って二年目、私は言葉もわからないのに自治会役員にされました。必死に断りましたが、『役員は皆、平等に輪番だ』と言われました。いつもは中国人扱いで仲間外れなのに、こういう時だけ平等に日本人にされます。仕方なく役員をしましたが、会議での話も文書もわからず、すごく苦労しました。しかも、ある家は男性一人だけで働いているから時間がないという理由で、役員を免除されました。なぜ私達には特別の配慮がないのか。会議に行くと皆、『中国人、中国人』と背後で言い、私は議題もまったくわからず、とても悩みました。孤独で、いじめられている感じがしました。日本人だと問題を起こしても大事になりませんが、私がまちがえると大騒ぎになると緊張しました。普段から、私達帰国者に対し、近隣の目がとても厳しかったからです」

【孤独と退屈】

人間関係に関わる差別以外の悩みとして、四五名の対象者のうち三九名が孤独を、三五名が娯楽がなく退屈であることをあげている。文化習慣の違いに悩む孤児はそれに比べれば少ないが、一八名みられる。日常の楽しみも、子供や孫、近隣の帰国者との交際を除けば、ほとんどが中国語メディアとの接触、散歩等に限られている。特に一九九〇年以降まで帰国が遅延した孤児に、こうした傾向は顕著である。

＊「毎日、ずっと家にこもって中国語のテレビを見ています。あとは店をぶらぶらして、安い物があれば買うだけです。日本のテレビは理解できず、イライラするから見ません。時間がたつのが遅く、いつも気持ちが晴れず、とても寂しいです」

「中国の海外向け衛星放送で、日本のニュースを中国語で見ます。一日一〇分、唯一、日本社会とのつながりを感じる時間です。おもしろいことは、何一つありません」

「妻と話すこと以外、何の楽しみもありません。あとは家に閉じこもり、中国語のテレビを見るだけの毎日です。日本語がわからないので、日本の雑誌や本は読みません。中国語のテレビや新聞をみると、気持ちが少し楽になります」

孤独や退屈に陥りがちな理由も、言葉・文化の壁だけではない。差別・偏見、経済的貧困、生活保護受給に伴う行政による監視、健康問題等、複合的である。

＊「金がかかるので、遊びも行けません。中国なら気さくに近所の人と笑いながら話しますが、日本だと向かいに住んでいても話もせず、嫌がられているように感じます。日本での生活は孤独で寂しく、退屈です。外との接触を避けてしまう悪循環です」

「足が痛いので、外出しません。日本では、うれしいことは一つもありません。友達もなく、言葉も通じず、遊びに行く金もありません。日本の生活習慣は中国と違いすぎ、地域にもとけこめず、日々、孤独感が増し、絶望が募っています」

「町に出かけても言葉が分からず、金もありません。社会とのつながりもなく、家に閉じこもりがちになっています。生活に変化がなく、退屈でたまりません。次第に外出もしなくなり、人に会うのが嫌になってきました」

「誰にも自分の心の中を話せないのは、本当に辛いです。一人で引きこもるような、つまらない毎日です。言葉が通じないので引け目を感じ、人の顔色を窺うしかなく、何のための人生だったのかと落ち込んでしまいます。交通費や食事代がかかるので、遠くにも出かけられません。夫は『海を見ると気持ちが和らぐ』と言って自転車で出かけますが、私は足が悪いから、それもできません。ずっとテレビをみていたら、変になります。日本での生活は単調そのものです」

「誰とも交流せず、毎日、泣いて暮らしています。電話にも出ません。電話に出て何を言っているかわからないのに、『はい』と言うと、詐欺にあうかもしれないからです。一人で家にいる時、誰かが訪ねて来ても、返事もせず、ドアも開けません。家族なら鍵をもっているし、家族でなければ出ても話ができないからです」

ただしこうした中で、一部の孤児は、孤独が単に帰国者だけでなく、日本の高齢者に共通する問題だと感じている。近隣の独居の日本人高齢者と交流を図ろうとしている孤児もおり、彼・彼女達は本当に孤独なのは、むしろ日本人ではないかとも感じている。そしてそこに日本の社会・文化——特に日本的な公私の境界線——の問題を見出している。

＊「日本人の人間関係は、中国人と全然違います。同じ団地に住んでいても、互いの家に遊びにいったり、おしゃべりしたりしません。隣人でも付き合いがなく、本当に寂しいです。日本に認知症の高齢者が多いのは、毎日、引きこもってテレビばかり見ているからではないでしょうか。中国の高齢者は皆、隣人と往来しておしゃべりしたり、麻雀を楽しみます。私はたまに、隣人の日本人にギョウザを作って持っていってあげます。隣人は子供もあまり尋ねて来ず、夫も亡くなり、寂しく暮らしています。でも私が持っていくと必ず、『ちょっと待って下さい』と言って何か返してくれます。『あんたに借りを作るつもりはないよ』という感じです。日本人は互いに迷惑をかけてはいけないという意識が強すぎ、水臭く、寂しくなっていると思います」

「中国では、私が行かなくても隣人がうちにきて往来します。でも日本には、その習慣がありません。日本人どうしでも隣人と打ち解けず、付き合いはほとんどありません。私は時々、おいしいものを作ると、隣のおばあさんにおすそ分けします。彼女は『おいしい』と言ってくれます。でもどんなことを考えているのか、どんな暮らしをしているのか、わかりません。彼女は、私にそういう話をしません。中国なら、ちょっとした機会をつかまえて、すぐ友達になるでしょう。日本人は孤独です。自分さえよければいいという感じで、他人が困っていても関わろうとしません」

「日本と中国では、人情が違います。中国人だと部屋にあがるよう勧めますが、日本人だと玄関にとどめられ、しゃべらなければなりません。何だか押さえつけられたようなクサクサした気持ちになります。中国だと高齢者は皆、公園に集まり、踊ったり遊んだりしますが、日本人は隣人でも往来せず、死んで数カ月しても気づかれません。日本人は孤独で、隣人と交際しません。だから日本人は生き生きとした活気がなく、生きることが大変辛いと思っています。これは、言葉が通じないというだけの問題ではありません。中国人どうしなら、近所の公園であったら『どこに住んでいるの?』『出身は?同郷じゃないか』と笑いながら話します。日本人どうしだと、向かいの家に住んでいても、あまり交流はありません。来日当初、日本人は親切で礼儀正しく、優しいと思っていました。でも十数年も住むと、それはただの表面的な水臭さ、互いへの無関心だとわかりました」

地元の夜間中学校に通い、日本社会の矛盾、及び、日本人の多様性を学んだ孤児もいる。これもまた日本社会において疎外され、苦難に直面しているのが残留孤児だけではない現実を目の当たりにする一つの機会であった。

＊「夜間中学校に通うと、クラスにいろんな人がいました。日本語しか話せず、読み書きができない在日朝鮮人もいたし、子供の頃に貧しくて学校に行けなかった日本人もいました。私は、日本にもそんな人がいることにびっくりしました。夜間中学校の生徒は、ほとんどが貧しいです。日本にもそんな人がいるのを、自分の目で初めて見ました。私の団地にも、そんな日本人がいるのかも知れません。でも団地では互いに交流がないから、わからないだけかも知れません。夜間中学校に四～五年通い、日本語が上達しただけでなく、日本社会の見方もずいぶん変わりました」

第三項　ボランティア・自立指導員・身元保証人

さて二〇〇四年調査当時、兵庫県にもボランティア団体は存在し、国・県の援護事業を受託・実施していた。また自立指導員の配置は厚労省の規定では帰国後三年間だが、兵庫県ではその後も継続する措置をとっていた。孤児が兵庫県に定住する際に指定された身元引受人も、地元にいた。兵庫県の支援体制が他府県に比べ、特に劣っていたとは考えにくい。

しかしそれにもかかわらず、こうしたボランティア・自立指導員・身元引受人、行政等は、残留孤児の交際相手・悩みの相談相手として、あまり大きな役割を果たしていなかった。

もちろんごく一部に、高い信頼を得たボランティア・自立指導員もいる[三九]。

＊「私の指導員の山城龍氏は、すばらしい人でした。中国語がうまく、通訳が要りません。彼はどんなことでも、親切に手伝ってくれました。彼のお陰で、私の子供は全員、無事日本に呼び寄せることができました。夫や子供の仕事も、一生懸命探してくれました。彼は一方的に自分の考えを押しつけず、必ず私達の家を訪ね、話をきちんと聞いてから解決してくれました。そこが、他の指導員と全然違っていました」

「定着促進センターで指定された身元引受人は今、七〇歳位で、とてもいい人です。少し中国語ができ、今も中国語を熱心に習っています。私が付き合っている日本人は、彼だけです。今でも、もし彼に何かお願いしたら、必ず助けてくれるはずです」

ただし、自立指導員等を肯定的に評価する孤児は、否定的評価との併答も含めて四五名中、一五名にとどまる。逆に自立指導員等が「役に立たなかった」、「悪影響・問題があった」

と否定的に評価する孤児は三七名で、全体の八割以上に達する。同じく一六名は、自立指導員等が「もともといなかった」、「いるのかどうか、わからない」、「役所で一度会っただけで、名前も忘れた」、「ここ十数年間、ずっと連絡がない」、「ずっと以前に死去し、その後はいない」等と述べている。肯定的評価が特に少ないのは、一九八九年以前に相対的に早く帰国した孤児である。

否定的評価には、三つの要素が重なっている。

第一は、「中国語ができない」、「高齢すぎる」等、自立指導員としての能力の問題である。

＊「自立指導員や身元引受人は形だけで、実際には何もしてくれません。指導員は高齢だし、中国語もできず、ほとんど連絡はありません。何年も前に連絡したことがありますが、言葉が通じず、こちらの言うことを勝手な思い込みで曲解ばかりして、却って問題をこじらせただけです。これらの制度は、存在意義がありません」

「自立指導員は八〇数歳で、相談相手にはなりません。年に何回か、私達のことを調べにきていましたが、私の方が支えて歩かなければならず、中国語もわかりません。実際、私の知っているほとんどの指導員は、中国語ができません。自分では『戦争の時に中国にいたから、中国語がわかる』と言い、県庁の職員もそれを信じ込んでいますが、実際は片言程度で、少し複雑な話になると何もわかっていません。中国語がわからないのに、どうやって私達を指導するのでしょう」

第二に、残留孤児に強圧的・管理主義的な姿勢で臨む自立指導員も多かった。こうした自立指導員等には戦時中、中国にいた引揚者が多い。彼らは、自らの「満洲」体験を絶対視し、独善的な「理解者」として孤児に接した。

＊「私の自立指導員は、元日本軍人で中国に派遣されていました。彼の頭の中は、今も戦争当時のままです。まじめで優れているのは日本人、ずるくて劣った怠け者は中国人と思い込んでいます。彼は長年、残留孤児の面倒をみてきた功績によって、日本政府に表彰されたそうです。兵庫県の役人も、彼にとても気を使っています。でも、実際はとんでもない。彼は、残留孤児に非常にひどく接してきました。日本政府は、なぜこんな人物を自立指導員にするのか。彼に苦しめられた残留孤児が、いかに多いことか。彼に相談したら、逆に厄介なことになってしまいます。言葉もわからないのに、『自立しろ』とばかり言われ、嫌な思いをさせられただけです。彼に接した残留孤児は皆、同じ思いです。彼に相談など絶対しません。相談しないから、彼は自分のおかげで何も問題がないと思い込んでいるでしょう。自立指導員や身元引受人は元々、蛇足です。何の役にも立ちません」

「ある残留孤児は、情報が届きにくい軍関係の工場に勤めていたので、日本に帰国できることを知りませんでした。それを私の自立指導員に話すと、彼は『そんなことも知らないのは、頭が悪い証拠だ。そんな馬鹿は、日本に帰らなくていい』と言いました。彼は戦争中、中国にいた元日本軍人で、今も頭がいいのは日本人、頭が悪くて物事がわかっていないのは中国人と考え、いつも私達にそう言っていました。私は怒って、『あなたが頭が悪いと言う人達は、あなたたちが中国で戦争に負け、置き去りにした人だ。二度とそんなことを言うな』と言い、さっさと家に帰りました。私は普段は人に逆らう人間ではないけれど、あの指導員には、はっきり言ってやるしかありません。しかもあの指導員は残留孤児の援護団体の役員で、自分は残留孤児のことを理解し、残留孤児の味方だと勝手に思い込んでいるのです。残留孤児は誰も、彼を味方と思っていません。兵庫県の役人は、それをわかっているのかいないのか、自立指導員をいつも持ち上げています」

「身元引受人も自立指導員も問題が多く、何も相談できませんでした。こちらの話は最初から聞く気がなく、『日本人なら、もっと理屈がわかる。早くまともになれ』と私達を罵るだけです。残留孤児をあまり見下すので喧嘩になり、私は『もし私がずっと日本にいたら、今、私があんたを指導しているよ』と言ってやりました。私は指導員が大嫌いです。『自立しろ』と督促するだけで、何の面倒もみてくれません。ここ数年、一度も会っていません」

「自立指導員のMは、『早く自立しろ』と督促するだけです。Mはたまにうちにくると、偉そうに、わざと怒っているような話ばかりします。私達を厳しく監督しているつもりなのでしょう。Mは、実際には何の役にも立たず、孤児を馬鹿にしていじめるだけです。私はMともめて、睨み合い状態になりました。身元引受人も形だけのもので、Mの言いなりです。Mは、自分が残留孤児について一番わかっているような顔をし、身元引受人や兵庫県の職員に好き勝手なことを言い触らしています。実際、彼は、残留孤児のことを何も理解していません。ただ自分の思い込みを、一方的に押しつけているだけです」

自分の意のままにならない残留孤児の戸籍・日本国籍を、本人に無断で抹消した自立指導員もいた。

＊「自立指導員は、私の戸籍と日本国籍を勝手に抹消しました。私の子供は中国籍のままでしたが、自立指導員はこれが気に入らず、『子供が日本に帰化しなければ、お前の日本国籍も消す』と脅しました。私は、『そんなことができるはずがない。私の日本国籍は確定されたものだし、子供の国籍は子供自身が決めるべきだ』と反論しました。その時、まさか彼が本当に私の日本国籍を消すとは思いませんでした。でも一カ月後、私の戸籍と住民票は抹消されました。日本国籍も喪失しました。自立指導員が勝手に、手続きしたのです。その後、私は二年間も無国籍でした。その間、中国で養母が病気になり死

去しましたが、私は無国籍のため、訪中できませんでした。私は役所の戸籍課と法務局に抗議しました。戸籍課と法務局の職員は、私に謝罪しました。事情を確認すると、自立指導員が身元引受人（残留孤児の親族）に、『彼（残留孤児）が日本国籍を放棄すると言っている。だから除籍手続きをする』と報告していました。身元引受人は中国語ができないので、私に確認も報告もしませんでした。私は、『日本国籍を取り戻すには、帰化するしかない』と言われました。なぜ勝手に国籍を消された私が、外国人として帰化しなければならないのか。国籍抹消が誤りだったと認め、国籍を復活させるべきだ。でも役所は、口では自分達の間違いを認めて謝りますが、『いったん手続きした以上、国籍は復活できない』と言い張ります。私はやむなく帰化を申請するしかありませんでした。新しく作った戸籍には、最初の養父が勝手につけた中国名、デタラメの出生地、私が中国籍に入ったというデタラメの年月日が記載されていました。あまりのことに私は役所で抗議している最中、気を失って倒れました。私は亡くなった実父母の写真を大切に持っていましたが、この事件を機に破り捨てました。亡き実父母が、私を全然守ってくれないと感じたからです。私は、自立指導員を裁判に訴えようと思いました。でも援護団体の人が、『裁判を思い止まれば、特別に手厚く援護・応援してあげる』と説得しました。私は悩みに悩みましたが、裁判を思い止まりました。でもこのことを思い出すと、今も頭が爆発しそうです。いったい自立指導員は、帰国者を支援するためにあるのか、いじめるためにあるのか。あの自立指導員を、今も絶対に許せません」

そして第三に、自立指導員・身元引受人等の職務は、あくまで日本政府の援護政策の一環でしかない。残留孤児の多くは、日本政府の政策自体に不満・批判をもっていたが、これを自立指導員・身元引受人に訴えても解決しない。そこで「実際の問題解決に役立たなかった」のである。

＊「自立指導員も身元保証人も、全然役に立ちません。彼らは役所や政府の言い分を、私達に一方的に伝えるだけです。こちらが国の政策への不満や要望を言っても、聞く耳をもちません。だから相談する価値がないのです」

「どんな指導員も要りません。まったく役に立たないからです。自立指導員は市役所の味方ばかりして、私達の実情を理解してくれません。理解すれば、指導できなくなります。なぜなら、指導員の仕事は私達を市役所の言うなりにさせることだからです」

「自立指導員に相談しても、まともに対応してくれません。例えば、私は帰国した後も一年半、外国人登録証を持たされました。それを自立指導員に言うと、『国が認めてくれないから待て』と言うだけです。どうすれば解決できるのか、考えようともしてくれません。私達の悩みや問題を役所に伝え、解決しようという態度は皆無で、ただ一方的に役所のいうことを聞けという姿勢でした」

自立指導員・身元引受人に多くの問題を感じつつ、その立場を理解している孤児もいる。(四〇)

＊「身元保証人は私達の意見を聞かず、自分の思いどおりにしようと、いろいろ干渉しました。私達が従わなければ、激怒します。私は、身元保証人を恨みました。でも、後に他の帰国者の話を聞くと、もっとひどい指導員や保証人がたくさんいました。それに比べれば、私の身元保証人は忙しい合間を縫ってのぞきに来てくれたり、困った時は助けてくれました。また彼が身元保証人になってくれたおかげで、私達は帰国できたのです。だから、彼には感謝しなければなりません。彼も身元保証人として政府に責任を負っているから、あれこれ干渉したり、私達の意に反することもしたのでしょう。彼の立場に立てば、仕方なかったのかも知れません」

「身元保証人と私達の間で、言葉が通じなかったので誤解が多く、いろんなトラブルがありました。腹が立つことも多かったです。でも、彼も困っていたのでしょう。政府がすべて身元保証人任せにしたから、こんないざこざが起きたのです。彼だけの責任ではありません」

考察　差別と孤独を越えて

以上、残留孤児が織り成す社会関係を分析してきた。

第一項　日本政府の政策と社会諸関係

対象者は、残留孤児・帰国者以外の日本人との間に、極めて希薄な社会関係しか構築しえていない。また、養父母・兄弟姉妹など中国における社会関係の保持も、大幅に制限されている。そして日本社会で深刻な差別を経験し、孤独に悩まされていた。

ここで特に重視すべき事実は、こうした残留孤児の社会関係が、帰国年次によって大枠で規定されていたことである。

すなわちまず孤児は、総じて中高年になるまで日本に帰国できなかった。これが、肉親を含む日本人との間に言葉と文化の壁を生み出したことはいうまでもない。またそれは当然、幼少期から日本の学校・職場・地域社会で無意識的・日常的になされる社会関係の累重的構築をも不可能にした。

さらに一九八八～八九年頃を境に、それより早く帰国しえた孤児と、それ以降まで帰国が遅延した孤児で、社会関係のあり方が大きく異なっていた。

まず相対的に早く帰国しえた孤児の多くは、肉親が身元保証人をスムーズに引き受けてくれたため、帰国後も肉親との関係が比較的維持された。また日本で長期にわたって就労したため、職場で深刻な差別を体験したが、同時に帰国者以外の日本人と接触・交際する機会も確保しえた。日本で就労している間、養父母等に送金もできた。彼・彼女達の子供達の多くは、国費で同伴帰国したため、来日後の生活が相対的に安定していた。

これに対し、帰国が特に遅延した孤児の多くは、日本の肉親が未判明、または判明しても身元保証人になることに難色を示し、帰国後も親密な交際が難しかった。また日本での就職が特に難しく、生活保護で暮らす期間が長かったため、公営住宅団地等の地域社会で差別を感じることが多かった。日本での交際相手も少なく、近隣に住む中国帰国者に限られがちだった。訪中・電話・送金による中国の親戚との関係維持も、特に難しかった。そして彼・彼女達には、私費で呼び寄せた子供が多く、それらの子供は一切の公的支援の対象外とされ、特に不安定な生活を余儀なくされていた。

こうした帰国年次の違いは、第四章第一節で明らかにした如く、日本政府の帰国政策によってダイレクトに規定されたものである。

残留孤児への生活保護の適用も、社会関係に多大な影響を与えていた。第五章第三節でみた如く、生活保護の補足性原理は、孤児と子供達の同居や頻繁な交流・相互支援を妨げた。また生活保護支給額の少なさは、交際・通信・娯楽費の節約を迫り、日本での新たな社会関係の構築を困難にした。生活保護は、訪中するとその間、停止されたため、中国の親戚・知人との交流も極端に制約された。孤児達は、中国の親戚との交流を望むのは人間として当然と主張し、訪中しても生活保護支給を停止しないこと、また残留孤児の特殊性を考慮した独自の生活支援給付金制度の創設を求めていた。

こうした諸事実をふまえれば、残留孤児の社会関係は、日本政府の帰国政策、及び、帰国後の自立支援策によって、大枠が規定されたことは明白である。

日本政府の政策による規定性とその問題は、養父母への対応にも現れた。

財団法人中国残留孤児援護基金は、帰国した孤児から申請があれば、生存している養父母に一万八〇〇〇元の扶養金を給付した。

日本政府は、養父母の扶養をあくまで孤児の個別家族の私事とみなし、扶養金の給付を側面的な人道的支援と位置づけていた。

これに対し、残留孤児は、扶養金は日本政府による公的責任をふまえた謝恩であり、養父母の老後の生活保障だと捉えていた。そこで生活保障としては一万八〇〇元は少なすぎ、謝恩である以上、死去した養父母も含め、すべての養父母に措置するのが当然と考えていた。また孤児達は、日本政府が養父母訪問・墓参等のための訪中を支援・奨励するどころか、逆に訪中すると生活保護を停止する措置をとっていることに、強い憤りを感じていた。

第二項　差別・孤立・孤独を生み出すもの

さて、先行研究の多くは、残留孤児の日本における差別・孤立・孤独の理由を、言語・文化の壁に見出してきた。

確かに孤児自身もしばしば、「言葉ができないから」差別され、孤独だと語る。偏見を結晶化させ、その解消を困難にする要因の一つが、言葉と文化の壁にあることも間違いない。

しかし、差別や孤立は、決してそれだけに起因しない。

前述の日本政府の政策が決定的な原因であったことに加え、労働市場・市民社会がもつ構造的な格差・階層性もまた、差別・孤立を創出した。それは、国民国家の同質性・公共性によって解消されない。むしろ国民国家の公共性は、労働市場・市民社会の格差・分裂を前提として初めて成り立っている。

現に残留孤児は、周辺労働市場での劣悪な労働条件、失業を含む不安定な雇用、そして生活保護による貧困で自由のない生活を余儀なくされていた。彼・彼女達はそうした労働・生活実態それ自体を、正規雇用で働き、厚生年金で老後を送る一般の「日本人」との差別と受けとめていた。

病院・役所等の公共機関の対応についても、残留孤児は、一方で特別の配慮の欠如(異質性の軽視)、他方で特別扱い(異質性の重視)を、ともに差別とみなしていた。言葉ができないことを理由に自治会活動から排除されることも、逆に言葉ができないのに自治会役員を一律に担わされることも、ともに差別になりえていた。問題は、同化か異化か、包摂か排除かの二者択一ではない。日本の公共機関が、同化と異化の双方を駆使し、残留孤児を包摂しながら排除して実質的な不利益・苦痛を与え、しかもそれを正当化していること自体を、孤児達は差別と見なしているのである。

例えば生活保護の適用は、残留孤児の特殊性を考慮しない既存の制度への包摂である。生活保護の受給が国民の権利である以上、残留孤児は国民として同化・包摂されたことになる。生活保護を受給する以上、一般の受給者と同様、自立を指導され、自由を制限され、海外渡航を禁止されるのも、同化にほかならない。しかし同時に、残留孤児に生活保護の適用を優先的に認めるのは、孤児の特殊性を考慮しているからだ。それは、異化を前提とした包摂でもある。またそもそも生活保護受給率が、二〇〇四年調査時点では一般の日本人の中で約一％にすぎなかった事実をふまえれば、残留孤児は明らかに一般の日本人から異化され、排除されたことになる。残留孤児が、生活保護の適用を差別と感じるのは、同化・異化・包摂・排除のいずれかを押しつけられたからではない。日本の公共機関が、それらのすべてを時と場合によって使い分け、残留孤児を労働市場・市民社会における実質的な下層階級に固定化し、それを生活保護という国民国家の公共性に埋め込むことで正当化しようとしたからである。

公営住宅団地など地域社会における差別も、公私の境界線をめぐる陣地戦の様相を帯びていた。日本人にとって自明の正統性・公共性はそれ自体、残留孤児の生活・自由を抑圧するものとなり、孤児には差別と認識されていた。その背後には、自然物や空間に対する私的所有、公共性とプライバタイゼーション（私化）、そしてルールに内在する共同性と支配性といった近代の相矛盾する正統性が横たわっていた。それゆえこの民族対立は、容易に妥協できず、抜き差しならない闘争となっていた。

総じて、残留孤児が日本で直面する差別や孤独は、単に言葉や文化の壁によるものばかりではない。それは、労働市場・市民社会を含む近代社会が不可欠の構成要素とする格差・差別・矛盾に由来する。したがってそれはまた、残留孤児だけのものではない。

現に一部の孤児は、差別や孤独が一般の日本人にも蔓延している事実を洞察している。公営住宅団地をはじめとする近隣には、孤独な生活を送る日本人高齢者が少なくない。周辺労働市場で働く下層労働者や失業者の日本人の実態も、孤児は目の当たりにしてきた。夜間中学校で、苦難の人生を歩んできた多様な日本人と出会った孤児もいる。それらの日本人はほとんど、下層階級に属する人々であった。そして孤児達は、そうした日本人が孤独・孤立に追い込まれる背景に、日本の文化を見出している。日本人は、肉親・近隣等でも相互に距離を保ち、相手に迷惑をかけないこと――相手から迷惑をかけられないこと――を重視し、プライバシーを守って静かに暮らし、土地・植物・水・空間等の自然物を含むあらゆるものに排他的私的所有と公共の厳密な境界線を引こうとする。このような日本人の文化が、日本人自身を孤独・孤立に導き、同時に排他的な差別を生み出している。孤児達は、そのように洞察している。

第三項　家族の解体と絆

残留孤児・帰国者の家族について、先行研究は、外部への広がりを欠いた閉鎖的な「圧力釜効果」、及び、家族員相互の多様性・異質性が生み出す緊張関係等を指摘してきた。

確かに、そうした一面はある。孤児の悩みの相談相手は家族内部に集中し、それ以外にほとんど広がっていない。特に帰国が大幅に遅延した孤児で、それは顕著である。

また一世・配偶者・二世の生活には様々な相違があり、二世の中でも国費同伴と私費呼び寄せの帰国者で生活に差がある。配偶者や二世は時として、来日したことへの後悔を口にし、残留孤児はそれに対して「申し訳ない」と懊悩している。そしてごく一部だが、離婚に至り、または配偶者が中国に戻って死去し、あるいは二世との関係が途絶した家族もある。

しかしそれでも、大多数の残留孤児の家族は、日本社会で各家族メンバーが直面する諸問題を冷静に受けとめ、相互に理解・相談し、家族で共同して対処していた。

まず配偶者は、国籍こそ中国籍が多いが、来日後の生活や苦難は、残留孤児のそれと類似している。すなわち不熟練労働・非正規雇用の職場で、劣悪な労働条件・差別を余儀なくされ、高齢化して退職した後は生活保護で自由のない貧困な生活を送っている。また大多数が疾病・障碍を抱え、通院している。比較的早期に来日した配偶者が日本で就労しえたのに対し、来日が遅れた配偶者は就労が特に困難だったことも、残留孤児と同じだ。配偶者は時折、来日したことへの後悔や苦衷をこぼし、残留孤児は「申し訳ない」と悩んでいる。しかしそれでも大多数の配偶者は、残留孤児と離婚・別居して中国に帰るという選択はせず、日本で孤児と苦難をともにしている。孤児は配偶者に対し、①日本で添い遂げること、②健康長寿、そして③老後の相互介護を期待している。

子供（二世）達もまた、ほぼ全員が来日し、多くが残留孤児と頻繁にコミュニケーションをとっている。子供を頼りにし、子供・孫との交流を楽しみにしている孤児も多い。私費で呼び寄せた子供の日本での生活不安は、孤児一家全体の大きな心配事だ。相対的に安定した国費同伴帰国の二世も、進学や学校でのいじめ、結婚、そして不熟練労働と雇用不安等、数々の苦難を経験してきた。高学歴の取得、及び、文化資本を活用した個人的階層上昇は、国費で同伴帰国した二世の中でも、一部にのみ開かれた道である。大多数の二世において、個人的な階層上昇が極めて困難な中での生活維持・防衛の協働こそが不可欠である。

多くの残留孤児の家族は、現実の日本社会を熟知し、その矛盾を体験してきた。経済的自立を強制して「とにかく就職させれば問題は解決する」と考える同化強制型の支援者、及び、「日本語習得・学歴取得・中国文化資本の活用等に基づく個人的階層上昇が、現実的な問題解決の道」と考える多文化主義的支援者に比べても、残留孤児とその家族は遥かに日本社会の現実とその矛盾を熟知しているといえよう。そうした中で、現実の生活をかろうじて維持し、あらゆる機会をつかまえて生活を発展させる基礎単位が、家族、及び、それを補完する帰国者コミュニティであった。つまり家族は、問題解決を困難にする「圧力釜」というより、むしろ現実の日本社会の矛盾に抗して生活を発展的に再生産するための不可欠の社会的基礎であったといえよう。

家族関係の希薄化、家族解体の危機をもたらすのも、家族員の多様性ではない。むしろ家族員の日本社会への適応、または日本社会への絶望である。国費で同伴帰国した二世、私費で呼び寄せられた孫（三世）が日本社会に適応して日本語を身につけ、中国語を喪失するとともに、家族内のコミュニケーションは困難となる。二世・三世が日本の学校等でいじめられ、劣等感を抱くことにより、孤児の家族内交流は一層妨げられる。二世・三世が、日本での仕事・生活に追われ、多忙さを増すことにより、家族の交流は希薄化していった。約一割の子供達は日本での就職・仕事に満足しえず、中国に戻って行った。

残留孤児の家族関係の希薄化や葛藤をもたらしたのは、家族内への閉鎖傾向でもなければ、日本の世情・世事に疎い家族員だけが集うことによる不適切な対処でもない。むしろ矛盾に満ちた日本の世事・世情を体験し、理解し、適応せざるをえなかったからこそ、家族関係が希薄化したのである。

第四項　広義の支援者

さて、自立指導員・身元引受人・ボランティア・日本語教師・行政職員等、広義の支援者について、まず指摘すべきことは、それらが残留孤児の現実生活において果たした役割が決して大きなものではなかったという事実である。孤児の交際相手・相談相手の中で、広義の支援者が占める位置は小さい。孤児から高く評価される支援者はごく一部にすぎず、多くは「役に立たなかった」、「悪影響・問題があった」、「実質的にはいないのと同じだった」等と否定的に評価されている。

とりわけ早期に帰国し、無理な就労・経済的自立を強制された孤児において、自立指導員等への否定的評価は顕著だ。

箕口雅博が「コミュニティ・アプローチの先端」を歩んでいると高く評価した支援やアクション・リサーチも、対象者にとってはさほど有意義とは言えなかった。コミュニティ・アプローチは失敗という以前に、無力だったのである。

蘭信三・高野和良が長野県下伊那郡において見出した、手厚い支援体制の下での、帰国者の地域社会へのソフト・ランディングも、本書の対象地である兵庫県の都市部では見出せなかった。

そしてこれは、単なる地域差にとどまらない。兵庫県の都市部でも、広義の支援者の——自らと残留孤児の関係性に視野を限定した——まなざしから見れば、解決・改善された問題は決して少なくなかったであろう。兵庫県の支援活動が他地域に比べ、特に劣っていたとは考えにくい。しかし、残留孤児の現実の生活の困難の深刻さをふまえれば、広義の支援はあまりに貧弱だったのである。本書の対象者の中にも、第一章第二節で指摘した如く、長野県下伊那地方の出身者は少なくとも四名いる。彼・彼女達は、長野県では仕事がなく、また肉親と良好な関係を築けず、兵庫県の都市部に移動してきた。その後、兵庫県都市部でいかなる困難に遭遇しようと、長野県に戻ろうとは考えなかった。これらを考慮すると、残留孤児の現実生活やそこでの諸問題の解決という観点からみた時、広義の支援者が果たしえた役割が限定的だったという事実は、兵庫県都市部だけの特徴とは言いきれないだろう。

また、多くの先行研究が指摘する如く、同化強制・家父長型の支援者がもたらした被害は、確かに大きい。それは、多くの残留孤児・配偶者・二世等に対し、精神的にも肉体的にも取り返しがつかない深刻な被害をもたらした。比較的早期に永住帰国し、経済的自立・就労を強制された孤児ほど、こうした支援者に対する不満・批判は特に大きい。

しかしこの事実は、多文化共生型の支援者が肯定的・積極的な役割を果たしたことを意味しない。多文化共生型も含め、広義の支援者は、残留孤児にとって交際・相談相手にはあまりなりえなかった。多くの孤児は、日本政府の援護政策そのものに強い不満をもち、したがってその枠内で活動する広義の支援者を有効な相談相手と見なしていなかったのである。むしろ一部の孤児は、広義の支援者に問題・不満を感じつつ、しかし日本政府の援護政策の枠内ではそうせざるをえなかったのだろうと同情・理解を寄せていた。

身元引受人・身元保証人の一部は、残留孤児一家を雇用する経営者であった。彼らが経営する企業で雇用された孤児一家は、特に苛酷な労働条件を強いられた。こうした経営者は、残留孤児に「日本人としての同化」を強制するよりむしろ、低賃金労働力・外国人（中国人）労働者であることを求めた。経済的自立を強制するよりむしろ、自立できないほどの低賃金で就労させ、自由な転職も認めなかった。

そして自立指導員の中には、「中国語ができない」、「高齢すぎる」等、基本的な指導能力すら欠如したケースもあった。自分では「中国語ができる」と公言し、行政もそれを安易に信じて指導を委託したが、実際には片言程度の中国語しかできず、「いないのと同じだった」のである。

第五項　中国との紐帯と帰国者コミュニティ

残留孤児の生活において最も重要な役割を果たした家族以外の社会関係は、近隣の残留孤児・帰国者相互のコミュニティであった。

主な交際相手、悩みの相談相手も、家族以外では、近隣に住む帰国者である。そしてその関係は主に、永住帰国後、新たに構築された。それに加え、相対的に早く帰国した孤児は、帰国前の中国での帰国者のネットワークを維持するとともに、職場や日本語教室でも新たな関係を構築した。

こうした帰国者コミュニティは、確かに小田美智子が指摘するように「カプセル化」の側面をもつ。これに対し、周囲の日本人は偏見を抱き、自らが自明とする公私の境界線が侵食されることに不安を感じている。ただし、そうした偏見や不安を抱いているのは周囲の日本人の側であり、残留孤児の側ではない。孤児達は、自らと家族の生活の必要に基づき、帰国者コミュニティを主体的に創造し、自らの不安を緩和している。偏見や社会不安は、カプセル化の結果ではなく、原因だ。そして孤児達は一部ではあるが、ギョウザを作って近隣の日本人宅を訪問するなど、カプセルの打破も試みていた。そうした試みは、相互に距離をとり、遠慮を重視する日本人側の対応によって阻まれることも多い。しかしそれが実現した時、孤児達は「言葉は通じなくても心は通じる」と感じている。言葉や文化の違いは、乗り越えられない壁ではない。むしろ乗り越えようという主体性の有無が問題であり、それは孤児・帰国者側のみに一方的に求められる課題ではない。

さらに残留孤児は、中国に住む知人・親戚とも関係を保持・再生産している。

すなわちまず彼・彼女達は、日本の肉親よりも、むしろ中国の親戚と感情面も含めて強い紐帯を維持している。日本の肉親は未判明の場合も多く、たとえ判明しても近隣に住んでいなければ、関係はかなり希薄化している。また近隣に肉親がいる場合、孤児は主に肉親から支援を受ける立場にあるが、同時に日本の文化に適応し、日本の肉親に迷惑をかけず、遠慮しなければならないといった感覚も抱かざるをえない。

一方、中国の親戚は、養父母・兄弟姉妹、そして配偶者の実父母や兄弟姉妹も含めれば、ほとんどの孤児が交流を保っている。精神的紐帯も強い。それは主に孤児の訪中や国際電話によって、維持・再生産されている。孤児達は、生活保護の支給停止を覚悟して、または行政に隠れてこっそりと訪中し、中国の親戚と交流している。そして中国の親戚の多くは貧困・病気に苦しみ、孤児達はこれを介護・支援したいと考えている。苦しい生活の中でも送金したり、訪中時に金品を手渡している孤児もいる。

中国との紐帯は、それだけではない。国費で同伴帰国した子供達の中には、中国の文化資本を生かした職業（貿易等）につくケースもある。また彼・彼女達の多くは、中国の親戚の紹介で中国人と見合い結婚をしている。残留孤児の二世どうし、または中国人留学生と結婚するケースも少なくない。私費で呼び寄せられた子供達も過半数が中国籍で、その配偶者もほとんどが中国人だ。中国との紐帯は、子供達の世代にも着実に再生産されている。

ただし、こうした帰国者コミュニティ、及び、中国に住む人々との紐帯の再生産は、決して残留孤児が満足するレベルで達成されているわけではない。

日常生活での交際相手（主に帰国者）の人数は平均四人程度で、少ない。一部には、交際相手・相談相手がいない孤児もいる。日本で感じる孤独・孤立は、単に一般の日本人との交流の少なさだけでなく、帰国者コミュニティの狭隘さにも由来する。

帰国後の訪中回数も、平均三・三回にとどまる。ほとんどの孤児は、より頻繁な訪中を望んでいる。

そして帰国者コミュニティを狭隘なものにとどめ、中国との自由な往来を妨げている要因は、言葉と文化の壁ではありえない。また蘭信三・高野和良・飯田奈美子が指摘するような、手厚い公的支援による交流の必要の少なさでもない。

帰国者コミュニティを狭隘にした最大の要因は、日本政府の「適度な集中、適度な分散」政策にある。これによって帰国前からの知人・友人と分断され、帰国定住後、新たに、しかも特定の公営住宅団地という限られたカプセルの中で帰国者コミュニティを築かざるを得なかったのである。また経済的貧困が、交通・通信・娯楽を制約したことも大きい。自由な訪中を制約した最大の要因は、生活保護制度の適用だ。居住する団地以外に帰国者のネットワークを広げられない孤児の多くは、帰国が特に大幅に遅延したため、就労できず、自宅に閉じこもりがちだったケースである。飯田俊郎のいう「連帯型」と「孤立型」を生み出した少なくとも一因は、日本政府の帰国政策に基づく帰国年次の相違にあったといえよう。ただし飯田が言うように「連帯型」の孤児達が主に日本人としての権利要求・異議申し立てをしているかといえば、そうではない。むしろ孤立している孤児達も、その生活上の矛盾の深刻さゆえに日本政府の政策を強く批判していた。

そして中国に住む人々との紐帯を弱体化させる要因は、生活保護制度の適用だけではない。生活保護を受給していない孤児も、有給休暇がとれず、旅費が確保できないため、訪中を阻まれていた。また生活苦に喘ぐ中国の親戚の中には、残留孤児の日本での貧困な暮らしぶりが理解できず、送金を要求し、日本への出稼ぎの斡旋を頼んでくる人もおり、これを残留孤児がプレッシャーと感じ、交流が疎遠になるケースもみられた。いわば資本主義的労資関係、及び、グローバルな経済格差・階級構造、そして自由な移動を阻む国民国家の壁も、関係希薄化の根底的な要因となっているのである。

〔補注〕

（一）『兵庫弁護団　訴状』四五～四八頁、『同判決（被告の主張の要旨）』二頁。

（二）大坊・中川（一九九三）四一〇～四一一頁。

（三）飯田（二〇一四）一三一頁。

（四）鄭（一九八八）、蘭（二〇〇〇-c）四〇四頁、大坊・中川（一九九三）四一三～四一四頁。家族機能の低下については、江畑・曽・箕口（一九九六）。

（五）無署名（二〇〇九）、大久保明男（二〇〇九-b）、倉石（二〇〇六）、倉石（二〇〇九）、友沢（二〇〇二）、友沢（二〇〇〇）、御園生・木村（一九九五）、田崎（一九九八）、宮田（二〇〇〇）等。

（六）山田（二〇〇七）一〇〇～一〇六頁、小田（一九九八）三二四～三二五頁、厚生省援護局編（一九八七）六〇～六一頁、小田（二〇〇〇）九四頁、厚生省社会局保護課監修（一九九一）一四〇頁。

（七）菅原（一九八九）、朝倉（二〇〇〇）、安場・馬場（一九九五）、安場・馬場（一九九四）、安場（一九九六-b）等。

（八）箕口（一九九八）一七五～一七六頁。箕口・江畑・斎藤・梅田（一九九四）、箕口・江畑・曽・山田・益子・増井・斎藤・梅津・原田・原・丹羽・江川・浦田（一九九六-b）四七頁も参照。

（九）箕口（二〇〇二）一一六頁。

（一〇）蘭（二〇〇六-d）一〇四・一〇七頁、蘭・高野（二〇〇九）三二八・三三〇・三三二頁。

（一一）玉居子（二〇〇二）一一頁。遠藤（一九九二）二〇六頁も参照。蘭（二〇〇〇-c）三九四～三九七頁、蘭（二〇〇九-b）三六頁、蘭（二〇〇六-a）二六一～二六二頁。山崎（一九八七）二九三～二九六頁は、①のタイプの中にも三つの立場を抽出している。

（一二）藤岡（一九九八）二七四～二七五頁。

（一三）菅原（一九八六）二〇七～二〇八・二一〇頁。

（一四）菅原（一九八九）七一・七九・一八〇頁。

（一五）蘭・高野（二〇〇九）三二六～三二八頁。

（一六）蘭（二〇〇〇-c）三九四～三九七頁。蘭（二〇〇九-b）三六頁、蘭（二〇〇六-a）二六一～二六二頁。小田（一九九八）三二五～三二七・三三三頁、小田（二〇〇〇）九五～九七頁、山田（二〇〇七）一〇七～一〇九頁、釣部・鈴木他（一九八九）六九頁、高橋（一九九四）九八～九九・一〇一～一〇五頁、林（一九九三）八四～八六頁、大久保（二〇〇四）二三九～二四〇頁、木下（二〇〇三）八九～九〇頁も参照。

（一七）蘭（二〇〇〇-c）四〇六頁。原文では「少くなく」。前後の文脈より、「少なくなく」ではなく、「少なく」の誤植と判断した。

（一八）蘭（二〇〇九-b）三七～三八頁。

（一九）飯田（二〇一四）一二〇・一二二・一二四～一二五・一二七・一三一頁。

（二〇）南（二〇〇六-b）二〇八頁。

（二一）小田（二〇〇〇）九三頁、小田（一九九八）三三四頁。

（二二）小田（二〇〇〇）九三頁、小田（一九九八）三三四頁。

（二三）飯田（一九九六）二七一～二七五頁。

（二四）大坊・中川（一九九三）四一三頁。移住者にとって里帰りなどを通して母国とのネットワークを保つことが、移住先での適応にとって重要であることについては、箕口（二〇〇一）一一五頁、箕口・江畑・曽・原・丹羽・鈴木（一九九六）二五四頁、大坊・中川（一九九三）四一九頁、朝日新聞残留孤児取材班（一九八七）二三〇頁。

（二五）浅野（一九九三-b）三頁。

（二六）二〇〇〇年一二月一日に厚生省が実施した中国帰国者生活実態調査によれば、国費で同伴帰国した子供がいる孤児は四六・一％である。木下（二〇〇三）八三頁より。私費帰国の二世等の人数は、中野（一九八七）一三〇頁、池上（二〇〇〇）二〇三頁、高橋（二〇〇五）四〇～四一頁、小林（一九九六-a）五七頁、木下（二〇〇三）七七～七八頁、園田・藤沼（一九九八）七五頁。私費呼び寄せ家族の日本語学習ニーズは、安場・平城・馬場（一九九八）。

（二七）厚生省が生活相談員等に向けて発行した厚生労働省社会・援護局援護企画課中国孤児等対策室（二〇〇二）九二頁に、「家族の呼び寄せのため、身元保証人になってほしいと依頼されることもありますが、基本的には、帰国者自身が自立して家族を呼び寄せることが望ましいと思いますので、安易に引き受けたりせず、生活基盤を確立するよう説明して下さい。また、高齢の帰国者世帯で、親を扶養するために同伴してきた子供世帯がいる場合には、自らが速やかに自立した上で、他の兄弟を呼び寄せるように説明して下さい。さらに、呼び寄せ家族が来日後は、自らが日本社会で生活していくための範となるよう説明してください」とある。菅原（二〇〇九）一一二～一一三頁も参照。

（二八）山形（一九八三）八八頁、池上（二〇〇〇）二〇三～二〇四頁、今井（二〇〇七）一一一頁、小林（一九九七）一六〇～一六一頁、小川・石井（二〇〇五）六二頁、小田（一九九八）三三三頁、佐久間（二〇〇六）二八～二九頁、木下（二〇〇三）七七～七八頁、園田・藤沼（一九九八）七六頁、藤沼（一九九七）四四頁、粟野（二〇一五）六一頁等。

（二九）小林（二〇〇七）、黄・依光（二〇〇四）、宮田（二〇〇〇）。生活困難、特に経済面での困難については、吉田（二〇〇一）、日垣（一九八八）二四一頁、平井（二〇一五）第三章、二世・三世の生活実態全般については、駒井編（一九九六）。

（三〇）綱島（一九九七）、井田（一九九二）、横山（二〇〇〇-b）、林（一九九三）五五～六八頁等。

（三一）中国に生まれた宗教的気功団体。一九九九年以降、中国共産党に弾圧されている。二〇〇四年、日本法輪大法学会が東京都において特定非営利活動法人を取得した。

（三二）二世等のアイデンティティの葛藤については、多摩（一九八八）二〇三頁、張（二〇〇九）、大橋（二〇〇六）一五一～一五五頁、大橋（二〇〇九）、森川（二〇〇三）、森川（二〇〇四）、永井（二〇〇六）、善元（一九八三）、福嶌（二〇〇三）、大久保（二〇〇〇）、綱島（一九九七）、田渕・森川（二〇〇一）、高（一九九三）九四～九五頁、小林（二〇〇五）、井田（一九九二）、木下（二〇〇三）六七～七一頁、王（二〇〇一）一一頁。一世と二世のコミュニケーションの困難については、藤井・田渕（二〇〇一）一二頁、高橋（二〇〇六）一七四頁、斎藤・箕口・原田・高橋（一九九六）二七三頁、川村（一九九三）三六頁、清田（一九九九）、宮田（二〇〇〇）一七八～一八一頁、玉居子（一九九四）、田中（一九九七）。

（三三）親族との交際については、厚生省援護局編（一九八七）九四頁。

（三四）養父母の生活や意識については、浅野・佟（二〇〇六-b）、佟・浅野（二〇〇六）、小田（二〇〇〇）、笠貫・穂積編著（二〇〇七）。なお鐘（二〇一二）八九～九四頁は、帰国した残留孤児と連絡が途絶えた養父母の苦衷を指摘している。連絡・関係が途絶えた理由は明らかではない。鐘自身は「自己の日本人化・日本での不幸感覚・訴訟による自己成長過程の再否定などが一つの要因として彼らの中国への拒絶を引き起こしたと筆者（鐘）は考えている」と述べる。しかし、「養父母＝中国」の拒絶といったナショナリスティックな理由が、どれほどの重みをもつのかは疑問である。本書第七章序節第五項を参照。

（三五）厚生省援護局編（一九八七）八三～八四頁。浅野・佟（二〇〇六-b）一七〇～一七一頁。日本政府が養父母に無関心である問題については、呉（二〇〇四）一三一・一三七頁。援護基金については、中国残留孤児援護基金編（二〇〇九）参照。

（三六）中国訪問については、菅原（二〇〇九）一三二頁、西岡（二〇〇六）五〇頁。なお残留孤児援護基金は養父母訪日団を組織しているが、本書の対象者のうち、この該当者は一名だけである。

（三七）近隣との交際・悩みの相談相手については、厚生労働省社会・援護局（二〇〇五）参照。

（三八）パーク（一九八六-a）五二～五五頁、パーク（一九八六-b）一〇六頁。浅野（一九九三-b）八四～八五頁。

（三九）その代表的な一人は故・山城龍氏である。山城氏は二〇〇四年調査時点では既に亡くなっていたが、兵庫県在住の多くの残留孤児が、具体的氏名をあげて感謝と尊敬の念を表明している。同氏については、読売新聞大阪社会部編（一九八二）一七頁、浜口（一九八三）七九頁。

（四〇）政府・行政の責任放棄が、ボランティア・地方行政の善意に肩代わりされ、帰国者との間に様々なトラブルが生じたことについては、本田（一九八一）。身元引受人の苦労については、残留婦人のそれだが、牟田（二〇〇二）。

第七章　国家と越境

序節　問題の所在

残留孤児は国民国家に対し、いかなる社会意識をもっているのか。

第一項　アイデンティティ・クライシス

残留孤児・残留日本人のナショナル・アイデンティティは従来、大きく二つの視点から研究されてきた。

第一は、その葛藤・危機を捉える視点である。ここでは残留孤児等は、日本と中国という二つの国民国家の狭間で翻弄され、双方から排除され、自己を内的に引き裂かれる人々とみなされる。

その中にも、いくつかのバリエーションがある。

まず、残留孤児等が「日本人」としてのアイデンティティを色濃く持ちつつ、それが揺らいでいる側面を強調する立場である。

大坊郁夫・中川泰彬は、残留孤児が他の移民に比べ、日本人アイデンティティを強くもつが、文化・心性面では実質的に「中国人」であり、二重の心理構造を持つと指摘する。[一]

飯田哲郎は、来日前から帰国直後まで、残留孤児には日本人アイデンティティが順調に形成されるが、帰国後の日本社会における排除・差別、及び、自らの内なる中国文化、さらに「日本人」としての同化を強制する援護事業の圧力等により、それが苦悩にまみれていくと述べる。[二]「日本人らしい」生活が保障されないことにより、日本人アイデンティティが動揺し、「継子アイデンティティ」に似た感覚が醸成されると言うのである。

蘭信三も、日本社会において残留日本人は、一方で日本人だからこそ受容され、他方で文化的に日本人でないとして排除されるダブル・バインド状態におかれ、その結果、「自分は何人なのか」といったアイデンティティ・クライシスに陥ると述べる。[三] 蘭は、こうした残留孤児を、日本社会で周辺化される「パーリアとしての日本人」と捉える。

一方、残留孤児が「中国人」としてのアイデンティティを色濃くもつ側面を強調する立場もある。木下貴雄は、残留孤児を「中国人」としての文化的アイデンティティを強く保持した「日系中国人」と捉える。[四] 原賀肇・林郁等も、残留孤児が文化的に「中国人」であることを重視し、日本文化への性急な同化の強制に反対している。[五]

以上の諸文献はいずれも、残留孤児のアイデンティティが社会によって翻弄され、引き裂かれる側面を重視している。いいかえれば、残留孤児自身によるアイデンティティの主体的創造過程を十分に捉えているとは言い難い。

第二項　アイデンティティ・ポリティクス

そこで第二に、残留孤児を、日本と中国のどちらにも回収されない越境的アイデンティティの担い手、もしくは日中双方を柔軟に使い分ける能動的主体と捉える視点が立ち現れる。

呉万虹は、日本に帰国した残留孤児が、「日本人であること」と「中国人であること」を功利主義的に使い分けていると述べる。[六] 呉は他方で、中国定住を選択した孤児については、①日本人アイデンティティ、②中国人アイデンティティ、そして③どちらにもこだわらずとにかく安定した生活を最も重視する「中間柔軟アイデンティティ」という三タイプの存在を指摘する。[七]

張嵐もまた、残留日本人の語りから、三類型を抽出する。[八] すなわち、①日本人としての自己意識を持ちつつ、他者とのコミュニケーションの中で「日本人と違う」といった意識も合わせ持つ「両義的自己」、②中国人としてのアイデンティティをもつ「定着した自己」、そして③臨機応変に日本人と中国人を使い分ける「柔軟な自己」である。

蘭信三は、残留日本人が単なる「パーリア」にとどまらず、日本社会を創造的に生きる「意識的パーリア」でもあると述べる。[九] すなわち残留日本人は国民国家の枠に囚われるとともに、それを「突き破る人々」でもある。また日本社会で差別・排除を甘受する弱者であるだけでなく、「日本や中国という国民国家の枠を乗り越えて拡がる可能性を持つ人達」、「国民国家を乗り越えるという途方もない可能性をもつ強者」でもあるという。

大久保明男は、残留孤児を、日中双方の国家・民族から疎外された経験をふまえて多様なアイデンティティを戦略的に使い分けるアイデンティティ・ポリティクスの主体と捉える(一〇)。その意味で、残留孤児は国家・民族を忌避・嫌悪し、それらを単なる生計の手段として小気味よく弄ぶ「ディアスポラ・アイデンティティ（漂泊する自己）」の担い手だ。祖国も民族も所詮は幻想にすぎないとの認識に立ち、中国人でも日本人でもない「流浪する孤児」として、国家や民族の磁場から逸脱し、「日中の境界」で生きようとする姿勢・思想こそ、残留孤児が確立しつつある新たなアイデンティティではないかという。

そして南誠は、アイデンティティを、発話・言語活動によって構築され、不断に練り直されるパフォーマティヴィティとして把握する(一一)。残留孤児は、①日本人、②中国人、③残留孤児という三つのアイデンティティを戦略的に使い分け、現実の諸課題に柔軟に対処し、生き抜いているという。また、パフォーマティヴィティには、①一定の政治的目的に基づく政治的位相、②多様なまなざしに対処する社会的位相、③他者に理解されず、語ったとしても聞き取ってもらえない対自的位相があると指摘する。

第三項　アイデンティティ・ポリティクス論の限界

第二の視点の研究はいずれも、多様かつ主体的なアイデンティティを捉えようとする試みである。そこでその多くは、残留孤児をめぐる既存の、社会によって構築された「モデル・ストーリー」への抵抗・異議申し立てとなる。

しかし同時に、このことは、これらの研究の限界をも裏面から炙り出す。

すなわちまず、ここで論じられているアイデンティティは、既存の国民国家を前提としたナショナルなそれである。したがって、いかに多様性・越境性を強調しても、残留孤児に即していえば、①日本人、②中国人、そして③何らかの意味でその中間という三類型の域を出ない。各類型内の多様性、及び、類型間の選択可能性や越境性をいかに強調しても、前記の三類型の組み合わせであることに変わりはない。ここで抽出されるアイデンティティは、ローカリティ・階級・家族内での続柄・年齢・健康状態等を含むトータルな生活過程に根ざす意識ではなく、あくまでナショナルなそれでしかない。その意味で、様々な「モデル・ストーリー」を批判する論者は、自らもまたナショナル・アイデンティティという狭隘な問題意識・専門性の「モデル・ストーリー」に囚われていることを自覚しなければなるまい。

したがってまた、アイデンティティ・ポリティクス論の多くは、現実の生活過程や社会構造変動との関連が不明確だ。

例えば張嵐は、アイデンティティ・クライシスといった「モデル・ストーリー」を批判し、インタビュアーと当事者の対話的構築主義の立場から、アイデンティティが構築される「多様かつダイナミックなプロセス」として、前述の三類型（両義的自己、定着した自己、柔軟な自己）を提示する。[一二]

しかし対話的構築主義に徹すれば、この三類型は、残留孤児が現実生活をふまえて形成・表出した自己というより、インタビュアーである張との、いま／ここでの関係性が構築した「自己」である。そうである以上、張は自らを「中国人留学生」等と概括的・一般的に自己定義せず、少なくともこの三類型を当事者とともに構築したインタビュアーとして三種またはそれ以上の自己定義を明示しなければなるまい。また何より、インタビュアーとの関係性で生み出された「語り」は、残留孤児の主体性のほんの些細な破片にすぎない。彼・彼女達の主体性の最大の創造物・発現形態は、トータルな人生・生活そのものである。アイデンティティの「多様かつダイナミック」な創造過程も、インタビュアーに対していかに語ったかではなく、当事者がいかに生きてきたか／生きているかにこそ見出されるべきであろう。

これに対し、同じ構築主義の立場に立つ南誠は、いま／ここでのインタビュアーとの対話に視野を限定しない。残留孤児自身が日常の生活世界で多様なアイデンティティ・パフォーマティヴィティを発揮し、それによって現実生活を構築している現実を認めている。南はインタビュアーとして、その現実を聞き取り、解釈・分析するのである。そして南が批判する「支配的な物語（モデル・ストーリー）」は、残留孤児をめぐる政治的位相（戦争の被害者、棄民等）だ。[一三] 現実の残留孤児は、社会的位相・対自的位相において多様な語りを駆使し、または語り直し、それらを通して諸課題に柔軟に対処している。ところが従来の言説空間（メディア・研究等）は、政治的位相でのステレオタイプな語りだけに注目し、これをモデル・ストーリー化してきた。

こうした南の指摘には、一定の妥当性がある。確かに従来の日本社会の言説空間は、政治的位相を重視してきた。しかし、残留孤児自身が自らの生活過程において、政治的位相を過度に重視してきたとはいえまい。そのことは、まさに南が明らかにした通りである。国賠訴訟の渦中でさえ、残留孤児は「原告」としてのみ生きていたわけではない。社会的・対自的・政治的な位相は、生活過程の中で不可分に結び付き、展開していた。そこで重要なことは、日本社会の言説空間の偏りを指摘するだけでなく、孤児自身のパフォーマティヴィティが、その現実生活、及び、言説空間を含む政治・社会構造の変動・変革にいかに連鎖していたかを、事実に即して解明することであろう。

大久保明男の「ディアスポラ・アイデンティティ」論にも、一定の問題がある。アイデンティティは、現実の生活過程の中で構築される。したがってそれは生活過程の多様性に基づき、多様である。また残留孤児の生活過程は、「日中双方の国家や民族から疎外されてきた」というだけでは決して語り尽くせない。大久保のいう「ディアスポラ・アイデンティティ」も、確かに残留孤児のアイデンティティの一要素ではある。しかし、それと同様に、時と場合によっては極端なナショナリズム、または市民社会からの逸脱もまた、主体的・能動的なアイデンティティ・ポリティクスでありうる。

大久保は、一部の残留日本人二世・三世による反社会的行為をメディアが過剰に取り上げ、その結果、二世・三世の悪いイメージが普及し、法令を遵守して地道な努力で成功を勝ち取った、またはポジティヴに生きている多くの二世・三世の存在が看過されることを問題視する。[一四] また、山崎豊子の小説『大地の子』において中国で生きて行くことを決意した主人公の描写が、大多数の孤児の現実と乖離し、かつ中国の国家・民族に対する過剰な賛美につながると批判する。[一五] いわば大久保にとって批判すべき「モデル・ストーリー」は、「反社会的行為に走る二世」や『大地の子』のイメージだ。

しかし元来、報道・小説は、全体の統計的分布に沿って偏差なく紹介するものではない。また一部ではあれ、二世・三世が日本社会での疎外を主な背景として固有の集合的アイデンティティを構築し、反社会的行為に走っていることも事実だ。[一六]『大地の子』の記述が中国の国家・民族を賛美しているか否かはともかく、実際に中国人として中国への定住を自ら選択した孤児もいる。

アイデンティティ・ポリティクス論に立つ以上、そうした反社会的行為に走る二世・三世、及び、中国に定住する孤児のアイデンティティもまた、一種の生活戦略と捉え、そこに創造性・主体性を見出すべきだろう。

そして蘭信三は、残留日本人の多様な言説が、国賠訴訟の展開の中で二つのモデル・ストーリーへと回収されてきたと主張する。[一七] すなわち一つは日本によって中国の地に棄てられたという「棄民の語り」で、これが訴訟の過程で弁護士・支援者・マスコミという新たな聞き手を得て洗練され、今や帰国者社会の中でもっとも広く受け入れられる代表的なモデル・ストーリーとなった。もう一つは、中国でも日本でも排除され、「私達は何人なのか」というアイデンティティ・クライシスを訴える「葛藤の語り」で、これも国賠訴訟の中で広く流布された。そして蘭は、これらの残留孤児の語りが、「体験した『事実』に忠実に述べられた『客観的』で不変なものという実証主義的なものではない。それは、…（中略）…語り手と聞き手の対面上の相互作用によって構築されるものである」と述べる。

　つまり蘭によれば、国賠訴訟の過程で述べられた残留孤児の「棄民」と「葛藤」の語りは、客観的・実証主義的な「事実」ではなく、弁護士・支援者・マスコミという聞き手との相互作用によって構築された「語り」である。国賠訴訟原告団と「距離をとった」[18]蘭らしい見方ではある。

　一方、筆者は、「棄民」や「葛藤」の語りを、残留孤児が現実の生活体験に根ざして主体的に構築した事実と捉えている。もちろんそれ以外にも、多様な語りが残留孤児からなされ、それらもまたすべて現実の生活過程と社会構造の変動・変革へと連鎖している。社会構造変動・変革の営為は、いうまでもなく国賠訴訟の運動だけではない。

　また筆者は、蘭のように「客観的」で実証主義的に解明された「事実」が不変とは考えない。客観的な実証が深まれば、「事実」が変化するのは、むしろ当然である。客観や実証は人間の主体的認識の一方法であり、つねに変化する。

第四項　生活とアイデンティティ

　さて、残留日本人の生活とアイデンティティの関連については、他にもいくつかの議論が散見される。

　大坊郁夫・中川泰彬は、日本に帰国した残留孤児の中で、日本人としてのアイデンティティが低い者は不適応傾向を示すと述べる[19]。また配偶者・二世に比べ、残留孤児には「家族の要」として家族をまとめていこうとする傾向があるとし、その一因として、「自分の祖国――血の源があるとの意識も働いているのではないかと考えられる。自分は日本人であるとの同一性があり、根本的なところでは日本への依存、安堵があると思われる」と考察する。

　しかし本書第五章・第六章でみた帰国後の厳しい現実をふまえれば、大坊・中川の指摘は説得力を欠くように思われる。すなわち日本人としてのアイデンティティが低い者が不適応傾向を示すのではなく、逆に日本社会で困難に直面し、不適応を余儀なくされた者が、日本人としてのアイデンティティを低下させるのではないか。現実の厳しさは、日本人アイデンティティを持てば乗り越えられるほど、低いハードルではない。また残留孤児の「家族の要」としてのリーダーシップも、血統に基づく同一性や日本社会への依存・安堵より、むしろ自分が残留孤児であるために運命を大きく変えてしまった家族に対する責任感に根ざすものではないか。総じてアイデンティティ、とりわけナショナル・アイデンティティが現実の生活や行為を規定するというより、現実の生活がアイデンティティを形成すると考える方が妥当ではなかろうか。

　また呉万虹は、自ら抽出したアイデンティティの三類型（「日本人」「中国人」「中間柔軟」）が、日本への帰国、中国での定住という実際の選択行為と無関係であったと述べている[二〇]。つまり日本帰国者にも、中国定着者にも、それぞれ多様なアイデンティティの人々がいたのである。その一方で呉は、中国定着者の中で「消極的な本意定着」者のアイデンティティが「日本人寄り」、「消極的な本意定着」者のそれが「中国人寄り」、そして「生活重視の本意定着」者のそれを「中間柔軟型」と区分する[二一]。しかしこれは実質的には同義反復の域を出ず、わざわざアイデンティティに言及する意義は希薄であろう。

　以上の如く、ほとんどのアイデンティティ研究は、現実の生活過程や社会構造変動・変革との十分な接合面を確保していない。

　そこでアイデンティティ・クライシス、及び、アイデンティティ・ポリティクスの境界・関係も曖昧にならざるをえない。多様なアイデンティティやその使い分けは、一方で社会構造による強制であり、同時に他方で主体による能動性でもある。そこでこれを切り離して主体性を重視する多くの研究は、「時と場合、相手、状況によって」といった漠然たる一般論、または「客観的な社会構造と主観的な生活世界」といった単純極まりない二分法に陥らざるをえない。そして多くの場合、マクロな歴史・社会構造変動には規定・翻弄されるが、ミクロな生活世界・対面状況・発話レベルでは主体性・戦略を確保しているといった、極めて脆弱な人間像を前提にせざるをえないのである。

第五項　アイデンティティ・ポリティクスとしての国賠訴訟

　さて、残留孤児の日本国家への批判と要求を示す社会運動の一つとして、二〇〇二～〇八年にかけ、全国各地で展開された国賠訴訟がある。これをアイデンティティと関連させて論じた研究者として、蘭信三・大久保明男・鐘家新がいる。

蘭信三は、国賠訴訟を「中国帰国者によるアイデンティティ・ポリティクス」、「日本人としての包摂と排除のダブル・バイントに悩む中国残留日本人による政府や日本社会とのアイデンティティ・ポリティクス」と捉える。[二二] また蘭は、「彼／彼女ら（残留孤児）をめぐるアイデンティティ・ポリティクスへの彼／彼女らの異議申し立てが、今回の国賠訴訟の背景にある。すなわち、中国残留日本人とは何ものであり、日本社会にとってわれわれはいったいどんな意味をもっているのかという彼女／彼らの問い、いや悲痛な叫びが国賠訴訟だったのである」[二三]とも述べる。

前述の如く、蘭は、国賠訴訟の過程で展開された「棄民」と「葛藤」の語りを、弁護士・支援者・マスコミという新たな聞き手を得て洗練されたモデル・ストーリーとみなす。またそれらが、残留孤児が体験した「事実」に基づく「客観的」で実証主義的なものではなかったとも述べる。こうした認識に立てば、確かに国賠訴訟は主観的に構築されたアイデンティティをめぐる政治闘争と位置づけられよう。

しかし筆者は、これも前述の如く、「棄民」や「葛藤」の語りを、残留孤児が現実の生活体験に根ざして主体的に構築した事実と捉えている。国賠訴訟は、こうした事実に基づいて国家の責任を明確にし、現実の生活問題を解決・改善するための主体的かつ客観的な集合行為であったと考える。

また蘭は、中国帰国者問題を「社会問題」としてのみ捉える立場を批判し、当事者が日本社会を創造的・主体的に生き抜いている実態の把握の重要性を強調する。[二四]「社会問題」としてのみ把握することは、帰国者を「可哀想な人達」と捉えることに陥りかねないと指摘するのである。

しかしこれは、蘭自身が「社会問題」と当事者の創造性・主体性を切り離して捉えていることを物語る。残留孤児は、「社会問題」を自ら解決する主体である。残留孤児が直面するあらゆる問題は——人間が社会的存在である以上——、「社会問題」だ。国賠訴訟は、「社会問題」の解決を目指す当事者による創造的・主体的な社会運動にほかならない。

一方、大久保明男は、国賠訴訟を、「彼ら（残留孤児）の厳しい境遇とともに彼らの『国家に対する幻滅』を如実に物語る一つの事例ではないだろうか」[二五]と述べる。

前述の如く、大久保は、残留孤児が国家・民族を忌避・嫌悪し、それらを単なる生計のための手段として小気味よく弄ぶ「ディアスポラ・アイデンティティ」の主体と捉える。いわば国賠訴訟は、国家に対する幻滅・嫌悪の現れであり、生計の手段としての国民の権利の主張ということになる。

もとより国賠訴訟がもつ意味は、原告の中でも多様である。一部には、大久保が指摘する要素も皆無ではない。

しかし同時に国賠訴訟は、立法・行政への幻滅であっても、司法への一縷の期待である。その限りで、国家権力への全面的幻滅とは言い切れない。また残留孤児が国家に求めたのは、単なる生計の手段としての賠償だったか否かも検証が必要であろう。

総じて国賠訴訟は、国家権力に対する残留孤児の最後の期待、最後の審判ではなかったか。もとより、その期待・審判に司法を含む国家権力が応え得たかどうかは、別問題である。

「日本人であること／日本人になること」は、日本の国家・社会への無批判な同化・適応と同義ではない。日本人だからこそ日本の国家・社会を批判し、変革を求める批判的国民主義もありうる。日本人としての権利を求めた訴訟を「祖国なきディアスポラ」の行為と定義するのは、無理があるだろう。

そして鐘家新は、残留孤児が国賠訴訟で老後保障を求めた主な根拠を「人間だから」ではなく、「日本人の血統を有する人々だから」であったと指摘する。(一六) また鐘によれば、国賠訴訟は支援団体が残留孤児の「自己不幸」を煽り、誘導する過程であった。孤児達は、「中国人の養父母の子供になったこと」を「不幸のはじまり／恥辱」と解釈し直していった。いわば国賠訴訟は、残留孤児に中国での生活を「不幸」とみなし、日本人の血統に基づく優先的生活保障を求めるナショナリズムを活性化させたというのである。前述の大久保明男とは、まったく対照的な認識といえる。

こうした認識をもつのは、鐘のみではない。日本人の血統を根拠として、日本国民としての平等・権利を主張する残留孤児の要求や運動は、ある種の血統主義的ナショナリズムの色彩を帯びる。集会やデモで、残留孤児が「日の丸」の鉢巻を締め、「我々は日本人の血統をひく純粋な日本人だ」と（中国語で）訴える姿は、その象徴であろう。国賠訴訟の渦中、ある中国人ジャーナリストは筆者に「残留孤児は、日本人の血統に固執する民族主義者なのか」と質問した。ある在日コリアンは当初、国賠訴訟の支援集会で連帯の挨拶をしたが、その後、残留孤児の血統的国民主義の主張に違和感を抱き、原告支持の姿勢は維持しつつも、支援運動への参加を見送った。日本に生きる外国籍者やエスニック・マイノリティが、残留孤児の主張に違和感を覚えるのは理解しうる。

しかし筆者は、こうした鐘の受けとめ方にも疑問を感じざるをえない。訴訟闘争は、残留孤児が支援団体によって「自己不幸」を煽られる過程ではなく、当事者が現実生活で体験した被害・不幸をふまえ、それを生み出した日本国家の責任を明確にするために起こした主体的な集合行動であった。また日本政府の無責任・冷酷さを指弾する行為は、これと対照的な中国の養父母や中国人の暖かさを改めて想起する過程でもあった。

南誠は、国賠訴訟が「『日本人』としての権利ないしその回復」を勝ち取るための闘いであったとよく言われるが、法廷外闘争を含む「運動全体で捉えて考えると、『日本人』としての位置だけでなく、『中国人』としての位置づけも顕在化している」(二七)と語る。その通りである。ただし同時に残留孤児の主体性を「日本人」「中国人」といったナショナルな認知枠のみで把握することにも限界があるだろう。

第六項　日本人として、日本の地で、人間らしく生きる権利

では残留孤児は、国賠訴訟で何を求めたのか。

序章第三節でみた如く、国賠訴訟の嚆矢となった関東の弁護団は、残留孤児の要求を「普通の日本人として人間らしく生きる権利」と定式化した。本書の対象者である兵庫の弁護団は、これを発展させ、「日本人として、日本の地で、人間らしく生きる権利」とした。

「普通の日本人として人間らしく生きる権利」について、中国「残留孤児」国家賠償訴訟弁護団全国連絡会（以下、弁護団全国連絡会）は、「人格権、幸福追求権、帰国の権利といった既存の基本的人権が複合したもの」(二八)と述べる。

一方、被告の国は、そのような権利は曖昧で、法的根拠がないと主張した。また弁護団全国連絡会によれば、残留孤児だけにこうした権利が認められるか否かについて、裁判所の判断は概ね否定的であった。(二九)そして弁護団全国連絡会自身も、「それが中国残留孤児らに特有の権利として認められるほどの一体性、独立性を有するものといえるかは確かに疑問の余地はあろう。『普通の日本人として人間らしく生きる権利』とは、多分に、中国残留孤児たちの境遇を世論にアピールする場合のキャッチフレーズ的な意味合いを含んだものであった」(三〇)とも述べている。さらに弁護団全国連絡会は、「『日本人として人間らしく生きる権利』という孤児らが侵害された権利の内容を十分に深化できなかった」とし、「人生被害を法的権利としてまとめ、これを説得的に裁判官の前に提示する作業が行われたか、行われなかったとすればその理由は何かが問われる必要がある」(三一)と総括している。

第七項　政策形成訴訟と老後の生活保障

さて、国賠訴訟をめぐっては、政策形成訴訟という手法、及び、形成すべき政策の質も重要な論点となる。

弁護団全国連絡会によれば、政策形成訴訟とは、「特定当事者間の個別の紛争処理にとどまらない政策形成機能を民事訴訟が果たす現代型訴訟」[三二]である。残留孤児問題の解決には、裁判での勝訴だけでなく、国の政策の変更が不可欠だ。勝訴判決を梃子として、孤児支援の特別立法を作らせることを目的とした政策形成訴訟が必要になる[三三]。

もとより政策形成訴訟は、勝訴（国の法的責任の明確化）と政策形成を切り離し、後者だけを目指すものではない。

ただし結果的にみれば、原告の残留孤児は序章第三節で述べた如く、多くの裁判所で敗訴した。しかし、支援法は一定の改正をみた。弁護団全国連絡会は、「政策転換・形成を目的として提訴された集団訴訟は、結果的に、自立支援法の抜本的改正という形で一応初期の目的を達した形となった。もっとも、各地弁護団の、そして全弁連の当初の目論見は、各地裁で何らかの形で勝訴判決を積み上げていき、政府の姿勢を転換させるというものであり、決して敗訴判決の山を築くことでなかったことはいうまでもない。その意味では、解決への道筋は当初の予定とはかなり異なった」[三四]と述べる。

筆者は、残留孤児の国賠訴訟が単に勝訴を目指すだけでなく、それを新たな政策形成の契機にする必要があるという意味で、政策形成訴訟の理念・目的に反対ではない。また政策形成訴訟と明確に位置づけることで、法廷闘争にとどまらず、広範な世論・社会に訴え得た意義も大きいと考える。

しかし他方で筆者は、政策形成訴訟と位置づけるか否かを問わず、残留孤児問題のような現在進行中の事案について、裁判で国の違法性または法的義務が明確にされれば、何らかの政策形成がなされるのは当然とも考える。また訴訟の意義・成果は、第一義的には国の違法性ないし法的義務をどこまで明確にしえたかで評価されるべきでもあろう。それこそが、後に形成される政策の質を決定的に左右するからだ。

そして長年にわたって残留孤児問題を取材・報道してきたジャーナリストの大久保真紀は、国賠訴訟の主な目的を、老後の生活保障の政策形成に見出している。大久保は、国家賠償でも新たな政策形成一般でもなく、老後の生活保障という極めて限定的な目的・要求を重視する。「孤児たちが真に望んでいるのは、賠償金ではなく、新たな老後の生活保障制度だ。もともとこの裁判は、退職年齢を迎えた孤児たちが、年金では食べていけず、制約の多い生活保護を受けざるをえなくなったことへの危機感から始まった[三五]」、「民事裁判では『孤児の老後を支援する法律を作れ』という訴えは起こせないため、やむをえず損害賠償請求という方法を選び、裁判で勝つことで新しい制度を作る必要性を国に認めさせ、実施してもらいたいというのが彼らの願い[三六]」等、大久保の見方は一貫している。

確かに第五章で詳述した如く、残留孤児にとって老後の生活保障は切実な要求の一つではあった。

しかし筆者は、本書全体を通して明らかにしてきた残留孤児の苛酷な人生をふまえる時、大久保の認識は、国の責任の明確化やそれをふまえた包括的政策形成の意義をやや軽視し、また孤児の要求を狭く限定して捉えすぎているように思う。

第一節　民族的自己定義と定住志向

ではまず、対象者の民族的自己定義と定住志向をみていこう。

第一項　民族的自己定義

【中国における日本人、日本における中国人】

四五名の対象者のうち、自らを「日本人」と定義するケースは一七名にとどまる。様々な意味で「日本人と中国人の中間」と定義する孤児は二〇名と最も多い。それ以外に「中国人」との定義が五名、「何人であるか、無関心」が三名いる。

このように民族的自己定義が多様に分散し、しかも「日本人と中国人の中間」が多いことの背景には、まず日本と中国という二つの社会での生活体験という一般の移民と共通する要素がある。しかしそれだけでなく残留孤児は、「来日前は日本人、来日後は中国人」とみなされ、双方の国で差別・排除されてきた独特の体験をもつ。いわば、「二重のマージナルマン」としての体験が、固有の越境的な民族的自己定義を構築したのである。

＊「日本人か中国人か、どこの国の人間か、自分でもさっぱりわかりません。中国にいた時は『日本人』として差別され、日本に帰って来ると予想もしなかったことに『中国人』として差別されます。どこにいても仲間外れにされ、追い詰められています」

「日本人か中国人か、自分でもわかりません。中国では『日本人、小日本』と呼ばれ、日本に帰ってくると『中国人』と言われます。どの国にいても受け入れられず、屈辱を飲み込まなければなりません。こんな運命は、誰によって作られたのでしょう」

「いったい私達は何者なのか。日本人でも中国人でもない状態です。中国では長らく『小日本鬼子』と罵られ、差別されてきました。日本に帰ってからは『中国人』と呼ばれ、差別されています。どこにいても外国人扱いで、疎んじられ、抑圧されます。私達のような人間は一生、差別から抜け出せません。一人の人間として認めてほしいです」

【「日本人」としての自己主張】

残留孤児が自らを「日本人」とする定義には、次の要素が絡み合っている。

第一は、「血統が日本人」、「日本人としての証拠・記憶がある」等、日本人としての根拠の意識的な強調である。

＊「私は、本物の日本人です。私の身体には、一〇〇％純粋な日本人の血が流れています。日本に帰国する前から、日本人であることを片時も忘れたことはありません」

「私は、子供の頃から日本人と思い続けてきました。両親は日本人、生まれも戸籍も日本です。日中両政府も、私を日本人と認定しました」

「私は日本人です。養父母から日本人だと教えられた日から、ずっとそう思い、だからこそ日本に帰ってきました。日本に生まれ、父母も日本の戦争で死んだ日本人です」

第二は、日本社会で「中国人」とみなされることへの反発・異議申し立てだ。

＊「祖国の日本に帰ってきたのに、『中国人』と言われるのは理不尽です。絶対に『日本人だ』と主張したい。まわりがどう見ようが、私は正々堂々、日本人です。中国で『日本人』と言われたことより、祖国・日本で『中国人』と言われることの方が多く、そんな時、言葉にならない苦しい思いに襲われます」

「他人がどう思おうが、私は本物の日本人です。偽物ではありません。日本に帰国したのに中国人扱いされるのは、納得できません。以前、二人の警察官に『あなたは何人か』と聞かれ、『日本人だ』と答えました。後でその警察官に出会うと、『日本語ができない日本人だ』と笑いながら言われました。悔しかったです」

「私は一〇〇％日本人です。ある自立指導員は、『どうして君達が中国人と見なされるか考えてみろ。君達の礼儀・思考方式が中国式で、日本社会に溶け込んでいないから、中国人と呼ばれるのだ』と言いました。私は、『本末転倒だ。どうして私達の思考方式が中国式になったのか。私達は中国語で話したくない。日本式の思考方式で人と付き合いたい。でも、それができないのは、あなた達が我々を中国に棄て、帰国させず、帰国後もまともに日本の思考方式の教育をしてくれなかったからだ。あなた達は、あまりに冷酷だ』と反論しました。私達は、同じ日本人としての暖かさをまったく感じられません。私達を日本人と見なさず、見下しているのです」

そこで第三に、自分を「日本人」と定義しつつも、どこか落ちつきの悪さを感じている孤児も少なくない。

＊「自分は日本人だと思っています。でも実際は、日本人でも中国人でもない状態です。いったい自分は何人かという疑問を抱えていますが、答えは永遠にみつからず、悔しいです。残留孤児の心は、厚い氷に覆われています」

「私は日本人です。だから祖国の日本に帰りました。でも時々、自分でもわからなくなります。誰かに聞かれたら、私は必ず『日本人だ』と答えます。でも日本語ができず、長らく中国にいたので中国の方が好きです。私は何人なのでしょう」

「ここは本当に日本なのか。日本で日本人として生活している実感がまったくありません。私は自分を日本人と思っていますが、日本人は私を中国人とみなし、相手にしてくれません」

【日本人と中国人の中間】

さて、「日本人と中国人の中間」という自己定義には、多様なタイプが融合している。

まず第一は、「日本人でもあり、中国人でもある」と、両方の民族に帰属意識をもつタイプである。

＊「日本人でも中国人でもあり、半分日本人、半分中国人という感じです。スポーツ観戦では、まず日本、次に中国を応援します。どちらも勝ってほしいです」

「血統や国籍は日本、言語・生活習慣は中国です。表面が日本人、中身が中国人というべきか、その逆というべきか。中国で何十年も生活してきたので、やはり中国の習慣を身につけ、中国への感情は深いです。でも日本で中国人とみなされ、日本人として受け入れられていないと感じると、辛いです」

第二は、「日本人でも中国人でもない」、「来日前は日本人だと思っていたが、今はわからなくなった」等、どちらの民族にも帰属意識を持てずにいるタイプである。

＊「中国人でも日本人でもありません。もし中国人なら、なぜ日本の国籍をもち、日本に帰ってきたのか。もし日本人なら、なぜ日本社会に溶け込めず、差別されるのか。私は何人なのか。根っこのない、言いようのない喪失感に苛まれ、すごく悔しい一生です」

「来日時、私は確かに日本人だと思っていました。でも今は、自分が何人か、さっぱりわからなくなりました。日本人でも中国人でもありません。日本人なら、日本で中国人としていじめられるはずがありません。もう、どちらでもない人間だと諦めました」

「私は本当に日本人なのか。日本人なのに、なぜ日本語を喋れず、日本の習慣がわからないのか。私の思考や習慣は中国人で、今更それを変えようとは思いません。血統は日本人ですが純粋な日本人でもなく、生活習慣は中国人ですが純粋な中国人でもない。日本人でも中国人でも、どちらでもない人間です」

「以前、自分が日本人だと思ったのは、空しい錯覚でした。今は、自分がどの国の人間かわかりません。まるで空中に浮かんでいるようで、とても悔しい一生です。無国籍人というしかありません」

そして第三に、「日系中国人」または「在日華僑」等、トランス・ナショナルな自己定義も見られる。

＊「中国にいる時は日系中国人、日本にいる時は在日華僑という感じです。自分としては日本人の血統で、心から日本人と思いたいけれど、まわりの日本人はそう見てくれません。中国人に育てられ、中国で教育を受けたので、私の文化や意識も確かに中国式です。日本式に合わせたいとは思いません」

「血統は日本人ですが、日本語はできず、中国文化の影響が強いから、日系中国人でしょう。子供の頃は中国人だと思っていましたが、その後、実は日本人とわかりました。来日後、中国人でも日本人でもなくなったというのが実感です。今は、日系中国人だと思っています」

【「日本人」であることの拒否と離脱】

「日本人」であることをきっぱり拒絶し、「中国人」と自己定義する孤児も少数だが、みられる。

＊「日本では、自分が日本人という実感はまったくありません。話せば、すぐに中国人と思われるからです。私は肉体は日本人かも知れませんが、心は一生ずっと、一〇〇％中国人と思っています。身は日本にいても、心は中国にいます」

「本音を言えば、私は中国のご飯を食べて大きくなったので、中国人だと思っています。国籍は関係ありません。中国人が育ててくれなければ、私はとっくに死んでいました。皆にも中国人と思われているし、この意識は多分、生涯変わらないでしょう」

「私は中国人であることを誇りにしています。日本に対し、すごく反感をもっています。だから日本人に合わせ、日本人のようになりたいとは思いません。国（中国）を忘れてはいけない。国を忘れるのは、自分の根を失うのと同じです」

最後に民族的自己定義に無関心で、「自分が日本人か中国人か考えたことがない。どうでもいい」と語る孤児もいる。

【民族的自己定義の規定要因】

一人ひとりの孤児は、上述の多様な民族的自己定義を併せ持ち、状況に応じて異なる位相を表出させていると思われる。

しかしそれにも関わらず、それは完全に状況依存的であるわけでもない。なぜなら帰国年次によって、各人の自己定義には一定の傾向的特性があるからだ。

すなわちまず、自らを「日本人」と定義する孤児は、帰国年次を問わず一定の位置を占めるが、一九八七年以前に帰国した孤児の中には、「日本人でもあり中国人でもある」、または「日系中国人・在日華僑」等、複数民族への帰属感を表明するケースが多い。そして、自己定義に変化が少ない。

これに対し、一九八八年以降まで帰国が遅延した孤児には、自らを「日本人でも中国人でもない」、もしくは「中国人」と定義するケースが多い。総じて、より「中国人」に傾斜し、または双方からの疎外感を抱いている。そして、「帰国当時は自分を日本人と思っていたが、今はどちらでもないと思うようになった」等の変化を経験した孤児も少なくない。

なお、民族的自己定義に無関心な孤児は、中国の農村に居住していた比較的高齢者《Bタイプ》である。

第二項　定住志向

では次に、定住志向をみよう。

日本への帰国後、二〇〇四年調査時点まで一貫して「日本に定住したい」と考えてきた孤児は四五名中、一九名と半数以下にとどまる。調査時に将来、「日本に定住したい」と考えている孤児も二二名と半数以下である。過半数の孤児は、日本と中国のどちらに定住するか迷ったり、中国に戻って定住したいと考えている。

【日本への定住志向】

日本への定住を志向する理由の一つは、「日本人だから」である。

ただし、そこにも二つの要素がある。

一つは、前項でみた「日本人である」との自己定義・自己主張の延長線上で、日本に定住するのが当然という意識だ。

＊「日本人だから、死ぬまで日本にいます。戦争のために中国で肉親を失い、『日本に帰れ』という親父の言葉をずっと心の底に押さえ込んで生きてきました。だから、二度と中国に戻るつもりはありません」

「日本人だから当然、ずっと日本に住みます。日本で死ぬっ

表　国民国家と社会意識（帰国年次・タイプ別）　（人）

			帰国年次			タイプ				計
			1987年以前	1988～89年	1990年以降	A	B	C	D	
自己定義	日本人		8	3	6	4	4	6	3	17
	中間	両方	6	1	2	3	2	1	3	9
		日系・在日	3			1	1		1	3
		どちらでもない		4	4	1		3	4	8
	中国人			2	3	1		2	2	5
	無関心		1	1	1		3			3
自己定義変化	あり		3	6	7	7		4	5	16
	なし		15	5	9	3	10	8	8	29
定住志向	一貫して日本		11	3	5	5	7	4	3	19
	往来・葛藤		7	6	9	5	2	7	8	22
	中国あり			2	2		1	1	2	4
日本定住志向理由（複数回答）	日本人		10	2	3	5	5	3	2	15
	中国在住制約		8		1	2	2	1	4	9
	中国に経済基盤なし		7	8	7	3	4	7	8	22
	日本が快適		4	2	4	1	7	1	1	10
	その他		6	4	6	4	3	5	4	16
	言及なし				1			1		1
配偶者定住志向（配偶者あり）	日本		6	3	3	1	6	4	1	12
	往来・葛藤		4	5	3	3	1	3	5	12
	中国あり		4	2	8	2	2	5	5	14
	不明		1		1	2				2
子供定住志向	日本		11	3	1	3	5	1	6	15
	往来・葛藤		2	1	4	4	1	2		7
	中国あり		3	2	6	2	1	7	1	11
	不明		2	5	5	1	3	2	6	12
家族と定住意見	一致		7	2	1	2	5	2	1	10
	不一致		8	4	12	5	3	8	8	24
	家族の意見不明あり		3	5	3	3	2	2	4	11
日本イメージ（複数回答）	マイナス	冷酷	15	10	14	10	8	10	11	39
		侵略	12	9	11	6	7	9	10	32
		その他	4	4	6	3	3	3	5	14
	プラス	祖国	8	3	9	3	3	6	8	20
		親しみ	4	2	3		2	4	3	9
		経済豊か	10	3	9	2	6	7	7	22
		その他	4	3	3	1	3	3	3	10
中国イメージ（複数回答）	マイナス	貧困	5	4	2	1	1	3	6	11
		経済格差	3			1	1	1		3
		その他	11	4	3	3	6	1	8	18
	プラス	寛大	14	10	15	8	9	11	11	39
		急速発展	16	9	11	5	10	10	11	36
		祖国・親しみ	10	6	13	6	4	10	9	29
		その他	11	8	11	5	5	10	10	30
計			18	11	16	10	10	12	13	45

資料：実態調査より作成。

もりです。私は日本人だから、日本に帰国しました。やっと帰国できたのに、なぜまた中国に戻らなければならないのか。ある人が冗談で『日本が嫌なら、中国に帰ったらどうだ』と言いました。私は『馬鹿にするな。私は日本人だ』と答えました」

いま一つは、日本国籍なので中国に定住するには法的制約・政治的リスクがあり、難しいとの判断である。この場合、制約・リスクさえなければ中国に定住したいとの気持ちが垣間見られる。

*「日本で死ぬしかありません。中国にいると、日中関係が悪くなった時に大変です。以前、訪中した時、テレビで歴史教科書問題を報道していました。まわりの中国人は皆、私が日本人だと気づかなかったので無事でしたが、やはり不安でした。中国の故郷では、私が日本人だと皆、知っているので、定住はできないでしょう」

「日本国籍だから、中国に定住したくても中国政府が許可しません。三カ月に一度、ビザを更新しなければなりません。二〇万元払えば、長期滞在資格がもらえるそうですが、そんな金はありません」

また、これらを上回って多いのは、中国に経済的な生活基盤がなく、日本に定住するしかないという諦観である。

*「日本では一応、住居や生活保護があるので、日本で暮らすしかありません。中国に帰ると家も仕事も収入もありません。経済条件があれば中国に帰りたいけれど、どうしようもありません」

「本当は中国に帰りたいです。でも私達は、中国での仕事や財産をすべて失いました。中国に帰ると、住宅を買う金も必要です。もし日本の生活保護で中国で暮らしていいなら、中国に帰ります。それが許されない以上、日本で住み続けるしかありません」

それとも関連して、医療費を考えると日本にいるしかないとの判断も、一部にみられる。高齢化に伴い、この理由は今後、さらに増加すると思われる。

*「中国は医療費が高く、日本にいるしかありません。日本では生活保護を受けていれば、医療費は無料です。これから年をとるにつれ、病気も多くなるでしょう」

そして一部だが、日本の生活の方が快適、または既に慣れたとの動機もある。

*「日本の方が、気候も生活環境もいいです。三〇年間も中国にいましたが、今はもう、（日本の）いい環境から、（中国の）悪い環境に行くと、適応できません」

「日本の気候・風土に慣れたし、中国にいるより、私には合います。実は日本にいる方が楽だと思います」

【日本と中国の狭間で】

さて次に、定住をめぐり、日本と中国の狭間で揺れているケースもある。

そこにも、二つのタイプがある。

一つは、どちらの国への定住も精神的に落ちつかず、葛藤しているタイプだ。

*「どちらに住んでもすっきりせず、自由に感情を解き放てません。安心して暮らせる場所が、どこにもありません」

「どちらに住んでも押さえ込まれているようで、身の置き所がありません。漂流しているような感じで、どこに住めばいいか、自分でもわかりません」

もう一つは、日中を往来して暮らすのが理想と語るタイプである。人生の半ばまで中国で暮らした残留孤児にとって、条件さえ許せば、両国の二者択一ではなく、往来しながら生活したいと考えるのは、ごく当然の心情ではある。

*「寒い冬は日本、暑い夏は中国を往来して暮らし、春節も中国に帰りたいです。私は日本人だし、中国は生活環境がよくないから、中国にずっと定住はしたくありません。でも中国も私の祖国の一つだから、じっと日本にいるのもつらいです。私には、二つの祖国があります。往来できれば気分もよくなり、もう少し長生きできるでしょう」

「日中両国を往来したいです。残留孤児問題が本当に解決されていれば、私達は両国を自由に往来して暮らせているはずです」

「日中両国を往来するのが理想です。私には故郷が二つあり、中国に帰れば中国、日本に帰れば日本が私の故郷です。日中友好にして皆、自由に往来できたらいいのにな」

両国の狭間で揺れている孤児が、日本側に引かれる主な理由は、日本定住を志向する孤児のそれとほぼ共通している。すなわち第一は、「日本人だから」である。ただし、ここでは日本人としての積極的な自己主張というより、むしろ日本国籍であるため中国定住に法的・政治的制約があるという側面が強調されている。

*「日本国籍だから、中国に住むには、手続きが面倒です。ビザは三カ月、延長しても最長九カ月で、コネがなければ延長も難しいです。ビザの手数料も高くなり、七〇〇～八〇〇元かかります」

第二に最も多いのは、中国に経済的な生活基盤がなく、日本に住むしかないという諦観である。

＊「中国に帰ったら家も年金もなく、生活できません。中国に住むのは、夢物語です。もし生活保護で中国で暮らしてもいいなら、中国に帰ります。でも実際は金額が足りません。中国の物価はどんどんあがっています」

「心の中を正直に言えば、中国に帰りたいです。でも中国に行くと、生活できません。生活保護は止められ、公営住宅も没収されてしまいます。中国には仕事も家も何もなく、子供も皆、日本にいます。故郷はあっても帰れません」

最後に第三として、日中の狭間で悩む孤児に固有の理由として、メンツの問題がある。日本に適応できず、中国に戻るのはメンツが立たないという心情だ。

＊「中国に帰るとメンツが立たず、皆に笑われます。日本で成功して、中国に錦を飾るならいい。でも日本でまともに暮らせないから中国に帰るなんて、恥です」

「日本でうまくいかないから中国に帰るのは、メンツが立ちません。『日本人になったのに、うまくいかなかった』と笑われます」

逆に中国への定住を志向する主な理由は、中国それ自体の魅力というより、主に日本での疎外にある。

＊「中国で暮らしたい理由は、日本での生活が苦しいからです。日本政府が残留孤児に優しくして、普通の日本人のように扱ってくれたら、もちろん日本で暮らしたい。でも今の状態では、中国が懐かしく思い出され、中国の方がいいと感じます。日本では孤独だし、将来も不安です。老人ホームに入っても言葉がわからず、刑務所に入ったような気分になるでしょう。年をとるほど、精神的な圧力が強くなります」

「中国で暮らしたいと思うのは、日本で毎日、家に閉じこもって孤独だからです。中国には古い友人が多数いて、年をとるほど会いたい気持ちが募ります。生活水準は日本の方が高いけれど、中国に戻ると言葉が通じるから、思う存分、交流できます」

「日本に帰ってきて、こんなに辛い生活が待っているとは思いませんでした。日本で辛い思いをする度、『中国に戻りたい』との気持ちが募り、日本に帰国したことを後悔します。中国での生活も自由がなかったけれど、日本での生活はもっと不自由です」

特に、生活保護を受給していない孤児は、日本での老後に経済的不安を感じ、中国での定住の可能性も模索している。

＊「年をとると働けず、年金も少ないので日本では生活できません。同じ年金額でも中国なら何とか暮らせるのではないでしょうか。私達は年金や貯金が少ないので老後も貧しく、老人ホームにも入れません。精神的圧力がすごく強いです」

「中国に帰りたいのは、主に経済的理由です。妻が退職したら、年金生活になります。私達の年金では日本では極貧生活ですが、中国なら少しはましな生活ができるのではないでしょうか」

【中国への定住志向】

最後に中国への定住を明確に志向する孤児も、少数だがみられる。その理由もまた、日本での生活が疎外され、苦しいことである。

＊「日本では全然幸せではなく、悩みばかりです。日本の極めて少ない年金でも、中国でなら何とか生活できるのではないでしょうか。日本では水しか飲めなくても、中国ならまだ食事ができます。日本では言葉の問題もあり、友達もできず、孤独です。日本では地獄に落ちたようで、まさに後悔先に立たずです」

「来日当初は、日本に永住するつもりでした。中国に帰るなど、考えもしませんでした。でも今は、日本に来たことをすごく後悔しています。私達は、中国でいい生活をしていました。日本に来ると貧しく、仕事もできず、知り合いもなく、周囲から変な目で見られ、とても耐えられません。条件さえあれば、中国に帰りたい。日本にいると不眠症になりますが、中国に帰るとぐっすり眠れます。鬱病なのかもしれません」

ただしここでは、実際に中国に定住するには経済的基盤が必要で、その確保は困難であるとも認識されている。

＊「心から中国に帰りたいけれど、帰るには経済条件が必要です。多少の年金を持って帰っても、中国で物価がどんどんあがったら、生活できなくなります」

「中国に仕事も家もありません。日本政府が生活を保障してくれたら、いつでも中国に帰ります。そうでなければ、今更中国に帰る経済条件もありません」

【定住志向の規定要因】

以上のような定住志向もまた、帰国年次によって差がある。概ね一九八八～八九年を境に、それ以前に帰国した孤児は「日本に定住したい」との指向性を色濃くもっている。その主な理由は、「日本人だから」、「（日本国籍であるため）中国に在留期間の制約があるから」等、日本人であることだ。

これに対し、一九八八～八九年以降まで帰国が遅延した孤児は、日本社会での疎外感が特に強く、「中国に戻って定住したい」、または「中国に帰国したいが、それもできない」といった葛藤を抱いている。将来についても、「日本と中国を往来したい」または「中国に戻って定住したい」との指向が強い。日本への定住を指向する場合も、その理由は「中国に経済的な生活基盤がないから」という諦観が主である。

なおそれ以外に、中国の農村に居住していた年長者（《Bタイプ》）では、「日本での生活が（中国でのそれより）快適なので、日本に定住したい」とのケースも少なくない。

第三項　定住をめぐる家族の葛藤

さてこうした定住志向は、家族の葛藤の一因になっている。

【配偶者】

まず配偶者である。「配偶者がどう考えているか、わからない」、「深く話し合ったことがない」と語る孤児も少なくないが、何らかの回答がある三八名についていえば、「日本に定住したい」が一二名、「中国に定住したい」が一四名、そして「両国の狭間で迷っている」及び「両国を往来して暮らしたい」が一二名である。残留孤児本人に比べ、配偶者には「中国に定住したい」人の比率が高い。

配偶者が「日本に定住したい」と考えているケースは、一九八七年以前に帰国した孤児、及び、中国の農村に住んでいた年長者の孤児（《Bタイプ》）に多い。逆に配偶者が「中国に定住したい」と考え、または葛藤しているケースは、一九八八年以降まで帰国が遅れた孤児、特に中国の都市に居住していた孤児（《A・Dタイプ》）に多くみられる。

残留孤児と配偶者の双方の定住志向が一致しているケースは二二名である。この場合、夫婦間の葛藤は比較的少ない。ただしそれでも微妙な齟齬はある。残留孤児が日本定住に、配偶者が中国定住に傾いているケースが少なくないのである。

＊「夫婦とも日本に定住するつもりです。ただし妻は口には出しませんが、本心は中国に帰りたがっているかもしれません。かつて妻は『中国に帰ろう』とよく言っていました。私が『遺骨は日本に棄てろ』と言い、今は妻も断念したようです」

「私も妻も、どちらに定住すべきか迷っています。妻はよく、『中国で乞食になってもいいから帰ろう』と言います。私は、『中国では家も収入もなく、生活できない』と答えます。その繰り返しです。妻は、『日本に来なければよかった。中国にいたら、こんなみじめな生活をしなくてもよかった』と悔やみ、泣かない日はないほどです」

「夫婦とも、迷っています。夫が先に亡くなれば、私はずっと日本で暮らすでしょう。私が先に亡くなれば、夫は中国籍だから、中国に帰るかもしれません。ただし夫もずっと中国では暮らせず、病気の時は日本で治療しなければならないでしょう」

夫婦間で意見の違いがある一六名では、葛藤はさらに大きい。ここでも残留孤児の意向が日本に、配偶者が中国に傾斜し、その狭間で葛藤する孤児が多い。一九九〇年以降まで帰国が遅延した夫婦では、こうした齟齬が特に顕著である。

＊「私は日本にいたいのですが、夫は中国に帰りたがっています。夫は中国籍だし、中国に親戚がいて、日本では言葉もできず、友達もいません。夫は日本では全然落ちつかず、『中国に帰りたい』とばかりこぼしています。特に最近、中国が急速に発展しています。私達夫婦の間では、この話題には触れたくありません。触れるとすぐ口喧嘩になります。心の中で、すごく悩んでいます」

「私は迷っていますが、夫は中国に帰りたがっています。以前、夫は職場でいじめられ、『もう中国に帰る』と言って手続きをしたことがあります。でも、その頃、私の目が見えなくなり、それで夫も帰国を断念しました」

「夫は、『たとえ一人でも中国に帰る。日本では言葉が通じず、経済的に苦しく、もう耐えられない』と言います。私や子供達は皆、『中国には経済基盤がないから生活できない』と反対します。夫婦で、いつも喧嘩になります」

「妻は中国に帰りたがっています。妻は中国に帰ったら物価も安く、うまく生活していけると思っています。妻は、私が亡くなったら、中国に飛んで帰ると言います。今は私が病気を抱え、医療費を考えると中国に帰れないと、妻はこぼしています」

【子供】

子供の定住志向も、「どう考えているか、わからない」、「話したことがない」と語る孤児が少なくない。子供との間で、この話題に触れにくい様子も垣間見られる。子供達自身、まだ決めかねているケースも多い。

＊「子供達がどこで暮らしたいか、わかりません。聞いたこともないし、聞こうとも思いません。子供も肉体労働で疲れ果て、中国に帰りたがっているような気もします。でも孫達がまだ在学中なので、帰れないでしょう。子供達も決めかねていると思います」

「子供達がどこで暮らすか、話したことはありません。私が日本に連れてきたので、聞きにくいです。子供達は中国に帰りたいかもしれません。日本では、落ちついていない感じです。でも結局、日本に住み続けるしかないとも思います。決めかねていて、今後、状況をみながら判断するしかないでしょう」

すべての子供達が日本に定住を志向している孤児は一五名にとどまる。子供の一部またはすべてが中国への定住を望んでいると答えた孤児は一一名である。ただし、そのいずれもが不確定要素が多い。もちろん子供達は中国に生活基盤がなく、また孫（三世）は日本語しかできない場合が多い。そこで実質的には、子供達の多くは、少なくとも当面は日本に住むしかない。しかし老後まで見据えた時、子供達もまた日本への定住に不安を感じている。

そうした中でも、日本への定住志向が特に強いのは、一九八七年以前に帰国した孤児の子供達だ。逆に一九八八年以降まで帰国が遅延した孤児の子供達は、中国への定住志向、及び、定住地が定まらない葛藤、また孤児が子供達に意向を聞きにくい雰囲気が濃厚である。第六章第一節で述べた如く、比較的早期に帰国できた孤児の場合、国費で子供を同伴帰国させることができたため、子供も生活が安定し、日本への定住志向が強くなっている。逆に帰国が遅延した孤児ほど、子供を私費で呼び寄せるしかなかったため、子供が日本で安定した生活を確立できず、将来の展望も見えにくくなっている。

そして、残留孤児と子供達の定住地志向が一致しているケースは四五名中、一五名である。異なる定住志向をもつのは一七名、残りは子供の意向が不明だ。特に一九九〇年以降まで帰国が遅延した孤児、及び、年少の孤児《C・Dタイプ》で、子供と意向が一致せず、または子供の意向を把握しえていないことが多い。

残留孤児が日本への定住を決意できず、子供が日本への定住を望むケースでは、孤児の側に葛藤と諦観がみられる。

＊「中国に戻りたいけれど、もう諦めるしかありません。『中国に帰ろう』と言っても子供達は聞いてくれないし、孫達も全員、『中国に住むのは嫌』と言います。孫達は、もう中国語ができません。もし私達夫婦だけで中国に帰り、病気で倒れたら、誰が看病してくれるのか。せめて死んだ後、遺骨を中国に送ってほしいけれど、その費用もないから、結局、日本に埋葬されるでしょう」

逆に、子供の側が日本への定住に否定的なケースもある。この場合、孤児自身の定住志向とは別に、子供の日本での生活の不安定が、孤児にとって大きな悩みとなっている。

＊「子供達が将来、中国に帰るかどうか、まだ相談中です。子供達は仕事が不安定で、しょっちゅうリストラされます。日本で仕事が見つからなければ、中国に帰るしかないかもしれません」

「子供達は、中国に帰りたいと思っているようです。日本での生活はきつく、差別され、気持ちもよくないからです。ただし、孫達は日本に慣れ、『中国に帰ろう』と言っても嫌がります。子供達も、どうしたらいいか悩んでいます。私もアドバイスのしようがありません」

第二節　日本と中国はどのような国か

では次に、日本と中国という二つの国に対し、残留孤児がどのようなイメージを抱いているかをみよう。

第一項　日本のイメージ

まず日本については、「残留日本人を放置した冷酷な国」、「中国を侵略した国」等、マイナス・イメージが多い。その一方、「祖国・自分の国」、「経済的に豊かな国」等、プラス・イメージも少なくない。愛憎がせめぎ合い、ただし憎がまさっているといえよう。

【マイナス・イメージ】

マイナス・イメージで最も多いのは、「残留日本人を放置した冷酷な国」である。

＊「日本が残留孤児に冷たいのは、厳然たる事実です。道理もなく私達を中国に棄て、何十年間も放置しました。今も私達の悩みを聞かず、支援もせず、私達の存在を無視しています。日本政府がこんなに私達をいじめるとは、思いもよりませんでした。また日本人の肉親は、多くの残留孤児を認知しませんでした。日本人は冷たいです。中国人と違い、残留孤児を育てられないでしょう」

「日本は情がありません。同胞を海外に派遣したのに保護せず、遺棄しました。今も私達に、冷や飯を食わせています。ある残留孤児が帰国しようとしたら、日本の肉親は『財産を奪われる』と心配したそうです。中国人は孤児を無償で育て、勉強させ、結婚させ、就職させせました。日本人の心は、中国人と比較になりません」

「日本の国は私達を中国に一度棄て、帰国した私達を再び見棄てています。日本は、残留孤児を育ててくれた中国に恩返しもしません。良心がないのでしょうか。私達は祖国を愛していますが、祖国はあまりに冷たく、まるで狼のようです」

次に多いマイナス・イメージは、「中国を侵略した国」だ。

＊「日本が中国を侵略したのは、否定できない歴史的事実です。日本が中国を侵略しなければ、私達は残留孤児になりませんでした。日中戦争という言い方は不正確で、日本による中国侵略戦争です。日本の軍隊が中国に行ったのに、なぜ侵略と言わないのか。私は日本人として、日本の中国侵略をすごく恥ずかしく思います」

「日本は中国を侵略しました。中国は勝ち、日本は敗れて、私達を中国に棄てて逃げ帰りました。侵略戦争の責任は誰にあるのか、それは日本国です。日本政府が中国を侵略しなければ、私のような残留孤児問題は起きませんでした」

「日本が中国を侵略し、多大な災難をもたらしたのは、消し去ることのできない事実です。日本で読んだ記事には、ソ連軍の侵略とか、中国人に殴られたとばかり書いてあり、日本が中国人を多数、殺したことには触れていません。なぜ、これについて何も言わないのか。自分が受けた災難より、人に与えた災難を先に語るべきです。せめて両方を語るべきです。自分が受けた災難ばかり強調するのは、筋が通りません」

それ以外の日本に対するマイナス・イメージは、人権の軽視、金銭至上主義、社会的弱者の軽視等である。

＊「日本では表面は人権が守られているようですが、実は人と人が互いにいじめあっています。工場でも後輩は先輩に服従しなければならず、弱者はいじめられます。こんな関係が、日本のあちこちに見られます。これは日本の教育・社会の大問題です。いじめは帰国者だけでなく、日本人自身が十分に体験しているでしょう」

「日本は人が人を食う社会、金がものをいう社会です。競争が激しく、能力の高い人や金持ちだけが重視されます」

「日本では権力を握った官僚が、自分達のためだけの政策を作っています。搾取されるのは庶民です。消費税も、弱者いじめの苛酷な税制です。また日本では資本家が自分の利益をあげるために働く人の労働を強化し、賃金を下げ、リストラしています」

【プラス・イメージ】

一方、日本へのプラス・イメージで特に多いのは、「祖国・自分の国」、「自分と関係があるので親しみがある国」である。これは、年少者（《C・Dタイプ》）に多く見られる。第四章第三節で見た如く、年少の孤児の中に日本を抽象的なネイションと捉える傾向が強かったことの反映であろう。

次に多いプラス・イメージは、「経済的に豊かな国」だ。環境のよさ、清潔さ、福祉水準の高さへの肯定的評価も、ここから派生している。これは、年少者（《C・Dタイプ》）に加え、中国の農村に居住していた年長者（《Bタイプ》）に比較的多く見られる。

＊「日本は経済が進んでいます。トイレや風呂の環境、サービスも中国よりいいです。中流階級が多く、貧富の差が少なく、日本の生活は中国よりずっといいです。中国では生活が苦しく、中国にいたら、中国政府は今の日本政府のような待遇もしてくれないでしょう。比べれば、日本の方がいいと思います」

「日本は先進国できれいです。日本に来て一番印象が深いのは、食品が安全で衛生的なことです。中国とは、比較になりません。賞味期限も明記され、偽物がほとんどありません。日本は環境保護にも力を入れています」

ただしこうしたプラス・イメージをもつ孤児は、マイナス・イメージをもつ孤児に比べれば、明らかに少ない。またプラス・イメージをあえて強く否定する孤児も少なくない。

＊「帰国前は日本に親しみを感じていましたが、帰国後、まったく感じなくなりました。日本は豊かでもありません。経済大国かもしれませんが、私達のような生活保護受給者には関係ありません。しかも日本政府は、国民から一層多額の税金を集めようとしている一方、年金は少ないです。すごく競争が激しく、何でも改革、改革で、国民の負担ばかり大きくなっています」

第二項　中国のイメージ

さて中国については全員が、何らかのプラス・イメージをもっている。プラス・イメージだけをあげる孤児は二三名と約半数を占め、残りのすべての孤児もマイナス・プラス双方のイメージをもっている。マイナス・イメージしか持たない孤児は、皆無である。

【プラス・イメージ】

中国へのプラス・イメージで最も多いのは、「残留日本人を育ててくれた寛大な国」である。

＊「中国は私達の命を助け、大きく育て、無事に日本に送り返してくれました。日本人は戦争当時、中国を侵略し、中国人をいじめたり、殴ったり、殺したりしましたが、それでも中国人は日本人に棄てられた日本人の子供を拾って育てました。中国の悪口を言うのは、良心に悖ります。中国人は日本人より、ずっと優しいです」

「中国は、すごく心が広い国です。日本は中国を侵略して、子供や女性を棄てました。でも中国人は、日本人の子供を大きく育てました。私は、それを死ぬまで忘れられません。もし中国人が日本に侵略に来て、たくさんの中国人孤児が日本に残されたら、日本人は育てないでしょう。ここは重要なところです」

「何はともあれ私達の命は、中国人に救われました。そうでなければ、私達はとっくに死んでいました。日本は中国を侵略しましたが、中国は敵国の子供を殺さず、大きく育て、日本に送り返しました。とても寛容で善良な国です。日本では、とても考えられません。日本政府も普通の日本人も、棄てられた孤児を育てないでしょう。中国は度量が大きいです」

「中国が寛大でなければ、私達が生き残ったはずがありません。中国は貧しかったけれど、私達を餓死させず、育ててくれました。日本が中国を侵略してたくさんの中国人を殺したのに、中国人は日本人の子供の命を哀れみ、育てました。残留孤児が、もし日本に棄てられていたら、日本人は絶対に育てないでしょう。私達は皆、死んでいたでしょう。中国人は心が広く、その恩は死んでも忘れられません」

次に多いプラス・イメージは、「経済的に急速に発展しつつある国」だ。

＊「中国は一〇年前と比べ、大きく変わりました。農村にも六～七階のビルがたくさん建ちました。私が中国にいた時は、二～三階のビルがわずかしかありませんでした。生活も豊かになり、食生活も日本に劣りません。以前は食糧券・布券・油券の制度がありましたが、今は自由で、金さえあれば何でも買えます」

「私の来日当時、中国は貧しく、日本の知人からもらった古着を中国に郵送したこともあります。今は、すごく変わりました。鶏西は小さな町でほとんどビルがありませんでしたが、今はたくさん聳えています。道路も舗装され、広くなり、埃がたちません。生活も豊かになり、この一〇年間の経済発展は、すごく早いです」

「中国は見違えるほど変わり、私がいた頃より、ずっとよくなりました。交通が便利になり、ビルも増え、生活水準もずっと上がりました。中国の女性は、日本よりきれいな服を着ています。環境も治安も、以前より良くなりました」

中国に対して「懐かしい祖国・自分の国」、「親しみがある国」と感じている孤児も多い。

＊「私には二つの祖国がありますが、中国が一番です。何しろ私を五一歳まで育ててくれました。私は国籍は日本ですが、中国の方がゆかりのある親しい祖国です」

「中国はとてもなつかしい祖国、第二の故郷です。中国に帰って皆が集まるとにぎやかで懐かしく、とても楽しい。国籍は日本でも、やはり中国への感情が深いです」

それ以外に、「政治・経済的な大国」や「古い伝統文化がある国」等も、中国のプラス・イメージとして一定の孤児があげている。

【マイナス・イメージ】

一方、中国へのマイナス・イメージで比較的多いのは、「経済的に貧しい国」や「経済格差が激しい国」である。

「経済的に貧しい国」は、改革開放が不十分という認識だ。

＊「私は農村に長く住んでいたので、やはりあいかわらず中国は貧しいと感じます。まだ全般的に開放されず、多くの地域は経済的に遅れ、貧しい所は本当に貧しいです。中国の発展

がどんなに早くても、私が死ぬまで日本に追いつかないでしょう」

「中国の経済発展がどんなに早くても、日本には及びません。街も汚いです。バスの窓にはガラスがなく、椅子もボロボロです。風や埃が舞い込み、白いシャツも黒く汚れます。日本に慣れると、中国に行くとなかなか適応できません」


逆に「経済格差が激しい国」は、改革開放の矛盾が生じているという認識である。

＊「中国では経済が発展するほど、人々の生活は苦しくなっています。昔はあまり無理をして働かなくても皆、平等に享受できました。今は忙しく働けば働くほど、生活が苦しくなり、貧富の差も大きくなっています」
「今は貧富の差が大きいです。毛沢東時代は、飢える時は皆で飢え、食物があれば皆で食べて平等でした。今の中国は、金持ちは日本の金持ちより金持ちで、貧しい人はズボンもありません。毛沢東時代は泥棒も強盗もなく、ドアを閉めなくても安心して寝られました。今は詐欺や強盗事件も増えました」

「中国は国内の貧富の差が大きすぎます。経済発展が急すぎる弊害だと思います。北方は、南方に比べてすごく遅れています。人々の格差も大きく、農民は土地を失ってしまいました。日本では貧富の差が少ないけれど、中国では金持ちはすごく金持ち、貧しい人はすごく貧しく悲惨な生活です」


その他のマイナス・イメージとして、賄賂・拝金主義・環境汚染・政治的自由の欠如等、主に改革開放以降の中国社会の多様な問題が指摘されている。

＊「中国は、賄賂を貪る役人の汚職が横行し、何事も金次第です。父母より金の方が大事という感じです。日本人はまじめで規則を守りますが、中国では金とコネばかりです。自動車の運転免許も、金さえ出せばもらえます。事故の危険など考えず、無責任です」
「今の中国はどこでも金、金の社会で、何か頼むとすぐ金を請求されます。手術をすると一〇万元位かかり、入院の敷金も取られます。入院が長引けば、また敷金がかかり、コネがなければ入院もできません。住宅も見栄えばかりで、質が悪いです」

「中国は今、かなり危ないです。知人の残留孤児の子供が、中国に投資して工場を作りましたが、八カ月で倒産しました。以前は付き合いのなかった親戚が押し寄せ、食い物にされ、破産しました。今の中国では、親戚どうしでも騙しあっています」

「中国のスーパーや空港のサービスは、まだ悪いです。日本人は心の中で殺したいと思っていても表面はにこにこしますが、中国人は憎んでいなくても怖い顔をしています。また日本は環境保護に力を入れています。中国は表面は豪華にしますが、中は汚い。都市の緑化も遅れ、埃もひどく、衛生もよくないです」
「中国は言論の自由がありません。日本で『天皇制を廃止したい』と言っても、逮捕されません。中国なら、共産党の悪口を言うと逮捕されます。天安門事件で捕まり、罰せられた人々を名誉回復しなければ、社会は安定しないと思います」

中国へのプラス・イメージは若年の孤児（《C・Dタイプ》）に、マイナス・イメージは一九八七年以前に早く帰国した孤児に、それぞれ特に多い。

第三項　訪中体験を通してみた中国の変化

永住帰国後、訪中した孤児は、中国社会の変化を目の当りにした。

まず最も多くの孤児が感じた変化は、都市開発・建築様式のそれである。これは一概には言えないが、全体としてはプラスの評価といってよい。

＊「故郷の吉林市に帰ると、街がひっくり返るほど変わり、昔の面影はまったくありませんでした。街の構造そのものが変わっています。昔は平屋ばかりでしたが、今はどこも高層ビルだらけです。住宅は本当によくなり、道も広くなりました」
「私の故郷は小さな村ですが、村の道や知人の家さえわからないほど変わっていました。昔は家屋も草葺でしたが、今は外壁はタイル、床はセメントです。道路も全部、舗装されました」

経済が急速に発展し、生活水準や環境・衛生が改善され、自由になったと感じた孤児も多い。

＊「中国の生活は急速によくなり、衛生も改善されました。緑化で環境もよくなりました。市場が繁栄し、商品も多彩で豊かです。とても自由になり、店員の態度も昔よりよくなりました」
「中国の私の友達の生活水準は皆、上がりました。私達より、いい生活をしています。昔の主食は雑穀でしたが、今は米と小麦です。昔の農作業は重労働でしたが、今は機械や農薬で楽になりました」
「中国は自由になりました。私が中国にいた時は、言論の自由も職業選択の自由もありませんでした。二〇年前に中国が今の状態なら、私は日本に来なかったかもしれません。もし中国にいたら、私は個人経営の診療所を開いたでしょう。私が中国を離れた一九八七年当時は、まだ個人経営は許されず、『資本主義の道を歩んでいる』、『資本主義のしっぽを切れ』と批判されました」

訪中して、改めて中国に親しみを感じた孤児もいる。

＊「中国人は相変わらず素朴で誠実です。昔の職場の仲間も、とても暖かく、中国に帰ると親しみを感じます。仲間と語り合い、悩みをすべて忘れられます」

「中国に帰ると、言葉が通じて本当に楽しいです。中国人はあいかわらず人懐こく、優しいです。金があってもなくても皆、私達を誘っておごってくれます。日本に帰ってきたら、誰一人として誘ったり、おごったりしてくれません」

一方、訪中して中国社会に深刻な問題を感じた孤児も少なくない。それは、前述した中国へのマイナス・イメージと重なっている。

すなわちまず、経済的貧困・格差である。農村では経済遅滞が、都市では経済発展の弊害がそれぞれ多く指摘されている。

＊「村の土地は痩せていて、米が取れません。潅漑施設がなく、雨水に頼り、水も足りません。豊かになったのは都会の金持ちだけで、農民は依然として貧しいです」

「中国では、貧しい人が三分の一強を占めます。今、老後の年金は月三〇〇～四〇〇元で、全然足りないそうです。自営業の人が増え、事業に失敗する人もたくさんいます。中国人の生活水準はかなり向上しましたが、それは金持ちに限っての話です」

「中国全体の発展は早いようにみえますが、倒産が多発しています。解雇、失業者が多く、貧富の差が広がっています。人間関係も希薄になりました。来日前の同僚の話によれば、年金より物価の上昇が激しく、生活は苦しいようです」

「失業者が増えています。撫順の一〇社の炭鉱は、すべて倒産しました。高齢者は年金がありますが、三〇～四〇歳代の人は給料代わりに支給される服・野菜を自力で売って食いつながなければなりません。教育や医療にも大金がかかります。皆から、『日本に行ったのは正しい選択だ』と言われました。中国がこんな状態になるとは、想像もしませんでした。一九八八年、私が来日した当時、中国の生活は豊かではないけれど、皆、おしゃべりしたり笑ったり、にぎやかで暖かさがありました。でも今は、おしゃべりも笑い声もなくなってしまいました」

貧困や格差を背景とした治安の悪化を指摘する声も多い。

＊「中国には詐欺師や偽造が多く、残留孤児の知人も金を騙し取られました。泥棒も多く、いつも警戒心をもたなければなりません」

「中国では犯罪が多いです。一九五五～五六年頃、街には店員がいない商店がありました。お金を自分で払い、商品を持っていくのです。誰も盗みませんでした。道で何か拾ったら、すぐ持ち主に届けました。夜は家に鍵をかけなくても安全でした。でも今は、何でも金の社会になり、詐欺や泥棒も当たり前になっています」

金銭至上主義や行政の腐敗も大きな問題である。

*「昔は賄賂などなく、義理人情を重んじましたが、今は万事が金次第です。私達が中国に行くと、日本人だからと言って高いホテルに泊まらされます。飛行機も賄賂を渡さなければ、座席確認してくれません。大声で抗議しても、『ないものはない』とうそぶくだけです。五〇〇元の賄賂をやると、すぐ確認してくれました」

「中国の役人は、国家の公金や利権で私腹を肥やし、莫大な貯金をして数軒の家を持っています。庶民の多くは無一文です。皆、賄賂が当然と思っています」

第三節　日本政府への批判と要求

次に、日本政府に対する批判と要求を見ていこう。個々の政策への批判や要求は、既に第一章～第六章で分析した。本章では、政府への総括的な批判と要求を、対象者の語りから抽出する。

第一項　日本政府への批判

【戦争・棄民による被害】

まず四五名の対象者のうち四〇名が、自らを戦争と棄民政策の被害者とみなし、日本政府の責任を問うている。

*「私達は戦争被害者です。戦争は、私達のような『老孤児』、『日本語が話せない日本人』を生み出し、癒しようのない苦痛を創り出しました。戦争が私達にもたらした苦難、家族との離別の苦しみを、日本政府は償うべきです。なぜ私達を、中国に送り込まなければならなかったのか。敗戦後、中国に遺棄するなんて絶対に許せません。この苦痛は、年とともにますます膨らみ、国による補償を求めたいです」

「私達残留孤児は、日本政府の罪深い戦争と棄民政策の遺産です。私達を中国に棄民した罪について、国は謝罪しなければなりません。日本の侵略戦争がなければ、私達は肉親離散の苦しみを味わうこともなく、ずっと日本で生活し、今は年金もあったはずです。言葉にも不自由がなく、仕事もしていたはずです。侵略戦争がなければ、こんな後遺症はなく、残留孤児もいなかったはずです。国は、相応の補償をすべきです」

「私が幼少時に中国に取り残され、放置されたのは、日本政府の責任です。自分の意志ではありません。戦争で家族をすべて奪われ、外国に一人取り残されました。家族が生きていれば、いろいろな思い出もできたと思うと、日本政府を恨まざるを得ません。残留孤児は皆、棄民政策の犠牲者です。国は責任を認め、戦争被害を償うべきです」
「政府は、歴史の罪を償うべきです。戦争は終わりましたが、実はまだ終わっていません。残留孤児の悲惨な現状も、その一つです。幼くして両親を失い、自分の名前すらわからない状態で中国に置き去りにされ、苦難の生活を強いられてきた被害を、日本政府は償うべきです。戦争とは何とむごいものか。戦争のせいで肉親との繋がりを断たれ、幼い頃からこんな惨めな人生を送らなければなりませんでした。辛いことがある度、両親と一緒に死んでしまっていたら、こんな苦労もしなくていいのにと思って生きてきました。すべて日本政府が引き起こした戦争のせいです」
「日本政府は侵略した事実も、棄民政策をとった事実も認めたくないようです。子供は誰も親元を離れたくありません。私達が孤児になったのは、私達の意思ではありません。戦争被害を個人のせいにするのは欺瞞で、侵略戦争を起こした政府の責任です。残留孤児であることによって受けたすべての無念を力として訴えたい。どうしてこんな被害が起きたのか。それは戦争があったからです。だから日本政府には責任があります」

敗戦時、日本政府が軍人・官吏やその家族を優先的に帰国させ、民間人を中国に遺棄したことへの憤りは特に強い。
＊「日本政府はなぜ、軍人や役人の家族は早々に帰国させ、私達の生死にはまったく無関心だったのか。なぜ民間の日本人を安全地帯に避難させず、国境近くに棄てたのか。私の実父母や弟妹は中国で死に、墓もありません。終戦も知らず、日本への帰国を夢見ながら死んでいった実父母や弟妹に、日本政府は謝罪すべきです。政府が戦争を起こし、私達を中国に派遣しました。政府は戦争に負けたら、軍人や官吏だけ日本に返し、女性と子供と高齢者を中国に棄てました。実父母や弟妹の無念を晴らすためにも、国の責任を訴えたい」
「私達は日本政府の政策に基づき、中国に渡りました。それなのに国は、私達に何も知らせず、軍人・役人・満鉄職員だけを早く逃がし、日本に帰らせました。私達に同じ措置をしてくれていたら、こんな目にはあいませんでした。戦争で奪われたものすべて、言葉、家族、国、青春、精神的安定を返してほしい。私は家族全員を失い、中国にたった一人残され、すべてを奪われました。どうすれば返してもらえるかわかりませんが、それでも返してほしい。日本政府を許せません」

実父母が満洲開拓移民だった孤児は、この国策を特に厳しく批判し、恩給等の面でも軍人との差別に不満を感じている。
＊「私が残留孤児になったのは、日本政府が引き起こした戦争のせいであり、開拓移民政策のせいです。政府の開拓移民政

策の呼びかけに応え、実父母が中国に渡りました。そのせいで私は中国東北地方に生まれ、棄てられ、孤児になりました。政府の犯罪的な移民政策で、私達は外国に行かされたのです。誰のせいで、私は日本語ができなくなったのか。私のせいではありません。戦争と移民政策さえなければ、私達も日本語ができたはずです。このままでは、死んでも死にきれません」

「日本政府は、戦争遂行のために私達の親を開拓団として移民させました。それで私は家族を失い、孤児になりました。政府は、私達に補償する責任があるはずです。中国で死んだ家族四人には、何の補償もありません。政府が開拓政策を実施せず、家族五人がずっと日本にいたら、誰かはいい仕事につけ、自宅も建てられ、学校にも通えたでしょう。日本政府は、私達をどう認識しているのか。日本政府はきちんと説明すべきです。どこから生まれたのか。日本政府はきちんと説明すべきです。残留孤児の四文字は、ど

戦況が悪いことを知りながら、国策として中国に移民させたのは棄民であり、許せません。移民政策がなければ、残留孤児も生まれませんでした。しかも敗戦前、関東軍や日本政府はソ連が侵攻すればどうなるか、わかっていました。それでも私達を棄民しました。移民から棄民へ。そして最終的に現地に定着せよと、政府が勝手に決めたのです。腹が立ってたまりません。私は絶対に国の責任を問い、補償を求めます」

「ソ連参戦がもうわかっていたのに、なぜ私達を中国に開拓移民として送り出したのか。強い憤りを感じます。兵士・職員には恩給があるのに、農民だけ恩給も補償もありません。皆、国のために中国に送り込まれ、国のために死んだのに、なぜこれほど待遇が違うのでしょう」

「残留孤児を生んだ原因は、移民政策を推し進め、戦後も放置した日本政府にあります。そのため私達は、日本で生活するという当たり前の人生を送ることができず、中国で苛酷な人生を送らざるを得ませんでした。日本での当たり前の幸せな生活を奪った責任を、とってもらいたい。軍人には恩給が出るのに、開拓移民や残留孤児に恩給も補償もないのは、あまりに不公平です。開拓移民は国のために生命を差し出したのに、なぜ謝罪も補償もないのか。天皇の命令で命を差し出したのは、軍人も開拓移民も同じです」


また複数の孤児は、「残留孤児の発生が日本政府の政策というより、ソ連の侵攻に起因する」との見方を批判している。

＊「テレビで、『残留孤児問題が発生した原因は、ソ連軍の侵入だ』と報道していました。私は、違うと思います。ソ連が出兵した先は中国であり、日本ではありません。もし日本が中国を侵略していなければ、残留孤児は発生しませんでした。ソ連の侵攻以前に、日本の中国侵略を反省すべきです」
『残留孤児が生まれたのは、ソ連の侵攻のせいだ』と言う人がいます。でも、なぜソ連が中国に侵攻したのか。日本が中国東北地方を侵略していたからです。しかもソ連が侵攻すると、日本の軍人は周章狼狽して先に日本に逃げ帰り、私達の

ような幼い子供、女性、老人、病人を中国に取り残しました。これもソ連のせいだったと言うのでしょうか。またソ連の撤退後、なぜ日本政府はすぐに私達を助けなかったのか。何と言い繕おうが、日本が起こした戦争がなければ、残留孤児は生まれませんでした」

残留孤児は、侵略戦争を遂行した日本の国家指導者を強く批判している。その認識は、日中両国の民衆、原爆被害者、在日朝鮮人等、他の戦争被害者への共感、及び、強い反戦意識にも連なっている。

*「日本政府は、二度と他国を侵略してほしくありません。もしどうしても侵略するなら、今度は国家指導者の子供が孤児になってくれ。私達の子供は、もう絶対に孤児にしたくない。私は平和であることを祈ります。戦争は大嫌いです。戦争がなければ、私達のような問題は起きませんでした。国家指導者は、戦争で犠牲になる人々の立場に立って考えてもらいたい」

「小泉総理は『残留孤児問題は戦争によるものだ』と言いましたが、戦争の責任は誰にあるのか。残留孤児発生の原因が戦争だと認めるなら、日本政府は、その責任をとるべきです。また『残留孤児だけでなく、日本国内にいた国民も皆、戦争被害を受けた』と言う人もいます。その通りです。日本人も中国人も、一般の民衆は戦争の被害者です。日本政府が起こした戦争は、日中両国の人民に災難をもたらしました。だからこそ、戦争を起こした政府や天皇の責任を明確にしなければなりません」

「戦争は罪悪です。『大東亜共栄圏』とか『戦争は中国にも発展をもたらした』とかいう人がいますが、とんでもない。戦後、朝鮮人は五〇万人も日本に残され、差別されてきたそうです。彼・彼女達も残留孤児と同様、日本の戦争や植民地支配の犠牲者です。日本はアメリカに原爆を落とされました。落としたアメリカも悪いけれど、日本が戦争さえしなければ、そんな被害も起きませんでした。戦争を起こした責任者は、その責任を償うべきです」

「日本政府は中国を侵略し、危害を加えました。この事実について、しっかり謝罪すべきです。日本政府のせいで、日中両国人民の感情は壊され、中国人民の怒りをかってしまいました。日本の総理大臣は、靖国神社参拝もやめるべきです。日本政府は過去を正視し、侵略行為を反省すべきです。戦争で一番ひどい目にあうのは庶民です。日本が起こした中国の侵略戦争でも、本当に苦しんだのは私達庶民です。政府の高官・指導者は皆、先に逃げました。残留孤児で、父母が高官だった人は一人もいません」

また反戦意識は、現在進行中の戦争への批判にも連鎖している。二〇〇四年調査当時、日本政府はイラクに自衛隊を派遺していた。これを、複数の孤児が強く批判している。

＊「小泉総理は日本の恥、日本の極道息子です。アメリカのイラク攻撃に莫大な軍事資金を出し、今また一〇〇〇億ドルを援助するそうです。彼は、アメリカの犬です。日本国内にも、貧しい人や自殺する人がたくさんいます。その人々のためにこそ、税金を使うべきです。小泉総理はその大切な金を、イラクやアフガニスタンで戦争をするために、正確にはアメリカの戦争のために無駄遣いしています。日本は戦争に反対すべきです。なぜ再び戦争の被害者を生み出すために、日本の税金を使うのか」

「私は残留孤児として戦争の悲惨さを体験したからこそ、今も戦争が本当に大嫌いです。戦争は人を引き裂き、傷つけます。戦争は絶対にしてはいけない。日本政府は過去を直視し、侵略を反省し、平和を大切にすべきです。それなのに今、日本政府はイラクへ自衛隊を派遣して、また同じ道を歩もうとしています。戦争は本当に駄目です。イラクへの派兵も中止して、アメリカにも戦争をやめるよう働きかけてほしい。私達が味わってきた苦難は、ただ戦争だけに起因しているのです」

「戦争に反対し、平和を守るべきです。私は戦争によって肉親と生き別れ、死に別れて、中国の地に取り残されました。十分な教育も受けず､辛い生活を強いられました。戦争によって奪われたものは、あまりに大きい。戦争は人を殺し、家族を奪います。二度と戦争をしてはいけません。私の親も、日本軍の上官に命令され、戦わなければならなかったのでしょう。今のイラクも同じです。『イラクに行け』と上官に言われたら、下級兵士は嫌とは言えません。戦争で一番悲惨な目にあうのは庶民です。庶民は無罪です」

「戦争を心の底から憎んでいます。戦争は人を傷つけます。なぜ皆、戦争を望むのか。イラクでも、話し合いで解決できないのか。日本はアメリカのいいなりで、戦争のために多額のお金を支出しています。それを聞く度に、腹が立ち、やりきれません」

一部の孤児は、日中の平和的関係、東アジアの安全保障問題にも言及している。残留孤児という存在が、日中友好・相互理解の契機になり得ないかと考えている孤児もいる。

＊「日本政府は近隣諸国に配慮し、日中両国民の利益を不動の原点として仲良くしていってほしいです。残留孤児問題の解決は、日中関係を深める上で役立たないでしょうか。日本国民も残留孤児の待遇に関心をもち、中国の新聞にも残留孤児の詳しい記事が掲載されました。双方で関心事になっているのだから、日中共同の問題として双方で話し合うきっかけにできないでしょうか」

「なぜ日本・中国・台湾・韓国・北朝鮮は互いに手を結べないのか。尖閣諸島問題について、私は詩を作りました。尖閣諸島をめぐって日本と中国が、また他の問題でも東アジア諸国が互いに争えば、武器を輸出するアメリカが漁夫の利を得るだけです。大量の武器が、どれほど庶民の血を流すのか。庶民の血税が、たった一発の爆弾の購入費として浪費され、しかもそれが多くの庶民の命を奪う。この馬鹿らしさに、なぜ人は気づかないのか。日本は過去の侵略戦争の歴史についてきちんと謝罪し、東アジア諸国の平和的関係の構築に力を尽くすべきです」

【帰国の遅延による被害】

さて、日本政府が帰国を大幅に遅延させた責任を指摘する孤児は、四五名中三七名に達している。

＊「残留孤児は、戦後も非常に長い間、日本への帰国を認められませんでした。本来、日本政府は敗戦後、すぐ帰国させるべきでした。でも、日本人とわかっているのに、五〇年間も放置しました。一九七二年に日中国交が正常化した後も、日本政府はあまりに長い間、多くの孤児を棄てたままにしました。私達は、帰国したくてもできませんでした。日本政府の政策が、帰国を許さなかったのです。戦争中の混乱期はともかく、戦後はもっとうまく対処すべきでした。日本政府が、私達が中国に残されていることを知りながら何の措置も取らず、長年放置したことは絶対に許せません。もしもっと早く日本に帰国できていれば、日本で高等教育を受けられたかもしれません。少なくとも今のような教育レベルではなかったはずです。日本に帰ってみると、同世代の日本人の多くは教育を受け、一方、残留孤児をみると農村育ちで字も読み書きできない人が多い。この対比は鮮明です」

「日本政府は私達を長い間、外国に放置し、帰国させなかった罪の責任を認め、賠償すべきです。私達は戦争が終わってからも、日本政府によって中国に数十年間も放置され、死ぬほど苦労しました。中国で日本人の子供として迫害され、ひどい精神的苦痛を受けました。靴も服も食物もない時期もあり、言葉で表せないほど苦労しました。私も日本に帰国できていれば、きちんと教育も受け、こんな無知にならなかったはずです。字も読めず、知識がないことは、すごく大きな精神的苦痛です。帰国を望む私に、日本政府は何も手を差し伸べてくれませんでした。一言でいえば、日本政府は私達に無関心だったのです」

「日本政府も、私達を棄てた肉親も、中国に自ら渡って捜す努力をしたのか。日中国交正常化の後、日本政府は、私達が中国で生きているかどうか、なぜ調べに行かなかったのか。本来、日本政府は早速調査に行くべきでした。私は小さい時から四〇年間も首を長くして、日本に戻りたくて戻りたくて、たまりませんでした。でも日本で暮らすという当然のことが実現できないまま、中国で暮らすしかありませんでした。それは日本政府が早期に残留孤児を帰国させず、逆に帰国を妨害する政策をとったためです。一九七二年に既に日中国交が正常化したのに、なぜ一九八一年になって初めて肉親を捜し始めたのか。その間、日本政府は何をしていたのか。私達は皆、四〇～五〇歳にもなっていたのに、日本政府はなぜ至急帰国させなかったのか。まるで私達のような奴は要らないという感じです。私達は日本の経済に何の富ももたらさないからでしょうね」

帰国が遅れた結果、残留孤児は帰国後の日本でも、就労・経済基盤・言葉・社会関係形成等、生活のあらゆる領域にわたって多大な被害を被った。この点に言及し、日本政府の責任を問う声も多い。

＊「日本政府が帰国を遅らせたせいで、私達の日本での老後は孤独で、不安だらけになっています。帰国の遅れが、私達にどんなに悪影響を及ぼしたことか。今、私は字が一つも読めず、日本語もしゃべれません。近所の人とも交流できず、日本社会に溶け込めません。もし子供時代、せめて青年時代に日本に帰れていれば、もっとずっとすばらしい幸せな人生が送れていたはずです。国交が正常化した一九七二年に帰国させてくれていれば、私はまだ三二歳でした。日本で生活保護に頼らず、仕事をもち、自立できたでしょう。ずいぶん待たされました。少なくとも一〇年間を無駄にしました。一九八一年、四〇歳をすぎてようやく訪日調査を許可されました。一九八七年、永住帰国した時、私は五〇歳近くなっていました。こんな年齢になって、初めて帰国できたなんて。私は日本政府を許せません」

「日本政府が残留孤児をもっと早く迎えに行っていれば、私達は戦後の日本の国作りに参加できたはずです。しかし政府は棄民政策をとり、私達を捜しませんでした。日中国交正常化の後ですら、政府は帰国を助けず、逆に妨げました。それで私達は皆、年をとってから帰国するしかなかったのです。帰国を阻む政府の政策がなければ、ずいぶん前に帰国でき、今はもっとまともな生活を送れたはずです。今、私達は本当に惨めです。ろくに学校にも行けず、言葉も通じず、大きな壁にぶつかっています。せめて一〇年前に私達を帰らせていれば、年金問題もありませんでした。これはすべて日本政府の責任です」

「日本政府が私達を帰国させるのが遅すぎたため、私達はあまりに多くのものを失いました。二〇年前に帰国させていれば、仕事や言葉の問題はありませんでした。一〇年前に帰国させても、日本で就職できたはずです。そうした機会を奪った罪を、国は償うべきです。なぜ終戦後も、長く棄民し続けたのか。なぜ国交正常化後も、すぐ帰国させなかったのか。孤児の損害は、帰国が遅れるにつれて大きくなりました。人生の損失を補償してほしいです」

「私達は日本で暮らしていれば、日本語もでき、仕事もしていたはずです。今のような問題は存在しませんでした。もし子供の頃に帰国できていたら、日本語を自由に話し、誰にも負けないくらい勤勉に働き、今頃は年金をもらい、豊かで穏やかな老後を送っていたはずです。せめて政府が、国交正常化の直後に帰国させてくれていれば、日本語ももっと話せ、まともな給料の仕事につき、生活保護を受ける必要もなかったでしょう。子供達も日本語をもっと早く覚え、いじめを受けて仕事を辞める必要もなかったでしょう。どうして政府は、私達を早く帰してくれなかったのか」

ここで重要なことは、帰国遅延やそれに伴う帰国後の困難が、単なる戦争被害ではないという事実である。それは、戦後の日本政府の政策に基づく新たな被害だ。複数の孤児が、「戦争被害を受けたのは、残留孤児だけではない」、及び、「敗戦直後の引揚者も、残留孤児と同様、苦難を経験した」との意見を批判している。

＊「敗戦直後に日本に引き揚げた人も、もちろん大変だったでしょう。東京の空襲、広島の原爆の被害者も、確かに大変でした。それでも彼・彼女達の多くは今、自分の家を持ち、年金で暮らせています。戦後、ずっと日本で働いてきたから、当然です。私達は人生の半分以上、中国にいました。日本に帰りたくても帰れませんでした。ずっと後になってから帰ってきたので、自分の家も持てず、年金もなく、言葉も通じず、生活保護で最低限の暮らしをするしかありません。戦後、ずっと日本国内で生活してきた他の戦争被害者と、私達はまったく違います」

「日本人は私達に、『君達が中国で苦労している時、私も日本で苦労していた』と言います。確かに敗戦直後、日本も貧しかったでしょう。しかしそれでも日本国内にいた人は、日本国民の権利を享受できました。戸籍も抹消されず、肉親とも団欒できました。日本の学校に通い、日本語を身につけ、就職し、年金に加入できました。私達は、そんな日本人にとって当たり前のことが、何もできなかった。私達は生きているのに戸籍を取り消され、死者として処置されました。教育も受けられず、言葉もわからず、就職もできず、年金にも入れませんでした。こんな日本人がいるでしょうか。私達は、戦後の日本人としての人権を何も享受できませんでした。これは最大の人権侵害でしょう。これはすべて、日本政府が私達を早く日本に帰国させなかったせいです」

「私はものごころついた時から、ずっと苦しかったです。でもそのことは、日本人には言いたくありません。思い出す度、自分の人生とは何だったのかと悲しくなるからです。また私達がこんな話をすると、同世代の日本人、特に中国からの引揚者は、『私達も敗戦直後、日本に引き揚げた後、いろんな苦労を乗り越えて頑張ってきた』と言います。私達の苦労は、なかなか理解してもらえません。義務教育をきちんと受け、厚生年金がある職場で定年まで働き、言葉の壁で悩んだことも大飢饉で餓死しそうになりながら流浪したこともなく、日本人だからといって差別・迫害されたこともない。そんな日本人が、本当に私達と同じように苦労してきたと言えるのでしょうか」

【自立支援の欠如による被害】

最後に四五名全員が、永住帰国後、日本政府が必要な自立支援策を実施しなかったことを批判している。具体的には、①住宅斡旋、②就職支援、③経済生活の支援、④日本語教育の不備・欠如である。そこで孤児の多くは、日本に帰国した後も依然として「置き去りにされ」、「無視されている」と感じていた。これもまた、戦争被害ではない。戦後の日本政府が創り出した新たな被害である。

＊「四四歳でようやく帰国できても、まともな受け入れ対策もないまま、不慣れな日本社会に放り出されました。ろくに日本語教育もなく、就職も紹介してくれず、生活上の援助もありません。国から受けた待遇といえば、少額の生活保護だけです。国は私達を呼び戻しただけで、何も支えてくれませんでした。まるで詐欺です。この事実について、日本政府は謝罪し、賠償すべきです」

「日本政府は残留孤児にまったく無関心で、悩みを聞きに来たことすらありません。日本語もまともに教えてくれず、仕事の紹介もなく、どうやって日本で生きていけというのか。病気になっても満足な医療も受けられず、老後の年金もありません。生活保護をあてがって最低限の生存を認めてやれば、それでいいというのか。帰国後、ここまで無視され、ひどい扱いをされるなんて、誰が予想したでしょう。日本政府は私達を中国に棄てましたが、私達は死にませんでした。日本に帰ってくると、日本政府はまた私達を棄てています」

「私達の帰国後、日本政府は、いったい何をしてくれたのか。残留孤児が言葉も不自由な日本で自立するのがどんなに大きな努力を要するか、想像して下さい。それに比べ、日本政府はどんな努力をしたのか。日本語教育も住居・仕事の斡旋も、あらゆる行政支援が不十分でした。私達を支援すべき行政が、逆に私達の人格や尊厳を傷つけました。政府は残留孤児を弄んでいます。私達の帰国後、日本政府はもう一度、罪を犯しています。日本はどうして自国の子供に、こんなに冷たいのか。本当に無責任です。悔しくて、死んでも目を閉じられません」

「日本にようやく帰国することが認められた私達は、日本政府によってまた苛められています。何が自由な民主国家だ。許しがたい卑劣な行為です。十分な日本語教育もなく、仕事もできず、収入は生活保護だけで本当に貧しい。中国で教師として長年まじめに働いてきたのに、なぜ日本に帰ってこんな惨めで貧しい生活しかできないのか。若い頃、私は文化大革命で日本政府の侵略の罪を償うため、打倒・批判されました。でも高齢になった今、愛していたはずの祖国日本で、生きることに疲れ果てています。祖国に帰ってきたら、こんなひどい待遇を受けるとは、あまりに情けない。日本に来てから失った人間の尊厳を補ってほしい。人権を取り戻し、被害を賠償してほしいです」

「帰国後、日本政府は何もしてくれませんでした。残留孤児を帰国させるのは、それは終わりではありません。始まりです。残留孤児にとって、日本社会に定着し、日本人のように仕事をして生活する出発点です。私達はゼロから出発したので、日本政府はその後、見て見ぬふりをしてはいけません。帰国後、言葉や習慣など大きなハンディを負わされた上、給与や仕事内容、日常生活で差別を受け続けてきました。これは、日本政府が日本で生活できるよう配慮した政策を実施しなかったからです。残留孤児は、玩具ではありません」

「来日前、日本政府がこんなに私達をいじめるとは思いもしませんでした。日本に帰れた時の、『ようやくこれで幸せになれる』という希望は、まもなく絶望に変わりました。国の残留孤児に対する態度は、姥捨山そのものです。生活保護だけをあてがい、あとは何も面倒をみてくれない。日本政府は、私達を嫌々日本に呼び戻せたと思わざるをえません。日本政府の本音をもっと早く見破っていたら、私は日本に来ませんでした。私達は日本政府によって中国に棄てられましたが、日本に帰ってきて日本政府に再び、棄てられています。私は、いつまで残留孤児としての人生を送り続けなければならないのか」

第二項　日本政府への要求

さて、残留孤児は日本政府に何を要求しているのか。

【日本人としての平等の実現】

まず第一は、日本人としての平等の実現である。ここでいう平等とは、生活保護等が形式的に他の日本人と同じ基準で支給されることではない。むしろ残留孤児の特殊性をふまえた特別の支援、及び、それによる戦後の日本人としての生活と権利の回復である。すなわち孤児の側だけが一方的に既存の日本の制度・社会に同化・適応したり、自己責任・自助努力で自立を迫られることではない。日本の国家・社会が残留孤児の特殊性やその歴史的背景をふまえ、新しい制度を創り出すこと、つまり日本社会のあり方を変えることだ。

＊「私達は日本人です。本当の意味で、日本人と同じ生活、平等な待遇を享受させてほしい。生活保護のような単なる形式ではなく、教育、住宅、仕事、医療、年金等、あらゆる面で問題を解決し、平等にしてほしい。私達は、日本人が享受してきた教育や就労の機会、社会保障をずっと受けられませんでした。人生の中で、こんな差別をされ続けてきたのは、すべて日本政府のせいです。戦後すぐ日本に帰ってくることが

できていれば、私達も高校や大学で学べたでしょう。今、日本人の目に映る私達が、中国人であることもなかったでしょう。私の人生には、義務教育すらなかったのです。私は残留孤児という言葉が大嫌いです。帰国させた以上、残留孤児と呼ばないでほしい。私達は帰国したのだから、既に残留孤児ではありません。私達が相変わらず残留孤児と呼ばれるのは、日本政府がまだ私達を当たり前の日本人にできていないからです。本当に公平・平等が実現していれば、残留孤児とは呼ばれないはずです。残留孤児と呼ぶ以上、現実に不平等があるということなので、日本政府は未解決の問題を放置しないでほしい。私達は、強い決意で動揺せず、最後まで裁判を闘います。それは真の日本人として生きるため、日本社会で日本人としての地位を勝ち取るため、あらゆる意味で日本人に差別されないためです。またそれは、子供や孫のためでもあります。私達が日本人としての社会的地位を勝ち取り、不平等な立場から抜け出せば、二世・三世も差別されず、公平な扱いをしてもらえるでしょう」

「ただ普通に仕事をして、子供と交流して、夫と二人で幸せに暮らしたいだけです。それは多くの日本人にとって、普通の生活でしょう。日本に帰ってきて、なぜそんな当たり前の生活ができないのか。私達は中国にいた時、こんな悲惨な生活はしていませんでした。中国政府は、私達を普通の中国人として受け入れてくれました。日本政府は、なぜ私達に普通の日本人として落ちついた生活をさせてくれないのか。私達は、日本政府に寄生して暮らしたくありません。生活保護に頼るのは、本意ではありません。残留孤児にも、日本人としての権利と自由を返してもらいたい」

「日本政府は、残留孤児に公平に対応してほしい。何より日本人と同じような権利を要求します。私達の待遇は、どうみても日本人と同じではありません。私達は日本語もできず、大きなハンディキャップを抱えています。また長年にわたって中国で努力してきたことを、日本社会ではまったく評価されません。中国で身につけた能力も生かせず、まともな仕事にもつけず、年金も保障されていません。せめて普通の日本人と同等の保障と待遇が受けられるようにしてほしいです」

「日本政府は、残留孤児に日本人と同水準の普通の生活を保障すべきです。政府は、残留孤児を日本人とみなしていません。私達も日本人です。日本人は皆、九年間の義務教育を受けましたが、私達は受けていません。私達は日本語も聞き取れず、話せません。日本政府は私達を置き去りにし、私達がやっと帰国しても人並みの生活をさせようとしません。心から怒りを覚えます。残留孤児にならなければ、生活保護に頼らなくても生きていけたのに、その機会を奪われました。国は、私への義務を果たしていません」

「日本人と同じ水準の自由な生活を保障し、日本人と平等に扱ってほしい。私達は戦後四〇年もたってから日本に帰ってきましたが、言葉も不自由で身体もままならず、仕方なく生活保護で暮らしています。生活保護受給者は、普通の日本人の生活水準ではありません。私は日本人だから、普通の日本人と同じようになりたい。名を正してほしい。もし中国にいなければ、日本で日本人と同じように働けたし、生活保護を受けなくても暮らせたはずです。日本人と同じような生活を送れるようにしてほしいです」

残留孤児が平等を求める基準となる「（普通の）日本人」とは誰か。日本の地で肉親によって育てられ、義務教育を受け、日本語を身につけて社会関係を構築し、就労して経済的に自立した生活を確立し、年金に加入し、必要に応じて社会保障や福祉を受ける。このような内実をもって「日本人の生活と権利」と言うならば、それは必ずしも日本国籍をもつ日本国民のみのものではない。日本に定住する外国籍者にも当てはまる。すなわち残留孤児が求めているのは、厳密には「日本国民」というより、戦後の日本の地に定住するすべての人々が享受すべき生活と権利にほかならない。

日本の参政権は現在、日本国籍者に限定されている。そして日本国籍者である残留孤児の多くは、実質的には参政権からも排除されてきた。帰国前はもちろん、帰国後も言葉の壁等により、参政権の行使が大幅に制約されてきたからだ。しかし対象者が語る「日本人との平等」に、参政権の問題はほとんど言及されていない。その理由は明らかではないが、いくつかの可能性が考えられる。一つは、共産党一党支配の中国での参政権が極めて限定的なものであったため、中国での生活が長い孤児が参政権について十分に認識していない可能性である。二つ目に、帰国後も日本の参政権から実質的に排除され続けてきたため、参政権の意義を新たに認識する機会が少なかった可能性だ。三つ目に、当面する日常生活の苦難が極めて深刻だったため、参政権のような間接的・手段的な権利まで考える余裕がなかった可能性もある。そして四つ目として——これが最も重要だが——、残留孤児を長年に渡って中国に放置し、帰国後も「日本人との平等」の実現を妨げてきたのは、戦後の国民主権に基づく日本政府である。残留孤児問題は、単なる戦争被害ではなく、戦後の国民主権の下で新たに創出された被害にほかならない。残留孤児が参政権に比較的無関心であるのは、単に彼・彼女達の政治的未成熟に帰すべき問題とは限らない。むしろ戦後日本の形骸化・無力化した参政権・国民主権、もしくは近代の国民国家そのものに対する能動的批判という要素も無視しえない。

＊「選挙の時、候補者は皆、手を振り、握手を求め、『何かあれば言ってくれ。実現する』と甘いことばかり言います。でも、議員になると何もしてくれません。私は誰にも投票しません。

今まで一度も投票したことがありません。政治家が残留孤児に何をしてくれるか、わからないからです。少なくとも今までは、何もしてくれませんでした。私は政治家を信じません。国会で民主的に決めた法律も、善悪両面があります。私達残留孤児は、訴訟で法律を使って問題を解決しようとしています。でも日本政府も、法律を使って責任逓れをしようとしています。法律も、すべて正しいとは言えません」

「私は必ず選挙に行きます。そしていつも弱小政党の共産党に投票します。共産党を信じているわけではありません。共産党も政権をとれば、今の自民党と同じになるでしょう。選挙というのは、適当に良いことばかり叫んで票を集める制度です。実際、政治家が私達に良いことをしてくれたとは思えません。私が共産党に投票するのは、政治全体に対する批判の意思を表しているだけです。そもそも日本の選挙の投票率はとても低く、これは国民が政治に関心がない証拠です」

「私は一回も投票したことがありません。議員達はいい生活をして、私達は地獄で暮らしているのに、投票なんかしてやるものですか。日本語もわからないから、選挙のことはよくわかりません。またそれ以上に、政治家は私達の利益になることを、何もしてくれたことがありません。自民党はずっと政権をもっていますが、何もしてくれません。自民党が政権をもっているということは、日本国民が自民党を支持しているのでしょう。だから私は投票に行きません。投票の葉書をもらうと、すぐ棄ててしまいます」

「日本の政府や政治家が関心をもっているのはアメリカの意向、それと支持率や選挙のことだけです。『残留孤児のための政策を作ってほしい』と議員に頼んだこともありますが、こちらが話題を提供するだけで、何の頼りにもなりませんでした。自民党のT議員は以前、『残留孤児の支援団体を作る』と約束しました。一〇年以上たちますが、何の知らせもありません」

【日本政府の責任の明確化】

さて、日本人としての平等の実現は単なる願望ではない。日本政府への要求である。その基礎には、残留孤児の苦難が、諸個人の能力不足や自己責任、単なる運の悪さによるものではなく、日本政府の政策によって生み出された被害だという認識がある。そこで日本政府への第二の基本的要求は、加害責任を明確に認め、残留孤児に謝罪・補償することである。

＊「日本政府は、私達に謝罪すべきです。国民が自分の国を相手に訴訟を起こすのは、子供が親を相手に訴訟を起こすようなものですが、私達は追い詰められ、そうするしかありませんでした。今まで耐えに耐えてきましたが、もう耐えきれず、ついに裁判に踏み切ったのです。日本政府は、今も謝罪せず、私達を苦しめています。誰のせいで、私達は残留孤児になったのか。誰のせいで、私達は日本語が話せなくなったのか。

私達のせいではありません。帰国後、働いて自立する権利は、誰が奪ったのか。中国で生き残ったのに、なぜ祖国でこんな目にあわされるのか。誰がそれらの責任を負うべきなのか、追及したいです。日本政府は、この明白な事実を認め、責任をとるべきです」

「満洲移民政策や、その後の長年に渡る中国への遺棄、戸籍抹消、帰国後の生活支援策を実施しなかったこと。これらすべての日本政府の責任を、裁判で追及します。国が過ちを犯したから、私達が生まれた。だから国に賠償してもらわなければなりません。それが道理です。政府はこれまでの長年の政策の誤りを認め、心から謝罪してほしい。また孤児に、残された人生を人間らしく生きるにふさわしい慰謝料を払うべきです」

「幼くして両親を失い、自分のルーツもわからない状態で中国に置き去りにされ、苦難の生活を強いられてきたことに、相応の損害賠償を求めます。私達は、自ら望んで中国に残ったわけではありません。四六歳でやっと帰国できても、十分な日本語教育を施されることもないまま、不慣れな日本社会に投げ出されました。日本政府は、これだけ長期にわたって残留孤児を放置した責任を痛感し、心から謝罪すべきです。慰謝料も支払うべきです。ただの生活保障ではありません。精神面・経済面の双方の損害賠償が、絶対に必要です」

「日本政府は長年、私達を帰国させず、帰国させた後も日本人として扱っていません。そのために、残留孤児はどれほど苦しんできたことか。そういうあらゆる損失を、賠償してもらわなければなりません。私が小さい頃から抱えてきた苦難は、いったい誰の責任なのか。自分の責任か、それとも国の責任か。はっきりさせたい。政府の謝罪・賠償が必要で、それがなければ訴訟の意味がありません。日本敗戦後の中国で日本人として生きていくことがどれほど息苦しいものか、帰国後の日本で中国人とみなされて生きることがどれほどストレスの強いものか、想像して下さい。そんな思いですごしてきた人生を無にしないためにも、絶対に国に謝罪し、賠償してもらいたいです」

残留孤児は、国賠訴訟で三三〇〇万円の損害賠償を請求した。多くの孤児は、それが経済的問題ではなく、日本政府の責任の明確化の象徴だと主張する。[三七]

＊「私達は、三三〇〇万円がほしいわけではありません。日本政府に責任を認めて謝罪し、補償してほしいだけです。責任逃れは許しません。実父母にも愛されたことのない子供にしてしまった罪を認めてほしい。日本政府は二度と失望させないでほしい。もう逃げないでほしい。今回の裁判は、とても有意義です。私達は、正義のために闘っています」

「裁判の目的は三三〇〇万円ではなく、孤児に対する正しい評価です。政府の犯罪によって、私達は外国に棄てられました。帰国後も、日本政府はまたもう一度、私達を放置しました。日本政府は、次から次へと罪を重ねてきました。その結果、私達は今、つらい思いをしています。政府に必ず謝罪させなければなりません」

「裁判は金のためではなく、公正を求めたいだけです。どう表現すればいいかよくわかりませんが、一応一人三三〇〇万円を請求しているけれど、それより私達は正義を求めています。納得のいく説明と謝罪がほしいです。今のままでは、私達に人権はありません。日本政府は、残留孤児を『たくさんの乞食』とみなしています。確かに私達は、政府に依存しなければ生きていけません。でも私達を非難したり、追い出したりする資格は、日本政府にはないはずです。なぜなら日本政府の政策が、私達のような人間を作り出したのですから。訴訟では、日本政府が私達に対して果たさなかった責任を明らかにしたいです」

「日本政府は、責任を明確に認めるべきです。今回の裁判の賠償請求は三三〇〇万円ですが、これはシンボルのようなものです。私達は両親も家も失い、言い表せないほど苦労しました。この損害は、金では償えません。一億円くれても、取り返しはつきません。大事なのは賠償金額ではなく、日本政府が自分の責任を認め、私達に心から謝罪することです。また裁判の目的は、単なる生活保障ではなく、あくまで国による損害賠償です。日本政府が責任を認めて謝罪しなければ、私達は絶対に死ぬまで国を訴えます」

「裁判の目的は、国家の不正を正すことです。個人の経済的利益や生活改善が目的ではありません。裁判では三三〇〇万円の賠償請求をしましたが、それは表面的なことです。本当に大切なのは、人権の回復です。日本政府は残留孤児に謝罪すべきです。そしてこれまでの政策の非を認め、損害を賠償しなければなりません。残留孤児の苦境は、決して孤児の自己責任ではありません。ある身元保証人の日本人は、残留孤児が裁判を起こすことに反対し、『帰国者が日本社会に今も溶け込もうとしないから、日本人も帰国者を受け入れないのだ。帰国者自身が日本社会に溶け込むよう努力しなければならない』と言いました。私は、反論しました。『私達も日本語でしゃべれるようになり、日本社会に溶け込みたかった。でも日本政府は、私達がこんな高齢になるまで帰国させず、帰国後もたった四カ月しか日本語を勉強させなかった。それでも日本語をしゃべり、社会に溶け込めというのか。私は四〇年間中国で生活し、日本に帰国後は一四年間、一日一二時間位働かなければならなかった。どうすれば、日本語が勉強できたというのか。政府の制度・政策に問題があったから、私達は日本語も日本式の思考・行動様式も、身につかなかった。私達が日本社会に適応できないことを、私達自身の問題に帰すのは、まったく筋違いだ』。日本政府が犯した罪は、八日間徹夜でしゃべっても語り尽くせません。政府は敵ではありませんが、間違ったことをする以上、戦うのはやむを得ません。私達には間違いをただす責任があります。私達は日本人なのですから」

「三三〇〇万円の賠償金は、我々が中国で受けた苦痛の償いにはなりません。絶対になりません。向こうでなめた辛酸は、金では償えません。何億円くれても足りません。目標は、三三〇〇万円ではなく、残留孤児に対して正しい評価を勝ち取ることです。私達は、自分の意思で中国に残ったのではありません。日本政府が私達を中国に棄てました。だから日本政府は責任があります」

【政策形成】

そして第三に、対象者は新たな支援策の形成を求めている。しかもそれは日本政府が責任を明確に認めた上で、日本人としての平等を実現するための補償的・包括的な支援策である。決して老後の生活保障策に矮小化しえない。政策形成を求める三八名の孤児のうち、三三名は日本人としての平等の実現を、また三五名は日本政府の責任の明確化を要求している。

＊「日本政府は帰国者に対し、寛大で開放的な政策を実施すべきです。私達の一生は波瀾万丈で、でこぼこ道を歩んで来ました。日本政府は、特殊な人間である残留孤児の問題をきちんと解決してほしい。残留孤児に関心をもち、支援してもらいたい。残留孤児の境遇をもっと知り、辛い思いを理解し、生活を改善すべきです」

「賠償だけでは、解決になりません。残留孤児の生活保護や年金の問題を解決してくれなければなりません。日本政府は、孤児のために特別法を作るべきです。私達は特殊なグループなので、特別の法律が必要です」

「日本政府は、帰国者向けの新しい政策を作るべきです。残留孤児に対する政策を徹底的に改め、生活保護に頼らなくても生きていける制度を作らなければなりません。もっと私達の心の悩みや考えを聞いてほしいです」

「日本政府は、無慈悲な今の政策を改めてほしい。私達の生活を保障する特別の政策・法律が必要です。これは戦後に残された問題で、まだ未解決です」

もとより老後の生活保障は、支援策の重要な一環ではある。政策形成を求める三八名中、三一名は老後の生活保障にも言及している。ただし老後の生活保障のみに限定して政策形成を要求している孤児はほとんどいない。

＊「私達の残り少ない老後の幸福のため、自由のために、政府は帰国者の特別法を作るべきです。私達は、もう何年も生きられないでしょう。老後の不安を解消し、落ちついた老後をすごせるようにしてほしい」

「失ったものは取り戻せませんが、せめて残留孤児のこれからの老後の生活を安定させ、自由に生きられるようにしてほしい。晩年の生活保障が重要です。生きて日本に帰ってきてよかったと思える老後を、すごさせてもらいたい」

【北朝鮮拉致被害者との比較】

ところで残留孤児が上記の三つの基本的要求を自覚する上で、契機の一つになったのは、北朝鮮拉致被害者のマスコミ報道であった。その待遇は、孤児とあまりに違っていた。

すなわちまず第一に、小泉総理（二〇〇二年当時）は国交のない北朝鮮を訪れ、拉致被害者の安否を確認し、日本への帰国を積極的に支援した。これは残留孤児の肉親捜し・帰国における政府の消極的・妨害的施策と、まさに対照的だ。(三八)

＊「北朝鮮から、拉致被害者が帰国しました。小泉総理が自ら訪朝して捜し、家族も含めて全員が国費で帰国しました。彼・彼女達への政府の対応は非常に手厚く、アメリカ人逃亡兵の夫とマレーシアで会い、日本に帰国した拉致被害者もいます。すべて国の費用です。残留孤児の待遇と比べると、不公平は明白です」

「北朝鮮の拉致被害者を日本に連れ帰るのに、日本政府は二五億円も支出したそうです。国のトップの総理大臣が、国交がない北朝鮮をわざわざ訪問し、莫大な経済援助を北朝鮮に行い、それと引き換えに帰国させようとしています。それなのになぜ、私達残留孤児は放置してきたのでしょう」

「北朝鮮に拉致された人に対し、政府は正しい対応をしました。しかし一方、残留孤児への施策は何と貧弱なことか。これは差別です。残留孤児は明らかに日本国民で、しかも拉致被害者に比べても一層悲惨な境遇です。一九七二年に日中国交が正常化した時でもよいから、もし日本政府が拉致被害者と同程度の政策をとっていれば、我々は訴訟を起こさなかったでしょう。北朝鮮の拉致被害者は、政府も世論も国をあげて捜しています。なぜ残留孤児を、あのように一生懸命に捜してくれなかったのでしょう」

第二に、帰国後の自立支援にも、大きな格差があった。拉致被害者には、日本語教育・就労・住宅・年金等について残留孤児よりはるかに手厚い公的支援が実施された。また最低でも五年間にわたり、毎月一七万円（単身者）ないし二四万円（二人所帯）、家族が一人増えるごとに三万円が加算される給付金も支給された。これも、残留孤児への対応とはあまりにかけ離れていた。

＊「日本政府は、北朝鮮の拉致被害者をすごく優遇していますが、残留孤児には冷たいです。拉致事件の報道で、私達は自分の惨めさを再認識しました。拉致被害者には一人月一七万円が支給されます。私達は夫婦二人で一二万円ほどで、どうみても不公平です。拉致被害者やその子供の勉強にも、別に補助金が出るそうです」

「北朝鮮拉致被害者の子供は、どの大学に入るか、帰国前に決められていました。彼・彼女達の生活費は月二〇数万円です。私達は、その半分にも及びません。私達は就職するために一人であちこち頭を下げてまわるしかなかったけれど、拉致被害者は役所や公的機関に熱烈歓迎されています。私達への関心と待遇は、一〇分の一にも及びません」

「日本政府は、拉致被害者に比べ、残留孤児をあまりに軽視しています。拉致被害者が帰国すると、一人で月一七万円の生活費をもらうそうです。私達一家は来日当時、一家四人で二〇万円未満でした。しかも拉致被害者の多くは日本で学校を卒業し、日本語もでき、肉親もいて、帰国しても不自由なく生きていけます。彼・彼女達は日本に帰る前に仕事も決まり、住宅も用意されました。私達は子供の頃に中国に棄てられ、日本語ができず、帰国後の生活は一層困難です。日本に帰国できなかった期間も私達の方が長い。なぜ、こんなに待遇が違うのでしょう」

「日本政府は北朝鮮拉致問題を重視していますが、残留孤児問題はもっと広範で深刻なのに、なぜ手をつけないのか。拉致被害者家族には毎月支援金を渡し、安定した就職も斡旋しています。残留孤児と、あまりに扱いが違いすぎます。拉致問題の報道に接し、残留孤児の生活保護がすごく不平等・不公平だと実感しました。残留孤児が皆、心を一つにしたのは、拉致被害者と比べ、あまりにバランスが取れないからです。この格差は、残留孤児が訴訟を起こしたことと無関係ではありません」

「北朝鮮の拉致被害者は日本に帰ると職業訓練を受け、一人月一七万円、夫婦二人で二四万円の生活費を支給されています。市役所も国も、拉致被害者にいろんな優遇を与えています。ある拉致被害者は帰国後、市役所に雇用されたそうです。残留孤児への対応と大違いです。子供達への日本語教育・就職斡旋も雲泥の差です。これが、残留孤児の怒りに火をつけました。拉致被害者も私達も同じ日本人なのに、どうしてこんなに扱いが違うのか。まったく納得できません」

しかも第三に、北朝鮮による拉致被害は、直接には日本政府の責任ではない。残留孤児の被害は、日本政府の政策に起因する。それにもかかわらず拉致被害者並の援護すらないことに、孤児は憤りを感じていた。

＊「ある記者が『なぜ拉致被害者と残留孤児への対応は違うのか』と質問すると、厚労大臣は『拉致被害者は平和な時代に起きた問題で、残留孤児とは違う』と答えたそうです。まったくの屁理屈です。私達は拉致被害者よりもっと長い間、外国に放置されました。しかもそうさせたのは、日本政府です。拉致被害は日本政府の責任ではないのに、政府は積極的に捜し、優遇もしています。政府は、私達にそれ以上に手厚い待遇をするのが当然です。政府は自分が引き起こした問題に、あまりに無責任です」

「拉致被害者は、日本政府の政策の被害者ではなく、北朝鮮工作員による被害者です。私達は、日本政府のせいでひどい被害を受けました。拉致被害者を返さなかったのは北朝鮮政府です。私達を返さなかったのは日本政府です。それなのになぜ拉致被害者は日本政府に優遇され、私達は冷遇されるのか」

「拉致問題の責任は、北朝鮮にあります。私達の問題は、日本政府の責任です。北朝鮮の拉致は、確かに憎むべき行為です。しかし、日本政府の残留孤児に対する行為も、容認できません。日本政府が残留孤児にこんな対応をするのは、極めて不公平です」

そして日本政府が北朝鮮拉致問題に熱心に取り組む理由を、「選挙目当て」、「国民向けのパフォーマンス」と語る孤児も少なくない。ここから見る限り、彼・彼女達は決して選挙・参政権に無知・無関心ではない。むしろ戦後の日本における参政権・国民主権の形骸化を見抜き、これを批判している。

＊「北朝鮮の拉致問題への日本政府の対応は、国民向けのパフォーマンスにすぎません。小泉総理は選挙目当てで票を集めようとして、拉致問題に熱心なのです。残留孤児問題は票にならないので、見捨てています」

「北朝鮮の拉致問題に取り組めば、日本政府は国民の支持を集め、選挙で有利になります。逆に残留孤児問題に手をつけると、日本政府の責任が問われます。だから日本政府は見てみぬふりをしています。これが政府のやり方です」

「拉致被害者の問題も、表面は小泉総理が何かやってくれているようにみえますが、実はこれを自分の業績にして派手にアピールし、選挙で国民の票を集めたいだけです」

【早急な問題解決】

最後に残留孤児は、問題の早期解決を切望している。これは、既に高齢となった孤児にとって切実な要求である。

＊「私達はもう六〇歳をすぎ、七〇歳以上の人もいるので、一日も早い問題解決を希望します。国はぐずぐずして、私達が死ぬのを待っているのでしょう」

「私はもう七二歳で、残された時間は限られています。残留孤児は皆、病気だらけで、明日死ぬかもしれません。早期の解決を心から望みます。私達が死ねば、国は金を出さずに済むと考えているのでしょう」

「私達は皆、年をとっています。たとえ生きたとしても、一〇年位です。政府はもうこれ以上、無視してはいけません。帰国した二千数百人の残留孤児のうち四〇〇人位はもう亡くなったそうです。残り時間は少ない。政府は、もう逃げないでほしいです」

「訴訟が長引くと、残留孤児は高齢で病人も多いので、たぶんあまり残らないでしょう。一日も早く解決してほしい。私達の限られた老後に、二度と失望させないでほしい。もう逃げないでほしい。時間がもうあまりないのですから」

考察　国民国家に関する意識

以上、残留孤児の国民国家に関する意識を分析してきた。

第一項　ナショナル・アイデンティティを越えて

残留孤児の民族的自己定義は、「日本人」と「日本人と中国人の中間」が相半ばし、それ以外にも「日本人であることをきっぱり否定した中国人」、「何人であるかに無関心」等、多様である。また「日本人」という自己定義の中にも、自らが日本人である根拠（血統、証拠、認識の一貫性等）の意識的強調、及び、自らを日本人とみなさない日本社会への反発・異議申し立てといった要素が含まれ、それゆえ葛藤もある。「日本人と中国人の中間」という自己定義にも、双方の民族への両属意識、双方からの疎外感、さらに日系中国人・在日華僑といったトランス・ナショナルな意識が輻湊している。

こうした多様な、しかも葛藤を含む自己定義の背景には、中国にいた時は日本人、来日後は中国人とみなされるといった残留孤児に固有の共通体験がある。それは時として、双方の民族からの疎外感——「自分は何人か」というアイデンティティ・クライシス——として現れるが、それだけではない。残留孤児は国賠訴訟の渦中も、蘭信三の言う「葛藤の語り」だけでなく、多様な民族的自己定義を合わせ持っていた。

また個々の孤児は、こうした多様な民族的自己定義を状況に応じて柔軟に表出すると思われるが、しかしそれだけでもない。

すなわちまず帰国年次の違いにより、一定の傾向的特徴がある。一九八七年以前に帰国した孤児の多くは、複数民族への帰属感を表明し、しかも自己定義に変化が少ない。これに対し、一九八八年以降まで帰国が遅延した孤児の多くは、双方の民族から疎外を感じ、とりわけ「日本人」としての意識を大きく揺るがされ、「中国人」という自己定義に傾斜・変容していた。総じて日本への帰国が遅延した孤児ほど、日本人としての自己定義をもちにくく、アイデンティティ・クライシスに陥りやすかったのである。

また帰国前、中国の農村に居住していた比較的年長の孤児《Bタイプ》には、民族的自己定義に無関心なケースも見られた。本人が幼少時から日本人としての明確な記憶をもち、しかも中国の農村で差別・排除の体験が比較的少なかったことが、この背景にあると考えられる。

これらの諸事実は、残留孤児の民族的自己定義が、帰国以前・以降の双方の現実の生活実態に基づいて形成されたことを意味している。

大坊郁夫・中川泰彬は、日本人アイデンティティが低い者が不適応傾向を示すと述べるが、必ずしもそうではない。まず日本人としての自己定義の中にも、自らを日本人とみなさない周囲の日本人に対する異議申し立て・自己主張の要素が含まれている。また帰国が大幅に遅延し、日本社会で特に深刻な疎外に直面した孤児ほど、日本人としての自己定義を希薄化させたのである。

蘭信三は、残留孤児の「葛藤の語り」を、体験した「事実」に忠実な実証主義的なものではなく、「弁護士・支援者・マスコミという新たな聞き手を得て洗練されたモデル・ストーリー」と述べるが、これも正しくない。「葛藤の語り」は、帰国が特に遅延し、日本社会でとりわけ深い疎外を体験した孤児によって発話された事実に即した語りである。

残留孤児の多様な民族的自己定義は、単なる功利主義的な使い分け（呉万虹）、インタビュアーとの対話の構築物（張嵐）、生活世界でのパフォーマティヴィティ（南誠）にもとどまらない。現実の生活実態の多様性に根ざした社会意識の諸形態である。

第二項　安住の地を求めて

本書の対象者の中で、日本への帰国後、一貫して「日本に定住したい」と考えてきた孤児は半数に満たない。過半数は、日本と中国のどちらに定住するか迷ってきた。そこには、日中双方での疎外状況に苦しむケースもあれば、日中の往来を志向するケースもある。ごく一部だが、中国に戻って定住したいと考えている孤児もいる。

日本への定住志向は、「日本人」としての自己定義・自己主張の当然の帰結とは限らない。実際は中国に戻って定住したいが、①日本国籍者としての法的制約・政治的リスク、②中国に経済生活基盤がないこと、③医療費等の理由で、「日本にいるしかない」といった諦観も大きな要因である。また一部には、「日本での生活の方が快適」、「日本に適応できず中国に戻るのはメンツが立たない」との感覚もみられる。

逆に中国への定住志向は、中国社会それ自体の魅力というより、日本での貧困・疎外が主な動機となっている。また中国への定住志向はあっても、実際には中国に経済基盤がないため、実現困難と認識されていることも多い。

こうした定住地志向も、前述の民族的自己定義と同様の規定要因をもつ。

すなわち一九八七年以前に帰国した孤児の多くは、「日本人だから」または「中国への定住に法的制約がある」等の理由で、日本への定住を志向している。これに対し、一九八八年以降まで帰国が遅延した孤児は、日本での貧困・疎外を理由に中国での定住を志向し、または日中の狭間で葛藤している。また日本定住を志向する場合も、「中国に経済的な生活基盤がない」といった消極的な諦観に根差すことが多い。

そして生活保護を受給していない孤児は、日本での老後に経済的不安を感じ、年金額によっては中国に戻って定住する可能性も視野に入れていた。逆に帰国前、中国の農村に居住していた年長の孤児（《Bタイプ》）には、「日本での生活が（中国より）快適」との理由で日本定住を望むケースも見られた。

総じて孤児達は、日中双方での生活実態に基づき、多様な定住地志向をもっていた。

配偶者や子供（二世）の定住志向も、孤児のそれと同様、主要には帰国年次によって大きく異なっていた。一九八八〜八九年を境に、それ以前に帰国しえた孤児の配偶者や子供は日本への定住志向が強く、逆に帰国が特に遅延した孤児の配偶者や子供は日本定住志向が大きく揺らいでいた。帰国が特に遅延した孤児の多くは、子供の国費同伴帰国が認められず、私費で呼び寄せるしかなかった。そして私費で呼び寄せられた子供達は、日本での就労・生活が極めて困難で、日本への安定的定住に大きな不安を抱えているのである。

また年長者の中では、中国の都市に居住していた孤児（《Aタイプ》）の配偶者には中国への定住志向が強く、逆に農村に居住していた孤児（《Bタイプ》）の配偶者には日本への定住志向が強かった。

そして配偶者や子供には中国籍者が多いこともあり、残留孤児に比べ、中国への定住志向がやや強くみられる。そこで孤児の夫婦や親子の間には、定住地をめぐり微妙な意識のずれ・葛藤があり、それは夫婦喧嘩、あるいはこの話題にあえて触れないといった形で現れていた。そしてこうした家族の意見対立・葛藤は、帰国が遅延し、安定した日本定住志向をもちにくい孤児の家庭で、特に顕著に見られた。

本章序節で述べた如く、大坊郁夫・中川泰彬は、配偶者・子供に比べ、残留孤児は日本に「自分の祖国――血の源があるとの意識」、「日本人としての血統に基づく同一性やそれに基づく日本社会への依存、安堵」が強く、そこで孤児が家族をまとめる「要」となっていると述べる。確かに孤児は、配偶者・二世に比べ、日本への定住志向が若干強い。その限りで、孤児が家族の日本定住の「要」の役割を果たしているといえるかもしれない。しかし、配偶者・子供もまた、中国に経済基盤がなく、当面は日本で暮らさざるをえないことは認識している。また家族との意見対立・齟齬に最も直面しやすい一九八八年以降に帰国した孤児は、それ以前に帰国した孤児に比べ、日本への定住志向が希薄で、日本人としての自己意識も大きく揺らいでいる。その意味では、一九八八年以降まで帰国が遅延した家族は、孤児・配偶者・子供がいずれも日本への定住に不安・葛藤を抱き、かといって実際には中国に戻って生活できるあてもなく、そうした中で日本への帰国という一家の選択の根拠となった孤児が、「血の源」や「安堵」とは無関係に、一種の責任感から「中国に戻っても生活できない（日本に定住するしかない）」という事実を、他の家族員よりも強調しているにすぎないように思われる。

第三項　三つの日本政府批判

さて残留孤児は、日本政府に対し、①戦争・棄民政策の実施、②早期帰国実現の懈怠・妨害、③帰国後の自立支援の放棄という三つの責任を追及していた。

戦争・棄民政策については、孤児達は日本の国家権力・戦争指導者の責任を明確にする立場に立ち、「残留孤児発生の原因は日本政府の政策ではなく、ソ連の侵攻にある」、及び、「戦争被害は国民がひとしく受忍すべき」といった意見を批判していた。敗戦時、日本政府が軍人・官吏やその家族を優先的に帰国させ、民間人を中国に放置・遺棄したことへの批判は特に強い。また実父母が開拓移民だった孤児は、移民政策への批判、及び、恩給等での軍人との格差への不満も大きい。そしてこうした国家権力・戦争指導者への批判は、日中両国の民衆、原爆被害者、在日朝鮮人等、多様な戦争被害者への共感に連なっている。さらにそれは、調査時点で進行中だったイラクへの自衛隊派兵への批判、日中の平和的関係の構築の要求とも連鎖していた。

早期帰国実現の懈怠・妨害、及び、帰国後の自立支援の放棄による被害は、どちらも戦争被害ではなく、戦後の日本政府が作り出した新たな被害である。その点でも孤児達は、自らの被害を「国民がひとしく受忍すべき戦争被害」、「ソ連の侵攻に起因する」とみなす見方を批判していた。

そして、こうした日本政府の三つの責任を追及する立場は、過去の生活体験の多様性を超え、ほとんどの孤児が共有していた。残留孤児を単一のカテゴリーにしたのは、上記の三つの受苦、及び、それを創出した日本政府への批判という主体的な自己同一性（アイデンティティ）であったといえよう。

蘭信三は本章序節で述べた如く、日本によって中国の地に棄てられた「棄民の語り」を、体験された事実に忠実な実証主義的・客観的なものではなく、国賠訴訟の過程で構築されたモデル・ストーリーとみなす。しかし、これは正しくない。「棄民の語り」は、孤児自身が体験した客観的事実である。

そして孤児達は、敗戦時の「棄民」だけでなく、戦後の日本政府が早期帰国、及び、帰国後の自立支援を怠った責任を、これもまた自ら体験した客観的事実に基づいて批判している。

また孤児達は、自らの苦難を、自己責任や単なる運の悪さではなく、日本政府の政策が作り出した「社会問題」と認識していた。犠牲者・被害者は、救済すべき「可哀想な」客体ではない。犠牲者・被害者としての自己認識は、加害者の責任を追及する主体性の出発点だ。蘭は、残留孤児問題を「社会問題」としてのみ捉える立場を批判する。しかし孤児達にとって、それを「社会問題」と捉えることは、解決に向けた社会的主体形成の最大の契機であった。蘭が残留孤児に「意識的パーリア」を見出そうとするなら、まず残留孤児問題を「社会問題」と捉え、孤児をその解決主体と明確に位置づける必要があるだろう。

第四項　批判的国民主義

残留孤児は日本政府に対し、①日本人としての平等の実現、②日本政府の責任の明確化と謝罪・賠償、そしてこれらをふまえた③包括的・補償的な政策形成の三点を要求していた。

日本人としての平等とは、日本の地で家族によって育てられ、義務教育をはじめとする学校教育を受け、日本語を身につけて社会関係を形成し、就職して経済的に自立し、年金に加入し、必要に応じて社会保障や福祉を受けるといった、戦後の日本に居住してきた人々にとって自明の生活と権利の実現である。

ここで平等の基準となる対象は、中国に住む同世代の中国人、または帰国前の孤児自身ではない。あくまで戦後の日本の地に居住してきた日本人である。(三九) 残留孤児が中国の地で体験した苦難――不就学、政治・経済的混乱による生活の困難、日本人としての差別等――の体験はいずれも、日本の地に居住してきた日本人の苦難とは明らかに異質であった。帰国後の苦難もまた、同様だ。孤児達は、北朝鮮拉致被害者と自らに対する政府の対応の不平等に憤ったが、これも拉致被害者と自らが「同じ日本人」だからである。したがって、こうした残留孤児の要求は、大久保明男がいう「ディアスポラ・アイデンティティ」ではなく、むしろ「日本人であること」に基づく。

残留孤児に「日本人としての平等」という要求が本格的に成熟したのは、日本への帰国以降と考えられる。もとより帰国以前から、「他の日本人は敗戦直後に日本に帰還できた」、「日本は経済が発展した先進国だ」、「日本にいれば、日本人として差別されることはない」等、日本に住む日本人と自己の違いを認識する機会は少なくなかった。しかし、戦後の日本人の現実の生活や権利を目の当たりにし、それとの比較で自らの人生の苦難を「不平等」と実感したのは、やはり帰国以降であろう。いわば日本政府による自立支援の不備が「日本人との不平等」という意識を増幅させ、その結果、孤児達は帰国以前の中国での生活も含め、自らの人生に新たな解釈・意味を付与したのである。

また残留孤児が「日本人としての平等」を実現するには、孤児を生活保護など既存の諸制度に埋め込み、「いなかったことにする」だけでは不十分だ。残留孤児の特殊性や歴史的背景をふまえ、全生活領域にわたる包括的な支援策の創設が不可欠となる。いわば残留孤児の側が既存の日本社会に同化・適応するのではなく、日本社会の側の変革が必要である。国賠訴訟は、「日本人」であるからこそ日本の国家・社会を批判し、変革を求める批判的国民主義に基づく集合的行為だったといえよう。

しかも残留孤児の要求は、単なる願望ではない。つまり孤児達は前述の如く、自らの苦難を、日本政府の政策に起因する被害と認識し、政府に謝罪・賠償、及び、それをふまえた補償的な政策形成を要求していた。残留孤児が要求しているのは、大久保真紀が指摘するような単なる老後の生活保障ではない。あくまで日本政府の責任を明確にし、恩恵ではない補償としての、しかも「日本人としての平等」を実現する包括的な政策形成である。賠償請求も、単に金銭目的ではなく、国の責任明確化の証だ。そして残留孤児の国賠訴訟は、蘭信三が指摘するようなアイデンティティ・ポリティクスにとどまらない。現実生活における客観的な不平等の是正、つまり日本社会の変革を求めた行動である。

こうした日本政府に対する要求もまた、過去の生活体験の多様性を超えて、ほとんどの残留孤児が共有していた。その意味でも、国賠訴訟にみられた残留孤児の同一性（アイデンティティ）は、批判的国民主義としての日本人であったといえよう。

残留孤児が要求した「日本人としての平等」は、兵庫の国賠訴訟で定式化された「日本人として、日本の地で、人間らしく生きる権利」とほぼ同じ内容といってよい。それは弁護団全国連絡会が述べる如く、確かに「人格権、幸福追求権、帰国の権利といった既存の基本的人権が複合したもの」ではある。ただし決定的に重要なことは、それが戦後の日本の地に居住してきた日本人と平等な質と水準で保障されることだ。いいかえればそれは、残留孤児が戦後の日本国民としての生活と権利を根こそぎ奪われたという事実を認定し、その回復と補償を要求するものであったと思われる。その意味で残留孤児の国賠訴訟は、憲法の個々の条文との関係以前に、その前提となる「国民」の資格を問い、したがって日本国民に保障されたすべての権利の剥奪という事実の有無を問う、希有な訴訟ではなかったか。そしてこの要求は、残留孤児の現実の生活体験に根差したものであり、必ずしも国賠訴訟の際に「世論にアピールする場合のキャッチフレーズ」（弁護団全国連絡会）として作られたものとは言い難い。(四〇)

第五項　ポスト・コロニアルの世界システムへの批判

最後に、日本人としての批判的国民主義は、残留孤児にとって唯一の主体性・同一性ではない。

まず「日本人としての平等」で想定された生活や権利のほとんどは、日本国民だけでなく、少なくとも一九七〇年代以降、日本社会に定住する在日外国人にも徐々に保障されてきたものである。(四一)

また、残留孤児が帰国後、「日本人としての平等」の観点から、中国での体験に新たな意味・解釈を付与したということは、他の観点から異なる意味・解釈を付与することもまた可能だったことを意味している。

すなわち「日本人としての平等」の要求は、日本人と中国人の不平等の認識を前提とする。実際、ポスト・コロニアルの日本と中国の国民には、様々な不平等があった。東西冷戦の下、日本はアメリカに従属し、その代償として一九五〇年代半ばから高度経済成長を遂げ、自国民に比較的高水準の教育・雇用・福祉を確保してきた。一方、中国の国民は、国共内戦や大躍進、大飢饉や文化大革命に象徴される政治・経済的混乱を経験し、その後も改革開放に伴う格差の拡大と生活の不安定化等、同時代の日本国民とは比較にならないほど過酷な苦難を余儀なくされてきた。日本と中国では、ポスト・コロニアルの東西冷戦・南北格差、そしてグローバリゼーションといった国境を越えた世界システムの矛盾が、それぞれ異なる位相と深刻さをもって立ち現れた。(四二)

そして残留孤児が中国で体験した苦難の中には、確かに日本人としての迫害・差別等、残留孤児に固有のものもあった。しかし、不就学、貧困や飢餓、文化大革命での政治的抑圧、改革開放下での格差拡大等、その苦難の多くは、ポスト・コロニアルの大多数の中国民衆が共有してきたものであった。

残留孤児の多くは、自らの体験をふまえ、日本に「残留日本人を放置した冷酷な国」、「中国を侵略した国」等のマイナス・イメージを抱き、逆に中国に「残留孤児を育ててくれた寛大な国」等のプラス・イメージを抱いている。

しかし彼・彼女達は、中国を決して理想的な国と見ているわけではない。日本に対して「経済的に豊かな国」、中国に対しては「経済的に貧しい国」、「格差が激しい国」といったイメージも併せ持っている。中国の改革開放が、一方で急速な経済発展を、しかし他方で深刻な格差の拡大を生み、多くの中国人民衆の生活が困難に陥っている現実も熟知している。今後の定住志向においても、医療福祉等を考慮した時、日本の相対的な優越性を認めている。中国への定住を志向する際も、その主な理由は中国社会の肯定的評価というより、日本社会での疎外感だ。

総じてポスト・コロニアルの世界システムの矛盾――東西冷戦、南北格差、グローバリゼーション等――は、残留孤児の人生に多大な苦難をもたらした。それらのすべてが、日本国内での批判的国民主義――国賠訴訟や政策形成――だけで解決しえないことは、明白である。むしろ重要なことは、残留孤児の被害が、民族解放・国民主権に基づく国家を不可欠の構成要素とするポスト・コロニアルの世界システムによって創出されたという事実である。残留孤児の現実の生活体験に根ざす社会意識の中には、ポスト・コロニアルの世界システムに対する批判が、多様な形で散見される。

その一つは、日本のアメリカ従属に対する批判である。東西冷戦下で日本がアメリカに従属して資本主義陣営に属し、中国と国交を断絶したことが――「国益＝国民益」という観点からみた政治的妥当性とは別に――、残留孤児の帰国を大幅に遅延させたことは明白だ。孤児達は、日本政府がアメリカのイラク侵攻に協力して莫大な資金を支出することについても、一方で戦争反対の立場から、また他方で「貧しい国民のために使うべき税金をアメリカのために無駄遣いしている」とみなす立場から、批判していた。

また残留孤児の多くは、日中双方のいずれへの定住に対しても、葛藤を感じていた。在留資格・国籍をめぐり、日本か中国かの二者択一を迫るのは国家の都合であり、個々の残留孤児の生活の必要・論理ではない。孤児のほとんどは、家族や生活の実情に応じた自由な選択的居住・往来を望んでいた。

ポスト・コロニアルの世界システムに対する残留孤児の批判・疑問は、参政権への醒めた態度にも見て取れた。

残留孤児は「日本人としての平等」を求めているが、国民に固有の権利としての参政権に言及することは稀である。またそのことは、彼・彼女達の政治的未熟さとみなされがちだ。しかし孤児の主な被害は、「ポスト・コロニアル＝国民主権」下での日本政府が生み出した被害である。また孤児が中国で被った被害は、主要には「ポスト・コロニアル＝民族解放後」の中国政府の為政とその混乱によって創り出された。残留孤児は、戦後の国民主権・民族解放に過剰な期待や理想を見出すことができず、むしろその矛盾・限界を熟知する人々――ポスト・コロニアルの世界システムに対する批判的主体――でもある。

残留孤児は、北朝鮮拉致被害者の救済に日本政府が積極的に取り組むのは、「選挙目当て」、「国民向けのパフォーマンス」にすぎないと感じている。いいかえればそうしたパフォーマンスに躍らされ、参政権を行使する多数の国民による戦後日本の民主主義・国民主権の限界を直観している。

残留孤児問題が「選挙の票」にならず、「だから政治家も無関心」なのは、主権者たる日本国民の問題である。残留孤児問題を「戦争の残滓」と見なして事足れりとし、戦後の民主主義が生み出した自らの問題と捉えようとしないのも、主権者たる日本国民の問題だ。政治的に未熟なのは、参政権に無関心な残留孤児か、自らの主権行使の内実に疑問を抱かぬ多数の日本国民か。もし一方的に残留孤児の側に政治的未熟さを見出すなら、それこそが残留孤児に一方的に同化・適応を迫ってきた従来の日本社会のあり方そのものと言ってよい。

こうした点に着眼すれば、残留孤児に「ディアスポラ・アイデンティティ」を見出す大久保明男の指摘は、一定の妥当性をもつ。逆にいえば、残留孤児の主張を日本の血統主義的ナショナリズムの文脈で捉える鍾家新の認識は、一面的と言わざるをえない。もとより国賠訴訟は前述の如く、「日本人」としての批判的国民主義に基づく行為ではあるが、残留孤児の政治意識はそれのみに収斂しない。そこには大久保のいう「国家に対する幻滅」があり、しかもその幻滅の対象は、民族解放・国民主権が達成されたポスト・コロニアルの日中双方の国民国家である。

ただし、残留孤児の主体性は、国民国家に距離をとること、つまり「ディアスポラ」であること自体を目的とはしていない。したがってそれは、ある時には批判的国民主義、ある時には日本人としての承認を求める自己主張、ある時にはアイデンティティ・クライシス、ある時には複数民族への両属・使い分けといった多様な形態をとりうる。そしてそれを規定するのはナショナル・アイデンティティではなく、あくまで現実の生活過程の多様性である。

〔補注〕

（一）大坊・中川（一九九三）四〇〇頁。
（二）飯田（一九九六）二七四頁。
（三）蘭（二〇〇〇-a）三〜五頁、蘭（二〇〇〇-b）二三・四〇頁、蘭（二〇〇〇-c）四一一〜四一二頁、蘭（二〇〇六-c）。蘭（二〇〇六-e）四六二頁は、「継子アイデンティティ」と表現している。
（四）木下（二〇〇三）六六〜六七頁。
（五）原賀（一九八六）、林（一九九三）。
（六）呉（二〇〇四）一一四〜一一六頁。
（七）呉（二〇〇九）一七五頁。
（八）張（二〇〇九）。
（九）蘭（二〇〇〇-b）四四頁。
（一〇）大久保明男（二〇〇九-a）三五八〜三五九頁、大久保明男（二〇〇六-a）一五九〜一六〇頁。
（一一）南（二〇一〇-a）、南（二〇一六）一三八〜一三九頁。
（一二）張（二〇〇九）。張（二〇〇七-b）一〇一頁は、国賠訴訟という独特の背景の中で、残留孤児が自らの苦労史を強調して行う語りを「モデル・ストーリー」と述べる。ただし後述する蘭と異なり、張は、その語りが日本政府の主張に抗して形成された側面を重視する。張（二〇一一）八五・一〇八〜一一五・一七三〜一九一頁も参照。
（一三）南（二〇一〇-a）七〇〜七一頁。南（二〇〇六-b）二〇一・二〇九頁も参照。
（一四）大久保明男（二〇〇九-a）三六二〜三六三頁。『大地の子』への批判的見解は、菅原・社団法人神奈川中国帰国者福祉援護協会編（一九九八）二四九〜二五二頁、蘭（二〇〇九-b）四五〜四六頁も参照。
（一五）大久保明男（二〇〇九-a）三五九〜三六〇頁。
（一六）二世の非行等については、社会的背景も含め、石井・山田（一九九二）、小野（一九九二）、村井・葛野（一九九二）、浜井（一九八九）、山田（一九八九）、善元（一九八九）、津田（一九九七）、木下（二〇〇三）七九〜八〇頁等。
（一七）蘭（二〇〇七）二四〇頁。蘭（二〇〇六-a）二六〇頁も、国賠訴訟の展開に伴い、「裁判の語り」ともいえる語りがモデル・ストーリーとして残留日本人の語りを席巻したと述べる。
（一八）蘭（二〇〇九-c）六三六頁。
（一九）大坊・中川（一九九三）四〇七〜四〇九頁。
（二〇）呉（二〇〇九）一七五頁、呉（二〇〇四）一二三〜一二四・一三八頁、呉（二〇〇六）六三〜六四頁、呉（二〇〇〇）一六五頁。
（二一）呉（二〇〇四）一七一頁、呉（二〇〇〇）一四九〜一五〇・一六四頁。
（二二）蘭（二〇〇九-b）四九頁。
（二三）蘭（二〇〇九-b）五七頁。
（二四）蘭（二〇〇〇-b）四三〜四四頁。

(二五)大久保明男(二〇〇九-a)三五八~三五九頁。
(二六)鐘(二〇一二)八六~八八頁。
(二七)南(二〇一五)五〇頁。
(二八)中国「残留孤児」国家賠償訴訟弁護団全国連絡会編(二〇〇九)三四九~三五六・六三八頁。池田(二〇〇六)五二頁、安原(二〇〇四)五一頁、斉藤(二〇〇九)七四頁、斉藤(二〇〇六)二一頁、井上(二〇〇六)二六頁も参照。
(二九)中国「残留孤児」国家賠償訴訟弁護団全国連絡会編(二〇〇九)三四九頁。
(三〇)中国「残留孤児」国家賠償訴訟弁護団全国連絡会編(二〇〇九)三四九頁。
(三一)中国「残留孤児」国家賠償訴訟弁護団全国連絡会編(二〇〇九)一八四頁。
(三二)中国「残留孤児」国家賠償訴訟弁護団全国連絡会編(二〇〇九)一七頁。
(三三)清水(二〇〇六)三七頁、佃(二〇〇四)三〇頁、池田(二〇〇六)五二頁。
(三四)中国「残留孤児」国家賠償訴訟弁護団全国連絡会編(二〇〇九)一八七~一八八頁。
(三五)大久保(二〇〇五)二七頁。
(三六)大久保真紀(二〇〇六-a)八八頁。大久保(二〇〇七)五二~五三頁、大久保(二〇〇八)一三二頁、大久保真紀(二〇〇九)二八八頁も参照。鐘(二〇一二)も、残留孤児の国賠訴訟を老後保障を求めたものとみなしている。
(三七)損害賠償額が三〇〇〇万円、弁護士費用が三〇〇万円である。中国「残留孤児」国家賠償訴訟弁護団全国連絡会編(二〇〇九)六二八頁は、三〇〇〇万円の根拠について、被害が人生全般にわたり、その内容は物心両面にわたるため、通常の死亡慰謝料の最高額を上回る損害があるはずとの発想に立ち、象徴的な意味合いしかもたないと述べている。
(三八)北朝鮮拉致被害者と残留孤児の待遇格差については、安原(二〇〇四)五二頁、鈴木(二〇〇六)三頁、内藤(二〇〇七)九六頁、西岡(二〇〇五)八八頁、西岡(二〇〇六)五一頁、西岡(二〇〇七-a)二六頁、西岡(二〇〇七-b)三六頁、鐘(二〇〇九)五〇~五一頁、張(二〇〇七-b)一〇〇頁、大久保真紀(二〇〇六-a)九七~九八頁、大久保真紀(二〇〇九)二九九頁、中国「残留孤児」国家賠償訴訟弁護団全国連絡会編(二〇〇九)六三六頁、木下(二〇〇三)九六~九七頁。北(二〇〇三)三九頁によれば、北朝鮮拉致被害者絵の支援策との落差について、厚労省は残留孤児は戦時の国民がひとしく受忍すべき問題、拉致被害は「平時に起きた異様な事件」とみなしている。
(三九)したがって、「日本人としての不平等」に対する不満と、「日本に帰国してよかった」という評価は矛盾なく両立する。残留孤児の生活状況の帰国前との比較については、厚生労働省社会・援護局(二〇〇五)一三~一四頁。
(四〇)菅原(一九八九)二二〇頁は、一九八七年に帰国孤児連盟が法務省人権擁護局・日本弁護士連合会に人権救済申立書を提出するために行った運動について、「帰国者たちは、何回も集まりを開いて、誰が、どう人権を侵害されたか。日本人残留孤児そのものの人生四十余年間全部が日本人としての権利、義務が与えられなかったところに『日本人としての人権が存在しなかった』『そのために、中国残留日本人孤児はどんな不利益を受けたか』を明らかにし、その『不利益』を日本政府につぐなってもらうための運動を展開していくことになった」と述べている。
（四一）浅野（一九九八）一一六頁、浅野（二〇〇一）一七五頁。
（四二）浅野（二〇一二-a）。

第八章　国家賠償訴訟

序節　問題の所在

最後に、国賠訴訟における組織と主体の形成過程を明らかにしよう。

従来、残留孤児の国賠訴訟の組織過程は、全国に先駆けて提訴した関東原告団のリーダー層の動きを中心に、しかも主に支援者・弁護団の立場から紹介されてきた[一]。兵庫県という一地方の、しかも原告一人ひとりのレベルに降りた実態はほとんど把握されてこなかった。

訴訟闘争における孤児の主体性についても、先行研究はさほど多くない。

張嵐は、原告の孤児すべてが国の責任を厳しく追及する「モデル・ストーリー」の語り手ではなかった点に注目する[二]。張によれば、裁判の中心メンバーでない原告には、国の謝罪や賠償を望まず、現状の生活に満足し、養父母の墓参さえ自由にできるようになればよいと語る「中間層の参加者」もいた。また裁判に消極的で、勝訴にもあまり期待しないが、ただ仲間の一員として原告団に参加した「心理的フリーライダー」もいた。

確かに筆者も、原告の多様な語りに接した。しかし筆者は、張の解釈・分析には、疑問を感じざるをえない。一人ひとりの人間の心中は、一枚岩ではない。しかしまたそれゆえに、人々の心は同じでもある。張のいう「モデル・ストーリー」を最も強く主張するリーダーの心中にも、「中間層の参加者」や「心理的フリーライダー」の要素は確実に存在し、一定の文脈ではそのような発話がなされていた。逆に「国の謝罪や賠償を望んでいるわけではない」と語る原告（張のいう「中間層の参加者」）も、現実の行為としては国の責任を追及する原告団に参加し、仮に勝訴した場合、国の謝罪や賠償をおそらく辞退しなかったであろう。張のいう「心理的フリーライダー」も、経済的負担や身体的・心理的重圧に耐えつつ、原告団の活動に参加していた。「勝訴を期待しない」という語りの裏に、万一敗訴した場合の精神的ダメージをあらかじめ軽減しておこうとする自己防衛の心的機制が読み取れるケースもあった。原告だけではない。様々な理由で、原告団を途中で離脱した孤児もいた。神戸地裁で原告が勝訴した直後、「賠償金がもらえるなら、今からでも原告団に加入できないか」と筆者に相談を持ちかけてきた孤児もいた。筆者は原告だけでなく、こうした孤児も含め、現実の生活体験の中で、日本政府の政策に理不尽なものを感じ、自らを被害者とみなす共通の主体性をもっていたと考えている。

いま／ここで目前にいたインタビュアーに何を語ったかは、些細なことである。重要なことは、当事者の生活の歴史と現実であり、その重みの前では、原告団に加入したか否かさえ、相対的に些細な差にすぎない。

もとよりこのことは、すべての残留孤児が同質的な「モデル・ストーリー」の体現者であるとか、他の多様な語りより「モデル・ストーリー」を重視すべきだということではない。一人ひとりの孤児は、それぞれの多様な生活史・生活過程に基づき、多様な思いをもち、そしてそれにも関わらず多くが原告団に結集した。また訴訟・原告団に対しても、多様な形で関与した。こうした統一性と多様性はいずれも、現実の生活史・生活過程に基礎づけられている。

そして「モデル・ストーリー」に基づく国賠訴訟だけが、残留孤児の現実生活に根差した社会構造変動・変革の唯一の道筋ではないこともまた、自明である。張のいう「中間層の参加者」や「心理的フリーライダー」の主体性は、単に周辺的な原告というだけでなく、むしろ別の位相での社会変動・変革に向けた中心的な生活戦略でありうる。原告団を離脱した孤児や、判決後に「今からでも原告団に入れないか」と相談を持ちかけてきた孤児の主体性もまた、現実生活に根差したものであり、何らかの社会変動・変革へと連鎖しうる。そうした多様な社会構造変動・変革の道筋を明らかにすることこそが、多様な主体性を重視する研究者の任務であろう。単に多様な意識形態を羅列するだけでは、有意義な発見とはいい難い。現実の生活の矛盾に基づき、人間の意識はつねに矛盾を孕み、それゆえに人間は成長・発達し、多様な形で社会を変革しうる。重要なことは、その歴史的・具体的内実の解明であろう。

さて、国賠訴訟を通した残留孤児の主体形成を捉えた研究もある。

安原幸彦は、裁判に向けた陳述書作成が、自らの被害を自覚し、何に対して闘っていくのかを明確にする点で、孤児の主体形成において重要な役割を果たすと指摘している。(三)

また名和田澄子は、残留孤児が裁判闘争の中で自らの生活史を語っていることに着眼し、そうした「語りに共通しているのは、権利主体として自己を確立しようとする強い意志」であり、とりわけ「棄民政策の実態を法廷で語ることで主体形成して」いると述べる。(四) さらに名和田は、残留孤児が法廷で他の孤児の口頭弁論を傍聴することで、「同じ根を持つもの同士の集団であることを再確認し、相互連帯の思想が芽生え強化される」とも指摘する。(五)

そして弁護団全国連絡会は、「集団訴訟を通じて、それまでばらばらであった孤児らが、地域のなかで一定のまとまりを持って声を上げる集団となることができたという点を重要な成果」と捉え、「原告団という当事者集団を形成することでしかできない連帯と共感を彼らのなかに生」み、また「内部的団結だけでなく、弁護団はもとより、訴訟を通じ彼らの存在を知り、共感し、支援する同胞の和を広げることができた」とも述べる。(六)

さらに弁護団全国連絡会は、裁判闘争が創出した国の政策以外の成果として、①孤児達の自己変革と新たに築いた豊かな人間の絆、②支援者・弁護士との新たな絆等をあげている。特に①については、「孤児問題についての歴史認識を深めたこと、早期帰国義務と自立支援義務を怠ってきた政府の政治的責任と法的責任についての確信を深めたことに負う面が大きい。加えて…（中略）…自らの人権と人間の尊厳回復の闘いの正当性への確信を強め、主体的に自立した活動を強めていった。まさに、この裁判闘争が、原告である孤児自身の解放と成長を大きく促したのである」と述べている。(七)

これらはいずれも、裁判闘争を通した主体形成を捉えた貴重な知見である。とりわけ被害者が単に「救済すべき客体」ではなく、被害者として自ら問題解決に挑む権利主体であることを明確にしている点で重要だ。

しかし同時に、残留孤児の中でも、その生活史・生活過程は多様であり、したがって訴訟運動を通した主体形成の内実もまた多様と思われる。さらにそこでの主体形成が、国家の責任を明確にする権利主体としての成長やそれを目的とする連帯にとどまるか否かも、検証されなければならない。

なお兵庫県の残留孤児が国賠訴訟にかけた思い――日本政府に対する批判と要求――は、既に第七章第三節で分析した。

本章が解明するのは、訴訟運動の組織化と主体形成の過程である。

第一節　原告団の形成

さて本書の対象者が神戸地裁に国賠訴訟を提訴（第一次）したのは、二〇〇四年三月三〇日であった[八]。

兵庫県の訴訟運動の直接の契機は、二〇〇二年一二月二〇日、関東の孤児が、全国に先駆けて東京地裁に国賠訴訟を提訴したことにある。この情報は、日本語メディアだけでなく、日本国内の中国語メディアでも報道され、また残留孤児のインフォーマルなネットワークを通じて、全国の孤児に一挙に拡散された。いいかえれば、関東訴訟の情報を敏感に受けとめるレディネスが、全国各地の孤児に既に熟していた——不満が鬱積していた——のである。

第一項　前史——立法と司法

関東の訴訟が兵庫県の運動の直接の契機であったということは、いいかえればそれ以前、兵庫県では残留孤児の政治運動が希薄だったことを意味する。

関東の孤児は一九九九年以降、強力なリーダーシップをもつ支援者とともに、老後の生活保障の立法化を求める国会請願運動に取り組んだ。しかし請願は二度に渡って不採択となり、これが訴訟に取り組む直接の契機となった。また二〇〇一年、ハンセン病患者が国賠訴訟に勝訴し、新たな支援策を勝ち取ったことに示唆を受け、残留孤児も司法の場で問題解決を図ろうとする動きが生まれた[九]。いわば関東では、老後の生活保障のための政策形成を目指す政治運動の蓄積があり、その延長線上で訴訟が取り組まれたと言ってよい。『関東弁護団　訴状』も、「政策を変えようとしない国の姿勢に接し、…（中略）…救済を司法に求めるしかないと考え」て提訴したと経過を説明し、訴訟の目的を「国の責任を問うとともに、その政策の抜本的な転換を求めることにある」と規定している[一〇]。

これに対し、兵庫県での本調査において、国賠訴訟の前史として国会請願・ハンセン病患者の勝訴に言及した孤児は、リーダー層を含め、皆無であった。もとより一九九九〜二〇〇一年当時、兵庫県でも国会請願の署名運動に参加した孤児は少なくなかったと思われる。ただしこの請願の不採択は兵庫県の孤児にとって、必ずしも国賠訴訟につながる決定的な契機とはみなされていなかった。その背景には、いうまでもなく関東と地方の国会・政府に対する距離感の違いがある。また兵庫県には、政府・厚労省に批判的な立場で、しかも強力なリーダーシップを持って孤児を組織・支援するボランティアが少なかったことも影響していると考えられる。総じて兵庫県では、二〇〇四年の訴訟が、残留孤児が取り組んだほぼ最初の本格的な集合行動だったといってよい。また第七章第三節で見た如く、兵庫県の孤児にとっては、ハンセン病患者の国賠訴訟より、むしろ二〇〇二年の北朝鮮拉致被害者に対する日本政府の対応が、大きなインパクトを与えた。日本政府の責任ではない拉致被害者の支援に比べ、日本政府の政策によって生み出された残留孤児の被害へのそれが、あまりに貧弱だったからである。そこで兵庫県では運動の当初から、日本政府の責任を明確にすることが訴訟の主たる目的となった。『兵庫弁護団　訴状』も、「この裁判は、…（中略）…国の責任を明らかにし、人間の尊厳を取り戻すために提起したものである」と述べ、政策形成には言及していない。

第二項　運動の萌芽――「組織者」集団の形成

さて兵庫県では二〇〇二年、関東の訴訟運動に触発され、複数の孤児が同時多発的に行動を起こした。自ら関東原告団との接触を試みたのである。ここでは、こうした孤児を「組織者」と呼ぶ。四五名の対象者のうち、「組織者」は九名である。その多くは比較的若く（《C・Dタイプ》）、しかも一九八八年以前に相対的に早く日本に帰国し、日本社会で就労など一定の社会経験をもちえた人々だ。中国での最終職は労働者が多い。

関東原告団にいち早く電話で連絡をとった「組織者」の一人は、後に兵庫の原告団長となったH氏（伊丹市在住）である。彼は関東原告団を介し、京都の残留孤児を紹介された。西日本では、京都を中心に七府県の統一原告団の結成が模索されていた。[一一] H氏はこれに参加し、活動を開始した。

＊「東京の原告団と連絡をとると、京都の孤児を紹介してくれました。関西にはまだ組織がなく、関西の孤児どうしで連絡・交流を深める中、私は成り行き上、兵庫代表のような立場になりました。二〇〇三年三月だったと思いますが、京都で学習会を開き、奈良・高知・兵庫・京都・大阪・和歌山等から孤児が参加しました。この学習会で、小野寺利孝弁護士（全国弁護団連絡会代表）の文章と出会い、私は初めて被害者としての自覚に目覚めました。それまで、残留孤児が受けた被害について客観的知識はほぼゼロでしたが、その文章には、日本政府が私達に与えた被害が、多くの歴史的事実に基づい

て書かれていました。それは私の人生経験と重なる部分が多く、説得力がありました。それを読み、勇気が出ました。それまでは被害を受けていても、被害者と自覚していませんでした。また私一人ではなく、何千人もの孤児が苦しんでいることもわかりました。この文章を読んで以来、私の考えに変化が生じ、目から鱗が落ちる思いがしました。これが、訴訟の導火線になりました」

H氏とほぼ同時期、同じ伊丹市に住む女性も、福岡県に住む孤児から関東訴訟の情報を入手し、独自に行動を起こした。彼女は、尼崎・神戸・明石等、兵庫県下に住む女性の孤児と連絡をとり、市域を越えたネットワークの出発点を作った。また国賠訴訟を最初に提起した神奈川県の孤児と直接、連絡を取り、詳しい情報を収集した。

＊「福岡に住む嫁の親（残留孤児）から、東京の裁判の噂を聞きました。私は兵庫県内の三名の孤児と相談し、横浜の孤児と連絡をとりました。また事情調査のため二度、横浜に行きました。その後、『関西で原告団を作って下さい』との手紙が横浜からきました。私達は、それを待ちかねていました。私達四人が、兵庫原告団の出発点といえるかもしれません」

「友人の残留孤児と話し合い、最初、横浜の孤児と連絡を取り、関東原告団に入ろうとしました。でも遠いので、京都を紹介されました。その後、大阪で、さらに兵庫で独自組織を作ることになりました。私達はH氏に連絡し、組織を作ろうと呼びかけました。それまでH氏とは顔見知り程度で、あまり付き合いはありませんでした。でも話してみると、H氏も東京に連絡をとったことがわかり、意気投合しました。そして私達が最初のメンバーとなり、組織を作り始めました」

伊丹市と隣接する宝塚市でも、独自の動きがあった。日本で発行されている中国語新聞で関東訴訟を知った二名の男性が、兵庫県でも訴訟を起こそうと考えたのである。彼らは直接、関東原告団と連絡をとったわけではないが、まもなく前述のH氏と連携し、行動をともにした。

＊「『中文導報』という中国語新聞で、東京訴訟のことを知りました。兵庫県でも訴訟を起こそうと同じ団地に住むK氏に相談し、その後、伊丹市のH氏と連絡をとりました。だから私とK氏、H氏の三人が画策人です」

西部地域でも、独自の動きがあった。兵庫県における残留孤児の集住地は、伊丹市・宝塚市・尼崎市など東部地域、及び、神戸市垂水区・明石市など西部地域に大別される。この西部地域でも、数名の孤児が地元で話し合い、東京や京都の原告団と独自に連絡を取り、東部地域の運動と合流した。

＊「以前から、ずっと不満を抱え、国を訴えようと思っていま

した。東京で原告団ができたと聞き、私はすぐ加入を申し込みましたが、各地域で裁判をすると言われ、二〇〇二年、近所の帰国者仲間で互いに誘いあい、京都の原告団に入りました。その後、兵庫県で独自にやる方がいいということになり、原告団を作りました」

以上の四つの動き――①H氏（伊丹市）、②女性の広域グループ、③宝塚市の男性二人、④西部地域（神戸市・明石市）グループ――が合流し、兵庫県の原告団の核となる「組織者」集団が形成された。

H氏は、文化大革命で政治運動を経験し、優れた統率力・組織力を有していた。政治的文章の執筆、討論の能力も秀でていた。ただし、地元に住む帰国者とあまり接触をもっていなかった。彼は、「私は帰国後、すぐに仕事に出たので、地元の残留孤児どうしの関係は希薄だった。日本語教室等、どの団体とも連絡がなかった。兵庫県で活動を開始するにあたり、まず自分の体験や意見を文章にして、『華文時報』という中国語新聞に発表した」と語る。

一方、女性グループは、市域を超えた広域的な帰国者のネットワークを有していた。ただし健康やその他の問題を抱え、継続的にリーダーシップを発揮することは難しかった。「最初、原告団の役員になってくれと言われたが、身体がついていかないので断った」、「当時、中国で住宅をめぐって別の訴訟があり、日本を離れざるをえず、H氏に任せた」と語る。

宝塚市の男性二人は、訴訟・組織的運動の必要を深く認識し、しかも居住地に根ざした帰国者どうしの密接な社会関係を有していた。ただし二人とも一九八九年以降まで帰国が遅延したため、日本社会の事情に疎く、他府県との連携や組織活動の方法の具体的イメージをもちにくかったようである。

＊「確かに私達が最初の画策人ですが、どうすれば原告団が作れるのかわからず、なかなか何もできませんでした。通訳もいないし、具体的な奔走はできません。H氏はとてもやり手だから、彼が入ってきたら、すべて彼に任せました。H氏が京都に行き、いろいろ調べ、ようやく兵庫の原告団を作ることができました」

西部地域（神戸市・明石市）のメンバーもまた、他府県の組織と独自に連絡を取り、しかも居住地に根ざした帰国者のネットワークをもっていた。彼・彼女達は東部地域の運動を、西部地域を含む全県的なものへと広げた。

兵庫県では、こうしたそれぞれ特色ある四つの動きが相互に補い合いつつ、組織を形成していった。

ただしこの時点では「組織者」達はまだ、弁護士・支援者と接触をもっていなかった[一二]。H氏は、「訴訟を考えてから一年半すぎた時点でも、私達はどこからも支援を受けていなかった。弁護士との連絡も取れなかった。連絡をとるには日本語と中国語が両方できる人が必要だが、なかなか見つからなかった。子供達（二世）は皆、仕事があるし、それまでの参加者は、私と同レベルの日本語能力で、外部の日本人と連絡をとりようがなかった」と語る。

第三項　全国的ネットワークを介した「個人参加者」

さて二〇〇二~〇三年にかけて全国各地の原告から、兵庫県の残留孤児に電話等で勧誘があった。これに多くの孤児が敏感に呼応し、個別に原告団に参加した。第六章第三節で見た如く、残留孤児・帰国者相互の日常的な社会関係は近隣でのそれに限られ、遠隔地に住む帰国者（中国での同郷出身者、及び、定着促進センター等で知り合った人）との関係は希薄化していた。しかし訴訟の勧誘においては、遠隔地に住む帰国者との関係も積極的に動員・活用されたのである。こうして全国的な残留孤児のインフォーマルなネットワークの中で勧誘され、しかもそれに敏感に呼応して個別に参加した孤児を、ここでは「個人参加者」と呼ぶ。対象者のうち、「個人参加者」は一三名である。

二〇〇二年には、関東に住む原告からの勧誘が多かった。

＊「二〇〇二年、東京に住む知人の残留孤児から、『裁判を起こす。参加しないか』と電話があり、書類を送ってきました。私はすぐ書類に記入し、東京の原告団に送りました。受理されましたが、やはり東京は遠く、交通費・宿泊費がかかります。東京の原告団長から、『兵庫県でもH氏という人が活動している』と教えられました。それで二〇〇三年九月、H氏に電話し、『私も訴訟に徹底的に参加するよ』と意思表明しました。東京の知人から電話で聞くまで、残留孤児が集団で日本政府を裁判で訴えるという方法は、思いもよりませんでした。東京でそれが既に起きていると聞いた瞬間、ぜひ参加したいと思いました」

「東京に住む知人の残留孤児から電話で誘われ、私もすぐ原告団に入りました。その後、二〇〇三年にH氏から連絡をもらい、兵庫の組織に参加しました。私は原告団という組織があり、組織者さえいるなら、とにかく参加し、全力をあげて闘うつもりでした。勝敗はともかく、国の責任をはっきりさせたかったのです」[一三]

「東京の扶桑同心会という帰国者団体から勧誘があり、私も東京の原告団に参加しました。とてもうれしかった。以前から何度も、裁判に訴えたいと思っていましたから。その後、

表　訴訟運動（原告団参加形態、帰国年次、タイプ別）　（人）

		参加形態			帰国年次		タイプ				計
		組織者	個人参加者	地元参加者	1988年以前	1989年以降	A	B	C	D	
参加形態	組織者				6	3		2	3	4	9
	個人参加者				8	5	4	2	2	5	13
	地元参加者				11	12	6	6	7	4	23
参加年次	2002年	9	10	4	14	9	3	6	6	8	23
	2003年		3	19	11	11	7	4	6	5	22
参加原告団	関東→関西→兵庫	6	7		8	5	2	3	2	6	13
	関西→兵庫	3	5	5	8	5	2	3	5	3	13
	兵庫		1	18	9	10	6	4	5	4	19
加入上の困難（複数回答）	論点の理解	5	6	7	11	7	3	6	4	5	18
	トラウマ	2	1	2	5		2	3			5
	不利益危惧	1	2	1	3	1			1	3	4
組織上の困難（複数回答）	被害多様さ	5	4	1	9	1	1	2	2	5	10
	リーダー確保	4	4	1	6	3	1	1	2	5	9
	経済・健康			6	4	2	1	2	2	1	6
	敗訴不安			2	2		1		1		2
訴訟を通した変化（複数回答）	歴史社会視野	5	9	13	16	11	8	6	4	9	27
	自分だけでない	2	4	4	4	6	3		3	4	10
	人権意識	3	5	10	10	8	7	4	2	5	18
	団結の必要		6	5	7	4	5		2	4	11
	自己実現	1	5	3	6	3	2		4	3	9
	リーダー敬意	1	1		2		1		1		2
	弁護士等連帯	1	4	4	5	4	2		3	4	9
	言及なし	1	1	5	5	2		3	2	2	7
		9	13	23	25	20	10	10	12	13	45

資料：実態調査より作成。

二〇〇三年にH氏から書類を渡され、兵庫県の原告団に移りました。残留孤児の実情を考えると、訴訟は一〇～二〇年前に起きてもおかしくありません。でも定着促進センターや自立指導員は国側の人だから、そんなことは許さなかったでしょう」

二〇〇二～〇三年にかけては、大阪・京都・奈良等、近畿の他府県に住む孤児や支援者からの勧誘が相次いだ。

＊「二〇〇三年、奈良の残留孤児が『訴訟を起こす』と教えてくれました。彼女は、私と同じ内蒙古出身で、肉親捜しの訪日調査で来日した時、東京で知り合いました。それで京都・奈良・兵庫等の合同の原告団に参加しました」

「大阪のU会という労働運動団体の人が、裁判の資料をもって私を訪ねてきました。それで私は最初、大阪原告団に入りました。その後、東京の小野寺弁護士が大阪に講演に来た時、ようやく兵庫県にも原告団があると知りました」

マスメディアから情報を得て自ら捜し回り、

兵庫の原告団にたどりついた「個人参加者」もいた。

*「私はテレビや新聞で東京の裁判を知り、兵庫県にもないかと思いました。一年位あちこち尋ね、神戸新聞社に聞きに行くと、H団長の名前と連絡先を教えてくれました。それで二〇〇三年一〇月、自分からH氏に電話をかけ、参加を申し出ました」

こうした「個人参加者」は、兵庫原告団を立ち上げた「組織者」と、それまであまり深い関係・連絡はなかった。また「組織者」に比べれば、政治的リーダーシップ・組織力を発揮するタイプの人は少なかった。

しかし「個人参加者」は、中国在住時に遼寧省等の都市部に居住し（《A・Dタイプ》）、また「組織者」と同様、一九八八年以前と比較的早く日本に帰国した孤児が過半数を占めていた。帰国後、夜間中学校等で長期間、日本語を学んだケースも複数いた。中国での最終職が技能工・専門職・管理職だったケースが多く、日本に帰国した後に自営業を開設したケースも見られ、総じて読み書き・文書作成、人前でのスピーチ、課題の整理、郵送やコピー等の事務作業に習熟した人が多かった。

こうした「個人参加者」の加入により、弁護士・支援者との連絡が容易になり、原告団の実務も飛躍的にスムーズになった。弁護団全国連絡会によれば、青法協兵庫県支部長宛に兵庫弁護団結成を求める要請書が残留孤児から届いたのは、二〇〇三年六月である。(一四) また「個人参加者」がもつ全国的な孤児のネットワーク・情報網は、その後も、各地の情報の入手に役立った。二〇〇三年末に兵庫原告団で正式な役員選挙や連絡網作りがなされたが、その際、「組織者」とともに「個人参加者」が役員・連絡網の要となった。団長のH氏は、「原告団が発足して一年後、ようやく参加者の中に、日本語ができるK氏とM氏（いずれも「個人参加者」）を見つけた。彼・彼女達も日本語が達者とまではいえないが、私達に比べれば、ずっとうまかった。こうして弁護士や支援者との連絡もでき、対外的な連絡も活発になり、活動の幅が広がり、組織も拡大してきた」と語る。

第四項　地元ネットワークを介した「地元参加者」

「組織者」と「個人参加者」は主に二〇〇三年以降、各自の居住地で近隣に住む残留孤児を勧誘し、「メンバーは雪だるま式に増えた（H氏）」。地元で勧誘された孤児の多くは、他の都府県の原告団とは接触せず、直接、兵庫県の組織に参加した。彼・彼女達をここでは、「地元参加者」と呼ぶ。対象者では約半数にあたる二三名が、「地元参加者」である。「地元参加者」の過半数は、永住帰国以前は中国の農村に居住（《B・Cタイプ》）していた農民・労働者で、しかも一九八九年以降まで日本への帰国が遅れた孤児であった。

地元での勧誘方法には、各地域毎に一定の特徴がみられる。まず伊丹市では、原告団長のH氏をはじめとする「組織者」が、同じ公営住宅団地に住む孤児を一人ひとり訪ねて説明してまわり、勧誘した。

宝塚市でも、二人の男性の「組織者」が、同じ公営住宅団地に住む孤児に呼びかけた。ただしここでは「組織者」による勧誘・説明というより、彼らが触媒となり、帰国者が地域で自発的に話し合い、次第に参加の雰囲気が醸成されていったようである。宝塚市の「地元参加者」は、「テレビで訴訟のことを知り、近所の孤児達と話し合った。結束して、積極的に訴えようということになった」、「わけがわからなかったが、近所の人が皆で話し合って裁判に参加することになったので、私も参加した」等と語る。こうした宝塚市の孤児は「組織者」も含め、多くが中国の農村出身者（《B・Cタイプ》）で、しかも一九八九年以降まで帰国が遅れた人々であった。

尼崎市では、残留孤児が公営住宅団地に集住していなかったため、市内に住む孤児相互であまり交流・関係がなかった。また一九八八年以前に比較的早く日本に帰国した年長の孤児（《A・Bタイプ》）が多く、市域を越えた個別の孤児どうしの関係を築いていた。そこで尼崎市では、個々人がそれぞれ個別に原告団に参加するという経過をたどった。またそれぞれの孤児が個人的な関係を生かし、伊丹・西宮・神戸等、市域を越えて勧誘を行った。

＊「尼崎の残留孤児は皆、バラバラに住んでいるので、互いにあまり知りませんでした。伊丹や宝塚は公営住宅団地に固まって住んでいますが、尼崎の孤児は何でも自分で考え、解決しなければなりません。私は二〇〇三年まで、尼崎にほとんど知人はいませんでした。原告団に入ってから、尼崎に住む孤児と知り合いました」

最後に西部地域でも、「組織者」や「個人参加者」が自らの住む公営住宅団地で勧誘を行った。孤児が多数居住する巨大な団地は、神戸市と明石市の市域をまたがって存在しているため、勧誘も市域を越えてなされた。

「地元参加者」は、それまでどちらかといえば情報から隔離されてきた人々である。国賠訴訟についても詳しく知らず、あまり関心をもっていなかった人もいる。しかし一部には、以前から個人で訴訟を起こしたいと考えていたが、どうすればいいかわからず悩んでいた「地元参加者」もいる。

＊「私は政府を糾弾する文章を書きましたが、翻訳してくれる人もなく、自分一人で苛立っていました。だから二〇〇三年に勧誘されると、すぐに参加を決めました」

「七〜八年前から、私はずっと国を訴える裁判を起こしたいと思っていました。当時、創価学会の人が何度か、うちに布教にきました。私は、彼を救世主だと思いました。彼は台湾に留学経験があり、中国語ができたからです。私を彼に実情を訴え、また日本政府を訴える文章を書き、日本語に翻訳してほしいと頼みました。でも彼は、『こういう過激なやり方は好きではない』と言いました。彼が弁護士と知り合いだというので、私は『国を訴える法律について聞いてほしい』と頼みました。彼は『弁護士に相談すると莫大な費用がかかる。やめた方がいい』と言いました。私の期待は、泡と消えました。私は、新聞記者にも訴えたかったのですが、新聞社がどこにあるか、わかりませんでした。だから二〇〇三年、『兵庫県に原告団ができた』と誘われた時、すごくうれしくて、すぐ参加を申し込みました」

こうして二〇〇三年冬頃までに、兵庫原告団の大半のメンバーが結集するに至った。同年一二月二〇日には、弁護団による提訴説明会が開かれ、翌年一月以降、弁護士による原告聞き取りが本格的に開始した。(一五) 原告団の役員選挙も正式に実施された。二〇〇四年四月、H氏は次のように語っている。「最近、市毎の連絡網ができた。団長、副団長、事務局、宣伝部等、組織も整えた。正式に役員選挙もした。ここまでくるのに、二年間かかった」。

第二節　訴訟の諸困難

さて、訴訟運動には多くの困難があった。

第一項　日本語の壁

最も目につきやすい困難は、日本語の壁である。

第一に、弁護士との意志疎通・打ち合わせに、多大な困難があった。もちろん通訳が必要で、通常の裁判準備以上に膨大な時間と労力を要した。

しかしこうした中でも兵庫弁護団は、原告全員に対し、徹底した面接聞き取りを行い、総括的な訴状だけでなく、一人一ひとりの詳細な被害の実態を別冊の『訴状〔別紙〕』にまとめた。(一六) また原告の自宅を戸別訪問して補足調査を繰り返し、それまで未解決のまま放置されていた様々な生活問題――生活保護・年金、交通事故、通院等――の相談にのった。弁護士と原告の信頼関係は急速に深化していった。

第二に、法廷での意見陳述にも制約があった。残留孤児の陳述は流暢な中国語、またはたどたどしい日本語でなされた。中国語の陳述は、法廷通訳によって日本語に訳された。しかし通訳付きの陳述は通常の二倍以上の時間がかかるため、陳述内容は特に簡潔に練り上げられる必要があった。また、語感や微妙なニュアンスを、完全に翻訳しきることはできなかった。陳述中の原告の感情の高ぶりはそれ自体、苦痛の深刻さを物語る感性的表現だが、通訳の必要により、しばしば中断され、冷却化された。陳述と通訳が交互に、つまり中国語と日本語が数分毎に入れ替わる進行は、もちろん必要に迫られた有意義なものではある。しかし法廷にいるほとんどの人々――原告、被告、裁判官、双方の弁護団、傍聴者――は、いずれか片方の言語しか理解しない。そこで自分が理解できる言語で聞く数分間が経過すると、しばらくの間、理解不能な数分間をすごさなければならず、陳述を一連の流れとしてスムーズに理解し、受けとめることは妨げられた。残留孤児の被害は、短期間に発生した特定のそれではない。幼少期から現在までの長期間にわたる連続的・重層的な、しかも生活全体に及ぶ包括的な被害である。それを考えると、通訳による平板化や中断は、やはり陳述の訴求力に一定の否定的影響を与えざるをえないように感じられた。

一方、日本語の陳述は、中国語に通訳されなければ、原告には理解できなかった。兵庫弁護団は「裁判の内容を理解することは、原告として当然の権利」と主張し、中国語訳の通訳をつけるよう要求した。被告の国はこれに反対したが、裁判所は弁護団の主張を認め、第一回目の口頭弁論から通訳が導入された(一七)。これは残留孤児にとって、貴重な成果であった。しかし、前述の日本語訳の法廷通訳と同様の問題は払拭されたわけではない。

第三に、意見陳述以外の審議は当初、通訳がなかったため、原告には理解できなかった。弁護団は、傍聴席にボランティアの同時通訳を配置し、有線で傍聴席の原告に聞かせるヘッドホン・ディストリビューター方式の実施を要求し、裁判所はこれを認めた。これにより、事態は大幅に改善された(一八)。

しかし判決をはじめとする長大な日本語――しかも難解な法廷でのやりとり――を完全に同時通訳するのは困難であった。後に神戸地裁では原告が勝訴したが、判決が出た瞬間も原告で埋め尽くされた傍聴席に笑顔はなかった。勝訴か敗訴か、わからなかったからである。法廷の外では弁護士が「勝訴」の幕を掲げ、全国から集まった残留孤児・支援者が感激と興奮に包まれていた。しかし法廷内にいた原告が勝訴を理解して笑顔を見せたのは、法廷から退出し、廊下で弁護士から説明を受けた後であった。

そして第四に、日本語の壁は、裁判所において裁判と無関係の行為がなされる土壌にもなった。残留孤児やその家族が多数集まる法廷には、法輪功等の団体が訪れ、中国語で布教活動を行った。裁判所の廊下や傍聴席での布教活動に抗議する原告との間で、口論になることもあった。しかし裁判所の職員には中国語がわからないため、特に制止・注意はなされなかった。場合によっては、裁判所の廊下で口論し、傍聴席でも私語をやめない残留孤児・「中国人」の非常識と誤解された可能性も皆無ではない。

＊「後方の傍聴席に座ると、前で何を話しているのか全然聞こえませんでした。傍聴席で法輪功の人が裁判と関係ない布教をして、うるさかったからです。廊下でも宣伝紙を配布し、布教していました。どうして法廷まで来て布教するのか、腹が立ちました」

ところで、これまで述べてきた「日本語の壁」の諸問題は、筆者が参与観察で捉えた問題である。残留孤児自身は実は、訴訟上の困難として「日本語の壁」をほとんどあげていない。なぜなら、彼・彼女達の帰国後の日常生活は訴訟の過程に比べ、はるかに高い日本語の壁によって閉ざされてきたからである。確かに原告団結成に向かう当初、残留孤児は「日本語の壁」のために弁護士と連絡がとれず、困難を感じていた。しかし弁護士と連絡がとれた後、事態は一変した。日本人（弁護士）がボランティアの通訳を動員し、膨大な時間をかけ、自分達の問題や意見を丁寧に聞き取ってくれる。日本社会（裁判所）で通訳が用意され、微妙なニュアンスはともかく、今、何が話されているか理解できる。このような配慮に満ちた状態は、それまでの残留孤児の日常生活――職場、地域、病院・役所等の公共機関――では到底ありえなかったものである。もちろん前述の如く、客観的には裁判において「日本語の壁」は依然として多くの問題をもたらした。しかしそれでも裁判の困難が「日本語の壁」にあると見るのは、いわば外部からのまなざしである。孤児の側からいえば、むしろ裁判の過程で初めて日本社会における「日本語の壁」が多少なりとも崩れたという方が実感に近いであろう。弁護士・支援者を含む日本社会が残留孤児の実情を知りたいと関心をもった時、日本社会は初めて「日本語の壁」に気づく。しかしそれは、孤児の側からみれば、それまでずっと苦しめられてきた「日本語の壁」がついに崩れ始めた瞬間だ。壁は日本語ではなく、日本社会の無関心にあったというべきであろう。

第二項　原告になる困難

残留孤児自身が裁判の過程で困難と感じていたのは、むしろ次の諸点である。

【論点・争点の理解】

まず第一に、論点・争点を理解して「原告になること」の難しさだ。孤児の中には、中国の貧しい農村で育ち、学校教育を受けずに育った人も多い。彼・彼女達は、自らの体験を対象化し、適切に要約しながら語ることに不慣れだった。非識字者も多く、書類作成は一層難しかった。また都市で育ち、教育機会に恵まれた孤児にとっても、日本の裁判への参加は不安と緊張に満ちた体験であった。

＊「Sさん（残留孤児）から『原告団に入らないか』と誘われたけれど、私は『何のことか、全然わからない』と答えました。Sさんは、『お宅に書類を送るよ』と言いました。『駄目だよ。私も夫も家が貧しく学校に行かなかったから、勉強していない』、『大丈夫よ。私が手続きしてあげる。書類に記入するだけよ』、『私も夫も字が書けない。長女も日本語は話せるけれど、書けない。下の二人の子供は、もう中国語が下手になり、私の話を聞き取れない。後々も困るから、申し込まないで。うちはこんな状態だから、書類がきたらすごく困る』。でもSさんは、『参加しようよ。私達は皆、残留孤児なのだから』と勧めてくれました。書類が届くと、Sさんの夫が来てくれました。私が話し、彼が中国語で書いてくれました。とにかく私は、字の読み書きができないので、書類が来たら一番困ります。また、子供時代の辛い体験を聞かれましたが、それを書いてもいいのか、とても不安でした。そういうことを書いて、『証人として出廷しろ』と言われたら、緊張して何もしゃべれなくなり、それで『嘘つき』とか言われると、大変なことになるでしょう」

「原告の会議には出席しますが、私は話を聞くだけで、ほとんど発言しません。もう年をとっているし、知識もあまりないので、わからないままに何か発言して後で取り返しがつかなくなったら大変ですから。私は読み書きもできないので、書類も自分では全然、作れません。法律も知らないから、何をどう言えばいいのか、さっぱりわかりません」

「原告の会議では誰かが何か話していましたが、私には、よくわかりませんでした。難しすぎるし、とても覚えられません。私は証言台にあがったら、絶対に何も言えなくなり、立ち往生してしまうでしょう。『証言台に立て』と言われたらどうしようと考えただけで、ドキドキしていました」

「私達は、年寄りばかりで、教育も受けず、知識もないので、筋道をたてて話せるか、とても不安です。だからあなたたち（調査者）が来て整理しながら、時間をかけて話を聞いてくれると、ホッとします。裁判の勝敗は、私達が自分のことをきちんと話せるかどうかにかかっていますが、自分の頭だけで考えたことを話すと話があちこちに飛び、自分でもわけがわからなくなります。何を話すべきか、何を話す必要がないのか、そこがはっきりしないと、裁判官も理解しようがないでしょう」

「残留孤児の多くは中国の農村から来たので、自分の体験は言えますが、筋道をたてて話すのが苦手です。中国語の読み書きはもちろん、中国語の会話が難しい人もいます。ある孤児は四軒の家をたらいまわしにされ、家畜小屋でずっと生活してきました。昼間は豚の放牧、夜は馬の世話で、人間と話す機会がほとんどありませんでした。彼の苦しい体験を語れる人は、彼自身を含めて誰もいません。また中国人は大雑把で、字を書くのも横棒がなかったり、点が足りなくても平気です。ある孤児の書類では生活保護の金額が二倍になっていて、皆が驚いて調べると、単なる書き間違いでした」

【体験のトラウマ】

第二に、裁判で明らかにされる事実が、残留孤児にとってトラウマ、または精神的安定を妨げる内容だったケースもある。これは、敗戦時の記憶が鮮明な比較的高齢（《A・Bタイプ》）の女性に見られた。

＊「昔の体験を文章に書くのに、ずいぶん困りました。精神を刺激され、発作の原因になります。昼間それを書くと、夜に眠れません。でも私は、日本の軍国主義が国民をどんな悲惨な状況に陥れたのか、訴えなければならないと思い、無理をして書きました。今日も（調査で話したため）、いろいろ思い出され、夜に頭痛がして眠れないかもしれません。本当は、こんな話はしたくありません。身体に悪いです。この裁判で苦しいことをたくさん思い出しましたが、本当は過去はすべて忘れてしまいたいです」

「訴訟で多くの事実を知れば知るほど、気分が落ち込みます。事実を知らない時は、辛くても仕方ないと思って暮らしてきましたが、事実を知るほど腹の虫がおさまりません。なぜ私がこんな一生を歩まなければならなかったのか、考えると悔しくて悔しくて。もうこれ以上、何も知りたくないと思う時もあります。私の一生は何だったのか。昔のことを思い出すのは悲しいので、本当はあまりしゃべりたくありません」

【不利益への危惧】

第三に、原告団への参加や意見陳述が、不利益につながるのではないかという危惧も、一部の孤児から聞かれた。これは、中国の文化大革命で特に深刻な被害を受けた年少者

《C・Dタイプ》）に多かった。

＊「原告団に入ってからも、迷いがあります。原告になると、国は生活保護を止めるのではないか。裁判で負けても、生活保護は続けてもらえるのか。裁判で勝っても、その後、国が生活の面倒をみてくれなくなったら、どうしよう。そんなことを考えると悩みが深まるばかりなので、できるだけ考えないようにしています」

「原告団に入ったら逮捕されるのではないかと恐れて、入らない孤児もいます。その気持ちは、わからないでもありません。私も解雇が一番怖いので、裁判でも帰国後の職場のことについては無口にならざるを得ません」

第三項　組織的活動をめぐる困難

組織的活動・共同を維持する上でも、多くの困難があった。

【被害の多様性】

第一は、残留孤児の属性や被害が極めて多様であるため、その共通性をいかに確定するかという問題だ。これに頭を悩ましたのは、主に原告団のリーダーとなった「組織者」や「個人参加者」である。

＊「同じ残留孤児でも、経歴は様々です。帰国の時期、帰国後の生活状況も一人ひとり違います。帰国後、正社員や経営者になった人もいれば、生活保護で暮らすしかなかった人もいます。年金のある人とない人、中国での被害の程度、教育水準、都市と農村のどちらで育ったかも様々です。文化大革命でひどい迫害を受けた人もいれば、まったく迫害されなかった人もいます。養父母にいじめられた人も、逆に優しい養父母の下でいい暮らしができた人もいます。残留孤児の被害は一概には言えません。だからまず共通点が何か、整理しなければなりません。一律の補償が認められるとしたら、どういう範囲と程度なのか。同時に一人ひとりの被害も、具体的に見ていかなければなりません。複雑です」

「残留孤児の中でも、一人ひとりの苦労の内容がまったく違います。この点を、裁判所や社会がどう認識してくれるかが問題です。素質も境遇も違い、砂のようにバラバラで、これを一つにまとめて何かを要求するのは、容易ではありません」

共通の要求内容がよく理解できず、原告団への参加が遅れた孤児もいる。

＊「東京の残留孤児が、私に書類を郵送してくれましたが、私は記入しませんでした。なぜなら、要求内容が年金の増額でしたから。東京の孤児から、『老後の年金が少ないから、訴訟を起こした』と聞きました。私は年金はなく、生活保護で暮らしています。だから、今回の訴訟は関係ないと思いまし

た。その後、兵庫県でも訴訟運動が始まり、私は近所に住む孤児に三度位、話を聞きに行きました。でも、私が参加してもいいのか、わかりませんでした。ずっと後に私はH団長に直接、聞きに行きました。本当は、H団長に聞きに行くのははばかられました。彼はリーダーで忙しそうだし、私には高根の花と思ったからです。でもH団長は丁寧に説明してくれ、私も原告団に入れることがわかりました」

時には、国の責任追及に焦点を絞ろうとするリーダーと、多様な個人的体験をありのままに語りたいと考える原告の間で、齟齬が生じることもあった。

＊「小学生の時、『小日本鬼子』といじめられましたが、勤めてからは同僚に『日本の友達』と慕われました。私はこれを文章にしましたが、幹部に削除されました。なぜ本当のことが言えないのか。親切にしてくれた中国人に申し訳ない。私は、もし法廷に立つ機会があれば、正直にすべてを話したいです。だから私は、幹部に向いていません」

【リーダーシップ】

第二の問題は、多大な負担がかかるリーダーの確保である。これも「組織者」や「個人参加者」にとって悩みの一つとなった。

＊「中国で校長だったので『読み書きに問題がない』と言われ、原告団の役員になりました。皆のために役員を務めるのは吝かではありませんが、責任が重く、精神的に参っています。眠れず、毎晩、睡眠薬を飲んでいます。どうすれば裁判に勝てるか、どのように訴えればいいか、いろいろ考えるからです」

「役員をしても収入はなく、資金も足りず、自分の金を持ち出しています。活動のため、コピー機も自費で買いました。それでもたまに、『やり方が悪い』と文句を言われます」

「『事務局長をやってくれ』と頼まれました。私は一応、引き受けましたが、自分の仕事が忙しく、なかなか手伝えず、辞退するしかありませんでした」

【経済・健康上の困難】

第三に、「地元参加者」の中には、経済または健康上の理由で、原告団の会議や集会への参加が容易でない孤児もいた。

＊「原告団の会議に行くにも、食事を節約しなければなりません。交通費が一回一〇〇〇円、夫婦で行くと二〇〇〇円もかかります。私が原告団に一万円の会費を払うと言うと、妻は最初、『一万円も出したら、食費がなくなる。勝つかどうかわからないのに、一万円も出すな』と怒りました。今は妻も納得しています」

「年に一万円位の会費を出さなければなりません。食費が足りず、退会したいと思ったこともあります。私は身体もよくないし。今まで二回会議がありましたが、一回だけ娘と一緒に参加しました。もう一回は通院で参加できませんでした」「原告団の会議に行くのも大変です。私は無理をして行き、その帰途、腎臓病で顔が腫れ上がって診療所に駆け込み、すぐに大病院に運ばれました。あやうく死にかけました。でも、どんなに身体がつらくても頑張るしかありません」

【勝訴への不安】

第四に、本当に勝訴できるのかという危惧も、たえず頭をよぎった。巨大な国家権力を相手に本当に勝てるのか、敗訴するのではないかといった危惧は、時として訴訟闘争にやや距離をおく姿勢――一種のフリーライダー的な発話――へと連なった。これもまた、一部の「地元参加者」にみられた。

＊「残留孤児は人数が多いので、一人当たり三〇〇〇万円も賠償したら、莫大な金額になります。日本政府はアメリカのためなら惜しまず金を出しますが、自国民のためにそんな大金を出すでしょうか。皆が力を合わせれば大きな力になるのはわかりますが、所詮、私達は力のない庶民だから限界があります。それに、時効という制度もあります。私は自分達の主張が正しいという自信はありますが、時効を考えると不安になります。戦後六〇年もたっています。日本政府は、きっと時効を主張するでしょう。私はある意味で『見物人』です。もちろん勝利を望んでいますが、勝てるかどうか、見物しています」

「多くの歴史的背景が複雑に関連しているので、裁判は簡単には決着がつかず、長引くでしょう。日本政府はあれこれ口実を設け、責任逃れをするでしょう。国の役人は頭がいいから、言い訳や責任逃れは、やる気になれば、いくらでもできます。膠着状態になれば、私達は年寄りで先も短く、耐えられないでしょう」

第三節　闘争の基盤

最後に、以上のような困難や不安に直面しつつ、それでも残留孤児が団結を維持し、闘争を続けられた主体的な契機を、彼・彼女達の語りから抽出しよう。

【歴史・社会的視野の獲得】

まず第一に、最も多くの孤児が指摘しているのは、歴史・社会的視野の獲得である。多くの孤児にとって、自らの人生の苦難を単なる運の悪さや個人の能力・努力の不足ではなく、歴史・社会的文脈に位置づけて捉えることは、目から鱗が落ちる体験であった。もとよりこれは学習の成果だが、弁護士等からの一方的な情報・知識の提供によるものではない。提供された情報・知識の一つひとつが自らの実際の体験と符合し、それによって自らの個別の体験が系統的に説明・納得しうるものになったという深い実感である。

＊「政府が悪いという気持ちはずっとありましたが、口にせずにきました。私は小学校五年しか行っていないので、歴史のことはよくわかりませんでした。裁判に参加し、H氏と出会い、やはり政府の責任だとはっきりしました。それまでのいろんな体験が一つに繋がり、こういうことだったのかとわかって、目が覚めたような感じです」

「これまで知らなかったことが、裁判を通して初めて分かりました。自分が残留孤児でも、以前は残留孤児問題について何も知りませんでした。まるで自分が過ちを犯したような立場だと感じていたので、知ろうともしてきませんでした」

「裁判を通して、自分のことでも初耳のことが多かったです。残留孤児に対し、日本政府の対応がとても不合理だったことがよくわかりました。私達は、歴史の生き証人です。残留孤児が団結して国を告訴するのは、歴史の必然です。原告団に入ってから、歴史の認識が深くなり、その中で自分自身の問題も考えるようになりました」

「講演会や説明会に出席し、資料も読み、法律も少しわかるようになりました。これまでは、残留孤児問題が国の責任ということに、思い至りませんでした。自分の責任とか、たまたま運が悪かったと思っていました。今は、政府の責任だとわかるようになり、心強くなりました」

「裁判を通して、いろいろわかりました。敗戦時、私は赤ん坊だったし、以前は残留孤児どうしの情報交換もなかったので、本当に何も知りませんでした。訴訟をして、いろいろわかり、頭がはっきりして、これまでの自分の様々な経験がすっと繋がり、目から鱗が落ちるような思いがしました。日本政府が残留孤児に冷淡で、必要な政策を取らなかったこと、無関心だったことがよくわかりました。それで、いろいろ要求できるようになりました」

【他の孤児の実情認識】

第二に、他の残留孤児の深刻な実情を知り、自分だけの問題ではないという認識を得たことがある。日本敗戦時の記憶がない年少の孤児は、年長者の敗戦前後の壮絶な体験を聞き、問題の深刻さを再認識した。中国で都市に居住していた孤児も、農村居住者の苦難・貧困の実態を聞き、改めて問題を捉え直した。

＊「自分が一番苦しいと思っていましたが、もっと苦しい孤児がいるとわかりました。訴状を見てつくづく感じるのは、私は残留孤児の中ではまだ幸運な方だったということです。養

父母の経済状態もよかったし、文化大革命の被害も少なかった。他の多くの孤児は貧しい農村で生活し、学校に行けなかった人もいました」

「大勢の残留孤児のことがわかりました。それまでは誰とも連絡がありませんでした。皆がどんな体験をしてきたのか、どんなつらい思いを味わってきたのか、わかりました。残留孤児問題が自分だけの問題ではないと、改めて思い知りました」

「他の残留孤児の法廷陳述に、ショックを受けました。何軒もの家に売られた話を聞き、本当にかわいそうでした。自分だけでなく、多くの残留孤児がつらい思いを味わってきたこと、また残留孤児が皆、同じ思いをもっていることがわかり、よかったです」

【人権・権利意識の成熟】

第三は、残留孤児の被害を人権問題と位置づけ、権利意識をもつようになったことである。被害者は、単なる被害の客体ではない。被害を受けとめ、加害者の責任を追及する権利主体である。

＊「経済的賠償だけでなく、人権を勝ち取らなければならないと思うようになりました。私達は、人権を侵害された被害者です。だからこそ人権を求めます。人間扱いされなかったからこそ、人間として認めろと主張します。一番勉強になったのは、法律という武器で自分を守ることです。それと、自分で主張しなければ、問題は解決しないということです」

「人権や法律の考え方が少しわかった気がします。以前は、ただひどいこと、悲しいことと思っていました。原告団に入って、それが人権侵害だとわかりました。今は、自分達に人間としての人権があるという考え方がわかるようになりました。人として不平等があるのは当然ではなく、不当と思えるようになり、自分で自分を主張できるようになりました。最初は国を相手に訴えていいのか、困惑しました。でも国が人権を侵害したら、普通の庶民が国を訴えてもいいということもわかりました」

「最初は国・政府を訴えるとはどういうことか、不思議に思いました。でも、国が私達の人権をどのように侵害したのか、講演会や話し合いで学び、皆と一緒にデモに行ったり、要求を紙に書いて叫んだりして、しだいに理解できました。残留孤児は人権を侵害されたからこそ、人間として人権を主張しなければなりません」

【団結の重要性の認識】

第四に、残留孤児どうしの団結の重要性を実感したケースもある。兵庫県には、団結を実感しやすいいくつかの条件があった。まず兵庫原告団は六四名である。この人数規模は、抽象的観念としての「団結」ではなく、全員の顔が見える具体的な団結を可能にした。またこれは決して「少なすぎ」ず、ことをなそうとする上で必要な多様な個性・能力（得手不得手）をもつ人々を十分に含みうる人数でもあった。しかも兵庫県の原告の大半は、東部（尼崎市・伊丹市・宝塚市等）と西部（神戸市垂水区・明石市等）に別れて住んでいたとはいえ、しかし神戸市の中心部で会合・集会を開けば、大半の原告は公共交通機関を用いて一時間程度で参集し得た。こうした諸条件に支えられ、兵庫原告団の会議・集会には、健康や仕事の都合でどうしても参加できない原告を除き、ほぼ九割以上がつねに出席していた。そして団結の重要性は、「個人参加者」や「地元参加者」で特に顕著に認識されている。いいかえれば「組織者」は、団結の重要性をあらかじめ認識していたからこそ集団訴訟を組織したとも言えるし、同時に団結を創り出すためにも、まずは自身の主体性・リーダーシップを重視しなければならない立場にあったとも言えよう。

＊「裁判で勝つには、団結が不可欠です。原告団に入ってから、同じ境遇の孤児と知り合い、団結の大切さがわかりました。一人では何もできないけれど、これだけの人数が集まって力を合わせれば、声をあげられます。この団結を絶対に手放してはいけません」

「原告団をやめようとする人もいましたが、私は『団結しよう』と説得しました。一人の力は弱いので、皆の力を合わせて団結すべきです。残留孤児は日本に帰国後、バラバラだったから、こんな苦境に追い込まれました。もっと早く団結していれば、状況は改善されていたかもしれません。団結は守り抜かなければなりません」

【自己実現】

第五に、訴訟運動自体が、社会貢献と結びついた自己実現・自信回復の過程であった。これは、リーダーを担った「個人参加者」に特に顕著にみられる。孤児は帰国後、社会貢献の場から隔離されてきた。訴訟運動は、まさに有意義な社会貢献であり、リーダー層の孤児はそこに自己実現を見出した。

＊「原告団のリーダーになると、後で不利益を被るかもしれません。でも私は残留孤児のためになるなら意義があると思い、リーダーを引き受けました。この訴訟は、生死を顧みずやります。残留孤児の憤りが晴らせるなら、投獄されてもかまいません。人生最後の奮闘です。私は、余生を日本の繁栄のために捧げたい。訴訟を起こしたのも、日本政府に早く過ちを正してほしいからです。二度と戦争を起こさず、二度と無辜の人々を苦しめないでほしい。そのためにいい法律を作り、正しい国になってほしい。すべては私個人のためではなく、残留孤児のため、祖国の不正を正すためです。今、私の生き

がいは訴訟を完遂し、勝訴することです」

「訴訟を起こしてから、私の精神状態は少しよくなりました。自分が皆のために役立っていると思うと、生きがいを感じます。日本に帰国してから今まで、人に奉仕・貢献できませんでしたが、自分が皆のために貢献できるという自信が取り戻せました。会議で皆と話すと、気持ちも晴れます。昔は泣いたり、神経質になって、もう日本にいられないと思っていましたが、今は違います。日本人が日本で生活できないなら、どこに行けば生活できるのか。日本で闘うしかない。そのように腹・決意が座りました。そして頑張れば必ず勝てると信じられるようになり、希望がもて、勇気づけられました。今は忙しく、充実しています」

「今は、訴訟に勝つことが唯一の生きがいです。私達は、毎週でもデモをし、もっと長い時間を訴訟運動に割くべきです。県庁前で座り込みもしましょう。私達のナマの声を、県庁の職員に聞かせましょう。日本政府がいかに残酷か、多くの日本人に知ってもらいましょう。私はたとえ最後の一人になっても、断固闘います。もし私を投獄するなら、好都合です。日本の刑務所が見学できます。もし私の生活保護を止めるなら、やってみるがいい。私は市長の家に押しかけ、飯を食ってやります」

「裁判に、ますます拍車をかけるべきです。多少、お金がかかってもかまいません。食費を削ってもいいです。原告団に入って、本当に良かった。残留孤児は皆、心の底からそう思っています。こんなに自信がもてる経験は、今までありませんでした。訴訟に勝っても負けても、とにかく私は闘います。自分達のことを自分達で何とかする。それが大切だとわかったのです」

「一度、法廷の証言台に立ちました。その瞬間、すごく気持ちがよかったです。日本に来ていろんな苦労があったけれど、ようやく残留孤児の話ができる場所にたどりついた。そんな気がしました。裁判に勝てるかどうかは別として、自分の中でその瞬間の感じがとても良かったのです」


【リーダーへの敬意】

第六に、「組織者」や「個人参加者」の一部には、リーダーへの敬意・信頼も見られた。リーダーに対して一定の不満をもつ孤児も含め、その苦労を思いやり、信頼していた。「組織者」や「個人参加者」はリーダーの職務遂行を間近に見ることが多く、また場合によってはリーダーの役割が自分に回ってくる可能性を感じる機会もあった。そこで、実際に重責を担っているリーダーに対し、敬意・信頼を抱く場合が比較的多かったと思われる。

＊「私は、原告団の幹部のやり方に不満があります。それでも私は、幹部が大変な苦労をしているのを理解しています。特にＨ氏は、本当によく頑張っています。Ｈ団長がいるから、

私達は一つにまとまっていられます。その点は、私も認めています」

「H氏は大した人物です。高校を卒業しているから頭がよく、いろんなことを周到に考え、皆が質問してもパッパッと適切な返事ができます。団長として、私達をリードしてくれています。私達が好き勝手なことが言えるのは、最後にH氏がまとめてくれると信じているからです。私は自分が役員を務めてみて、それがよくわかりました」

【弁護団・支援者との連帯】

そして第七は、弁護団や支援者との連帯である。対象者は全員、弁護団の献身的努力に心から感謝している。また支援者の存在は、裁判所・集会等への道案内や交通手段の確保、通訳等の面で「役立つ」だけでなく、残留孤児の主張に正統性を認め、ともに日本政府の不正を正そうとする日本人との出会いという意味で、大きな励ましとなった。

＊「弁護士に心から感謝しています。彼・彼女達は、とても情熱的です。私達のために献身的に弁護してくれる姿に、感動しました。弁護士は、私達の言いたいこと、心の声を語ってくれます。裁判に勝っても負けても、心から感謝します。支援者も、私達のために苦労しています。感謝の言葉もありません」

「弁護士が事実上、ボランティアで私達のために闘ってくれることに心から驚き、感謝しています。すごく力強いです。それに支援者がいるから、勇気をもてます。以前から日本政府を訴えたかったけれど、支援者がいなかったので何もできませんでした」

「残留孤児は、これまで孤独でした。今、各方面の支援をいただけることに驚き、感謝しています。多くの人々が私達の気持ちを理解し、一緒に闘ってくれることに、感動しています。支援者は私達に関心をもち、苦労を厭わず無償で手伝ってくれ、本当にありがたい。支援者や弁護士とともに、最後まで闘っていきます」

「弁護士や支援者が、私達の被害を理解してくれたことに、本当に感謝します。例えばこうして調査をしてくれる学者、弁護士、支援者の方々に、お礼を言いたい。私達の心からの話を、政府や社会に伝えてくれるのは、本当にお疲れ様です。社会の理解、支援がなければ、この裁判は闘えません。今回の訴訟に勝っても負けても、支援してくれた人々に心からの感謝の意を表したい。最後まで、ともに闘いたいです」

弁護士・支援者への感謝を特に強く表明しているのは、「個人参加者」と「地元参加者」である。もちろん「組織者」もそうした意識はもっている。しかし「組織者」は、まずは当事者としての主体性を明確に打ち出す必要を自覚していたと考えられる。

考察　国家賠償訴訟の組織過程にみる主体と連帯

以上、国賠訴訟の組織と主体形成の過程を分析してきた。

第一項　国家賠償訴訟の前史

関東では一九九九年以降、残留孤児の老後の生活保障を求める国会請願運動があり、これが二度にわたって不採択となったことを機に、国賠訴訟が取り組まれた。また二〇〇一年にハンセン病患者が国賠訴訟に勝訴し、新たな支援法を確立したことが、関東の残留孤児に大きな示唆を与えた。そこで関東の孤児、特にリーダー層は当初から、老後の生活保障のための新たな政策形成を訴訟の重要な獲得目標の一つと位置づけていた。

一方、兵庫では、老後の生活保障を求める政治運動は、関東に比べ、希薄であった。兵庫の孤児は二〇一二年、関東の残留孤児の国賠訴訟に多大な刺激を受け、国の法的・政治的責任を問うために訴訟に立ち上がった。

こうした前史の差は、相互に矛盾しない。政策形成訴訟は、国の責任を明確にすることによって新たな政策形成を目指す。また兵庫の孤児にとっても、新たな政策形成は切実な要求だ。

しかし同時に、こうした前史の違いは、政策形成と国の責任の明確化の相関・比重をめぐり、関東と兵庫のリーダー層の思考・行動に、一定の温度差をもたらしたと考えられる。

二〇〇八年以降、残留孤児は新たな支援策の形成と引き換えに、国賠訴訟を取り下げた。その際、序章第三節で触れた如く、関東とその他の地方——特に兵庫——の孤児の間で、一定の理解の齟齬が生じた。そしてそれは直接には、政府・与党等の巧妙な情報操作・政治戦術によって生み出された。

ただしまたそれを受容する原告側の温度差も確かに存在し、しかもそれは、二〇〇八年以降に突然発生したものではない。また単純に国賠訴訟での勝訴（兵庫）と敗訴（その他の諸地域）という違いに起因するものでもない。むしろ提訴以前の政治運動の有無に根ざし、訴訟にかけた願い・思いに当初から一定の温度差があったことは、看過しえない。残留孤児が全国的な団結を再び回復・確立する上で、こうした前史を含む相互理解は一定の意義をもつだろう。

第二項　兵庫における国家賠償訴訟の組織過程

さて兵庫の訴訟は、「組織者」、「個人参加者」、「地元参加者」という三つのタイプの原告が重層的に参加することによって遂行された。

「組織者」は二〇〇二年、関東の訴訟に触発され、関東の原告団と自ら接触を試み、後に兵庫原告団結成の核となった。「組織者」には個性・居住地の異なる四つの主体があり、ほぼ同時多発的に行動を起こし、それぞれの特長を相互補完的に生かす形で組織を形成していった。

「個人参加者」は二〇〇二～〇三年にかけて、全国各地の残留孤児から勧誘を受け、これに敏感に呼応して個別に原告団に参加した。彼・彼女達の加入により、弁護士・支援者との連絡・意志疎通が容易になり、全国各地との情報交換・連携も活性化した。

最後に「地元参加者」は、二〇〇三年以降、「組織者」や「地元参加者」によって、居住地で勧誘された。地元での勧誘・参加のあり方も、集住形態の違いによって地域毎に個性・特徴が見られた。

総じて「組織者」、「個人参加者」、「地元参加者」の相違は、年齢や中国での居住地（《A～Dタイプ》）、及び、日本への帰国年次、すなわち中国と日本の双方での生活体験の総体に基づいて形成されていた。国賠訴訟の組織において、残留孤児の人生全体を通した多様な体験とそこで培った意識・社会関係が総合的に活用・動員されたのである。

第三項　国家賠償訴訟における諸困難

訴訟運動の過程で比較的、目につきやすい困難は、日本語の壁である。弁護士の確保、弁護士・支援者との意志疎通、法廷での意見陳述や審理の理解等、残留孤児はあらゆる場面で日本語の壁による困難を余儀なくされた。

しかしそれにも関わらず、残留孤児の実感からいえば、訴訟闘争を通じて日本語の壁はかなりの程度、打ち破られた。兵庫弁護団は通訳を確保し、徹底した面接聞き取りを実施し、信頼関係を確立していった。法廷でも、弁護団は「裁判内容を理解することは、原告として当然の権利」と主張し、中国語訳の法廷通訳を導入させた。またボランティアの同時通訳を確保し、有線で傍聴席にいる原告に聞かせるヘッドホン・ディストリビューター方式も実現した。

もとよりこれらの取り組みによって、日本語の壁が完全に払拭されたわけではない。依然としてそれは、孤児に多大な不利益をもたらした。

しかしそれでも、訴訟を始める前の日常生活――職場、地域、病院・役所等の公的機関――には、このように日本語の壁を乗り越え、孤児の声を真剣に聞き取ろうとする日本社会の努力は、ほとんど存在しなかった。残留孤児の実感からいえば、訴訟によって従来の堅固な日本語の壁――より正確には、言葉の壁というより「無関心」の壁――がようやく崩れ始めたのである。

そこで孤児は、日本語の壁以上に、次の諸点を大きな困難と認識していた。

まず論点を理解して原告になることの難しさだ。被害の実態を正確に、しかも論点を明確にして口述・筆記することの難しさを、多くの孤児が実感した。

また敗戦時の凄惨な記憶が鮮明な高齢（《A・Bタイプ》）の女性の孤児には、被害の実態を想起し、語ること自体の精神的苦痛も垣間見られた。

逆に文化大革命等で特に深刻な政治的迫害を受けた年少（《C・Dタイプ》）の孤児の場合、「提訴すると、行政によって生活保護の停止等の制裁・圧力を受けるのではないか」との危惧を抱えていた。

「組織者」や「個人参加者」等、原告団のリーダーとなった孤児は、残留孤児やその被害の多様性をふまえ、その共通性・共通の要求をいかに確定するかに頭を悩ませた。またリーダーの負担をめぐり、一部に葛藤もあった。

そして「地元参加者」では、経済面・健康面での困難が、訴訟活動への参加を難しくしていた。また強大な国家権力を相手に「本当に勝てるのか」との不安も見られ、それは時として訴訟運動と距離を保とうとする姿勢をも生み出していた。

第四項　主体と連帯の形成

残留孤児がこうした諸困難を乗り越え、訴訟闘争を続けることができたのは、次のような主体を形成したからである。

まず、歴史・社会的視野の獲得だ。これは属性・帰国年次を問わず、最も多くの孤児が自らの変化として実感している。自らの人生の苦難を、単なる運の悪さや自分の能力不足といった個人的問題ではなく、日本政府の政策によって社会的に創り出された被害と認識することが、彼・彼女達の主体性のバックボーンを構築した。それはいうまでもなく人権・権利の認識とも繋がっている。

また年少の孤児（《C・Dタイプ》）は日本敗戦時の年長者

の凄惨な体験の証言を、中国で都市に居住していた孤児《A・Dタイプ》は貧困な農村居住者の過酷な生活のそれを、それぞれ見聞きすることで残留孤児問題の深刻さを改めて実感し、自分だけの――自分だけが個人的に耐え忍べばすむ――問題ではないとの認識を深めた。

「個人参加者」や「地元参加者」は、孤児どうしの団結、及び、弁護士・支援者との連帯の大切さを特に実感していた。

そして「組織者」や「個人参加者」等、原告団のリーダー的な役割を担った孤児にとっては、訴訟運動それ自体が社会貢献と結びついた自己実現・自信回復の過程でもあった。また苦労をしながら献身的に活動するリーダーを間近に見る中で、信頼・尊敬の念を共有していった。

以上のような主体形成を基礎として、残留孤児は様々な困難を乗り越え、団結を維持し、国賠訴訟を闘い抜いた。

これらの主体形成の内実は、いずれも安原幸彦・名和田澄子・弁護団全国連絡会等の先行研究が指摘していたものである。またそれは「陳述書の作成」（安原幸彦）や「法廷での証言・傍聴」（名和田澄子）だけでなく、原告団としての集合的運動・組織過程全体の中で培われた主体形成だ。それだけにまた、訴訟への関わり方の違い（「組織者」、「個人参加者」、「地元参加者」）によって、主体形成の重点も異なっていた。

したがって訴訟を通した主体形成の内実は、年齢や帰国前の居住地（《A～Dタイプ》）、及び、帰国年次の違い、すなわち帰国の前後を問わない残留孤児の現実生活・人生全体を貫く相違によっても異なっている。その意味で、このような主体と連帯の形成を、「裁判闘争が新たに創り出した成果」（弁護団全国連絡会）とのみ見るのは、やや本末転倒であろう。確かに上記の主体と連帯が、国賠訴訟という共通の目的をもった闘争の中で初めて生み出されたことはまぎれもない事実ではある。しかし残留孤児の人生・生活を中心において考えれば、訴訟闘争の方が、彼・彼女達の多様な主体形成とそのアンサンブルが創り出した巨大な、しかしあくまで一つの成果にほかならない。彼・彼女達の原告としての主体と連帯の形成を可能にしたのは、苦難の人生そのものである。

したがってその主体性が向かう方向性は、単に国家の責任追及・国賠訴訟のみにとどまらない。歴史・社会的視野の獲得は、国家の責任を明確にするだけでなく、名和田が指摘するように「同じ根をもつもの同士の集団であることを再確認し、相互連帯の思想」を強化する契機でもあった。人権や団結の重要性の認識は、残留孤児問題に限定されない社会的諸課題の解決への契機であろう。社会貢献と結びついた自己実現やリーダーシップも、国家の政策の被害者としての主体性の枠にとどまるものではない。

そして何より、兵庫の残留孤児は原告団を自力で組織し、その後、弁護士・支援者との接触を図った。[一九] 残留孤児の主体形成は、多数の弁護士・支援者の生活と生き方、つまり日本社会の一隅を確実に変革したと言ってよい。

〔補注〕

（一）中国「残留孤児」国家賠償訴訟弁護団全国連絡会編（二〇〇九）、菅原（二〇〇九）。

（二）張（二〇〇七-b）、張（二〇一一）一五三～一七二頁。

（三）安原（二〇〇四）五二頁。

（四）名和田（二〇〇八）八一頁。

（五）名和田（二〇〇八）八六頁。

（六）中国「残留孤児」国家賠償訴訟弁護団全国連絡会編（二〇〇九）一八一頁。

（七）中国「残留孤児」国家賠償訴訟弁護団全国連絡会編（二〇〇九）三三五頁。

（八）この時点での原告は五六名であった。その後、二〇〇四年七月一日に第二次（六名）、二〇〇五年五月二七日に第三次（二名）の提訴がなされ、神戸地裁に提訴した原告団は計六四名となった。

（九）名和田（二〇〇八）八二頁、安原（二〇〇三）一七頁、安原（二〇〇四）四八～四九頁、古本（二〇〇七）九一～九二頁、菅原（二〇〇三）二二頁、菅原（二〇〇六）七頁、菅原（二〇〇九）六七～八二頁、菅原（二〇一〇）一五六～一六一頁、大久保（二〇〇四）二二四～二三三頁、大久保真紀（二〇〇九）二八七頁、大久保（二〇一〇）二六二～二六三頁、中国「残留孤児」国家賠償訴訟弁護団全国連絡会編（二〇〇九）三〇・三九～四〇頁、井出（二〇〇八）一八二～一八三頁、佃（二〇〇四）三〇頁、池田（二〇〇六）五二頁、鐘（二〇一二）八〇～八三頁。残留婦人を含む国家賠償訴訟については、石井（二〇一〇）三四頁、高橋（二〇〇九）二五七頁。

（一〇）中国「残留孤児」国家賠償訴訟弁護団全国連絡会編（二〇〇九）三・一七頁。

（一一）中国「残留孤児」国家賠償訴訟弁護団全国連絡会編（二〇〇九）五〇頁。

（一二）大久保（二〇〇四）八・二二九頁、安原（二〇〇三）一六頁、高橋（二〇〇九）二五七頁等によれば、残留孤児が先に原告団を結成し、その後、弁護士を探すという経過は、兵庫・関東だけでなく、各地に見られた。

（一三）扶桑同心会は一九九二年、当時唯一の帰国孤児の組織として結成された。関東原告団にも、会長・副会長をはじめ多くの会員が参加した。中国「残留孤児」国家賠償訴訟弁護団全国連絡会編（二〇〇九）三五四頁。

（一四）中国「残留孤児」国家賠償訴訟弁護団全国連絡会編（二〇〇九）六二一～六二三頁。

（一五）中国「残留孤児」国家賠償訴訟弁護団全国連絡会編（二〇〇九）六二一～六二三頁。

（一六）中国「残留孤児」国家賠償訴訟弁護団全国連絡会編（二〇〇九）一〇〇頁によれば、大阪地裁判決（原告側敗訴）以降、全国の弁

護団は個別原告毎の被害を記した準備書面を提出する方針を固めた。兵庫弁護団もいったん二〇〇五年一二月までに原告側の主張・立証を完了するよう裁判所から求められていたが、その提出期限を先送りさせ、個別準備書面を出し切った。これが、「帰国妨害」について国の責任を認めた画期的な神戸地裁の勝訴判決につながったものと考えられるという。

（一七）中国「残留孤児」国家賠償訴訟弁護団全国連絡会編（二〇〇九）六三頁。

（一八）中国「残留孤児」国家賠償訴訟弁護団全国連絡会編（二〇〇九）六三頁・一三六頁。

（一九）残留孤児が弁護団に先行して原告団を結成した点は、前述の如く、関東も同じである。ただし、訴訟運動の出発点において、有力な支援者によるリーダーシップの発揮の有無、支援者と残留孤児の関係性においては、関東と兵庫では大きな差があるように思われる。

終章　生活と社会変動・変革

本書の目的は、残留孤児の人生・生活がもつ歴史－社会的意義を、東アジア（主に日本と中国）における社会変動・変革との関連で考察することにあった。この目的に沿って、全体を総括しよう。

第一節　帝国の崩壊：難民として

第一項　戦争被害と戦後引揚

残留孤児は、一九四五年八月のソ連参戦と日本敗戦に伴う中国東北地方の混乱の渦中に遺棄・放置され、日本への帰還が果たせず、深刻な生命の危機に陥り、また実父母などすべての肉親と死別・離別し、事実上の「孤児」になることを余儀なくされた日本人の子供達である。

一九四五～四六年に彼・彼女達が受けた被害は、広義の戦争被害といってよい。

日本政府による中国侵略戦争、及び、傀儡国家「満洲国」での植民地支配、特に国策としての満洲開拓移民政策がなければ、残留孤児とその被害は発生しなかった。日本軍の「満洲」放棄、及び、静謐確保の作戦は、残留孤児発生の直接の契機であった。そして何より、ソ連軍による非戦闘員、特に女性・子供の無差別殺戮・拉致・強姦・略奪は、残留孤児とその家族が体験した最も直接的な戦争被害である。

ただし一方、これらの被害は、単純に戦争被害と言いきれない面もある。

まずその被害の大半は、一九四五年八月一四日（ポツダム宣言受諾）、同年九月二日（降伏文書調印）以降に発生した。

凄惨な逃避行は日本敗戦後も数カ月間、難民生活は長ければ数年間にわたって続いた。特に日本への引揚事業が一九四六年五月まで着手されず、多数の日本人難民が中国東北地方で越冬せざるをえなかったことは、残留孤児発生の最大かつ決定的な原因であった。

引揚事業が遅延した原因は、複合的だ。

まず第一に、日本政府による現地土着方針がある。敗戦前は「戦後将来の帝国の復興再建を考慮し」、敗戦後は「内地における食糧事情及び思想経済事情」を理由に、日本政府は非現実的な現地土着方針に固執した。

第二に、一九四五年一〇月に日本政府の外交権を停止したGHQも、軍人・軍属の復員を優先し、民間人の帰還を遅延させた。GHQが「引揚に関する基本指令」を出したのは、一九四六年三月になってからである。

そして第三に、当時、中国東北地方を実効支配していたソ連軍は、日本人難民の保護・帰還にまったく無関心であった。

第二項　難民としての被害の四類型

ところでこれまで一九四五～四六年頃の苦難を残留孤児の被害と記してきたが、それは実は正確ではない。

なぜならそれらはいずれも、後に引揚者になったり、中国の地で死去した人々を含む日本人難民としての被害であるからだ。当時、本書の対象者はまだ残留孤児ではなく、日本人難民の子供達であった。

そしてその被害は、対象者の体験に即していえば、四つの類型に区分しうる。

第一は、主に満洲開拓移民事業の本格期、黒龍江省等の鉄道幹線に比較的近い農村に大規模な集団移民として入植した、日本敗戦時に八歳以上の子供達（《Aタイプ》）である。彼・彼女達は、鉄道で数カ月間にわたる逃避行を続け、遼寧省等の大都市に到達して浮浪児となった。

第二は、主に満洲開拓移民事業の崩壊期、鉄道幹線から特に遠隔の「満」ソ国境地域の農村に小規模な集団移民として入植した、日本敗戦時に六～八歳の子供達（《Bタイプ》）である。彼・彼女達は、開拓団で「匪賊」やソ連軍の襲撃に遭遇し、黒龍江省等の農村内部を徒歩で流浪した。

第三は、日本敗戦時、主に二～四歳で、黒龍江省等の農村の路上や戦場跡に放置・遺棄されていた子供達（《Cタイプ》）である。当時の記憶は曖昧だが、移民事業崩壊期に中国に渡った開拓移民の子供だった可能性が高い。

そして第四は、日本敗戦時、主に二歳以下で、遼寧省等の都市で実父母が知人を介して信頼できる中国人養父母に託した子供達（《Dタイプ》）だ。彼・彼女達に当時の記憶はないが、敗戦前から遼寧省等の都市に住んでいたと推定される。

以上の四類型は、一見、多様な偶然・個別事情に左右されたかにみえる難民の被害が、実は日本政府の満洲移民政策の変遷に基づく中国での居住地、及び、わずかな年齢差によって規定されていたことを物語る。

また逃避行を経験した三類型（《A〜Cタイプ》）には、二歳以下の年少者が少ない。苛酷な逃避行の途上、二歳以下の子供はほとんど死去したと考えられる。

逆に遼寧省等の都市居住者（《Dタイプ》）には、二歳以上の子供が少ない。都市で生存していた実父母は、生命の危機に瀕した年少の子供を中国人に託し、年長の子供を連れて日本に引き揚げた可能性が高い。

第三項　生きて残留孤児になる主体と協働

さて、一九四五〜四六年頃、対象者に求められた最大の主体性は、とにかく生き抜くこと、命をつなぐことであった。

逃避行はそれ自体、ソ連軍による無差別殺戮から逃れる主体的行為であった。難民達は夜間に山中を縫って逃げ、水や食糧を分かち合って命をつないだ。女児はソ連兵の強姦・拉致から身を守るため、髪を切り、顔に墨を塗った。

難民生活も、それがいかに悲惨なものであっても、とにかく最低限の食糧と暖を確保し、命をつなぐための行為だった。難民達は収容所で僅かな食糧を分かち合い、続出する死者から衣類を剥ぎ取って体温を保った。年長の子供達は浮浪児となり、物乞いや窃盗で自ら食糧を調達した。

逃避行や難民生活では、家族との離別・死別すら生き残るための主体的行為であった。幼い弟妹を路上に置き去りにするのも、弟妹と自らの命が助かる可能性を少しでも広げるためだった。死を目前にした実父母の「生きて日本に帰れ」、「幼い弟妹を頼む」等の言葉が、残される子供達の生きる気力を支えた。

本書の対象者がかろうじて生き残ることができた理由の一つは、中国人民衆による食糧等の提供であった。同情した中国人民衆が、食糧や水をくれた。日本人難民は、中国人の畑や店から農作物や食品を盗み、命をつないだ。

そして対象者にとって、死と隣り合わせの逃避行や難民生活から脱出して生き延びる唯一の道は、中国人養父母を確保し、保護を受けることであった。中国人養父母が子供を引き取った動機は、多様である。しかしそれが何であれ、対象者はそうした養父母の行為によって命をつなぐことができた。

子供の命を助けたのは、養父母だけではない。実父母・兄姉・その他の日本人が、特に年少の子供を中国人に託し、育ててくれるよう頼み込んだ。また多くの中国人が地縁・血縁・職縁をたぐり、養父母になってくれる人を捜し出した。農村を流浪していた日本人実母の一部は、見ず知らずの中国人男性と再婚し、その後、多くが自殺・病死するなど苛酷な運命をたどったが、まさにその行為によって子供の命をつないだ。日本人の必死の行為、そして中国人の地縁・血縁・職縁ネットワークがなければ、子供の救命は不可能であった。

対象者は、そうした日本人・中国人の民衆による主体的営為・協働によって、かろうじて命を維持しえた子供達である。その営為や協働が、いかに非人間的な現実——人身売買、児童労働、一夫多妻等——を一部に含んでいたとしても、対象者はそれによって初めて命をつなぐことができた。

そしてこうした国籍を問わない民衆の営為・協働を貫いていたのは、極限状況の下、次世代（子供）の命を守ろうとする人間としての普遍主義であった。養父母をはじめとする中国人民衆は、子供が日本人であることより、一人の命であることを優先した。確かに逃避行の過程で、一部の中国人による略奪・日本人への攻撃もみられた。家内労働力目当てに孤児を引き取った養父母もいた。しかし対象者にとって、それは一義的な問題ではない。彼・彼女達にとって中国人民衆は、まず何よりも命をつないでくれた主体にほかならない。

第四項　残留孤児と戦争

対象者の命を救ったのは民衆であり、国家ではなかった。国家は個々の国民の生命や利益を守らない。国家が守るのは、国家権力またはせいぜい「想像の政治的共同体」(一)としての国民でしかない。天皇制国家・本土防衛を至上目的とする日本軍にとって、「満」ソ国境付近の開拓移民は静謐確保のための「生きた案山子」(二)にすぎなかった。戦後の日本国家にとって、中国東北地方に置き去りにした日本人難民は国家再建のための「捨て石」であった。

そこで対象者は、日本政府・日本軍、及び、ソ連軍を厳しく批判している。彼・彼女達にとって、日本は今も「中国を侵略した国」、「残留孤児を放置した冷酷な国」であり続けている。

同時にこうした体験は、対象者の戦争観に、被害者としての階級的視点を刻み込んでいる。彼・彼女達は、「日本人」または「中国人」といった国民的視点で戦争体験を捉えない。

日中両国の民衆はともに戦争の被害者であり、自らもその一員だ。そして加害者は当然、戦争を遂行した国家権力・国家指導者である。したがってその戦争観は、原爆被害者、在日朝鮮人等、国籍を問わない多様な戦争被害者への共感に連鎖している。また、戦争で被害を受けるのは常に民衆であるという実体験をふまえた、強固な反戦意識にもつながっている。

第二節　ポスト・コロニアルの東アジア：残留孤児として

第一項　ポスト・コロニアルの国家システムと残留孤児の誕生

さて、本書の対象者は、いつ残留孤児になったのか。前節で述べた如く、日本敗戦前後、中国東北地方に取り残されていた日本人は――本書の対象者を含めて――難民であり、残留日本人（残留孤児）ではなかった。

一九四六年五月から一九五八年七月まで、集団引揚事業が断続的に実施された。この過程で、日本人難民の子供が「引揚者（引揚児童）」と「残留者（残留孤児）」に分岐していった。残留孤児は、集団引揚事業からも取り残されることによって、初めて残留孤児になったのである。

集団引揚が遅延し、中断され、そして終結した主な原因は、東西冷戦にある。

すなわちまず一九四六年三月、ＧＨＱ（米軍）が日本人難民の帰還方針を示したが、中国東北地方を実効支配していたソ連軍はこれに同意しなかった。ソ連軍が撤退した後、同地域では国民党と共産党の内戦が続いた。一九四六年五月、米軍と中国国民党軍が帰還に関する協定を結び、前期集団引揚が開始されたが、米軍と中国共産党の送還協定は同年八月まで遅延した。またその後も中国東北地方では内戦が激化し、一九四八年八月には前期集団引揚事業は打ち切られた。

一九四九年に内戦が終結し、中華人民共和国が成立した。しかし東西冷戦の下、中国政府とＧＨＱ管理下の日本政府の交流は途絶えたままだった。一九五二年、日本は主権を回復したが、中華人民共和国を承認しなかった。

中国政府は、インフォーマルな交流の延長上で国交正常化を目指す「積み重ね方式」の外交を重視し、一九五二年、残留日本人の帰国を援助する意向を表明した。これを受け、中国紅十字会と日本側民間三団体が協議し、一九五三年三月から民間ベースで後期集団引揚が開始された。中国政府はこれに積極的に協力し、残留孤児も引揚対象者と位置づけ、大規模な国内調査を実施した。しかし日本政府は、反共産主義路線（親米・親台湾、中国敵視）を強め、一九五八年七月、後期集団引揚事業を終結させた。中国にいた年長の孤児は、一九五〇年代から自主的に肉親捜しに踏み出し、一部は日本の肉親との文通にも成功していた。しかし集団引揚の終結に伴い、それも途絶えた。中国にいた日本人の子供達は「引揚者（引揚児童）」になる可能性を失い、「残留者（残留孤児）」になる運命が確定した。

ただしその後も、本書の対象者ではなく、またごく例外的な少数事例だが、日本への個別引揚者がいた。日本政府は、こうした人々がたとえ中国籍を取得し、中国政府が発給した旅券を所持していても、日本国民の引揚者として受け入れた。なぜなら日本政府は、中華人民共和国を国家として承認せず、その国籍も認めていなかったからである。

そして一九七二年、日中国交が正常化した。日本政府は、中華人民共和国を正式に承認した。

これに伴い、日本政府は、在中国の残留日本人について、個々人の意向を問わず、一律に国交正常化の日をもって、しかも自己意思によって日本国籍を離脱し、中国籍を取得したものと行政的に措置した。これにより、残留日本人の日本への帰国は日本国民の引揚ではなく、外国人（中国籍者）の新規入国へと一変した。中国政府発給の旅券、日本政府発給の査証、そして日本人（しかも肉親）の身元保証が必要になったのである。この措置が残留孤児の帰国を一挙に困難にしたことは、いうまでもない。またそれ以降、帰国し得た孤児が日本国籍を回復するには、自ら申請して帰化するしかなかった。

この意味で、「（集団・個別を問わず）引揚者」と「残留者」が最終的に分岐し、残留日本人（孤児）が誕生したのは、一九七二年の日中国交正常化を機とする日本政府の行政措置による。残留日本人（孤児）とは、国交正常化以降まで中国に残留を余儀なくされた日本人といってよい。

こうした日本政府の行政措置の理由は、もはや東西冷戦ですらない。確かに一九七二年以降も冷戦は継続していた。しかし日中国交正常化は、冷戦の緩和だ。しかも残留孤児を中国籍者とみなし、帰国に際して何らかの身元保証を課す日本政府の措置は、冷戦終結後の一九九四～九五年頃まで続いた。

この行政措置は、日中国交正常化、すなわちポスト・コロニアルの**正常**な国家間システムの産物である。つまり、①国家は相互承認によって初めて成り立ち、原則として諸個人には両属を許さない。②国籍は、諸個人の生活や意思と無関係に、国家または国家間システムによって決定される。そして③国家は厳格な国籍認定に基づき、外国籍者を主権から排除し、国家間の移動・居住の自由を制限する。こうした国家間システムの正常かつ自明な原則こそが、残留孤児と引揚者を最終的に分岐し、残留孤児を生み出したのである。

第二項　ポスト・コロニアルの日本社会

さて、ポスト・コロニアルの日本政府の残留孤児に対する施策は、血統主義と私事化の原則に貫かれている。

【血統主義】

血統主義は、しばしば残留孤児の捜索・日本帰国・日本国籍回復の促進要因とみなされがちだ。肉親捜しや帰国は、血統に基づく家族再統合や望郷・ノスタルジー（「血が呼んだ祖国」）の文脈で語られることが多い。日本への帰国・日本国籍回復の根拠も、日本人としての血統にある。残留孤児の捜索や帰国を支援する日本国内の世論も、日本人の血統を重視した国民意識に支えられることが多い。

しかし実際の血統主義は、残留孤児の捜索・帰国・国籍回復を大幅に遅延させた主要な契機でもあった。

すなわちまず日本政府は残留孤児に対し、血統主義を特に厳格に適用した。一九八五年以降、日本の国籍法は男女両系、またそれ以前も男系で日本国籍を認めていた。しかし一九八七年の厚生省による残留孤児の定義、及び、一九九四年の支援法の残留邦人の定義はいずれも「両親とも日本人」の者に限定した。これは、現在、残留日本人二世とみなされている人々の処遇にも多大な影響を及ぼし続けている。

また日本政府は、中国との国交正常化以前はもちろん、それ以後も一九八五年まで、「血統＝肉親＝戸籍」が判明した孤児に限定して、日本への帰国・国籍取得を許可してきた。日本の国籍が戸籍に基づく血統主義だからである。これにより、肉親が未判明の孤児の帰国・国籍回復は大幅に遅れた。

さらに日本政府は一九八一年以降、訪日調査を開始したが、これもまた、あくまで肉親捜し、つまり血統の確認を目的とした調査であった。そこで訪日調査に参加するには、中国に取り残された日本人の子供というだけでなく、肉親の判明につながる証拠・情報提供が必要とされた。しかしこれは、訪日調査を必要としていた年少の孤児にとって、まさに「針の穴」をくぐるような難関であった。そこで訪日調査は小規模なものにとどまり、五月雨式に遅延し、肉親判明率も一層低下した。またこうした訪日調査への参加が帰国の前提条件とされたため、肉親が未判明の孤児の帰国はますます遅延した。

【私事化】

さて、日本政府が重視した血統主義は、残留孤児問題を私事に封じ込め、国家の公的責任を回避する梃子でもあった。

残留孤児の帰国に際し、日本政府が肉親の身元保証を求めた主な理由の一つは、帰国後の親族による扶養義務の確認にあった。

日本政府は、捜索・帰国の公的支援に一貫して消極的だった。ただし政府の立場からいえば、それは消極性ではなく、民事不介入の原則の堅持である。

こうした残留孤児問題の私事化は、捜索・帰国を一層遅延させた。特に肉親による身元保証制度は、肉親が未判明の孤児の帰国を不可能にした。また訪日調査で肉親とおぼしき人と再会しても認知されなかったり、たとえ肉親が判明しても身元保証人になることを拒否される孤児も頻発した。親族扶養義務の重圧、遺産相続や家族内での女性（特に再婚した実母）の地位等の「民事」が、認知・受け入れの大きな障害になったのである。

そして日本政府は、解決困難な「民事」の処理をボランティアに委ねた。親族たる身元保証人の代理として、ボランティアの招聘人・身元引受人・特別身元引受人等の制度を作った。ボランティアの多くは、残留孤児問題の解決が日本政府の公的責任に属すると主張し、政府から一定の妥協的対応を引き出した。一九七五年の公開調査、一九八一年の訪日調査の実施等である。ただし多くのボランティアもまた、公私の分離の原則、及び、血統主義的国民主義それ自体は日本政府と共有していた。

【永住帰国時期と日本政府の政策】

血統主義と私事化（民事不介入）の原則に貫かれた日本政府の政策は、個々の残留孤児の帰国時期を極めてダイレクトに規定した。

すなわちまず一九七二年（国交正常化）以前、日本政府は多数の残留孤児が中国で生存している事実を知りつつ、その捜索・帰国支援に着手しなかった。むしろ前述の如く、一九五八年には後期集団引揚を終結させた。また一九五九年には、未帰還者特別措置法に基づく戦時死亡宣告を促進した。戸籍を「生きた日本国民」の捜索・帰還に活用せず、むしろ行政上の死者と定義しうる手段として活用し、残留孤児問題の存在そのものを抹消したのである。

日中国交正常化以降も、日本政府は一九七〇年代を通して残留孤児の捜索・帰国に着手しなかった。残留孤児から日本の大使館・厚生省に肉親捜し・帰国を求める手紙が多数届いても、政府はほとんど対応しなかった。そして前述の如く、残留孤児の日本国籍を、本人の意思を問わず一律に剥奪し、多様な帰国妨害策（肉親による身元保証人制度等）を新たに設けた。これにより、残留孤児の帰国は総じて遅延するとともに、個々人の帰国年次が、①肉親判明の有無、②判明方法、③身元保証人確保の可否、④訪日調査の参加年次等、日本政府の政策に基づいて細部まで規定された。帰国年次は、孤児達の中国での生活実態（年齢階梯や居住地）、及び、本人や家族の意向・要望とほぼ無関係に、もっぱら日本政府の帰国政策とその変遷によってダイレクトに決められたのである。

第三項　ポスト・コロニアルの中国社会と残留孤児の苦難

さて、残留孤児が取り残された戦後の中国社会は、激烈な政治・経済的混乱に見舞われた。

【中国社会の混乱と残留孤児】

まず中国では、一九四九年まで内戦が続き、特に東北地方の都市では多数の餓死者が出た。

内戦が終結して中華人民共和国が成立した後も、東西冷戦の下、国家運営は混迷を極めた。一九五〇年の土地改革は一定の積極的意義をもったが、しかし強引な地主・富農の認定は合理性を欠いていた。一九五四～五六年の公私合営、一九五七～五八年の反右派闘争、一九五八～六〇年の大躍進政策は、市場・中間層を敵視した国有・共同化の強行であり、農工業の生産基盤を破壊し、一九五九～六一年には二〇〇〇～四五〇〇万人が餓死する大飢饉を招いた。そして混乱は、一九六六～七六年の文化大革命でピークに達した。被害の全貌は今なお不明だが、内政の混乱による死者数が千万人単位で推計される国は、世界でも稀有といわざるをえない。

しかも中国では共産党独裁の下、民衆一人ひとりの生活――学歴・職歴・家族形成・生活水準・居住地等――が、国家政策によって極めてダイレクトに規定された。就職・転職は主に国家による配置で、職業選択の自由は極度に制約された。独特の戸籍制度は移動の自由を制限し、都市・農村の格差構造を固定化した。人民公社・職場単位制度は、農民や労働者の全生活を丸抱えで管理した。档案制度により、諸個人の全履歴は徹底した国家管理下におかれた。多産の奨励や少子化政策等、家族の生殖にまで国家が直接介入し続けた。中国では、公私の著しい未分離が見られたのである。

戦後の中国社会における残留孤児の生活は、まさに苦難の連続であった。

土地改革で地主と認定された養父母は、虐殺・追放された。内戦や大躍進、大飢饉によって、多くの孤児は飢餓・窮乏・流浪を余儀なくされた。貧困に根ざす不就学・非識字、児童虐待・児童労働、童養媳を含む人身売買も少なからぬ孤児が体験した。就職後も無謀な国家政策に翻弄され、貧困・転職・失業・地域移動を迫られた。少子化政策に抵触して処罰された孤児もいる。

残留孤児の中国での生活と苦難は、居住地（都市—農村）、及び、年齢階梯の違いに基づき、四類型に区分しえた。すなわち前節で示した日本人難民としての四類型（《A～Dタイプ》）が、そのまま戦後の中国での生活と苦難の質の相違に直結したのである。なぜなら戦後の中国では、都市と農村が明白な格差を伴う異質な空間として構築され、しかも大躍進・文化大革命等の諸国策に、いかなる年齢階梯で遭遇したかによって、諸個人の生活と苦難の質が規定されたからである。

一九八〇年代末以降、東西冷戦が終結し、世界はグローバリゼーションの時代に移行した。中国では改革開放政策が本格化し、市場経済の進展に伴い、国有企業の倒産・労働者のリストラが相次いだ。特に中国東北地方は重工業・国有企業の集積地であったため、深刻な経済危機に陥った。小規模な農業経営も苦境に立たされた。教育・医療の分野でも市場化が進み、その享受すら困難となった。官僚の汚職・腐敗も蔓延し、政治的民主化の要求・運動は天安門事件に象徴される如く、徹底的に弾圧された。

総じて一九四五～九〇年代の残留孤児の中国での生活とその苦難は、世界システムの周辺（南北格差・グローバル的周縁）、及び、共産党独裁（東西冷戦）の双方の苦難が重層したものであった。それは、戦後、アメリカ従属（東西冷戦）下で高度経済成長を遂げた日本に暮らす同世代の日本人に比べ、途方もなく苛酷・凄惨な体験であったといってよい。

しかしまたそれゆえに残留孤児が中国で体験した苦難の多くは、同時期・同地域の中国人民衆が経験した苦難の典型的・集中的な発現形態でもあった。

【日本人ゆえの差別】

戦後の中国社会で残留孤児は、日本人ゆえの差別にも遭遇した。

第一は、一九四五～五〇年代初頭、子供時代のいじめである。これは、日本の侵略戦争によって被害を受けた中国人民衆の具体的記憶に根ざすインフォーマルな差別だ。当時、中国共産党は、残留孤児を含む日本人民衆を中国人民衆と同様、戦争被害者とみなす階級的立場を堅持し、残留孤児への差別や虐待を禁止し、中国人の子供と同様の就学支援を行った。

第二は、一九五〇～六〇年代を通して構築されたフォーマルな差別である。進学・就職・昇進、共産主義青年団や共産党への加入において、日本人の血統が差別の一指標とされた。これは戦後の東西冷戦下、档案の記録に基づき、学校・職場等で組織された新たな差別である。

そしてこの第二の差別は、戦後の中国社会が学歴、職業、居住地（都市―農村）、そして何より共産党など政治組織への加入に基づく新たな階級社会と化したことを意味している。こうした階級への諸個人の配置・選抜のための負の指標の一つとして、日本人の血統も動員・活用されたのである。この事実は、一九五〇年代以降の中国共産党・中国政府が階級的立場を喪失し、血統主義に基づくナショナリズムにシフトしたことを物語っている。

こうした第二の差別は、一九六六～七六年の文化大革命期、最も激烈に、生命の危機を伴う暴力的迫害にまでエスカレートした。ただしこの時期においても残留孤児への差別は、血統・出自を口実とした、より広範な階級差別の一端にすぎなかった。「紅五類、黒五類」に端的にみられる出身階級・血統・出自に基づく差別は、すべての中国人に適用されていた。

しかも文化大革命時代の大きな特徴は、階級差別が奇怪な形態――粗野な共産主義〔三〕――をとって現れたことである。文化大革命は、近代的階級構造とそれを正当化する能力主義に対する大衆の不満・ルサンチマンを喚起し、奇怪な反能力主義的階級構造を生み出した。そこで知識人も迫害され、すべての中国人民衆も教育の機会を奪われた。

総じて文化大革命時代の残留孤児に対する迫害は、すべての中国人民衆に向けられた生得的属性主義（血統主義）と粗野な共産主義に基づくそれの一環であった。これもまた、日本人ゆえの苦難というより、当時の中国人民衆が共有した苦難の典型的・集中的な発現形態だったといえよう。

第四項　日本と中国における公と私の錯綜

残留孤児の捜索（肉親捜し）と永住帰国をめぐっては、日中両国の公と私が複雑に錯綜した。

【日中両国の原則的立場】

日本政府は前述の如く、血統主義と私事化に基づき、残留孤児の捜索・帰国を遅延させた。これに対し、日本のボランティアは血統主義と政府の公的責任を重視する立場から、孤児の肉親捜し・帰国促進に取り組んだ。一部のボランティアは中国にまで赴き、孤児の捜索という日本の血統的国民主義の正義を実践した。それは時として、中国の養父母をはじめとする孤児の家族の私生活に苦悩・混乱を生み出した。

一方、中国政府は、血統に固執せず、本人の意向に応じて残留孤児に中国籍を付与し、国籍の如何に関わらず、定住を許可した。また中国政府は、私的な「肉親＝血統」の確定にこだわらず、歴史・社会的事実に基づいて残留孤児を認定した。一九八一年以降の訪日調査に際しても、中国の行政関係者は、「血統＝肉親＝戸籍」の確認に固執して小規模な調査しか実施しない日本政府を批判し、歴史・社会的事実に基づいて早急かつ柔軟に残留孤児を認定するよう主張した。総じて中国政府は、残留孤児問題を公私の二分法に基づく私事とは捉えず、国家として積極的に介入した。

ただし、こうした介入は、残留孤児やその家族にとって、しばしば政治的圧力として立ち現れた。中国政府・公安局の執拗な調査・介入に、残留孤児・養父母・関係者は警戒感を抱き、これは特に年少の孤児の肉親捜し・情報収集を困難にした。また中国の行政・公安局は、時として孤児の家族のプライバシーを侵害し、養父母等に苦悩・葛藤を引き起こした。中国政府は、日本のボランティアの中国国内での孤児の捜索活動も禁止した。一部ではあるが、中国の国益に基づく行政介入や行政組織の腐敗・官僚主義が、孤児の捜索・帰国を遅延させたケースも見られた。

総じて近代社会における公私（国家と社会）の分裂の下では、行政の民事不介入は事実上の責任放棄に、積極的介入は政治的抑圧につながる。そして何より重要なことは、このいずれもが、残留孤児の肉親探しや帰国において、実質的な解決をもたらさなかったという事実である。中国政府が特に深く関与した年少の孤児は、そのほとんどが、結果として肉親が判明しなかった。両国の公と私の錯綜の中で、孤児の帰国は総じて一層遅延した。

【養父母扶養をめぐる日中両国政府の調整】

日中両政府の対応の相違とその調整は、養父母扶養問題に最も如実に現れた。

日本も中国も、親族扶養義務を法的に定めている。しかし日本に帰国する残留孤児が直ちに経済的に自立し、養父母への扶養義務を果たすことは、明らかに非現実的であった。

日本政府は、残留孤児問題が私事である以上、養父母扶養も私事とみなし、民事不介入の立場をとった。

中国政府は、養父母扶養問題が解決されない限り、残留孤児の日本への永住帰国を認めない姿勢をとった。

そして日中両政府は、一九八四年と一九八六年に口上書を交わし、双方の主張を調整した。そこでは、養父母の扶養義務が個々の残留孤児にあることを確認した上で、扶養費の半額を日本政府国費と民間寄付で折半し、援護基金による民間事業として支給することが決められた。日本政府の私事原則と、中国政府の実際的問題解決の主張が折衷されたのである。

日中両政府の口上書は、その目的として「家族問題の適切な処理」、「家族離別の問題発生の回避」を掲げた。しかしそこで実際に両政府が重視したのは、日中両国に共通する親族扶養義務——国家負担の回避——でしかなかった。様々な葛藤を孕む生きた家族の離別問題が、一万八〇〇〇元の扶養費支給で「適切に処理」できるはずもなかった。家族問題の扶養義務問題への矮小化は、二〇歳未満・未婚の扶養義務対象の子供だけに同伴帰国を許可するという口上書の規定によって、新たな「家族離別の問題」をも引き起こした。

第五項　残留孤児の主体性と協働

さて残留孤児は、ポスト・コロニアルの中国社会を、いかに生き抜いたのか。

【戦後中国社会を生き抜く主体性と協働】

まず養父母の存在なしに、残留孤児の「生命＝生活（life）」はありえなかった。孤児達は、優しく愛情を注いでくれた養父母はもちろん、虐待を受けた養父母に対しても「命を救ってくれただけでありがたい」と感謝している。複数の養父母宅を移動した場合、その斡旋・紹介には中国人民衆の地縁・血縁ネットワークが大きな役割を果たした。

また残留孤児は、中国人民衆とともに就学・就労し、家族を形成してきた。大躍進政策の下、人民公社・製鉄企業・ダム建設現場等で中国人民衆とともに働き、その政策破綻に伴い、ともに貧困・飢餓をくぐり抜けてきた。転職の多くは国家による配置だが、一部には中国人の知人・友人によるインフォーマルな紹介・斡旋もみられた。

日本人の血統ゆえの差別に対しても、孤児達は主体的に、また中国人民衆と協働して自らの身を守った。彼・彼女達は、自分が日本人の血統であることをふまえ、周囲との摩擦を起こさないよう特に慎重に行動し、または隠蔽、告白、謝罪、自己弁護、そして後ろ指を指されないように職務に精励する等、多様な生活戦略を駆使して自らを防衛してきた。また学校・職場・地域での日々の協働を通して、中国人民衆との信頼関係を培った。残留孤児を差別や迫害から庇い、守ろうとした中国人も決して少なくない。最も激烈な迫害が繰り広げられた文化大革命時代でさえ、残留孤児と中国人民衆の間には密やかな連帯・協働が維持・形成されていた。中国人の養父母・配偶者・子供達も、迫害・差別をともに受けとめ、孤児を支え励まし、家族としての結束を守り抜いた。

総じて残留孤児が戦後の中国社会で生き抜くことができたのは、まず中国人による保護と支援、そして何より中国人との協働があったからである。残留孤児は今も中国に対し、「残留孤児を育ててくれた寛大な国」という肯定的イメージをもち続けている。こうした残留孤児と中国人民衆の協働はそれ自体、中国政府の失政に対する批判であり、政策の変更——大躍進や文化大革命等の打ち切り——を迫る無言の抵抗であった。

【オルタナティヴな人生の模索——肉親捜しと永住帰国】

さて、中国に取り残された残留孤児のもう一つの主体性と協働は、オルタナティヴな——あるいは本来の——人生の模索としての肉親捜し・永住帰国の追求である。

（一）肉親捜しと永住帰国の実践

まず残留孤児は、極めて能動的に肉親捜しに取り組んだ。年長の孤児は、一九五〇年代から自主的な肉親捜しに着手し、残留婦人や多数の中国人のネットワークに支えられ、一九八一年以前には肉親との再会を果たした。一九七二年の日中国交正常化以降は、年少の孤児も数々の政治的リスクに抗し、日本政府・中国公安局等に肉親の捜索を依頼した。また証拠・情報の乏しさという「針の穴」のような難関を突破し、訪日調査への参加も実現した。

さらに残留孤児は、日本政府による様々な妨害策（身元保証人制度、戸籍抹消、国籍剥奪等）に抗し、永住帰国・戸籍と国籍の回復を実現していった。

（二）帰国の動機——血統主義的ナショナリズム／公私の分裂を越えて

残留孤児の帰国の動機は、政治、経済、健康・医療、子供の教育・生活・将来、日本政府の政策等、多彩な要素を含む。ただしこれらはいずれも、自らと家族の「生命＝生活」の発展的再生産を追求する人間に普遍的な主体性の諸相にほかならない。

したがってその動機は、中国での現実の生活や社会関係のあり方に深く規定されている。同時に、中国で築き上げてきた生活を打ち切り、日本に移住することは、一生をかけた重大な選択であり、大きな不安・葛藤をも伴っていた。総じて孤児の帰国は、東西冷戦・南北格差・グローバリゼーション等、世界社会のマクロな構造の認識、及び、現実の中国での生活・社会関係の重みをふまえた主体的選択・決断であり、その意味でポスト・コロニアルの現実世界に対する生きた人間としての主体的応答であった。

それゆえに養父母を含む中国の家族・親族も、これを理解し、受け入れた。孤児の配偶者・子供達も渡日に同意し、またはそれを自ら望んだのである。

もとより孤児の帰国の動機には、「日本人だから」という要素も含まれる。ただしそれもまた、血統主義的ナショナリズムとは明らかに異質である。

すなわち年長の孤児は、肉親・故郷の具体的な記憶をもち、懐かしい肉親との再会を切望していた。肉親が日本国民かどうかは、二の次の問題だ。肉親捜しの方法も、同郷者や同じ開拓団出身者、出身地の地方自治体等、ローカルな情報に踏み込んだものであり、それゆえに肉親との再会に漕ぎ着けることができた。その帰国もロカールとしての故郷への帰還であり、そうだからこそ「二度と中国には戻らない」といった決意を込めた選択であった。

一方、年少の孤児は、肉親・故郷の記憶が乏しい。彼・彼女達は中国での生活や差別体験の中で、自らが日本人だという自己意識を構築した。ただしそれは具体的記憶の裏付けを欠く「想像の政治的共同体」としてのネイションの意識である。その意味で、血統主義的ナショナリズムと一定の親和性をもつ。

しかし年少の孤児が「日本に帰って肉親捜しを続けたい」と語る時、それは個や国家を超えて自らの存在の根源を確認しようとする類的・社会的意識である。肉親が日本国民かどうかは、やはり二の次の問題だ。しかも年少の孤児のそうした思いの背景には、中国での差別や苦難、及び、日本政府による放置等、現実の社会への批判的認識が横たわっている。それは、一方で抽象的だが重い社会的現実によって構築された「想像の祖国」への深い思い入れ、他方で具体的な繋がりを確認できず、自らに対して冷たい「現実の祖国」への醒めた思いといったアンビバレンツを含み、そこで「日本に行ってみて、自分に合わなければ中国に帰るつもりだった」といった態度を内包していた。これらの要素はいずれも、血統主義的ナショナリズムとは明らかに異質である。

このように帰国の動機は現実の生活や社会認識に深く根ざしたものであるからこそ、時期毎にも大きく変化してきた。

すなわち一九八〇年代後半より以前は、「日本に肉親がいる／ロカールとしての故郷」、「日中の経済格差」、「子供の教育・将来のため」、「自分や家族の健康・治療」、そして東西冷戦下での政治的動機——文化大革命での迫害等——に基づく帰国が多数を占めた。

これに対し、一九八〇年代後半より以降は、「肉親を捜し続けたい／ネイションとしての祖国」、「中国での経済生活の不安定化」、「日本政府の政策」、そして改革開放下の政治・社会問題——天安門事件や行政腐敗等——を動機とした帰国が増加した。さらに一九九〇年以降には、「子供の中国での生活の不安定化」、「子供が人生の新たな選択肢を望んだこと」等の帰国動機が付け加わった。

こうした帰国動機の変化の背景には、①東西冷戦からグローバリゼーションへと世界社会の構造が変化したこと、②日本政府の政策が変更され、帰国が許可される孤児の属性が変化したこと、③孤児の家族の世代交替が進み、子供が成長したこと等の要因が重層している。

そして残留孤児の肉親捜し・帰国の営為は、日本政府が固執した公私の分離それ自体に対する批判でもあった。孤児達は一方で、残留孤児問題を私事と見なして公的支援に消極的な日本政府を批判している。しかし同時に他方で、国家の無用の介入にも抵抗してきた。そもそも身元保証人制度や日本国籍剥奪をはじめとする日本政府の政策自体、孤児の自由な帰国を妨害する無用の公的介入だ。日本政府による子供（二世）の同伴帰国制限に抗し、ねばりづよく交渉して子供を同伴した孤児もいる。親族訪問で日本に一時帰国した際、中国にいったん帰国するよう強制する行政に抵抗し、断固、日本にとどまって永住帰国への切り替えを勝ち取った孤児もいる。

（三）日本社会の変革

それゆえ帰国をめぐる日本政府と残留孤児の対立は、国民国家と諸個人が互いの利益と正統性をかけて繰り広げた攻防戦であった。そして残留孤児は、国家が設けた様々な障壁を乗り越え、とにもかくにも帰国を勝ち取り、「残留孤児」であることを自ら克服した。それはいうまでもなく、彼・彼女達が日本政府・日本社会に一定の変革をもたらしたことを意味している。

すなわちまず第一に、孤児達は帰国を達成し、日本国内に「残留孤児＝帰国者」という新たな主体を生み出した。

第二に、孤児達は、日本社会に支援ボランティアを創出した。孤児達が中国から発信し、日本に伝達した情報は、日本国内に大きなインパクトを与えた。肉親を捜し、帰国を実現しようとする孤児の主体的営為は、これを支援するボランティアやメディアを生み出し、その意味で日本社会を変えた。

そして第三に、孤児達は日本政府の政策を変更させた。日本政府は一九七五年以降、残留孤児が中国から発信した情報の一部を、ようやく日本社会に公開した。また一九八一年以降、訪日調査にも着手した。肉親による身元保証人だけでなく、ボランティア等の第三者による代替制度（招聘人・身元引受人・特別身元引受人等）も設けざるをえなかった。一九九四年には支援法が成立し、「残留邦人等の円滑な帰国の促進」が国及び地方公共団体の責務と位置づけられた。そして同年、国会で法務省入管局長が「中国残留邦人を日本人として扱う。入管法上、残留孤児の入国に際して身元保証など要求しない」と答弁するに至った。

一九七二年の日中国交正常化を機に、日本政府は、残留孤児を本人の意向を問わず、一律に中国籍者と位置づけた。また残留孤児問題を私事と位置づけ、公的支援策を最小限にとどめた。しかし孤児達の主体的な肉親捜し・帰国の営為の結果、日本政府は、残留孤児が特殊な歴史背景をもつ日本人であることを認め、これを受け入れる政策をなし崩し的に整備せざるをえなかったのである。


【主体性にみる自然と社会／必然と偶然】


では、こうした残留孤児の主体性は、いかに構築されたのか。

残留孤児の中国での生活や社会関係、及び、肉親捜しや永住帰国に取り組んだ時期・方法・動機はいずれも前述の如く、年齢階梯と居住地（都市・農村）の違い（《A～Dタイプ》）によって大きく異なっていた。

年齢や居住地は、当事者にとっては偶然の属性である。しかしそれは、現実の生活や意識を必然的に規定する。年齢は自然的属性だが、日中両国の社会変動・政策変更に、人生のどの階梯で遭遇したかという社会的属性でもある。

その意味で、残留孤児の中国での生活体験や主体性に見られる多様性は、自然的要素と社会的要素／必然と偶然の融合の中で形成された。それは、自然本質主義と社会構築主義／規定性と創発性等の二者択一では把握しえない。

自然と社会の融合は、孤児と養父母・実父母の関係に特に顕著に見てとれる。

肉親捜しや帰国は、養父母と残留孤児の双方に深い葛藤・苦悩を生み出した。しかし孤児達はそれを乗り越え、肉親捜し・帰国を遂行した。養父母の多くもまた、孤児達の心情を理解し、協力していった。

それは、「残留孤児が自然の身体として日本人の血統だから」でもなければ、「実父母（自然）が養父母（社会）より優越するから」でもない。

むしろ前述の如く、孤児の行為が自らと家族の「生命＝生活」の発展的再生産の希求、及び、自己の「生命＝生活」の根源の確認という、いずれも人間にとって普遍的な動機に支えられていたからである。それゆえに養父母もまた、葛藤に満ちた行きつ戻りつのコミュニケーションを通し、孤児の思いを理解していった。

肉親との再会もまた、単なる自然本質主義の事象にとどまらない。扶養義務、遺産相続、家族内での女性（実母）の地位、言葉や文化の壁等、多くの社会的要素が関わり、残留孤児を血縁として認知しない肉親、また認知しても身元保証人になることを拒否・躊躇する肉親も少なくなかった。肉親は単なる自然的血統ではなく、社会的にも構築された。

そして、こうした残留孤児や養父母の主体性は、生命の有限性という自然的属性によって基礎づけられていた。「自分が死ぬと、養子（残留孤児）に事実を伝える人がいなくなる」、「実父母を早くみつけなければ、永遠に会えないままに終わる」。限りある人生だからこそ、今／ここでの決断・主体性が発揮され、葛藤が乗り越えられた。そこには、個の生の有限性・規定性をふまえた類的存在としての人間の主体性・創発性が息づいていた。

第三節　ポスト近代に向けて：中国帰国者として

次に、日本に帰国した後の残留孤児の主体性、及び、社会変動・変革を考察しよう。

第一項　国家・市場・市民社会——「自立」の強制

【帰国年次による規定性】

帰国後の残留孤児の生活の質は、帰国年次によって大きく異なる。

そこには、二つの要素がある。

一つは、日本語教育や居住に関する日本政府の公的な自立支援策が、後の時期ほど拡充されたことだ。いいかえれば、比較的早期に帰国した孤児ほど、公的な自立支援を受けられなかった。

もう一つは、日本政府の帰国政策の変遷に基づき、帰国する孤児の属性が変化したことである。特に帰国が遅れた孤児ほど、帰国時に既に高齢化していた。

もとより残留孤児は全体として帰国が遅延したため、帰国時に既に中高年になっており、日本での生活に様々な困難を抱えざるを得なかった。

しかしそうした中でも、一九八〇年代末以前に帰国した孤児は相対的に若年で帰国したため、日本で比較的長期間、就労しえた。彼・彼女達は、職場で日本語の壁や差別に悩み、苛酷な労働条件で多くが健康を壊した。しかし同時に職場で必要な最低限の日本語会話力を習得し、貧しいながらも経済的に自立していった。一部には、熟練労働や正規雇用・自営に転職しえた孤児もいる。身元保証人をはじめとする日本の肉親との関係も比較的良好で、国費で同伴帰国した子供達の生活も相対的にではあるが、安定していた。一定の経済的自立をふまえ、中国の親戚等との交流・紐帯も比較的維持されやすかった。

これに対し、一九八〇年代末以降まで帰国が遅れた孤児は、帰国時、特に高齢化していた。そのため不熟練労働の非正規雇用にしかつけず、また早期に失業し、生活保護で暮らす期間が長かった。そこで特に貧困で、帰国者以外の日本人との接触・交流が希薄であり、日本語もほとんど習得できなかった。彼・彼女達は日本の肉親が未判明、または判明しても身元保証人を拒否されて疎遠になっていた。中国の親戚等との連絡・交流も、特に困難であった。子供達も私費で呼び寄せざるをえなかったため、帰国時に既に高齢化して公的支援もなく、日本で不安定な生活に陥っている場合が多かった。

【公的な自立支援策と残留孤児問題の私事化】

さて、日本政府の公的な自立支援は、日本語教育や住宅斡旋の分野に限られ、就労・経済基盤の確立にはほとんど及ばなかった。

日本政府がとった数少ない経済支援策は、国費帰国の孤児に生活保護を支給し、あとは自己責任での就労・経済的自立を強制・指導することであった。公的な職業訓練・職業斡旋は、ほとんど機能しなかった。自力での就職は極めて困難で、たとえ就職できてもほとんどが劣悪な労働条件での不安定な不熟練労働・非正規雇用であった。過酷な労働で健康を破壊する孤児も多かった。こうして、「自立の強制」という奇妙な逆説現象が現れた。また日本政府は、孤児に国民年金の満額の三分の一を支給し、保険料追納制度を適用したが、これで老後の経済的自立が実現できるはずもなかった。

そこで孤児の圧倒的多数は、早かれ遅かれ生活保護を受給せざるをえず、最下層の貧困生活を余儀なくされた。帰国後、就労して経済的自立を達成した孤児も、退職後は生活保護に移行するしかなかった。孤児達は、一方でますます自己責任での就労・経済的自立（＝生活保護からの脱却）を督促・指導（「自立の強制」）され、他方で生活保護受給者として生活全般――収入・支出・外出・交際等――を厳しく監視された。

こうした日本政府の自立支援策を基礎づけたのは、残留孤児問題を私事と位置づける前述の原則であった。

しかし実際には孤児の帰国後の生活のあり方は帰国年次によって大枠で決まり、しかもその帰国年次は日本政府の帰国政策によってダイレクトに規定されていた。そこで、個々の孤児の自助努力、自己責任に依存した問題解決は、非現実的であった。公的支援がなされない以上、孤児達が、労働市場・市民社会の中で下層階級の地位に固定されていくのはほぼ必然だった。「自立の強制」は孤児にとって、さらなる苦痛の増幅でしかなかった。

日本政府は、個人・家族で解決できない「私事」の解決を広義のボランティア（自立指導員、身元引受人、身元保証人、日本語教師等）に委ねた。

しかし広義のボランティアが実際に果たした役割もまた、限定的なものでしかなかった。ボランティアの日本語教室は頻度・期間等に限界があり、あまり日本語習得の役に立たなかった。孤児の交際相手・相談相手の中で、広義のボランティアが占める位置も小さかった。

特に自立指導員・身元引受人等はごく一部の例外を除き、「役に立たなかった」、「悪影響・問題があった」、「実質的にはいないのと同じ」等と否定的に評価されていた。その多くが、「自立の強制」の先頭に立ったからである。またその一部は、孤児一家に低賃金労働力を期待する企業経営者であった。彼らが経営する企業で就労した孤児一家は、特に苛酷な労働条件・低賃金を押しつけられた。

第二項　異文化適応とパターナリズム――「自立」の阻害

【異文化適応論の弊害】

日本政府の自立支援策が、就労・経済基盤の確立を軽視し、日本語教育等に偏重していた理由は、孤児問題の私事化の原則だけではない。それと密接に結びついた異文化適応論がある。異文化適応論によれば、残留孤児と「普通の日本人」の違いは言葉と文化の壁にあり、したがって日本語教育を軸とする異文化適応教育こそが問題解決の鍵とされる。

確かに言葉と文化の壁は、全生活領域にわたり、深刻な問題を引き起こす。

しかし、残留孤児が日本で直面した最も深刻な問題は、異文化の壁というより、就職の困難や雇用不安、劣悪な労働・居住条件、経済的貧困、生活保護受給に伴う自由の剥奪等、いずれも下層階級としての生活苦であった。それらは文化的な不適応や同化の強制の問題ではなく、人間であれば誰しも苦痛を感じる労働‐生活問題だ。流暢な日本語で交渉して誤解を解けば解決する問題ではなく、日本の資本主義社会が不可欠の構成要素とする階級問題である。言葉や文化の違いは、そうした階級格差を維持・正当化するための口実として動員・活用される一指標にすぎない。

現に、個々の残留孤児が直面した労働‐生活問題、及び、差別等の苦難は、日本語能力や日本語教育歴とほとんど関係がない。むしろ帰国後、日本で就労し、経済的自立を達成しえた孤児は、公的な日本語・異文化適応教育が未整備だった一九八〇年代末以前の帰国者である。逆に比較的整備された日本語・異文化適応教育を受けた一九八〇年代末以降の帰国者は、帰国が許可された時点で既に高齢化していたので、日本での就職は困難であった。そして孤児達は総じて日本語能力が低く、孤立しがちだが、中でもそれが特に顕著だったのは、比較的整備された日本語教育・異文化適応教育を受けた一九八〇年代末以降の帰国者であった。一九八〇年代末以前に帰国した孤児達が、不十分ではあれ日本語を習得したのは、教室ではなく、主に就労体験を通してである。

日本政府による公的な日本語教育が、日本語の習得に限っても有効に機能しなかった理由は、単に教育期間の短さ、教師や教授法の未熟といったテクニカルな問題ではない。

すなわち教育期間の短さは、経済的自立の強制によって基礎づけられていた。一九八九年以前に帰国した孤児は、早期の就職・経済的自立を強制され、就職が決まれば日本語教育は早々に打ち切られた。逆に就職が決まらなければ、本人の意向や教育効果とは無関係に、生活保護受給の事実上の交換条件として日本語教育の継続を強制された。一九九〇年以降まで帰国が遅延した孤児の場合、既に高齢化していたので就職・経済的自立が最初から困難と判断され、規定の期間が過ぎると日本語教育は打ち切られた。

教師の資質・教授法、孤児の高齢化等への対応の問題も、言葉と文化の壁を過大評価する異文化適応論に根ざして発生した側面がある。帰国直後の孤児は、今後の日本での労働‐生活、及び、同伴帰国できなかった家族との再結合の不安に苛まれていた。これらもまた異文化不適応というより、人間として当然の生活問題だ。孤児の高齢化も、孤児を日本語学習者でなく一人の人間と捉えれば、単なる学習能力の低下ではなく、将来の生活や家族再結合の不安の深刻化を意味していた。しかし日本語教室等でなしえたのは、こうした生活不安に解決の展望を示すことではなく、「日本語習得・異文化適応こそ、将来の生活安定の基礎」であるかのような教育だった。そこで孤児達は学べば学ぶほど将来の不安を増幅させ、「生活安定こそ、日本語習得・異文化適応の基礎」との立場から、異文化適応教育の非現実性を見抜き、不満・反発を強めていた。

【パターナリズムと「島国」単位の公共性】

　残留孤児問題の私事化、及び、異文化適応教育は、行政等のパターナリスティックな対応を必然的にもたらした。

　すなわち日本政府は、残留孤児を経済的・社会的・文化的に自立（＝適応）していない「弱者」とみなし、最低限の生活保障を恩恵的に与え、自立（＝適応）に向けてパターナリスティックに指導・監督した。恩恵的救済には、遠慮と服従、自由の放棄という見返りが求められた。

　また日本政府は、孤児が高齢化すると、経済的に自立させることを断念し、支援目標を「社会的・精神的自立（自律、自己決定、良好な人間関係形成等）」へとシフトさせた。しかし日本政府の政策を貫くパターナリズムは、まさにこの「社会的・精神的自立」を一貫して妨害し続けた。生活保護制度の適用は、生活の全領域――収入・消費・外出・子供との同居や交流等――にわたり、自律・自己決定・良好な人間関係の形成を妨げた。居住においても、「適度な分散、適度な集中」の政策、及び、高齢者の外出を阻む高階層の公営住宅空室の割り当て等により、孤児達の居住の自律・自己決定、良好な人間関係の形成は妨げられた。孤児達は、一方で自立を妨げられながら、同時に他方で自立を強要されるというダブル・バインド状態に置かれ続けてきた。

　そして以上の諸論点はいずれも戦後の日本社会の構造、及び、日本人の生活様式における固有の特質を逆照射する。帰国した孤児が日本社会に容易に同化・適応できなかったという事実は、いうまでもなく容易に同化・適用を許さない固有の生活様式と社会構造が日本社会に厳然として存在したことを意味している。それは、単なる言語・文化の壁ではない。何よりもポスト・コロニアルの日本に生きる「普通の日本人」の基本的で自明な生活様式が、残留孤児のような途中からの新参者への排他性を前提として成立していたのである。

　すなわちそれは、日本国内で義務教育をはじめとする学校教育を受け、卒業と同時に終身雇用・年功序列を基本とする正規雇用で就職し、その長期にわたる安定した就労期間内にローンで持ち家を取得し、年金保険料を納付して老後に備えるという規範的なライフコースである。そしてこうした規範的ライフコースから何らかの理由で逸脱した場合、最終的には生活保護がセーフティ・ネットとして機能する。ただし生活保護はあくまで特例の救済措置なので必要最低限の保障水準にとどめられ、受給者は本来の規範的ライフコースへの復帰に向けた厳しい管理・指導の対象となる。

ここには、中高年になってから日本に帰国した残留孤児のような新参者が入り込む余地は、最初から想定されていない。つまり「島国」を自明の単位として構築された国民教育・国内労働市場・国民福祉（公共性）そのものが、残留孤児を排除し、その適応を許さない最大の壁であった。

そしてこうした「島国」単位の公共圏の構成員に期待される規範が、自立であった。日本政府は当初、残留孤児を既存の公共性に埋め込み、個々人の可塑性と自助努力によって自立・適応させようと指導・強要した。既存の諸制度の変更は、せいぜい国民年金の一部支給、公営住宅の優先的斡旋、短期集中的な日本語・異文化適応教育等の恩恵的実施にとどめた。しかしそもそも「島国」単位の公共性の維持に固執し、いいかえれば残留孤児のような新参者を排除しつつ、同時に個々の孤児の自立によって既存の公共性に取り込もうとするのは、明白な矛盾である。残留孤児に自立を迫る行政職員・自立指導員等の行為は、自身には到底なしえない超人的努力を孤児に強いるものであった。

そして日本政府は、残留孤児の自立が困難と判断すると、既存の諸制度の最終的なセーフティ・ネット、つまり生活保護に埋め込むという最も安易な道を選択した。自立の強制（＝生活保護からの脱却）と自立の断念（＝生活保護への埋め込み）は一見、正反対に見える。しかし両者はともに、「島国」単位の既存の公共性の維持・再生産という意味で同一平面上にある。

第三項　日本人として、日本の地で、人間らしく生きる主体

では、このようなポスト・コロニアルの日本社会において、残留孤児はどのように生き、社会を変えてきたのだろう。

【生きるための行為と協働】

まず残留孤児は、日本政府が一般の日本国民に提供する公教育・職業斡旋機能・公的年金制度等から実質的に排除されたため、まさに自力で、または相互の協働によって「生命＝生活」を維持・創造してきた。

一九八七年以前の帰国者は、度重なる門前払いにも挫けず、自力で就職先を確保した。一部は自力で、正規雇用・自営への転職も果たした。一九八八年以降の帰国者もまた、帰国者相互のネットワークを駆使して就職した。

職場では深刻な差別・排除が頻発したが、孤児達は時と場合に応じ、黙って耐え、口論を挑み、無能なふりをしてやりすごし、職務に専念し、新たな転職先を捜し、一人で怠業し、そして集団で抗議に立ち上がって抵抗した。

貧困の極限ともいうべき生活保護の下でも孤児達は、遠方の安売店を回り、安い商品を吟味し、廃品の家具を拾い集める等、節約と工夫の限りを尽くして餓死・絶望を免れてきた。

こうした生き残りのための協働の基礎単位は、同居・別居を問わず家族であった。家族は様々な内部矛盾を孕み、孤児の配偶者や子供も多くの苦悩を抱えていた。しかしそれでも大多数の家族は、日本社会で各家族員が直面する諸問題をともに受けとめ、理解・相談しあい、協働して対処してきた。

家族に次いで重要な役割を果たしたのは、近隣の残留孤児・帰国者相互のコミュニティである。孤児達は帰国後、国の政策（「適度な分散、適度な集中」等）によって帰国前の中国で培ってきた地域的紐帯を断ち切られ、分断されたが、それでも定住した地域社会で新たな関係・コミュニティを構築し、孤独・不安を緩和し、協働して生活を防衛してきた。

さらに一部の孤児は、近隣の日本人宅を訪問する等、新たな社会関係の構築を模索していた。そうした行為は、相互に距離をとり、遠慮を重視する日本人側の対応によって阻まれることも多い。しかしそれでも交流が実現した時、孤児達は「言葉は通じなくても心は通じる」と感じていた。打破すべき壁は言葉や文化ではなく、他者への無関心や孤立にあった。

【日常的闘争・異議申し立て
――異文化適応・パターナリズム・自立を越えて】

残留孤児は、日本の「島国」単位の公共性に対しても、様々な批判的行動をとってきた。

すなわちまず彼・彼女達は、日本政府・日本社会による特別の配慮の欠如（同化）、及び、特別扱い（異化）をどちらも差別とみなし、批判していた。

こうした姿勢が最も如実にみられるのは、生活保護についてである。生活保護の受給は、それが国民の権利である以上、国民としての同化・包摂だ。生活保護を受給する以上、自立を指導され、自由を制限され、海外渡航を禁止されるのも、同化・包摂である。しかし同時に、残留孤児に生活保護適用を優先的に認めるのは、特殊性を考慮した対応であり、異化を前提とした包摂だ。そしてそもそも生活保護受給率が、二〇〇四年調査時点で一般の日本人の約一％にすぎなかった事実をふまえれば、残留孤児は明らかに一般の日本人から異化され排除されていた。残留孤児が、生活保護の適用を差別と感じるのは、同化・異化・包摂・排除のいずれかを押しつけられたからではない。日本の公共機関が、それらのすべてを時と場合によって使い分け、孤児を実質的な下層階級に固定化し、それを既存の公共性に埋め込んで正当化しているからである。

したがって残留孤児の主体性は、日本社会の既存の公共性への抵抗・批判・異議申し立てとして立ち現れた。孤児達は、就職・経済的自立を強制・指導する行政と対峙して粘り強く交渉し、生活保護受給を克ち取った。公営住宅の入居・転居を拒む行政と交渉し、それを獲得した孤児もいる。こうした交渉において、孤児達は言葉の壁を乗り越え、中国語で大声で主張し、行政側の言い分ばかり代弁する通訳を拒絶し、筆談を試み、子供（二世）を通訳に立てた。生活保護下での監視に対しても、孤児達は、時には行政に隠れて就労し、わずかではあれ生活費や子供の学費を稼いだ。子供や孫との交流も厳しく制約されたが、それでも孤児達は金銭援助を含む相互援助・交流を維持した。消費や外出の自由を束縛される中では、自由な買い物や散歩さえ一つの闘いであった。行政に隠れて、こっそり訪中する孤児もいた。行政やその意を体する自立指導員に対し、孤児達は面従腹背の姿勢をとり、嫌みで抵抗し、正面から抗議し、そしてあまりにひどい自立指導員等とは決然として断交した。

孤児達は、生活保護の恩恵的享受者にとどまってもいなかった。既存の生活保護の適用を不適切と考え、残留孤児の特殊性、そして何より日本政府の責任をふまえた補償的な生活支援金・年金制度の創設を求めていた。

こうして孤児達は、既存の日本社会に自らが埋め込まれることに抵抗し、日本社会の変革を求めた。孤児が社会に適応するのではなく、社会が孤児に適応することを求めたのである。彼・彼女達にとって、「日本の地で、日本人として、人間らしく生きる」ことは、新たな参入者を排除する「島国」単位の公共性に適応して自立することではない。むしろ既存の公共性やその枠内での自立に異議を申し立て、これを主体的に変革することであった。

【公私の境界・正統性をめぐる陣地戦】

公営住宅団地における残留孤児と一般の日本人の対立も、言葉・文化の壁に基づく単純な偏見やそれへの反発にとどまらない。それは、公私の境界線をめぐる陣地戦であった。広義の自然（土地・水・動植物等）と人間の関係、及び、人間と人間の関係（騒音等）をめぐり、日中の文化差は単なる差異にとどまらず、公私の境界・正統性を賭けた闘争の契機である。

そこでは、日本人にとって自明の正統性がそれ自体、残留孤児の抑圧として立ち現れ、孤児には差別と認識されていた。その背後には、自然物や空間に対する私的所有、公共性とプライバタイゼーション（私化）、そしてルールに内在する共同性と支配性といった近代社会の相互に矛盾する正統性が錯綜していた。そこでこの民族対立は、容易に妥協できず、抜き差しならない闘争へと深化していた。

そして残留孤児は、自らが体験している疎外・差別・孤独が、実は一般の日本人、特に下層階級の人々にも蔓延している現実を洞察していた。孤児達が暮らす公営住宅団地では、多くの日本人高齢者が孤独な生活を営んでいた。周辺労働市場で働く日本人の下層労働者や失業者の苦難も、孤児達は間近に見知ってきた。夜間中学校に通った孤児は、疎外された人生を送ってきた多様な日本人や在日外国人と出会った。

孤児達は、日本人が孤独・孤立に追い込まれる背景に日本の文化を見出している。日本人は、肉親・近隣関係等においても相互に距離を保ち、相手に迷惑をかけないこと――相手から迷惑をかけられないこと――を重視し、プライバシーを守って静かに暮らし、自然物や空間を含むあらゆるものに排他的私的所有と公共の厳密な境界線を引こうとする。このような日本の文化が、日本人自身を孤独・孤立に陥れ、同時に排他的な差別を生み出しているのではないか。孤児達は、そのように洞察している。

【国家賠償訴訟】

こうした批判的主体性の一つの集合的発現が、国賠訴訟であった。

そこには、三つの総括的要求が見られた。

第一は、日本人としての平等の実現である。ここで平等たるべき対象は、日本の地で義務教育をはじめとする学校教育を受け、日本語を身につけて社会関係を形成し、就職して経済的に自立し、年金に加入し、必要に応じて社会保障や福祉を受ける、戦後の日本に居住してきた大多数の日本人である。いいかえれば、残留孤児が戦後の日本人としての生活と権利を根こそぎ奪われた事実を認定し、その回復を図ることだ。

第二は、日本政府の責任の明確化と謝罪・賠償である。孤児達は自らの苦難が、①戦争・棄民、②早期帰国実現の懈怠・

妨害、そして③帰国後の自立支援の放棄という日本政府の三つの政策によって生み出された被害であると認識し、謝罪・賠償を求めていた。

そして第三は、包括的・補償的な支援策の形成である。日本人としての平等を実現するには、孤児を生活保護など既存の諸制度に埋め込み、「いなかったことにする」だけでは不十分だ。残留孤児の歴史－社会的な特殊性をふまえ、しかも全生活領域にわたる包括的な支援策が必要になる。しかもそれは恩恵的でなく、日本政府の責任を明確にした補償的政策でなければならない。

以上の三つの要求は、中日双方での生活の多様性を越え、ほとんどの孤児が共有していた。残留孤児を単一のカテゴリーにしたのは、上記の要求とその実現に向けた集合行動であったといえよう。そしてこれは、日本人としての平等を求め、日本の国家・社会の変革を求める批判的国民主義である。

また、こうした主体性は、「組織者」、「個人参加者」、「地元参加者」という三つのタイプの原告が重層的に参加することによって形成された。この三タイプは、中日双方での生活実態の相違に基づき、形成されていた。国賠訴訟においては、永住帰国の前後を問わず、残留孤児の人生全体を通した体験やそこで培った社会関係が総動員されたのである。

そして孤児達は、訴訟闘争を通して、さらなる人間発達を遂げた。すなわち①自らの苦難を単なる運の悪さや個々人の能力不足としてではなく、日本政府の政策との関連で捉える歴史－社会的視野、②他の孤児の苦難を知り、残留孤児問題を自分だけの問題ではない社会的解決課題と捉える認知枠、③残留孤児の被害を人間の尊厳に関わる普遍的問題と捉える人権意識、④当事者の団結の重要性の認識、⑤訴訟運動を社会貢献と結びついた自己実現・自信回復の契機と位置づける主体性、⑥献身的に奮闘するリーダーへの尊敬・信頼、そして⑦弁護士・支援者との連帯等である。これらの人間発達が残留孤児自身の既存のコミュニティを大きく変革し、発展させたことはいうまでもない。

そしてこうした国賠訴訟を経て、孤児達は新たな支援策を勝ち取った。いわば既存の日本の公共性の枠内での自立にとどまらず、自らの生活の論理に合わせて日本政府の政策を変更させた。同時に孤児達は、多数の弁護士・支援者の生活と生き方、つまり日本社会の一隅をも確実に変革した。

【批判的国民主義を越えて】

さて、残留孤児の主体性は、批判的国民主義の枠内にとどまらない。

彼・彼女達は、中国に住む親戚と感情面を含む強い紐帯を維持し、それを次世代にも再生産していた。生活保護の支給停止を覚悟し、または行政に隠れてこっそりと訪中し、中国の親戚等との交流を暖めていた。貧困・病気に苦しむ中国の親戚に、苦しい生活の中でも送金を試みていた。子供達（二世）の配偶者も多くが中国籍で、一部の子供達は中国の文化資本を生かした職業で生計を営んでいた。中国に戻り、起業する子供達もいた。

また残留孤児は、中国にいる時は日本人、日本にいる時は中国人とみなされる二重のマージナルマンとして、多様な越境的自己定義を構築していた。定住地についても、過半数の孤児が日本と中国のいずれにすべきか葛藤・迷いを抱き、家族や生活の実情に応じた自由な選択的居住や往来を希望していた。そしてこうした民族的自己定義や定住志向の多様性もまた、帰国以前・以後の双方の生活実態の相違に基礎づけられていた。すなわちそれらは、日中両国での現実生活をふまえた主体的応答であった。

残留孤児の多くは中国に対し、「急速に経済発展している国」、「懐かしい祖国・自分の国」、「親しみがある国」等のプラス・イメージを抱いている。訪中体験を通して、それらを改めて実感した孤児も多い。しかし彼・彼女達は、中国を理想的な社会と見なしているわけでは決してない。「経済的に貧しい国」、「格差が激しい国」という評価も併せ持ち、逆に日本を「経済的に豊かな国」とも見なしている。改革開放下の中国における深刻な格差拡大、及び、民衆の生活苦の実態も熟知している。今後の定住志向においても、医療福祉水準等を考慮した時、日本の優越性をあげる孤児は少なくない。

そこで残留孤児が前述の如く、日本人としての平等を求める場合でも、そこには批判的国民主義に収まりきらない要素が含まれている。

まず第一に、彼・彼女達が日本人としての平等で想定している生活や権利のほとんどは、日本国民だけでなく、在日定住外国人にも共有されるべき内容だ。孤児達は、中国籍者を多く含む自らの配偶者や子供達の生活や権利が、日本国籍である自らより劣悪でよいと考えているわけでは決してない。

第二に、日本人としての平等という要求は、日本人と中国人の不平等の認識を暗黙の前提としている。実際、ポスト・コロニアルの中国国民は本章第二節で述べた如く、同時代の日本国民とは比較にならないほど過酷な苦難を余儀なくされた。残留孤児が中国で体験した苦難の多くは、大多数の中国人民衆が共有してきた苦難でもある。人権を普遍的なものと唱えつつ、しかしその水準や質において国民国家間で格差がある現実をも是認するポスト・コロニアルの国民主権は、残留孤児にとってあまりに形式的な虚構にすぎない。総じてポスト・コロニアルの世界システム――東西冷戦、南北格差、グローバリゼーション等――は、残留孤児の人生に多大な苦難をもたらした。それらのすべてが、日本国内での批判的国民主義――国賠訴訟や政策形成――だけで解決しえないことは自明であろう。

そして第三に、ポスト・コロニアルの世界システムに対する残留孤児の批判は、参政権への態度にも見て取れた。孤児達は日本人としての平等を求めているが、参政権に言及することは稀である。またそうした態度は、政治的な未熟とみなされがちだ。しかし孤児の主な被害は、ポスト・コロニアルの国民主権下での日本政府が生み出した被害である。また孤児が中国で被った被害は、ポスト・コロニアルの民族解放後の中国政府の為政とその混乱によって創り出された。残留孤児は、戦後の国民主権・民主主義に過剰な期待や理想を見出すことができず、むしろそれによって苦しめられてきた批判的主体にほかならない。

第四節　国家賠償訴訟判決を検証する

最後に、二〇〇二年以降、残留孤児が提訴した国賠訴訟の各判決の妥当性を検証しておこう。

第一項　戦争被害と植民地・戦争政策

まず、本書の知見をふまえれば、残留孤児の被害は、被告の日本政府が主張した「八月九日以降のソ連軍の進攻に伴う混乱」のみによって生起したものでは到底ありえない。

確かに現在、残留孤児と呼ばれる人々――一九四五年当時はまだ残留孤児ではなかった――が被った最大の戦争被害は、八月九日以降のソ連軍による非戦闘員、特に女性・子供の無差別殺戮・拉致・強姦・略奪であった。しかしソ連軍が侵攻したのは日本国内ではなく、中国東北地方である。「満洲国」建国、満洲開拓移民政策、日中戦争等、日本政府の諸政策の存在なしに、残留孤児は発生しえなかった。また日本軍の「満洲」放棄や静謐確保等の作戦は、その被害を生み出した直接の契機であった。現に一九四五～四六年頃に残留孤児が受けた被害は一見、多様な偶然・個別事情に左右されたかに見えるが、実際には日本政府の満洲移民政策の変遷に基づく入植年次・入植地によって大枠で規定されていた。また何より支援法（一九九四年）や日中両政府の口上書（一九九三年）も、「八月九日」より「九月二日（日本政府の降伏文書調印）」こそが残留日本人の定義に実質的な意味をもつ期日であることを明示している。

しかも残留孤児の被害は、被告の日本政府が主張する戦争損害の範疇でも捉えきれない。まずその被害のほとんどは、一九四五年八月一五日（ポツダム宣言受諾）、さらに同年九月二日（降伏文書調印）以降に発生した。また引揚者とは異なる残留日本人（孤児）に固有の被害は、引揚事業の終結（一九五八年）、及び、日本国籍の一方的な剥奪（一九七二年以降）とそれに伴う帰国制限・妨害によってもたらされた。引揚事業終結の背景は、戦後の東西冷戦である。国籍剥奪や帰国妨害は、日中国交正常化を機に日本政府が採った政策だ。これらすべてを戦争損害――まして八月九日のソ連軍進攻に伴う混乱の残滓――と捉えることは、到底不可能であろう。

実際、ほとんどの地裁判決も――多様な相違を含みつつ――、①残留孤児の被害の発生に戦前から敗戦直後にかけての日本政府の政策が深く関与していること、及び、②残留孤児の被害が戦争損害の範疇にとどまらないことを認定した。

ただし東京地裁のみは、残留孤児の被害が「戦争損害に含まれるとみる余地がある」とした。しかも東京地裁は、残留孤児の被害――日本への帰国の可能性を奪われ、実父母と離別し、日本語を母語とすることができなかったこと――の原因は、日本政府の諸政策ではなく、残留孤児が中国人養父母に引き取られたことにあるという被告・国すら主張していない独自の見解を組み立てた。中国人養父母に引き取られた状態こそが「危険状態」だと、繰り返し強調したのである。

こうした東京地裁の判決は、荒唐無稽としかいいようがない。中国人養父母による引き取りが、残留孤児にとって生命の「危険状態」からの脱出であったという自明の事実を無視し、残留孤児としての被害を回避したければ、孤児は死ねばよかった／養父母は子供を見殺しにすればよかったというに等しい。東京地裁の三名の裁判官（加藤謙一裁判長、杉本宏之・伊藤大介裁判官）には、裁判官に必要な最低限の人間性と洞察力が欠如していると言わざるをえない。

第二項　早期帰国実現義務

さて、残留孤児の発生において日本政府の植民地・戦争政策が不可欠の前提条件だった事実をふまえれば、これを先行行為として、日本政府に早期帰国を実現または支援する義務ないし高度な政治的責務が発生することは明白である。現に大阪・徳島・名古屋・高知の四地裁は、国交正常化以降に限ってではあるが、国の早期帰国実現等の義務を認めた。広島地裁は、高度な政治的責務を認めた。神戸地裁も、政府の帰国政策に違法性を認定した。

早期帰国実現の義務・責務を一切認めなかったのは、札幌・東京の二地裁である。

札幌地裁は、戦前の国の諸政策を高度な政治的判断に基づく行為とみなして司法判断を避け、これを先行行為とする早期帰国実現義務も認めなかった。しかし私見によれば、本訴訟は戦前の国の諸政策自体の是非や責任を問うものではない。その諸政策が実際に行われたという客観的事実に基づき、これを先行行為として早期帰国実現義務が成立するか否かを問うている。この点を混同すると、戦後の日本政府の帰国政策の合理性・妥当性を検討する論理的基盤自体が極めて脆弱になる。

一方、東京地裁は、中国人養父母による養育を「危険状態」とみなす前述の荒唐無稽な見解を前提として、国交正常化時点で既に被害は発生してしまっているので、日本政府に早期帰国実現義務は成立しないという、これまた奇矯な判断を示した。日中国交正常化以降に限っても、早期帰国することで被害が多少なりとも緩和・回復される可能性があることまで思考が至らなかったようである。ここにも裁判官の人間性・洞察力の欠如が露呈している。

さて、早期帰国実現の義務・責務を実質的に認めた多くの地裁の中でも、国の義務違反・違法行為を認定したのは、神戸と高知の二地裁のみであった。徳島・名古屋・広島の各地裁は、事後的・結果的にみれば政府の施策に不十分さ・問題があったと認めつつ、しかし当時は国も「手探り」状態であったとし、または広範な行政裁量を認める立場から、法的義務違反・違法行為があったとまではいえないとの判断を示した。

では本当に、国は「手探り」状態だったのか。また行政裁量はどこまで認められるべきなのか。

本書の知見をふまえれば、日本政府が捜索・帰国支援に消極的だったのは、「手探り」状態だったからではない。残留孤児問題を私事と位置づけ、民事不介入の原則を堅持したからである。これは、日本政府自身の一貫した主張でもある。

したがって裁判所が日本政府の早期帰国実現義務を認める――つまり残留孤児の帰国が私事ではなく、日本政府の責任において解決されるべき問題と認定する――以上、「手探り」状態や広範な行政裁量を認める判決には矛盾が生じる。国が法的義務を自覚し、できうる限り早期帰国政策を積極的に試みたが、当時はその方法が未確立で十分な成果をあげられなかったというなら、「手探り」状態論も成り立つ。逆にまた、残留孤児の帰国があくまで私事であり、行政による支援は広範な裁量の下でなされるべきというなら、それも論理的には理解可能だ。しかし、多くの裁判所は国の早期帰国実現義務を認め、逆に国はこれに反して帰国が私事であることを前提とした政策を展開したことを自ら主張してきた。この双方の事実をふまえれば、「手探り」状態論や広範な行政裁量を認める判決は、論理的脆弱性を免れない。もとより国に法的義務があっても、一定の行政裁量は認められる。しかしそれは、民事不介入の原則を堅持した施策における行政裁量とは別次元であろう。

現に残留孤児の捜索・帰国をめぐっては、既に一九七〇年代から多くの当事者・ボランティア・メディアが日本政府の消極性を批判し、具体的な施策を提案してきた。そうした施策の必要性は、事後的・結果的に明らかになったわけでは決してない。また日本政府がこうした批判や要求に応えなかった主な理由は、「手探り」状態だったからではなく、民事不介入の原則を堅持したからだ。

しかも一九七二年以降に限っていえば、日本政府の政策は、早期帰国実現義務の単なる懈怠ですらない。むしろ中国に取り残された残留孤児の日本国籍を個々人の意向を問わず、一方的に剥奪し、それを前提として身元保証人制度をはじめとする帰国妨害策を新たに策定した。これは、帰国支援の方法が未確立で「手探り」状態であったとか、民事不介入の原則に立つ帰国支援策の行政裁量ともまったく無関係な、日本政府の能動的行為である。

その意味で、一九七二年以降の日本政府の措置を違法な帰国妨害と認定した神戸地裁、及び、国の「国籍確認義務／国籍調査義務／召還義務」違反を認めた高知地裁の判決は、妥当なものといえる。

ただし神戸・高知の地裁判決にも、疑問は残る。

まず一九七二年以前の日本政府の措置について、国交がない中で帰国支援が困難だったこと、また東西冷戦下で高度な政治判断の余地があったことを、たとえ事実と認めたとしても、政府が民事不介入の原則を堅持した対応しか採らなかった事実の是非——特に国の先行行為との整合性——は明確に判断されるべきであろう。

また神戸地裁は、政府の帰国妨害が確認しうる一部の孤児にのみ国家賠償の必要を認めた。しかし本書の知見によれば、個々の孤児の帰国年次は、当事者の意思や個別事情と無関係に、日本政府の政策によって細部に至るまでダイレクトに規定されていた。つまり政府の帰国妨害の影響は、すべての孤児において確認しうる(四)。

そして高知地裁は、残留孤児が帰国後三年以内に提訴しなかったことを理由に、時効成立を認めた。しかし、戦後数十年にわたって日本の生活・社会・法律の保護から隔離されてきた孤児に対し、時効に関する基礎的な法的知識の供与・教育もなく、これを適用するのは――日本政府の違法行為ゆえに帰国が遅延した事実を認定した高知地裁の場合、なおさら――無理があるように思われる。

第三項　自立支援義務

さて、本書の知見をふまえれば、個々の残留孤児の帰国後の生活の質は、その帰国年次によってほぼ決まっており、しかもその帰国年次は日本政府の政策によってダイレクトに規定されていた。つまり日本政府の早期帰国実現義務の懈怠、及び、帰国妨害が、帰国後の生活にまで決定的な悪影響を及ぼしたのである。戦前・戦中の日本政府の政策が残留孤児の発生に深く関与した事実とも併せ、帰国した孤児に対し、日本政府が自立支援義務ないし高度な政治的責務を負うのは当然であろう。しかし実際には、日本政府の自立支援策は極めて貧弱であった。

神戸地裁は、この点でも高い見識と論理的一貫性を示した。国による帰国妨害が帰国後の孤児の生活を一層の苦難に陥れた事実を認め、国の自立支援義務を認定した。そして国がその義務を果たさなかったとし、国家賠償を命じたのである。

大阪・徳島・広島の三地裁は、国に早期帰国実現等の義務違反がない以上、帰国後の自立支援義務も成立しないと認定した。中でも大阪・広島の二地裁は、残留孤児問題が単なる戦争被害ではなく、戦後に生み出された新たな被害であるとしつつ、しかし戦後数十年たって日本に帰国した後の生活の苦難だけを「戦争被害」と位置づけた。明らかに無理のある論理といわざるをえない。徳島地裁も含め、これら三地裁判決に共通する問題は、帰国した残留孤児の生活が深刻な困難に陥っている事実を認めつつ、それを生み出した原因を論理的に説明しえていないことにある。

名古屋・札幌の二地裁は、国の自立支援義務を認めたが、いずれも前述の表面的な「手探り」状態論、及び、行政裁量論に陥り、違法性を認定しなかった。実際には政府の自立支援策の不足――特に就労・年金を含む経済基盤に関する支援の欠如――は、遅くとも一九八〇年代から当事者・支援者によって繰り返し指摘され、改善要求が出されていた。それにも関わらず政府が改善に取り組まなかったのは、「手探り」状態のためではなく、ここでもまた民事不介入の原則を堅持したからだ。

そして東京・高知の二地裁は、国の自立支援義務を認めなかった。荒唐無稽な空論の世界をさまよう東京地裁がまともな判断能力をもたないのは、もはや当然であろう。これに対し、高知地裁は国の早期帰国義務違反を認定しつつ、それによって必然的に生じる自立の困難に対する支援義務を認めなかった。これは、帰国後の残留孤児の生活実態の認識が杜撰だったことを意味している。

第四項　日本人として、日本の地で、人間らしく生きる権利

さて、本書の対象者が主張した「日本人として、日本の地で、人間らしく生きる権利」、及び、各地の原告が唱えたそれに類する諸権利は、ほとんどの裁判所で認められなかった。

本書の知見をふまえれば、これらが認められなかった原因は、その内容や法的根拠の曖昧さのみではない。むしろ、これらの権利が一方で批判的国民主義の論理でありつつ、同時に他方で既存の日本の「島国」単位の公共性それ自体の限界・排他性への批判を含み、国民国家の枠組を超える内容をもっていたからである。残留孤児の主体性は、ポスト・コロニアルの国民国家——一国単位の司法を含む——を越えていた。

そして今日、グローバル化の中で既存の「島国」単位の公共性の限界に逢着しているのは、残留孤児だけではない。在日外国人、海外居住の日本人、そして国内に住む日本国籍者の中にも既存の公共性に基づく制度やその枠内での自立では「生命＝生活」を維持できない多様な人々——無戸籍者、不登校者、ワーキング・プア、無年金者、老後破産者、人生の途中で日本国籍を取得した多様なエスニシティの人々等——が増加している。「日本人として、日本の地で、人間らしく生きる権利」を、その内容や法的根拠の曖昧さを理由に否定するだけにとどまるならば、日本の司法・法律自体が現実から取り残され、その実質的意義を低下させていくことになるだろう。「日本人として、日本の地で、人間らしく生きる権利」の法的内実や根拠を明確にする責任は、残留孤児よりむしろ日本の司法にある。これは、残留孤児が日本の司法に突きつけた大きな課題であろう。

そうした中にあって荒唐無稽な空論を弄ぶ東京地裁の判決は前述の如く、中国人養父母に育まれた「危険状態」により、「普通の日本人として人間らしく成長・発達する権利」は日

中国交正常化以前に既に侵害されてしまっており、そこで日本政府の早期帰国実現義務も成立しないと主張した。つまり同判決は、「普通の日本人として人間らしく生きる権利」を認め、これを前提として立論したのである。ただしその内実は、主要には母語としての日本語を獲得する権利であり、残留孤児の被害とは日本人に育てられず、日本語や日本文化の習得ができなかったことでしかない。こうした東京地裁判決の荒唐無稽さの原因は前述の如く、主要には裁判官の個人的な人間性と洞察力の欠如——または、それを容認・放置する日本の司法・裁判官養成システムの欠陥——に見出すしかない。

ただし、こうした東京地裁の裁判官の空論に素材を提供した要素として、支援者・マスメディア・研究者を含む戦後日本の市民社会が、①残留孤児問題を過去の戦争被害の残滓とのみ捉え、戦後の国民主権の下で自らが創出した新たな問題として正しく把握してこなかったこと、及び、②言葉と文化の壁こそが残留孤児の最大の問題とみなす異文化適応論[五]を批判的に克服してこなかったことがあげられる。「島国」単位の国民主権、及び、それを前提とした異文化適応論の批判的克服は、残留孤児が現代の日本社会に問いかけた最大の課題である。

〔補注〕

（一）アンダーソン（一九八七）一九頁。

（二）朝日ジャーナル編集部（一九八六）九頁、宮井（二〇〇八）一四〇頁等。

（三）マルクス（一九七五）四五四～四五五頁。

（四）中国「残留孤児」国家賠償訴訟弁護団全国連絡会編（二〇〇九）一五二頁。

（五）異文化適応論の弊害は東京地裁だけでなく、大阪地裁の判決にも看取しうる。そこでは「祖国日本の地において、日本人として人間らしく生きる権利」（大阪原告団・弁護団）が、「日本人としてのアイデンティティをもつ権利（日本人としての自覚をもち、その自覚に基づいて自らを表現し、行動することについて、他者から抑圧・制限されない権利）、自己実現を図る権利及び日本社会における生活基盤を築く権利を本質とする権利」と説明され、これが具体性を欠き、明確でないとされた。人見（二〇〇六-b）二六頁は、大阪地裁判決が原告の被害状況を「精神的苦痛」に矮小化していると批判する。

関連年表

1931	9	18	満洲事変（柳条湖事件）
1932	3	1	「満洲国」建国宣言
	9	15	日「満」議定書調印。日本政府、「満洲国」を承認
	10	5	第一次満洲試験移民（武装移民）、神戸から出港
1936	8	25	廣田内閣「満洲農業移民百万戸計画」策定
1937	7	7	日中戦争（盧溝橋事件）
1939	12	22	日「満」両政府「満洲開拓政策基本要綱」発表
1940	8	1	「満洲国」、暫行民籍法施行
1941	12	8	太平洋戦争
1942	1	6	満洲開拓第二期五カ年計画要綱決定
1944	9	18	大本営、関東軍主力を通化省に移動。ソ連軍侵攻想定した作戦命令
1945	4	5	ソ連、日ソ中立条約不延長通告
	5	30	大本営「満鮮方面対ソ作戦計画要綱」策定。「満洲の四分の三を放棄」
	7	1	参謀本部第二部、ソ連軍の武力発動を8月頃と予想分析
	7	10	在満邦人18歳以上45歳以下の男性を召集（「根こそぎ動員」）
	8	2	関東軍報道部長、「関東軍は盤石。国境開拓団諸君は安んじて生業に励むがよろしい」旨、ラジオ放送
	8	8	ソ連、日ソ中立条約破棄宣言。対日宣戦布告
	8	9	ソ連軍、「満洲」に侵攻
	8	9	大本営、「戦後将来の帝国の復興再建を考慮し、なるべく多くの日本人を大陸の一角に残置」命令
	8	10	大本営、関東軍に「満洲全土放棄も可」の命令
	8	14	日本政府、ポツダム宣言受諾を連合国に申し入れ
	8	14	外務省「三カ国宣言受諾ニ関スル在外現地機関ニ対スル訓令」。居留民の現地土着方針
	8	15	昭和天皇、「終戦」の詔書を国内で放送
	8	26	大本営・朝枝繁春参謀、在「満」日本人の「現地土着方針」報告
	8	29	大本営総参謀長、朝枝報告に同意
	8	30	駐満大使、在「満」日本人の内地送還を政府に電報で懇願
	8	31	日本政府、終戦処理会議で改めて「現地土着方針」を指示
	9	2	日本、降伏文書に調印
	9	24	次官会議、「海外部隊竝に海外邦人帰還に関する件」「現地残留方針」を再確認
	10	25	GHQ指令、日本の外交機能停止
1946	3	16	GHQ「引揚に関する基本指令」。軍人引揚を優先
	4	5	東北・華北地方で中国共産党「日本人と傀儡の土地の処理に関する指示」
	5	3	ソ連軍、中国東北地方（大連・旅順を除く）から撤退完了
	5	7	中国東北在留日本人引揚第一陣、葫蘆島出航
	5	11	米軍と中国国民党軍、在「満」日本人送還に関する協定
	5	19	国民党軍、東北で人民解放軍に攻撃

	6	26	国民党軍、中国共産党の中原解放区を攻撃。国共内戦拡大
	8	15	米軍と中国共産党軍・国民党軍、在「満」日本人の送還協定
	10	10	中国共産党「中国土地法大綱」公布
1947	5	3	日本国憲法施行
1948	8	19	中国からの集団引揚中断
1949	10	1	中華人民共和国成立。日本は承認せず
1950	6	30	中華人民共和国「土地改革法」公布
1951	9	8	対日講和条約49カ国調印（中国代表は中華民国）。日米安全保障条約調印
	10	1	中国政務院「学制改革に関する決定」公布
1952	4	28	日華平和条約調印（中華民国）、サンフランシスコ講和条約・日米安保条約発効
	12	1	中国政府、残留日本人の引揚援助の意向を北京放送で表明
1953	3	5	日本側３団体と中国紅十字会「日本人居留民帰国問題に関する共同コミュニケ」
	3	23	集団引揚再開。舞鶴に入港（「後期集団引揚」）
	10	30	『人民日報』論説、「日本の再武装は中国人民への敵視政策」
	12	16	共産党中央「農業生産合作社の発展に関する決議」
1954	9	2	中国政務院「公私合営工業企業暫定条例」
1956	6	28	中国紅十字会と日本側３団体、居留民の帰国等について「天津協定」
1957	6	3	岸信介総理、台湾国民党の中国大陸反攻支持表明
	6	8	『人民日報』社説。以降、反右派闘争本格化
	9	16	法務省民事局長、「日本人が中華人民共和国の国籍を取得して、そのことにより、日本の国籍を離脱すること」について「消極に解する」
1958	5	2	長崎で中国国旗引き降ろし事件
	5	5	中国共産党、社会主義建設の総路線提唱。以後、大躍進運動
	6	4	中国紅十字会「残留婦人の一時帰国援助を暫く停止」通告
	7	13	集団引揚終結
	10	11	中国紅十字会、集団引揚援助の用意がある旨の北京放送
1959	3	3	未帰還者に関する特別措置法公布（施行４月１日）。戦時死亡宣告
	8	26	全人代常務委会開催、農産物収穫統計を大幅下方修正
1960	10	25	厚生省、未帰還者の帰国（引揚）に戸籍謄本提出義務づけを通知
	12	29	『人民日報』、自然災害被災面積6000万ha（耕作地の過半）に及ぶと発表
1961	5	21	中国共産党中央工作会議、都市人口の農村移住政策決定
1962	1	11	毛沢東、大躍進失敗を自己批判
	2	14	中国共産党、都市人口の農村移住政策強化を決定
1963	5	2	毛沢東主宰会議、階級闘争重視の方針決定。以後、社会主義教育運動
	9	6	中国共産党、農村の社会主義教育運動に関する方針決定
1964	5	15	中国共産党、三線建設の方針決定
1966	8	8	中国共産党「プロレタリア文化大革命に関する決定」
1968	12	22	『人民日報』に知識青年の農村下放を指示する毛沢東発言。以後、1600万人余参加
1971	10	25	国連総会で中華人民共和国の国連代表権承認
1972	9	29	日中共同声明、国交正常化

1974	8	15	朝日新聞特集記事「生き別れた者の記録」
1975	3	12	厚生省、中国残留孤児の公開調査開始（第１回）
	11	22	法務省入国管理局登録課長「中国からの入（帰）国者に係る登録事務取扱いについて（通知）」。中国旅券を所持する者に外国人登録申請を指導
1977	4	1	中国帰国者に日本語教材支給。生活指導員制度実施
	8	12	中国共産党、文化大革命終結宣言
1978	2	13	身元未判明孤児に就籍許可（長野家裁飯田支部）
1979	6	5	国費で一時帰国した孤児にも、永住帰国旅費を国費支給
1980	8	30	全人代会議開催、計画出産義務付け
	9	14	農業生産請負制承認、人民公社解体へ
	9	25	中国共産党、一人っ子政策の貫徹を強調
1981	3	2	第１回残留孤児訪日調査開始
	9	9	全国社会福祉協議会、定住化対策委員会「中国帰国者定住化促進の課題と対策」
1982	1	23	法務省・入管局登録課長通知「中国旅券入国者（残留孤児・婦人）は外国人」
	4	6	中国帰国者に職業転換給付金制度適用
	8	26	中国残留日本人孤児問題懇談会「中国残留日本人孤児問題の早期解決の方策について」
	11	29	ボランティア団体連合体「中国残留孤児問題全国協議会」発足
1983	1	18	養父母扶養費問題、日中事務レベル交渉妥結
	3	14	在中国身元未判明孤児就籍許可（熊本家裁）
	4	1	財団法人「中国残留孤児援護基金」設立
	4	8	中国残留孤児援護基金が行う養父母等の扶養に関する援助、閣議了解
1984	2	1	中国帰国孤児定着促進センター開所（埼玉県所沢市。1994年４月、中国帰国者定着促進センターに改称）
	2	27	中国残留孤児の国籍取得を支援する会発足
	3	17	日中両政府「中国残留日本人問題の解決に関する日中間の口上書」
	3	17	日弁連「中国残留日本人邦人に関する人権侵害決議」
	10	19	日弁連「早期帰国実現と帰国後の諸施策の改善を要望する決議」
	11	6	援護基金、日本に養父母招待（第１回。費用は日本船舶振興会の補助）
1985	1	1	改正国籍法、戸籍法施行
	2	12	第６次訪日調査に参加した瀋陽出身の残留孤児「日本政府と日本国民への公開状」
	3	29	厚生省、未判明孤児の「身元引受人制度」創設。査証発行、旅費国費支給
	7	22	中国残留日本人孤児問題懇談会「中国残留日本人孤児問題に対する今後の施策の在り方について」
	8	8	東京弁護士会要望書「身元保証人制度は人権侵害。撤廃すべき」
1986	4	1	東京都、高校入試で引揚子女特別選考開始
	4	23	衆議院法務委員会、入国管理局長「外国人登録はしない。日本人として取り扱う」。ただしその後も外国人登録を指導
	5	9	日中両政府「中国残留孤児の養父母等被扶養者に対する扶養費に関する口上書」
	10	15	身元判明・就籍孤児に身元保証書の提出不要に。ただし招聘理由書等が必要

1987	2	23	第15次訪日調査。厚生省、概了宣言。以降、「補充調査」
	4	1	大阪中国帰国孤児定着促進センター開所
	9	29	定住地問題で紛糾、所沢センターの修了式中止
	10	25	中国共産党大会、改革開放の実行を決議
	11	1	国立大学協会、中国引揚子女への入試特別選考実施を発表
	11	19	中国残留孤児、法務省人権擁護局に人権救済申し立て
1988	6	1	埼玉県中国帰国者自立研修センター開所（同年中に全国15カ所に設置）
	6	5	兵庫県中国帰国者自立研修センター開所
1989	6	4	天安門事件
	7	31	身元判明孤児の「特別身元引受人制度」創設
1991	5	1	扶桑同心会（帰国者のみで構成する相互扶助組織）結成
1992	2	28	鄧小平、南巡講話。改革開放促進を指示
1993	9	5	中国残留婦人12人の集団「強行帰国」
	12	15	日中両政府「中国残留邦人の帰国問題の解決に関する日中間の口上書」
	12	15	厚生省、3年以内に希望者全員の帰国方針発表
1994	4	1	65歳以上の残留邦人に限り、成年の子1世帯、同伴帰国許可・旅費支給
	4	6	「中国残留邦人等の円滑な帰国の促進及び永住帰国後の自立の支援に関する法律」公布（施行10月1日）
	6	10	衆議院法務委員会、法務省入国管理局長「入国手続の際に中国残留邦人を日本人として扱う。身元保証を要求しない」
	11	9	国民年金特例措置（自立支援法一部改正）（1996年4月1日施行）
1995	2	1	特別身元引受人制度、身元引受人制度に一本化
	3	16	参議院厚生委員会、法務省民事局第五課長「過去に行った国籍認定の判断が、裁判所で覆されていることをふまえ、統一的な国籍認定方策を検討」と答弁
2000	12	31	兵庫県中国帰国者自立研修センター閉所
2001	5	11	らい予防法違憲国家賠償訴訟、熊本地裁判決、原告全面勝訴
	6	22	ハンセン病療養所入所者等に対する補償金の支給等に関する法律施行
	6	29	「中国帰国者の老後の生活保障に関する請願」審議未了不採択
	8	15	請願不採択をふまえ、東京・神奈川の帰国者約650名が東京でデモ行進。再度、国会請願を行い、不採択なら国家賠償訴訟を準備する旨集会決議
	11	1	東京・大阪に「中国帰国者支援・交流センター」設置
	12	7	残留孤児・婦人3人が東京地裁に国家賠償訴訟提訴
2002	4	21	中国帰国者東京連絡会設立総会
	7	31	「中国帰国者の老後生活保障に関する請願」審議未了不採択
	9	17	小泉純一郎総理訪朝、北朝鮮拉致問題で日朝首脳会談
	9	23	関東原告団結成総会
	12	11	北朝鮮拉致被害者支援法公布（2003年1月1日施行）
	12	20	残留孤児国家賠償訴訟、東京地裁に提訴
2003	3	17	小泉純一郎総理、米英のイラク攻撃支持表明
	3	19	米英軍、イラク攻撃開始
	7	26	イラク人道復興支援及び安全確保支援活動の実施に関する特別措置法成立
	8	20	国家賠償訴訟、鹿児島地裁に提訴
	9	24	国家賠償訴訟、名古屋地裁・京都地裁・広島地裁に提訴

	10	29	国家賠償訴訟、徳島地裁に提訴
	10	30	国家賠償訴訟、高知地裁に提訴
	11	26	国家賠償訴訟、札幌地裁に提訴
	12	20	兵庫弁護団、提訴説明会
	12	25	国家賠償訴訟、大阪地裁に提訴
2004	2	3	陸上自衛隊先遣隊、イラクに派遣
	3	24	日本弁護士連合会、中国残留邦人・中国帰国者問題人権救済申立事件（勧告）
	2	20	国家賠償訴訟、岡山地裁に提訴
	3	30	国家賠償訴訟、神戸地裁に提訴
	4	28	国家賠償訴訟、長野地裁に提訴
	5	22	小泉純一郎総理訪朝、北朝鮮拉致問題で２回目の日朝首脳会談
	7	3	全国原告団連絡会の設立総会
	12	8	国家賠償訴訟、福岡地裁に提訴
2005	4	26	残留婦人13名、国家賠償訴訟、埼玉地裁に提訴
	5	19	国家賠償訴訟、仙台地裁に提訴
	6	17	国家賠償訴訟、山形地裁に提訴
	7	6	大阪地裁判決（原告敗訴）
2006	2	15	残留婦人等、東京地裁判決（原告敗訴）
	12	1	神戸地裁判決（原告勝訴）
2007	1	30	東京地裁判決（原告敗訴）
	3	23	徳島地裁判決（原告敗訴）
	3	29	名古屋地裁判決（原告敗訴）
	4	25	広島地裁判決（原告敗訴）
	6	15	高知地裁判決（原告、時効による敗訴）、札幌地裁判決（原告敗訴）
	6	21	残留婦人、東京高裁判決（原告敗訴）
	7	9	全国の原告代表、与党プロジェクトチームが提示した支援策案受入
	11	28	新支援法成立（12月５日公布）
	12	13	国家賠償訴訟、東京高裁訴え取下げ
2008	1	1	国民年金一時金申請手続き開始
	2	22	国家賠償訴訟、兵庫訴訟、大阪高裁訴え取下げ

文献目録

《あ》

青木正（一九九六）「センターにおけるスクリーニング指導」『中国帰国者定着促進センター紀要』四

青木康嘉（二〇一〇）「岡山県龍爪開拓団」『岡山県立岡山大安寺高等学校紀要』四六

青木康嘉（二〇一一）『大地の叫び』岡山・十五年戦争資料センター

朝倉美香（二〇〇〇）「岐阜県における自立指導員の役割と活動」蘭信三編『「中国帰国者」の生活世界』行路社

浅田喬二（一九七六）「満州農業移民政策の立案過程」満洲移民史研究会編『日本帝国主義下の満洲移民』龍渓書舎

浅田喬二（一九七八）「満州農業移民政策史」山田昭次編『近代民衆の記録　六　満州移民』新人物往来社

浅田喬二（一九九三）「満州農業移民と農業・土地問題」『岩波講座　近代日本と植民地3　植民地化と産業化』岩波書店

浅野慎一（一九九三-a）「日本社会における『単一民族神話』の構造と転換」『神戸大学発達科学部研究紀要』一-一

浅野慎一（一九九三-b）『世界変動と出稼・移民労働の社会理論』大学教育出版

浅野慎一（一九九五-a）「民族的《異質性》と地域社会学」『地域社会学会年報』七

浅野慎一（一九九五-b）「『生活と社会変革の理論』の発展的継承に向けて」『北海道大学教育学部紀要』六五

浅野慎一（一九九六）「『生活と社会変革の理論』と地域社会学」『地域社会学会年報』八

浅野慎一（一九九八）「単一民族神話の変遷と終焉」社会環境論研究会編『社会環境と人間発達』大学教育出版

浅野慎一（二〇〇一）『新版　現代日本社会の構造と転換』大学教育出版

浅野慎一（二〇〇五）『人間的自然と社会環境』大学教育出版

浅野慎一（二〇〇六-a）「取り残された人間」ヒューマン・コミュニティ創成研究センター（神戸大学）編『人間像の発明』ドメス出版

浅野慎一（二〇〇六-b）「残留孤児の養父母になる『能力』」『図書』五月　岩波書店

浅野慎一（二〇〇七-a）「中国残留孤児の生活実態と新たな支援策」『CYUKYO LAWYER』七

浅野慎一（二〇〇七-b）「中国残留孤児に新たな給付金制度を」『法と民主主義』四一八

浅野慎一編著（二〇〇七-c）『増補版　日本で学ぶアジア系外国人』大学教育出版

浅野慎一（二〇〇八）「激動の六年余、道は半ば」『法と民主主義』四三一

浅野慎一（二〇〇九-a）「中国残留日本人孤児問題は解決したのか?」『飛礫』六二

浅野慎一（二〇〇九-b）「中国残留日本人孤児にみる貧困」『貧困研究』三

浅野慎一（二〇一一）「中国残留日本人孤児にみる国家賠償訴訟の組織過程」『神戸大学大学院人間発達環境学研究科研究紀要』五-一

浅野慎一（二〇一二-a）「民族解放・国民主権を超えて」『日中社会

学研究』二〇号
浅野慎一（二〇一二-b）「ミネルヴァの梟たち」『神戸大学大学院人間発達環境学研究科研究紀要』六-一
浅野慎一（二〇一四）「中国残留日本人孤児をめぐる諸論点と先行研究の批判的検討（上篇）」『神戸大学大学院人間発達環境学研究科研究紀要』八-一
浅野慎一（二〇一五）「中国残留日本人孤児をめぐる諸論点と先行研究の批判的検討（下篇）」『神戸大学大学院人間発達環境学研究科研究紀要』八-二
浅野慎一・佟岩（二〇〇六-a）「中国残留孤児の労働・生活と国家賠償訴訟」『労働法律旬報』一六二三
浅野慎一・佟岩（二〇〇六-b）『異国の父母』岩波書店
浅野慎一・佟岩（二〇〇八-a）「中国残留孤児の『戦争被害』」『神戸大学大学院人間発達環境学研究科研究紀要』二-一
浅野慎一・佟岩（二〇〇八-b）「中国残留孤児の移動・生活とナショナル・アイデンティティ」浅野慎一・岩崎信彦・西村雄郎編著『京阪神都市圏の重層的なりたち』昭和堂
浅野慎一・佟岩（二〇〇九）「血と国」『神戸大学大学院人間発達環境学研究科研究紀要』三-一
浅野慎一・佟岩（二〇一〇-a）「本是同根相煎何太急」『神戸大学大学院人間発達環境学研究科研究紀要』四-一
浅野慎一・佟岩（二〇一〇-b）「中国残留日本人孤児にみる人間発達と公共性（原語はハングル）」Edited by Sug-In Kweon "Multicultural Japan & Identity Politics" Seoul National University Press
浅野慎一・佟岩（二〇一一）『日本人として　日本の地で　人間らしく生きるために』
浅野豊美（二〇〇八）『帝国日本の植民地法制』名古屋大学出版会
朝日ジャーナル編集部（一九八六）「棄民四一年の国家責任」『朝日ジャーナル』五・三〇
朝日新聞残留孤児取材班（一九八七）『我是日本人』朝日新聞社
朝日新聞社出版サービス編集・制作（一九九八）『祖国に生きる』中国残留孤児援護基金
天野英二郎（一九九五）「転換点を迎えた中国残留邦人対策」『立法と調査』一八八
新井利男（一九八六）『残された日本人』径書房
蘭信三（一九九二）「ある中国残留婦人のアイデンティティ」戦時下日本社会研究会『戦時下の日本』行路社
蘭信三（一九九四）『「満州移民」の歴史社会学』行路社
蘭信三（二〇〇〇-a）「パーリアとしての中国帰国者」蘭信三編『「中国帰国者」の生活世界』行路社
蘭信三（二〇〇〇-b）「中国帰国者とは誰なのか、彼らをどう捉えたらよいのか」蘭信三編『「中国帰国者」の生活世界』行路社
蘭信三（二〇〇〇-c）「中国帰国者研究の可能性と課題」蘭信三編『「中国帰国者」の生活世界』行路社
蘭信三（二〇〇六-a）「解説　母子が語り継ぐ中国残留婦人のライフストーリー」中川佳子『四十三年』皓星社
蘭信三（二〇〇六-b）「『中国残留孤児』の問いかけ」『アジア遊学』八五
蘭信三（二〇〇六-c）「あとがき」『アジア遊学』八五
蘭信三（二〇〇六-d）「地域社会のなかの中国帰国者」『アジア遊学』八五

蘭信三（二〇〇六-e）「『満洲移民』の問いかけるもの」藤原書店編集部編『満洲とは何だったのか（新装版）』藤原書店
蘭信三（二〇〇七）「中国『残留』日本人の記憶の語り」山本有造編『満洲　記憶と歴史』京都大学学術出版会
蘭信三（二〇〇九-a）「はしがき」蘭信三編『中国残留日本人という経験』勉誠出版
蘭信三（二〇〇九-b）「課題としての中国残留日本人」蘭信三編『中国残留日本人という経験』勉誠出版
蘭信三（二〇〇九-c）「あとがき」蘭信三編『中国残留日本人という経験』勉誠出版
蘭信三・高野和良（二〇〇九）「地域社会のなかの中国帰国者」蘭信三編『中国残留日本人という経験』勉誠出版
粟田栄（一九九九）「まだ残る戦争被害」『歴史地理教育』一〇月号
粟野仁雄（二〇〇四）「中国残留孤児―いまも続く塗炭の苦しみ」『潮』九月
粟野仁雄（二〇一五）「中国残留孤児が抱えてきたもの」『潮』九月
アンダーソン、ベネディクト（一九八七）『想像の共同体』（白石隆・白石さや訳）リブロポート

《い》
飯田俊郎（一九九六）「都市社会におけるエスニシティ」駒井洋編『日本のエスニック社会』明石書店
飯田美奈子（二〇一三）「当事者性の形成」『コリアンコミュニティ研究』四
飯田美奈子（二〇一四）「中国帰国者の移住システムとその社会関係」『生存学』七
飯山達雄（一九八六）「続　棄民四一年の国家責任」『朝日ジャーナル』六・一三
家永三郎（一九八五）『戦争責任』岩波書店
庵谷磐（一九八九）「政府の対応とボランティア活動」『自由と正義』四〇-一〇
庵谷磐（二〇〇六）「中国帰国者支援施策の展開と問題点」『アジア遊学』八五
庵谷磐（二〇〇九）「中国残留日本人支援施策の展開と問題点」蘭信三編『中国残留日本人という経験』勉誠出版
池上摩希子（一九九四-a）「『中国帰国生徒』に対する日本語教育の役割と課題」『日本語教育』八三
池上摩希子（一九九四-b）「日本語教育が必要な児童生徒対象の教育目標構造化の試み」『中国帰国者定着促進センター紀要』二
池上摩希子（一九九五）「教授・学習仮定における積極的な個別化に関する考察と提案」『中国帰国者定着促進センター紀要』三
池上摩希子（一九九六）「読解ストラテジートレーニング・プログラムの評価」『中国帰国者定着促進センター紀要』四
池上摩希子（二〇〇〇）「子ども追跡調査　中間報告」『中国帰国者定着促進センター紀要』八
池上摩希子・井本美穂（一九九三）「面接場面におけるコミュニケーション能力の評価に向けて」『中国帰国者定着促進センター紀要』一
池上摩希子・小林悦夫（一九九九）「帰国者に対する学習支援におけるインターネット活用の可能性と課題」『中国帰国者定着促進センター紀要』七
池田澄江（二〇〇六）「私の祖国は何所？　私はなにじんですか」『法

と民主主義』四一三
石井小夜子（二〇一〇）「中国残留邦人国家賠償請求訴訟」『法学セミナー』六六一
石井小夜子・山田由紀子（一九九二）「浦安暴走族乱闘（中国残留孤児二世）事件一」『法律時報』六四－六
石川千代（二〇一三）『千代！ 旧満州に生きて』ＮＰＯ法人高知県日中友好協会
石丸紀興（一九九九）「中国旧北支・満州からの帰国者における元生活地印象・残像に関する研究」『日本建築学会中国支部研究報告書』二二
泉敬史（二〇〇五）「中国帰国者の『言葉の壁』」『札幌大学総合論叢』一九
井田真木子（一九九二）『小蓮の恋人』文藝春秋
井出孫六（一九八五）「蒼茫は今もなお（第一回）」『世界』六月
井出孫六（一九八六－a）「公用語になった『中国残留』『日本人孤児』の曖昧」『朝日ジャーナル』五・三〇
井出孫六（一九八六－b）『終わりなき旅』岩波書店
井出孫六（二〇〇七）「『中国残留日本人孤児』と日本（三）」『世界』七月
井出孫六（二〇〇八）『中国残留邦人』岩波新書
伊藤泰郎（一九九五）「中国人の定住化」駒井洋編『定住化する外国人』明石書店
井上泰（二〇〇六）「大鷹判決・野山判決の批判」『法と民主主義』四一三
猪股祐介（二〇〇六）「満州農業移民と中国残留日本人」『アジア遊学』八五
猪股祐介（二〇〇九）「満州農業移民から中国残留日本人へ」蘭信三編『中国残留日本人という経験』勉誠出版
今井貴代子（二〇〇七）「移住プロセスからみた日本語学習の諸相」『中国帰国者定着促進センター紀要』一一
岩田研二郎（二〇〇四）「中国残留孤児国家賠償訴訟請求の集団提訴と国の責任」『大阪経済法科大学アジア・フォーラム』二七

《う》
于強（一九八七）『風媒花』光人社
于済川（二〇〇七）「黒土に咲いた桜」西田勝・孫継武・鄭敏編『中国農民が証す『満洲開拓』の実相』小学館
于涛（二〇一〇）「中国帰国児童の学校適応戦略に関する研究」『神戸大学大学院人間発達環境学研究科研究紀要』三－二
植村美千子（一九九四）『満州国に生まれて』勁草書房
潮編集部（一九七三）「帰ってきた日本人の漂流譚」『潮』二月
内海由美子・富谷玲子（一九九八）「日本語教室で活躍する支援者のための支援の可能性」『中国帰国者定着促進センター紀要』六
幼方直吉（二〇〇三）「在日朝鮮人・中国人の帰化と家制度」大日方純夫編『民族・戦争と家族』吉川弘文館
梅田康子（一九九五）「中国帰国者に見られた救助ニーズの経年的推移」『中国帰国者定着促進センター紀要』三
梅田康子・江畑敬介（一九九六）「救助ニーズの経年的推移」江畑敬介・曽文星・箕口雅博編著『移住と適応』日本評論社

《え》
江口圭一（一九八九）「小論争―中国残留孤児問題と関東軍」『日本史

研究』三一九
江成常夫（一九八四）『シャオハイの満洲』集英社
NHKプロジェクトX制作班編（二〇〇四）『プロジェクトX　思いは国境を越えた』NHKライブラリー
江畑敬介（一九九六）「移住のインパクトと病態変遷」江畑敬介・曽文星・箕口雅博編著『移住と適応』日本評論社
江畑敬介・曽文星（一九九六）「文化受容過程」江畑敬介・曽文星・箕口雅博編著『移住と適応』日本評論社
江畑敬介・曽文星・江川緑（一九九六）「文化受容」江畑敬介・曽文星・箕口雅博編著『移住と適応』日本評論社
江畑敬介・曽文星・箕口雅博（一九九六）「家族の適応過程」江畑敬介・曽文星・箕口雅博編著『移住と適応』日本評論社
江畑敬介・曽文星・箕口雅博・江川緑（一九八九＝一九九六）「性格と習慣の形成に及ぼす異民族間養子の影響」『精神医学』三一／江畑敬介・曽文星・箕口雅博編著『移住と適応』日本評論社
江畑敬介・箕口雅博・曽文星・斎藤正彦・原裕視・丹羽郁夫（一九九六）「心理状況」江畑敬介・曽文星・箕口雅博編著『移住と適応』日本評論社
江畑敬介・箕口雅博・山田寛・益子茂・増井寛治・斎藤正彦・梅津寛・原田誠一・石原裕子（一九九六）「適応初期の諸問題」江畑敬介・曽文星・箕口雅博編著『移住と適応』日本評論社
遠藤誉（一九八七）『風よ　祖国に向かえ』読売新聞社
遠藤満雄（一九九二）『中国残留孤児の軌跡』三一書房
エンゲルス、フリードリヒ（一九七五）「ヨーゼフ・ブロッホへの手紙（一八九〇・九・二一）」『マルクス・エンゲルス全集』三四巻、大月書店

《お》
王偉彬（二〇〇五）「在中国日本人の引き揚げに関する一考察」『修道法学』二七‐二
王才（二〇〇七）「私の回億」西田勝・孫継武・鄭敏編『中国農民が証す『満洲開拓』の実相』小学館
王彩香（二〇〇一）「『中国帰国者』児童生徒のエスニシティと学校教育の有り方」『中国帰国者定着促進センター紀要』九
王歓（二〇〇四）『帰根』世界知識出版社
大櫛戊辰（一九八五）『わたしは、やっぱり中国のマーマ』あらき書店
大櫛戊辰（二〇〇六）『炎昼　私説　葛根廟事件』新風社
大久保明男（二〇〇〇）「アイデンティティ・クライシスを越えて」蘭信三編『「中国帰国者」の生活世界』行路社
大久保明男（二〇〇六‐a）「表象される『中国残留孤児』」『アジア遊学』八五
大久保明男（二〇〇六‐b）「尊厳ある生活保障を求め、差別構造の世代相続を絶つために」『法と民主主義』四一三
大久保明男（二〇〇九‐a）「『中国残留孤児』のイメージと表象」蘭信三編『中国残留日本人という経験』勉誠出版
大久保明男（二〇〇九‐b）「『中国引揚者子女』側から見る大学特別選抜入試制度の意義」蘭信三編『中国残留日本人という経験』勉誠出版
大久保真紀（二〇〇四）『ああわが祖国よ』八朔社
大久保真紀（二〇〇五）「中国残留孤児国家賠償訴訟、大阪地裁で全面敗訴」『世界』九月
大久保真紀（二〇〇六‐a）「中国残留孤児の生活実態と国家賠償請求

集団訴訟」『アジア遊学』八五

大久保真紀（二〇〇六-b）『中国残留日本人』高文研

大久保真紀（二〇〇七）「新支援策の早期実現を」『週刊金曜日』六七九

大久保真紀（二〇〇八）「動き出した中国残留邦人への新支援」『社会福祉研究』一〇一

大久保真紀（二〇〇九）「中国帰国者と国家賠償請求集団訴訟」蘭信三編『中国残留日本人という経験』勉誠出版

大久保真紀（二〇一〇）「日中友好の架け橋に」『世界』四月

大阪中国帰国者センター編（二〇〇六）『中国残留日本人　孤児からの手紙』

大澤武司（二〇〇七）「戦後東アジア地域秩序の再編と中国残留日本人の発生」『中央大学政策文化研究所年報』一〇

太田知恵子（一九八三）『雨ふりお月さん』教育史料出版社

大谷昭宏（一九八九）『春美 一六歳の日本』朝日ソノラマ

大場かをり・橋本進編（一九八六）『母と子でみる中国残留日本人孤児』草の根出版会

大橋春美（二〇〇六）「中国帰国者二世・三世のアイデンティティ」『アジア遊学』八五

大橋春美（二〇〇九）「日本と中国の狭間で」蘭信三編『中国残留日本人という経験』勉誠出版

岡庭昇・真野貢一（一九八五）『媽媽　わたしは生きている』毎日新聞社

小川津根子（一九九二）「中国残留婦人の半世紀」『世界』九月

小川津根子（一九九四）「残留婦人に道は開かれたか」『世界』四月

小川津根子（一九九五）『祖国よ』岩波新書

小川津根子（二〇〇六）「中国残留婦人のライフ・ヒストリー」『アジア遊学』八五

小川津根子・石井小夜子（二〇〇五）『国に棄てられるということ』岩波ブックレット

小栗孝夫（二〇〇七-a）「中国『残留孤児』国賠訴訟における『先行行為』論について」『CHUKYO LAWYER』六

小栗孝夫（二〇〇七-b）「裁判の現状と政治の動き」『CHUKYO LAWYER』七

小栗孝夫（二〇〇九）中国『残留孤児』国賠訴訟における『先行行為』論について（追補）』『CHUKYO LAWYER』一〇

小栗実（二〇〇六）「ある『中国残留孤児』の半生の記録」『鹿児島大学法学論集』（四一-一）

小栗実（二〇〇八）「『中国残留日本人孤児』による『人間回復』訴訟」『法政論集』二二五

小田美智子（一九九八）「中国帰国者の異文化適応」『早稲田教育評論』一二-一

小田美智子（二〇〇〇）「中国帰国者の異文化適応」蘭信三編『「中国帰国者」の生活世界』行路社

小田切由佳子（一九八九）「中国からの帰国者の日本語教授における新しい試み」『日本語教育論集』六

小野悌次郎（一九九二）「ふたり旅」『新日本文学』五三二

小野寺利孝（二〇〇三）「戦争責任と戦後補償」『法と民主主義』三八四

《か》

笠貫静江・穂積淳編著（二〇〇七）『小さな灯火を遺して』現代企画

鍛治致（二〇〇一）「「中国残留邦人」の形成と受入について」梶田孝道『国際移民の新動向と外国人政策の課題』
片岡稔恵（一九九三）『残留・病死・不明』あすなろ社
片岡稔恵（一九九五）『葉は落ちて根に帰る』東洋医学舎
神奈川新聞社編集部報道局編（二〇〇五）『満州　楽土に消ゆ』
鎌田慧（一九八七）「帰ってきた青春」『潮』二月
河合弘之（一九八五）「中国残留孤児の就籍問題について」『自由と正義』三六-一
川村湊（一九九〇）『異郷の昭和文学』岩波新書
川村朝子（一九九三）「残留孤児や外国籍の子弟の多い学校と地域の現状」『教育』五五八
関亜新・張志坤（二〇〇八）『中国残留日本人孤児に関する調査と研究』下巻（佟岩・浅野慎一監訳）不二出版

《き》

北健一（二〇〇三）「戦後処理の積み残し問う残留孤児国賠訴訟」『世界週報』五・二七
北崎可代（一九七三）『中国に生きる』講談社
北崎可代（一九九七）『中国人に助けられたおばあちゃんの手からうけつぐもの』梨の木舎
北澤貞男（二〇〇七）「中国『残留孤児』国賠請求東京第一次訴訟判決の問題点」『法と民主主義』四一六
城戸幹（二〇〇九）『「孫玉福」三九年目の真実』情報センター出版局
城戸幹（二〇一四）『瞼の媽媽』文春文庫
城戸久枝（二〇〇七）『あの戦争から遠く離れて』情報センター出版局
木下貴雄（二〇〇三）『中国残留孤児問題の今を考える』鳥影社
京都「自分史を書く会」編（二〇〇四）『落日の凍土に生きて』文理閣
清田洋一（一九九九）「中国帰国生徒の学校における準拠集団について」『中国帰国者定着促進センター紀要』七
清原康正（一九九四）「解説」山崎豊子『大地の子』文春文庫

《く》

草地貞吾（一九七九）『関東軍作戦参謀の証言』芙蓉書房
草地貞吾（一九八六）『中国残留孤児問題の大観』日本防衛研究会
楠本雅弘（一九九五）「『満州開拓』移民と東北農村」『日本の科学者』三〇-一〇
久野太（一九八二）「中国残留孤児と戦争責任」『文化評論』二五三
倉石一郎（二〇〇六）「挑戦する『中国帰国者特別選抜入試』」『アジア遊学』八五
倉石一郎（二〇〇九）「『中国帰国生徒特別選抜入試』の挑戦」蘭信三編『中国残留日本人という経験』勉誠出版
郡司彦（一九八一）『中国残留孤児』日中出版

《こ》

胡秀英（二〇〇七）「中国帰国高齢者の身体機能および主観的健康観に及ぼす太極拳の効果」『体力科学』五六
呉万虹（一九九九）「中国残留日本人の帰国」『神戸法学雑誌』四九-一
呉万虹（二〇〇〇）「中国残留日本人の中国定着」『六甲台論集　法学政治学篇』四七-二

呉万虹（二〇〇三）「中国残留日本人の研究」『日中社会学研究』一一
呉万虹（二〇〇四）『中国残留日本人の研究』日本図書センター
呉万虹（二〇〇六）「中国に定着した残留日本人」『アジア遊学』八五
呉万虹（二〇〇九）「中国残留日本人の中国定着」蘭信三編『中国残留日本人という経験』勉誠出版
黄英蓮・依光正哲（二〇〇四）「中国帰国者二世・三世の日本への移住と就労」『一橋大学大学院ディスカッション・ペーパー』
高峰（一九九三）「中国帰国者の日本語学習」『月刊社会教育』一〇月
厚生省編（二〇〇〇-a）『引揚援護の記録』クレス出版
厚生省編（二〇〇〇-b）『続々・引揚援護の記録』クレス出版
厚生省社会局保護課監修（一九九一）『中国帰国者ケース』全国社会福祉協議会
厚生省援護局編（一九七八）『引揚げと援護三十年の歩み』ぎょうせい
厚生省援護局編（一九八七）『中国残留孤児』ぎょうせい
厚生省大臣官房企画室（一九五八）『厚生白書　昭和三二年度版』大蔵省印刷局
厚生労働省社会・援護局（二〇〇五）『中国帰国者生活実態調査の結果』
厚生労働省社会・援護局援護企画課中国孤児対策室（二〇〇二）『帰国者受入れの手引』
河野文江（一九九六）『新訂　ハルビンの空』オンタイムズ
高麗博茂（一九八九）「中国残留孤児はなぜ外国人なのか」『自由と正義』四〇-一〇
国勢研究所・戦後処理問題調査会編輯（一九八七）『写真と資料　満洲（中国東北地区）と残留同胞孤児の記録（増補編）』国勢研究所
児玉周子・内藤臨（一九九五）「非識字者を含むセンター修了生家庭への訪問調査報告」『中国帰国者定着促進センター紀要』三
小林悦夫（一九八五）「『中国帰国者』に対する適応・定着促進と日本語教育との関係について」『日本語教育論集』二
小林悦夫（一九八八）「中国帰国者に対する日本事情の指導」『日本語教育』六五
小林悦夫（一九九三）「第二言語としての日本語教育の課題」『中国帰国者定着促進センター紀要』一
小林悦夫（一九九六-a）「中国帰国者に対する日本語教育」『日本語学』一五
小林悦夫（一九九六-b）「中国帰国者教育の特性と研修カリキュラムおよび教育システムの現状」江畑敬介・曽文星・箕口雅博編著『移住と適応』日本評論社
小林悦夫（一九九七）「中国帰国者のための日本語教育の連携」『日本語教育』一六
小林悦夫（二〇〇七）「中国帰国者二三世の日本語学習と生保受給・就労の状況」『中国帰国者定着促進センター紀要』一一
小林悦夫（二〇〇九）「中国帰国者に対する日本語教育の展開」蘭信三編『中国残留日本人という経験』勉誠出版
小林英夫（一九七六）「満州農業移民の営農実態」満洲移民史研究会編『日本帝国主義下の満洲移民』龍渓書舎
小林宏美（二〇〇五）「『中国帰国者』の子どもの生きる世界」宮島喬・太田晴雄編『外国人の子どもと日本の教育』東京大学出版会
駒井洋編（一九九六）『中国帰国者二世・三世』筑波大学社会学研究室
これひさかつこ（二〇〇四）「中国残留孤児訴訟が遺した禍根」

『GENDAI』一月
今野陽三（二〇一〇）『美しき国、そして麗しき日本人』上巻　東京図書出版会

《さ》

斎藤正彦・箕口雅博（一九九六）「帰国後五年間の適応過程」江畑敬介・曽文星・箕口雅博編著『移住と適応』日本評論社
斎藤正彦・箕口雅博・原田誠一・高橋象二郎（一九九六）「帰国後一年目の適応状況」江畑敬介・曽文星・箕口雅博編著『移住と適応』日本評論社
斉藤豊（二〇〇六）「残留孤児訴訟の法的枠組み」『法と民主主義』四一三
斉藤豊（二〇〇九）「中国残留孤児訴訟について」『国際人権』二〇
斎間新三（一九八七）『黄の花びら』郷土出版
坂本龍彦（一九八六）『残留日本人への旅』朝日イブニングニュース社
坂本龍彦（一九八八）「中国残留孤児　行政の姿勢をつく」『新聞研究』四三八
坂本龍彦（一九八九）「重荷を背負った人々」『自由と正義』四〇-一〇
坂本龍彦（一九九六）「中国の土に眠る君たちへ」『軍縮問題資料』一九〇
坂本龍彦（一九九八）『孫に語り伝える「満州」』岩波ジュニア新書
坂本龍彦（二〇〇三）『証言　冷たい祖国』岩波書店
坂本龍彦（二〇〇五）「戦後六〇年　残留孤児たちの生の記録」『世界』五月
坂本龍彦（二〇〇七）「敗戦後六二年目の決着　残留孤児の支援策」『社会保障』四一四
佐久間孝正（二〇〇六）『外国人の子どもの不就学』勁草書房
櫻井よしこ（二〇〇七）「中国残留孤児がなぜ生まれたか」『週刊ダイヤモンド』二・一七
佐々木修（一九八五）「中国残留日本人孤児問題について」『家庭裁判月報』三七-一二
佐藤恵美子・池上摩希子・馬場尚子・小林悦夫（一九九七）「『再履修』および『再研修』カリキュラム設計についての考え方」『中国帰国者定着促進センター紀要』五
佐藤恵美子・小林悦夫（一九九四）「カリキュラム開発および理念的目標の構造化について」『中国帰国者定着促進センター紀要』二
佐藤恵美子・馬場尚子・安場淳（一九九三）「実践報告：ボランティア参加型学習活動」『中国帰国者定着促進センター紀要』一
佐藤倫子（二〇〇九）「中国帰国者の国籍問題」蘭信三編『中国残留日本人という経験』勉誠出版
佐藤治（語り手）・大越葉子（聞き手）・山下知子（解説）（二〇〇九）「中国残留婦人の生きられた歴史」蘭信三編『中国残留日本人という経験』勉誠出版
澤山博一（二〇〇六）「私の知る中国『残留』日本人たち」『季刊　中国』八七
山陽新聞社編（一九九〇）『祖国』山陽新聞社

《し》

史楽平（一九九六）「中国残留日本人孤児の悲劇」『社会学雑誌』一三

椎名龍治（一九八四）『血が呼んだ祖国』日中出版
島本和成（二〇一一）『風雪に耐えて』
清水節（一九八九）「中国残留孤児に関する就籍審判等の動向」『自由と正義』四〇-一〇
清水洋（二〇〇六）「中国『残留孤児』裁判の全国的展開と運動の到達点」『法と民主主義』四一三
白石惠美（二〇〇八）『「中国残留孤児」帰国者の人権擁護』明石書店
祝平主編（一九九一）『夢砕「満洲」』黒龍江人民出版社
鐘家新（二〇〇九）「『中国残留孤児』の帰国と祖国日本での老後」『アジア文化研究』一六
鐘家新（二〇一二）「『中国残留孤児』の老後保障を求める過程とその影響」『アジア文化研究』一九
湘湘（二〇〇六）『中国で成功した残留孤児たち』（横堀幸絵訳、段躍中監修）日本僑報社
庄司道孝（一九九一）『曹志春の四十年』
瀋殿忠主編（一九九三）『日本僑民在中国』上冊・下冊　遼寧人民出版社

《す》

菅原幸助（一九八二）『泣くんじゃあない』人間の科学社
菅原幸助（一九八六）『旧満州　幻の国の子どもたち』有斐閣選書
菅原幸助（一九八九）『「日本人になれない」中国孤児』洋泉社
菅原幸助（二〇〇一）「立ち上がった中国の残留孤児帰国者」『週刊金曜日』三四六
菅原幸助（二〇〇三）「中国『残留孤児』、なぜ集団訴訟か」『法と民主主義』三八四
菅原幸助（二〇〇六）「裁判はこうして提起された」『法と民主主義』四一三
菅原幸助（二〇〇九）『「中国残留孤児」裁判』平原社
菅原幸助（二〇一〇）『中国「残留孤児」を支えて三〇年』社団法人神奈川中国帰国者福祉援護協会
菅原幸助著・社団法人神奈川中国帰国者福祉援護協会編（一九九八）『日本の国籍を下さい』三一書房
鈴木孝雄（一九八五）「中国残留婦人・孤児への責務」『時の法令』一二四一
鈴木孝雄（一九八九）「〝中国残留邦人〟発生の歴史と原因」『自由と正義』四〇-一〇
鈴木経夫（二〇〇六）「日本は『美しい国』か?」『法と民主主義』四一三
鈴木則子（一九八九）「中国残留婦人は、再び見捨てられようとしている!」『自由と正義』四〇-一〇

《せ》

瀬戸宏（一九八二）「日中学院日本語教室で帰国者を教えて」『日本語教育』四八
全国社会福祉協議会異文化適応教材開発委員会編（一九八七）『入郷随俗』社会福祉法人全国社会福祉協議会

《そ》

曹保明（一九九八）『第二次世界大戦収養日本遺孤紀実』中国北方婦女出版
園田恭一・藤沼敏子（一九九八）「中国帰国者の生活問題分析」『東洋

大学社会学部紀要』三六-二

《た》

醍醐隆（一九七九）「中国残留邦人の国籍について」『民事月報』三四-四

大道武司・鈴木ヒロノ・坂本龍彦・野田泰子（著訳）（一九八八）『日中のはざまに生きて』新時代社

大坊郁夫・中川泰彬（一九九三）「中国残留孤児家族の社会適応過程の心理学的検討」『心理学評論』三六-三

高橋健（一九九四）「ひとが世界を広げる勇気」唐濤・高橋健・佐藤美穂子編『夢破れる国　日本』農山漁村文化協会

高橋泰隆（一九九七）『昭和戦前期の農村と満州移民』吉川弘文館

高橋健男（二〇〇九）『赤い夕陽の満州にて』文芸社

高橋朋子（二〇〇五）「抽出授業による日本語教育の果たす役割を考える」『言語文化共同研究プロジェクト二〇〇四　言語文化教育の新しい視点』

高橋朋子（二〇〇六）「日本生まれの三世・四世の教育問題」『アジア遊学』八五

田崎敦子（一九九八）「大学における中国帰国者子女に対する社会的自立のための支援の検討」『中国帰国者定着促進センター紀要』六

立石雅彦（二〇〇七）「祖国に棄てられ、放置された国民」『法学セミナー』六二六

田中宏（二〇〇四）「中国残留婦人の二世に対する退去強制事件について」『龍谷大学経済学論集』四三-五

田中眞紀子（一九九七）「中国残留邦人等帰国援助法」『法学セミナー』五〇九

田中宏巳（二〇一〇）『復員・引揚げの研究』新人物往来社

田中寛之（二〇〇八）「中国残留邦人等の老後の生活の安定を図る」『時の法令』一八一〇

田中隆一（二〇〇七）『満州国と日本の帝国支配』有志舎

田渕五十生・森川与志夫（二〇〇一）「中国帰国生徒のアイデンティティを育む教育」『奈良教育大学教育実践総合センター研究紀要』一〇

多摩悠（一九八八）「残留孤児のその後を追う秀作ドキュメンタリー」『文化評論』三月

玉居子延子（一九九四）「青年二世進路調査報告」『中国帰国者定着促進センター紀要』二

玉居子延子（二〇〇一）「同声・同気　読者アンケート調査報告」『中国帰国者定着促進センター紀要』九

田見高秀（二〇〇六）「『残留孤児』の被害とは」『法と民主主義』四一三

《ち》

中国残留孤児援護基金二五年史編集委員会編（二〇〇九）『孤児に寄り添い二五年』中国残留孤児援護基金

中国帰国者支援・交流センター編（二〇〇五）『二つの祖国の狭間で』第一集

中国帰国者支援・交流センター編（二〇〇八）『二つの祖国の狭間で』第二集

中国帰国者定着促進センター（一九九一）『中国帰国者に対する日本語教育のカリキュラム開発に関する調査研究』

中国帰国者定着促進センター（一九九六-a）「一九九五年の歩み」『中国帰国者定着促進センター紀要』四
中国帰国者定着促進センター（一九九六-b）「中国帰国者定着促進センター入退所者統計」（一九九五年一二月現在）『中国帰国者定着促進センター紀要』四
中国帰国者の会編（二〇〇三）『道なき路』
中国帰国者の会編（二〇一一）『わたしたちは歴史の中に生きている』かりん舎
中国「残留孤児」国家賠償訴訟弁護団全国連絡会編（二〇〇九）『政策形成訴訟』
中国「残留孤児」国家賠償請求札幌訴訟原告団・弁護団（二〇一〇）『あの腕、あの胸の中へ』
中国「残留孤児」証言集『二つの祖国に生きて』発行委員会（二〇〇六）『二つの祖国に生きて』
中国残留孤児の国籍取得を支援する会（二〇〇〇）『中国残留孤児国籍取得一〇〇〇人達成の記録』
中国残留日本人孤児問題懇談会（一九八二）「中国残留日本人孤児問題の早期解決の方策」厚生省援護局編（一九八七）『中国残留孤児』ぎょうせい
中国残留日本人孤児問題懇談会（一九八五）「中国残留日本人孤児に対する今後の施策の在り方について」厚生省援護局編（一九八七）『中国残留孤児』ぎょうせい
張輝（二〇〇五）「中国帰国者の生活実態に関する研究」『愛知県立大学大学院国際文化研究科論集』六
趙彦民（二〇〇六）「ある中国残留孤児のライフ・ヒストリー」『アジア遊学』八五
趙彦民（二〇〇九）「中国残留孤児の生きられた歴史」蘭信三編『中国残留日本人という経験』勉誠出版
張志坤・関亜新（二〇〇六）『中国残留日本人孤児』五洲伝播出版社
趙萍・町田玲子（一九九八）「中国帰国者の住生活に関する研究」『日本家政学会誌』四九-七
趙萍・町田玲子（一九九九-a）「中国帰国者の住生活に関する研究（第一報）」『日本家政学会誌』五〇-五
趙萍・町田玲子（一九九九-b）「中国帰国者の住生活に関する研究（第二報）」『日本家政学会誌』五〇-五
趙萍・町田玲子（二〇〇〇）「中国帰国者の住生活」蘭信三編『「中国帰国者」の生活世界』行路社
張嵐（二〇〇七-a）「中国残留孤児の帰国動機」『日本オーラル・ヒストリー研究』三
張嵐（二〇〇七-b）「中国残留孤児の永住帰国に対する自己評価を巡る社会学的考察」『人文社会科学研究』一五
張嵐（二〇〇九）「日本における中国残留孤児のアイデンティティ」『人文社会科学研究』一八
張嵐（二〇一一）『中国残留孤児の社会学』青弓社
鄭暎恵（一九八八）「ある『中国帰国者』における家族」『解放社会学研究』二
陳仁財（二〇〇七）「日本の好風景も国土の懐かしさには及ばない」西田勝・孫継武・鄭敏編『中国農民が証す『満洲開拓』の実相』小学館
《つ》
塚瀬進（一九九八）『満洲国』吉川弘文館

佃俊彦（二〇〇四）「中国『残留孤児』と日中平和の可能性」『法と民主主義』三九一
辻村真由子・石垣和子・胡秀英（二〇一四）「中国帰国者一世・二世とその中国人配偶者に必要な看護支援の検討」『文化看護学会誌』六-一
津田玄児（一九九七）「定時制で立ち直った中国帰国者の子ども」『高校のひろば』二四
綱島延明（一九九七）「中国帰国青年の結婚問題に見る日本社会の異文化変容」『北辰』
津花知子（二〇〇四）「夜間中学で学ぶ高齢帰国者の学習環境と学習支援についての一考察」『早稲田大学日本語教育研究』四
釣部三恵子・鈴木孝雄他（一九八九）「座談会　中国残留邦人の人権問題」『自由と正義』四〇-一〇

《て》

寺田ふさ子（二〇〇二）『黄沙が舞う日』河出書房新社

《と》

土井大介（一九九六）「『大地の子』にみた侵略戦争の傷痕」『前衛』三月
佟岩（二〇一二）「血と国」陳天璽・近藤敦・小森宏美・佐々木てる編著『越境とアイデンティフィケーション』新曜社
佟岩・浅野慎一（二〇〇六）「残留孤児を育てた養父母たち」『アジア遊学』八五
佟岩・浅野慎一（二〇〇八）「訳者あとがき」関亜新・張志坤『中国残留日本人孤児に関する調査と研究』（佟岩・浅野慎一監訳）不二出版
佟岩・浅野慎一（二〇〇九-a）「中国残留孤児を育てた養父母たち」蘭信三編『中国残留日本人という経験』勉誠出版
佟岩・浅野慎一（二〇〇九-b）「ポスト・コロニアルの中国における残留日本人孤児」『神戸大学大学院人間発達環境学研究科研究紀要』二-二
佟岩・浅野慎一（二〇一〇）「祖国と越境」『神戸大学大学院人間発達環境学研究科研究紀要』三-二
佟岩・浅野慎一（二〇一一-a）「孤立と差別」『神戸大学大学院人間発達環境学研究科研究紀要』四-二
佟岩・浅野慎一（二〇一一-b）「中国残留日本人孤児の国民国家に関する社会意識」『神戸大学大学院人間発達環境学研究科研究紀要』五-一
Tong Yan & Shinichi Asano（二〇一四）"Blood and Country: Chugoku Zanryu Koji, Nationality and the Koseki" Edited by David Chapman, Karl Jakob Krogness, Japan's Household Registraction System and Citizenship, Routledge
時津倫子（二〇〇四）「現場から『中国帰国者』の現実を知るということ」『現代のエスプリ』一二月
友沢昭江（二〇〇〇）「バイリンガル教育の可能性」『国際文化論集』二二
友沢昭江（二〇〇二）「中国帰国生の大学における教育を考える」『桃山学院大学総合研究所紀要』二八-二
鳥海準（二〇〇二）「中国残留孤児に関する問題点と訴訟の準備状況」『法と民主主義』三六七
鳥海準（二〇〇五）「中国残留孤児と国の戦争責任」『前衛』一一月

《な》
内藤臨（一九九五）「実践報告—非識字者への平仮名指導」『中国帰国者定着促進センター紀要』三
内藤光博（二〇〇六）「戦後処理問題としての中国残留孤児訴訟」『法と民主主義』四一三
内藤光博（二〇〇七）「中国残留婦人国賠訴訟における立法不作為違憲論」『専修法学論集』九九
永井智香子（二〇〇六）「中国帰国者の子弟のアイデンティティ形成に関する追跡調査」『長崎大学留学生センター紀要』一四
中川佳子（語り）・正安（聞き書き）・斎藤裕子（日本語訳）（二〇〇六）『四十三年』皓星社
中坂恵美子（二〇〇九）「中国残留邦人国賠請求事件・コメント」『国際人権』二〇
中島多鶴・NHK取材班編（一九九〇）『忘れられた女たち』日本放送出版協会
永田秀樹（二〇〇七）「『戦争損害論』と日本国憲法」『阿部照哉先生喜寿記念論文集』成文堂
中野謙二（一九八七）『中国残留孤児問題』情報企画出版
奈良中国帰国者支援交流会編（二〇〇八）『遠かった祖国への道』
名和田澄子（二〇〇六）「文化的少数者の為の介護支援の課題」『第一福祉大学紀要』三
名和田澄子（二〇〇八）「法廷における中国残留孤児の生活史」『社会福祉研究』三
《に》
西尾珪子（一九九〇）「難民・帰国者に対する日本語教育」『日本音響学会誌』四六-四
西岡瑛子（二〇〇五）「『棄民』という終わりなき人権侵害」『飛礫』四八
西岡瑛子（二〇〇六）「中国残留日本人の生活実態と生活保障」『賃金と社会保障』一四二四
西岡瑛子（二〇〇七-a）「中国残留孤児訴訟『勝訴』と政治的解決への壁」『世界』二月
西岡瑛子（二〇〇七-b）「終わらぬ戦後処理」『飛礫』五四
西岡瑛子（二〇〇七-c）「政府の新支援策に『残留孤児』ら反発」『週刊金曜日』六五六
西口友紀恵（一九八二）「現代の『棄民』」『前衛』二月
西埜章（二〇〇七-a）「中国残留孤児訴訟をどう考えるか」『法学セミナー』六二八
西埜章（二〇〇七-b）「中国残留孤児訴訟における国の不作為責任」『法律論叢』七九-四・五合併号
丹羽郁夫・箕口雅博・曽文星・江畑敬介（一九九六）「生活ストレスとサポート・ネットワークの推移」江畑敬介・曽文星・箕口雅博編著『移住と適応』日本評論社
丹羽雅雄（二〇〇〇）「中国残留邦人とその家族の人権」『部落解放』四七八
《の》
埜口阿文（二〇〇五）『誰にも言えない中国残留孤児の心の内』草思社
野村雅一（一九八七）「個人の記憶　社会の記憶」『中央公論』一月

《は》
梅桑楡（一九九一）『侵華日俘大遣返』済南出版社
長谷川文治（一九八七）「中国帰国者自立への行程」『社会教育』四二
パーク、ロバート（一九八六-a）「仮面の背後にあるもの」（好井裕明訳）『実験室としての都市』御茶の水書房
パーク、ロバート（一九八六-b）「人間の移住とマージナルマン」（好井裕明訳）『実験室としての都市』御茶の水書房
橋本カツ子訳・編（一九七八）『一九四五年！慟哭の満州』太平出版社
花井正男（二〇一〇）『遥かなる祖国』風詠社
馬場尚子（一九九八）「各地域の定住帰国者に対する日本語教室情報提供の試み」『中国帰国者定着促進センター紀要』六
馬場尚子（二〇〇〇）「高齢化する帰国者の『学習機会』を考える」『中国帰国者定着促進センター紀要』八
馬場尚子（二〇〇一）「これからの高齢帰国者支援のあり方」『中国帰国者定着促進センター紀要』九
馬場尚子・安場淳（一九九四）「センター支援団体と学習者との交流活動プログラムの活性化のための実践報告」『中国帰国者定着促進センター紀要』二
浜井浩一（一九八九）「中国帰国二世対象者の処遇について」『更生保護と犯罪予防』九二
浜口タカシ（一九八二）『三七年目の再会』朝日新聞
浜口タカシ（一九八三）『再会への路』朝日新聞社
浜口タカシ（一九八五）『二つの祖国』神奈川新聞社
浜口タカシ（一九八六）『祖国よ母よ』神奈川新聞社
浜口タカシ（一九九五）『私の祖国』中国残留孤児援護機基金
林勝一（二〇〇二）「『中国帰国者』エスニシティの形成」『経済地理学年報』四八-三
林郁（一九八三）『満州・その幻の国ゆえに』筑摩書房
林郁（一九八八）「〈架橋〉に芽生える」『思想の科学』一〇〇
林郁（一九九三）『あなたは誰ですか』筑摩書房
林郁（二〇〇八）「中国『残留』日本人の軌跡」植民地文化学会・東北淪陥一四年史総編室共編『「満洲国」とは何だったのか』小学館
早田美穂（一九八九）「『私たち帰国者は野獣なのか!?』」『朝日ジャーナル』一一二・一二一
原裕視（一九八六）「中国残留邦人とその家族」『教育と医学』三九九
原賀肇（一九八六）「中国残留孤児　問題報道の過不足」『新聞研究』四二五
原田静（二〇〇三）『二つの祖国　ひとつの家族』鉱脈社
班忠義（一九九二）『曽おばさんの海』朝日新聞社
班忠義（一九九六）『近くて遠い祖国』ゆまに書房
《ひ》
日垣隆（一九八八）『されど、わが祖国』信濃毎日新聞社
日高良和（一九八九）「中国帰国者の現状と摩擦発生の原因」『海外事情』三七-一
人見剛（二〇〇六-a）「中国残留孤児・中国残留婦人が提起した国家賠償訴訟に係る最近の二つの地裁判決について（上）」『判例時報』一九三二
人見剛（二〇〇六-b）「中国残留孤児・中国残留婦人が提起した国家賠償訴訟に係る最近の二つの地裁判決について（下）」『判例時

報』一九三三
馮興盛（一九九七）『情糸華桑』大連理工大学出版社
平井美帆（二〇一五）『中国残留孤児七〇年の孤独』集英社インターナショナル
平城真規子（一九九五）「座談会形式による指導活動の試み」『中国帰国者定着促進センター紀要』三
平城真規子（一九九八）「特定地域に暮らす中国帰国者へのニーズ調査」『中国帰国者定着促進センター』七
平城真規子（一九九九）「特定地域を対象とした通信による支援者支援の試み」『中国帰国者定着促進センター』五
平城真規子（二〇〇一）「帰国者の学習機会を拡げるために『自学自習支援』を考える」『中国帰国者定着促進センター紀要』九
平城真規子（二〇〇七）「中国帰国者支援・交流センター『交流事業』に託された役割をみつめて」『中国帰国者定着促進センター紀要』一一
平城真規子・斎藤ひろみ・田中義栄・山本京子（二〇〇〇）「自学自習をベースとした遠隔地学習『通信コース』の試み」『中国帰国者定着促進センター紀要』八
平野雄吾（二〇一一）「小説を読むのが夢」共同通信社取材班『ニッポンに生きる』現代人文社
日渡香織（一九九八）「中国残留婦人に関する一考察（要旨）」『昭和女子大学文化史紀要』第二号

《ふ》

『風雪の四十年』刊行委員会編（一九九一）『風雪の四十年』日本中国友好協会
福嶌智（二〇〇三）「『外国人児童生徒』教育におけるアイデンティティに関する一考察」『九州大学大学院教育学コース院生論文集』二
福地直樹（一九九八）「中国残留孤児の日本国籍取得」『時の法令』一五七一
藤井健太・田渕五十生（二〇〇一）「中国帰国者三世児童・生徒の生活と教育課題」『奈良教育大学紀要』五〇-一
藤岡重司（一九九八）『愛情に国境はない』兵庫県海外同友会企画
藤沼敏子（一九九七）「中国帰国者の教育」江川玟成・高橋勝・葉養正明・望月重信編著『教育キーワード一三七』時事通信社
藤森研（二〇一一）『日本国憲法の旅』花伝社
布施鉄治（一九七二）『行為と社会変革の理論』青木書店
布施鉄治（一九八八）「地域社会研究の意義と方法」『現代社会学研究』一
布施鉄治・岩城完之・小林甫（一九八三）『社会学方法論』御茶の水書房
古川万太郎（一九八三）『日中戦後関係史ノート』三省堂
古本剛之（二〇〇七）「中国残留孤児国家賠償訴訟事件」『民主法律』二七一
文化庁国語課（一九九七）『中国帰国者のための日本語教育Q&A』
文化庁文化部国語課（一九九〇）『職場・労働観及び職場のコミュニケーション場面に関する調査研究報告書』
文化庁文化部国語課（一九九一）『中国帰国者用日本語教育指導の手引　異文化適応をめざした日本語教育』

《ほ》
歩平（一九九四）「急がねばならない調査」『世界』四月
防衛庁防衛研修所戦史室（一九七四）『戦史叢書　関東軍（二）―関特演・終戦時の対ソ戦』朝雲新聞社
防衛庁防衛研修所戦史室（一九七五）『戦史叢書　大本営陸軍部（一〇）』朝雲新聞社
法務省民事局第五課国籍実務研究会編（一九八七）『国籍・帰化の実務相談　新版』日本加除出版株式会社
細川美紀（一九九六）「辞書引き教材の開発について」『中国帰国者定着促進センター』四
堀越善作（一九八六）『避難地図の証言』佼成出版社
本庄豊編（二〇一五）『引揚孤児と残留孤児』汐文社
本田靖春（一九八一）「善意で救えなかった中国残留孤児」『潮』九月
本埣和昭（一九九三）「『中国帰国孤児定着促進センター紀要』創刊のことば」『中国帰国孤児定着促進センター紀要』一

《ま》
松倉耕作（一九八四）「中国残留孤児の戸籍回復」『判例タイムズ』五三六
松倉耕作（一九八六）「いわゆる中国残留日本人孤児の親子鑑定」『判例タイムズ』六一三
松田ちゑ（一九八三）『開拓残留妻の証言』
マルクス、カール（一九七五）「一八四四年の経済学・哲学手稿」『マルクス・エンゲルス全集』四〇巻　大月書店
マルクス、カール・エンゲルス、フリードリヒ（一九六三）「ドイツ・イデオロギー」『マルクス・エンゲルス全集』三巻　大月書店
満洲開拓史復刊委員会企画編集・全国開拓自興会監修（一九八〇）『満洲開拓史』全国拓友協議会
満洲国史編纂刊行会編（一九七〇）『満洲国史　総論』満蒙同胞援護会
満蒙同胞援護会編（一九六二）『満蒙終戦史』河出書房新社

《み》
御園生保子・木村健二（一九九五）「大学における中国帰国子女の現状と日本語教育」『中国帰国者定着促進センター紀要』三
三留理男（一九八八）『満州棄民』東京書籍
南誠（二〇〇三）「『中国帰国者』の歴史的形成に関する一考察」蘭信三編『「中国帰国者」の社会的適応と共生に関する総合的研究』基礎研究（B）研究成果中間報告書
南誠（二〇〇五）「『中国残留日本人』の歴史的形成に関する一考察」『日中社会学研究』一三
南誠（二〇〇六‐a）「『中国残留日本人』の形成と記憶」『アジア遊学』八五
南誠（二〇〇六‐b）「『中国帰国者』の表象をめぐって」庄司博史・金美善編『多民族日本のみせ方』国立民族博物館調査報告六四
南誠（二〇〇七）「『中国残留日本人』の語られ方」山本有造編著『満洲　記憶と歴史』京都大学学術出版会
南誠（二〇〇九‐a）「『中国帰国者』をめぐる包摂と排除」庄司博史編『移民とともに変わる地域と国家』国立民族博物館調査報告八三
南誠（二〇〇九‐b）「想像される『中国残留日本人』」蘭信三編『中国残留日本人という経験』勉誠出版
南誠（二〇〇九‐c）「戦後の中国における『日本人』政策」『二一世

紀東アジア社会学』二
南誠（二〇一〇‐a）「アイデンティティのパフォーマティヴィティに関する社会学的研究」『ソシオロジ』五五‐一
南誠（二〇一〇‐b）「『中国帰国者』の歴史／社会的形成」長野武編『チャイニーズネスとトランスナショナルアイデンティティ』明石書店
南誠（二〇一二）「国籍とアイデンティティのパフォーマティヴィティ」陳天璽・近藤敦・小森宏美・佐々木てる編著『越境とアイデンティフィケーション』新曜社
南誠（二〇一三）「越境する中国帰国者の生活世界」『二一世紀東アジア社会学』五
南誠（二〇一五）「『中国帰国者』の境界文化における国民性の表出」『日中社会学研究』二三
南誠（二〇一六）『中国帰国者をめぐる包摂と排除の歴史社会学』明石書店
箕口雅博（一九九八）「中国帰国者へのコミュニティ心理学的接近」『現代のエスプリ』一二月
箕口雅博（二〇〇一）「中国帰国者の適応過程に関するプロスペクィブ・スタディ」『現代のエスプリ』一一月
箕口雅博・江畑敬介・斎藤正彦・梅田康子（一九九四）「中国帰国孤児定着促進センターにおける精神衛生コンサルテーション・サービス活動」『中国帰国者定着促進センター紀要』二
箕口雅博・江畑敬介・曽文星・原裕視・丹羽郁夫・鈴木淑元（一九九六）「定住三年後の家庭訪問調査」江畑敬介・曽文星・箕口雅博編著『移住と適応』日本評論社
箕口雅博・江畑敬介・曽文星・山田寛・益子茂・増井寛治・斎藤正彦・梅津寛・原田誠一・原裕視・丹羽郁夫・江川緑・浦田優子（一九九六‐a）「研究の概要」江畑敬介・曽文星・箕口雅博編著『移住と適応』日本評論社
箕口雅博・江畑敬介・曽文星・山田寛・益子茂・増井寛治・斎藤正彦・梅津寛・原田誠一・原裕視・丹羽郁夫・江川緑・浦田優子（一九九六‐b）「考察―方法論的検討」江畑敬介・曽文星・箕口雅博編著『移住と適応』日本評論社
宮井洋子（二〇〇八）『勇気ある女』アートダイジェスト
宮田幸枝（一九九五）「『中国残留婦人』問題と教育実践」『人文学報』二五九
宮田幸枝（二〇〇〇）「中国帰国者二世・三世の就労と職業教育」蘭信三編『「中国帰国者」の生活世界』行路社
宮武正明（二〇一一）「中国等残留孤児・婦人の帰国と生活支援」『こども教育宝仙大学紀要』二
ミルズ、ライト（一九六五）『社会学的想像力』（鈴木広訳）紀伊國屋書店

《む》

牟田不作（二〇〇二）『念願叶って』文芸社
村井敏邦・葛野尋之（一九九二）「浦安暴走族乱闘（中国残留孤児二世）事件二」『法律時報』六四‐七
村上綾子（二〇〇九）『戦争とは』神戸中国帰国者日本語教室ボランティア協会

《も》

本島進（二〇〇九）『満洲引揚哀史』慧文社

森川与志夫（二〇〇三）「中国帰国生徒のアイデンティティを育む教育」田渕五十生『日本における多文化教育の内容と方法の創造』
森川与志夫（二〇〇四）「中国帰国生徒に関わる教育課題」『グローバル教育』六

《や》

八木巖（一九八〇）「中国帰国者に対する受入れ態勢の確立を図れ」『月刊福祉』六三–一二
八木巌（一九九六）「中国帰国者の実情とその背景」江畑敬介・曽文星・箕口雅博編著『移住と適応』日本評論社
安場淳（一九九二）「異文化間サポート・ネットワークの形成」『異文化間教育学』六
安場淳（一九九六–a）「異文化間サポート・ネットワークの形成」江畑敬介・曽文星・箕口雅博編著『移住と適応』日本評論社
安場淳（一九九六–b）「『学習者と地域住民の交流実習』の相互学習プログラム化のための中間報告」『中国帰国者定着促進センター紀要』四
安場淳（一九九七）「生活者のための簡便な『日本語能力の評定表』開発のために」『中国帰国者定着促進センター紀要』五
安場淳（一九九八）「学習困難な中国帰国者の日本語をはじめとする生活ニーズ」『中国帰国者定着促進センター紀要』六
安場淳（一九九九）「『通信による学習者支援』プログラムの可能性を探る」『中国帰国者定着促進センター紀要』七
安場淳（二〇〇七）「高齢の学習困難者の仮名学習」『中国帰国者定着促進センター紀要』一一
安場淳・馬場尚子（一九九四）「日本人ボランティアと学習者の交流活動のプログラム活性化のための事例研究」『中国帰国者定着促進センター紀要』二
安場淳・馬場尚子（一九九五）「学習者―日本人ボランティアの交流活動プログラムにおける学習者評価の可能性」『中国帰国者定着促進センター紀要』三
安場淳・馬場尚子・平城真規子（一九九七）「『定住している中国帰国者の日本語学習ニーズ等』についての調査報告―その一」『中国帰国者定着促進センター紀要』五
安場淳・平城真規子・馬場尚子（一九九八）「『定住している中国帰国者の日本語学習ニーズ等』についての調査報告―その二」『中国帰国者定着促進センター紀要』六
ヤスパース、カール（一九九八）『戦争の罪を問う』（橋本文夫訳）平凡社
安原幸彦（二〇〇三）「中国『残留孤児』訴訟の現状と課題」『法と民主主義』三八四
安原幸彦（二〇〇四）「『残留孤児』の被害とは何か」『法と民主主義』三九〇
安原幸彦（二〇〇六）「全面解決を目指して」『法と民主主義』四一三
山内摩耶子（一九九四）「帰国者の日本語教育」『中国帰国者定着促進センター紀要』二
山内摩耶子（一九九五）「二次機関用日本語教育のカリキュラム一試案」『中国帰国者定着促進センター紀要』三
山内摩耶子（一九九六）「漢語の拡大用教材作り」『中国帰国者定着促進センター紀要』四
山形県中国帰国者自立研修センター（二〇〇三）『すてられた民の記録』
山形美保子（一九八三）「中国からの帰国者とボランティア教師」『日

本語教育』五〇
山崎朋子（一九八七）『引き裂かれた人生』文藝春秋
山崎豊子（一九九九）『「大地の子」と私』文春文庫
山田朗（一九九七）『外交資料　近代日本の膨張と侵略』新日本出版社
山田昭次（二〇〇五）「満州農業移民」山田昭次『植民地支配・戦争・戦後の責任』創史社（初出は一九七八、原題「ふりかえる日本の未来―解説・満州移民の世界」山田昭次編『近代民衆の記録六　満州移民』新人物往来社）
山田由紀子（一九八九）「中国残留孤児二世の殺人・殺人未遂正当防衛事件」『自由と正義』四〇-一二
山田陽子（二〇〇六）「中国帰国者の日本語習得と雇用」『人間文化研究』五
山田陽子（二〇〇七）「中国帰国者と身元引受人制度」『人間文化研究』八
山室信一（一九九三）『キメラ』中公新書
山本京子（一九九九）「『つながり』を創出する日本語学習支援を」『中国帰国者定着促進センター紀要』七
山本登志哉（二〇〇八）「中国残留孤児国家賠償訴訟への心理学からの意見書」『法と心理』七-一
山本文子・相坂百合子・高田奈津子編（一九八一）『父よ母よわが祖国よ』朝日新聞社
山本雄司（一九九六）『福祉事務所　新米公務員奮戦記』新風社
山本有三（二〇〇七）「『満洲』の終焉」山本有三編著『満洲　記憶と歴史』京都大学学術出版会
山本慈照・原安治（一九八一）『再会　中国残留孤児の歳月』日本放送出版協会

《よ》
横山政子（二〇〇〇-a）「『日本名』を名のるということ」蘭信三編『「中国帰国者」の生活世界』行路社
横山政子（二〇〇〇-b）「『中国帰国者青年』の配偶者選択の現実と意味」蘭信三編『「中国帰国者」の生活世界』行路社
吉岡忍（一九八四）「『日本人』になった中国残留孤児」『文芸春秋』六二-三
吉川春子（二〇〇六）「『満蒙開拓団』の傷あとは今も日中両国人民に」『前衛』九月
吉田比砂子（一九八七）『はるかなり』小学館
吉田有美（二〇〇一）「中国帰国者二世家族における『家族戦略』と問題の所在」『生涯学習研究年報』八
良永勢伊子（一九九六）『忘れられた人びと』新風社
善元幸夫（一九八三）「引揚者の子供たち」『世界』六月
善元幸夫（一九八九）「引揚げの子どもたちの心に触れて」『自由と正義』四〇-一二
米倉洋子（二〇一五）「日本の中国侵略の責任を一身に背負わされて」『中帰連』五六
米田洋（一九九五）『少年の見た満洲』近代文藝社
読売新聞大阪社会部（一九八二）『中国孤児』読売新聞社

《わ》
和睦（二〇〇九）『和一水』吉林人民出版局
若槻泰雄（一九九五）『新版　戦後引揚げの記録』時事通信社

若松るり子（一九九五）「Yクラス報告　日本語を思い出そう」『中国帰国者定着促進センター紀要』三
『私は誰ですか』刊行委員会編（一九九〇）『私は誰ですか』
和田登（一九八七）『望郷』くもん出版
和田登（一九九一）『「キムの十字架」への旅』信濃毎日新聞社
渡辺一枝（一九九六）『ハルビン回帰行』毎日新聞社
渡辺珠江（一九八六）『遥かなる祖国への道』大阪書籍
渡辺浩充（一九八九）『望郷孤雁』（遠藤章弘編纂、牧保孝・内藤路美・大家嘉和・布施五男訳）朋興社

《その他》
無署名（二〇〇九）「経験としての中国帰国生徒特別選抜入試」蘭信三編『中国残留日本人という経験』勉誠出版
T（無署名）（二〇〇七-a）「政治解決促す司法」『法学セミナー』六三二
無署名（二〇〇七-b）「中国残留邦人訴訟の終結」『週刊社会保障』二四四〇
無署名（二〇〇七-c）「訟務情報　広島地裁」『民事法情報』二五〇
無署名（二〇一二）「戦没者の慰霊碑・遺留品・残留孤児に対する援護」『厚生労働』八月

索　引

《事項》

【ア行】

【カ行】

【サ行】

【タ行】

【ナ行】

【ハ行】

【マ行】

【ヤ行】

【ラ行】

《人名》

【ア行】

【マ行】

【ヤ行】

著者紹介

浅野慎一（あさの　しんいち）

1956 年　神戸市出身。北海道大学大学院博士後期課程修了。博士（教育学）。
現在、神戸大学大学院人間発達環境学研究科教授。中国「残留日本人孤児」を支援する兵庫の会代表世話人。主な著書に、『日本で学ぶアジア系外国人』（大学教育出版 1997 年、増補版 2007 年）、『人間的自然と社会環境』（大学教育出版 2005 年）、『グローバリゼーション／ポスト・モダンと地域社会』（共編著、東信堂 2006 年）、『京阪神都市圏の重層的なりたち』（共編著、昭和堂 2008 年）、『現代社会論への社会学的接近』（編著、学文社 2009 年）。論文に、「民族解放・国民主権を超えて」（『日中社会学研究』20 号、2012 年）、「東日本大震災が突きつける問いを受けて」（『地域社会学会年報』27 集、2015 年）ほか。

佟　岩（とう　がん）

1965 年　遼寧省瀋陽市出身。宮城教育大学大学院修士課程修了。修士（教育学）。
現在、神戸外国語大学、神戸学院大学、龍谷大学等で非常勤講師。西日本華文教育者協会理事。主な著書・訳書に、『異国の父母』（共著、岩波書店 2006 年）、『中国残留日本人孤児に関する調査と研究』（共監訳、不二出版 2008 年）、『越境とアイデンティフィケーション』（共著、新曜社 2012 年）。論文に、「縫製業における中国人技能実習生・研修生の労働・生活と社会意識」（共著、『労働社会学会年報』第 15 号、2005 年）、「中国残留孤児の労働・生活と国家賠償訴訟」（共著、『労働法律旬報』1633、2006 年）ほか。

中国《ちゅうごく》残留《ざんりゅう》日本人《にほんじん》孤児《こじ》の研究《けんきゅう》
――ポスト・コロニアルの東《ひがし》アジアを生《い》きる

2016 年 8 月 15 日　第 1 版第 1 刷発行

著　者――浅野慎一
　　　　　佟　岩

発行者――橋本盛作

発行所――株式会社 御茶の水書房
〒113-0033 東京都文京区本郷5-30-20
電話 03-5684-0751

Printed in Japan

組版・印刷／製本――シナノ印刷㈱

ISBN978-4-275-02049-9 C3022